583

LES CONFRÉRIES RELIGIEUSES
MUSULMANES

PUBLIÉ SOUS LE PATRONAGE

DE

M. JULES CAMBON

GOUVERNEUR GÉNÉRAL DE L'ALGÉRIE

PAR

OCTAVE DEPONT	XAVIER COPPOLANI
ADMINISTRATEUR DE COMMUNE MIXTE	ADMINISTRATEUR-ADJOINT DE COMMUNE MIXTE

DÉTACHÉS AU SERVICE DES AFFAIRES INDIGÈNES
ET DU PERSONNEL MILITAIRE DU GOUVERNEMENT GÉNÉRAL DE L'ALGÉRIE

CONTENANT

4 CHROMO-LITHOGRAPHIES
7 GRAVURES TIRÉES A PART
55 DANS LE TEXTE
ET UNE CARTE EN COULEURS

ALGER
TYPOGRAPHIE ET LITHOGRAPHIE ADOLPHE JOURDAN
IMPRIMEUR-LIBRAIRE-ÉDITEUR
4, PLACE DU GOUVERNEMENT, 4

1897

LES CONFRÉRIES RELIGIEUSES

MUSULMANES

LES CONFRÉRIES RELIGIEUSES

MUSULMANES

PUBLIÉ SOUS LE PATRONAGE

DE

M. JULES CAMBON

GOUVERNEUR GÉNÉRAL DE L'ALGÉRIE

PAR

| **OCTAVE DEPONT** | **XAVIER COPPOLANI** |
| ADMINISTRATEUR DE COMMUNE MIXTE | ADMINISTRATEUR-ADJOINT DE COMMUNE MIXTE |

DÉTACHÉS AU SERVICE DES AFFAIRES INDIGÈNES
ET DU PERSONNEL MILITAIRE DU GOUVERNEMENT GÉNÉRAL DE L'ALGÉRIE

CONTENANT

4 CHROMO-LITHOGRAPHIES
7 GRAVURES TIRÉES A PART
55 DANS LE TEXTE
ET UNE CARTE EN COULEURS

ALGER
TYPOGRAPHIE ET LITHOGRAPHIE ADOLPHE JOURDAN
IMPRIMEUR-LIBRAIRE-ÉDITEUR
4, PLACE DU GOUVERNEMENT, 4

1897

A Monsieur le Capitaine REIBELL

CHEF DU SERVICE DES AFFAIRES INDIGÈNES
ET DU PERSONNEL MILITAIRE AU GOUVERNEMENT GÉNÉRAL DE L'ALGÉRIE

C'est à votre appui, à vos conseils et à vos encouragements que nous devons d'avoir pu accomplir la mission que vous nous avez fait confier.

En vous exprimant ici toute notre gratitude, laissez-nous vous dédier cet ouvrage comme un profond témoignage de notre sympathie et, si vous nous le permettez, de nos vifs sentiments d'amitié.

O. DEPONT.   X. COPPOLANI.

INTRODUCTION

L'idolâtre Oçaïd, fils de Hodaïr-el-Kotaïb, ficha sa pique en terre et s'assit :

Que faut-il faire pour entrer dans cette religion, demanda-t-il à Mossab, fils d'Omaïr, qui venait de lui expliquer les principes fondamentaux du Coran ?

« Te purifier avec de l'eau, répondit Mossab, déclarer qu'il n'y a pas d'autre Dieu qu'Allah et que Mohammed est son Prophète ».

Ainsi se posèrent, simplement, les premières bases de l'une des plus grandes religions qui se partagent l'humanité.

« *Il n'y a de dieu que Dieu, et Mohammed est son Prophète* », voilà tout ce qu'il y a d'obligatoire et d'essentiel pour le musulman, puisque l'assentiment de l'esprit à ces deux grands principes suffit pour le salut de l'âme, lui assure la possession du Ciel.

En conséquence, point de sacrement ni de cérémonie, point de culte organisé. Le croyant communique directement avec le Créateur ; il est, lui-même, son propre prêtre, avec, pour unique bagage, ses prières et ses armes, qui sont, les unes et les autres, des guides vers les étapes sur le chemin du Paradis.

Il en résulte que sur tous les points du globe où il se trouve, le mahométan peut, sans mosquée et sans prêtre, satisfaire à la plénitude de ses devoirs envers la Divinité.

Il en résulte aussi que l'existence d'un pouvoir spirituel, d'une société ecclésiastique, ne devrait pas, nécessairement, trouver place dans la religion musulmane.

Il n'en est pas moins vrai, malgré tout, que la nature de la société humaine a fait que l'Islamisme, dont le principe dominant est l'égalité entre tous les hommes, a vu se créer, sous forme de castes, non seulement une sorte de clergé, mais encore des ordres religieux. Et quand on veut apprécier ces développements fort importants et parfaitement distincts, il faut remonter jusqu'aux premiers siècles de l'hégire.

Le Coran, où les lacunes et les contradictions abondent, avait ouvert un grand domaine à l'interprétation et aux controverses, qui aboutirent, d'une part, on le sait, au schisme qui sépare les chiites des sonnites, et, de l'autre, à des divergences d'opinion dans le rite, d'où sortirent les quatre sectes : *hanafite, chafaïte, malékite* et *hanbalite*, dites sectes orthodoxes.

L'Islam, bien qu'il n'eût guère plus d'un siècle d'existence, avait déjà débordé sur plus de la moitié de l'ancien monde. Cependant, l'Arabe, déposant son épée, prenait part au mouvement philosophique dirigé par les Syriens et les Grecs et favorisé par les Khalifes A'bbasides. D'un autre côté, des hommes aux mœurs austères s'occupaient activement de l'étude du « Livre révélé », source de toute science et de toute vérité : c'étaient les *eulama*.

Les khalifes, véritables pontifes, comme autrefois les grands prêtres sous la théocratie des Juifs, négligeant peu à peu le spirituel pour le temporel, en arrivèrent à déléguer à ces eulama leurs attributions sacerdotales et judiciaires.

La foule, elle-même, dépourvue de lumières, était heureuse de pouvoir s'adresser à ces interprètes autorisés pour se faire expliquer les nombreuses et minutieuses pratiques de la Loi qu'elle était impuissante à saisir directement.

C'est ainsi que se formait et s'affirmait une sorte de sacerdoce qui, en grandissant, entrava, plus d'une fois, par la *fetoua*, l'action des pouvoirs établis. La fetoua, qu'on a comparée aux déclarations préalables du Saint-Siège, par lesquelles les princes de l'Occident, au moyen-âge, appuyaient leurs entreprises, est l'ordonnance sacrée qui donne aux actes émanés du pouvoir politique, la sanction religieuse conforme au Coran et, par conséquent, obligatoire pour tous.

C'était avec des sanctions de cette nature que les successeurs du Prophète subjuguaient les masses et les conduisaient au combat (1).

Après avoir formé un corps redoutable, les eulama sont devenus de

---

(1) A l'exemple des gouvernements musulmans, il est arrivé que des puissances musulmanes ont eu recours à la fetoua pour légitimer leur pouvoir aux yeux de leurs sujets.

On sait que l'Islam, qui ne connaît ni patrie ni frontières, est divisé en *Dar el Islam* : pays où la loi musulmane est appliquée dans son intégrité, et en *Dar el harb* : pays appartenant aux infidèles.

C'est pour apporter des tempéraments à la rigueur de cette dernière définition qu'en 1871, les Anglais, craignant une insurrection religieuse aux Indes, ont fait demander et ont obtenu des mufti hanafi et maleki de La Mecque, une fetoua déclarant l'Hindoustan mahométan. (V. Le Chatelier, *Les Confréries musulmanes du Hedjaz*, p. 260.)

A la demande de M. Jules Cambon, Gouverneur Général de l'Algérie, une fetoua rendue, cette fois, par les quatre mufti de La Mecque, déclare également l'Algérie *terre d'islam*. (V. cette fetoua, p. 36 du présent volume ; V. aussi la fetoua excommuniant Cheikh-Senoussi, dans la notice spéciale à la confrérie des Senoussia).

dociles instruments entre les mains des chefs des États musulmans, qui les subventionnent et leur font rendre, à leur gré, les *fataoua* jugées utiles au fonctionnement du pouvoir.

La hiérarchie des eulama, fort compliquée, comprend toute une série de fonctionnaires : *mufti, cadi, imam*, etc., répondant aux besoins de la justice et du culte et vivant sur les produits des *hobous*, biens de mainmorte qui servent également à l'entretien des établissements religieux.

A La Mecque, le pouvoir religieux est exercé par le *grand-chérif*, à la nomination duquel le *cheikh el islam*, qui est le chef de la religion en Turquie, donne son approbation.

Enfin, au sommet de la hiérarchie, le Khalife est, pour les musulmans, ce que le Pape est pour les catholiques, c'est-à-dire le chef suprême de la religion, mais en principe seulement, car le Sultan du Maroc, par exemple, est également considéré comme un khalife par ses sujets.

De même les Mozabites, ainsi que certaines peuplades de l'Afrique, obéissent à l'imam de Mascate et ne reconnaissent pas Abd-el-Hamid pour khalife.

Et réalité, et sans que cela nuise à la doctrine de l'unité pour les sonnites, il ne saurait y avoir de khalife qu'autant que celui-ci serait élu par la volonté et le vote des croyants.

Le vrai lien des mahométans, c'est le pèlerinage aux villes saintes ; leurs véritables capitales sont La Mecque et Médine, gardiennes fidèles de leur inébranlable foi.

Chez nous, en Algérie, le clergé musulman officiel ne joue, au point de vue religieux, qu'un rôle effacé. Les eulama se bornent à réciter des prières, à enseigner le Coran et à maintenir la tradition : ils n'ont aucun caractère ecclésiastique, pas plus que les cadis, autre catégorie d'eulama, n'ont de caractère judiciaire réel depuis que nous avons diminué, avec exagération, leur intervention dans les affaires musulmanes.

*

Il semble, de prime abord, que l'organisation, que nous venons d'esquisser dans ses grandes lignes, détienne, en pays musulmans, tous les ressorts de la société. Il n'en est rien. La véritable force réside dans une puissance à côté, dans un monde mystérieux, tirant son prestige incomparable d'un pouvoir autrement grand que celui des eulama puisqu'il émane, aux yeux des croyants, de la Divinité elle-même.

Ce monde est constitué par des sociétés secrètes, des ordres de *derouich*, des confréries mystiques, autrement dit, pour employer une expression connue, par les *khouan* (frères) qui, répandus depuis l'Atlantique jusqu'au Gange, sont, en même temps que les ennemis irréconciliables des eulama, les véritables moteurs de la société musulmane.

La formation de ces diverses sociétés tire sa primitive origine de la tendance du musulman à l'association, tendance ayant, elle-même, pour source, la croyance religieuse qui prescrit, en les mettant en commun, de faire profiter ses frères des biens que Dieu a donnés.

Peu à peu, ces sociétés se créent, grandissent et, en se multipliant, se subdivisent en de nombreux rameaux qui apparaissent sous la forme de confréries, organisations, d'ailleurs, en contradiction avec la parole du Prophète : « *La rahbaniïeta fi el islam*, point de vie monacale dans l'Islam ».

Quant à leur doctrine, partout la même, elle est beaucoup plus ancienne que leur institution : c'est le *soufisme*, dont le fond est le panthéisme.

Né dans l'Inde, naturalisé en Perse et mis en action, sous la forme de l'enthousiasme extatique, par la seconde génération de l'école d'Alexandrie, et plus tard, par les philosophes arabes, eux-mêmes, le soufisme, autrement dit le mysticisme, après avoir ruiné l'école d'Ammonius Saccas, germe dans le champ arabique, merveilleusement préparé à la recevoir. Et aujourd'hui, plus que jamais, il fleurit, malgré sa dégénérescence, sous des aspects les plus divers rappelant, dans de curieuses manifestations, les vieux cultes orientaux.

Le but du *soufisme* ou *tessououof*, nom sous lequel le mysticisme s'est introduit dans la langue arabe, est de mettre dans la conscience de l'homme, l'esprit caché de la loi en accord avec la lettre, et d'arriver, par des pratiques pieuses, à un état de pureté morale et de spiritualisme tel que l'on puisse voir Dieu face à face et sans voiles, et s'unir à lui.

Pour atteindre au premier résultat envisagé, les soufis, tout en affirmant, d'ailleurs, les doctrines du Prophète, tout en enseignant la morale la plus pure, en donnant, eux-mêmes, l'exemple de toutes les vertus, réduisaient les préceptes coraniques à l'interprétation allégorique.

Et pour toucher au but suprême : la vision de Dieu, l'*ittisal* (l'union), l'anéantissement de l'individualité dans l'essence divine, ils s'appuyaient sur divers passages toujours interprétés à la lettre du *Livre* et, notamment, sur celui où il est dit que *Dieu fait émaner la création et puis la fait rentrer en lui-même*.

De là découlait l'impérieuse nécessité, si fortement affirmée, d'ailleurs, par le Coran, de tout rapporter à Dieu.

Quant aux phénomènes terrestres, il ne pouvait en être question.

Pour le soufi, en effet, le monde est une illusion, une fiction : ses formes matérielles ne sont que des émanations de l'essence divine qui, toutes, s'évanouiront, en laissant dans sa nudité réelle, l'irradiation qui les créa et retournera à sa source.

Dès lors, tous les efforts des hommes doivent tendre, comme dans le Boudhisme, à amener l'extase, afin que le principe divin s'empare de l'âme, l'envahisse et la pénètre, jusqu'à ce que la mort achève l'union fatale, l'union mystique avec le Grand-Tout.

C'est cette doctrine, idéalisme trompeur merveilleusement adapté à l'imagination rêveuse et sensuelle des peuples de l'Orient, que les soufis infiltraient peu à peu dans les veines du corps social musulman.

Bientôt, en effet, sentant grandrir le germe de leur future puissance, ils érigent l'*I'lm el-Baqa ou el-Fana* (la science du rester ou du périr) en méthode et passent de la théorie à l'action.

Pour ne pas effrayer leurs adeptes, les soufis qui disaient avoir reçu l'ordre d'appeler les croyants à la *Vérité*, qui se croyaient en possession d'une parcelle divine, *la baraka*, eurent soin d'adopter deux doctrines : l'une, extérieure, par laquelle ils affirmaient leur orthodoxie en rattachant leur enseignement à celui des premiers khalifes, particulièrement à Abou-Beker-es-Seddiq et à A'li ; l'autre, secrète, aboutissant par l'épreuve, la mortification et la dévotion mentale excessive, à un culte essentiellement spirituel.

Alors, l'enthousiasme, comme aux premiers temps du christianisme, poussa au désert. L'Égypte vit, de nouveau, se peupler ses vieilles thébaïdes et, partout, la terre musulmane connut des milliers de contemplatifs et de solitaires groupant autour d'eux des disciples, fondant des ordres religieux placés, dans la suite, sous le vocable des saints qui les avaient organisés.

**

La mystique musulmane comprend encore deux autres personnages :

Le premier, *le derouich*, est cet illuminé, ce faiseur de miracles en guenilles, cet *homme de Dieu* qu'on rencontre un peu partout, dans les villes et les campagnes, sur les marchés et, principalement, aux abords des zaouïa, et qui passe pour recevoir, sans efforts ni épreuves, la particule divine. Arrivé d'un seul coup et sans même qu'il s'en doute, à la sublimité du mysticisme, cet élu de Dieu est vénéré et adoré à l'égal du soufi.

Le second, de noblesse religieuse, comme descendant de la fille du Prophète, est ce musulman dont les prières, les bonnes œuvres et la vie ascétique ont fait, également, un vase d'élection ayant le privilège de voir

Dieu et le pouvoir d'opérer des miracles : c'est le *chérif* devenu le *marabout* en Afrique septentrionale et qui a joué un si grand rôle dans la vie politique du Maghreb. C'est lui qui a préparé la conscience du Berbère à l'invasion des confréries religieuses, mais celles-ci, en sapant sa puissance, l'ont, le plus souvent, contraint à abdiquer son indépendance et à s'affilier à elles, de telle sorte, qu'aujourd'hui, il n'existe presque plus de marabouts indépendants. Cependant ces hommes, dont la descendance et la clientèle ont formé ce que nous appelons la *tribu maraboutique*, ont laissé dans la masse simpliste, un tel souvenir de leurs œuvres, une telle reconnaissance de leurs bienfaits, une telle empreinte de leur passage, qu'on a conservé le nom de marabout à tous ceux qui se vouent à la vie mystique ou contemplative. C'est également de ce même nom de marabout que nous avons tiré l'expression *culte maraboutique* que nous appliquons à l'ensemble des coutumes ou cérémonies diverses, toujours strictement observées, à l'égard des religieux mahométans.

Ces personnages, sauf l'*ouali* ou *derouich*, qui mène la vie errante, vivent généralement dans une *zaouïa*, établissement qui tient à la fois de la chapelle, du couvent, de l'école et de l'auberge et fait penser à ces couvents qui, dans les premiers temps du moyen-âge, couvraient les pays encore barbares de la Gaule et de l'Allemagne.

Les pays de l'Islam sont couverts de zaouïa (tekkié en Turquie) qui renferment les restes vénérés d'un Saint. Autour d'elles, se dressent quelques bâtiments où les croyants reçoivent l'hospitalité et, quand ils le désirent, l'enseignement religieux ou mystique : c'est là le culte maraboutique. Ce culte, théologiquement contraire au Coran, qui n'admet pas d'intermédiaire entre l'homme et Dieu, a plongé dans une sorte d'anthropolâtrie, le croyant simpliste et incapable d'abstraire l'idée du monothéisme de son Prophète.

Et quand des hommes se lèvent pour protester et crier à l'anathème, leur voix se perd dans la nuit de la superstition. A la fetoua de l'a'lem (savant), condamnant son enseignement, le soufi, se plaçant bien au-dessus du Prophète, qui n'avait pas connaissance de ce qui est caché, répond par des miracles qui enchantent la masse, la ramènent dans le rêve et ferment ses yeux à la lumière.

D'une méthode d'enseignement, qui, à ses débuts, prescrivait publiquement la stricte observance de la religion et des vertus sociales, un seul principe, véritable imposture sacerdotale, est resté debout : la soumission aveugle de l'affilié au faiseur de miracles, au *cheikh* (maître spirituel), soumission aussi absolue que celle du *sikh* indou à cet autre marabout qui s'appelle le *guru*.

Ce nouveau culte remplace le culte d'Allah. Il ne s'agit plus de rechercher l'union de l'âme avec Dieu mais simplement de se conformer, d'une manière absolue, à la volonté, à la pensée de son éducateur inspiré.

Qu'il soit soufi, derouich ou marabout, le directeur d'une confrérie est le représentant, le délégué de Dieu sur la terre, et la soumission des adeptes à cet homme divin est telle, qu'ils sont son bien et sa chose au sens absolu, car *c'est Dieu qui commande par la voix du cheikh*.....

On voit de suite où aboutit une pareille abnégation de l'être au profit d'un *dieu vivant*.

Et il est facile d'en déduire pourquoi, les Ordres religieux s'étant multipliés à l'excès, la vie du peuple musulman est tout entière en eux. Ce sont leurs chefs qui, en réalité, dirigent les populations, apaisent ou soulèvent à volonté leurs khouan (frères).

Ce sont ces khouan qui vont porter l'Islam, le répandre et le faire connaître dans la mystérieuse Afrique centrale. Missionnaires infatigables, ils parcourent, sous le seul patronage de leurs maîtrises spirituelles, des pays inconnus, territoires immenses où leur prosélytisme est en train de regagner ce que le mahométisme a perdu en Europe.

Ce sont ces mêmes khouan qu'après de longues années d'absence, nous voyons circuler dans les villes et les campagnes sous la forme d'hommes pauvres, à demi-nus, vivant d'aumônes et enseignant les prescriptions coraniques hostiles à la civilisation européenne.

Voyageurs ou sédentaires, ces pauvres, ces fanatiques, ces mystiques jouent, ici, un rôle où l'on ne peut s'empêcher de voir quelque analogie avec celui que les prophètes remplissaient autrefois en Judée.

Ils sont, par nature, les ennemis de tout pouvoir établi, et les États musulmans, aussi bien que les puissances européennes ayant sous leur domination des musulmans, ont à compter avec ces prédicateurs antisociaux.

En Afrique, la France et l'Angleterre, qui, depuis la convention de Berlin, ont à pénétrer chacune dans son hinterland respectif, sont tout particulièrement intéressées à suivre le mouvement de propagande islamique dirigé par les confréries religieuses.

C'est, en effet, le sort des races noires que les confréries, celles des Senoussïa en tête, ont entrepris de fixer avant que la civilisation européenne ait pu pénétrer dans les régions que ces races habitent.

Or, entre la foi musulmane, si simple, si parfaitement en rapport avec l'existence des noirs, et notre civilisation compliquée, le succès de la partie à engager n'est rien moins que douteux pour nous.

Il y a près de cinquante ans, un homme, dont la compétence en la matière est indiscutable, Barth disait déjà qu'il croyait à la vitalité de l'islamisme. Les événements lui ont donné raison. Le mouvement de rénovation et de propagande musulmanes s'est tellement accentué ces dernières années, qu'on peut dire que, géographiquement, plus des deux tiers de l'Afrique appartiennent à l'Islam. La ligne frontière du Cap-Vert à Zanzibar, qu'on tirait sur les cartes, il y a quelque dix ans, pour déterminer le domaine religieux mahométan en Afrique, est, actuellement, fortement débordée.

L'invasion marche à pas de géant. Qu'elle soit dirigée par les traitants de Zanzibar, les Qadrïa du Mahdi d'Omdurman ou les Senoussïa du réduit central de Koufra, partout, au-dessus comme au-dessous de l'équateur, elle affecte le même esprit de lutte acharnée contre l'invasion européenne.

L'Islam, mû par les confréries religieuses, peut être un grave péril pour l'œuvre de civilisation à entreprendre. Il peut la compromettre et la perdre à la faveur surtout de ces ardentes et jalouses compétitions européennes dont l'ère est ouverte en Afrique.

En Asie, le même mouvement de propagande islamique s'opère, principalement en Chine où l'on signale, depuis plusieurs années, les tendances du *Chen-Si* et du *Kan-Son* à former un État autonome musulman.

Plus près de nous, en Turquie, enfin, la même propagande, dirigée exclusivement par les confréries, représente la force opposante à toute tentative de réformes, et il faut l'admirable unité d'action du concert européen pour enrayer les agissements occultes de fanatiques qui, en ce moment même, poussent à l'écrasement des Grecs, appellent à la guerre sainte et font craindre, à tout instant, le retour des massacres d'Arménie.

Car, s'il y a un parti civilisateur en Turquie et si l'on peut garder l'espoir de rallier un jour les eulama à l'esprit de progrès, il ne faut pas oublier que les derouich ont toujours pour maxime : « La loi, c'est nous ».

D'ailleurs, pour entrer résolument dans la voie des réformes, pour abandonner sa politique d'atermoiements qui oblige les puissances à des prodiges de patience et de fermeté, le Sultan, lui-même, aurait besoin de s'arracher aux conseils intéressés de la camarilla de marabouts qui l'entoure et, trop souvent, le dirige.

A l'encontre de plusieurs de ses prédécesseurs, A'bdelhamid cherche, en effet, dans les confréries, le point d'appui de sa politique panislamique.

Certes, par l'idée théocratique qui le domine et fait de l'Islam un immense centre dont les rayons convergent vers une même idée : la reconstitution du khalifat, le rêve du mystique A'bdelhamid ne manque pas de grandeur ; mais il faut bien reconnaître que la bataille de Tell-el-Kebir et la fin de l'insurrection tunisienne lui ont porté un coup terrible.

Les récents succès des armées turques en Thessalie sont-ils venus donner des ailes à ce grand rêve ?.....

Il faut malheureusement répondre par l'affirmative.

La propagande panislamique, en effet, se manifeste, actuellement, avec une intensité redoutable dans les Indes et elle n'est pas sans échos dans le Soudan nilotique aussi bien que dans nos possessions de l'Afrique du Nord.

Un peu partout, l'Arabe essaie de relever la tête et nous nous trouvons journellement aux prises avec ces puissances théocratiques, ces *États dans l'État*, ces confréries religieuses, en un mot, qui sont l'âme même du mouvement panislamique.

Nous ne saurions méconnaître la gravité de ce mouvement et il importe de nous prémunir contre les agissements de ceux qui le dirigent à Constantinople et dont les principaux agents secrets, dans l'Afrique du Nord, sont connus.

.*.

C'est ce monde mystérieux de vicaires, d'apôtres, de fanatiques, que nous avons entrepris d'étudier dans cette publication.

D'autres l'ont fait avant nous et avec une compétence plus étendue et plus autorisée que la nôtre ; et ce n'est pas sans une réelle appréhension que nous avons cherché, à notre tour, à vouloir étendre un sujet aussi complexe.

Les travaux les plus intéressants sur cette matière ont été élaborés par trois de ces hommes comme l'Algérie en a tant formés, qui, entre deux combats ou en sentinelles avancées dans nos postes du Sud ou de l'Extrême-Sud, s'adonnaient à l'étude du pays et assumaient la lourde tâche de jeter les premières assises du gouvernement et de l'administration des tribus.

C'est à M. le capitaine de Neveu, plus tard directeur du Bureau politique du Gouvernement Général, avec le grade de colonel, que nous sommes redevables des *Khouan* (Paris - 1846), publication qui témoigne de connaissances approfondies, jointes à une netteté de vues et à des conclusions remarquables sur la question.

En 1884, l'un des successeurs du colonel De Neveu, M. le chef de bataillon Louis Rinn, aujourd'hui conseiller de gouvernement, publie *Marabouts et Khouan* (Jourdan, éditeur, Alger), ouvrage le plus complet, le mieux documenté parmi les travaux parus jusqu'alors et dans lequel le savant et le chercheur peuvent puiser une mine de renseignements.

En 1887, M. le Chatelier, publie à son tour « Les Confréries musulmanes du Hedjaz » (Paris, Ernest Leroux), étude fort appréciée, qui est entre les mains de tous ceux qui s'occupent de la question (1).

Mais les travaux que nous indiquons sont, pour la plupart, anciens ou spéciaux.

Depuis leur publication, certaines confréries ayant disparu, s'étant désagrégées ou, au contraire, développées au gré des événements, nous avons pensé qu'il y aurait utilité à montrer comment l'esprit qui anime les Khouan s'est modifié sous l'empire des circonstances et des besoins du moment.

En second lieu, le domaine d'action des confréries n'ayant point de frontières, nous avons voulu, dans la mesure du possible, étendre le cadre des précédentes études, aux pays de l'Islam ; fixer, à l'heure actuelle, l'évolution des ordres cardinaux, compléter les renseignements fournis jusqu'à ce jour, et étudier les confréries nouvelles et celles qui n'ont pas été présentées par nos prédécesseurs.

*
* *

Pour atteindre ce résultat, nous avons essayé, prenant l'arabe à son berceau, de remonter à l'origine de ses mœurs et de ses croyances, de le suivre, pas à pas, d'enregistrer les étapes qui ont marqué l'évolution de sa pensée, le tout afin de mieux apprécier son état social actuel, ses convictions intimes, ses besoins et ses aspirations.

---

(1) Parmi les écrivains qui ont publié des travaux ou qui se sont occupés, à divers titres, des confréries religieuses musulmanes, citons également :

MM. Brosselard, *Les Khouan*, Alger, 1882 ;

Hanoteau et Letourneux, chap. XXI, XXII et XXIII du t. II de leur intéressant ouvrage, *La Kabylie et les Coutumes kabyles* ;

Duveyrier, *La Confrérie des Senoussia en l'an 1300 de l'hég. (1883 de notre ère)*, publiée par la Société de Géographie de Paris ;

Ernest Mercier, *Étude sur la Confrérie des Khouan de Sidi A'bdelqader-el-Djilani*;

D'Estournelles de Constant, *Les Congrégations religieuses chez les Arabes et la Conquête de l'Afrique du Nord* (Paris, Maisonneuve et Leclerc, 1887) ;

Arnaud, interprète militaire, *Traduction d'une Étude sur le Soufisme* (Jourdan, éditeur, Alger), et divers autres travaux et traductions, notamment celles insérées dans *Marabouts et Khouan* ;

Colas, interprète militaire, *Livre mentionnant les autorités sur lesquelles s'appuient Cheikh-Senoussi, dans le Soufisme* (archives du Gouvernement Général) ;

Pilard, interprète militaire, *Une étude sur la Confrérie du Cheikh Senoussi* (aux archives du Gouvernement Général) ;

Napoléon Ney, *Les Confréries musulmanes et leur rôle politique*, Bruxelles, 1891, Weissenbruck, éditeur ;

Ernest Mayer, *Étude publiée dans les annales de l'école libre des sciences politiques*, 1886.

Dans un coup d'œil rétrospectif sur les mœurs et coutumes des arabes préislamiques, nous donnons un aperçu sur l'organisation de la tribu, sur la langue, les congrès littéraires, la poésie et les poètes dont le *meddah* de nos jours est comme le vivant prolongement, la femme et sa condition, les jeux de hasard, etc.

Nous nous appesantissons davantage sur les croyances populaires qui ont été implantées partout où brille le croissant.

Après une rapide exquisse du Dieu d'Abraham, de la Caa'ba, des divinités et des grands cultes qui se partageaient l'Arabie préislamique, nous examinons à grands traits la vie et l'œuvre du Prophète, afin d'en tirer les déductions utiles à notre sujet.

La formation des *hadits*, de la *Sonna* et des sectes orthodoxes rapidement indiquée, nous pénétrons dans le labyrinthe des sectes dissidentes groupées en sept écoles principales : *Chiites, Kharédjites, Mo'tazélites, Mordjites, Nadjarites, Djabrites, Mochabbihtes* et *Nadjites*, subdivisées, elles-mêmes, en soixante-douze fractions dont quelques-unes ont prolongé leur enseignement jusqu'à nos jours.

C'est dans les opinions professées par ces sectes que l'on trouve la véritable caractéristique du génie individuel et de l'esprit philosophique des arabes ; c'est dans ces grands mouvements de la pensée que l'on peut observer, dans l'incroyable mélange d'incrédulité, de hardiesse d'esprit et, souvent, d'impiété où elles sont confondues, ces curieuses initiations à des sociétés secrètes qui ont menacé, les Alides en tête, de ruiner à jamais l'islamisme.

Ayant ainsi appuyé notre étude sur cette base indispensable et fertile en rapprochements de toute sorte, nous avons tenté, dans notre deuxième chapitre, de pénétrer les arcanes du soufisme.

Les foqra et leur origine, les principes fondamentaux de l'enseignement soufite, les éléments essentiels des confréries : *baraka, ouerd, dikr, tariqa, ouaçia*, les curieux raisonnements par lesquels elles rattachent leur enseignement au Coran et à la Sonna, l'avis des théologiens sur cette matière, les symboles et les mots usités : *khirqa, selsela*, la méthode soufite rapprochée de celle de l'école d'Alexandrie, etc., ont été mis en lumière autant qu'un sujet aussi abstrait nous a permis de le faire.

Étudiant ensuite, les transformations que les corporations dont il s'agit ont subies, il était nécessaire, pour bien faire saisir l'origine de certaines pratiques, d'examiner rapidement les croyances populaires dans les pays soumis à l'Islam, tout particulièrement en Afrique septentrionale où ces croyances et les anciens cultes apparaissent encore, de nos jours, sous le frêle voile du mahométisme.

Cet examen, qui donne une idée de la manière dont s'est opérée, au cours de la première et de la seconde invasion des arabes, la conquête morale des Berbères, est précédé d'un tableau où nous rappelons brièvement, avec l'influence du Christianisme, le rôle joué par les Donatistes et les luttes intestines de l'Église romaine, luttes qui avaient obligé l'autochtone à revenir à ses anciens dieux et à ces lieux de sacrifices, sanctifiés aujourd'hui et synthétisés dans la *mzara*.

Nous montrons l'embryon de monothéisme qui se dégageait de ces cultes divers et, notamment, du culte du dieu *Mithra*.

Après l'invasion des *Chorfa*, ces apôtres de l'école *cha'ia*, précédée de données historiques indispensables pour l'appréciation de l'action religieuse des *Almoravides* et des *Almohades*, nous avons jugé indispensable de nous étendre longuement sur l'œuvre des marabouts, ces instruments politico-religieux qui, en organisant la tribu, en l'arrêtant sur la route de la barbarie, ont tenu une si grande place dans l'existence de l'autochtone.

Pendant cette campagne, le prosélytisme, malgré les guerres qui ensanglantent le Maghreb et l'Espagne, s'étend, comme poussé par un violent simoun, sur toute l'Afrique septentrionale.

Fakih d'Andalousie, émule d'Averroès ou de Ghazzali, chérif de Seguiat-el-Hamra, chacun déployant ses moyens, fascine les masses, s'assimile, pour les besoins de sa cause, les croyances populaires, fonde le ribat, le transforme en zaouïa, devient *marabout* et comme tel, exerce sa puissance thaumaturgique, prodigue ses amulettes et ses talismans merveilleux, jouit de prérogatives incroyables, crée la tribu maraboutique et fait du berbère d'Ibn-Khaldoun la créature la plus superstitieuse et la plus crédule de l'Univers.

En résumé, il fait subir à l'Islamisme un développement des plus intéressants à approfondir.

Le Maghreb, comme la Syrie, l'Arabie, la Perse, comme l'Égypte, d'où lui était venue la conception mahdiste, se remplissait de missionnaires qui affirmaient cette conception, se couvrait de sanctuaires ou d'oratoires établis, le plus souvent, aux lieux et places des *mzara* ou autres endroits consacrés de toute antiquité, et, désormais, sanctifiés par le culte du marabout.

Nous nous sommes attachés à montrer comment dans la lutte ouverte pour islamiser le Maghreb, le soufi grandi à Baghdad, à Fas, à Cordoue, en Egypte et, plus près de nous, à Tlemcen, remporta la victoire ; comment en sacrifiant, à l'instar de son concurrent, le marabout, aux traditions et aux légendes autochtones, il tourna la position et, finalement, devint l'homme divin d'aujourd'hui.

Pour armes, il avait sa renommée, son teint ascétique, fruit d'une dévotion sévère qui excitait la curiosité de la foule avide de connaître une méthode qui devait lui permettre de parvenir à la plus haute félicité, c'est-à-dire d'entretenir des rapports avec Dieu et d'absorber son âme dans l'essence divine.

De telles idées, tombées dans le champ de l'ignorance et de la simplicité, germent à merveille. Alors, ce n'est plus, dans tout le vieux continent berbère, qu'une véhémente aspiration vers le Créateur, un amour passionné du *dikr* (oraison continue) et de la vie ascétique, toutes pratiques qui, sous le couvert du monothéisme, conduisent le musulman égaré, au pôle apposé : le panthéisme.

« Simples mortels, disait Sidi-el-Mathi-es-Salah, les contemplatifs quittent secrètement la terre pour s'approcher de Dieu et *s'unir à lui* ».

« Cet homme est un saint, clamait Sidi-Youcef-el-Miliani en parlant d'un de ses disciples; il est parvenu à s'unir à Dieu en trois jours ».

C'était avec ces armes que les futurs directeurs des confréries religieuses faisaient le vide dans les zaouïa dont ils convoitaient secrètement les apanages temporels.

Mais il fallait à la masse ignorante et, par conséquent, impuissante à saisir leur méthode, des aliments spirituels plus positifs. Les soufis les lui donnèrent, par le procédé extérieur qui, en aboutissant à l'extase hystérique, marque la dernière étape de leur enseignement.

M. Renan a dit que l'Orient n'avait jamais su s'arrêter, dans le quiétisme, sur les limites de l'extravagance et de l'immoralité. Nous croyons en donner une nouvelle preuve dans ce livre en examinant ce curieux processus de la mystique musulmane qui fait que par des postures de corps particulières, le chant, le cri, la danse et des jongleries de *matapan*, des créatures croient atteindre au summum de l'enseignement soufite, au nirwana bouddhiste : l'anéantissement en Dieu.

Et ce curieux développement, commencé avec le douzième siècle, dure encore, puisque nous voyons naître, sans cesse, de nouveaux rameaux mystiques. C'est pendant cette même période de temps, que chacun des cinq Ordres fondamentaux : les *Qadrïa* aux doctrines humanitaires, toutes de piété, d'abnégation et de charité; les *Khelouatia* contemplatifs et extatiques; les *Chadelïa* spiritualistes; les *Naqechabendia* éclectiques et les *Saharaouardia* aux doctrines panthéistes les plus accentuées, se développent ou se subdivisent en branches dont les doctrines, plus ou moins variées, aboutissent toutes et toujours au *fena* (union mystique) rêvé.

En vain, eulama et marabouts, luttent, les uns pour reprendre leur prestige, les autres pour conserver leur renom de sainteté et défendre leurs prérogatives; en vain le *Ouahabisme* cherche à ramener l'Islam à sa pureté primitive; en vain la *Babisme* apporte, à son tour, ses réformes sévères et ses théories libérales, le mysticisme brise tout, emporte tout, ne laissant, çà et là, que d'imperceptibles îlots sur lesquels luttent, en désespérés, des éléments incapables de remonter le flot formidable qui a envahi le monde musulman.

Voilà pourquoi en exploitant cette idée, mystérieux creuset où se fond la pensée orientale, les chioukh des confréries religieuses ont asservi les masses. Voilà pourquoi les musulmans vivent toujours dans le prophétisme et le mahdisme!

Ils sont ainsi plus de cent soixante-dix millions qui, convaincus que leur religion est la meilleure, rêvent à des temps messianiques, attendent.... l'Heure!

**

Mais c'est surtout en ce siècle, que l'œuvre des chioukh grandit et s'affirme. A chacune des brèches que l'Europe ouvre dans le vieil Orient pour y faire pénétrer la civilisation et la lumière, le musulman frémit de terreur. En face du danger menaçant, les patrons des confréries poussent le cri d'alarme, resserent les liens de leurs adeptes, prêchent la guerre sainte et érigent en principe l'opposition systématique à toute innovation. Peu à peu, les maîtrises spirituelles élargissent leur enseignement pour faire place à la politique, recruter du monde, enrayer à tout prix l'invasion.

Si Mohammed-Salah-el-Mirghani et Cheikh Senoussi, tout en s'entourant de mystère, donnent un corps à la formule nouvelle.

En Algérie, où, pendant ces mémorables campagnes de la conquête, nos soldats se couvraient de gloire, le musulman soumis à la force, mais non vaincu, n'avait plus qu'un rêve : s'affranchir des castes maraboutiques et guerrières qui avaient été impuissantes à lui donner la victoire, pour se jeter, corps et âme, dans les *trouq* (confréries) mystiques où il espérait trouver, avec un secours occulte, cet esprit d'association et d'union confraternel devenu, en Kabylie principalement, la formule de la vie sociale.

Et il faut bien le dire, dans la poursuite de son idéal, nous avons été, sans le savoir, les meilleurs auxiliaires de l'indigène.

En effet, au fur et à mesure que nous prenions possession du sol algérien, l'arabe perdant la direction que lui assuraient, jadis, ses guerriers nobles (djouads) et ses chorfa, s'en allait à la dérive.

Tour à tour, disparaissaient ou s'effaçaient sous des mesures politiques prématurées, les grandes familles dont les extensions successives des territoires civils, particulièrement celle de 1881, ont achevé, pour ainsi dire, la ruine, à tel point que M. Jules Cambon a pu dire à la tribune du

Sénat (séance du 18 juin 1894), que nous n'avons plus, en face de nous, qu'une sorte de poussière d'hommes, les grands intermédiaires entre les indigènes et nous, ayant disparu.

Déjà, dès notre arrivée, ignorant ou oubliant en cela que, dans ce pays, l'autorité est entièrement faite de force et de tradition, nous avions détruit tout ce qui représentait le gouvernement turc.

En brisant, sous des nécessités que la guerre commandait, mais qui ne sont plus aujourd'hui qu'un préjugé démocratique, l'homogénéité des tribus, en poursuivant l'abaissement des grandes familles, nous donnions, du même coup, à l'indigène, une liberté pour laquelle il n'était pas préparé et dont il ne sait que faire.

La prise de possession des biens *hobous*, bien que justifiée à tous égards, puisqu'elle avait pour but l'organisation d'un clergé, fut encore une cause de mécontentement, cette organisation n'ayant pas été assez étendue aux campagnes où la population est toujours arriérée, grossière et superstitieuse à l'excès.

La diminution morale, entreprise depuis et sans cesse continuée, des eulama (membres du culte ou magistrats), jointe à d'autres mesures que ce livre dira, furent autant de causes qui incitèrent la population arabe à chercher, en dehors de nous, l'appui moral qui lui manquait.

Les forces qui nous permettaient de lutter contre les associations secrètes, une fois disparues ou amoindries, les zaouïa recrutent les mécontents et se transforment rapidement en un cercle d'intrigues où se fomentent avec la résistance à outrance, ces mouvements insurrectionnels dont l'insurrection de 1871 fut la plus sanglante manifestation. Depuis cette époque, une détente morale et une sorte de désagrégation qui, d'ailleurs, n'enraye pas le mal, se sont produites. Anéantis, n'en pouvant plus, les adeptes tournent leurs regards vers l'Orient, et..... espèrent ! C'est la situation actuelle des confréries et l'état d'esprit de nos sujets musulmans.

Parvenus à ce point de notre étude, nous avons pu, sans crainte d'embarrasser le lecteur, faire connaître l'organisation intérieure de ces gouvernements occultes, indiquer leurs dignitaires par leurs noms, montrer surtout le rôle omnipotent et omniscient des chioukh détenteurs de la parcelle divine, qui synthétisent tous les pouvoirs, toutes les vertus.

Le *khalifa*, le *moqaddem*, le *khouan* (délégué vicaire ou serviteur du maître), les relations de celui-ci avec l'aspirant (*mourid*), aux divers degrés de la hiérarchie, leurs devoirs entre eux, leurs obligations, le pacte indissoluble qui fait du subordonné la chose du supérieur, ont été examinés en tenant compte des rigueurs ou des tolérances dans le traitement, qui existent dans les diverses congrégations.

Nous avons procédé de même en ce qui concerne la zaouïa et son personnel spécial : *oukil, chaouch, naqib, taleb*, et nous avons tout particulièrement insisté sur la portée des mesures prises dans le passé et sur celles qu'il conviendrait d'envisager pour l'avenir touchant ces établissements particuliers.

Puis, dans un chapitre spécial, nous établissons le dénombrement des confréries religieuses et de leur personnel.

Des îles de la Sonde au Maroc, plus de quarante-cinq Ordres principaux, subdivisés, eux-mêmes, en un grand nombre de rameaux n'ayant de commun, le plus souvent, que leur vocable, détiennent les forces vives de l'Islam.

Parmi les vingt-trois congrégations représentées en Algérie, les unes y ont leurs sièges principaux et revêtent, par conséquent, un caractère local ; les autres ont leurs maîtrises à Baghdad, en Egypte, au Maroc, en Tripolitaine. Elles se répartissent en plus de soixante groupes comprenant 349 zaouïa, 76 oukla, 2,000 tolba, 57 chioukh, 2,149 moqaddim, 1,512 chouach, 224,141 khouan, 8,232 derouich, 1,9821 ahbab, 27,172 khaouniet (femmes), 36 khoulafa, 5,894 foqra, 4,000 khoddam, au total près de 300,000 adhérents en chiffres ronds. Et ce chiffre est bien au-dessous de la vérité.

⁎
⁎ ⁎

Systématiquement mais sûrement, le Personnel des confréries religieuses dépouille ses ouailles. Le sacerdoce est devenu une profession libérale. Et quand, par hasard, le Khouan récalcitre, le maître envoie percevoir la taxe par son reqab (courrier) qui sollicite le paiement par la douceur d'abord, par la menace de la vengeance divine, quand le premier traitement ne réussit pas.

Courbant l'échine, apeuré, l'affilié verse à ces hommes qui se disent les représentants de Dieu, l'argent qu'il gardait précieusement pour parer aux mauvais coups du sort !

Les diverses taxes : *ziara, sadaqa, ghefara*, etc... sont l'objet du chapitre intitulé : « Système financier des confréries ». Elles s'élèvent selon notre approximation, à plus de *sept millions*, sans parler, bien entendu, des sommes d'argent considérables expédiées à l'étranger, au besoin par mandats postaux, ainsi qu'il nous a été donné de le constater.

Plus de six mille agents de toutes catégories vivent, eux et leurs familles, du travail de leurs coreligionnaires, et il n'est pas besoin d'insister sur ce fait, que dès qu'une vacance se produit, il y a pléthore de candidats. On dirait que le rêve de l'indigène est de se faire moine !

Conclusion : *Stagnation de la richesse publique, appauvrissement de la population au seul profit d'une caste et diminution inquiétante dans le rendement de l'impôt.*

Nous avons apporté des soins particuliers à l'étude de ce chapitre du système financier, parce qu'il touche à la vie économique du pays.

Nous n'avons rien négligé pour en montrer le fonctionnement dans tous ses détails. Après avoir pris, comme point de départ, la zaouïa telle qu'elle existait encore sous le gouvernement turc, c'est-à-dire avec ses biens hobous, apanages incessibles et insaisissables, nous avons essayé de faire ressortir les avantages que les croyants retiraient en échange de leurs constitutions pieuses en faveur des zaouïa et de leurs dons matériels aux hommes qui les dirigeaient.

Les biens hobous disparus, un grand mécontentement devait s'ensuivre avec, pour conséquence inéluctable, la nécessité pour les Chioukh de se créer des recettes fixes et périodiques et pour leurs affiliés, de verser à ces hommes cupides et rapaces un argent péniblement amassé.

On conçoit aisément le rôle politique que ces puissances occultes, avec leur organisation centralisatrice et les moyens dont elles disposent, ont toujours été et sont encore appelées à jouer dans le monde musulman ; on se souvient que, malgré les déclarations de Bonaparte toutes en faveur de l'Islam, l'action des sociétés secrètes pendant la campagne d'Égypte fut considérable : Des exaltés prêchaient ouvertement la guerre sainte ; à la moindre alerte, au Caire, les Khouan sortaient étendards en tête, et un *badaoui* alla jusqu'à s'écrier : « Sid Ahmed-El-Badaoui à l'Orient, et Sid Ibrahim-Ed-Doussouki à l'Occident tueront tous les chrétiens qui passeront à proximité d'eux. »

Quelques autres faits saillants puisés entre mille, dans les annales historiques de l'Empire Ottoman et de l'Algérie nous ont suffi pour déterminer le rôle politique des Khouan. L'examen des causes et du développement du mouvement panislamique, dont les confréries sont l'âme, montrera combien est grand leur prestige sur les populations musulmanes et donnera une idée de l'habileté qu'elles emploient pour parvenir à diriger l'Islam contemporain.

**

Il y a là une situation qui préoccupe, au plus haut point, tous ceux qui ont le souci de la prospérité de notre colonie.

Il y a là une œuvre de justice et de pitié à suivre sans faiblesse : il faut arracher aux mains rapaces des bigots qui la grugent sans merci, une population depuis trop longtemps excitée et surexcitée contre nos institutions par la parole et par des actes de folie politico-religieuse, comme l'insurrection de 1871.

Cette œuvre est, heureusement, entreprise, et chose surprenante, secondée par quelques-uns de ceux-là mêmes qui, d'après tout ce que nous venons de dire, devraient la combattre Car il ne faut pas croire qu'ils soient tous intraitables ou hostiles.

A côté du fanatique, du percepteur avare, vivent heureusement des personnages de bien qui, en de généreuses aumônes, rendent, d'une main, ce qu'ils ont touché de l'autre. Il y en a même qui sont entièrement favorables à notre action.

Mais, faut-il l'avouer, si pendant la première période de la conquête, sous le gouvernement du maréchal Bugeaud notamment, on s'occupait activement de ces personnages, il semble que, depuis la pacification, et surtout depuis une vingtaine d'années, on les ait un peu oubliés, sauf pour leur demander quelques services qu'ils nous ont, d'ailleurs, toujours rendus avec empressement.

Avec sa haute autorité, M. Jules Cambon les a repris en main. Dès son arrivée en Algérie, il faisait appel, pour les besoins de la pénétration dans notre zone d'influence saharienne, à l'action de plusieurs chioukh religieux qui vivaient sinon dans un état confinant à l'hostilité, tout au moins dans un état d'oubli fatal à nos intérêts politiques dans l'Afrique du Nord et, plus particulièrement, dans la Colonie.

Ce fut d'abord le chérif d'Ouazan, Mouley-A'bdesselam ben Larbi, grand maître de l'Ordre des Taïbïa qui, du Maroc vint renouer, à Alger, des relations d'amitié dont la tradition était perdue et se placer nettement sous la protection de la France, au service de laquelle on peut dire qu'il sacrifie sa vie.

Plus près de nous et chez nous, ce sont les Ouled-Sidi-Cheikh qui, de la période d'expectative dans laquelle ils vivaient depuis la pacification de 1883, laquelle avait clos une insurrection d'une durée de près de vingt ans, passent tout à coup à une période d'action favorable à nos projets.

Dans les territoires de commandement de la division de Constantine, la politique gouvernementale de pénétration saharienne a compté, depuis six ans, ses meilleurs appuis parmi les Tidjanïa.

C'est encore à un des moqaddim de la même confrérie que nous devons d'avoir pu renouer des relations avec les Touaregs Azdjers, relations suivies de l'arrivée à Alger, en 1892, d'un *miad* targui.

Enfin, du côté des Qadrïa, les zaouïa d'El-Aniche, de Rouissat et de Nefta (cette dernière en Tunisie), nous sont entièrement dévouées. Elles sont comme les meilleures avant-gardes de notre pénétration saharienne. Il en est de même de beaucoup de branches rahmaniennes.

Ce rapide exposé, développé dans le chapitre « Rôle politique des confréries », démontre qu'avec de la patience, de la persévérance et des connaissances approfondies des hommes et des choses du monde musulman, on peut arriver à des résultats qui font honneur au gouvernement qui sait les obtenir.

Certes, l'influence des confréries est toujours puissante ; le khouan, toujours craintif et habitué à une incroyable passivité d'obéissance, ne peut ni n'ose lever le masque, dans la crainte du châtiment qui ne manquerait pas de l'atteindre.

Cependant, si des efforts ont été tentés, il reste encore beaucoup à faire : au milieu de confréries ralliées, se répandent et prospèrent des associations hostiles ; de l'extérieur, celles que nous ne pouvons atteindre, envoient en Algérie des émissaires et nous créent, sans cesse, de nouveaux ennemis. Plusieurs d'entre elles raniment l'esprit guerrier des Touareg, sont maîtresses des routes commerciales aboutissant au Soudan et, tout en propageant la haine contre l'infidèle, font le vide autour de nos possessions de l'Afrique du Nord.

Il en résulte que le khouan vit, au milieu de nous, dans une espèce de compromis, fait de désir et de crainte, dans un temps de transition, d'inquiétude et de perplexité sur la marche des événements, assez bien déterminé, d'ailleurs, à se ranger du côté du plus fort et, jusqu'à présent, c'est la bigoterie qui a tenu ce rôle.

Notre tour paraît enfin venu.

On trouvera, développé dans nos conclusions, le programme que nous avons essayé de dresser en vue de prendre la direction de la seule force qui subsiste chez nos indigènes, afin de nous en servir jusqu'au jour où, en lui opposant d'autres forces éclairées et civilisées, nous pourrons poursuivre sa désagrégation.

Ce programme peut être résumé dans les conclusions générales suivantes :

1° Rapports avec les confréries religieuses sans distinction de doctrines, en vue de les placer sous notre tutelle et de faire de leurs dignitaires des imams non rétribués ;

2° Rapports avec la masse indigène et pénétration des esprits, en opérant une sorte de main-mise sur les zaouïa existantes et en tolérant, partout où le besoin s'en fait sentir, la construction d'établissements similaires, afin de les réunir, progressivement, au domaine de l'État et de leur restituer leur triple caractère d'établissement de culte, d'instruction et de bienfaisance ;

3° Mise en œuvre de l'action des confréries religieuses qui ont des ramifications à l'extérieur, pour le rétablissement de nos relations politiques et commerciales avec le Soudan oriental et occidental et la pénétration de nos idées civilisatrices dans les autres pays de l'Islam.

L'œuvre à entreprendre sera longue et laborieuse, mais une tentative, dût-elle ne pas donner, tout d'abord, les résultats que nous sommes en droit d'en attendre, ne pourra qu'honorer le gouvernement qui généralisera les essais déjà tentés, car on l'a dit fort judicieusement : l'indifférence pour le bienfait n'en altère pas le caractère. Nous avons devant les yeux l'exemple de la Bosnie et de l'Herzégovine, où le gouvernement autrichien a su donner au musulman toutes les satisfactions que sa religion et son état social exigent.

Tel est l'ensemble de notre travail, travail qui serait incomplet si nous n'y avions annexé, dans des notices spéciales, les documents et renseignements (titres, diplômes, états numériques, etc.) utiles pour permettre d'apprécier l'origine, le rituel, l'évolution et le domaine géographique de chaque confrérie.

Nous avons essayé de lever les pans du manteau musulman ; nous l'avons fait sans prétention scientifique ni littéraire et nous réclamons, par avance, l'indulgence de ceux qui savent les difficultés qui entourent de pareils travaux.

.

Que M. Jules Cambon, à qui nous devons d'avoir pu entreprendre cette publication, veuille bien accepter ici l'hommage, que nous lui offrons, de notre profonde gratitude, pour les encouragements et les conseils dont il n'a cessé de nous entourer dans l'accomplissement de notre tâche.

Qu'on nous permette, aussi, de remercier publiquement nos représentants à l'Etranger, ainsi que MM. les officiers des Affaires indigènes, les Administrateurs et les Maires de la Colonie qui, à la demande de M. Jules Cambon, ont bien voulu lui faire parvenir les renseignements que nous avons mis en œuvre.

Nous remercions également MM. les Interprètes militaires, particulièrement ceux du Gouvernement général, dont on lira les traductions dans ce livre ; M. Accardo, chef du service des cartes et plans au Gouvernement général, pour le soin tout particulier qu'il a apporté dans 'établissement de la carte qui complète notre travail ; MM. Maupas, Pierron et Paoli, bibliothécaires à Alger, pour la gracieuse obligeance qu'ils ont apportée à nous procurer les ouvrages qu'il nous a fallu consulter ; M. le capitaine Cagniart, M. l'interprète militaire Arnaud, qui ont bien voulu nous donner d'utiles renseignements pour l'accomplissement de notre mission.

Enfin, nous devons des remerciements tout particuliers à M. Belkacem-el-Hafnaoui ben ech-Cheikh, khodja rédacteur au *Mobacher*, qui s'est journellement tenu à notre disposition et nous a prodigué, pour les traductions que nous avons dû entreprendre nous-mêmes, ses connaissances aussi étendues que discrètes.

OBSERVATIONS

Les règles de transcription en français des mots arabes, adoptées dans cet ouvrages, ne sont pas uniformes ; il est, en effet, des termes dont nous avons cru devoir maintenir l'orthographe consacrée par l'usage : c'est ainsi que ع que nous représentons par *gh*, se trouve parfois sous la forme *rh, g* ou *r'* dans les mots (noms de centres notamment ou cette forme a prévalu).

La même observation s'applique au ع que nous transcrivons par *a'*.

Afin d'éviter des erreurs d'interprétation, il est certains pluriels peu usités que nous avons négligés à dessein. Enfin, dans les citations d'auteurs, nous avons parfois respecté l'orthographe, de telle sorte que des mots figurent avec des transcriptions différentes, ce que nous ne pouvions éviter.

Désireux de conserver aux gravures arabes, reproduites en chromolithographie, leur cachet d'originalité, nous ne donnons la traduction des mots qu'elles renferment que dans les chapitres auxquels elles se rapportent ; quelques mots d'explication sont donc, ici, nécessaires.

Sous forme d'arbres, ces figures ont pour même tronc symbolique, la formation de l'Islam : Dieu, l'ange Gabriel, le Prophète.

De ce tronc partent : dans le premier de ces arbres, les rameaux représentant les écoles ou *medaheb* qui donnèrent naissance aux quatre rites orthodoxes ; dans le second, les soixante-douze sectes hérésiarques ; dans le troisième, quarante confréries religieuses issues du soufisme ; dans le quatrième enfin, les noms des fondateurs des confréries rattachant leur enseignement aux khalifes A'li et-Abou-Beker-es-Seddiq : au sommet de ce dernier figurent les noms des corporations que nous avons étudiées.

O. D.

LES CONFRÉRIES RELIGIEUSES MUSULMANES

CHAPITRE PREMIER

COUP D'ŒIL RÉTROSPECTIF

1° *Les Arabes et l'Arabie avant Mohammed* : origines, divisions, caractère. — *Mœurs et Coutumes* : la tribu, le cheikh, la djemâa, les esclaves. — La langue, les poètes, congrès littéraires, dégénérescence de la poésie, le meddah. — La boisson, les jeux de hasard. — La femme, sa condition. — *Croyances et superstitions* : le dieu d'Abraham, la Ca'ba, les divinités, grands cultes de l'Asie et de l'Europe, scepticisme ;

2° *Mohammed* : sa naissance, sa jeunesse, son caractère, sa mission, son œuvre ;

3° *Le Coran* : idée dominante, esprit général, culte et pratiques, peines et récompenses, déduction ;

4° *Les Hadits, la Sonna* : Medahab, écoles orthodoxes, commentaires, Fataoua, un spécimen de Fetoua ;

5° *Sectes hérésiarques nées au sein de l'islamisme, leurs subdivisions, leurs doctrines* : Chiites (Cha'ïa), Kharédjites (Kharédjïa), Mo'tazélites (Mo'tazila), Mordjites (Mordjïa), Nadjarites (Nadjarïa), Djabrites (Djabrïa), Mochabbihtes (Mochabbïha), Nadjites (Nadjïa).

Les confréries religieuses musulmanes étant intimement liées à la fondation et à l'évolution de l'Islam, il nous a paru nécessaire de ne rien négliger pour éclairer tous les faits qui s'y rattachent et dont quelques-uns, malgré leur ancienneté, font encore sentir leur influence dans le milieu musulman d'aujourd'hui. Nous commencerons donc par une rapide revue des temps anté-islamiques dont nous aurons à tirer, à plus d'un titre, de précieux enseignements.....

Suivant l'étude comparée des langues, des traditions et de la physiologie, les historiens anciens et nouveaux font remonter l'origine des arabes à Chus ou Couch, fils de Cham (1).

Hérodote nous apprend que les Phéniciens issus des fils de Canaan, frère de Couch, ont laissé en Arabie des traces de leur passage (2).

Plus concluante, la Bible mentionne l'établissement des enfants de Yectan (Yectanides) dans le midi de la péninsule et, à une époque moins ancienne, celui des descendants d'Ismaël dans le nord.

Ces deux branches de la race sémitique ont progressivement absorbé celles des fils de Cham et sont généralement citées comme ayant formé la première souche du peuple arabe proprement dit.

Les historiens arabes, tout en émettant les mêmes opinions sur leurs origines, désignent les races éteintes sous le nom de Baïda البايدة et les races subsistantes sous celui de Moutakkhara المتاخّرة ou Baquïa الباقية.

Ils classent ces dernières en A'riba العاربة, race primitive de laquelle descendaient les Amalica, les Adites, les peuples de Thamoud, de Tasm, de Djadis, tous issus de Sem, selon les uns, de Cham selon les autres ; en Mouta'rriba المتعربة pour désigner les Yectanides et en Mousta'rriba : المستعربة que représentaient les Ismaélites dont la branche d'Adnan (3) est la seule connue.

Le pays où ces peuplades s'étaient établies prit le nom d'Arabie, nom tiré de l'appellation des A'riba, et fut divisé, d'après les auteurs anciens, en trois régions : Arabie déserte, Arabie pétrée et Arabie heureuse; les Arabes le partageaient en huit parties :

1° Le Hedjaz, la plus célèbre, sinon la plus fertile, pays de la Mecque et de Médine, ces deux villes qui dominèrent et par l'influence religieuse et par l'importance des ports commerciaux qui les desservaient : Yambo pour Médine, Djedda pour la Mecque. Le Hedjaz, qui tire son nom de la chaîne de montagnes qui le traverse en partant de la Palestine pour se diriger vers l'isthme de Suez, a été le berceau de la postérité d'Adnan auteur, d'après la tradition, des arabes d'origine plus récente ou Mousta'rriba ;

2° L'Yémen, au sud du Hedjaz, remarquablement situé pour le commerce entre la mer Rouge et les Indes. C'est le pays d'Aden, de Sana'a, de l'antique et merveilleuse Saba, de Moka, fameuse pour son café. Ses habitants nommaient leur père Cahtan, qu'ils identifiaient avec Yectan,

---

(1) Rollin, histoire ancienne, I, p. 12. — Ibn Khaldoun, manuscrit de la bibliothèque royale 2,402, I, f. 20, V°, suivant d'anciennes traditions juives. (Auteurs cités par M. Caussin de Perceval. — *Essai sur l'histoire des arabes*, t. I, p. 5).

(2) Hérodote, I, p. 1. — Lenormant, *Cours d'histoire*, p. 266.

(3) Caussin de Perceval. — *Histoire des arabes*, t. I, p. 7 et 8.

fils d'A'ber. Cette version est contredite par quelques historiens arabes qui croient Cahtan issu d'Ismaël (1), mais, en grande majorité, ils confirment la tradition.

3° L'Hadramaut, sur la mer des Indes ; 4° le Mahra ; 5° l'Oman ; 6° l'Hassa ; 7° le Nedjed ; 8° l'Ahkaf, comprenant, en grande partie, la vallée intérieure de la péninsule.

Nous ne saurions entreprendre, sans nous éloigner de notre sujet, de suivre l'évolution des diverses branches de ces races primitives, ni d'examiner leur domaine géographique (2). Qu'il nous suffise d'ajouter que ces divisions du pays paraissent se rapporter, soit aux degrés de fertilité du sol, soit aux races qui les ont peuplées.

---

(1) Ibn Khaldoun, f. 17, V°, 113. — Sirat-crraçoul, f. 2. — Pococke, auteurs cités par M. Caussin de Perceval, *Histoire des arabes*, p. 40, t. Ier.

(2) Ci-après les divisions politiques de l'Arabie contemporaine :

« L'Arabie, dont la plus grande partie est constituée par des déserts, reconnaît trois dominations politiques principales :

» 1° L'imam de Mascate (vassal nominal de la Porte, mais en réalité indépendant) gouverne la côte d'Oman ; le même sultan a gouverné Mascate et Zanzibar jusqu'en 1856, mais à cette date les deux États ont été partagés entre les deux fils du sultan défunt. Les Anglais, qui ont occupé sur la côte méridionale les îles Kourian-Mourian, ont des prétentions sur tout l'imamat de Mascate et même certaines cartes marquent déjà cette côte comme britannique ; toujours est-il que l'imam de Mascate est subventionné par le gouvernement des Indes ;

» 2° Le cheikh des Ouahabites, qui réside à Riad, a la souveraineté du plateau inférieur du Nedjed ;

» 3° Le sultan de Constantinople exerce un pouvoir réel sur le Hedjaz et sur La Mecque, mais purement nominal sur l'Asyr, l'Yémen, l'Hadramaut, etc..., où les tribus reconnaissent des chioukh indépendants.

» En outre, dans l'intérieur, les Bédouins nomades, rassemblés en tribus, sont affranchis de toute tutelle.

» En 1871, les Turcs ont établi leur autorité sur le pays d'El Hasa, sur le golfe Persique, mais ils y sont si peu puissants, que les Anglais ont pu, en 1895, bombarder et occuper l'île Bahrein, sur cette côte, sans que le sultan voisin d'El Hasa (vassal de la Porte de qui dépend cette île), ni même le sultan de Constantinople, aient réclamé sérieusement contre cet attentat.

» En 1896, les Anglais ont placé sous leur protectorat le territoire de Zibara (Katar). Sur la côte arabique de la mer Rouge, les Anglais possèdent les îles Farsan et Kamaran ; dans le détroit de Bab-el-Mandeb, ils ont l'îlot stratégique de Périm depuis 1857. En 1839, ils ont pris Aden, dont ils ont fait un des plus importants dépôts de charbon du monde, sur la route entre l'Europe et l'Inde et la Chine.

» En face de Périm, sur la terre ferme, la France a acquis, en 1862, la baie de Cheikh Saïd, mais elle ne l'a jamais occupée.

» Un câble va de Suez à Périm, Aden et Bombay ; d'autres vont de Souakim à Djedda, de Périm à Cheikh Saïd ; en outre, le télégraphe est établi entre Djedda et La Mecque, et entre Cheikh Saïd et Hadada, dans l'intérieur.

» L'Arabie indépendante a peut-être 2 millions et demi de kilomètres carrés et 3 millions et demi d'habitants ; sa nature désertique est un obstacle à sa mise en valeur. »

(Extrait de la *Revue de géographie*, dirigée par M. Ludovic Drapeyron, article de M. P. Barré, décembre 1896).

Les premiers habitants de l'Arabie devaient nécessairement subir l'influence du milieu où ils étaient placés. Ils avaient, par un singulier contraste, contracté les vices et les vertus inhérents à la nature même de leur pays, dont les aspects changeants offraient aux hommes les moyens les plus divers de satisfaire leurs besoins ou leurs aptitudes.

En effet, admirable antithèse, tout se voyait dans l'antique Arabie : depuis les montagnes abruptes aux profonds abîmes, jusqu'aux plaines favorables à la charrue et aux pâturages ; pays de végétation la plus variée, de fleurs aux doux parfums et de fruits savoureux, terre où l'on rencontrait le lis et l'hysope, le cactus et le jasmin, la datte et la figue, l'orange et l'abricot ; ses rivages produisaient des perles précieuses, ses montagnes du marbre et des rubis ; ici, le désert, avec sa solitude ; là, la fécondité la plus intense.

D'un tempérament sec et ardent, les hommes de cette contrée étaient tels que nous les connaissons aujourd'hui, sanguinaires et obséquieux, superstitieux et exaltés, avides de croyances et de fictions (1). Sobres d'esprit et de corps, ils pouvaient traverser le désert qui s'étend entre l'Égypte et la Syrie, avec la rapidité de la flèche ; habitués aux moindres mouvements des sables brûlants des régions désertiques, ils étaient faits à leur exemple, pour l'action prompte, comme à l'exemple des doux rivages de l'Océan, dans l'Yémen, où l'air est toujours pur, où la saison des grandes chaleurs est en même temps celle des pluies, ils étaient faits pour le repos absolu.

Au surplus, capables des plus grandes choses : « l'analogie de
» situation et de sentiment inspirait à tous les mêmes points d'honneur ;
» le glaive, l'hospitalité, l'éloquence faisaient leur gloire ; l'épée était
» l'unique garantie de leurs droits ; l'hospitalité embrassait pour eux
» le code de l'humanité ; et l'éloquence, à défaut d'écriture, servait à
» trancher les différends qui ne se vidaient pas par les armes » (2).

*
* *

Une des conséquences de leur vie nomade, fut le groupement et l'organisation de tribus formant autant de petites républiques indépendantes et fières.

La tribu était généralement composée de membres d'une même famille qui se réunissaient autour d'un chef vénéré et tenant son titre de cheikh — شيخ (vénérable, seigneur) — de son droit d'aînesse.

Ces associations, aux obligations variées, étaient basées sur les mœurs patriarcales des peuples primitifs ; et à ce titre, il peut être

---

(1) L. A. Sédillot, *Histoire générale des arabes*, t. I, p. 20.
(2) L. A. Sédillot, *Histoire générale des arabes*, t. I, p. 20.

BÉDOUINS DU HEDJAZ AVEC LEUR CHEF

intéressant de rapprocher leurs coutumes de celles des premiers habitants de l'Europe.

Comme chez les peuples osques ou sabelliens, le guerrier s'élevait au-dessus des autres par ses exploits et sa hardiesse, et, à l'instar des Étrusques et des peuples pasteurs de l'Occident, le sentiment de la famille était poussé au plus haut degré. Les noms des aïeux étaient gravés dans la mémoire des enfants et formaient, avec les légendes qui s'y rattachaient, les archives de la famille que le cheikh dirigeait par ses conseils et dominait par son autorité toute paternelle. C'était lui qui préparait la guerre, dirigeait le combat, décidait les incursions et distribuait le butin.

Les coutumes variaient, cependant, de tribu à tribu à cause des intérêts de chacune d'elles ou de leur rang dans la noblesse : celles qui faisaient remonter leur origine à Kahtan ou Yectan, et jusqu'à Nouh (Noé), le sauveur de l'humanité, se considéraient comme supérieures par leur naissance et constituaient la souche des grandes familles ; celles qui s'étaient infiltrées au milieu des premières étaient méprisées malgré leur esprit guerrier et leurs victoires. Toutes, grandes ou petites, gardaient d'ailleurs, avec un soin jaloux, leur généalogie comme leur honneur.

Au nombre des habitants de la tribu, figuraient les serviteurs, esclaves et affranchis attachés, pour la vie et la mort, à la famille qui les nourrissait et les protégeait.

Le cheikh leur permettait de le suivre au combat et les admettait au partage du butin comme les comites germaniques, les soldurii aquitains, les membres des clans écossais, ou les clients italiens. C'était le patronat dans toute sa simplicité, avec quelque chose de plus patriarcal, rappelant les tribus d'Abraham et de Jacob.

.*.

Les siècles n'ont changé ni leur aspect, ni leur existence : toujours les mêmes rivalités sanglantes, le même esprit d'indépendance, les mêmes jalousies de leur liberté et de leurs croyances.

A ces guerriers dont les descendants lancent, encore aujourd'hui, un regard de pitié au laboureur courbé sur le sillon, il fallait parfois former les faisceaux pour ne pas devenir la proie des conquérants qui désiraient régner à la fois sur les bords de l'Euphrate et du Nil. Dans ces circonstances, ils cessaient un instant leurs rivalités héréditaires pour combattre et concourir à la défense de leurs intérêts.

A ces moments de péril, les chioukh (pluriel de cheikh) délibéraient sur l'opportunité de l'attaque ou de la défense. Leur chef, désigné par eux, prenait le titre d'émir (cheik suprême, prince, général) et préparait l'expédition.

Bien que choisi, de préférence, parmi les plus puissants par la richesse, le nombre de leurs proches ou de leurs esclaves, ou parmi les plus vénérés par l'antiquité de la race, son autorité n'en était pas moins subordonnée à l'avis de l'assemblée (Djemâa), qui n'hésitait pas à lui appliquer la loi du talion, s'il venait à trahir ou à compromettre la dignité de ceux qu'il représentait.

* * *

Est-ce à dire que ces hommes graves n'avaient d'autres préoccupations que la guerre ? Les auteurs nous les présentent, au contraire, poètes autant que guerriers et commerçants : non pas de purs littérateurs, sans doute, car leur langue pauvre s'y opposait, mais de vrais troubadours qui savaient aussi bien chanter les sentiments doux ou terribles du cœur humain qu'exceller à manier le sabre ou à échanger des marchandises.

L'absence de notions sur le monde matériel et moral des autres nations, le cercle restreint où le péninsulaire enfermait sa pensée devaient forcément l'amener à sentir plus vivement les impressions de sa vie entièrement faite de migrations, de combats et d'amour.

De telle sorte qu'en dehors de quelques maximes philosophiques brahmaniques venues de l'Inde et passées en Arabie à la faveur d'un déguisement persan, tout le monde, depuis l'enfant jusqu'au vieillard, vivait d'imagination et de légendes merveilleuses aussi antiques que les âges ; les esprits étaient nourris de faits prodigieux légués par les ancêtres ; c'était, entr'autres, la conquête des Adites, leur luxe inouï, leurs palais enchantés ; c'était Ad s'avançant victorieux souverain, vers le soleil levant, le dieu du jour ; c'était Scheddad, fils d'Ad, frappé par la foudre pour s'être cru dieu ; c'était le prophète Houd, « punissant une » ville perverse en l'isolant du monde entier, en la privant d'être vue et » entendue par les autres hommes, ville que les caravanes traversent » sans l'apercevoir, dont l'air ne transmet plus la voix, dont le soleil » n'éclaire plus les actions » (1).

Et ces légendes constituaient, pour les plus renommés parmi les poètes, un encouragement à se livrer à ces grands tournois de la parole où l'honneur, l'hospitalité, la vengeance, la description de la nature aux spectacles gracieux et solennels, faisaient l'objet de leurs exploits ; quant aux obscurs, ils se contentaient d'exercer leurs talents en petits comités, devant un auditoire toujours altéré de merveilleux.

---

(1) Jules David, *Progrès des études sur l'antique Orient* (Revue de France, janvier 1874).

Tantôt, c'était la gazelle légère, la fraîche oasis ou les sables mouvants du désert, tantôt le cheval fougueux :

« La jambe qui le presse enflamme son ardeur ; le fouet précipite la course ; excité
» encore par la voix, il s'élance comme un fou, allongeant le col en avant..... »
« Courbant la tête sur la bride qui le retient, il vole avec la vitesse de l'anti-
» lope..... » (1).

ou bien la chamelle douce et gracieuse, que Tarafa, dans sa poésie compare à

« L'autruche légère qui s'élance au-devant d'un mâle au duvet fin, de couleur
» cendrée..... »

. . . .

ou encore

« A la jeune esclave qui, au milieu d'une compagnie, pour charmer les regards de
» son maître, se balance en laissant flotter l'extrémité de sa longue tunique
» blanche..... »

Lorsqu'un des débutants, dans l'art de rimer, s'élevait au-dessus du commun par quelque composition annonçant des dispositions sérieuses pour la poésie, sa tribu célébrait sa gloire future par des fêtes et on félicitait sa famille, dit Soyouti, comme on félicitait un homme à qui sa femme avait donné un enfant mâle ou sa jument un poulain de noble race.

Ainsi se constituait, progressivement, le recueil poétique, d'abord simplement conservé dans la mémoire, puis transcrit, plus tard, dans divers dialectes : syriaque, coufique ou arabe.

A des époques déterminées, des réunions générales, véritables congrès littéraires en même temps que sortes de foires de l'Orient, avaient lieu dans la petite ville d'Okadh, située entre Taïf et Nakhla, à trois journées de la Mecque.

Les poètes guerriers « montaient, à tour de rôle, sur un tertre, et là,
» d'une voix sonore, sans autre secours que celui de l'inspiration ou
» d'une mémoire prodigieuse, ils récitaient des poèmes entiers » (2),

---

(1) Lutte de poésie entre Imroulqaïs et A'lcama, qui, prétendant avoir chacun la supériorité, prirent le cheval comme sujet et la femme d'Imroulqaïs comme arbitre. Elle se prononça en faveur de la poésie d'A'lcama.
« Le coursier d'A'lcama est meilleur que le tien, dit-elle à son mari; tu excites ton
» cheval de la voix, des jambes et du fouet, tandis que celui d'Abou Obaïda (c'était le
» prénom d'A'lcama) n'a besoin que d'être retenu ».
Aghani, II, 156 ; de Slane, notes p. 80, citées par Caussin de Perceval, *Histoire des arabes*, t. II, p. 316.

(2) A. L. Sédillot, *Histoire générale des arabes*.

qu'ils répétaient avec enthousiasme lorsqu'ils étaient encouragés par l'auditoire. C'était, pour eux, un honneur inconcevable et un acte de stimulation qui devait contribuer à former la langue arabe et à la maintenir pure dans toute la péninsule.

Ce fut au cours d'une de ces luttes de « gloire » (Mofakhara) que les Benou Temim, à la suite d'une incursion victorieuse des partisans de Mohammed sur leur territoire, se convertirent à l'islamisme, conversion toute poétique que conquit seul, par sa verve et son esprit, Hassan, fils de Thabit, sur Zibriqan, poète des Benou Temim.

Les œuvres couronnées par le Congrès étaient conservées dans la Ca'ba, après avoir été soigneusement écrites en lettres d'or sur une étoffe précieuse.

La postérité doit à ce soin sept poèmes ou moa'llaqat (poèmes suspendus), qu'on désigne encore sous le nom de modhahbaat (poèmes dorés) (1). Ils sont dus à :

Imroulqaïs (mort en 540), considéré par les auteurs musulmans comme le père de la poésie arabe ; Tharafa, fils d'A'bd, contemporain d'Imroulqaïs et réputé par la vivacité de son esprit et la finesse de son goût, et à A'mr, fils de Koltsoum, poète guerrier (mort en 873).

« Plus d'un illustre chef, qui défendait vaillamment sa clientèle et avait obtenu les
» insignes de la royauté, est tombé sous mes coups. Aussitôt (mettant pied à terre
» pour lui enlever ses armes), nous avons laissé flotter les rênes sur le col de nos
» coursiers qui, appuyant un de leurs pieds de derrière sur la pince et se posant sur
» les trois autres, demeuraient fixes dans cette attitude auprès du corps de notre
» ennemi terrassé. »

Cet extrait de la moa'llaqa d'A'mr nous donne une idée exacte de l'origine de ces poésies.

Citons encore, parmi les Fohoul (2), Nabigha (3), le panégyriste des cours des princes de Ghassan et de Hira ; Harets, fils de Hillize (né en 540), qui fut le plus éloquent des poètes de son temps ; Labid (mort en 622) ; Zohaïr (mort en 627), et le célèbre A'ntara, qui dut à sa bravoure d'être affranchi et synthétisa avec le plus de force cette poésie arabe qui offre tant d'analogie avec les chants de nos jongleurs du moyen-âge, sur les hauts faits d'armes d'Olivier défiant, quelques instants avant sa mort, le géant chef des Sarrazins ; ou encore sur les larmes du cheval de Bayard, que les écuyers saignèrent pour boire son sang pendant que la famine était au château.

---

(1) Pococke, p. 164, cité par Caussin de Perceval, *Histoire des arabes*, t. I, p. 297.

(2) Fohoul est le pluriel de Fahl (mâle), « étalon ». L'estime des Arabes pour le cheval reproducteur leur avait fait appliquer son titre de Fahl à leurs hommes de génie.

(3) Nabigha veut dire « il a jailli », beau surnom pour un poète.

Poètes du désert ou poètes des villes, suivant la classification des scoliastes A'bbassides, les grands chantres anté-islamiques exerçaient, sans conteste, une haute influence sur les mœurs et les passions de leurs contemporains. L'orgueilleux prophète Mohammed, que les rimeurs Qoreichites harcelaient de satires et d'épigrammes, comprit si bien la puissance de ces maîtres de la langue, qu'il chercha, à Médine, des adversaires à leur opposer pour sa défense. Ce furent A'bdallah, Ka'b et Hassan, cet Hassan que nous avons déjà vu opérer, par la seule vertu de ces poèmes, la conversion des Benou Temim.

Ce même Hassan était un plaisant fort compromettant ; à la fois goguenard et gouailleur, n'alla-t-il point, dans ses vers, malheureusement perdus, jusqu'à plaisanter A'ïcha, la femme du prophète, qui s'était égarée pendant la halte de nuit d'une caravane et qui fut retrouvée par Safran, fils de Mohattal. Mohammed en fut touché, mais pas autrement troublé grâce à l'intervention du ciel, qu'il faisait se manifester jusque dans ses rapports conjugaux : « Réjouis-toi A'ïcha, ton innocence m'a été révélée d'en haut ». Puis il produisit une *sourate* qui édicte une peine de quatre-vingts coups de verge au calomniateur ; façon ingénieuse d'épargner sa femme et de punir son poète (1).

Plus tard, peu reconnaissant des services rendus notamment par A'bdallah qui mourut à la bataille de Mouta, le prophète alla jusqu'à comparer les poètes aux menteurs livrés au péché sur lesquels descendent les démons qui les inspirent.

« Ne vois-tu pas qu'ils suivent toutes les routes comme des insensés.

» Qu'ils disent ce qu'ils ne font pas.

» Lorsqu'on disait aux impies : Il n'y a point de Dieu, si ce n'est » Dieu, ils s'enflaient d'orgueil, et disaient : Abandonnerons-nous nos » dieux pour un fou de poète » (2).

Malgré ce langage et les hadits qui sont venus le renforcer, malgré les vicissitudes que les arabes ont traversées, les poètes dont la langue divine ne peut mourir, existent encore de nos jours ; mais ils ne sont plus qu'un vague et lointain écho de leurs maîtres antiques : ils sont impuissants ou dégénérés.

Qui n'a vu ou rencontré cet arabe en guenilles, aux cheveux longs et incultes, à la démarche indolente, avec une bourse en cuir pendue à la ceinture comme pour appeler d'avance la générosité des passants. C'est le bateleur, *le meddah* (المدّاح) qui, le bâton à la main, parcourt les tribus, se présentant tour à tour à la tente de nos chefs indigènes, du riche fellah ou du simple khammès.

Il va partout lui, pénètre partout, les femmes ne s'en effarouchent pas, l'accueillent au contraire avec une curiosité mêlée d'inquiétude

---

(1) Jérôme David, *Revue de France*, septembre 1895.
(2) Coran.

parce qu'elles s'attendent à des récits merveilleux ou à des nouvelles consolantes.

Le soir, sous la tente, à la clarté de la flamme du foyer ou en plein air, lorsque le temps le permet, après avoir mangé le kouskouss, les voisins se réunissent, s'asseoient en cercle, les jambes croisées, attendant, avec impatience, le porteur de nouvelles.

Le meddah se lève, se place au milieu du cercle, se frotte les mains et les bras comme s'il allait prononcer la prière réglementaire, relève sa chevelure et après une courte invocation à Allah et à son envoyé, il tient, pendant des heures, son auditoire en haleine par des récits bien faits pour frapper les imaginations naïves : tantôt c'est une légende de l'époque de la conquête transmise oralement et altérée suivant l'enthousiasme des auditeurs; tantôt ce sont les faits miraculeux d'un soutien de la Foi en renom, ou les exploits d'un ancien guerrier ; parfois il chante certains rites spéciaux au marabout vénéré de la contrée, ou au fondateur d'une confrérie dont il est l'affilié et souvent l'émissaire.

Selon le sujet qu'il traite, *le meddah* pleure à chaudes larmes ou rit aux éclats, lève les yeux vers le ciel, comme pour prendre à témoin l'Invisible.

Et le lendemain, dès l'aube, il reprend son chemin en emportant quelques souvenirs de la tente hospitalière : un morceau de galette *(kesra)* pour son voyage, quelques flocons de laine qu'il vend au premier venu, un vieux burnous ou autres objets de peu de valeur.

Dans les villes, le café maure est sa demeure : il y est le jour, la nuit, à toute heure. Là aussi, il raconte ses histoires touchantes ou dramatiques, chante ses mélodies douces ou passionnées qui font rêver de harems et de femmes voilées, dominent et fascinent l'auditoire qui prête l'oreille à ses récits tout en reflétant les sentiments divers qu'ils font naître.

On écoute volontiers *le meddah*, mais on connaît le but qu'il poursuit et chacun déserte à la fin du récit pour ne pas avoir à refuser l'aumône qu'il sollicite.

C'est qu'il n'est plus en pleine campagne, dans le désert, en Kabylie, ou dans les Hauts-Plateaux où l'ignorance et le fanatisme ont toujours leur domaine, mais au café maure, rendez-vous des intrigants, des malins et des dévoyés, tous gens incrédules à *la bonne parole*, aux inspirations *du meddah* (1).

---

(1) Le meddah, est essentiellement voyageur.

Un autre chanteur, le ghannaï (الغَنَّاي) vit, au contraire, en sédentaire au milieu des tribus ou des douars.

Il est l'hôte parfois indispensable de grands chefs ou de gens aisés lorsqu'ils donnent des fêtes au cours desquelles il chante l'amour et la richesse, flatte les goûts et les passions des puissants du jour, rehausse leur prestige, affirme leur clientèle.

Souvent on va le chercher en grande pompe et il ne dédaigne pas la rémunération de ses services.

C'est l'époque de la décadence de ces troubadours ambulants : l'art s'en va, il fait place à la profession libérale.

Où est A'ntara, où est Labid..... et vous bardes celtiques, autres bateleurs du temps, qui couriez après les roues du char de Luern, roi des Arvernes, et ramassiez avec reconnaissance, une bourse d'or que vos louanges vous avaient attirée ?

La décadence est attestée chez vous par les plus anciens monuments poétiques des bardes gaulois ; et de même qu'on vous voit placés sous le patronage des chefs militaires et réduits à une véritable domesticité féodale (1), de même, les bateleurs musulmans, encore plus déchus, se trouvent ici dans de petits monastères, placés au troisième rang de la société indigène, réduits au rôle de domestiques du grand chef ou du simple cultivateur aisé qui se font un luxe de conserver dans leur demeure ces derniers survivants d'un corps évanoui.

*
* *

Les auteurs orientaux qui ont essayé de s'élever au-dessus du vulgaire en plaçant Mohammed en dehors de la légende, ne lui ont jamais pardonné d'avoir laissé tomber sa colère sur les poètes arabes, privant ainsi l'histoire d'éléments intellectuels qu'on cherche en vain dans le Coran.

Ce n'est, en effet, que dans les rares poésies conservées avec tant de soin au temple de la Ca'ba, que les auteurs ont pu vérifier leurs conjectures sur les mœurs et les coutumes des arabes avant l'Islam.

Quelques-uns nous les montrent passionnés pour le jeu ou tirant vanité de l'habitude de boire :

« Allons, réveille-toi, prends ta coupe, et verse-nous largement, dès l'aurore, les
» vins délicieux que donne le territoire d'Andar. Verse-nous cette liqueur qui semble
» colorée avec le safran du Yémen, lorsqu'elle est mélangée d'une eau tiède qui en
» corrige la fraîcheur.
» Goûtée par l'homme préoccupé de pénibles soucis, elle le distrait de ses peines
» et rend son humeur douce et facile.
» Voyez l'avare insatiable de richesses devenir tout à coup prodigue de ses biens,
» quand il a vidé la coupe à la ronde et que le breuvage agit sur ses sens.
» Que fais-tu Oumm Ammar ? Tu éloignes de moi la coupe, tandis qu'elle devrait
» circuler à droite. Sache cependant, Oumm Ammar, que, dans ce trio de buveurs,
» ton ami, que tu prives de son tour, ne le cède en rien à ses compagnons » (2).

---

(1) Posidonius, *Un siècle avant l'ère chrétienne.*
(2) Extrait de la *Moa'llaqa d'Am'r*, fils de Koltsoun, reproduit par M. Caussin de Perceval, *Histoire des arabes*, t. II, p. 384.

La légende prétend que les Qoreïchites s'étaient amendés de l'ivrognerie (1) ; Mohammed, en tous cas, condamna énergiquement ces excès dégradants (2).

Il ne fut pas plus indulgent pour le jeu, notamment pour ceux du hasard (maïcer). On sait en quoi ils consistaient : on plaçait des flèches sans pointe dans un sac (azlam أزلا ou kidah) et on tirait au sort les membres d'un chameau dépecé. Plusieurs perdirent à ce jeu toute leur fortune et quelques-uns leur liberté. Nous mentionnons brièvement ce trait de mœurs dont les principes ont été conservés par la tradition. Les indigènes de nos jours se livrent encore, avec passion, au jeu et emploient le procédé sus-indiqué pour tirer au sort les quartiers d'un bœuf, d'un mouton ou autre bétail qu'ils ont eu soin de dépecer en commun.

Une autre coutume barbare était l'inhumation des jeunes filles vivantes. On a beaucoup disserté sur ce point sans peut être se rendre compte que tous les peuples primitifs, au début de leur évolution intellectuelle, ont appliqué cette coutume anti-humanitaire.

Dans les Indes, M. Ferdinand de Lanoye (3), nous apprend que, lors de son séjour là-bas, elle était encore en usage et les peuples fétichistes ne s'en privent pas. Elle existe surtout là où règne la polyandrie qui explique sans en atténuer l'horreur, d'aussi épouvantables traits de mœurs. Mais avant de conclure du particulier au général, faut-il encore, en ce qui concerne les Arabes anté-islamiques, faire une restriction.

Il est certain que la situation économique de ce peuple, vivant du produit des incursions de tribu à tribu ou des faibles revenus des régions plus ou moins fertiles qu'il habitait, n'était pas des plus prospères. Sans agriculture ni industrie, ces deux sources de la richesse publique, il ne restait aux Arabes, pour l'exercice de leur activité extérieure, que le commerce qui constituait, sans doute, là comme partout, des ressources aux aventureux, mais la logique nous permet de supposer que la classe pauvre n'y participait pas.

Or, ce n'est que chez les tribus à l'état précaire, où la naissance d'un enfant du sexe féminin était considérée comme une calamité, qu'on a pu citer des exemples aussi inhumains (4).

Si l'on considère, d'autre part, que la jeune fille n'héritait pas de ses parents ; que devenue femme elle ne trouvait aucune garantie dans le mariage qui manquait absolument de règles fixes ; que la veuve faisait partie de la succession du mari défunt, et, comme conséquence, devenait souvent l'épouse de son beau-fils (5) son nouveau maître ; que la polyga-

---

(1) Aghani, II, 187.
(2) S. II-V-XLVII *(Coran)*.
(3) L'*Inde contemporaine* (Paris, 1855).
(4) Caussin de Perceval. — *Histoire des arabes*, t. I, p. 257.
(5) Ces unions furent flétries par le nom de Nicâh El Makt, mariages odieux (Caussin de Perceval, *Histoire des arabes*, t. I, p. 257).

mie enfin n'avait pas de limite, on est obligé de reconnaître que la position de la femme arabe était, avant l'Islam, des plus misérables.

Cependant, ici encore, n'a-t-on pas généralisé des faits isolés ? Le Kitab El Aghani ou « livres des chants » d'où les auteurs européens et notamment MM. Caussin de Perceval et le docteur Perron, auxquels nous renvoyons ceux qui désireraient approfondir la question, ont tiré une grande partie de leurs documents, nous cite plusieurs femmes riches et entièrement maîtresses d'elles-mêmes. Elles épousaient les hommes qui parvenaient à leur plaire et s'en séparaient lorsque leur goût venait à changer. Les poètes chantaient leur beauté et les prenaient comme arbitres de leurs rimes. Elles-mêmes se livraient à la poésie, « improvisaient et récitaient en s'accompagnant du luth, des vers qui faisaient l'admiration de leurs contribules » (1).

Plusieurs traits de chevalerie, dignes de figurer dans les annales des peuples occidentaux, nous sont révélés par la légende poétique que la tradition a scrupuleusement conservée.

Où rencontrerait-on des amants plus nobles et plus désintéressés que les héros du roman fameux d'A'ntar (2), ce malheureux esclave victime des usages de son pays, affranchi par son oncle pour lui avoir sauvé la vie, faisant des prodiges de valeur pour conquérir la main de sa cousine, la douce *A'bla*, et mourant percé de coups pour le père de celle qu'il aimait, ce noble arabe qui n'avait jamais voulu consentir à l'union de sa fille avec un esclave ?

Et A'roua, le célèbre poète des Omeïdes, qui meurt de chagrin après avoir traversé la Syrie pour voir une dernière fois sa cousine A'fra, qu'il adorait depuis sa plus tendre enfance.

Et Tarafa, celui qu'on a appelé l'Horace arabe, Imroulqaïs et tant d'autres, ne nous fournissent-ils pas des preuves caractéristiques de la gloire de la femme arabe à l'époque anté-islamique ?

Nous pourrions multiplier les exemples : Qu'il nous suffise d'ajouter que dans les combats, les bédouines, si elles n'y prenaient pas part elles-mêmes comme le font encore aujourd'hui des femmes de certaines confédérations Touaregs, encourageaient les braves et marquaient d'un signe d'infamie ceux qui tournaient le dos. « Les braves » qui font face à l'adversaire, nous les pressons dans nos bras ; » les lâches qui fuient, nous les délaissons et leur refusons notre » amour. » (3).

La mère d'A'bdallah fils de Zobeir, chef de la révolte, contre l'armée

---

(1) Ernest Mercier, *La condition de la femme musulmane dans l'Afrique septentrionale*, p. 25 (Alger, typ. A. Jourdan).

(2) Ernest Mercier, *La condition de la femme musulmane dans l'Afrique septentrionale*, p. 25.

(3) Caussin de Perceval, *Histoire des arabes*, cité par Ernest Mercier : *La condition de la femme musulmane dans l'Afrique septentrionale*.

d'El Hadjadj, préfère voir son fils mourir que de le voir capituler. Elle ranime son courage et, malgré son extrême vieillesse, l'engage à mourir en héros en l'exhortant à ôter la cotte de mailles qu'il avait revêtue. « Quant on est bien décidé à mourir, on n'a pas besoin de cela », lui dit-elle en remarquant son habillement; et le fils obéissant se lance dans la bagarre où il tombe percé de coups (1).....

Arrêtons cette digression et rappelons brièvement l'état des esprits, au point de vue religieux, au moment où une grande idée allait ouvrir de nouveaux horizons à ce peuple pétri de vices et de qualités, pour le conduire d'abord aux plus hautes destinées et le plonger ensuite dans l'immobilisme.

*
* *

Comme tous les peuples agriculteurs et pasteurs, vivant au contact de la nature, les arabes étaient profondément superstitieux : le chant ou le vol d'un oiseau nocturne, un bruit inaccoutumé, un changement subit et involontaire dans l'allure de leurs coursiers, entraînaient souvent les plus grandes décisions.

Les mauvais génies (Djnoun), les ogres (aghoual), la magie (seher), la divination (kehana), la science de la physiognomonie (qiafet et ferassa), les voix mystérieuses (haouatif) étaient matières à superstitions. Mais les auteurs ne nous disent pas si, à l'exemple des aruspices étrusques, de ceux des Marses, ou des psylles égyptiens, ils avaient des médecins sorciers ou des sacrificateurs pour leur expliquer les mystères et entretenir, en eux, cette crainte de l'incompréhensible qui fut, peut-être, une des causes de leur grandeur.

La Ham ou Sada (espèce de chouette) représentait l'âme, qui selon eux, en se séparant du corps, s'envolait sous la forme d'un oiseau et était l'intermédiaire entre le corps du défunt et les enfants ou proches parents qu'il avait laissés sur la terre. L'individu avait-il été victime d'un meurtre, l'oiseau ne cessait de crier « Esqouni, donnez moi à boire » jusqu'à ce que les parents du mort l'eussent vengé en versant le sang du meurtrier (2).

Cette conception de l'âme les amenait à croire à son immortalité et, pour leur permettre de se présenter au jugement d'Allah (3), ils immolaient sur la tombe du défunt une chamelle qui devait lui servir de monture, quand, poussés par un sentiment de crédulité enfantine, ils n'y attachaient pas le pauvre animal qui finissait par mourir de faim.

---

(1) Dozy, *Histoire des musulmans d'Espagne*, t. I, p. 172.
(2) Caussin de Perceval, — *Histoire des arabes*, t. I, p. 349.
(3) Spécimen d'*Histoire des arabes*, p. 4, Ibn-Cotayba, cité par Caussin de Perceval, *Histoire des arabes*, t. I, p. 349.

LA PRIÈRE AUTOUR DE LA KAA'BA

Cette coutume offre quelque analogie avec celle des vieilles races d'Italie, les Marses et les Péligniens dans les tombeaux desquels on trouvait, disait-on « toujours leurs morts ensevelis avec leurs armes (1) ».

Elle était, du reste, commune à un grand nombre de peuples de l'antiquité, et dans les pays non civilisés, elle existe encore de nos jours.

Le savant homme égyptien Ali Bacha Mobarek, dans sa monographie sur l'Égypte, donne plusieurs traits sur le culte des saints, qui ne sont que des glanures du paganisme arabe appliquées à des besoins plus modernes.

Il cite un lieu appelé Tafihnat-el-Azb, dans le département de Garbidja, district de Zifka, où la coutume est de consacrer à un saint nommé Daoud-el-Azb, des buffles mâles qu'on laisse aller en liberté et auxquels on permet de manger impunément les semailles sans que personne ose les en empêcher, tout comme les Arabes anté-islamiques consacraient, en sacrifice votif et d'actions de grâces, des chameaux que l'on exemptait, dès lors, de toute espèce de service quotidien et qu'on désignait sous le nom de « Saïba », c'est-à-dire laissés en liberté (2).

Mohammed interdit, dans le Coran, cette pratique païenne (3).

Nous en rencontrerons cependant des vestiges dans les diverses contrées de l'Afrique septentrionale où elles se sont fusionnées avec celles, également païennes, des races autochtones.

L'idée de l'Être suprême *(Allah taa'la)*, que, semblables en cela aux autres peuples sémites, les arabes avaient toujours eue, leur venait d'Abraham (en arabe, Ibrahim) qui conduisit, à la suite d'une révélation du ciel, sa femme Agar et son fils Ismaël au milieu du désert sans eau et sans végétation, où il les abandonna.

Le jeune Ismaël et sa mère étaient exposés à une mort certaine lorsqu'ils virent jaillir la source d'où vient, disent les musulmans, l'eau du fameux puits de Zamzam, autour duquel les tribus des Amalica, remplacés plus tard par les Djorhm, vinrent se grouper.

La reconstruction de la Ca'ba fut entreprise par Abraham, aidé de son fils Ismaël ; car, racontent les légendes religieusement reproduites par les auteurs arabes, la Ca'ba avait été construite dans le ciel avant la création du premier homme. Ce furent Adam et Ève, chassés du Paradis, qui la bâtirent sur le modèle de celle qu'ils avaient vue au ciel et sous la direction de l'ange Gabriel qui en avait tracé l'enceinte exactement au-dessous du temple appelé « Daoura » (dans le ciel), temple où des milliers d'anges vont, chaque jour, glorifier le Très-Haut.

---

(1) App., G. C., t. I, p. 639, cité par Duruy, *Histoire des Romains*, t. I, p. 50.
(2) Ign. Goldziher, *R. des R.*, 1891, n° 23, p. 203-204.
(3) Sprenger. *Leben und Lekre des Mohammed*, t. II, p. 476, cité par Goldziher, *R. des R.*, 1891, n° 23, p. 203-204.

Abraham avait également reçu l'ordre de rebâtir le sanctuaire, ordre qu'il exécuta en faisant, lui-même, le maçon et en se servant de son fils Ismaël comme manœuvre. Ici, est placé le récit de la pierre noire الحجر الأسود (elhadjar elassoued) devenue trop fameuse pour que nous nous y arrêtions. Elle fut remise, dit-on, à Ismaël par l'ange Gabriel qui la lui apporta au moment où il était allé en chercher une pour marquer l'angle d'où devaient commencer les tournées (Thaouaf).

Elle était alors d'une blancheur éclatante ; mais elle devint noire, parce qu'elle souffrit plusieurs fois les atteintes du feu (1), dit El Azraqi ; d'autres ajoutent que c'est par l'influence des impiétés des hommes de l'époque du paganisme : « Selon quelques savants, elle ne fut noircie » que lorsqu'elle fut touchée par des femmes qui étaient en impureté » menstruelle » (2).

Mais revenons à la Ca'ba (le bit Allah), qui subit, depuis son édification, bien des vicissitudes ; renversée sous les seconds Djorhm, on la rebâtit vers l'an 150 de notre ère ; reconstruite plus tard par Koçaï, quatrième aïeul de Mohammed et père des Qoreïchites, puis réparée, par ordre de Mohammed, par Ka'b, fils d'Açad ; on la restaura à plusieurs reprises sous les khalifes Omar, Otsman, Moa'ouia et une dernière fois, par ordre d'A'bd-el-Malik, lors de son pèlerinage.

Elle était, au VIIe siècle, avec le puits de Zamzam si miraculeusement retrouvé par A'bd-el-Mottalib, grand-père de Mohammed, après avoir été comblé par les Djorhmides, le seul souvenir du Dieu d'Abraham remplacé, jusque dans son temple, par l'idolâtrie.

On connaît, toujours d'après la légende, sa *formation* au Hedjaz :
« A mesure que la nation ismaélite, renouvelée par les rejetons d'Adnan,
» se multipliait autour de la Mecque, chacune des familles que la
» difficulté de subsister sur un terrain trop peu étendu obligeait à
» chercher une autre demeure, emportait avec elle une pierre arrachée
» dans l'enceinte de la Ca'ba ; on la gardait comme une relique
» précieuse, on érigeait cette pierre à l'endroit où la famille s'établissait
» et l'on faisait, alentour, les tournées processionnelles (Thaouaf) telles
» qu'on les pratiquait autour de la Ca'ba. Cette coutume conduisit
» insensiblement les descendants d'Ismaël éloignés de la Mecque à
» adorer ces pierres elles-mêmes, ou d'autres qu'ils adoptèrent » (3).

Dans les autres contrées de la péninsule arabique, l'idolâtrie avait toujours été dominante : chaque tribu, chaque famille avait sa divinité qui remplissait le rôle d'intercesseur auprès d'Allah, duquel on n'avait plus qu'une notion vague, à peine ébauchée. Ce n'était donc pas cette

---

(1) Caussin de Perceval, *Histoire des arabes*, t. I, p. 171.
(2) Dr Perron, *L'Islamisme*, p. 115.
(3) Caussin de Perceval, *Histoire des arabes*, t. I, p. 198.

idolâtrie ingénieuse du paganisme que nous trouverons plus tard dans le nord de l'Afrique, idolâtrie qui personnifiait les abstractions de l'intelligence et revêtait les dieux de formes humaines, mais un culte informe et sans théorie se rapprochant, par certains côtés, de celui des Égyptiens.

On élevait cependant des temples aux divinités adorées par les tribus nobles et, au vi^e siècle, plusieurs de ces monuments ornaient encore la péninsule. C'étaient la divinité *Lât*, spécialement adorée par les *Benou Thakif* qui lui avaient élevé un temple à Taïf, dans le Hedjaz. La déesse *Oz'za*, vénérée par la noble tribu des Qoreïchites et les autres descendants de Kamina ; son temple était à Nakhla, entre la Mecque et Yatsreb (Yathrib) ; à Médine s'élevait le temple de *Manat* (à Kadaïd), adoré par les tribus d'Ans et de Khazradj, fixées à Yatsreb ; celui de *Kholoça* (ou Dhoul-Kholoça), adoré par les Benou-Khatham et les Benou-Badjila, s'élevait à Tebala et était désigné sous le nom de Ca'ba de l'Yemen.

Dans le Nedjed, le temple de *Rodha*, idole des Benou-Rabia ; dans l'Iraq, celui de *Dhou-el-Kabat*, élevé à Sandad par les descendants de Oudil et ceux d'Yad (1). Et tant d'autres de moindre importance. A ces idoles célèbres, s'ajoutaient *Içaf* et *Naïla* : *Içaf,* fils de Sohaïl (nom que les Arabes donnent à l'étoile canope), et une femme nommée *Naïla*, fille de *Dib* (le loup, la constellation), s'étant livrés à la fornication dans la Ca'ba furent transformés en deux pierres par la volonté divine et érigés en dehors de la Ca'ba. Avec le temps, on les considéra comme des divinités et on les transféra en face de la Ca'ba, sur l'emplacement du puits de Zamzam qui devint lieu de sacrifice (2).

Chaque idole était, du reste, représentée à la Ca'ba, la vraie maison de Dieu, où chaque tribu, les familles aisées ou de race noble, tenaient à introduire l'image (une sorte de statuette) de la divinité qu'elles s'étaient librement choisie.

Mohammed put en compter 360, parmi lesquelles une qui représentait Abraham consultant le sort avec les flèches. Le prophète les mit en pièces en proclamant qu'il n'y avait d'autre dieu qu'Allah, « que la vérité » était venue et que le mensonge devait disparaître ».

Les grands cultes de l'extérieur s'étaient bien infiltrés au milieu des tribus, mais ils n'avaient réussi qu'à accroître le scepticisme des Arabes sans parvenir à remplacer l'idolâtrie séculaire.

Au Hedjaz où, nous le répétons, l'idée d'un Dieu unique n'avait pas encore disparu, tous les grands cultes de l'Asie et de l'Europe s'y

---

(1) Caussin de Perceval, *Histoire des arabes*, t. I, p. 269.
(2) Cette légende, que nous abrégeons, rappelle celle si connue des pétrifications d'Hammam-Meskhoutine (les bains maudits) qui représentent les gens de la noce de deux enfants d'un même lit transformés en blocs de pierre par la volonté d'Allah sollicité (cette fois) par Mohammed.

rencontraient : le christianisme, apporté du Nord par un envoyé de Constantin, sous la dynastie idolâtre des Toffas, fut persécuté au commencement du vi[e] siècle, et l'empereur Justinien Ier engagea le roi d'Abyssinie, qui était chrétien, à venger la croix. Les Abyssins envahirent l'Yémen et, quelques années plus tard, sous le vice-roi Abraha-el-Djdan, établirent dans ce pays leur domination et la religion chrétienne. Ils y firent rédiger un code de lois par l'évêque Grégentus et bâtirent à Sanaâ une église qu'ils s'efforcèrent d'opposer à la Ca'ba de La Mecque. Les résultats ne répondirent pas aux efforts tentés : l'Arabe, railleur, sceptique et indifférent, se laissait difficilement pénétrer par les miracles et les mystères du christianisme, que la négativité et la simplicité de son caractère l'empêchaient de concevoir.

Le Judaïsme introduit partout « avec cette habileté des juifs à s'insinuer en tous lieux » avait été accueilli, depuis plusieurs siècles, par un grand nombre de tribus qui lui étaient sincèrement attachées. Il avait eu ses heures de gloire, mais que de déceptions lui réservèrent les persécutions dont il se rendit coupable ! Cependant, il est juste de faire remarquer que si la religion juive ne put parvenir à imposer en Arabie le Dieu unique, elle ouvrit les voies à la doctrine de Jésus qui prépara à son tour, les résultats éclatants du Mahométisme. On sait que le Sabéisme apporté au nord et au sud par les Persans, n'eut pas plus de succès.

Cependant, une détente s'opérait dans les esprits : les sacrifices aux idoles n'étaient plus faits que dans un but intéressé, et si la récompense ne répondait pas aux désirs ou aux espérances qui leur étaient manifestés, on n'hésitait pas à les injurier en bravant leur courroux. Quelques-uns s'appliquaient, nouveaux Tertulliens, à ridiculiser ceux qui adoraient encore les dieux fétiches qu'ils montraient incapables de faire le bien ou de rendre le mal.

D'autres étaient honteux d'un pareil abaissement moral et réfléchissaient aux moyens d'en sortir. Quatre d'entr'eux, des plus éclairés, résolurent d'aller chercher la Vérité à l'Étranger : l'un alla recevoir le baptême à Constantinople, l'autre persécuté, s'enfuit en Syrie, le troisième se fit chrétien comme le premier, le quatrième entrevit Mohammed et mourut en annonçant qu'il était véritablement le Prophète.

**

Vers la même époque, un vieillard à l'air préoccupé se dirigeait du côté de la Ca'ba ; derrière lui, marchait un jeune homme accueillant par un sourire de résignation, les regards affectueux que lui lançait à la dérobée, son compagnon de route.

C'était le célèbre défenseur de la Mecque contre les Abyssins, le fameux A'bd el Mottalib réputé par sa grande piété, qui conduisait au sacrifice son fils A'bdallah, en exécution d'un serment imprudent que le désir exaucé, d'avoir une nombreuse postérité mâle lui avait arraché. (On sait tout le prix que les arabes attachaient, comme ils le font encore, à la postérité mâle).

Arrivé au puits de Zamzam, entre les statues des idoles *Içaf* et *Nahila*, A'bd el Mottalib s'arrête, fait approcher son enfant resté docile, saisit le couteau pendu à sa ceinture et lève la main pour l'égorger. Mais à ce moment une voix céleste lui crie : « Arrête »; les *Qoreïchites* accourent et abaissent son bras prêt à frapper : « Que vas-tu faire, lui » disent-ils ? Quel funeste exemple tu vas donner à la nation ? Songe » combien de pères ne manqueront pas de venir, ici, immoler leurs » enfants » (1).

Le vieillard se laissa attendrir, mais, sur l'avis de ceux qui l'entouraient, il jugea nécessaire de faire interroger la devineresse (A'rrafa) de Khaibar, réputée comme étant en relations avec les génies.

« Consultez l'oracle, répondit-elle, mettez d'un côté dix chameaux » et de l'autre A'bdallah. Recommencez cette opération jusqu'à ce que » le sort se prononce en faveur de celui que vous voulez sauver ».

Le sort ne se décida qu'à la 10ᵉ consultation et il fallut immoler, à la place d'A'bdallah, cent chameaux pour racheter le serment d'A'bd-el Mottalib (2).

Le jour même, A'bdallah épousa la fille de Ouahb, la belle Amina et, c'est de ce mariage que naquit l'apôtre, qui devait constituer une société nouvelle : la Société Arabe.

Le 29 du mois d'août 570 de notre ère, date la plus généralement admise, le *glorifié*, car c'est ainsi que son grand père voulut l'appeler, apparut dans le monde entouré de légendes hagiographiques toutes plus séduisantes les unes que les autres. Son enfance fut celle d'un déshérité de la fortune : allaité par une nourrice bédouine du désert des Benou Saad, on le rendit à sa mère à la suite du miracle suivant enfanté par l'aveugle enthousiasme des musulmans :

« Le jeune Mohammed et Masrouh son frère de lait, sortis dans la » campagne, se livraient aux jeux de leur âge ; surviennent deux » hommes vêtus de blanc. Ils saisissent le jeune qoreïchite, le couchent » à terre et lui ouvrent la poitrine. Masrouh courut raconter l'événe- » ment à sa mère. La nourrice ignorant les desseins du ciel, en fut » effrayée, et rendit à Amina le dépôt qui lui avait été confié en ajoutant » qu'il était possédé par le « djin » démon.

---

(1) Caussin de Perceval.
(2) Le nombre de cent chameaux devint depuis cette époque le taux de la Dia ou prix du sang humain. (Sirat Erraçoul, f. 23 ; notes et extraits de M. Caussin de Perceval, t. I, p. 267).

» Non, s'écria Amina, il n'en est rien. Le démon n'a pas de pouvoir
» sur lui. Une haute destinée attend mon fils (1). »

Privé de son père à l'âge de deux mois et de sa mère à celui de six ans, il fut recueilli par son aïeul qui le plaça, en mourant, sous la tutelle de son oncle Abou Taleb.

Il se fit conducteur de chameaux pour subvenir aux nécessités de la vie. Au cours d'un voyage en Syrie, accompli à l'âge de 13 ans, avec son oncle, il se lia avec un moine de Bostra, appelé par les arabes Bahira et par les chrétiens Djerdjis (Georges) (2), et un rabbin juif, qui l'initièrent aux livres sacrés, l'Ancien et le Nouveau Testament, après que Bahira eut reconnu entre ses deux épaules le sceau de la prophétie, lequel consistait en un signe commun aux autres prophètes, mais beaucoup plus accentué chez Mohammed.

Guerrier comme tous ceux de sa race, il assista, à l'âge de 14 ans, à la journée de Nakhla (3), où il ramassait, d'après l'aveu qu'il en a fait lui-même, les flèches des ennemis des Qoreïchites restées sur le champ de bataille et qu'il présentait à ses oncles ; mais ce qui le caractérisait davantage, c'était la justesse de son raisonnement, l'horreur qu'il avait du mal et son grand cœur pour le pauvre qu'il considérait à l'égal du riche, parcequ'il était pauvre lui-même : « Mohammed avait reçu de la
» nature une intelligence supérieure, une raison exquise, une mémoire
» prodigieuse. Il parlait peu et se plaisait dans le silence. Son front
» était toujours serein, sa conversation agréable et son caractère
» égal » (4).

Ses qualités aimables et sa grande probité lui ont valu le surnom d'El Amin (l'homme sûr). Il entra dans l'association des Fodhoul, fondée en vue de prendre fait et cause pour tout étranger ou mekkois, libre ou esclave, qui éprouverait une injustice à la Mecque (5).

Il était généralement choisi comme arbitre dans les circonstances difficiles : lors de la reconstruction de la Ca'ba par les Qoreïchites, un différend qui aurait pu dégénérer en rixe sanglante, éclata entre les diverses branches de la noble tribu mecquoise. Chacune voulait avoir l'honneur de poser la pierre noire, lorsqu'on convint de prendre pour arbitre la première personne qui entrerait dans l'enceinte. Mohammed

---

(1) Sirat Erraçoul, f. 25. V. Aboulféda, tradition de Desvergers, p. 7, 9, cités par Caussin de Perceval, t. I, p. 289.

(2) Gagnier, d'après un exemplaire de Mouroudj, l'a appelé Serdjis et, avec Drideau, l'a identifié avec le Sergius dont parle Vincent de Beauvais, dans son miroir historique.

(3) Seconde des guerres d'El Fidjar ou violation du mois sacré, guerres contre les Benou Harvazin.

(4) Aboul-Féda, p. 144, cité par M. Savary, le Coran, p. 154.

(5) On appela cette Société Hilf-el-Fodhoul, en mémoire d'une ancienne association instituée dans le même but sous la dynastie des Djorhom.

pénétra dans le sanctuaire d'Abraham : « C'est El Amin, s'écrie-t-on, qu'il soit notre juge ». Le fils d'A'bdallah s'excuse, mais sur l'insistance des assistants, il fait étendre à terre un manteau, met la pierre noire dessus et désigne quatre personnages d'entre les plus distingués par leur noblesse et appartenant à quatre familles différentes, pour tenir chacun un coin du manteau et élever ainsi la pierre à la hauteur convenable. Ensuite, il la prend lui-même et la pose de ses mains à la place qui lui était destinée. On termina ainsi l'édifice et Mohammed y gagna en renommée.

Il était alors âgé de trente-cinq ans et marié, depuis plusieurs années, à la fille du qoreïchite Khouaïled, Khadidja, veuve riche qui avait elle-même, offert sa main à Mohammed, à la suite d'un voyage commercial qu'il avait fait en Syrie pour le compte et à la pleine satisfaction de Khadidja dont il eut trois fils morts, tous les trois, en bas âge.

On le voyait, tous les ans, durant le mois de Ramadhan, retiré avec sa famille sur la montagne de Hira, où il passait des nuits entières *plongé dans une méditation profonde.* Il rêvait, sans doute, aux moyens de tirer les esprits de l'état de barbarie où ils étaient plongés et de donner à son pays une organisation qui devait faire sa force et sa grandeur.

Avait-il, plus que d'autres, le sentiment précis de son époque, et faut-il voir dans sa vocation soudaine, autre chose que ce sentiment puisé dans la méditation continue d'un esprit naturellement sérieux et frappé de l'état moral avili, déplorable, d'une société désordonnée, galante jusqu'à l'inceste, qui tolérait le brigandage et était, d'ailleurs, incapable de faire respecter son nom au dehors ?

Évidemment, Mohammed qui avait voyagé, et par conséquent appris, Mohammed qui avait des notions des Écritures, pouvait être, jusque-là, de bonne foi et caresser son rêve grandiose. Mais il perdra plus tard ce caractère de réformateur sévère lorsque, pris lui-même au piège de la passion, il se servira de l'intervention divine pour justifier ses penchants voluptueux.

A l'âge de quarante ans, une nuit de Ramadhan, il pénétra chez Khadidja, désolée de ne point l'avoir trouvé à côté d'elle, et lui ouvrit ses projets qu'aucune parole imprudente n'avait laissé soupçonner jusqu'alors. Ensuite, son cousin A'li, son affranchi Zeïd, puis A'bdelcaab, surnommé El A'tiq (le noble), furent mis au courant de la révélation céleste qui lui avait ordonné de rendre au culte d'Abraham sa pureté primitive. Son oncle Abou-Beker partagea bientôt l'enthousiasme des membres de sa famille : « Je reçois, leur disait Mohammed, des ordres de Dieu par l'intermédiaire de l'ange Gabriel, ma religion s'appelle "Islam" » (1).

---

(1) Ce mot qui indique un entier abandon aux volontés de Dieu, et celui d'Iman qui

« Qui de vous veut être mon frère, mon lieutenant, mon vicaire ? » C'est moi, qui serait cet homme, apôtre de Dieu, s'écria A'li, je te seconderai, et si quelqu'un te résiste, je lui briserai les dents, je lui arracherai les yeux, je lui fendrai le ventre et je lui casserai les jambes.
— Dès ce moment, l'étendard était hautement levé, la lutte devait être dangereuse, terrible, mais les résultats furent considérables.

Durant trois ans les conversions se firent en secret : ce fut la période essentiellement religieuse ; la lutte contre l'idolâtrie pour la conquête du symbole de l'Unité de Dieu. Plus tard, l'œuvre de Mohammed aura moins ce caractère et apparaîtra bien plutôt comme une sorte d'exaltation du missionnaire, du réformateur, du législateur aux prises avec la nécessité de réduire les adversaires de son culte.

> Chaque peuple, à son tour, a brillé sur la terre
> Par les lois, par les arts et surtout par la guerre,
> Le temps de l'Arabie est à la fin venu.....
> Il faut un nouveau culte, il faut de nouveaux fers,
> Il faut un nouveau Dieu pour l'aveugle Univers (1).

L'Arabe, encore inconnu des peuples civilisés, resté étranger aux luttes intestines qui les déchiraient, ne percevant dans son désert que les éclats très affaiblis des tempêtes qui grondaient en Europe, l'Arabe devenu musulman, allait à son tour apparaître sur la scène du monde !

Armé de son glaive et animé de sa foi, il subjuguera des empires (Perses et Byzantins) en décadence et imposera des bords de l'Indus à l'Extrême Orient, sa langue, son esprit, ses principes et ses traditions.

Le feu grégeois sauvera Constantinople qui résistera, comme un roc insulaire, aux deux courants envahisseurs de l'Est et de l'Ouest, déjà vautrés dans la pourriture césarienne. La vieille Gaule n'échappera au joug de l'Islam que parce que la foi rencontrera dans ses parages d'autres conquérants animés, eux aussi, par la foi, combattant pour la foi. Et, au milieu des guerres sanglantes, un peu partout, quelques courageux apôtres de Jésus ou de Moïse abriteront des orages, au fond de quelques cellules de cénobite, la petite lampe qui, plus tard, éclairera de nouveau le monde, et se transmettront d'âme en âme, la semence philosophique de leurs ancêtres. Qu'eût-ce été si l'invasion n'avait trouvé devant elle que l'inconscience ou le scepticisme, et si les foyers où existaient encore quelques restes de la civilisation romaine ou de celle apportée par les Grecs avaient été éteints ? Quelle sombre nuit sur le monde !

---

signifie foi, croyance, furent adoptés par Mohammed pour désigner la religion épurée qu'il entreprenait de substituer au culte des idoles. — D'Islam et d'Iman sont dérivés les adjectifs mouslim, musulman, et moumin, fidèle, croyant. (Caussin de Perceval, *Histoire des arabes*, t. I, p. 357.)

(1) Voltaire, *Le Fanatisme*, acte II, sc. V.

المسجد النبوي الشريف بالمدينة المنورة

LA SAINTE KOUBBA. MÉDINE. LE JARDIN PURIFIÉ

Pourtant, avant de donner sa première impulsion à la société arabe, que d'épreuves Mohammed ne subit-il pas pour persuader ses futurs disciples, alors railleurs et sceptiques. On le traitait de fou, d'halluciné, d'ambitieux. Les Qoreïchites, ses compatriotes, furent ses plus redoutables ennemis et Abou Taleb lui-même, son ami et son protecteur, trembla pour lui et le supplia d'abandonner son dessein. « Quand on viendrait à moi, répondit Mohammed, le soleil dans une » main et la lune dans l'autre, je ne reculerais pas ».

Et au milieu de ces luttes de chaque jour, le Coran (livre sacré) tombait du ciel morceau par morceau, ranimant le courage des faibles et justifiant, selon les circonstances et les besoins du moment, les actes du Prophète. Omar, le plus fougueux ennemi de Mohammed, calme sa colère en voyant couler les larmes et le sang de sa sœur, entre les mains de qui il avait saisi violemment quelques versets du Coran. Il reconnut l'Envoyé de Dieu et peut-être contribua-t-il, par sa fougue militaire, à décider Mohammed à conquérir, par l'épée, ces âmes incrédules que son éloquence et sa bonté ne parvenaient pas à convaincre.

Les partisans du Prophète n'attendaient en effet qu'un ordre, un signe de lui, pour se précipiter sur l'idolâtre opiniâtre et se partager le butin qui ne pouvait manquer de leur appartenir, sous les ordres de l'Envoyé de Dieu, en combattant pour Dieu !

C'était vers 619, au moment où le Prophète perdit Abou Taleb et sa femme Khadidja. L'un, nous l'avons vu, était son protecteur ; l'autre, son plus fidèle soutien. Il avait dû chercher des appuis au dehors et, pour cela, sa première pensée fut pour les plus grands ennemis des Qoreïchites, les habitants de Yatsreb, dont l'entrée lui était définitivement acquise à la faveur principalement des serments bien connus d'Akaba, prononcés par les habitants de Yatsreb, qui avaient déjà engagé leur foi à Mohammed. Il se rendit dans cette ville en 622, année fameuse, qui devait marquer l'ère musulmane ; on lui donna le nom d'Hégire (de la fuite), nom célèbre par la légende du mont Thour (1), et dès lors la ville de Yatsreb prit le nom de Medinet-el-Nebi (ville du prophète) et ses habitants celui de *Ansar* (aides) ; l'appellation de Mahadjir était réservée aux émigrés de la Mecque à Médine qui se confondirent bientôt avec les Ansar sous le nom général d'*Ashâb* (compagnons).

A partir de ce moment, Mohammed se montra aussi fin diplomate

---

(1) Mohammed et son compagnon Abou Beker, poursuivis par un parti de Qoreïchites, s'étaient réfugiés dans une grotte du mont Thour, non loin de la Mecque. Les poursuivants, s'étant aperçu qu'à l'entrée de la caverne une colombe avait déposé ses œufs et une araignée tissé sa toile, en conclurent qu'aucun être n'avait pénétré là et reprirent leur route.

que bon capitaine : la ruse, les stratagèmes, avec une intrépidité de tous les instants, devaient assurer sa grandeur et affirmer son génie.

L'espoir du butin, toujours partagé pour les vivants, du paradis pour les morts, l'assurance d'un concours divin dans les cas extrêmes, rendirent ses partisans invincibles.

A Bedr (624), trois cent quatorze d'entre eux remportèrent une victoire d'un effet considérable, sur mille Qoreïchites. « De son trône » de bois, d'où il contemplait l'action, le Prophète s'élança sur son » cheval et jetant dans les airs une poignée de sable : « Que la face de » nos ennemis, s'écrie-t-il, soit couverte de confusion ! » Cette sortie ranima ses partisans qui commençaient à fléchir et c'est ainsi que la première rencontre du Prophète avec les nobles Qoreïchites, les guerriers les plus redoutés, affirma son prestige en confirmant sa mission qui venait de prendre, tout à coup, une forme miraculeuse.

Vaincu au mont *Ohod* (625) où il avait failli laisser la vie, il attribua sa défaite à l'inexécution de ses ordres et, sans perdre courage, il organisa, à nouveau, ses troupes, fit poursuivre sans relâche les tribus juives situées aux environs de Médine pour les obliger à se rallier à sa cause et après avoir fait lever le siège de la ville hospitalière, imposa par des victoires successives, sinon sa foi, du moins sa supériorité aux yeux des Qoreïchites ébahis qui s'empressèrent de signer une trêve de dix ans. Il en profita pour tourner ses armes victorieuses contre les Juifs de Khaibar, et, en 629, la Mecque, à son tour, ouvrit ses portes au vainqueur qui à la tête de 10,000 hommes marcha vers le temple où, en proclamant la vérité, il put enfin faire disparaître du sanctuaire d'Abraham les 360 idoles qui l'ornaient.

Ce fut l'époque de son apogée ; il régna en maître dans cette ville où il avait tant souffert et, déjà, il pensait à étendre au loin la puissance de son empire. Il avait l'année précédente (sixième de l'hégire et dans le courant de la septième), envoyé des ambassadeurs aux représentants des États du dehors pour les engager à se convertir à l'Islamisme. Plusieurs lui avaient répondu ; d'aucuns avec bienveillance, d'autres, tels des princes ghassanides, avec indignation et sur un ton de mépris ; mais le plus irrité avait été Cosroès, roi de Perse, à la vue du sceau du Prophète qui renfermait cette légende :

<pre>
       MOHAMMED
        APÔTRE
       DE DIEU
       MOHAMMED
        RAÇOUL
         ALLAH
</pre>

placée en tête d'un message qu'il déchira en renvoyant l'émissaire de Mohammed.

« Qu'ainsi son royaume soit déchiré », s'écria le Prophète, et pendant ce temps, Zeïd se faisait tuer en attaquant près de *Mouta*, au sud de Damas, les armées romaines et assyriennes; A'bdallah, le poète guerrier, ne fut pas plus heureux, et Dja'far, fils d'Abou Taleb, en prenant la direction du combat tombait à son tour criblé de coups, les deux bras coupés, et mourait en serrant l'étendard de l'islamisme.

L'impétueux Khaled les vengea en repoussant l'ennemi et Mohammed lui-même, tournant ses regards ambitieux vers la Syrie, partit à la tête de 10,000 cavaliers, 20,000 fantassins, 12,000 chameaux, avec l'espoir de rencontrer un ennemi qui ne se présenta point. Cette marche triomphale à travers l'Arabie, monté sur une mule blanche et vêtu d'un manteau vert, vêtement adopté par tous les disciples de l'islam et préféré encore aujourd'hui par les descendants de Fathma Zohra (Chorfa), soumettant les petits princes qu'il rencontrait sur son passage et encourageant ses compagnons, en leur montrant « l'enfer plus brûlant que les feux de l'été », termina ses exploits guerriers. En retournant à Médine (630-631), il eut le bonheur de recevoir l'adhésion des chefs du Yémen et du Mahrat, des princes de l'Hadramaut, de l'Oman, des chrétiens de Nadjran, des Nakha, etc.

L'Arabie était conquise à l'islamisme et l'apôtre de Dieu, après avoir accompli le grand pèlerinage de la Mecque put, sur le mont A'rafa, prononcer aux 114,000 musulmans qui l'avaient suivi, une allocution éloquente dans laquelle se résumaient les principaux préceptes coraniques sur la justice, la fraternité musulmane, les relations dans la vie civile, l'embolisme, etc.

« Je vous laisse, disait-il enfin, une loi qui vous préservera de » l'erreur, une loi claire et positive, un livre envoyé d'en haut ». Il termina en criant : « O mon Dieu, ai-je rempli ma mission ? » Mille voix s'élevèrent pour répondre : « Oui, tu l'as remplie. » Et il ajouta : « Mon Dieu, entends ce témoignage ».

L'année suivante, au moment où il préparait une nouvelle expédition pour la Syrie, il sentit qu'il n'avait plus longtemps à vivre. A la mosquée où il s'était fait transporter, il récita la prière publique jusqu'au 3e jour avant sa mort, et le 3 juin 632, il expira à l'âge de 63 ans, dans les bras d'A'icha, son épouse préférée, après avoir adressé de sages conseils aux musulmans qui l'entouraient et fait rendre trois drachmes à une vieille femme qui les lui réclamait. Sa mort fut un deuil universel ; mais l'impulsion était donnée et son œuvre malgré les entraves suscitées par des ambitieux ou des réfractaires, malgré les controverses les plus hardies, demeura impérissable.

Abou Beker, Omar, Otsman et A'li, ses généraux et ses amis les plus distingués, lui succédèrent, et secondés par d'habiles compagnons animés, comme eux, par le feu sacré du fanatisme, menacèrent de donner des fers au monde entier.

En moins d'un siècle, le trône de Perse fut renversé, l'empire d'Orient démembré, l'Égypte, la Syrie, l'Afrique septentrionale furent conquises et l'Espagne accepta le joug et les mœurs de l'envahisseur, comme elle avait pris, autrefois, ceux de Rome et, à une époque bien antérieure, ceux des colons phéniciens restés longtemps les maîtres du pays.

Mais, en moins de temps, l'empire des Khalifes, édifié sur des bases fragiles, croula sous le poids de l'opprobre pour ne laisser aux peuples déchus que le souvenir d'une civilisation toute orientale et l'empreinte d'une idée qui avait inspiré leur enthousiasme et fait leur grandeur éphémère.

* * *

Cette idée, révélée à Mohammed par l'intermédiaire de l'ange Gabriel (Djebril), est la synthèse du Coran, le livre sacré descendu d' « en Haut » et contenant pêle-mêle, dans un désordre inextricable, la parole même d' « Allah ».

Elle est, tout entière, dans la maxime si souvent répétée : « La ilaha illa Allah » (il n'y a de Dieu que Dieu), et réalise la plus belle conception de monothéisme qu'il soit possible d'imaginer. Dieu unique, Dieu sans hypostases, Dieu maître souverain de la matière et de l'esprit, Dieu de tous temps et en tous lieux, Être incommensurable, unique dispensateur du bien et du mal, seul omnipotent et omniscient. Au-dessus de toute conception, véritable autocrate en qui tous les êtres se confondent, qui absorbe tout, dirige tout, commande à tout, « depuis l'archange jusqu'à l'atome de poussière ».

Devant Sa Majesté divine, point d'inégalités ; toutes les créatures sont placées au même niveau, aussi bien dans la servitude que dans la richesse. Tout ce qu'elles souffrent, ce qu'elles endurent, c'est par Dieu et pour Dieu ; les jouissances qu'elles éprouvent ici-bas, c'est à Dieu qu'elles les doivent, Dieu que nul ne peut atteindre ni détruire, incréé et éternel, Dieu d'Abraham, père d'Ismaël et aïeul du peuple arabe, ayant révélé pour les Musulmans « un livre » contenant des préceptes, livre sur lequel il n'y a point de doute à avoir (1).

Montaigne, aussi, a écrit en tête de ses essais : « C'est icy un livre de bonne foy ». Mais Montaigne n'était pas Dieu, tandis que le Coran, « n'ayant rien qui puisse être mis en doute », ne peut qu'être identifié à l'Être suprême et être co-éternel et consubstantiel à Dieu. Il est le Kelamoullah, parole de Dieu, verbe de Dieu et, par conséquent, inalté-

---

(1) Première ligne de la Sourate « La Vache », qui est réellement le premier chapitre du Coran.

حـنـة المـعلاة

قبر خـديـجـة رضـى الله عـنـهـا

CIMETIÈRE DE LA MECQUE

Tombeau de Khadidja.

Tombeaux d'Abd-el-Mottalib, de son père Hachem et de Abou-Taleb.

Tombeau de Yamina.

rable. Cette conception regrettable, qui se révèle à chaque ligne du « Livre », a engendré le « M'ktoub » et plongé les croyants dans l'immobilisme, au lieu de leur laisser une voie ouverte au progrès et à la civilisation.

Les docteurs arabes, en déduisent, naturellement, que la « Loi de Dieu », c'est-à-dire le Coran, doit embrasser et régir tout dans le monde et l'humanité, et c'est ainsi que les disciples de Mohammed s'expliquent l'unification de la religion et de la législation musulmanes : lois divines et lois humaines émanant du même principe, le Coran, « de même que » les lois de Manon, notamment, et les livres colligés par le Juif Esdras » au retour de la Captivité de Babylone, est un code tout à la fois » religieux, politique et civil » (1).

Le dogme et le culte, les lois civiles et militaires, quelques détails peu précis sur l'histoire proprement dite, la personnalité de Mohammed et ce qui caractérise le mode de sa prédication, une faible ébauche de la métaphysique et de la théodicée, ce que Mohammed savait des Juifs et des Chrétiens, en sont les éléments principaux adaptés aux faiblesses, aux coutumes, aux vanités et aux goûts des Arabes.

L'esprit général de ces commandements et principes, se trouve dans la Fatihah (2), qui est l'analogue du *Pater* chrétien. « De même pouvons-nous dire que toute l'idée intime du christianisme et tous les principes par lesquels il régit, au fond, les sociétés chrétiennes, sont contenus et résumés, en esprit, dans l'Oraison dominicale » (3).

La dialectique des Arabes va plus loin : de déduction en déduction, elle estime, les principes du « Coran » étant contenus, en esprit général, dans la Fatihah, que cette oraison est renfermée dans le Bism-allah Er-rahman Er-rahim (ce qui est la traduction exacte de *Misericors et Miserator Dominus* des Chrétiens), formule initiale contenue elle-même dans le B (ب) qui se réduit à son tour, au point diacritique qui caractérise cette lettre alphabétique.

Quant aux pratiques du culte proprement dit, cinq choses fondamentales dites *Arkan el Islam el Khamsa* أركان الاسلام الخمسة les constituent : la profession de foi concernant l'Unité de Dieu et la mission de Mohammed, les prières quotidiennes au nombre de cinq, le paiement de la *Zekate* (aumône de purification des capitaux et de la fortune publique dans ses autres branches), le jeûne du Ramadhan et le pèlerinage de La Mecque pour ceux qui ont les moyens de l'entreprendre.

Et comme croyances générales se rattachant au Dieu Un, celles de la vie future, des peines d'un enfer dont Dieu peut abréger la durée, et d'un purgatoire.

Et pour les croyants ayant connu la vertu et pratiqué le bien, un

---

(1) Jules la Beaume, *Le Coran analysé*.
(2) Introduction, ouverture, petit chapitre initial du Coran.
(3) Dr Perron, *L'Islamisme son institution, son influence et son avenir*, p. 21, *loco citato*

paradis aux délices sensuelles et plein d'attraits pour une nation qui s'attend à trouver là haut des jardins merveilleux de verdure et de fraîcheur, jardins peuplés de femmes toujours jeunes et belles ! Que de tentations pour de pauvres diables qui vivent pour la plupart, dans des plaines arides ou des montagnes abruptes, sans cesse exposés aux rayons du soleil et aux intempéries des saisons.

Fusion de rites, de coutumes, de mœurs et de traditions du monde antique, se formulant en loi religieuse, tel apparaît le mahométisme que treize siècles et l'idée chrétienne n'ont pas encore entamé.

Et comment pourrait-il en être autrement ?

Une œuvre qui assujettit la loi civile à la loi religieuse, qui unit intimement le monde matériel au monde moral, dont le centre est Dieu, enlève du même coup, à l'esprit humain toute universalité, toute initiative ; — une telle œuvre, en consacrant solennellement le passé, arrête dans le temps, l'évolution intellectuelle de tout un peuple, l'empêche d'aspirer à tout autre science qu'à celles définies par le « Livre » et, finalement, le plonge dans le *quiétisme*.

Certes, la réforme était merveilleusement appropriée aux besoins de la nation et il est probable que si Mohammed avait voulu attaquer les mœurs de son époque en y introduisant des éléments nouveaux, il eut dépassé son but et, peut-être, jeté dans les consciences le trouble, au lieu et place de la confiance.

D'autre part, le « visionnaire » voulait jouir, par lui-même, de son succès, et le sentiment égoïste qui le dominait l'empêcha, peut-être aussi, de doter son pays d'institutions plus libérales et de nature à lui ouvrir les portes du progrès.

Il en est résulté que la nation arabe a traversé les siècles sans autre autorité effective que celle de la famille, sans autre société que celle de la tente, sans idée de gouvernement régulier, ni vie civile gardant, comme un dépôt sacré, son individualisme, conquérant sans organisation ni tactique et manquant, par dessus tout, de ce désintéressement abstrait qui fait la justice telle que nous la concevons.

La langue arabe, elle-même, a conservé son caractère des premiers temps et les mots nouveaux dont elle s'est enrichie à la faveur du mouvement philosophique du moyen âge, n'ont plus de sens pour la masse et demeurent dans la lexicologie comme autant de souvenirs d'un passé évanoui.

Il est cependant juste de reconnaître que la réforme coranique que nous venons d'esquisser si brièvement, réunit les populations de la péninsule arabique sous une morale plus intelligente et qu'elles n'avaient pas connue, jusqu'alors, aussi nette et aussi précise. Mais tout en faisant leur grandeur passagère, elle devait les conduire rapidement à se déchirer entre elles pour avoir l'honneur de diriger la religion nouvelle.

**.

L'une des fautes éminemment préjudiciables à l'œuvre de Mohammed fut, incontestablement, celle d'avoir négligé d'établir un ordre de succession invariable et permanent au Khalifat. Autrement Mohammed aurait sans doute pu éviter les dissensions civiles qui se produisirent au sein de ses plus fervents disciples, et peut-être fonder une monarchie impérissable par son essence même.

Mais ce n'est là qu'une pure hypothèse, car en religion comme en politique, il est bien difficile à l'homme de modifier les mœurs, plus fortes que les lois, ou de comprimer le génie d'une nation.

L'édifice islamique, construit avec tant de peine, manquait d'hommes pour asseoir solidement ses bases et empêcher le vent de la discorde de pénétrer dans la maison.

Le Coran, accepté ou imposé en principe, fut donc interprété de diverses façons et commenté avec un esprit de dialectique souvent inspiré par l'intérêt, la haine ou l'ambition.

Nous verrons, plus loin, comment les progrès étonnants qu'il avait réalisés dès son apparition, furent entravés par l'apparition successive de nombreuses sectes hérésiarques qui, pour la plupart, l'attaquèrent dans ses bases fondamentales.

Au milieu de ce chaos moral, encore envenimé par les aspirations au khalifat qu'elles déchirèrent après l'avoir rendu d'électif, héréditaire ; qu'elles transportèrent en faisant couler des fleuves de sang, de la maison d'A'li à celle de Moa'ouïa et de celle-ci à la maison d'A'bbas, le « grand colosse » aurait péri malgré la valeur des armes de ses plus ardents défenseurs si on n'avait fait appel à la diplomatie des compagnons du Prophète.

Il s'agissait, en effet, de rassembler des commandements épars et de compléter le livre sacré par des documents plus précis, plus à la portée du néophyte et plus en rapport avec les exigences de la politique des premiers khalifes. Pour cela on fit appel aux premiers compagnons du prophète (Sahaba) et à sa femme A'ïcha, qui racontèrent toutes les paroles dont ils avaient gardé le souvenir, tous les conseils, toutes les lois orales (qaoul قول) du prophète, ses actions, ses œuvres, ses pratiques, son silence sur différentes actions des hommes, silence qui témoignait une approbation tacite de sa part.

Ces lois prophétiques furent synthétisées sous le nom de hadits (traditions).

Aux souvenirs des Sahaba et d'A'ïcha, s'ajoutèrent encore ceux de leurs disciples qui formèrent des lois orales de seconde main et furent désignés sous le nom d'Hadits *Mechhour*, parce qu'ils ne furent reçus et enseignés que dans les IIe et IIIe siècles. Ces nouveaux traditionnistes sont connus sous le nom de successeurs (Tabiaïne) des Sahaba.

Au 3e siècle, de nouveaux successeurs surgirent. Ils citèrent quelques hadits qui furent qualifiés de *morsal* et de *khaberliriaid*, parce que n'ayant été découverts que trois siècles après l'avènement de Mohammed ils n'étaient pas, comme les précédents, d'une notoriété généralement reconnue.

L'ensemble de ces trois catégories de hadits a formé la Sonnâ, complément indispensable du Coran (1).

On appelle ces hadits « Nebaouïa » (les Préceptes du Prophète).

Parmi les auteurs canoniques qui se sont livrés à ces minutieuses recherches, les plus universellement estimés sont : Bokhari, Sounen Abi Daoud, Termidi, Nissaï, Ibn Mahdja, El Qadhouni, Sahah Moslem, etc. Leurs six ouvrages portent le nom de El Sihah Esset (الصحاح الست) c'est-à-dire les six livres sincères. Celui de Bokhari est placé au premier rang et est regardé comme le livre saint après le Coran.

Cependant, si ces divers auteurs avaient fourni aux khalifes des armes de défense et de propagande, ils avaient créé, en même temps, un désordre inextricable par le nombre de matériaux réunis, souvent utiles, mais parfois contradictoires et d'une authenticité douteuse. Il fallait coordonner tous ces documents, en faire en un mot un *corpus juris*.

« Les légistes du IIe siècle s'y appliquèrent ; mais en raison de
» l'origine diverse de leurs documents et des contradictions qu'ils
» renfermaient, ils ne purent s'entendre sur bien des points et cons-
» tituèrent des écoles distinctes dont le nombre atteignit près de
« vingt » (2).

Nous en citons dix-huit d'après l'ouvrage intitulé *La Balance* (grande) الميزان الكبرى d'Abdelouhab Charani.

Elles sont connues sous le nom de مذاهب (Medahab) (3), interprétations basées sur les fondements de la jurisprudence (ouçoul-El Fiqhi أصول الفقه) qui sont, comme on le sait, au nombre de sept.

1° الكتاب — le Coran (le livre) ;

2° السنة — la Sonna ;

3° الاجماع — El Idjmâa (accord des docteurs musulmans réunis après la mort du Prophète, sur des points de doctrine différents mais considérés comme justes) ;

---

(1) « Le *hadits* est le recueil des paroles traditionnelles recueillies du Prophète par
» ses disciples, revêtues de plus ou moins d'authenticité, réunies ensuite par les
» disciples des disciples de Mohammed.
» La *Sonna* est, pour les bons musulmans, un recueil de principes rigoureusement
» obligatoires. Beaucoup de hadits ou paroles du Prophète, ne sont que des maximes
» de morale générale et non des principes de loi (Perron) ».

(2) Mercier, *Le habous ou ouakof, ses règles et sa jurisprudence*. Alger, typ. A. Jourdan.

(3) استر ذهبك ذهابك ومذهبك Cache ton or, le but de ton voyage et tes opinions religieuses. Kazimirski, dict. p. 785.

4° الفياس — El Qias (déductions par analogie) ;

5° استصحاب الاصل — Istishab-el-Acel (c'est-à-dire la recherche de l'origine *des choses*, admise par Chafaï) ;

6° الاستحسان — El Istihsan (déduction tirée du raisonnement intime des docteurs musulmans, adoptée par Abou-Hanifa) ;

7° المصالح العامّة — El Masalih-el-A'mma (ou tolérance accordée aux malekites seulement sur certains points de doctrine, dans un but d'intérêt général).

Voici les noms des dix-huit écoles ou madaheb :

1° Madaheb A'ïcha ;
2° — A'bdallah ben Amar ;
3° — A'bdallah ben Messaoud ;
4° — A'tha ;
5° — Modjahed ;
6° — L'imam Abou-Hanifa ;
7° — — Malek ;
8° — — Chafaï ;
9° — — Ahmed ben Hanbal ;
10° — — Daoud ;
11° — — Laïts ;
12° — — Sofian-et-tsouri ;
13° — — Sofian ben O'ïaina ;
14° — Mohammed-ibn-Djarir ;
15° — Amar ben A'bd-el-A'ziz ;
16° — El-A'mach ;
17° — Chafeï ;
18° — Ishaq.

L'arbre ci-après nous donne une idée exacte de leur formation en nous montrant la source d'où elles dérivent. Nous le devons, sur nos indications, à la plume habile de M. Omar ben Smaïa, conseiller municipal d'Alger, l'un des rares indigènes algériens qui aient conservé de réelles notions de l'art arabe.

Il eût été de mauvaise politique de laisser subsister cet amalgame de traditions diversement interprétées ; les schismes graves qui s'étaient produits et ceux qui auraient pu survenir auraient indubitablement détruit l'échafaudage élevé avec tant d'opiniâtreté.

Les docteurs musulmans le comprirent, et vers la fin du IIe siècle de l'hégire (VIIe siècle de notre ère), ils se réunirent et finirent par s'entendre sur les points fondamentaux de la doctrine orthodoxe.

La question religieuse était déjà résolue et personne n'aurait osé y toucher sans s'exposer à se voir taxer d'hérésie ; mais il n'en fut pas de même des points de législation : quatre écoles orthodoxes absorbèrent toutes les autres. Elles formèrent les quatre rites hanafite, malékite, chafaïte et hanbalite, et les imams (1) qui les fondèrent sont reconnus comme les docteurs et les pères de la législation musulmane.

Le premier Abou Hanifa (il s'appelait proprement Imam Abou-Hanifa Noman-Ibn-Thabet-el-Koufi) (2), naquit à Koufa en 699 (80 de l'hégire), sous le khalifa Abou-Malik Ier, et étudia le Coran sous le célèbre Ahmed-Ibn-Souliman.

Il étudia également les hadits à l'école des principaux disciples du prophète parmi lesquels nous citerons (suivant certains auteurs) Ibn-Malik, A'bdallah-Ibn-Djouzy, A'bdallah-Ibn-Abi-Ouafa, Oussib-Ibn-Askaa et Maakal-Ibn-Yassar (3). Il s'inspira des conversations qu'il avait eues avec la femme la plus savante de son siècle, la pieuse A'icha bent Adjerd.

Ce docteur éminent, partisan de la maison d'A'li, qu'il appelait la maison du Prophète, se vit emprisonner en secret, par ordre du Khalifa Abdallah II irrité de l'opposition que l'imam lui avait faite et du refus qu'il avait opposé à l'offre de signer avec les autres imams l'arrêt portant la résolution de faire périr les habitants de Moussoul et de confisquer leurs biens (150 de l'hégire) (767).

Le tombeau d'Abou-Hanifa est à Baghdad.

Le deuxième, l'imam Malik, fils d'Anas, naquit à Médine en 94 de l'hégire (713 de J.-C.), sous le Khalifat d'Haroun Ier, dit Rachid. Il est l'auteur du *Mowatta*, ouvrage dans lequel sont consignés, appuyés sur les traditions reçues du Prophète, tous les principes fondamentaux du rite malékite, le seul qui ait autorité en Algérie, dans tout le Maghreb et chez tous les musulmans de l'Afrique jusqu'au Soudan. Il ne faut excepter que l'Égypte où le rite chafaïte domine. Malik fut inhumé à Baky.

Le troisième, l'imam Chafaï, naquit à Ghazâ, en Syrie, l'an 150, et termina ses jours en Égypte, l'an 204 (819), sous le khalifa Abdallah III. Son corps est déposé à Courafa-y-Safia (Caire).

Enfin, le quatrième, Hanbel, naquit à Baghdad en 161 (778 de J-C.). Il devint célèbre par sa science et sa piété, mais son rite n'a aujourd'hui

---

(1) 1° L'imam Abou Hanifa, d'après Atha, d'après Ibn-Abbès, d'après l'Envoyé de Dieu, d'après Djoubril, d'après Dieu ;
2° Malik, d'après Nafa, d'après Amar, d'après Mohammed... ;
3° Chafaï, d'après Malik, d'après Hafaa, d'après Ibn-Amar... ;
4° Ahmed, d'après Chafaï, d'après Malik, d'après Nafa, d'après Ibn-Amar.

(2) Ses disciples lui donnèrent le titre honorifique d'Adham.

(3) D'après Abdelhouab, l'imam Ataha aurait été le professeur d'Abou-Hanifa et aurait été lui-même l'élève d'Ibn-A'bbas, compagnon du Prophète.

Lith. A. Jourdan. Alger.

que peu d'assesseurs dans l'Iraq. Il vivait du temps des khalifes Abdallah III et Mohammed III, tous deux réputés hérétiques à cause de leur opposition au dogme relatif à la nature du Coran.

Fustigé en présence de ce dernier khalife, à Baghdad, il mourut en odeur de sainteté l'an 241 de l'hégire (855), âgé de 85 ans (de 80 ans, suivant M. Perron) (1).

Les docteurs qui, plus tard, ont suivi les traditionnistes de ces quatre imams orthodoxes, se sont efforcés de développer, en la codifiant, la législation professée par chacun d'eux.

C'est, d'abord, Sidi-Khelil, qui, au XIVe siècle de notre ère, codifie la doctrine du rite malékite dans son Mokhtaçar (précis), ouvrage qui a donné lieu, à cause de la concision du texte et des nombreuses abréviations que l'auteur y a fait figurer, à des développements et à des commentaires nombreux.

Puis, l'école hanafite, principalement, est l'objet de commentaires de la part des disciples de l'imam Abou-Hanifa. Quelques-uns ont, sur plusieurs points, des opinions différentes, parfois préférées à celles de leur maître.

Vient ensuite le savant Tamourtachi, mort en 1596, qui écrivit, notamment, le Tenouïr-el-Abçar, au dernier quart de notre XVIe siècle.

Au commencement du XVIIe siècle, Mohammed-El-Askafi, mort en 1677, donne des explications et des commentaires très étendus sur le texte du Tenouïr. — Son ouvrage est appelé *Ed-Dorr-El-Mokhtar*; il constitue la vraie doctrine hanafite et est le seul, avec ses commentaires *Redd-El-Mahtar*, par le cheikh Ibn-Abidine, et le *Redd*, qui soit consulté par les juristes musulmans pour l'appréciation des cas douteux.

Nul ne saurait s'écarter des principes contenus dans ces divers Codes, sans porter atteinte aux traditions islamiques. En cas de désaccord dans l'interprétation des textes ou de difficultés dans leur application, on provoque l'avis des jurisconsultes, qui prononcent des décisions dans le même esprit et, par suite, conformes aux principes de la Sonna et du Coran.

Ces décisions s'appellent *Fataoua*. Il y en a qui forment de véritables recueils de jurisprudence, établis par demandes et par réponses.

Nous croyons devoir en reproduire un spécimen traitant d'une question qui intéresse à un haut degré nos indigènes algériens.

---

(1) Les rites orthodoxes sont aujourd'hui les seuls admis en matière de jurisprudence, le dogme religieux n'ayant subi aucune transformation si ce n'est dans quelques principes de détails. En Orient, c'est le rite hanafite qui prévaut en cas de contestation, mais la majorité des populations de l'Afrique septentrionale appartient au rite malékite, notamment en Algérie. Les Chafaïtes dominent en Égypte et les Hanbalites en Syrie et en Arabie, principalement dans la partie qui touche à la Syrie.

Elle a été prononcée par les muphtis de la Mecque, à la demande de M. Jules Cambon, Gouverneur Général de l'Algérie, à la suite du mouvement de migration en Syrie qui s'était dessiné, en 1893, parmi nos sujets musulmans, particulièrement parmi ceux du département de Constantine.

On y verra, avec l'élasticité des textes coraniques, combien il est facile aux musulmans qui savent les manier, d'en tirer des conclusions qui concilient les intérêts de chacun.

Les questions posées étaient au nombre de trois et concernaient « des musulmans établis dans une localité dont les infidèles ont fait » la conquête, mais qui les administrent sans faire le moindre obstacle » à l'exercice de la religion musulmane ; qui vont même jusqu'à encou- » rager les musulmans à pratiquer leurs devoirs religieux et leur » donnent, pour exercer les fonctions de cadi, un de leurs coreligion- » naires musulmans, chargé de faire exécuter les prescriptions de la loi » musulmane, et assurent, à ce fonctionnaire, des émoluments conve- » nables, qu'il perçoit régulièrement au commencement de chaque » mois ».

Dans ces conditions, les musulmans doivent-ils : 1° Émigrer ou non ; — 2° Entrer en lutte avec les infidèles et chercher à leur enlever l'autorité, même s'ils ne sont pas assurés d'avoir le pouvoir nécessaire pour le faire ? — 3° La localité dont les infidèles ont fait la conquête doit-elle être considérée comme terre d'Islam, ou comme territoire en état de guerre ?

Voici la réponse du grand muphti de la Mecque : « Notre savant maître » (Dieu lui fasse miséricorde) nous a déjà fait connaître son opinion en » répondant à la question suivante qui lui avait été posée : « Un musul- » man est-il tenu d'émigrer d'une localité dans laquelle, pour un motif » quelconque, il ne peut accomplir tous les devoirs que sa religion lui » impose ? »

Sa réponse était conçue en ces termes : « Celui qui ne peut s'acquitter » des prescriptions dont la religion lui fait un devoir, doit émigrer de la » localité dans laquelle il se trouve, s'il est en état de le faire, c'est-à-dire » s'il a une fortune suffisante lui permettant de changer de résidence ».
» En parlant des gens qui avaient embrassé l'islamisme et qui n'avaient » point émigré alors qu'ils en avaient les moyens, Dieu a dit : « Les » anges, en ôtant la vie à ceux qui avaient agi uniquement envers » eux-mêmes, leur demandèrent : Qu'avez-vous fait ? ils répondirent : » Nous étions les faibles de la terre. » Les anges leur dirent : « La terre » de Dieu n'est elle pas assez vaste. Ne pourriez-vous pas, en abandon- » nant votre pays, chercher un asile quelque part ? » (Coran, verset 99).
» — Ainsi Dieu n'a pas excusé ces gens-là, et, cependant, ils étaient » faibles et incapables d'émigrer vers une autre localité. Toutefois, il » a fait ensuite une exception dans le verset suivant : « Sauf les faibles » parmi les hommes, les femmes et les enfants ». Ce qui revient à dire

» que l'enfer sera la demeure de tous ceux qui ont refusé d'émigrer,
» à moins qu'ils ne soient au nombre des faibles parmi les hommes,
» les femmes et les enfants, car, alors, ils sont incapables de trouver
» une combinaison qui leur permette de fuir, c'est-à-dire que par suite
» de leur faiblesse physique ou de leur extrême misère, ils ne sont
» point en état de se diriger dans leur route, ou, en d'autres termes, de
» reconnaître la voie qu'ils devraient suivre. C'est à ceux là que Dieu
» pardonnera s'ils n'émigrent pas. « Ici se termine la réponse de notre
» savant maître ».

« Les plus éminents commentateurs du *Coran* ont exprimé la même
» opinion, et le Prophète (que Dieu répande sur lui les bénédictions et
» lui accorde le salut !) a dit : « Celui qui, à cause de sa religion, quitte
» un pays pour se rendre dans un autre, même s'il n'avait à parcourir
» pour cela que la distance d'un empan, aura mérité le Paradis et il
» sera le compagnon de son ancêtre Abraham et des descendants de
» celui-ci parmi lesquels figure Mohammed (que Dieu répande sur lui
» toutes ses bénédictions !)

» Dans le Miradj-ed-dirâqa, d'après le Mebrout, on trouve ce qui
» suit : « Les pays entre les mains des infidèles restent *terres d'islam*
» et ne deviennent pas territoires *en état de guerre*, quand ceux-ci n'y
» font point régner leurs lois et qu'au contraire, ils y ont institué des
» cadis et des fonctionnaires musulmans qui leur sont soumis volon-
» tairement ou non. En effet, dans toute ville où il y a un chef musul-
» man, il lui est permis de faire l'office du vendredi, de célébrer les
» fêtes religieuses et d'appliquer les pénalités de la loi musulmane. Si
» les fonctionnaires sont des infidèles, les musulmans pourraient
» encore avoir la liberté de célébrer l'office du vendredi et de choisir
» parmi eux un cadi agréé *par tous les fidèles*, mais ils devront alors
» demander qu'on leur donne un chef musulman.

» Dans le Tenouïr-el-Abçar et dans son commentaire intitulé : Ed-
» dorr-el-Mokhtar, il est dit : « Une des trois conditions suivantes est
» nécessaire pour qu'une terre *d'islam* devienne un territoire *en état de
» guerre*; ainsi il faut : 1° ou que la loi des infidèles y soit appliquée ;
» 2° ou que le pays soit annexé à un *territoire en état de guerre* ; 3° ou
» qu'il n'y reste plus un seul musulman ou un seul tributaire qui
» jouisse de la première sécurité, celle qui lui garantit son existence.

» Le célèbre Et-Thahthaouï a donné une glose de ce passage, et il
» semble en résulter que toutes les fois que les lois musulmanes sont
» appliquées en même temps que les lois des infidèles, le pays n'est
» pas dit territoire *en état de guerre*.

» Par tout ce que nous venons de dire, on voit que du moment qu'il
» y a un cadi, fût-il nommé par les infidèles, et que les lois musulmanes
» sont appliquées comme il a été dit ci-dessus, un pays ne cesse pas
» d'être pays d'islam. Dieu sait mieux que personne ce qu'il en est de
» tout cela.

« Les présentes lignes ont été tracées par ordre du serviteur de la loi musulmane, muphti de la glorieuse ville de la Mecque ».

Voici la réponse du muphti chafaïte, beaucoup plus explicite que la première :

« Louange à Dieu unique. Que Dieu répande ses bénédictions sur
» notre seigneur Mohammed, sur sa famille, sur ses compagnons, sur
» tous ceux qui, après lui, marchent dans le bon chemin. Oh mon Dieu,
» sois notre guide dans la recherche de la vérité !
» Dans les fataoua du savant cheikh Mohammed ben Seliman-el-
» Kurdi, l'auteur d'une glose remarquable sur le commentaire d'Ibn
» Hadjar, on trouve ceci : « Le séjour des musulmans sur un territoire
» appartenant aux infidèles peut être rangé dans une des quatre caté-
» gories suivantes : 1° où il est obligatoire, c'est-à-dire que les musul-
» mans peuvent bien se soustraire à l'adoption de la religion des
» infidèles et *vivre à l'écart*, mais qu'ils n'ont plus à espérer aucun
» secours des musulmans. Ce pays *reste terre d'Islam* tant que les
» musulmans n'en ont point émigré ; dans ce cas, seulement, il devien-
» drait un territoire *en état de guerre* ; 2° où il est toléré, par exemple
» quand les musulmans peuvent professer ouvertement leur religion,
» et qu'ils ont l'espoir de voir *ce pays revenir un jour* à leurs coreli-
» gionnaires ; 3° où il est répréhensible, c'est dans le cas où pouvant
» exercer le culte, ils n'ont plus aucun espoir de voir le pays revenir
» aux mains des musulmans ; 4° où enfin il est absolument interdit,
» c'est quand les musulmans ne peuvent plus professer ouvertement
» leur religion ». En conséquence, si l'exercice de la religion musulmane
» et l'application de la loi islamique, *dans toutes ses parties*, doivent
» être une cause de ruine ou de mort pour les musulmans parce que
» les fonctionnaires choisis parmi les infidèles exercent seuls l'autorité
» sans tenir compte des injonctions de la loi musulmane, il est interdit
» aux musulmans de demeurer *dans un tel pays* ; et tous devront le
» quitter, sauf ceux qui seront dans l'impossibilité matérielle de le faire;
» et *ces derniers, seuls, seront excusables*.
» Dans le commentaire de El-Djemâl-El-Remli, sur le Minhadj-el-
» Aoudjah, il est dit : « *sera terre d'Islam* tout pays dont les infidèles
» auront fait ainsi la conquête, c'est-à-dire qu'il y aura lieu de distinguer
» les catégories énoncées ci-dessus ». Ceci répond donc à la première
» partie de la question qui a été posée. Pour la deuxième partie, on
» doit répondre qu'il n'est pas obligatoire d'entrer en lutte avec les
» infidèles puisqu'on n'est *pas capable de le faire avec succès*. Enfin,
» pour la troisième partie, la réponse à faire est que la *terre d'Islam*
» ne devient pas territoire en *état de guerre* par le seul fait de la
» conquête des infidèles. Dieu sait mieux que personne si ceci est
» exact.

» Écrit par celui qui espère tout du seigneur, Mohammed Saïd ben
» Mohammed, muphti des chafaïtes à La Mecque ».

Quant au muphti des malékites de La Mecque, Mohammed A'bed, fils du défunt cheikh Hossein, il confirme les réponses faites par ses collègues hanafites et chafaïtes, qu'il appelle ses maîtres.

Il serait évidemment malaisé de tirer de ces citations sacrées et écrites, comme tous les documents de cette nature, dans un style plein de détours, des conclusions fermes, mais telle qu'elle est, cette fetoua n'en est pas moins fort intéressante et très-précieuse.

Elle ménage, pour employer une expression vulgaire, « la chèvre et le chou », et, à travers l'élasticité des textes, nous pouvons y trouver des arguments en notre faveur.

Quant aux indigènes, leur façon de parler, enveloppée et discrète, leur permet encore mieux qu'à nous, d'en comprendre toute la portée et de se mettre, selon le cas, en parfait accord avec leur conscience.

A la prière du maréchal Bugeaud, une fetoua, analogue à celle qui précède, avait été remise, à La Mecque, au savant interprète Léon Roches, et ce document rendit, en son temps, les plus grands services à l'établissement de notre domination en Algérie.

La fetoua obtenue par M. Jules Cambon ne sera pas moins utile, dégagée qu'elle est de tout esprit sectaire, à notre expansion saharienne, puisque le fait de la conquête armée, ou pacifique, permet de conserver au pays conquis sa qualification de « terre d'Islam ».

SECTES HÉRÉSIARQUES

La succession au khalifat, laissée par Mohammed au choix de ses compagnons, et la tradition dont nous venons d'esquisser les principes fondamentaux, furent la source de tous les maux dont eut à souffrir l'institution à la fois politique, religieuse et sociale du Coran, mais aussi, l'origine d'une ère de progrès, de théories et de doctrines gigantesques qui obligent le philosophe et l'historien à aller chercher dans la société islamique, la base de hardies conceptions, mystiques et religieuses, si rares dans nos pays occidentaux.

Les sentiments comprimés par la foi islamique se réveillèrent et grossirent, menaçant d'orages pour les tendances d'égalité et de liberté du peuple de la péninsule arabique.

Le fondateur de l'Islam n'avait pas encore fermé les yeux que, déjà l'existence de sa religion était remise en question (1) par la révolte de plusieurs faux prophètes séduits par la facilité avec laquelle Mohammed avait imposé sa doctrine aux tribus de l'Arabie.

Toulayha et Moçaylama triomphaient et voyaient augmenter le nombre de leurs adhérents (2).

On allait jusqu'à méconnaître à Mohammed la qualité d'Envoyé de Dieu : « S'il eût été vraiment un prophète, il ne serait pas mort », s'écriaient les uns. « Nous ne voulons pas admettre certains préceptes du Coran », ajoutaient les autres. Et au milieu d'une agitation fébrile, menaçante pour l'existence de l'œuvre de Mohammed, A'li *(le Sublime)*, fils d'Abou Taleb, gendre et cousin du Prophète, son plus fidèle soutien et son héritier légal, après s'être enfin élevé au khalifat, à la suite de trois échecs successifs en vingt-trois ans, se voyait disputer cette sainte charge, ce sublime sacerdoce, par un ambitieux : Moa'ouia, préfet de Damas, qui fonda, sur un cadavre, le Khalifat héréditaire.

Ce fut le signal de la discorde : les partisans d'A'li se groupèrent autour de lui. On les désigna sous le nom de *Cha'ïa* (factieux, séditieux).

Sous les khalifats d'Abou Beker et d'Omar, une foule d'autres questions avaient déjà été soulevées à propos de l'impôt zekâte, des héritages, de l'abandon des enfants, de la punition de certains crimes, de la divinité du Coran, de l'apothéose du Prophète, etc...

Nous n'entreprendrons pas d'exposer, plus longuement, les causes qui amenèrent les hérésies. Nous nous bornerons à résumer les divergences d'opinions qui se produisirent à cette époque troublée, sans suivre, dans leurs vicissitudes, les nombreuses sectes réputées hérésiarques par les traditionnistes ou partisans de la Sonna.

Les auteurs musulmans ne sont pas d'accord sur le nombre des controversistes, des égarés, des novateurs, des impies, des blasphémateurs, des athées, qui s'écartèrent de la Sonna. Ils diffèrent également sur la nature des théories et des doctrines enseignées par eux. D'après Chahrestani, Ibn-Hazm et Makrizi, cités par M. G. Dugat, dans son ouvrage « l'*Histoire des philosophes et des théologiens musulmans* », il y aurait eu sept écoles principales. D'autres les partagent en six classes générales, chacune de douze sectes, formant les soixante-douze fractions qu'aurait prédites Mohammed (3).

Le *Kitab-el-Maouaqif*, par A'dhoud-el-Mella, A'bderrahman ben Mohammed-el-Idji-el-Cadi et son commentaire, par Essid-Cherif, A'li ben Mohammed-El-Djordjani, dans lesquels nous puisons nos renseigne-

---

(1) Defremery, *Histoire des Ismaëliens ou Bathiniens de la Perse (Journal Asiatique,* 1re série, t. VIII, p. 353).

(2) Ces deux imposteurs s'étaient déclarés contre les doctrines coraniques et, du vivant même de Mohammed, avaient entrepris de jouer le rôle de prophètes.

(3) Voir, p. 64, le *Hadits*.

ments (1), admettent huit classes avec les dénominations particulières de : *Cha'ïa* (Chiites), *Kharidjïa* (Kharédjites), *Mo'tazila* (Mo'tazelites), *Mordjïa* (Mordjites), *Nadjarïa* (Nadjarites), *Djabrïa* (Djabrites), *Mochabbïha* (Mochabbihtes) et *Nadjïa* (Nadjites), ou, comme son nom l'indique, classe des sauvés.

Elles se partagent en plusieurs fractions que nous avons groupées sur la chaîne mystique ci-après, qui symbolise l'Islamisme issu du Coran révélé à Mohammed par l'intermédiaire de l'Ange Gabriel : l'Islamisme, représenté par les quatre premiers khalifes, triomphe des doctrines hérésiarques.

. . . .

CHA'ÏA (CHIITES)

Les *Cha'ïa* (Chiites), شيعة (fraction, parti), se divisent en trois grandes branches :

Les *Ghoulât* (outrés), les *Zeïdia* et les *Imamïa*.

Les dissidences qui les séparent des *Sonnites* peuvent être ramenées à trois points principaux :

1° Ils rejettent les trois premiers khalifes, Abou-Beker, Omar et Otsman et les considèrent comme des usurpateurs.

La qualité d'imam ne peut sortir de la famille d'A'li, et, en raison de son origine divine, elle ne doit pas être abandonnée aux caprices du suffrage populaire ; elle se transmet en vertu d'une délégation expresse et textuelle : *ouaciat-nouss*. L'imam est impeccable et souverainement juste ;

2° Ils prétendent qu'A'li est au moins égal, en sainteté, au prophète Moh'ammed ;

3° La Sonna est, à leurs yeux, le résultat d'un travail apocryphe qui ne mérite aucune confiance.

Les *Ghoulât* (outrés) appliquaient à leurs imams la condition de la divinité. Ils assimilaient A'li à Dieu et croyaient à la transfusion de la parcelle divine dans les imams de la descendance d'A'li (2).

Les *Zeïdïa* الزّيديّة furent ainsi nommés parce qu'ils se révoltèrent avec Zeïd, fils d'A'li, fils d'Husein, fils d'A'li, fils d'Abou-Taleb. Leurs doctrines consistent dans l'exaltation des enfants de Fatma-Zohra, fille du prophète, auxquels ils attribuent, exclusivement, la qualité d'imam.

---

(1) Les renseignements extraits du Kitab-el-Maouaqif ont été traduits par M. Bagard, interprète militaire au Gouvernement Général.

(2) G. Dugat, p. 35, auteur déjà cité.

Les *Zeïdia* se sont divisés en trois fractions : 1° Les *Djaroudïa*, اَلجَارُودِيَّة disciples d'Aboul-el-Djaroud, qui donnent à A'li la qualité d'imam, en vertu d'une tradition du prophète, tout en ne lui en conférant pas le titre.

Nécessairement, ils déclarent infidèles les disciples de Mohammed qui n'ont pas admis cette tradition et n'ont pas suivi A'li, après la mort du Prophète ;

2° Les *Soleïmanïa*, السَّلِيْمَانِيَّة ou partisans de Soleiman ben Djarir. — « D'après cette secte, l'imamat ne doit être attribué qu'après délibéra-
» tion d'une assemblée composée au moins de deux membres, pris
» parmi l'élite des musulmans ».

Abou-Beker et Omar étaient imams, mais les musulmans qui les ont reconnus, alors qu'A'li existait, ont commis une faute.

Cependant, cette faute est légère et n'est pas considérée comme une impiété. Les *Soleïmanïa* reconnaissent que l'imamat peut être accordé à l'homme d'un moindre mérite, malgré l'existence d'un être supérieur. Ils renient Otsman, Talha, Zobeïr et A'ïcha ;

3° Les *Batirïa*, البَتِيرِيَّة ou disciples de Batir Et-Tsomani, croient à l'imamat d'Otsman, contrairement aux *Soleïmanïa*.

La troisième branche des *Cha'ïa*, les *Imamïa* الإِمَامِيَّة est la seule secte des irréductibles qui essaye de démontrer, par des faits, l'idée primordiale des *Cha'ïa*, à savoir que Mohammed a désigné A'li comme son successeur.

Ils appuient leur démonstration sur des paroles prononcées par Mohammed au moment où il commença à faire du prosélytisme. A'li accepta, comme on le sait, d'être son vicaire, et, dans une autre circonstance, Mohammed reconnut le jugement d'A'li supérieur à celui de ses autres compagnons (1).

C'est cette conception qui les fit se séparer d'A'li, lors de l'arbitrage. Plus de 12 mille d'entr'eux le renièrent.

Le *Kitab-el-Maouaqif*, parlant des *Imamïa*, s'exprime ainsi :

« Ils étaient des gens de prière et de jeûne (c'est-à-dire qu'ils s'acquit-
» taient ostensiblement de leurs obligations); c'est à leur intention que,
» parlant à ses disciples, le prophète de Dieu a dit : Si l'un de vous voit
» ces gens prier, il pensera que sa prière ne vaut pas la leur et il pensera
» de même, pour son jeûne, s'il les voit jeûner ».

Les doctrines des *Zeïdia* et des *Imamïa* contribuaient, sans doute, à prolonger le schisme des *Cha'ïa*, mais par leur nature, elles ne visaient que le pouvoir temporel des khalifes, tandis que celles des *Ghoulât* attaquaient l'islamisme dans son essence même. L'opinion de ces derniers « sur la transfusion de la parcelle divine », que nous constate-

---

(1) Chahrestani, p. 122.

rons envisagée à d'autres points de vue au cours de ce travail, ne pouvait être partagée sans soulever les vives récriminations des Sonnites et sans donner lieu, de la part des *Chaï'a*, à des déductions spéculatives imprégnées, plus ou moins, d'idées philosophiques puisées à des sources étrangères au monde musulman.

Suivant le *Kitab-el-Maouaqif*, les écoles secondaires issues des *Ghoulât*, étaient au nombre de dix-neuf, savoir :

Les *Razamïa*, الرَّزامِيَّة du nom de Razem ben Siaq, enseignaient les doctrines de la métempsycose (1) et déclaraient licite ce qui est prohibé par le Coran. D'après Chahrestani et Maçoudi (2), les *Razamïa* seraient une branche des *Keïssanïa* dérivée, elle-même, des *Cha'ia*. M. Barbier de Meynard la cite la première en date comme ayant « transformé la secte mère, en quelques années, au point de lui faire perdre son caractère original ».

Le savant auteur des *Prairies d'or* (3) nous donne les renseignements suivants : « La secte des *Keïssanïa* se partage en plusieurs opinions dissidentes. Quant à son nom, elle le doit à Mokhtar ben A'li-Obeïd le Takéfite, dont le nom était Keissan et le surnom Abou-Amrah ; on croit qu'il fut ainsi nommé par A'li, fils d'Abou-Taleb ».

D'autres, cependant, pensent que Keissan-Abou-Amrah est un autre personnage qu'il ne faut pas confondre avec Mokhtar.

La secte des *Keïssanïa* se serait subdivisée en trois branches : les Razamïa, les Hichamïa et les Banania. Le « Kitab-el-Maouaqif » fait dériver ces trois sectes secondaires des Ghoulât, probablement à cause des polémiques que l'origine des Keïssanïa a soulevées parmi les auteurs musulmans, et orthographie *Baïanïa*.

Sans nous arrêter à ces divergences d'opinions, mentionnons, ci-après, les doctrines des Hichamïa et des Baïanïa, qui peuvent, à la rigueur, dériver des deux sectes-mères précitées.

Les *Hichamïa* الهشامِيَّة (partisans des deux Hicham, l'un, fils d'El Hakem, et l'autre, fils de Salim), expliquaient le Coran par allégories et admettaient la bizarre théorie du microcosme.

Les *Baïanïa* البيانِيَّة (disciples de Bïan ben Sma'an-Et-Tamimi) professaient la transfusion de l'Esprit divin dans le corps d'A'li, puis dans celui de son fils Mohammed ben El-Hanafia, pour passer ensuite dans le corps d'Abou-Hakem et, de là, dans celui de Baïan.

C'est grâce à cette transfusion de la divinité en lui, qu'A'li connut le monde visible et invisible, qu'il triompha de ses ennemis et assura le

---

(1) Chahrestani, p. 114.
(2) Auteurs cités par M. G. Bugat, *Histoire des philosophes et des théologiens musulmans*, p. 26, et M. Barbier de Meynard, *Revue asiatique*, 7ᵉ série, t. IV, 1874, p. 164.
(3) Maçoudi.

succès de la vérité sur le mensonge. Le tonnerre était sa voix et l'éclair son fouet (1).

Mais, passons aux autres fractions des Ghoulat :

Les *Sabaïa* السَّبَائِيَّة disciples d'Abdallah ben Saba, celui qui, ayant dit à A'li : « Tu es réellement la divinité », se vit exiler à Madaïn.

Selon Ibn-Saba, A'li n'est pas mort ; Ibn-Moldjem, son assassin, aurait frappé un démon ayant pris la figure d'A'li.

Ce dernier est dans les nues ; le tonnerre est sa voix et les éclairs sont les étincelles qui jaillissent du fouet qu'il a en main.

Il descendra, plus tard, sur la terre et y répandra l'équité.

Pénétrés de cette idée, les Sabaïa invoquaient A'li *(le Prince des Croyants)*, toutes les fois qu'ils entendaient gronder la foudre.

Les *Kamilïa* الكَامِلِيَّة (partisans d'Abou-Kamil), reniaient les compagnons du Prophète qui n'ont pas reconnu A'li, et n'approuvaient pas ce dernier d'avoir renoncé à ses droits.

Les *Moghaïria* المُغِيرِيَّة (disciples de Moghaira ben Saïd-el-Adjeli), se faisaient de Dieu l'idée d'un corps lumineux ayant la figure d'un homme portant, sur la tête, une couronne luisante. Son cœur est la source de toute sagesse.

Les *Djanahïa* الجَنَاحِيَّة (partisans de Djanah ben Sefouan), nient à l'homme tout pouvoir, qu'il soit inhérent à sa nature ou qu'il l'ait acquis, et le disent semblable aux corps inertes. Selon eux, le paradis et l'enfer disparaîtront quand les âmes y seront entrées, et Dieu seul subsistera.

Les *Mansouria* المَنْصُورِيَّة (disciples d'Abou-Mansour-el-Adjili), croient que Dieu ne cessera jamais d'envoyer des messagers sur la terre. Le paradis est un être à la forme humaine, que Dieu nous enjoint d'aimer et de respecter ; c'est l'imam suprême. L'enfer est également un être humain, que Dieu nous recommande de haïr. C'est l'ennemi irréconciliable de l'imam suprême, comme Abou-Beker et Omar sont les adversaires d'A'li, le vrai imam sur la terre.

Les *Khattabïa* الخَطَّابِيَّة (disciples d'Aboul-el-Khattab-el-Asdi), indépendamment des doctrines cha'ïa, sur l'imamat, ajoutaient aux qualités spirituelles des descendants d'A'li le titre de prophète, que Khattab s'attribuait. Le paradis était, d'après eux, un lieu de jouissances, absolument semblables à celles de ce monde. Comme conséquence de leur scepticisme en ce qui concernait les préceptes du Coran, ils « admettaient l'usage du vin, de la musique et autres jouissances prohibées par le Prophète » (2).

---

(1) Barbier de Meynard, *Revue asiatique*, 7ᵉ série, t. IV, 1874, p. 169.
(2) Dictionnaire Larousse, au mot chiite.

Les *Zeraria* الزِّرارِيّة (partisans de Zerara ben Aïn), reconnaissaient les attributs de Dieu, mais n'admettaient pas leur éternité.

Les *Younissïa* اليونسيّة (ou partisans d'Younous ben A'bd-er-Rahman), se figuraient Dieu assis sur le trône divin, soutenu par des anges.

Les *Mofaouidha* المُفَوِّضَة considèrent Mohammed comme ayant été délégué par Dieu pour régénérer le monde.

Les *Badaïa* البَدائيّة reconnaissent les arrêts de Dieu, mais ils croient qu'il n'en a pas eu la prescience. C'est la négation des attributs qui a donné lieu à de longues dissertations de la part des philosophes.

Nous ne citerons que pour mémoire la fraction des *Dammïa* الذَّمّيّة et celle des *Ghorabïa* الغرابيّة.

Les doctrines bizarres de cette dernière s'appuyaient sur des exemples naïfs, bien faits pour frapper les imaginations vulgaires : « Moham-
» med ressemblait à A'li comme un corbeau ressemble à un autre
» corbeau, et une mouche à une autre mouche. Dieu envoya Gabriel à
» A'li, mais Gabriel se trompa », disaient-ils.

Les *Nacirïa* التصيريّة et les *Ishaqïa* الاسحقيّة sont des partisans outrés d'A'li et du onzième imam des cha'ïa. Leurs doctrines dérivent de celles enseignées, à la fin du IXe siècle, par un nommé Hassan-el-A'skar, de Sourmaura, près de Baghdad (1).

D'après Salisbury (2), Hassan-el-A'skar se serait appelé Mohammed ben Nosaïr, d'où le nom de Nosaïris (Nacirïa). Les Nacirïa existent encore en Syrie, où ils sont connus sous le nom d'*Ansariés*. M. Guyard nous fait connaître que la population du Sommaq n'était, au IXe siècle, composée que de leurs partisans, et M. Eugène Richtenberger, dans la *Revue politique et littéraire* du 6 avril 1889, s'exprime ainsi, à leur sujet : « Dans cette ville (Lattaquieh, Syrie), existent des Ansariés, peuplade bizarre, dont les pratiques religieuses sont assez extraordinaires et peu connues. Leur religion tient, paraît-il, à la fois, du Judaïsme, du Christianisme et de l'Islamisme. Ils adorent Dieu et A'li, reconnaissent Jésus et Mohammed comme des prophètes et professent un grand respect pour les morts. En outre, ils ont l'avantage de faire leurs prières avec le secours de prêtres.

Nous arrivons, enfin, aux *Ismaïlïa*, la fraction cha'ïa qui a joué le plus grand rôle, et dont les doctrines sont les mieux connues.

Les *Isma'ilïa* الاسماعيليّة avaient pour principes fondamentaux la transmigration de la « Raison universelle » et de l'âme émanées d'un

---

(1) Stanislas Guyard, *Un grand maître des assassins au temps de Saladin*, p. 28.
(2) *Journal of the or Am. Soc.*, t. IX, p. 243, cité par M. Guyard.

Dieu inaccessible à la raison humaine, Dieu autrement grand et autrement puissant que Celui du Coran.

Les prophètes et les imams pouvaient seuls bénéficier de cette incarnation, dont la conséquence était la venue d'un messie qui prenait le nom de Mahdi (1), messie plein d'équité pour les descendants d'A'li et leurs adeptes, armé de vengeance pour les oppresseurs. Il synthétisait le Brahma créateur, le Vichnou conservateur et Sauveur, le Siva générateur et destructeur des Indous.

Partisans outrés d'A'li et de sa sainte famille, ils bornaient à sept, le nombre des imams qui avaient hérité, légitimement, de l'autorité spirituelle et temporelle du Prophète. Or, à la fin du VIIIme siècle de notre ère, Ismaïl, fils de Dja'far, septième imam de la postérité d'A'li et désigné comme pontife par son père encore vivant, mourut sans transmettre à son successeur la parcelle divine « l'imamat ne pouvant remonter du fils au père ».

Beaucoup de ses partisans refusèrent de croire à sa mort : « il avait simplement disparu et, certes, il ne pouvait manquer de revenir ». On en conclut que c'était le messie attendu, et c'est ainsi que fut constituée la secte des Ismaïlïa dont les disciples devaient ébranler de tous côtés les esprits.

La Perse, la Syrie, la Mésopotamie, la Mecque et Médine, furent envahies par leurs doctrines qui, durant plusieurs siècles, firent trembler les khalifes sur leurs trônes. — Plusieurs fois réformées,

---

(1) La conception de l'arrivée « d'un sauveur » est antique comme les âges ; elle se découvre au fond des âmes qui attendent et espèrent des jours plus heureux et une existence meilleure et répond, ainsi, à ce besoin d'idéal et de perfection qui est le piédestal de toutes les religions.

Après le « *Messie* des juifs et des chrétiens », le *Saoshyant* des Persans, précédés « d'un immense déchaînement des forces du mal, personnifié, chez les juifs, par l'inva-» sion et les ravages de *Gog et Magog* (*) ; chez les chrétiens par le *Dragon* ou la *Bête* de » l'Apocalypse et par un faux prophète, le prophète de Satan, appelé *l'antéchrist* ; chez » les Persans par le serpent *Zohak*, incarnation d'*Ahriman*, le mauvais principe (**), les musulmans attendent l'élu de Dieu « *mahdi* » (***) qui doit clore le drame du monde avant le jugement dernier, après avoir anéanti, avec l'aide de Jésus « Deddjâl », l'Antéchrist, le faux prophète de la dernière heure, l'imposteur.

On sait comment cette idée du mahdi germa chez les partisans d'A'li, et dans quelles conditions elle fit le tour du monde Mahométan.

Le prophète n'ayant pas laissé de fils, « *le Bien dirigé* » devait, naturellement, sortir de sa lignée, et, s'il n'était A'li lui-même, il ne pouvait être qu'un de ses descendants.

C'est, d'abord, un de ses fils né d'une autre femme que Fatima et nommé Mohammed, fils de la Hanéfite, qui est proclamé Mahdi. Après sa mort, ses fils et partisans annoncèrent qu'il était simplement caché ou endormi et qu'il reviendrait ; il se cachait dans la vallée de Radoua, près la Mecque, et vivait, selon un poète du Yémen, « au milieu des entretiens des anges ».

(*) Le Coran, Sourate « La Caverne », v. 93, désigne Gog et Magog sous les noms de Iadjoudj et Madjouj.

(**) Le Mahdi depuis les origines de l'Islam jusqu'à nos jours, par James Darmesteter : *Revue polititique et littéraire* du 7 mars 1885.

(***) Mahdi est le participe passé du verbe هَدَى et veut dire « le Bien dirigé ».

elles revêtent un caractère religieux, philosophique, politique et social avec l'oculiste A'bdallah, fils de Maïmoun, humanitaire et libéral sous les descendants du fondateur de la dynastie des Fatimites (909 de notre ère), (Sa'ïd, désigné sous le nom d'Obeïd, et plus connu sous celui d'Obeïd Allah, petit-fils d'A'bd-Allah ben Maïmoun), monstrueux et criminel avec le Khalife Hâkem (1) et

---

Les Mahdis se succèdent sous les Oméiades et les A'bbassides, tour à tour empoisonnés ou assassinés, jusqu'au douzième, Mohammed, dernier de ces souverains théoriques, disparu probablement empoisonné, à l'âge de 12 ans, et qui, dans l'esprit populaire, doit revenir à son heure.

Longtemps, on attendit à Hillah « le Fatimite » sabre en mains et avec un cheval sellé et bridé, qui devait lui servir de monture : « Au nom de Dieu ! s'écriait-on, ô maître de l'heure, sors ! car la corruption est grande ».

La croyance au « *maître de l'heure* » répandue, dans la masse, par les A'lides, s'accrédita en Occident, sanctionnée par la Sonna: « Quand même le temps n'aurait plus » qu'un jour à durer, Dieu suscitera un homme de ma famille qui remplira la terre de » justice autant qu'elle est remplie d'iniquité », fait-on dire à Mohammed dans un hadits. Et de tous temps, les mahdis apparaissent auréolés de leur divine mission. Ce sont, d'abord, Obeid-Allah, petit-fils de Maïmoun, et le Masmoudi Ibn-Toumert. C'est, au 17e siècle, le fils d'un cheikh du Kurdistan. Ils sont légion au moment de la conquête de l'Algérie. Et, aujourd'hui, sans oublier « *le Bien dirigé* » du Soudan, l'idée mahdiste est tellement ancrée dans l'esprit des musulmans que plusieurs d'entre eux se donnent ce titre mystérieux. N'a-t-on pas vu le cheikh Senoussi, fondateur de la confrérie des Senoussïa, investir son fils aîné de ce qualificatif vénéré, et l'annoncer dans ses écrits comme devant être, un jour, le « Rédempteur de l'orthodoxie musulmane ».

Les nombreux adeptes du cheikh de Djaghboub le présentent à la foule comme tel, et son attitude confirme leurs dires.

Aussi, est-il considéré, dans certains milieux, comme « *le maître de l'heure par excellence* » qui prépare, dans sa retraite de Koufra, le châtiment des infidèles et les destinées heureuses qu'il réserve aux véritables croyants.

(1) L'an de l'hégire 386 (996 de J.-C.) parvint au trône d'Égypte, à l'âge de onze ans, le troisième khalife de la race des Fatimites, nommé Hakem-bi-Amr-Allah. Ce prince fut l'un des plus extravagants dont la mémoire des hommes ait gardé le souvenir ; d'abord il fit maudire, dans les mosquées, les premiers khalifes, compagnons de Mohammed ; puis il révoqua l'anathème. Il força les juifs et les chrétiens d'abjurer leur culte, puis il leur permit de le reprendre. Il défendit de faire des chaussures aux femmes, afin qu'elles ne pussent sortir de leurs maisons. Pour se désennuyer, il fit brûler la moitié du Caire, pendant que ses soldats pillaient l'autre. Non content de ces fureurs, il interdit le pèlerinage de la Mecque, le jeûne, les cinq prières. Enfin il poussa la folie jusqu'au point de se faire passer pour Dieu ; il fit dresser un registre de ceux qui le reconnurent pour tel, et il s'en trouva jusqu'au nombre de 16,000. Cette idée fut appuyée par un faux prophète qui était alors venu de Perse en Égypte. Cet imposteur nommé Mohammed ben Ismaël (Darazi) enseignait qu'il était inutile d'observer les fêtes ; que les prohibitions du porc et du vin étaient absurdes ; que le mariage des frères, des sœurs, des pères et des enfants était LICITE. Pour être bien venu de Hakem, il soutint que ce khalife était Dieu lui-même incarné, et au lieu de son nom Hakem-bi-Amr, qui signifie gouvernant par l'ordre de Dieu, il l'appela Hakem-bi-Amrou, c'est-à-dire gouvernant par son propre ordre. Par malheur le nouveau prophète, son Dieu n'eut pas le pouvoir de le garantir de ses ennemis. Ils le tuèrent dans une émeute aux pieds mêmes du Khalife qui, peu après, fut aussi massacré sur le mont Moquattam où il entretenait, disait-il, commerce avec les anges (*).

(*) (El-Makin, histoire des Arabes, lib. I. d'après Volney. — Œuvres complètes, voyages en Syrie et en Égypte, p. 26. — Ed. Didot, cité par le baron Henri Aucapitaine. — Étude sur les Druzes).

Hassan (1) ben Sabbah, surnaturel, avec le thaumaturge Râchid-ed-din (2).

Plusieurs branches des Ismaïlïa eurent à leur tête de vrais réforma-

---

Il est vrai que, pour se consoler de la perte d'un Dieu aussi regrettable, ses sectateurs croient à sa résurrection future : Hakem reviendra sous une forme humaine et son glaive vengeur sera l'épée de la justice.

Les partisans de Hakem, comprenant des Syriens, des Arabes, des Moghrbins, des Juifs, furent chassés de l'Égypte et flétris du surnom de Druze par allusion aux vices contre nature dont ils étaient accusés. Ils allèrent se réfugier dans les montagnes du *Haauran* (l'ancienne Auranitide) pays d'origine volcanique et d'un abord difficile, situé entre Damas et le lac de Tibériade.

Un certain nombre s'établirent aux environs d'Alep où ils ne tardèrent pas à être confondus avec les Ansariès, dont ils adoptèrent, en partie, les pratiques religieuses.

Ceux du *Haauran* occupèrent plus tard le massif élevé de l'Anti-Liban, les districts de Hasbeya et de Racheya où ils se mêlèrent à la population chrétienne *Maronite* (du nom de Saint Maroun) d'abord comme serviteurs et amis, et, ensuite, comme alliés et protecteurs. Ils ne tardèrent pas, du reste, à leur donner des maîtres et à fonder une aristocratie qui domine encore le Liban actuel. Le célèbre Fakhr-Eddin « l'éclat de la religion, désigné, dans nos historiens des Croisades, sous le nom de Facardin » descendait des Druzes, et l'Emir Béchir avait la même origine. Leurs descendants, a unombre de 150 princes et principicules, représentent, aujourd'hui, la noblesse maronite.

Les Druzes sont divisés en deux catégories : les fidèles, représentant le peuple (ceux qui adorent sans savoir), les Djahel et les Aàkel (ceux qui savent), sont les initiés, les sages. Les principaux dogmes de leur religion se réduisent : à la croyance en un Dieu unique, créateur, mais indifférent à sa création ; à l'incarnation de la Divinité dans les Imams ; à une vague idée de la transmigration des âmes; à l'interprétation allégorique de quelques préceptes du Coran ; à la disparition et au retour inattendu de l'Imam auquel la divinité est unie (*).

(1) Hassan, pour satisfaire ses haines, institua le corps des Fidays ou Fidaouis, c'est-à-dire des dévoués ou sicaires, dont le rôle devait se borner à assassiner tous ceux que leur chef désignerait. Hassan leur promettait un paradis sensuel. Pour leur donner un avant-goût des joies qui les y attendaient, il fit installer à Alamoût, au milieu de jardins délicieux, des pavillons décorés de tout ce que peut offrir de plus séduisant, le luxe asiatique. De temps à autre, on y transportait des Fidaouis, après les avoir endormis. Ils s'éveillaient dans ces lieux enchanteurs et y goûtaient toutes les voluptés. Bientôt, le même moyen permettait de les faire sortir, et, dès lors, ils étaient prêts à tout pour conquérir un séjour éternel dans ce paradis à peine entrevu.

Tel est le récit du voyageur « Marco Polo », confirmé par des sources orientales (**). Mais, peut-être, Hassan leur faisait-il simplement prendre du hachich, composition qui procure des visions extatiques d'une si parfaite netteté qu'on les confond avec la réalité. Quoi qu'il en soit, la voix publique donnait aux Fidaouis le nom de mangeurs de hachich. Un géographe du XIe siècle, Edrisi (***) l'atteste et S. de Sacy a mis hors de doute que c'est par corruption du mot Hachachin que s'est formé le nom d'assassins, sous lequel nous les ont fait connaître nos chroniqueurs (****).

(2) Comme jadis, le fondateur des néo-ismaliens, Rachid-ed-din avait compris que,

---

(*) Extrait d'une excellente étude sur les Druzes publiée, en 1862, par M. le baron Henri Aucapitaine, basée sur l'exposé de la religion des Druzes par Silvestre de Sacy et sur les notes recueillies pendant l'expédition de Syrie, 1860-61.

(**) Mines de l'Orient, III, p. 201.

(***) Trad. Jaubert, I, p. 359.

(****) Extrait du « Grand Maître des Assassins au temps de Saladin » par Stanislas Guyard, p. 22, 23.

teurs, soutenant, par le fer et la parole, les principes de leurs doctrines : Les *Haramïa*, du nom de Babek Harami, en établissant de nouveaux principes sur la transmigration des âmes, répandirent la terreur jusque dans Baghdad après avoir résisté pendant vingt ans aux généraux du Khalife ; les *Karamitha*, du nom d'Hamdan Karmath, se rendirent invincibles pendant près de deux siècles. Après avoir altéré les pratiques du culte extérieur de l'Islamisme, permis l'usage du vin et du porc, s'être attribué le quint de la dîme aumônière, ils portèrent le fer et la flamme « d'un côté jusqu'aux portes de Damas, et de l'autre jusqu'aux murs de Bassora » ; La Mecque n'échappa point à leur fureur, et le temple de la Ca'ba fut arrosé du sang de plus de trois mille musulmans.

Au nom du Ciel, les Karamitha obligèrent le Khalife Mohammed VIII à leur payer, tous les ans, 25 mille ducats d'or « pour qu'ils permissent le libre exercice du culte dans le premier des temples » de l'Islam, et, obéissant à la même inspiration divine, ils rendirent la Pierre Noire qu'ils avaient conservée 20 ans et qui fut la cause de la suspension, pendant huit ans, du pèlerinage à la Ville Sainte. Mentionnons encore les *Bathinïa*, les *Sebaïa*, les *Babikïa*, les *Mouamarra* et tant d'autres branches secondaires, dont quelques-unes ne sont pas encore éteintes.

M. Stanislas Guyard nous apprend, en effet, que plusieurs voyageurs ont rencontré, au siècle dernier, quelques milliers d'Ismaïlïa dans leurs anciennes forteresses de Masyaf, de Kadamous, etc. En Perse, malgré leur extermination au XIIIe siècle, il en existerait encore. Leur imam résiderait à Kehk, petit village du district de Komm, et serait, d'après M. Rousseau, ancien consul de France à Alep, cité par M. Stanislas Guyard, l'objet des nombreuses visites de la part d'Ismaïlïa, établis sur les bords du Gange et de l'Indus.

Un curieux procès intenté, en 1850, par un nommé Aga-Khan-Mehelâti, à une collectivité désignée sous le nom de Khodjas, qui se refusait de verser entre ses mains le tribut annuel qu'elle lui devait, procès dont les phases se sont déroulées à Bombay, révéla l'existence d'une secte ayant des doctrines identiques à celles des Ismaïlïa.

Un examen approfondi permit de remonter à l'origine, et on put constater, non sans curiosité, que les Khodjas n'étaient autres que les disciples d'un certain *pir* (Cheikh) Sardadin, missionnaire ismaïlia. Les imams cha'ïa' identifiés aux avatars, ont encore de beaux jours.

Terminons cette rapide esquisse des Ismaïlia, par le relevé sommaire de leurs principes d'initiation dus à A'bdallah ben Maïmoun, il sera

---

pour captiver les masses, il fallait recourir au surnaturel. — Abdallah ben Maïmoun s'était fait thaumaturge : Raschid l'imitait. Il avait en divers lieux des agents qui l'informaient des événements avec une rapidité surprenante, grâce à un poste aux pigeons qu'il avait établi chez lui. (Extrait du « Grand Maître des Assassins au temps de Saladin », par Stanislas Guyard, p. 39).

intéressant d'en rapprocher quelques-uns de ceux des Soufis, que nous étudions plus loin et de ceux de certaines confréries religieuses musulmanes.

D'abord fixés à sept et gradués suivant l'intelligence des prosélytes, ils furent, plus tard, portés à neuf :

1° Seuls, les imams peuvent pénétrer les mystères de la science religieuse ;

2° Les imams sont les seuls représentants de l'autorité divine sur la terre ;

3° Le néophyte apprenait la distinction du dogme des Ismaïlïa, de toutes les autres branches des cha'ia ; que le nombre des imams héréditaires est borné à sept ; la connaissance de ces sept imams (on invoquait en faveur de cette doctrine l'importance du nombre septénaire qui joue un si grand rôle dans la nature, dans la personne même de l'homme et dans les rites de la religion).

On expliquait aux initiés que toute religion a deux sens : l'un apparent, l'autre secret. Le sens caché, les imams seuls pouvaient le connaître ; d'où il s'ensuivait que, pour acquérir la vraie Science, il fallait s'abandonner, corps et âme, à l'imam du temps. On conçoit facilement qu'elle était la puissance de ces chefs de sectes ;

4° On faisait connaître que depuis l'origine du monde, la suite des siècles se partage en sept périodes, dont chacune a eu sa religion fondée par un prophète.

Le Chef du siècle était Mohammed, petit fils d'A'li, et c'est en sa personne que se terminent toutes les doctrines des anciens et que commence la science du sens intérieur et mystique de toutes les lois précédentes.

Le prosélyte qui admettait la doctrine du 4e degré cessait, par là, d'être musulman puisque, contrairement à la déclaration de Mohammed, il reconnaissait un prophète postérieur à celui des Arabes.

Le 5° degré comprenait le mépris de la tradition, la négation des religions révélées aux prophètes, et l'adoption de la philosophie enseignée par les auteurs ismaïlïa.

Au 6°, on réfutait les ordonnances légales et obligations instituées par les prophètes dans un but politique et pour le repos de la Société ; on initiait le néophyte aux doctrines philosophiques anciennes, telles que celles de Platon, Aristote, Pythagore, jugées supérieures à celles des révélateurs.

Au 7° degré, le prosélyte était initié aux principes de la création de toutes choses se résumant, comme dans le système des Égyptiens, dans le culte du Chtonisme, dans celui des Chinois et des autres nations, aux deux êtres : l'un mâle et fécondant, l'autre femelle et fécond.

D'après les Ismaïlïa, la production des substances corporelles n'est point une véritable création ; ce n'est qu'une disposition ou organisation. — Ce système était développé dans le 8ᵉ degré. — Au 9ᵉ, le prosélyte choisissait, parmi les systèmes philosophiques, celui qui lui plaisait davantage : éternité de la matière ; intervention d'un être intellectuel dans la formation des êtres matériels ; dualisme des mages ou des mânes ; doctrines philosophiques de Platon ou d'Aristote, ou combinaisons d'idées puisées dans ces deux derniers systèmes.

L'initié payait à l'imam ou à l'initiateur (*daï*) une redevance (*Nadjoua*) en rapport avec ses ressources, qui allait grossir le trésor de la secte (1). Nous verrons, plus loin, comment la même redevance alimente la caisse des confréries religieuses orthodoxes.

LES KHARÉDJITES (KHAREDJÏA)

La deuxième secte dissidente, hostile aux traditionnistes et en complète opposition avec les Cha'ïa, fut celle des Kharedjites. Elle prit naissance avec l'Islamisme mais ne manifesta ses opinions puritaines que vers 38 de l'hégire (659), année de l'entrevue à Belka, ville du territoire de Damas, des deux arbitres : Amr fils d'El-A'assi, et Abou Moussa, A'bdallah fils de Kaïs A'chari.

Les doctrines des Kharédjites sont aujourd'hui connues par les travaux d'écrivains de talent et d'arabisants érudits. M. Brunow, notamment, a réuni tout ce que les auteurs musulmans en ont dit et M. Masqueray nous a laissé une étude aussi complète que possible sur la branche des Ibadhïa à laquelle appartiennent, pour la grande majorité, nos Mozabites algériens (2).

Nous nous bornerons donc à rappeler, brièvement, les principes fondamentaux de la doctrine kharédjite, aussi pauvre en philosophie qu'abondante et austère lorsqu'il s'agit de défendre les idées-mères de l'Islam.

Les Kharédjites rejetaient Otsman et A'li comme infidèles, s'insurgeaient contre l'imam qui s'imposait par la force, et considéraient le crime comme une infidélité. Ils se séparaient des deux arbitres. Moa'ouïa, ses coopérateurs, ses initiateurs et partisans étaient, pour eux, des infidèles. Sur tous ces points, les Kharédjites, qui se composaient de Chorahs et de Harawzites, étaient entièrement d'accord, mais ils variaient sur différentes définitions, comme celle de l'unité de Dieu,

---

(1) De Sacy-Chrest. t. I, p. 182.
(2) Masqueray, Chronique d'Abou Zakaria, 1879 (*Revue africaine* et tirage à part).

de ses promesses et menaces, sur la nature des noms et des jugements et sur d'autres points de doctrine. (1)

Ils se divisèrent en sept branches principales : les Azraqites (Azariqa), Moakkima, Baïhassïa, Nadjdates, Safarites, Ibadhites, Adjarida.

Les Azariqa, الأزارقة du nom de leur fondateur, Nafi ben Azraq, se montraient irréductibles à l'égard d'A'li qu'ils traitaient d'infidèle, parce qu'il avait soumis ses actes à l'arbitrage. Ils approuvaient Ibn-Moldem, le meurtrier d'A'li, ce sectaire farouche chanté par le poète Ymran, fils de Hittan-er-Rakachi :

« O coup porté par une main pieuse, afin d'obtenir les grâces du roi assis sur le
» trône éternel ! »

« Au jour du jugement j'invoquerai son nom et je suis certain que nul homme ne
» pèsera, d'un poids semblable, dans la balance divine » (2).

Les compagnons du Prophète, partisans d'A'li, étaient compris dans la même réprobation.

Les Moakkima, المحكّمة au nombre de douze mille, professaient les mêmes doctrines que celles des Azariqa.

Les Baïhassïa, البيهسيّة étaient les compagnons d'Abou-Bihas ben el-Haïdan ben Djabi.

D'après leurs doctrines, la *Foi* est l'action de reconnaître l'existence de Dieu, d'en être pénétré et de ne point ignorer la Loi révélée.

De même que les partisans du libre arbitre (les Kadaria), ils admettaient que les hommes sont les moteurs de leurs propres actions.

Les Nadjdates, النجدات ou disciples de Nadjdat ben Ameur-el-Hanafi, également appelé Hacem, proclamé prince des croyants par les partisans d'Abou-Kedik et d'Attia ben Lasouad, lesquels se séparèrent plus tard de Nadjdat à cause, notamment, de faits qui résultèrent de l'envoi d'un djich (troupe armée), commandé par son fils, contre les gens de Qtaïf.

Les Sofrïa, الصفريّة disciples de Zidan ben Safar, ne différaient des Azariqa que sur des points secondaires concernant l'imamat.

Les Ibadhïa, الإباضيّة disciples d'A'bdallah ben Ibadh-el-Mari, mort en 750 de Jésus-Christ, traitent d'infidèles, d'athées, de schismatiques, ceux qui n'admettent pas leurs doctrines.

« Celui qui commet le péché capital reste unitaire, mais le titre de croyant lui est refusé », les actions de l'homme faisant, d'après eux, partie intégrante de la Foi. Ils se divisent en trois fractions :

(1) Maçoudi, *les Prairies d'or*, p. 318.
(2) Maçoudi, id. p. 424.

1° Les *Hafsïa*, الحَفْصيّة disciples d'Abou-Hafs ben Abi-Mikdam. Aux doctrines des *Ibadhïa* proprement dits, ils ajoutent qu'entre la Foi et le polythéisme, il y a une propriété intermédiaire : la connaissance de Dieu.

2° Les *Yazidïa*, اليزيديّة partisans de Yazid ben Ouissa, complètent ainsi les doctrines des Ibadhïa : Dieu enverra un prophète étranger au peuple arabe, avec un Livre qui sera tracé dans le Ciel et révélé en une seule fois. La loi de Mohammed sera abandonnée pour la doctrine des Sabéens dont il est question dans le Coran.

Quiconque est coupable d'une faute méritant un châtiment corporel, est un idolâtre ; tout péché capital ou non est un acte d'idolâtrie (1).

3° Les *Haritsïa*, الحارثيّة disciples d'Abou-Harits, ne partagent pas la manière de voir des Ibadhïa en ce qui concerne la puissance de Dieu, c'est-à-dire, comme le prétendent ceux-ci, que les actes des hommes sont l'œuvre de Dieu et que la faculté est antérieure à l'action (2).

---

(1) Kitab-el-Maouaqif.

(2) Dans son ouvrage, *Marabouts et Khouan*, M. Rinn, après M. Masqueray, a donné les renseignements les plus détaillés sur les Ibadhites de l'Afrique septentrionale, auxquels appartiennent, nous l'avons dit, nos sujets musulmans du M'zab.

En grand nombre, ces puritains de l'Islam descendent d'une des branches de la race berbère zénite. Après les guerres sanglantes auxquelles leur schisme donna lieu, guerres qui durèrent plus de trois siècles et ne prirent fin que vers le XI°, ils se réfugièrent dans la Chebka du M'zab, dans la montagne de Nefouça (au sud de Tripoli) et dans l'île de Djerba où ils ont vécu, jusqu'à la conquête française, isolés des autres musulmans.

Victimes constantes de la tyrannie des khalifes, écrasés par le nombre, ils ne voulurent jamais rien sacrifier de leurs doctrines, et leur puritanisme outré est encore aujourd'hui la principale règle de leur dogme. Ils sont, par rapport aux autres musulmans, des hérétiques ; indépendamment du nom de Kharedjites dont ils sont flétris, on les désigne encore sous celui de *Khouamès*, c'est-à-dire faisant partie de la cinquième secte et, par suite, hétérodoxes. On les appelle vulgairement « *les têtes rasées* » et il n'est pas de sarcasme plus injurieux pour un indigène que de s'entendre appeler « khamsi ».

Retranchés dans leur Chebka, les Mozabites sont cependant parvenus, à force d'industrie et de travail, à vivre et à prospérer dans une indépendance absolue ; leur petite république traitait de puissance à puissance avec les représentants du pouvoir.

Ils ne reconnaissaient chez eux qu'une autorité : celle des clercs ou lettrés (*azzabène*) ayant, entre les mains, tous les pouvoirs religieux, politiques, administratifs et judiciaires. L'autorité de ce tribunal était sans contrôle et sans appel, et, le Coran en main, il jugeait toutes les questions. Les principales villes du M'zab : Beni-Izguen, Ghardaïa, El-A'teuf, formaient la tête de la confédération ; mais, profondément divisées entr'elles par le *çoff*, elles étaient presque toujours en luttes d'un caractère de violence et de sauvagerie inouï.

Depuis de longues années, les Mozabites ont pris l'habitude de venir, dès leur jeunesse, passer, seuls, un temps plus ou moins long dans les villes de l'Algérie et de la Tunisie et de s'y livrer au commerce pour lequel ils ont de remarquables aptitudes, ou y exercer certains métiers, tels que : épiciers, restaurateurs, bouchers et baigneurs.

La France, généreuse, en leur accordant la qualité de sujets français à l'égal des autres msulmans, les a soustraits au joug avilissant sous lequel ils étaient courbés et

Les *Adjarida* العجاردة se divisent en dix fractions :

1° Les *Maïmounïa*, الميمونيّة ou disciples de Maimoun ben O'mran, qui reconnaissent que l'action émane du pouvoir de l'homme.

D'après eux, Dieu veut le bien à l'exclusion du mal ; les jeunes enfants des infidèles vont au paradis ; le mariage entre frère et sœur est licite.

La sourate intitulée « Joseph » (103ᵐᵉ verset du coran) n'est pas admise par leurs principaux docteurs ;

2° Les *Hamzïa*, الحمزيّة disciples d'Hamza ben Adrok, admettent les hérésies des Maïmounïa mais ils disent que les jeunes enfants des infidèles sont voués au feu de l'enfer ;

3° Les *Cho'ïbïa*, الشعيبيّة disciples de Cho'ïb ben Mohammed ont les mêmes doctrines que les Maïmounïa mais contestent *l'émanation* du pouvoir de la créature ;

4° Les *Hazamïa*, الحزميّة partisans d'Hazem ben Hosseïn ;

5° Les *Khalfïa*, الخلفيّة ou disciples de Khalef-el-Khardji ;

6° Les *Tarfïa*, الاطرافيّة ;

7° Les *Ma'loumïa*, المعلوميّة n'appellent « croyant que celui qui connaît Dieu sous tous ses noms et toutes ses qualités » ;

8° Les *Madjhoulïa*, المجهوليّة enseignent le contraire des Ma'loumïa : la connaisssance d'un des noms de Dieu suffit pour être croyant ;

9° Les *Soltïa*, الصلتيّة disciples d'Otsman ben A'li Solt, ajoutent aux doctrines des Adjarida le raisonnement suivant :

» Nous protégeons celui qui embrasse la religion de l'Islam et cherche
» asile auprès de nous. Nous nous désintéressons de ses enfants
» tant qu'ils sont jeunes, mais lorsqu'ils atteignent l'âge adulte et
» demandent à être reçus dans l'Islamisme, nous les accueillons ».

Enfin les *Tsalbïa*, التعالبيّة qui se divisent, eux-mêmes, en trois fractions :

1° Les *Akhnassïa*, الاخنسيّة ;

2° Les *Ma'badïa*, المعبديّة ;

3° Les *Chibanïa*, الشيبانيّة ;

---

leur a ouvert, toutes grandes, les portes de ses entrepôts commerciaux et industriels. Ils s'en montrent reconnaissants et nul doute que si, un jour, le Soudan, actuellement fermé par les Touareg pillards, nous est ouvert, nous ne trouvions, chez les mozabites, de précieux auxiliaires pour nos entreprises commerciales.

Le point caractéristique de la doctrine, est l'attribution à l'homme du pouvoir d'agir.

Les Kharédjites des différentes fractions qui précèdent, existent encore aujourd'hui, groupés en petites républiques indépendantes, dans quelques uns des pays musulmans.

On en rencontre à Djerba, Mascate, dans l'Oman, à Zanzibar, sans mentionner à nouveau, ceux de la Tripolitaine et du M'zab. Partout, ils se livrent au commerce, et, dans les pays ou leur grande habileté peut s'exercer sans obstacles, ils deviennent, peu à peu, les dépositaires de la richesse fiduciaire et les intermédiaires intelligents des diverses transactions commerciales qui s'y opèrent.

Les liens secrets de conservation qui les unissent en font une secte puissante qui, malgré tout, occupe une place importante, dans le monde islamique.

LES MO'TAZÉLITES (MO'TAZILA) (1)

Avec les Mo'tazélites, la controverse devient plus spéculative ; l'imagination, aidée de la philosophie grecque, domine et fait les frais de systèmes gigantesques.

---

(1) Le mot mo'tazila (المعتزلة) signifie dissidents schismatiques. L'origine de ce mot a fait l'objet d'appréciations différentes, toutes basées sur des textes puisés aux meilleures sources.

M. G. Dugat le fait dériver d'A'zala (s'est séparé de nous), expression prononcée par le célèbre Hassan-el-Basri (l'homme « qui réunissait toute la science de son temps » et rassemblait à son medjelès les gens instruits et adonnés plus particulièrement à l'étude des questions de haute théologie), en s'adressant au fondateur des doctrines mo'tazélites, Ouaçil ben Atha, au moment où ce dernier exposait sa croyance fondamentale *à un état mixte*, c'est-à-dire à l'affectation d'une place intermédiaire, pour l'auteur d'un péché mortel, resté croyant, entre le paradis et le fond de l'enfer, réservé aux infidèles. Cette manière de voir d'Ouaçil ben Atha, fit naître la dissidence qui caractérisa la branche-mère des Mo'tazélites.

M. Dugat s'appuie sur Chahrestani, Maçoudi (malgré l'interprétation de M. Barbier de Meynard et celle d'autres historiens arabes). Le « Kitab-el-Maouaqif » donne la même version (*).

Cependant « d'après Makrizi, t. II, p. 346, il y a une autre version au sujet de l'origine
» du mot mo'tazélite. Ce mot n'aurait été créé qu'après Hassan-el-Basri. Lorsque ce
» dernier mourut, il fut remplacé par Katada, un des grands savants de cette époque.
» A'mr, fils d'Obéïd, se sépara de lui avec un groupe de personnes, et Katada les appela
» mo'tazélites ».

(*) Maçoudi, p. 20 t. 6.

L'unité (de Dieu), le libre arbitre (Qadar), les promesses et menaces, les noms et jugements ou *état mixte*, l'obligation de faire le bien et d'empêcher le mal, formaient les cinq principes fondamentaux de leur doctrine, professée sans méthode et aboutissant à des mélanges de sentiments, de la pensée, de la religion et de la philosophie.

D'après le « Kitab-el-Maouaqif », la doctrine des Mo'tazélites donna naissance à vingt sectes secondaires ayant chacune des divergences d'opinion sur les questions subsidiaires, tout en approuvant le système *dialectique* de l'école-mère. Nous les indiquons ci-après, en consignant, pour chacune d'elles, les idées dominantes qui les caractérisent.

1º Les *Ouacilïa* (1), contrairement aux *Sifatïa* (2) n'admettent pas les attributs de Dieu : l'homme a reçu de Dieu le pouvoir de l'action et, par suite, la science, la volonté, la vie. Croire le contraire serait affirmer que les mauvaises actions sont l'œuvre de l'Être Suprême, alors que l'homme est *l'unique auteur du bien, du mal, de la foi, de l'impiété, de la soumission* à Dieu et de la rébellion ; il est rétribué selon ses œuvres. Ce serait nier le libre arbitre et attribuer à Dieu le mal et l'injustice tandis qu'il est juste et sage (3). Ils expliquaient ainsi l'état mixte : « Celui qui commet un péché mortel n'est ni croyant ni impie ; il faut qu'il occupe une place entre les deux ; car le mot croyant est une expression de louange, et celui qui a commis une impiété ne mérite pas d'être loué. Il ne peut être ni croyant ni impie, ayant fait les deux professions de foi qu'il n'y a de Dieu que Dieu et que Mohammed est son prophète, et parce qu'il y a, dans sa vie, des actes de bien dont il faut tenir compte. S'il meurt sans se repentir, il est éternellement dans l'enfer. Mais il faudrait alléger son châtiment et lui assigner, sur les degrés qui conduisent au fond de l'enfer, une place au-dessus de celle des infidèles.

Ibn Khallikan reproduit cette opinion dans la biographie qu'il a donné de Katada, fils de Dama (*).

(1) Les *Ouacilïa* الواصليّة étaient les partisans de Ouaçil ben Atha El-Ghazzal (le fileur), donné par certains auteurs comme le fondateur de la secte des mo'tazélites (Soyouthi, H. des Khalifes, p. 257), né en 699 de J.-C., mort en 748.
Ouaçil ben Atha n'était pas fileur, seulement il reçut ce surnom parce qu'il fréquentait les fileurs. Son but était de connaître parmi les fileuses les femmes qui se conduisaient avec retenue, chasteté ; il leur apportait des aumônes (Aboulfeda-Ann mosl., t. I, p. 478).
Il était, *client, maula*, des Benou-Makhzoum, d'autres disent des Benou-Dhabba (Duga).
(2) Les *Sifatïa* (de *Sifa*, attribut), sont les musulmans Sonnites qui reconnaissent à Dieu des attributs indépendants et éternels. — V. sur ce sujet, le *Petit Traité de Théologie Musulmane* (Senoussia), traduction et notes par J.-D. Luciani. Alger, 1895.
(3) Si Dieu, disent-il, était le créateur de l'injustice, il serait certainement injuste lui-même. Chahrestani « Les Mo'tazila ».

(*) V. texte de Slane, I, p. 597. — (Note de M. Dugat.)

2° Les *A'marïa* العمريّة (1) partagent les doctrines des Ouacilïa et y ajoutent l'impiété à l'égard des gens du Chameau (الجمل) et des gens de Siffin (2);

3° Les *Hodhilïa* الهذيليّة (3) ne reconnaissaient pas l'utilité des dons décrétés par Dieu dont la puissance a des limites. Ils prétendaient que ceux qui sont dans l'autre monde y demeurent privés de tout mouvement et conservent une immobilité et un repos éternels. Les sacrifices qu'on fait à leur intention n'ont donc pas de portée. Sur le libre arbitre, ils suivaient les idées des autres mo'tazélites, sauf qu'ils étaient Qadarites pour ce monde et Djabarites ou Djahmites pour l'autre, l'homme n'ayant aucune influence sur les mouvements qui se produisent dans le paradis et dans l'enfer; ces mouvements sont créés par Dieu. — Ils pensaient, au surplus, comme Djahm, que ces mouvements cesseront, et que le paradis et l'enfer auront une fin. — C'est pourquoi les Mo'tazélites appelaient le fondateur des Hodhilïa « le Djahmite de l'autre monde ». — Ils examinaient la question de l'*istitha'a* (pouvoir de faire une chose). Ils croyaient que c'est un accident indépendant du bon état du corps; ils faisaient une différence entre les actes du cœur et ceux des autres membres (du corps). L'existence des actes du cœur qui est constatée, ne pourrait être avec le manque de pouvoir. Pour Abou-Hodhaïl, la connaissance de Dieu arrive avant la tradition; l'homme connaît le beau, le laid; il faut qu'il arrive au beau par la raison, la sincérité et la justice, et qu'il évite le laid, c'est-à-dire le mensonge, la tyrannie;

4° D'après les *Nadhamïa* (4) Dieu ne peut, ici-bas, faire à ses serviteurs rien qui ne leur soit utile et, dans l'autre vie, il ne peut rien ajouter ni retrancher aux récompenses dues à ceux qui vont au paradis, ni aux châtiments de ceux qui vont en enfer.

---

(1) Les A'marïa étaient les partisans d'A'mar ben Obeïd, mort en l'année 761 ou 762 sous le règne du Khalife El-Mansour (Maçoudi, t. VI, p. 212). Ce philosophe austère a laissé des traités, des discours et un grand nombre de dissertations sur la justice et l'unité. Sorte de Diogène, ou, plutôt, de Zénon musulman, il avait une grande influence sur le Khalife El-Mansour auquel il donnait des conseils, il ne sollicitait jamais aucune faveur. Ce fut le plus grand chef des Mo'tazélites.

(2) G. Dugat, p. 54, d'après Chahrestani, p. 34, attribue cette manière de voir aux Ouacilya.

(3) Les Hodhilïa sont les partisans d'Abou-Hodhaïl-el-Allaf, chef de l'école m'otazélite de Basra; il mourut au commencement du khalifat d'El-Motewakkel, 849 de J.-C. Mais divers auteurs et notamment Chahrestani (traduction d'Haarbrüker, t. II, p. 386), El-Idji, Abou-Mahacin, M. de Hammer, Macoudi, ne sont pas d'accord sur ce point.

(4) Nadhamïa النظاميّة disciples d'Ibrahim ben Yaçar-En-Nadham (le fabricant de cordons de perles), un des principaux dialecticiens de l'école de Basra. Il fonda la secte qui prit son nom sous le règne d'El-Motassem. Il avait profondément étudié les livres des philosophes dont il avait mêlé les doctrines à celles des Mo'tazélites.

En-Nadham pensait que l'homme est une âme et un esprit dont le corps est l'instrument et le moule (1); que l'esprit est une matière subtile qui s'adapte au corps. Il partageait l'idée des philosophes sur l'indivisibilité de la parcelle. Il inventa, dans cet ordre d'idées, la théorie du *saut* (Thafra); ainsi il supposait qu'une fourmi placée sur une pierre isolée, se meut sur une surface sans limites et qu'elle ne peut traverser que par la marche et le saut. (En-Nadham voulait démontrer qu'une fourmi, qui a une fin, peut mesurer ce qui n'a pas de fin, c'est-à-dire la surface d'une pierre sans limites. — La fourmi la mesure, en partie, par la marche, en partie, par le saut).

Pour lui, les couleurs, les saveurs, les odeurs, sont des corps. Dieu a créé le monde d'une seule fois: minéraux, plantes, animaux, hommes. La création d'Adam ne précède pas celle de ses enfants; seulement, Dieu a caché une partie des créatures dans l'autre. (C'est ce que les arabes appellent le recèlement, *Komoun* (2).

5° Les *Assouaria* (3) professaient les mêmes doctrines que les Nadhamïa et y ajoutaient:

« Dieu ne peut pas créer ce qu'il a déclaré ne pas exister et sait ne
» pas être; tandis que l'homme (détenteur du pouvoir de l'action) peut
» le faire ».

6° Les *Askafïa*, الاسكفيّة estiment que la raison étant l'œuvre de Dieu, les hommes qui en sont pourvus ne peuvent recevoir du mal de Lui.

Il n'en est pas de même de ceux qui en sont dépourvus, tels que les enfants et les fous.

7° Les *Dja'farïa* (4) approuvent les doctrines des Askafïa et y ajoutent: « Les rebelles aux ordres divins sont plus coupables que les Manichéens et les Mages. — Vouloir appliquer le châtiment corporel à ceux qui font usage de boissons fermentées est une erreur, car, pour l'application de la peine, on doit s'appuyer sur les textes, et aucun écrit divin ne la détermine. — Celui qui commet un vol, ne dérobât-il qu'un grain de blé, est un impie et a renié sa foi ».

---

(1) La fameuse définition de Bonald : « L'homme est une intelligence servie par des organes » date de loin.

(2) Maouakif, p. 337.

(3) Les Assouarïa الاسوارية ou disciples de Souari.

(4) Les Dja'farïa الجعبرية ou disciples de Dja'far ben Machereb.

8º Les *Mezdaria* (1) professaient que les hommes peuvent produire un livre semblable au Coran, et même supérieur, quant à l'harmonie et à l'éloquence du style. Ils traitaient d'infidèles ceux qui affirmaient la préexistence du Coran et ceux qui prétendaient que les actions de l'homme émanent de Dieu, et que Dieu est visible dans l'autre monde.

9º D'après les *Hichamïa* (2), le paradis et l'enfer n'existent pas encore. Rien n'indique, dans le Coran, ce qui est licite ni ce qui est prohibé. L'imamat n'a pas été reconnu par suite du désaccord qui a existé.

10º Les *Salhïa* (3), contrairement aux Hodhilïa, enseignaient que les morts conservent la faculté de savoir, le pouvoir, l'ouïe et la vue, et que la substance peut être libre de tout accident.

11º Suivant les mêmes principes des *Hichamïa*, les *Haithïa* (4) admettent que Dieu ne peut faire du mal à ses serviteurs ; mais, d'après eux, il y a un Dieu tout puissant, très élevé (ta'ala), inspirateur de toutes choses, et un Dieu créateur fait à l'image du premier et désigné sous le nom de Messie qui, dans l'autre monde, punira les impies et récompensera les croyants. Cette conception de la dualité de Dieu peut être rapprochée des doctrines de l'École chinoise de Lao-Tseu (système de Tao-raison). C'est un genre de panthéisme matérialiste : un Dieu primordial, transcendant, absolu, immuable, et un Dieu *phénoménal et contingent*, principe du mouvement universel et, par conséquent, de la destruction des êtres. Il n'y a donc d'Être vrai que celui qui est immuable : tout ce qui devient n'est pas ; conséquence, en morale et en politique : l'immobilisme.

12º Les *Hodbïa*, الحدبيّة partisans de Fodhil-el-Hodban.

13º D'après les *Ma'marïa* (5), Dieu n'a pas créé autre chose que les corps ; les accidents sont produits par les corps eux-mêmes, soit naturellement, comme le feu produit la brûlure, soit volontairement, comme les êtres animés accomplissent des actions de toute espèce.

---

(1) *Mezdarïa* المزداريّة ou partisans d'Abou-Moussa-Aïssa ben Sabih-el-Mezdar. D'après Makrizy, *Kitab-el-Khithath*, t. II, p. 346, cité par M. G. Dugat, on fait remonter au Mo'tazélite El-Mezdar, l'origine de la doctrine sur la création du Coran.

(2) Les *Hichamïa* الهشاميّة étaient les disciples d'Hicham ben A'mr-el-Ghouti.

(3) *Salhïa* الصلحيّة disciples de Salihi, probablement Ibn-A'bd-el-Koddous, appelé le dualiste, qui aurait assisté, d'après Khalaf-Ibn-el-Mathana, à l'assemblée (medjelès) composée de dix personnes, ayant chacune une idée différente, tenue à Basra en 773 de J.-C.

(4) *Haithïa* الحايطيّة ou disciples d'Ahmed ben Haïth.

(5) Les *Ma'marïa* المعمريّة étaient les disciples de Ma'mar ben Abd-el-Selmi.

On ne doit pas déterminer l'existence de Dieu : ce serait indiquer une priorité temporelle. Or, Dieu n'appartient pas au temps ; il ne se connaît pas lui-même, car s'il se connaissait, on pourrait supposer la dualité. Or, Dieu étant unique, cette supposition est inadmissible.

14° Les *Tsemamïa* (1) réservent aux croyants les réjouissances célestes ; les juifs, les chrétiens et les manichéens deviennent poussière dans l'autre monde et n'entrent ni dans le Paradis ni dans l'Enfer.

15° Les *Khiathïa* (2) reconnaissent à l'homme le pouvoir de l'action, et donnent le nom de chose à l'incompréhensible. Cette chose, restant au delà des atteintes de la pensée, offre quelque analogie avec le Brahma des Indiens, ce Dieu transcendant, ineffable, également incompréhensible, Être-Néant où avec l'Ammoun égyptien, dont les Grecs ont fait Ammon, Dieu immuable, mystère inconnu.

16° Les *Djahidhïa* (3) nient que la substance puisse être anéantie ; ils admettent que le bien et le mal sont le fait de l'homme, et prétendent que le Coran est un corps humain qui prend tantôt la forme d'un homme, tantôt celle d'une femme. Dieu n'est pas un corps ; il n'a pas de forme ; on ne le voit pas avec les yeux du corps ; il est juste, il ne veut pas les péchés. Ceux qui croient que Dieu est leur Seigneur et Mohammed le prophète de Dieu, ne s'exposent à aucun blâme.

---

(1) *Tsemamia* النمامية disciples de Tsemama ben El-Achras, arrêté en 802 de J.-C. par ordre du khalife Haroun-Er-Rachid. Tsemama s'occupait du *Kalam* (théologie rationnelle). Ce fondateur de secte jouissait d'une grande considération auprès d'El-Mamoun. On lui appliquait la qualification de *madjin* (libertin). C'était un original ; on dit qu'il sortait ivre de sa demeure après le coucher du soleil (*).
Il avait des idées singulières sur des actes produits sans agent, par exemple, quand la cause créatrice a disparu avant la production de l'acte. Quelqu'un lance une flèche contre une personne ; l'archer meurt avant que la flèche n'arrive au but ; on ne peut pas, d'après Tsemama, attribuer l'acte du mort à Dieu, qui ne peut pas faire d'acte répréhensible. Il disait aussi que la connaissance, provenant de l'examen spéculatif, était un acte sans agent, que la connaissance de Dieu était obligatoire, mais il ajoutait que ceux des infidèles qui ignorent leur créateur sont excusables (**).

(2) Les *Khiathïa* الخياطية partisans d'Abou-Hassan ben Ali-el-Khiath (le tailleur), qui avait fondé une secte antérieurement au khalife Moktadir.

(3) Les *Djahidhïa* الجاحظية, disciples d'Amr-Bahr-el-Djahedh, élève d'En-Nadham. Ce philosophe mit en circulation les écrits des philosophes grecs ; il avait une tendance plus prononcée pour les naturalistes que pour les métaphysiciens. Auteur d'une histoire des animaux et du livre *El-Beïan* ou *El-Tabiin*, Djahedh s'est rendu populaire chez les Arabes, par son esprit, ses saillies, sa bonne humeur, sa culture littéraire. Il se montra philosophe jusqu'au dernier moment.
Atteint de paralysie dans la moitié du corps, il mourut à Basra, en 868 de J.-C. (***).

(*) Abou Mahacin, t. I, p. 623.
(**) G. Dugat, p. 97.
(***) G. Dugat, p. 117.

17° D'après les *Ka'bïa* (1), Dieu agit sans avoir la volonté d'agir. Il ne se voit pas et ne voit rien autre. Il sait seulement qu'il existe et qu'il existe autre chose que Lui.

18° Les *Djabïa* الجابيّة admettent que la parole de Dieu est composée de lettres et de sons et qu'il la place dans un corps inanimé. Dans l'autre monde, Dieu est invisible ; l'homme est l'instigateur de ses propres actions. Celui qui commet le péché capital n'est ni un infidèle ni un croyant, mais il sera voué aux flammes éternelles s'il meurt sans s'être repenti. Les saints n'ont pas le pouvoir de faire des miracles.

19° Les *Bachamïa* البشاميّة admettent les principes de la secte mère, mais leur raisonnement diffère sur certains points : d'après eux, l'homme est soumis au châtiment de Dieu qui, seul, est le dépositaire des bonnes et des mauvaises actions.

Une conversion partielle ne mérite pas le pardon de Dieu ; elle est sans valeur si elle est contrainte et intéressée. De ces principes, ils déduisent qu'une seule science ne peut embrasser deux connaissances.

Telles furent, brièvement esquissées, les doctrines philosophiques des sectes mo'tazélites, approuvées et partagées par plusieurs khalifes. Elles menacèrent d'absorber l'idée coranique tout en donnant au peuple arabe un nouvel élan de progrès ; plus particulièrement, leur développement s'accrut sous les khalifes El-Watsek-Billah (841-846 de J.-C.) El-Motawakkel (846-861).

Poursuivies, abattues parfois, elles renaissaient et se relevaient, plus fortes, pour être définitivement englouties par l'orthodoxie musulmane.

Une remarque curieuse à tous égards, est l'humble origine des principaux champions de ces doctrines libérales. On relève, parmi eux, des tailleurs, des laboureurs, des fileurs, des fabricants de perles, des prolétaires ; en un mot, pour parler le langage du jour, « plusieurs des » grands Mo'tazélites avaient été affranchis ou clients, *maula*, par » conséquent, avaient une origine inférieure, serve » (2).

Les mêmes observations peuvent être faites en ce qui concerne les philosophes hétérodoxes des autres sectes.

---

(1) Les *Ka'bïa* الكعبيّة, disciples d'Abou-el-Kacem-Mohammed ben El-Ka'bi, élève de Khaïat, mort sous le règne de Mohtadir, en 929 de J.-C.

(2) G. Dugat, p. 339.

LES MORDJIA (MORDJITES)

Toujours d'après le *Kitab-el-Maouaqif*, la quatrième secte dissidente ayant des principes bien caractérisés, est celle des *Mordjïa* المرجِّية dérivée du mot El-Irdja, auquel on peut attribuer le sens de retarder, différer, ou celui de faire espérer.

« En effet, les *Mordjïa* remettent à plus tard les bonnes œuvres,
» dans la croyance que la foi suffit pour le salut, ou bien ils remettent
» la décision à prendre sur un péché mortel au jour de la résurrec-
» tion » (1).

L'auteur du *Maouaqif* les partage en cinq sectes secondaires : les *Younissïa* ou partisans d'Younès-en-Nomaïzi ; les *Obeïdïa*, partisans d'Obeïd-el-Mokattib ; les *Ghassanïa*, disciples de Tsouban-el-Mordji, et les *Tsoumimïa* ou partisans d'Abi-el-Messaad-Et-Tsoumi. Elles diffèrent sur des points secondaires basés sur « la foi, l'incrédulité et les menaces des châtiments ». Le premier mordjite fut El-Hassan, fils d'A'li ; Abou Hanifa partageait les idées des *Ghassanïa*.

Tous étaient traditionnistes et ne s'écartaient de la Sonna que sur des points subsidiaires. M. Dugat a fait connaître, d'une manière aussi complète que possible, les doctrines mordjites. Nous y renvoyons le lecteur désireux d'être plus amplement fixé.

LES NADJARIA (NADJARITES)

Les *Nadjarïa*. — La cinquième secte est celle des *Nadjarïa* النجّاريّة ou partisans des doctrines enseignées par Mohammed ben el-Hossein En-Nadjar.

Traditionnistes éprouvés sur les principes fondamentaux de l'Islam, ils diffèrent des musulmans réputés orthodoxes sur les points suivants : « ils attribuent à Dieu les actions des hommes, mais estiment que Dieu a le pouvoir en même temps que l'action ». Ils rejettent, comme les Mo'tazélites, les qualités contingentes (de Dieu), ainsi que la préexistence des Paroles du Livre. Dieu n'est pas visible dans l'autre monde.

---

(1) G. Dugat, p. 39.

Les *Nadjaria* se divisent en trois classes :

1° Les *Barghoulïa*, البرغوتيّة prétendent que la lecture du Livre de Dieu est un accident, tandis qu'il devient substance quand on l'écrit ;

2° Les *Zaa'faranïa*, الزعفرانيّة enseignent que la Parole de Dieu (le Coran) ne fait pas partie de son Être ; que tout ce qui n'est pas Lui, a été créé par Lui, et que quiconque prétend que la Parole de Dieu n'a pas été créée, est un infidèle ;

3° Les *Mostadreka*, المستدركة. Une partie d'entre eux prétendent, comme les Zaa'faranïa, que la parole de Dieu est étrangère à l'essence divine.

Mais le Prophète a dit : La parole de Dieu n'est pas créée ; et les anciens s'accordent à confirmer cette opinion que nous approuvons. Nous disons, comme *les anciens*, que la parole de Dieu n'est pas créée d'après la disposition et l'arrangement des lettres et des sons, mais nous exprimons, aussi, qu'elle est créée en dehors de ces lettres elles-mêmes (Chahrestani).

DJABRÏA (DJABRITES)

Chaque opinion émise, trouvait des contradicteurs. Au libre arbitre, propagé par quelques dissidents des Mo'tazélites, on opposait une théorie sur la contrainte (djabar), d'où est dérivée la secte des *Djabria* (1). L'homme, d'après elle, est un instrument sans pouvoir ni action. Il agit par la volonté exclusive de Dieu, professait Djahm, fils de Safouan.

Les attributs de Dieu ne sont point éternels ; le Coran a été créé et, par suite, la connaissance de Dieu, par la raison, était possible avant la tradition.

---

(1) D'après le *Maouaqif*, le nom de cette secte dérive du mot *Djabar* جبر qui signifie : attribuer à Dieu les actions des hommes.
Elle se divise en deux branches :

1° Les *Motaouassita* (qui tiennent le milieu), de même que les *A'lcharia*. Ceux-ci admettent, pour l'homme, le pouvoir d'agir de son propre mouvement ;

2° Les *Khalissa* (les purs) qui, ainsi que les *Djahmia*, « ne reconnaissent pas cette faculté à l'homme ».

La science de Dieu n'est pas éternelle ; elle a été créée, enseignait Ibn-Hazm, et Dieu « ne savait rien avant d'avoir créé une science par laquelle il sut ».

MOCHABBIHA (MOCHABBIHTES)

La négation des attributs éternels de Dieu est une hérésie. Il n'y a aucune différence entre les attributs d'essence et les attributs d'action ; le Coran s'explique par allégorie.

Ces trois principes formaient le dogme des attributistes divisés en deux fractions : ceux qui s'arrêtaient à ces interprétations, et ceux qui assimilaient Dieu aux créatures.

Ces derniers furent désignés sous le nom de *Mochabbiha* ou assimilateurs. Le *Kitab-el-Maouaqif* les donne comme une des principales sectes dissidentes.

Ils croyaient à l'identification des êtres humains avec Dieu, et n'admettaient pas une autre manière de voir. Un certain nombre d'entre eux approuvaient les idées des Ghoulât, d'après lesquelles « Dieu est un corps » qui se meut, se transporte, pénètre dans les autres corps ».

D'autres, comme les *Hachouïa*, reconnaissaient que Dieu est un corps, mais ne ressemble pas aux autres corps. Il est composé de chair et de sang, mais sa chair et son sang n'ont aucune ressemblance avec ceux des créatures. Il a des organes, des sens, et, par conséquent, les êtres humains peuvent parvenir jusqu'à Lui. Les êtres qui lui sont chers reçoivent sa visite.

Une troisième catégorie de *Mochabbiha*, à l'exemple des *Karamïa* (disciples d'Abdallah ben Kiram), prétendaient que Dieu est assis sur un trône placé au-dessus des Cieux, mais qu'étant susceptible de mouvement, il peut descendre au milieu des créatures. Ils ne partagent pas les mêmes idées sur le point de savoir si Dieu occupe tout le trône ou une partie seulement. Les uns sont affirmatifs sur la première version, les autres sur la deuxième.

Les prophètes n'échappèrent pas, non plus, à la controverse : d'après une classe de Mochabbiha, le don de la prophétie est inné chez les prophètes ; ce n'est pas Dieu qui le leur accorde en leur faisant les révélations qu'ils transmettent aux mortels.

La révélation, les miracles, la piété, sont l'œuvre de Dieu.

Les Mochabbiha admettent, également, la pluralité des imams. A'li et Moa'ouia auraient pu, d'après eux, exercer le pouvoir à la même époque.

NADJIA (NADJITES)

Nous terminerons l'énumération des sectes réputées hérésiarques, par celle des *Nadjïa* (les sauvés), qui représente l'orthodoxie musulmane. Ses doctrines consistent à réfuter les idées anti-coraniques et contraires à la tradition ; elles se divisent en deux classes, mais le « Kitab-el-Maouaqif » ne nous indique pas le nom de la seconde.

Suivant la première, les *Acharïa*, le monde a été créé et n'est pas éternel, contrairement aux doctrines des Ghoulât. Il existe, contrairement à celles enseignées par les Bathinïa qui prétendent que Dieu est insondable. Il n'est ni existant, ni non existant, ni ignorant, ni savant ; ils expliquent ce raisonnement de la façon suivante : « Les facultés terrestres étant inhérentes à la nature, Dieu, qui est placé au-dessus et en dehors de ce monde, ne peut avoir les mêmes qualités ni les mêmes défauts que les créatures.

Il n'y a pas d'autre créateur, d'autre inspirateur que Dieu, contrairement aux Kadarïa (partisans du libre arbitre), qui prétendent que chaque être est le moteur de ses propres actions.

Dieu est éternel, contrairement aux idées de Ma'marïa, et n'a pas de ressemblant, contrairement à celle des Habitïa. Il n'a ni de supérieur, ni d'égal, ne pénètre dans le corps d'aucune créature, n'a pas besoin de l'aide de ses serviteurs, n'a pas de lieu fixe, est dépourvu de côtés et de mouvements, n'est ni ignorant, ni imposteur, n'a pas de mauvaises qualités. Il sera visible aux croyants dans l'autre monde, mais sans impression ni rayon. Ce qu'il veut sera, ce qu'il ne voudra pas ne sera pas. S'il punit, c'est par justice ; s'il pardonne, c'est par miséricorde.

La longue énumération, trop longue pour la place dont nous pouvons disposer dans ce travail, des doctrines hétérodoxes, donne une idée des efforts constants que les traditionnistes durent tenter pour enrayer un mouvement si accentué dans l'esprit des musulmans.

Les armes des khalifes, la terreur inspirée par des exécutions arbitraires, ne contribuaient qu'à augmenter le nombre des dissidents toujours plus nombreux, aux conceptions multiples et variées, sans atténuer les progrès qui se faisaient parmi les disciples de Mohammed. On eut recours, à l'omniscience du Prophète qui, en prévoyant le développement théologique de l'Islam, n'avait pas manqué, d'après les théologiens, de prédire les nombreuses hérésies qui en devaient résulter.

Dans un hadits, célèbre par les dissertations des philologues orthodoxes auxquelles il a donné lieu, et par les interprétations différentes et erronées qu'il a suggérées, les imams font dire au Prophète :

ستفترق امتى على ثلاث وسبعين فرقة كلها في النار إلا واحدة ولما سئل عنها
قال ما انا عليه واصحابــــــــــى

« Mon peuple se divisera en soixante-treize sectes (fractions), toutes damnées à l'exception d'une ».

Interrogé sur cette dernière, le prophète ajouta : « La mienne et celle de mes compagnons ».

Nous croyons devoir citer les différentes appréciations qui ont été faites sur ce hadits. Nous les puisons dans un article paru dans la *Revue des Religions*, t. XXVI, n° 2, 1892, et dû à la plume savante de M. le docteur I. Goldziher.

Tous ceux qui se sont occupés de cette question (ils ne se comptent plus), l'ont interprétée d'une façon différente, mais aucun des philologues musulmans ne la conteste.

L'interprétation, appuyée par l'énumération des sectes, était déjà accréditée, dès le IIIe siècle, parmi les connaisseurs de la tradition. On les trouve dans les recueils de traditions canoniques d'Abou-Daoud (1), d'Eddarmi (2), d'Ettermidi (3), et d'Ibn-Madja (4). Eddarmi (mort en 255 de l'hégire), fait dire à Mohammed : « N'est-ce pas ? ceux qui avant
» vous furent possesseurs d'écrits (Ahl-el-Kitab), se scindèrent selon
» 72 doctrines (millat, avec la variante frikat). — Les deux termes sont
» aussi chez Abou-Daoud et chez Ettermidi ; et, en vérité, cette com-
» munauté-ci (c'est-à-dire la mahométane), se divisera, un jour, en 73,
» dont 72 iront en Enfer, et une seule au Paradis ».

Ibn-Madja (mort en 283 de l'hégire), rapporte trois versions du dire du Prophète : dans l'une, ce sont les Juifs seuls (Benou-Israïl), qui, avec leurs 71 frikat, sont opposés à la future division de l'Islam en 72 sectes et les Chrétiens ne sont même pas nommés ; dans une autre, par opposition aux 73 sectes de l'Islam, les Juifs sont mentionnés avec 71 et les Chrétiens avec 72 sectes, dont une seule, chaque fois, arrivera au paradis, tandis que le reste est destiné à l'enfer ; dans la 3e version, enfin, les 71 sectes juives sont seules opposées aux 73 mahométanes.

Près d'un siècle avant, Chahrestani (mort en 528 de l'hégire), dont le dénombrement des sectes et des doctrines au sein de l'Islam, fondé sur ce hadits (5), est le plus connu et a été rendu accessible dès l'an 427

---

(1) Ed. du Caire, 1280, II, p. 168.
(2) Sunan, Ed. Cawnhore, 1293, p. 335.
(3) Ed. du Caire, 1292, II, p. 187.
(4) Ed. Dehli, 1282, II, p. 296.
(5) Ed. Cureton, Londres, 1846, 2 w.

de l'hégire, même aux non arabisants, par la traduction allemande de Haarbrücker, avait basé son énumération des sectes de l'Islam sur le même principe. Abou-Mansour et A'bd-el-Kheir ben Tahar-el-Tami avaient suivi son exemple (1).

Dans le conte de Sindebad, des *Mille et Une Nuits*, l'Indien raconte à Sindebad que, dans son pays, il y a des Chakiria et des Barahima et que les Juifs se divisent en 72 firka.

Au XVIᵉ siècle, Martinus Crusus cite le hadits légendaire des 70 sectes juives, 71 sectes chrétiennes et 72 sectes mahométanes.

« *Superstitio Mahometana est in LXXII principales sectas divisa
» quarum una sola in paradisum dux est reliquae vero in inferos* »,
sans ajouter aucune explication.

Il n'en est pas de même du voyageur bien connu, Palgrave, qui, à propos des 72 sectes attribuées au christianisme, « pense que Moham-
» med étant dénué de connaissances historiques, a dû vouloir parler
» des 72 disciples de notre Seigneur ».

Enfin, dans l'article de la *Revue des Religions* précité, M. le docteur I. Goldziher estime que c'est le hadits sur les rameaux de la foi qui est devenu, par suite d'une fausse interprétation, le hadits des sectes de l'Islam.

Il s'appuie sur le célèbre théologien mahométan Fakhr-ed-din-Errazi (mort en 606 de l'hégire) qui, dans son commentaire sur le Coran (S. XXI, 93), dit : « L'authenticité de cette tradition a été attaquée et l'on a fait observer que si par les 72 sectes il faut entendre autant de divergences sur les dogmes fondamentaux des religions, il n'y en a pas une pareille quantité ; que si, au contraire, il s'agit d'enseignements secondaires (dérivés de ces doctrines fondamentales (el-fourou'a), il y en a plus du double ».

D'ailleurs, on trouve aussi des versions qui rapportent le contraire du texte généralement admis : « Toutes (les sectes) obtiendront la
» béatitude ; une seule ira en enfer » (2).

M. Goldziher cite également : 1° La version qui se lit dans les deux recueils de Bokhari et de Mouslim ; dans le premier il y a : « La foi a
» soixante et quelques rameaux, et la pudeur est un rameau de la
» foi » (3).

Dans le second, le texte offre plus de développements : « La foi, y
» lisons-nous, a soixante-dix et quelques (ou aussi soixante et quelques
» rameaux, dont le plus éminent est la croyance qu'il n'y a point de Dieu

---

(1) Ahlwardt, *Verzeichniss der Arabischen Handschrfiten* (de la Bibliothèque royale de Berlin), II, p. 681.
(2) Mafatih El-Ghaïb, VI, p. 193.
(3) *Recueil des traditions musulmanes*, Ed. Lud. Krehl, I, p. 2.

» en dehors d'Allah, et dont le plus profond est l'enlèvement, hors du
» chemin de ce qui est nuisible, et la pudeur est un rameau de la foi ».

Le tout ensemble constitue l'Islam complet ; chacune de ces doctrines, chacun de ces préceptes en particulier est une *Cho'ba*, un rameau de la religion. . . . .

2° Le poète Abou-el-Atahïa, loue le khalife Haroun-er-Rachid de ce qu'il descende des A'bbassides, d'où partent les rameaux de la bienfaisance.

3° Il invoque un autre hadits ainsi conçu : *Quiconque meurt sans avoir pris part à une guerre contre les infidèles ou sans avoir, tout au moins, désiré, en son cœur, d'y prendre part, meurt dans une sorte d'équivoque, par rapport à la sincérité de sa foi* ».

M. Goldziher termine son argumentation en mentionnant que le hadits ne dénote aucune tentative d'énumération de l'ensemble des Cho'ab-el-iman ; le nombre cité ne l'est, évidemment, que dans un sens hyperbolique, sans que l'auteur songe un instant à le justifier par un dénombrement détaillé. Or, c'est là ce que la théologie ultérieure a voulu compléter, en essayant d'identifier chacun des rameaux de la foi. Le Coran, disent-ils, contient, au complet, les Cho'ab-el-iman ainsi que les 316 préceptes de l'Islam.

Les mahométans ont fait à l'égard des Cho'ab ce que les juifs ont fait pour leurs 613 miswoth.

Le traité le plus célèbre de cette littérature particulière, est celui d'Abou-Beker-Ahmed-el-Beihaki (mort en 458 de l'hégire), lequel a été développé par Abou-Mahmoud-el-Makdin (mort en 765 de l'hégire).

Nous n'énumérerons pas les hadits polémiques, généralement destinés à favoriser ou à combattre certaines doctrines ou tendances. Il y a une foule de sentences où l'on fait intervenir le Prophète et auxquelles on ne saurait donner une valeur historique.

Mais nous avons tenu, avant d'entreprendre l'étude succincte du développement théologique de l'Islam, à énumérer les idées propagées par les écoles philosophiques et à donner un aperçu de ces grands mouvements de la pensée qui caractérisent le vrai génie des Arabes, mouvements où se confondent, dans un incroyable mélange, l'incrédulité la plus avérée, la hardiesse de la libre-pensée, l'initiation aux sectes secrètes et superstitieuses et l'impiété elle-même, — produits curieux qui, du IIe au Ve siècle de l'hégire, fournissent à l'activité des esprits un champ de discussions rationnelles immense et menacent, en fin de compte, particulièrement les prétentions alides, de ruiner à jamais l'islamisme.

Sur ces théories, doctrines et systèmes, sur cette philosophie dans laquelle les éléments indigènes prédominaient, était venue se greffer, notamment sous le règne de l'éminent élève de Barmékides, le khalife El-Mamoun, la philosophie grecque.

C'était à l'époque où les khalifes victorieux promenaient, à travers le monde, l'esprit belliqueux, legs des instincts arabiques à la jeunesse de l'Islam : la science civilisatrice, émigrée en Grèce et en Occident, revenait à son foyer, et Baghdad, la cité merveilleuse, le boulevard des saints, s'élevait avec ses prétoires et ses mosquées, sur les bords du Tigre, non loin des lieux qui avaient vu s'édifier Ninive, Baalbeck et Palmyre.

Les savants, les poètes, affluaient de toutes parts. La vieille Perse, lasse d'être subjuguée par l'Islam, essayait de secouer sa torpeur, se réveillait et réagissait comme pour maintenir et affirmer ses droits de nation indo-européenne.

Curieux par tempérament, l'Arabe, après avoir déposé son épée, prend part aux tournois scientifiques : l'esprit hellénique l'attire, le fascine ; il suit avec intérêt, parfois même avec passion, les études philosophiques qu'ouvrent en Orient El-Kindi, El-Farabi et Ibn-Sina (Avicenne), et que les Omeïades continuent en Andalousie avec les Ibn-Badja (Avempare), Ibn-Tofaïl et, enfin, Ibn-Rochd (Averroès), qui meurt en fermant, à la fin du XIIe siècle, la série des philosophes arabes.

En Orient, comme en Espagne, le péripapétisme fleurit, menaçant, malgré la persécution qui le guette et, plus tard, le fera mourir, de déborder sur le dogme coranique et de l'anéantir.

Mais la science théologique du *Kalam* veillait et, suivant le canon de l'Islam, défendait à outrance son patrimoine religieux.

Bien que pauvres en arguments, les Motakallimin sortent vainqueurs de la lutte, et la philosophie, étreinte par l'intransigeance religieuse, se réfugie en Occident, après avoir laissé à Cordoue cette traînée lumineuse qui a si vivement éclairé le moyen-âge et consacré, comme un souvenir vivant, l'étape arabique dans le mouvement philosophique, scientifique et artistique que les Syriens et les Grecs lui avaient imprimé.

Depuis ce grand effort, dû à des individualités remarquables, mais généralement inconnu de la masse, que sa nature négative, la fixité de sa langue et la difficulté d'abstraire un sujet d'études rendaient impuissante à le saisir, le monde mahométan, en particulier, dans le vieux continent berbère, vit dans la résignation parfaite, l'amour de la retraite, la pratique de l'oraison continue et, par dessus tout, dans une aspiration véhémente vers le Créateur.

De la philosophie proprement dite, il n'est resté que des poésies mystiques ou didactiques qui sont comme la caractéristique de l'esprit de religiosité des écoles depuis le douzième siècle, et, au fond des âmes où elle sommeille pieusement, cette idée de prophétisme et de messianisme, mystérieux creuset où se forme et se fond la pensée musulmane.

On peut dire et affirmer qu'à partir du douzième siècle, l'esprit dominant dans la religion de Mohammed est le mysticisme qui après avoir surgi brillamment avec le Coran, traversé les sectes dissidentes, occupé la place la plus importante dans la métaphysique aristotélique commentée par les philosophes arabes, est devenu le meilleur appui, le plus ferme soutien de la vie mahométane.

Il naît, grandit et s'affirme, et désormais indestructible, il enveloppe et submerge l'âme des croyants dans l'océan de la contemplation et de l'extase.

En vain, le ouahabisme cherchera à ramener l'Islam à sa pureté primitive, en vain, le babisme apportera, à son tour, sur le théâtre musulman, ses réformes sévères et ses théories libérales ; en vain des individualités perspicaces se lèveront pour anathématiser des pratiques contraires à la lettre et à l'esprit de la loi révélée, le mysticisme brisera, emportera tout sur son passage, ne laissant, çà et là, que des îlots imperceptibles sur lesquels luttent, en désespérés, des éléments incapables de remonter le flot qui les envahit.

Dans la langue arabe, le mysticisme, tel que les musulmans le conçoivent, s'est introduit sous un nom d'emprunt : *le soufisme*, que nous allons essayer d'envisager dans le chapitre suivant, afin de montrer la formation des confréries religieuses.

CHAPITRE II

Le soufisme, son origine, son évolution : les foqra, les soufis, étymologie du mot soufi, doctrines rapprochées de celles de l'école d'Alexandrie.

École soufite, ses principes fondamentaux : la baraka, l'ouerd, le dikr, la ṭariqa, l'ouaçïa. Rapports des doctrines soufites avec l'Islamisme ; comment elles se concilient avec le Coran et la Sonna: la selsela, la khirqa, orthodoxie des soufis, avis des théologiens. — Les soufis ne sont pas les seuls en relation avec l'esprit divin : le derouich.

L'école soufite a donné naissance aux confréries religieuses musulmanes ; ses principes en sont la base essentielle.

* *
*

Conquête morale des Arabes et croyances populaires des peuples soumis à l'Islam : les anciens cultes apparaissent voilés par l'Islam. — Influence du christianisme en Afrique septentrionale : les donatistes. — Les autochtones reviennent à leurs anciens dieux : divinités rustiques, embryon de monothéisme, le dieu Mithra cultes divers.

Coup d'œil rapide sur l'invasion arabe : les vieilles croyances subsistent et se confondent avec celles des Arabes : la mzara et autres lieux saints, fêtes champêtres, autres glanures du paganisme.

Nouvelle invasion des Arabes à travers l'Afrique occidentale : les almoravides et les almohades. — *Les chorfa, leur origine, leur évolution* : islamisation des croyances populaires par les chorfa, le ribat, le marabout, puissance thaumaturgique du marabout ; les talismans, les amulettes, légendes merveilleuses, polythéisme grossier, culte du marabout, formation des tribus maraboutiques, prérogatives des descendants des marabouts.

* *
*

Évolution de l'école soufite, formation des confréries religieuses : prosélytisme des soufis. — Confréries-mères et dérivées : leurs doctrines et pratiques mystiques, extatiques, hystériques, contemplatives et spiritualistes (Qadrïa, Khelouatïa, Chadelïa, Nakchibendïa, Sehraouardïa). — Esprit contemporain des confréries religieuses (Khadirïa et dérivés) : leur développement en Algérie, leur désagrégation. — État des esprits : les masses ont leurs regards tournés vers l'Orient.

Une religion qui fait entendre des paroles de mansuétude et d'amour, qui a pour premier fondement la pureté morale, et dont le dogme et la théologie répondent aux aspirations des temps et des milieux, une telle religion trouve toujours des adeptes fervents qui la soutiennent, l'affermissent et la dirigent. Par leur vie austère, leur vertu, l'idéal divin qui guide leurs aspirations vers l'Au-delà, but primordial de toute conception religieuse, ils font abstraction des jouissances de ce monde et, exemples vivants de désintéressement et de piété, ils regardent en face l'humanité comme pour lui jeter un défi et la vaincre !

Ils demeurent les témoins inflexibles des dissertations spéculatives, armés du glaive de leurs mœurs sans tache et de leur vie pure, prêts au besoin à se lancer éperdus dans la mêlée pour empêcher l'effondrement ou relever le monument divin, objet de leur amour et de leurs constantes préoccupations. Les religions susceptibles d'inspirer de pareils dévouements à de tels défenseurs, ne meurent pas ; menacées ou blessées, elles se relèvent, plus grandes et plus fortes, et passent, victorieuses, à travers les siècles, malgré les orages qu'elles essuient.

Plus que les deux religions issues des doctrines-mères du judaïsme, celle de Mohammed avait pris racine dans le cœur du peuple arabe. Mais à l'exemple de ses aînées, elle n'échappa ni à la spéculation, ni à la controverse qui l'eussent terrassée, sans l'amour ardent de la foule pour le *Livre révélé*.

Entraîné dans le mouvement philosophique, l'Arabe, un instant, sembla vouloir étancher sa soif de civilisation et se délivrer de ses chaînes coraniques ; mais l'intolérance de sa théologie reprit le dessus et à une période d'événements heureux et féconds, succéda une ère sombre qui étouffa pour de longs siècles, peut-être pour toujours, cet élan enthousiaste qui, après avoir maîtrisé plus de la moitié de l'ancien monde, avait failli l'éclairer d'une éclatante lumière.

L'hérésie, nous l'avons vu, étreignait, dans ses bras d'acier, l'édifice de Mohammed, prêt à s'effondrer ; les Eulama (1) étaient parvenus à

---

(1) Eulama vient du mot علم savoir ; عالم savant, docte, érudit, pluriel عُلَماء les savants.

l'apogée des grandeurs, mais ils n'inspiraient plus cette confiance inaltérable qui aveugle les masses et les dirige ; la splendeur de leur demeure et l'immensité de leur fortune, leur vanité et leur amour du plaisir, leur avaient fait perdre la simplicité et la sobriété qui étaient

---

وَهُوَ الْعَلِيمُ الْحَكِيمُ

« Il est le savant, le sage ».

On sait que les khalifes successeurs du prophète avaient reçu, en héritage, la précieuse garde du « Livre », objet de leurs constantes préoccupations et de leur grandeur. Cet auguste sacerdoce en faisait des pontifes, des juges et des législateurs. Les premiers khalifes considéraient leurs fonctions comme un droit absolu et le premier de leurs devoirs ; lorsqu'ils ne s'en acquittaient pas eux-mêmes, ils instituaient des vicaires érudits dans les contrées soumises à leur domination. Mais, plus tard, lorsque le khalifat aspira à dominer le monde, le pouvoir temporel prit tous leurs instants et, négligeant ce qu'ils regardaient comme la partie la moins essentielle de leurs attributions, ils chargèrent de remplir, à leur place, les fonctions sacerdotales et judiciaires, une classe d'hommes qui, de toutes parts, s'étaient voués, sur les différents points de la terre musulmane, à l'étude du « Livre » et à donner des conseils sur l'interprétation d'une multitude de hadits, souvent contradictoires, à la foule qui continuait à rester ignorante. On les avait appelés *Eulama* : savants, lettrés.

D'abord simples et modestes, cultivant la science par amour et non par ambition, estimés des fidèles pour la pureté de leur vie et l'étendue de leur savoir, ils devinrent tout puissants lorsque l'imprévoyance des khalifes leur donna le caractère légal qui leur manquait et mit, entre leurs mains, l'arme qui devait se retourner contre eux.

« Investis d'un pouvoir dont ils ne tardèrent pas à s'attribuer l'exercice, non plus
» par délégation expresse du souverain, mais directement et en leur nom propre,
» attentifs à tout ce qui pouvait accroître leur influence ou étendre leurs privilèges,
« humbles et soumis quand le pouvoir était fort, exigeants quand il était faible,
» parvenus à constituer une sorte de sacerdoce dans l'Islam, malgré le texte formel
» de la Loi, ils formèrent une corporation redoutable dont le chef, à l'aide de la terrible
» fetoua, entrava, plus d'une fois, les sultans dans l'exercice de leur autorité ».

Les héritiers de l'empire des khalifes, semblables aux princes de l'occident du moyen-âge, qui avaient soin d'appuyer certaines de leurs entreprises d'une déclaration préalable du Saint-Siège, marchaient au combat sous l'auspice du sceau sacré des Eulama, pour soutenir l'honneur de la foi ou s'assurer la palme du martyre.

La corporation des Eulama est encore aujourd'hui la base fondamentale, le pivot de la constitution politique des divers empires islamiques.

En Turquie elle jouit de grandes prérogatives, qui lui permettent de tenir en échec le gouvernement téméraire qui oserait toucher aux immunités qu'elle s'est progressivement octroyées.

Le Cheikh-el-Islam de Constantinople est aussi puissant et exerce une prépondérance aussi grande que celle du Sultan lui-même !

Au Maroc, comme partout ailleurs, du reste, les Eulama sont recrutés, pour la plupart, parmi les classes pauvres ; élèves des médersas de Fas et particulièrement de la mosquée d'Elqaraouin (*). Bien qu'aucun certificat ne soit nécessaire pour acquérir le

---

(*) Les premiers fondements de cette mosquée furent jetés le premier du mois de ramadhan de l'année hégirienne 345 (859 de J.-C.), sous la direction de Fathma-Oum-el-Bénin, fille de Mohammed-el-Feheri, émigré de *Qairouan* (Tunisie). De là vient son nom (V. p. 66 et suiv. du « Roudh-el-Kartas » (*Le Parterre des Feuillets*), traduit par A. Beaumier, ancien vice-consul de France à Rabat et à Salé (Maroc). Imprimerie impériale (Paris, 1860)

aux yeux des peuples orientaux, alors pratiques et sceptiques, une recommandation et une sauvegarde. Noyés dans le plaisir, ils s'abandonnaient volontiers aux mauvais penchants de l'humanité, à ses erreurs et ses injustices.

Cependant, dans la mansarde ou l'humble sanctuaire, le fond

---

titre d'A'lem, la science se mesurant aux ouvrages qu'ils ont lus, c'est-à-dire qu'ils peuvent réciter de mémoire, un certain nombre d'entre eux sont munis de diplômes. Mais, situation étrange ! autant leur action peut devenir inquiétante pour le gouvernement qui les entretient, autant elle est sans effet sur le peuple, qui n'a plus confiance en eux.

L'influence qu'ils avaient su acquérir parmi leurs coreligionnaires, par leur mérite et le rôle qu'ils ont joué dans l'histoire du pays, a sensiblement diminué par suite de leur vénalité et des fataoua arbitraires, malgré les textes du Coran sur lesquels ils les appuient, que le Makhzen leur a fait rendre ces dernières années.

Il y a quelque temps, un Marocain du nom de Kitani, prit le titre de Chérif et fonda aux Behalil et aux Aït Youssi, une confrérie religieuse du nom de Kitania.

L'ascendant de ce personnage, qui se disposait à traverser les pays berbères et à se rendre au Tafilalet, gênant le Sultan, celui-ci réunit à Faz une assemblée d'Eulama dans laquelle figurait un homme considérable, le Changuit « Ma-el-Aïnin ».

Le chef des Kitania fut condamné comme imposteur ; ses livres furent brûlés et, lui-même, fut exposé publiquement à Merakeuch puis à Rabat, où il se trouverait encore (*).

Les Eulama sont, d'ailleurs, à la solde du gouvernement chérifien : le cinquième du Trésor leur est dévolu et réparti entre eux. Le Sultan leur accorde des concessions de tous genres, principalement des vêtements, de l'argent, des céréales, etc. Ils sont nominalement sous l'autorité du Cadi-el-Coudât qui est, actuellement, Si Abdelouahed ben el-Mouaz, mais, en réalité, ils ne forment pas une corporation. Ce sont des fonctionnaires sans autorité sur la masse, spécialement chargés d'éclairer les cadis qui ont recours à eux dans les cas difficiles.

En Égypte, et dans les autres petits États musulmans, le rôle qu'ils jouent est subordonné au gouvernement qui les paie et les subventionne. Leur influence est en décadence depuis que les puissances européennes ont essayé de donner aux gouvernements de l'Islam une impulsion de progrès, à laquelle ils essayent en vain d'opposer les préceptes coraniques dont ils sont les pharisiens.

Il n'en est cependant pas de même à la Mecque, point concentrique de toutes les influences religieuses. Là, ils ont su accaparer la direction des esprits et, munis de leur titre de descendants directs du Prophète, par sa fille Fathma-Zohra, ils se montrent encore les gardiens vigilants de leurs prérogatives.

Ils forment la classe dirigeante de la population urbaine. Leur animosité et leurs agissements créent une situation difficile à tous ceux qui acquièrent une notoriété personnelle par leur vertu et leur savoir. Leur corporation est très nombreuse : ceux qui composent le medjelis sont, outre le muphti des quatre rites orthodoxes ou grand chérif de la Mecque, les prédicateurs et les professeurs de la grande mosquée, le gardien de la clef de la Ca'ba, le cheikh des muezzin de la grande mosquée, le cheikh du Thaouaf et les chioukh des caravanes de Médine. Elle a un intérêt vital à conserver, sans partage, le prestige dont elle jouit aux yeux des pèlerins, mais nous verrons, ailleurs, comment ce prestige est atteint et menace de s'effondrer sous le poids d'une influence occulte qui, depuis quelques années, prend des ailes à côté de ce clergé séculier, dépositaire et interprète de la tradition sacrée de la Loi.

(*) Relation extraite du *Voyage au Maroc d'un Indigène algérien*. (Traduction de M. Mirante, interprète militaire au Gouvernement général).

religieux, indéracinable chez l'homme, vivait et donnait sa pieuse consécration à un état d'âme qui cherchait sa nourriture dans l' « Insaisissable ». — Une catégorie d'hommes s'en étaient fait les dépositaires et ils semblaient choisis pour être offerts au monde comme des modèles achevés de désintéressement et d'abnégation.

Ils appelaient leur « pauvreté » le *manteau de l'illustration, le vêtement des Envoyés, la robe des hommes pieux*. Vêtus de ce symbole caractéristique de leur grandeur morale, ils traversaient les villes et parcouraient les campagnes, respectés par la masse des « croyants », dédaignés ou parfois honorés des « grands », insouciants des choses de ce monde et ne cherchant de consolation à leurs maux voulus et recherchés, que dans l'absence complète de toutes les choses nécessaires à la vie.

On raconte qu'un jour quelqu'un vint trouver Ibrahim ben Adham et lui offrit dix mille drachmes (ou drahmes, pl. de dirhem : pièce de monnaie d'argent). Mais Ibrahim les refusa en lui répondant :
« Voudrais-tu faire disparaître mon nom du nombre des pauvres,
» moyennant dix mille drachmes ? Je ne les prendrai certes pas, car,
» tu ne l'ignores pas, on n'est réellement pauvre que lorsqu'on atteint
» la limite extrême de la pauvreté ; c'est-à-dire lorsque, possédant
» quelque chose, on considère cette chose comme une quantité négligeable et lorsque, ne possédant rien, on peut se passer de ce qu'on
» n'a pas et qu'on ne désire pas.

» Il y avait, avec nous, à la Mecque, rapporte Mohammed ben Ali-
» el-Kettani, un jeune homme couvert d'une vieille couverture bariolée.
» Il ne nous fréquentait pas et jamais il ne s'asseyait en notre
» compagnie.

» Pris d'affection pour lui, je lui portai deux cents drachmes que je
» tenais d'une source pure et les déposai sur le bord de son tapis de
» prière en lui disant : « J'ai réalisé cette somme par des moyens licites ;
» prends-là et dépenses-là pour tes besoins.

» Mais, me regardant d'un air courroucé, il me répondit : J'ai acheté
» cette place auprès de Dieu, dans le but de me tenir à l'écart des choses
» de ce monde, pour la somme de soixante-dix mille dinars, sans
» compter les propriétés foncières et les produits de la terre ; voudrais-tu
» maintenant me la faire perdre pour l'argent que tu m'apportes ? Et, se
» levant, il le jeta loin de lui et je dus le ramasser.

» Je n'ai jamais vu une fierté semblable à celle qu'il montrait en
» jetant cet argent ni une humilité pareille à la mienne lorsque je le
» ramassai » (1).

---

(1) Extrait du *Kitab Eblissam Elghourous oua ouachi Ettourous* (كتاب إبتسام الغروس ووشي الطروس) « L'épanouissement des fleurs et l'embellissement des pages » par Omar ben A'li El-Djezeïri Errachidi, traduction de M. Bagard, interprète militaire au Gouvernement général.

Ne voit-on pas dans ce fait une analogie au moins curieuse, avec Démitrus refusant de Caligula deux cents mille sesterces et bravant la colère de Néron ; avec Sénèque, parlant de Démitrus, ne pourrait-on dire de notre jeune musulman que la nature l'avait suscité pour qu'il servît d'exemple vivant en le donnant, non pas seulement comme un interprète mais comme un témoin de la vérité ? (1).

Qu'étaient donc ces nouveaux cyniques qui, fiers de leurs haillons, n'avaient d'autre consolation, d'autre soutien qu'une vertu sauvage, maltraitant leur corps, méprisant tout pour le devoir, excepté le pauvre comme eux, et enseignant avec une piété rigoriste, l'affranchissement du plaisir et de la douleur ?

C'étaient les *foqra* (singulier, *faqir*) les pauvres par abnégation, ciment restaurateur de l'édifice islamique, qui s'offraient, comme un rempart invulnérable, aux téméraires qui osaient interpréter à leur manière la « Parole de Dieu ».

J'entrai, un jour dans une mosquée, dit Khir-En-Nessadj, et j'y trouvai un faqir qui, dès qu'il me vit, s'accrocha à moi et me dit : « O Cheikh, aie pitié de moi, ma peine est immense ! Qu'as-tu donc, lui demandai-je ? Aucune épreuve ne m'atteint et je suis à la prospérité ». Je remarquai alors qu'il avait quelque bien.

Sahl ben Abdallah, consulté au sujet du faqir réellement sincère, rapporte l'imam Es-Sehraouardi, répondit : « Il ne doit rien demander » à l'humanité, il ne doit pas renvoyer celui qui demande et ne doit pas » conserver de bien par devers lui ».

Abou-Ali me demanda, un jour, Ed-Deqaq, pourquoi donc les foqra négligent-ils de prendre ce qui suffirait à peine pour les faire vivre, lorsqu'ils en ont besoin ? C'est parce qu'ils se contentent de celui qui donne (Dieu) et peuvent se passer de ce qui est donné. « Bien, mais il me vient une autre pensée ». « Parle, j'en ferai mon profit ». C'est que les foqra sont des gens pour lesquels la richesse n'est pas utile, puisque Dieu est leur seul besoin et que le besoin ne fait point souffrir puisque Dieu est leur richesse (2).

Nous sommes trop petits vis-à-vis de Dieu pour qu'il nous fasse souffrir de la faim ; « il n'affame que ses Saints », répondit un jour Er-Rabia ben Khettian à qui l'on disait que la vie était devenue chère.

---

(1) Dans le christianisme, ces exemples abondent : pour ne citer qu'un fait, lorsque Sainte Thérèse poursuivait l'œuvre de réforme de son ordre et faisait du prosélytisme, il lui arrivait, souvent, de coucher sur la paille. Quand on lui donnait quelque secours, elle disait à ses filles : « On nous ravit la pauvreté, qui était notre trésor. — Hélas ! » lui répondaient-elles, étonnées de cette diminution de pauvreté, qui leur paraissait » déjà une abondance, nous ne sommes plus pauvres ». (Sermon pour la fête de sainte Thérèse, p. 393, II. Œuvres de Fénélon, par Aimé Martin).

(2) Paroles d'Abou-Ali-Er-Raoudabari, citées par Omar ben A'li-el-Djezeïri-Errachidi dans « l'épanouissement des fleurs et l'embellissement des pages », ouvrage cité.

Nous avons demandé la pauvreté et nous avons reçu la richesse et les hommes ont demandé la richesse et ont reçu la pauvreté (1).

Abou-Hafs, à qui on demandait avec qui le pauvre se présenterait devant son Souverain Maître, répondit qu'il n'avait pas à se présenter devant lui avec quoi que ce fût, sa pauvreté lui suffisant.

L'humanité a toujours eu de ces âmes qui prennent leur vol au-dessus des intérêts terrestres. Éternelle destinée des religions, chacune a eu ses foqra, toutes ont été affermies et perpétuées par des martyrs résignés, à partir des mendiants et des vagabonds qui se rassemblaient autour d'Antisthène et où se rencontraient Diogène, Cratès et même des femmes, du faqir de l'Inde devenu légendaire, jusqu'aux martyrs et aux missionnaires chrétiens qui ne trouvaient de repos salutaire que dans l'anéantissement de l' « aiguillon de la chair ».

La conception de la pauvreté, El-Foqr, الـفُـقْـرُ, telle que la pratiquaient les foqra orientaux, procurait à leur cœur ce que l'Islam, par son essence propre, était incapable de leur donner. Cependant, comme cette vertu divine était nécessaire pour étayer et compléter l'œuvre coranique, il fallait la concilier avec le principe mahométan. Des avis et citations des auteurs musulmans vont nous donner, sur ce point, une idée exacte de laquelle nous déduirons les conséquences qu'elle suggère.

Dans un hadits, dont nous ne citons pas les appuis en raison de leur longueur, rapporte Aboul-Qacim-el-Qebiri, le prophète de Dieu a dit: « Il existe une clef pour toute chose. La clef du paradis est l'amour des » malheureux et des pauvres ».

Selon Abou-Hafs, ce qui est le plus profitable à l'homme pour obtenir l'accès auprès du Souverain Maître c'est de persister dans la pauvreté devant Dieu, en toutes circonstances; de se conformer, scrupuleusement, dans toutes ses actions, *aux prescriptions de la Sonna;* de demander sa subsistance à des moyens licites.

« Sachez que les voies qui conduisent à Dieu sont plus nombreuses que les étoiles du firmament, mais la plus sûre de ces voies est celle de la « pauvreté » aurait dit le prophète dans une autre circonstance ». Anès ben Malek a rapporté cette autre parole du prophète : « Les » pauvres entreront au paradis une journée avant les riches, ce qui » représente une avance de cinq cents années ».

Et, d'après Rouin, le faqir doit avoir trois qualités: conserver ses pensées intimes, s'acquitter des obligations de la loi divine et protéger sa pauvreté contre toute atteinte.

On aurait pu objecter, et on ne manquait certes pas de le faire, qu'un jour Mohammed acheta des pierres précieuses pour la valeur de quatre-vingt chameaux, et justifia ce luxe en déclarant que l'homme auquel Dieu a dispensé ses faveurs doit porter d'une façon visible les

---

(1) Paroles d'Ibrahim ben Adham citées dans l' « Épanouissement des fleurs et l'Embellissement des pages », *op. cit.*

signes extérieurs de ces bénédictions, et, aux hadits multiples sur lesquels ils appuyaient leur ascétisme, leur opposer les prières de Mohammed dans lesquelles il demandait à Allah de ne pas faire tomber sur lui la pauvreté (1); mais leur théologie harmonistique avait prévu les difficultés qu'elle rencontrerait pour concilier les nombreuses contradictions de l'Envoyé de Dieu, et pour éviter toute controverse; elle a rapporté la prière de Mohammed à la « pauvreté du cœur ».

Il n'y avait plus de doutes à avoir; la pauvreté telle que la pratiquaient les foqra de l'Islam n'était pas l'œuvre d'un moment ni d'une époque, mais la continuité du renoncement en soi, constaté chez ceux réputés pour être les flambeaux de l'Islamisme et qui, à l'exemple de leur prophète, cherchaient dans la vie contemplative à réaliser leurs aspirations idéales.

Quoi de plus humbles, de plus soumis aux révélations prophétiques, que ces Ahl-Es-Soffa (les gens du banc) qui avaient fait de la prière leur plus substantielle nourriture et qui attendaient que l'Apôtre de Dieu les arrêtât dans leurs constantes psalmodies coraniques pour venir partager, avec lui, quelques-uns de ses maigres repas!!

Quoi de plus pauvres, que les compagnons de Mohammed, de plus honorables et de plus méritants que les *tabia'ïne* (suivants) leurs dignes successeurs! et remarque curieuse, qui nous démontre combien la foi islamique était enracinée dans ces âmes dévotes, l'anti-théologique Otsman, le martial Omar, A'li le martyr, Abou-Seddiq le vertueux et, plus tard le célèbre Hassan aux sept cents femmes, étaient leurs meilleurs appuis; dans leur exaltation mystique, ils les transformaient en ascètes et plus tard en théosophes et en thaumaturges divins.

Cette pauvreté était donc d'essence islamique et nous verrons plus loin, lorsqu'elle fera l'objet d'un enseignement spécial, avec quel soin, ses célèbres défenseurs en feront remonter l'origine aux sources coraniques.

Durant le premier siècle de l'hégire, que Mohammed avait qualifié, lui-même, « le plus heureux et le meilleur », l'action des foqra se manifestait isolément et chacun se dirigeait selon ses moyens et ses facultés, vers le but tant convoité.

Il existait cependant, une surveillance réciproque qui stimulait le croyant, lequel, poussé par nous ne savons quel besoin de vêtir le manteau de la pauvreté, s'astreignait volontairement aux dures obligations d'une

---

(1) Le hadits qui joue un si grand rôle apparaît encore ici pour tout concilier.
Ibn-Amcur rapporte que le prophète a dit : « O mon Dieu, fais-moi vivre et mourir pauvre et ressuscite-moi dans la phalange des malheureux ».
Et l'auteur de cet extrait du *Roudh Erriahine* (vie des saints) par A'bdallah ben Saïd El-Yafia'ï (mort en 768, hégire), ajoute : N'êtes-vous pas suffisamment édifié, ô lecteur, sur la noblesse qui est l'apanage du malheureux. Si le Prophète se fut borné à dire : fais ressusciter les malheureux dans ma phalange, cela, seul, lui eût, certes, suffi comme titre de gloire.

pareille charge et ne pouvait se plaindre sans être taxé, par ses congénères, d'imposteur et de renégat.

« Un jour, dans une assemblée, rapporte Abou-Ali-Ed-Deqqaq, un faqir
» se leva et demanda qu'on lui donnât quelque nourriture en disant que,
» depuis trois jours, il souffrait de la faim. — Mais un cheikh qui se
» trouvait là, lui crie : Tu mens : la pauvreté est un secret qui appartient
» à Dieu et le Très-Haut ne confie pas ses secrets à quelqu'un qui les
» divulgue à qui lui plaît ».

Mais, au cours du deuxième siècle, le mot faqir est remplacé par celui exotique de *soufi*, et les pratiques mystiques de ces hommes divins donnent naissance à l'école du *Soufisme* ayant pour but la confession de l'unité de Dieu dont la pauvreté est la première des stations qui y conduisent. (Paroles de Ksar ben El-Hamaoui). D'où venait donc ce mot *soufi* qui apparaît comme un élément régénérateur au moment où la spéculation est en pleine effervescence et qui, qualificatif divin, illustre les « sages » qui le portent et exerce assez d'empire sur les esprits pour se substituer au « faqir » populaire et vénéré ?

Les auteurs musulmans, après maintes controverses, ont cru en trouver l'origine dans le substantif soûf (laine) et M. S. de Sacy, en commentant le texte : فد لبس الصوف *(il se vêtit de laine)*, qu'il trouve à la page 680 des séances de Hariri (2ᵉ volume, 2ᵉ édition), l'explique de la manière suivante :

« Cet ensemble de mots signifie, d'après Razi, « il est devenu dévôt »,
» la laine entrant dans les vêtements de ceux qui s'attachent au
» service de Dieu. « Habillez-vous de vêtements de laine, afin de trouver
» dans vos cœurs la douceur de la foi ».
» Habillez-vous de vêtements de laine, afin de vous rassasier avec
» peu de nourriture. *Habillez-vous de vêtements de laine, afin de*
» *connaître la vie future*. La vue de la laine donne au cœur la réflexion ;
» la réflexion produit la sagesse ; la sagesse tient lieu de sang dans
» le corps ».

El-Allouci, dans son livre intitulé (El-Féidh'-el-Ouâred) (l'arrivée de l'émanation divine) n'accorde le titre de soufi qu'à l'homme *sâfi* صافي et *soufi* صوفي (à la fois pur et vêtu de laine). Mais le Cheikh-Abd-el-Hadi ben Ridouane[1] fait judicieusement remarquer « que le mot soufi
» ne peut prendre le sens de pureté qu'à l'aide d'une métathèse, c'est-
» à-dire qu'en faisant passer la lettre radicale *ouaou,* du deuxième au
» troisième rang »..

---

[1] Étude sur le soufisme, par le cheikh Abd-el-Hadi ben Ridouane, traduction de M. Arnaud, interprète militaire, imp. Jourdan, libraire-éditeur, Alger.

El-K'ochéiri, auteur soufite du IVe siècle de l'hégire, est d'avis que le mot soufi, qui, selon toutes probabilités, est un surnom, ne dérive pas de la langue arabe, avec laquelle il n'a aucun rapport analogique mais lui donne comme racine safa صفا ou soffa صفّة. C'est ne pas tenir compte des exigences lexicographiques. Il est peut-être inexact aussi, de le faire venir de souf, (صوف laine), car les soufis ne sont pas nécessairement particularisés par des vêtements de laine. Toutefois, à ne tenir compte que de l'idée de matérialité du mot, la dernière racine est la seule justifiable. — Si nous ne nous trompons pas, les soufis ont gardé les vêtements de laine qu'ils avaient tout d'abord adoptés, afin de faire contraste avec le goût général pour les étoffes somptueuses (1).

Énumérons encore l'hypothèse vraisemblable émise par certains auteurs qui font remonter l'étymologie du mot soufi aux Ahl-Es-Soffa et celle, peut-être un peu hasardée, qui le fait dériver de la racine berbère unilitère ⵉ. (Afa = lumière) (2).

Non, c'est dans les doctrines mêmes du soufisme qu'il faut chercher l'étymologie du mot soufi, doctrines nées comme nous l'avons vu, dans la nature même de l'âme poussée par une soif d'infini, un désir d'atteindre nous ne savons quelle perfection, de parvenir, nous ne savons, à quel but indéfinissable, par des vertus sans bornes qui donnent le nom de « sages » à ceux qui les pratiquent.

C'est du grec σοφος, d'où les Arabes avaient déjà tiré (filsafa) philosophie, qu'il paraît logique de faire dériver le mot safi qui serait l'adjectif relatif du deuxième terme de philosophie (filsafa), représenté par safa qui, suivant la règle, serait devenu safi (par extension, sage).

Mais bien que présenté sous cette forme étymologique, ce mot ne semblait pas moins d'origine étrangère, et comme il est de toute nécessité, pour les musulmans, de donner une orthodoxie à tout ce qui se rapporte à la religion, il n'est pas impossible qu'ils en aient fait soufi, de souf, laine.

Quoi qu'il en soit, ce nom qui, dans toutes ses acceptions, veut dire sage, s'appliquait parfaitement aux foqra et il sera porté aussi dignement par les théosophes musulmans de la nouvelle école, qu'il l'avait été par les philosophes grecs.

L'on sait, en effet, que c'est principalement avec l'étude des auteurs grecs (Aristode, Euclide, Hippocrate et autres), que les musulmans apprirent à connaître la philosophie. Il y eut même des hommes qui, non seulement formèrent des commentaires sur les traductions des œuvres grecques, mais encore, tâchèrent d'approfondir eux-mêmes l'enseignement philosophique. Voyant qu'ils différaient sous beaucoup de rapports des préceptes du Coran, on chercha à prouver ces préceptes

---

(1) Étude sur le soufisme, du même auteur, p. 77.
(2) Rinn, Marabouts et Khouan, p. 25.

philosophiquement, ce qui donna naissance à la théologie scolastique (l'Im-el-Kalam).

Plus tard, on y adapta tout ce qui n'était pas en contradiction avec l'Islam, et c'est ainsi que se forma une sorte de philosophie dialectique, qui se conserve encore de nos jours en Orient (1).

Les doctrines néo-platonitiennes offrent, du reste, une frappante analogie avec celle des soufis qui semblent avoir continué les premières et, dans le cours de cette étude, nous rencontrerons certains mots employés avec une signification analogue à ceux dont se servaient les disciples de Platon.

Sans remonter à l'arabe Zethus, gendre de Théodose, l'un des premiers disciples de Plotin (2), on sait que sous le khalife El-Mamoun (de 813 à 833 de J.-C.) le célèbre philosophe El-Kindi et plusieurs autres, furent chargés de la traduction des œuvres d'Arîstote (3) et que le chrétien jacobite Abou-Zacarïa-Yahia Ibn-Adi, qui vivait à Baghdad au VIe siècle, se rendit célèbre par ses traductions arabes de plusieurs ouvrages du même philosophe et de ses commentateurs (4).

Certes, les auteurs musulmans sont muets sur cette étymologie toute naturelle du mot soufi ; agir autrement serait reconnaître son origine étrangère, et, en général, ils préfèrent y voir une conception du mot soûf (laine).

Comme eux, nous ne disserterons pas davantage sur cette question qui mérite moins de nous arrêter que l'examen du sujet lui-même.

Constatons, cependant, que c'est au IIe siècle de l'hégire, au moment où les musulmans cherchaient dans les ouvrages les moyens de concilier la science spéculative avec l'*Écriture Sainte*, que le qualificatif en question apparaît, pour la première fois, sur plusieurs points de l'Empire arabe.

Dans le district du Khorassan, existait, sous le khalife El-Mansour (753 à 774 de J.-C.), un nommé Zahid-Chakik, surnommé le Soufi, fils d'Ibrahim, célèbre dans ce pays où il jouissait d'une grande autorité dans les discussions de dogmatique et de théologie rationnelle (Kalam), qui aurait introduit le Kalam dans le soufisme et dans la science des

---

(1) Zinker, Manuel de Bibliog. orientale, p. XVII.

(2) M. Vacherot (*Histoire de l'École d'Alexandrie*, t. III, p. 100), pense que Plotin a dû être traduit en arabe. Mais nous avons les renseignements les plus exacts sur les auteurs grecs qui ont été traduits en cette langue, et Plotin n'y figure pas. M. Haarbrücker (trad. de Chahrestani, t. II, p. 192) pense, il est vrai, que l'auteur appelé par Chahrestani, le Maître grec (Echcheikh el Yaunani), n'est autre que Plotin ; mais, quel que soit l'auteur ainsi désigné, il est certain que Chahrestani ne le connaissait que par des extraits fort incomplets. (Averroès et l'Averroïsme, p. 71).

(3) Dugat, *Histoire des philosophes et des théologiens musulmans*, p. 96.

(4) Guide des égarés, t. I, p. 341, par Maimonide, trad. de Munk.

états ; (Dugat) le théosophe Dhou-En-Noun, l'Égyptien, mourut en 819 de J.-C. Le célèbre soufi Seri-Saqati, sur lequel nous aurons occasion de revenir, mourut en 867 de J.-C.

De 869 à 892 de J.-C., sous El-Mo'tamid, le soufisme était enseigné du haut des chaires des mosquées après s'être affirmé théologiquement, et sous El-Mo'tadhid (de 892 à 901 de J.-C.) mourut (en 891) Abou-Saïd-Ahmed-el-Kherraz, disciple de Dhou-En-Noun, *Cheikh des Soufis*, ce qui permet de supposer qu'à cette époque les soufis étaient constitués en corporation.

Mais c'est à Baghdad que les bases du soufisme furent exposées, pour la première fois, par Abou-Hamza-Mohammed (1) ben Ibrahim (mort en 289 (901), disciple de Seri-Saqati, et c'est au célèbre El-Djoneïdi, le fondateur réel de l'école soufite, qu'elles durent cet élan prodigieux qui, dans moins d'un siècle, éclipsa les doctrines hérésiarques professées par tant de docteurs célèbres et contribua, aidé, en cela, par les défenseurs de la Sonna, à établir plus fortement, au centre même de l'orthodoxie musulmane, la conception monothéiste la plus absolue qu'il soit possible d'imaginer.

Le faqir, en prenant le titre de soufi, mit de la méthode dans ses pratiques et trouva, dans le renoncement au monde, la continence, la privation, l'humilité, la générosité désintéressée, le dévouement absolu à l'idéal mystique qu'il pratiquait, les premiers éléments de son enseignement.

Je demandais un jour, rapporte Abou-Beker-Et-Tounsi : Quelle est donc la raison pour laquelle nos compagnons préfèrent la pauvreté à toute autre chose ?

C'est parce que la pauvreté est la première des stations qui conduisent à la conception de l'Unité, répondit Nas ben El-Hamaoui, ou, en d'autres termes, le premier degré de l'enseignement du soufi qui poursuit ce but divin et ne doit avoir, dans son cœur, d'autres aspirations.

Station difficile à franchir, réservée à l'agrégé sincère du soufisme à qui elle se manifeste par un état extatique accidentel, résultante de ses efforts persévérants.

« Cet état accidentel est caractérisé ou par un acte de culte qui,
» prenant racine et devenant habitude, se change en station extatique
» constante, ou par une qualité adhérente à l'âme, telle que le chagrin,
» la joie, l'activité, le quiétisme, ou autres sensations que l'âme
» éprouve lorsqu'elle est arrivée au degré de l'extase immanente ».

« Foqra, disait El-Djoneïdi, vous qui connaissez Dieu et qui l'honorez, examinez comment vous êtes vis-à-vis de Lui lorsque, isolés du monde, vous méditez du Très-Haut ».

---

(1) Cheikh Abd-el-Hadi ben Ridouane, p. 4, auteur cité.

C'est, en effet, par l'examen attentif de leur âme que les soufis, à l'aide de leur discernement plus ou moins subtil et de leurs ravissements d'esprit, reconnaissent s'il y a connexion exacte entre les devoirs accomplis et leurs résultats.

En reconnaissant en lui ce premier état extatique, le néophite-soufi sort de la prison ténébreuse de son essence et a une perception bien nette des pensées intimes cachées au fond de son être.

Son âme monte ainsi, de station en station, jusqu'au degré sublime où les 160 mille voiles qui enveloppent les secrets divins s'écartent et lui laissent voir « *l'Impénétrable* » (1). A ce moment, les rayons célestes inondent son cœur, et son esprit, guidé par l'image du Dieu « Un », tombe dans le champ des lumières dominatrices.

« Là, il constate que l'être réel et le principe producteur sont Dieu,
» que toute essence est une étincelle de la lumière de l'essence divine,
» que toute qualité, science, puissance, volonté, ouïe, vue, est l'effet de
» la réflexion des lumières de la pureté de Dieu et un produit de ses
» actes ».

L'idée de l'unité parfaite se forme dans son esprit et, à ces splendeurs divines, se rattachent les réalités des attributs, la tablette des décrets divins, la réalité de tous les prophètes et envoyés, les hommes accomplis de la religion mohammédienne.

Parmi ces derniers, le *Qotb* ou *Ghoûts* (2) lui apparaît au premier rang de la hiérarchie ésotérique, puis, viennent les *Abdal* (3), modelés sur les 40 *nedjab*, pris eux-mêmes parmi les 300 *nekab* (4), tous par-

---

(1) Le poète Djami (De Sacy, Notice des manuscrits de la bibliothèque du roi, 1831), avec un luxe de détails incroyable, classe les « spirituels » en grades qu'il fait correspondre à des états, plus ou moins parfaits, des hommes qui pratiquent le soufisme. Et il faut, tant la subtilité des termes est parfois élevée, beaucoup de perspicacité pour en saisir les nuances : par exemple, le point précis où le faqir atteint la qualification suprême de soufi, ou l'homme qui, marchant dans la voie, parvient à la station immuable du *parvenu*, du *submergé* dans l'océan de la contemplation.

Il en est de même des autres qualités ou imperfections qui distinguent les *Melameti*, les *Khadims*, etc., dont les états spirituels sont également particuliers.

(2) « Le rang qu'il occupe parmi les saints (ouali), est comparable au point central du cercle (par rapport aux rayons figurant les saints), l'harmonie du monde dépendant du centre de ce cercle ». (Hadits rapporté par Ibn-Messaoud).

(3) « Les abdal de mon peuple sont au nombre de 40 individus dont 22 occupent la Syrie, et 18 l'Irak. Chaque fois que l'un d'eux meurt, Dieu le remplace par un autre. Lorsque l'heure du jugement dernier viendra, ils seront tous rappelés à Dieu ». (Hadits selon Anès ben Malek).

(4) « On raconte, comme le tenant d'Ibn-Messaoud, ce qui suit : L'envoyé de Dieu (sur lui la bénédiction et la paix divine), a dit : Dieu le Béni, le Très-Haut a, sur la terre, 300 hommes dont l'âme est faite à l'image de celle d'Adam, 40 dont l'âme est faite à l'image de celle de Moïse, 7 dont l'âme est faite à l'image de celle d'Abraham,

venus à ces divers degrés de sainteté par leurs pratiques soufites et leurs bonnes œuvres et remplacés, au fur et à mesure que Dieu les mande auprès de Lui, par ceux, au nombre limité, qui, sur la terre, supportent le poids des péchés commis par les êtres humains et intercèdent en leur faveur auprès de « l'Unique » le jour du jugement dernier. Dans le parcours de la distance qui les sépare de leur Dieu, les coursiers les plus rapides, les vents les plus impétueux ne sauraient les atteindre.

Dans leur aspiration vers le Très-Haut, leurs âmes montent sans resse dans les hautes voûtes éthérées, s'adonnant à l'envie, aux bonnes œuvres.

La contemplation de ces choses divines du Dieu Unique, objet de ses constantes préoccupations, conduit le soufi parfait, possesseur de la grâce divine, au dernier terme de ses aspirations.

Il s'abîme dans la vue de la beauté de l'existence de l'« Un »; les autres visions disparaissent de son esprit absorbé par l'Esprit Divin au-delà du point commensurable.

Alors, seulement, il a la conception exacte de l'Unité, sorte d'abstraction dans laquelle s'anéantissent tous les modes, se fondent toutes les sciences et Dieu reste tel qu'il n'a pas cessé d'être (Djoneidi).

L'intelligence humaine est impuissante à approfondir et à caractériser les douceurs ineffables éprouvées par le soufi au moment où il est en union intime avec Dieu. La plume la plus exercée ne saurait y mordre. C'est un secret dévolu à la science du cœur, inattaquable à la dialectique, insondable à l'imagination.

Cet enseignement mystique, conduisant à la conception de l'unité parfaite, a fait définir le soufisme :

---

5 dont l'âme est faite à l'image de celle de Gabriel, 3 dont l'âme est faite à l'image de celle de Michel, 1 dont l'âme est faite à l'image de celle d'Asrafil.

» Lorsque l' « Unique » le dernier mentionné, meurt, Dieu lui donne un remplaçant parmi les trois (venant immédiatement après lui) ; lorsque l'un des trois meurt, Dieu lui donne un remplaçant parmi les cinq ; et de même pour les autres séries jusqu'à celle de 300, dont les remplaçants sont pris dans le commun des hommes.

» C'est par eux que Dieu éloigne les maux du peuple mahométan. »

Les auteurs musulmans ne sont pas d'accord sur le nombre des personnages dont il s'agit, mais la croyance en ce qui concerne leur état ou leur mission est générale.

On rapporte d'A'li ben Abou-Taleb (Dieu soit satisfait de lui), ces paroles : Les Abdal se tiennent en Syrie, les Nedjab (les nobles), en Égypte, les Asaïb (les ligueurs), en Iraq ; les Nekab (chefs préposés), dans le Khorassan ; les Aoutad (pieux, piquets), sont répandus sur toute la surface de la terre et El Khadir (le prophète Élie), est le maître de la Légion.

On rapporte d'El Khadir ce qui suit :

Le nombre de 300 représente les Ouali ; celui de 70, les Nedjab ; 40, les Aoutad-el-Ardh ; 10, les Nekab ; 7, les O'rafa (qui connaît bien) ; 3, les Mokhtarin (élus, choisis); l'un de ces trois derniers est le Ghouts.

(Extrait du Roud-Erriahine (Vie des Saints), p. 8 et 9. Traduction de M. Sicard, interprète militaire au Gouvernement général).

« Connaissance des substances internes; science du cœur; science déposée auprès de Dieu; science de l'intuition; science des secrets; science cachée; science de la réalité ou des conceptions idéales ».

Il est curieux de rapprocher les divers degrés de l'évolution extatique du soufi des conceptions métaphysiques des néo-platoniciens; le soufi en union intime avec le Dieu ineffable, supérieur, mais étranger à la raison, le soufi vivant un instant de la vie universelle, n'est-ce pas Plotin lui-même dépeignant le bonheur de celui qui peut contempler Dieu dans son essence, la beauté que ne violent ni la chair, ni le poids d'un corps, ni le ciel lui-même?

Les états ou stations des soufis sont synonymes de ce que Plotin appelle, dans ses *Ennéades*, « les vertus politiques (1), telles que la tempérance, le courage, la magnanimité », c'est-à-dire le dédain des choses de ce monde, et « les purifications ou vertus d'un ordre supérieur », par lesquelles commence la vie angélique qui aboutit à l'unification absolue de l'être avec Dieu et, par suite, à l'anéantissement de l'individualité.

Les termes changent, mais leur signification mystique demeure invariable, et ce n'est pas aller trop loin que d'avancer que le soufisme, en devenant méthodique, se fit le plagiaire des doctrines transcendantales de l'École d'Alexandrie.

Plotin, comme un vrai soufi, s'unifia souvent avec l'Esprit divin, et, quatre fois, pendant que son disciple Porphyre était auprès de lui, il s'éleva jusqu'au premier et souverain Dieu.

« Pour moi, dit Porphyre, je n'ai été uni à Dieu qu'une seule fois, à l'âge de 68 ans » (2).

Nous aurons à relever d'autres similitudes, à faire d'autres rapprochements aussi caractéristiques et qui nous donneront une idée des emprunts que, de leurs aveux mêmes, les docteurs soufis n'ont pas hésité à faire aux théories des philosophes grecs.

Il était, du reste, tout naturel, que l'école mystique des soufis ait une certaine ressemblance, dans la forme, avec les doctrines néo-platoniciennes, dictées, elles aussi, par cette inclination intérieure incitant à regarder en haut et à vénérer, et, par la suite, à s'absorber dans la source de l'union.

Mais, revenons aux soufis plongés dans l'abîme de la confession de l'unité. Parvenus à la connaissance du trône souverain, annihilés dans

---

(1) « Elles consistent à éteindre les passions, à mépriser la douleur, à subir le boire le manger, et ce que les Pères de l'Église appellent l'aiguillon de la chair, sans se livrer, sans s'abandonner, en évitant la colère et même tout mouvement brusque ».
Histoire de l'École d'Alexandrie, par Jules Simon, t. I, p. 578.

(2) *Histoire de l'École d'Alexandrie*, t. I, p. 211.

ce contact divin, leur âme se purifie des ordures humaines, des accidents temporels, et les plus parfaits, ceux que l'Être souverain a jugés dignes de sortir de cet état indéfinissable, les privilégiés en un mot, reçoivent l'ordre ou l'autorisation d'appeler les hommes par la voie de leur exemple. La bonté de l'Être Suprême leur délègue une étincelle de la puissance divine (la *baraka*) (1), bénédiction suprême, grâce incommensurable, puissance infinie qui se manifeste pour le bien et pour le mal et qui se transmet, de génération en génération, chez les héritiers spirituels qui se succèdent et s'inspirent de l'enseignement et des qualités divines professées par leur « maître », leur cheikh, chargé de

---

(1) بَرَكَة S. f. bénédiction, grâce de Dieu, abondance, compliment, félicitation.

Il nous paraît curieux de rapprocher la *Baraka* des soufis et les enseignements qui en découlent, de la *Amrita* des *Sikhs* de l'Inde. Le sikhisme est une secte qui s'est formée, comme tant d'autres, et notamment celle des *Djaïnas* et la communauté du *Bramo Samadj* sur les confins du brahmanisme, et paraît s'être développée sous l'influence indirecte de l'Islamisme.

Des mouvements de tendance monothéiste dus, très-probablement, à la dite influence, s'étaient déjà produits, notamment avec un nommé Kabir (XIV au XVᵉ siècle), lorsque le fondateur du *Sikhisme*, *Nanak*, naquit à Lahore (1469).

Le mystique Nanak qui avait vécu en la compagnie de moines mendiants, se vit, un jour qu'il se baignait dans un canal, transporté devant le trône divin et reçut une coupe *d'amrita* (boisson d'immortalité en signe de consécration). « Puis, il lui fut intimé d'annoncer aux hommes le nom de *Hari*, un des noms de *Vishnu Krishna* ». Et, à l'instar d'un *faqir* musulman, il abandonne ses biens et sa famille pour se faire moine mendiant et opérer, tel un *ouali*, de prodigieux miracles. « Il mange des fruits vénéneux sans en souffrir; il ressuscite un éléphant mort; il va rendre visite au dieu Çiva sur le mont Méru et dispute victorieusement avec lui. La tradition le fait aller jusqu'à Ceylan, jusqu'à La Mecque et même dans des pays dont le nom n'a jamais figuré sur aucune carte ».

Il est le *guru* (maître) aimé, adoré, idolâtré par ses *sikhs* (disciples, affiliés), qu'il n'avait pas tardé à recruter dans le Pendjab. Ils lui obéissent, semblables au *mourîd* vis-à-vis de soufi, avec une soumission aveugle.

C'est que le guru, en communion étroite avec Hari, comme le soufi l'est lui-même avec Dieu, était seul capable d'enseigner la voie du salut. Il soufflait à l'oreille de son sikh, ce nom sacré de Hari que l'affilié, pareil au *mourîd* musulman récitant son dikr, devait répéter sans cesse jusqu'à ce qu'il soit arrivé, de prières en prières, de méditation en méditation, à l'union avec la Divinité.

Mais, toujours comme dans le *soufisme*, cet incroyable et suprême privilège de « l'union » est, dans la *sikhisme*, l'apanage d'une élite restreinte, la masse se bornant, telle, aujourd'hui, la grande majorité des affiliés aux confréries religieuses musulmanes, à suivre et à observer les préceptes de la voie du salut.

Il y a plus, et, ici, l'analogie du guru avec le soufi est complète. Le guru, en effet, est considéré également, en vertu d'une élection divine, comme étant « en possession de cette unité constante et substantielle avec la Divinité qui constitue la plus haute haute perfection. Tout ce qu'il dit, tout ce qu'il fait est divin, et, par une sorte de contagion mystérieuse, il émane de lui des effluves régénératrices qui *purifient* et *sauvent* ceux qui se mettent en communion avec lui ».

C'est le Dieu en chair qui, lorsque l'ambition le pousse vers la puissance temporelle ou la gloire militaire, se fait suivre, — nous verrons plus loin comment les soufis sont arrivés au même résultat, — par ses sikhs aveuglés et fanatiques au dernier degré.

C'est que les doctrines, du sikh et du soufi, n'ont, malgré tout, que les apparences du monothéisme et se rattachent, en réalité, au panthéisme, absolu chez le premier sujet, moins accentué, plus vague chez le second.

perfectionner les progrès de ceux qui s'avancent, par degrés, vers l'Au-delà (1).

Le sikh reconnaît bien un Dieu unique, Ram ou Rama, ou Hari, ou encore Govind le berger, tous noms de Vishnu, mais ce monde est une *maya*, une illusion « qui consiste à croire qu'on peut être heureux tout en vivant séparé du Dieu suprême ».

Il faut échapper à cette illusion et arriver à ce que le *granth*, le livre sacré des sikhs, appelle le *nirban* (le nirvana des boudhistes), c'est-à-dire à la réabsorption en Dieu....

Disons enfin que la confrérie formée, on retrouve dans le sikhisme, en suivant son évolution, les mêmes particularités que dans les confréries religieuses musulmanes au point de vue, notamment, de la succession spirituelle des guru, du prélèvement d'un impôt régulier succédant, pour alimenter la caisse de la communauté, aux dons gracieusement offerts au début de l'introduction dans la règle, d'une sévérité et d'une rigueur exaltant, avec *Govind Singh* le dernier guru, le fanatisme des affiliés, et, en dernier lieu, de l'organisation de la *Khalsa* sectaire, politique et guerrière.

Dans la très intéressante publication sur l'*Inde contemporaine*, de M. Ferdinand de Lanoye, nous lisons comment se termina la terrible insurrection des Sikhs (jouant, en cela, le rôle de certaines de nos confréries religieuses musulmanes pendant la conquête de l'Algérie) contre les Anglais. Vingt mille Sikhs mordirent la poussière aux batailles de Moutkie, de Ferozeshah, d'Alwall et de Sobraou.

(Voir, pour renseignements complets sur les Sikhs, la savante étude où nous avons puisé ces renseignements, publiée par M. Albert Réville dans la *Revue politique et littéraire* du 6 décembre 1883).

(1) D'après les musulmans, certains soufis peuvent également recevoir la baraka et le dikr par l'intermédiaire d'*El-Khadir* ou El-Khidr (le prophète Élie), qui dirige la légion des personnages : *Abdal*, *Nedjab*, etc., dont nous avons parlé à la page 81.

« Les musulmans (comme, du reste, beaucoup de chrétiens du moyen-âge et même
» de nos jours) croient que deux humains privilégiés ont été exemptés de la mort :
» Enoch et Élie. Pour les musulmans, Enoch (*Idris*) est entré vivant et par ruse au
» Paradis, puis n'a plus voulu en sortir. Quant à Élie, ils ont dédoublé sa personnalité
» et en ont fait deux personnages distincts : l'un, Elias, doit, par ordre divin, errer
» sur la terre jusqu'au jour du jugement dernier, l'autre, El-Khadir (qui, pour les
» chrétiens d'Orient, est aujourd'hui saint Georges), vit habituellement au fond de la
» mer.

» Une fois par an, *Elias* et *El-Khadir* se rencontrent pour se concerter. El-Khadir est
» l'intermédiaire entre Dieu et les hommes que Dieu a choisis pour leur dévoiler le
» secret de toute chose (c'est ce qu'on appelle *Fath*, ouverture), soit pour leur conférer
» quelque don surnaturel, entre autres celui d'être certainement exaucé dans les
» prières qu'ils font, soit en faveur, soit à l'encontre d'une créature (cela est dit le
» don de *Baraka*) ». (Extrait d'un travail de M. Pilard, ancien interprète militaire, sur les Senoussïa, 30 mai 1874).

La légende musulmane ne connaît pas l'identité de ces deux personnages dont l'un est « Mokellef-el-Berr » (occupé sur le continent) et l'autre « Mokellef-el-Bahr » (occupé sur la mer). Ils se rencontrent annuellement lors du pèlerinage de La Mecque.

Quant à leur généalogie, « Elias, est le fils de Yasin, fils d'Éléazar, fils et successeur d'Aaron, etc... ou, d'après d'autres, Elias est fils de Pinhas, fils d'Éléazar. Maçoudi mentionne l'identité d'Elias avec Idris » (Enoch).

A ces renseignements tirés du « Culte des saints chez les musulmans » (*Revue des Religions*, 1880-2), où M. Ignace Goldziher refute une opinion de M. Ganneau, consistant à dire que El Khadir-Elias ne constituent, chez les musulmans, qu'un seul personnage, l'auteur ajoute :

« Quant à El-Khadir, il est cousin ou vizir d'Alexandre le Grand ou Dhou-el-Qar-

Certes, le soufi privilégié ne dévoile aux humains que ceux des secrets mystérieux qu'il a été autorisé à communiquer, et ne les transmet progressivement qu'aux âmes pures, aux dévots adonnés à la vie mystique, qui aspirent à revêtir les qualités divines et qui se forment sur le modèle des attributs de l'Être Suprême. A ceux-là, il confère l' « Ouerd » (ورد), c'est-à-dire l'initiation, qui éclaire leur âme d'une lueur divine et, progressivement, dissipe la grossièreté originelle pour permettre à l'esprit de s'élever vers le monde invisible.

Il leur communique ensuite un moyen infaillible d'arriver, de parvenir aux hauteurs célestes, d'identifier leur esprit avec l'esprit de Dieu, principe basé sur la pureté de l'âme, dont les conséquences sont : la satisfaction, la condition de la présence avec Dieu, le tapis, les bonnes œuvres, la vertu, les faveurs célestes.

Ce moyen, *pivot réel du soufisme*, est une prière révélée qui amène sans cesse, à la bouche, le nom de l'Être suprême et qui, seule, jouit du privilège d'élever jusqu'à Dieu, celui qui persévère à l'invoquer. C'est la prière ذكر (*dzikr* ou *dikr*), sorte de litanie qui amène continuellement, dans le cœur et sur les lèvres, le nom de celui qu'on implore. Par cet acte d'invocation, le cœur s'emplit du nom de Dieu, l'âme retrouve le calme en la présence du maître, les lumières émergent du milieu de l'ombre à la vue du dominateur, les désirs sont comblés par la vertu mystérieuse et ineffable attachée à cette oraison.

Aux sincères et aux fervents, le soufi apprend qu'il y a trois espèces de *dikr* : 1° le *dikr* vocal, sans la participation du cœur ; il est vulgaire et produit le châtiment ; 2° le *dikr* d'adoration, venant du fond du cœur ; il appartient aux protégés de Dieu ; son fruit est une récompense magnifique ; 3° le *dikr* fait avec le concours de tous les organes ; il est

---

neïn ; d'après d'autres, le fils d'un babylonien croyant qui s'expatria avec Abraham ou un propre fils d'Adam ».

« El-Khadir, est également un titre d'honneur dans la hiérarchie des soufis les plus élevés. Cela résulte d'un passage de Abou-Hadjar-el-Askalani : « Quand le *Khidr* meurt, le ghouts prononce la prière des morts sur lui dans la cellule d'Ismaïl, sous la gouttière, dans la Ca'ba. A cette occasion tombe sur lui une feuille, sur laquelle son nom est écrit. Il devient ainsi khidr ; le qotb de La Mecque parvient en même temps à la dignité de ghouts. On dit que le khidr de notre temps est Hassan ben Yousouf-el-Zoubeïdi, de la tribu de Zoubeïl de l'Yemen ; on trouve des renseignements plus précis sur lui dans A'bd-el-Djaffar ben Nouh-el-Kousi dans son ouvrage : El-Ouahid-Si-Soulouk-el-Fohid (Ed-Dourar-el-Kâminâ. (Manuscrits de la bibliothèque impériale de Vienne, cod. mixt., n° 245, vol. II, fol. 1719) (*).

Pour notre sujet, nous devons surtout retenir que le don de *baraka*, confère au saint soufi le pouvoir surnaturel d'opérer des miracles. Nous tirerons, plus loin, de cette crédulité, qui fait que les musulmans en général en arrivent à considérer les plus graves événements ou les futilités de la vie, comme une conséquence de la *bénédiction* ou de la *malédiction* d'un heureux détenteur de la baraka, les déductions que la dite crédulité comporte.

(*) V. Coran, versets 64 et suiv. du chap. « La Caverne ».

spécial à ceux que Dieu choisit parmi ses privilégiés ; le fruit n'en est connu que de Dieu.

« Le *dikr* de cœur, a dit El-Hamed-el-Maleki, vaut soixante-dix fois plus que celui de bouche ».

Le *dikr* vocal est de peu de profit et, très souvent, ne sauve pas du malheur éternel.

Pour un esprit réfléchi, ce *dikr*, fait sans la présence du cœur, est inutile et ne favorise certainement pas l'approche de Dieu.

Il est constant que, s'il y avait un choix à faire, il serait mieux de s'arrêter au *dikr* de cœur, conformément à ces paroles divines : « Dis : ce qui est auprès de Dieu est préférable au jeu et au négoce ». Le *dikr*, à la fois mental et vocal, vaut plus que le *dikr* seulement cordial, pourvu qu'il n'ait pas lieu pour être entendu et par respect humain (l'imam En-Naouaouy) (1).

Le *dikr* diffère suivant le degré extatique du néophyte. Pour le *mourid* ou aspirant, il est : « Il n'y a de divinité que Dieu », formule caractérisée par une négation et une affirmation, c'est-à-dire par la négation d'une divinité autre que Dieu.

Celui de « *l'a'rif* » ou spirituel, est limité au seul mot Allah (Dieu), qui exprime la domination des qualités divines sur les mondes intellectuels.

Celui du *Mouhhid* ou « unitaire » est tout entier renfermé dans le pronom houa (lui), qui exprime l'absorption de la vision extérieure par la vision intérieure.

Enfin, vient le dikr du *mohibb*, ou amant. C'est la mort en Dieu ; c'est-à-dire que l'homme oublie son nom, sa physionomie propre et sa qualité humaine.

Quant au passionné, ou *a'chiq*, les sphères célestes où il s'est éloigné le dispensent de tout dikr. Parvenu à cette aspiration suprême, l'oraison dikr n'est plus utile.

Quiconque s'approprie le dikr d'un soufi plus élevé en grade, ne pourra gravir les échelons de la perfection, priât-il mille ans.

Celui qui abandonne son dikr pour prendre celui d'un soufi d'un rang inférieur, subira l'humiliation du voile, c'est-à-dire qu'entre lui et les secrets divins, il y aura toujours un écran épais.

On doit persister dans son dikr et ne pas le quitter pour un autre plus parfait, avant d'avoir obtenu la tendre familiarité de celui qu'on invoque (2).

Puis, après avoir fait connaître au néophyte les vertus ineffables du dikr, après s'être assuré que toutes les pensées étrangères se sont évanouies de son cœur, constaté par l'invocation méritoire « il n'y a de

---

(1) Étude sur le soufisme, *op. cit.*
(2) id. id.

divinité que Dieu », dont la seconde partie « que Dieu » affirme la présence divine, que l'élève ne désire rechercher, aimer et adorer que Dieu, le cheikh soufi apprend à l'agrégé au soufisme où, quand et dans quelles conditions, il doit répéter l'oraison par excellence, habile à soigner son âme, à la guérir de ses affections cachées, pour l'élever ensuite jusqu'à la conception du Dieu Un.

Dans cet ordre d'idées, le dikr est de trois catégories :

1° Le *dikr-el-ouaqt*, c'est-à-dire les litanies que tout aspirant au soufisme doit réciter après chacune des cinq prières de la journée, prescrites par le *Livre révélé*;

2° Le *dikr-el-djallala*, qui doit être récité dans l'isolement absolu, au moment où l'adepte écarte de son esprit toute préoccupation temporelle pour s'absorber dans la contemplation de la Vérité ;

3° Le *dikr-el-hadra*, spécial aux aspirants réunis en assemblée, sous la direction d'un précepteur. Le dikr-el-hadra est des plus méritoires ; si les adeptes sont inspirés par la même pensée divine, leurs efforts se concentrent et contribuent à abréger leur marche mystique.

Mentionnons encore le « dikr » *bettaqlid* بالتقليد ou d'imitation, considéré comme une bonne œuvre, mais n'ayant aucune des qualités du dikr d'initiation.

Il est propre à la multitude et enseigné soit par la famille, soit par un éducateur séculier.

Il est très utile pour se défendre contre les ennemis, mais n'a pas la force de protection nécessaire pour conduire à la station de l'union ou de proximité avec Dieu.

Le « dikr » n'est pas, en effet, indéterminé, mais revêt, au contraire, un caractère précis : Dieu, en le révélant au soufi privilégié, a déterminé le nombre exact de fois que les dévots des divers degrés doivent le répéter, et a eu soin d'en indiquer la portée.

Le précepteur n'est que l'intermédiaire de la puissance divine, mais un intermédiaire indispensable sans lequel le néophyte ne saurait arriver à l'annihilation formant obstacle à l'entrée de la Majesté de Dieu dans le cœur.

Tout homme qui ne se fait pas conduire par un directeur spirituel, est coupable de rébellion envers Dieu, car, il ne saurait, sans guide, parvenir au chemin du salut, possédât-il dans la mémoire, mille ouvrages de théologie.

« Tel celui qui aurait appris la médecine dans les livres et ignorerait l'application du remède au mal ».

Les trois mots divins *baraka, oued, dikr*, constituent la plate-forme du soufisme et comprennent, de par leur essence, l'ensemble des doctrines esotériques des soufis.

Ils sont synthétisés eux-mêmes dans la *Tariqa* (طريقة), c'est-à-dire dans la règle de vie, le chemin particulier à ceux qui marchent dans la voie de la loi révélée pour arriver à Dieu en franchissant les étapes qui, de degré en degré, les amènent à la perfection spirituelle. Cette voie, tracée par l'Être Suprême et dont les éléments mystérieux ont été révélés au soufi parvenu à la dernière station extatique, et reconnu digne d'une telle faveur céleste, est la seule, l'unique, l'essentielle direction que les âmes pieuses et méritantes puissent suivre pour trouver le salut qu'elles recherchent.

Les principes fondamentaux de la Tariqa sont consignés, sous forme de recommandation spéciale, dans un document souvent fort volumineux appelé « *ouaçia* » واصية, où tous les préceptes des soufis, les moindres actes de leur existence, sont analysés et commentés avec une dialectique persuasive et passionnée.

Les vertus de l'*ouaçia* sont, nécessairement, incalculables ; c'est un talisman sans pareil, héritage précieux du détenteur de la Tariqa, lequel y puise les éléments nécessaires pour maintenir les humains dans les obligations et devoirs stricts de la *voie*.

.*.

Telles sont l'essence et les bases fondamentales du système doctrinal des soufis, dépouillées des assimilations coraniques et traditionnelles, et des métamorphoses qu'elles ont subies.

Ainsi présentées, elles répondaient à la *vox populi* si faible et si bornée, mais l'autorité supérieure musulmane ne pouvait qu'y voir une hérésie abominable, plus odieuse que celle des Mo'tazila, plus infâme que celle des Bathinïa.

Comment admettre, en effet, que le commun des mortels puisse parvenir, au moyen de pratiques d'un ordre temporel, à pénétrer les voiles de l' « Invisible », à saisir ces fils nombreux et subtils conduisant le croyant à l' « *istigheraq* » (absorption en Dieu) en passant par ces mystérieux tamis qui s'appellent, entre autres, le « *douq* » (lumière spirituelle qui donne à l'homme le pouvoir de discerner la vérité), les « *idjtima'a* », ces merveilleux entretiens des mystiques avec des saints ou avec le Prophète, les « *sekars* » ou la douce ivresse spirituelle, le « *madjma' el Baharin* » (confluent des deux mers) où le soufi est si près de Dieu que pour se confondre avec lui, il ne manque que la longueur de deux arcs.

Comment atteindre, enfin, le point incommensurable, alors que

Mohammed lui-même, le meilleur et le dernier des prophètes, le seul digne, suivant tout bon musulman, d'être admis dans l'union intime avec l'esprit divin, n'avait aucune connaissance « des choses » cachées, ne possédait aucun secret mystérieux.

« Si je savais ce qui est caché, je m'approprierais le bien, et le mal
» ne me toucherait plus » *(Sourate,* VII, 188).

« Je ne vous dis pas que l'on trouve auprès de moi les trésors d'Allah,
» je ne sais pas davantage ce qui est caché : je ne prétends pas, non
» plus, être un ange » *(Sourate,* VI, 50).

Le soufi se plaçait donc au-dessus des prophètes, s'élevait au-dessus de l'humanité et, par son enseignement extatique, devenait en quelque sorte, un être surnaturel et merveilleux ; tandis que Mohammed se considérait comme un simple mortel, ignorant des mystères de l'avenir et n'ayant aucun pouvoir de faire des miracles.

Ils te demanderont, dit-il, à quelle époque est fixée l'arrivée de l'heure (du jugement). Dis-leur : Dieu s'en est réservé la connaissance.

Ils t'interrogeront là-dessus, comme si tu savais. Dis-leur : Dieu est seul à le savoir *(Sourate,* VII, 185-186). Loué soit mon Dieu, de ce que je ne sois pas autre chose qu'un mortel, un envoyé *(Sourate,* XVII, 95-96), expressions qui reviennent souvent dans le Coran.

Mais le soufi ne se considérait pas comme un hérésiarque ; ses sentiments étaient purs ; sa popularité lui venait de la faim et du renoncement au monde ; et il trouvait, dans la tradition légendaire, les moyens de légitimer son enseignement auprès de la masse inconsciente qui cherchait, dans ses doctrines, une compensation à la sécheresse du culte officiel.

Par la tradition qu'ils avaient su assimiler à leurs principes, les docteurs soufis faisaient remonter jusqu'au prophète la source de leur enseignement auquel ils donnaient une essence à la fois divine et mohammédienne.

Le cheikh versé dans la connaissance de Dieu, l'océan des sciences, Dhou-en-Noun-el-Masri a dit :

« Dans la course au galop à laquelle se livrent les âmes des prophètes dans la lice de la connaissance de Dieu, c'est celle de notre prophète Mohammed, — sur lui la bénédiction et la prière divine, — qui les a devancées toutes, vers les jardins fleuris de l'union intime (avec Dieu). (Extrait du *Roud-Erriahine*).

Ces sages n'étaient donc, selon eux, que les continuateurs des compagnons de Mohammed, dont ils faisaient des soufis du type le plus élevé, et c'est en suivant l'enseignement qu'ils disaient leur avoir été légué par les pivots de l'Islam, qu'ils obtenaient les grâces de Dieu.

La *tariqa*, ce don si puissant de la volonté divine, qui conduit à la vertu et à la vraie direction, leur avait été révélée à l'exemple des saints personnages qui les avaient initiés aux pratiques ascétiques propres à les conquérir.

Les combats spirituels qu'ils éprouvaient étaient analogues, dans leur pensée, à ceux subis par les compagnons du Prophète ; Abou-Beker, Omar et A'li avaient été particulièrement comblés de faveurs surnaturelles, et leur façon de voir et de procéder avait été suivie par les mystiques qui marchaient dans la même voie.

Abou-Beker, le pieux, celui qui avait eu le bonheur inconcevable d'hériter du khalifat au moment où rien ne l'avait terni ni souillé, avait groupé, du vivant même de Mohammed, un certain nombre de dévôts et leur avait enseigné les mystères de la voie divine.

Le premier de la série chronologique qui hérita de ce sublime sacerdoce, fut Sliman-el-Farasi, l'homme le plus capable et le plus méritant de l'association et, de main en main, la mission d'initier les croyants à la voie privilégiée parvint à certains soufis célèbres par leur science et leur anéantissement en Dieu.

Mais celui qui était parvenu au suprême degré du spiritualisme, que le Dieu très haut avait spécialement chargé de communiquer aux sages les secrets mystérieux de la tariqa, celui dont l'enseignement était infaillible, était A'li ben Abou-Taleb, A'li le sublime, mort martyr de sa foi ; l'héritier légitime de la maison du Prophète était l'homme de prédilection des soufis les plus renommés. Leurs biographies légendaires sont intarissables de louanges ; A'li n'était pas seulement un guerrier accompli, le compagnon inséparable et préféré de Mohammed, c'était aussi l'ascète, le théosophe, le thaumaturge le plus parfait.

« Dans sa bouche sont placées des définitions mystiques pleines de
» profondeur et de sagesse théologique ; les écrivains soufis lui prêtent
» même cette déclaration orgueilleuse, faite dans un moment de
» béatitude :
« Je suis le petit point placé sous la lettre bâ, je suis le côté de Dieu,
» je suis la plume, je suis la table réservée, je suis le trône de Dieu, je
» suis les sept cieux ».

Il était, du reste, tout naturel que les sympathies des soufis allassent au flambeau de l'Islam, à l'Ouali-Allah (le Saint par excellence auprès de Dieu).

L'enseignement d'aucun ascète ne pouvait être aussi parfait que celui d'A'li, qui, de son vivant, continue la légende, avait initié un certain nombre d'hommes pieux à la Tariqa divine ; et ceux-ci l'avaient transmise, par une suite ininterrompue de saints personnages, aux soufis qui en étaient ainsi devenus les fidèles dépositaires.

Le fameux Hassan-el-Bosri fut le premier à bénéficier de ce précieux héritage. Après lui ce fut Habib-el-Hadjemi, puis Daoud ben Nacer-Et-Taï, Ma'rouf-el-Kerkhi, Seri-Saqati, jusqu'à l'illustre Abou-Qacem-el-Djoneidi qui passe pour avoir été le père du soufisme.

Les soufis établissaient ainsi deux lignées de personnages distincts aboutissant au Prophète, l'une par Abou-Beker, l'autre par A'li ben Abou-Taleb et formant les deux chaînes mystiques suivantes, devenues les appuis, sans lesquels il n'y a point d'orthodoxie possible, de tant de dissertations doctrinales dérivées de l'école soufite.

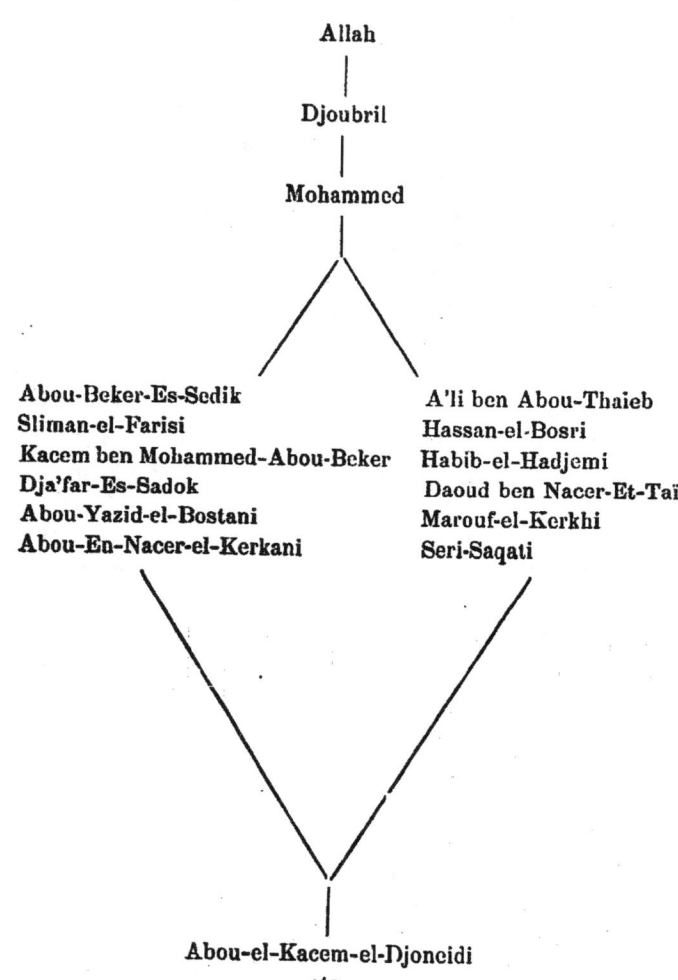

Ces chaînes mystiques appelées selsela — سلسلة — dans certaines acceptions *selsela-ed-dheb* — سلسلة الذهب — chaîne dorée, sont le témoignage irrécusable que les soufis exhibent pour démontrer leur profonde orthodoxie.

C'est la source de toute révélation, et ceux qui ne suivent pas les pratiques de l'enseignement théorique des hommes pieux qui le forment, ne peuvent bénéficier de ses incalculables bienfaits.

Ici, encore, les esprits perspicaces ne voient, dans cet assemblage de noms vénérés, qu'un plagiat de la méthode de l'école d'Alexandrie.

Comme ils l'avaient fait pour leur qualificatif illustré par les Pythagore, les Platon et les Aristote, les docteurs soufis ne songèrent même pas à dénaturer le nom qu'ils donnaient à la lignée de saints musulmans qu'ils invoquaient comme leurs meilleurs appuis.

Rapprochez la *selsela-ed-dheb* des soufis, de la chaîne dorée néoplatonicienne, substituez les noms qui y figurent à ceux de Pythagore, Socrate, Platon, Aristote, Plutarque, Appollonius, Philon (le juif), Plotin, etc., qui nous indiquent l'origine et la filiation de la philosophie alexandrine, et il vous sera facile de conclure que celle-là n'est qu'un débris de celle-ci approprié à d'autres besoins et répondant à de nouvelles aspirations. Les noms changent mais la forme et la pensée demeurent intactes.

En cherchant à donner à leur doctrine d'importation étrangère, une origine musulmane, en exaltant A'li et ses disciples, les Soufis retombaient dans le schisme alide, s'en appropriaient les principes et la tradition et, remarque curieuse, ils adoptaient, dans leurs bases fondamentales, non seulement l'idée de la transmission de la parcelle divine chez les Imams de la maison d'A'li et le système d'initiation préconisés par le fondateur de la secte Ismaïlite, Abdallah, fils de Maïmoun, mais aussi, les termes mystiques employés.

La transmission de l'Imamat se faisait, nous l'avons vu, au moyen d'une délégation expresse appelée ouaçia — وصية — mot que les soufis emploient pour désigner le document qui contient leur enseignement également transmis, à eux, par A'li et ses disciples qu'ils considèrent comme leurs maîtres.

Quelques soufis prétendaient même, qu'A'li avait porté l'humble livrée *(khirqa)* (1) — خرقة — qui les distinguait du reste des humains, à l'exemple du Prophète, heureux de se vêtir de manteaux hors d'usage, qu'il se plaisait à rapiécer lui-même. Ce froc illustre leur fut conservé par les hommes divins compris dans leur chaîne mystique.

Quant à la prière dikr, cette oraison méritoire spéciale aux soufis et aux hommes purs, la base et le soutien inébranlable de l'enseignement soufite dont aucun musulman n'ose contester l'origine divine, elle a

---

(1) La Khirqa tire son origine, d'après la légende, de l'enlèvement du Prophète au Paradis, dans la nuit d'El-Mia'radj, par l'ange Gabriel. Conduit par l'ange dans un palais merveilleux, Mohammed prit dans un coffre renfermant des vêtements de diverses couleurs, plusieurs de ces vêtements qu'il distribua plus tard, après les avoir portés lui-même, à ses disciples préférés qui les passèrent ensuite à leurs successeurs.

Abou-L'hassen a dit : « la Vérité ayant scruté les âmes, n'en a trouvé aucune qui aspirât vers elle avec autant d'ardeur que celle de N. S. Mohammed. C'est pourquoi elle lui a accordé la faveur du Mia'radj, afin de la faire jouir, par anticipation, de sa vue et de son entretien ».

(Extrait du Roudh Erriahinne).

été recommandée par le Livre Sacré dans le 41ᵐᵉ verset du chapitre XXXII :

يا ايها الذين امنوا اذكروا الله ذكرًا كثيرًا وسبحوه بكرةً واصيلًا

(O croyant, énoncez (le nom) de Dieu par un nombre considérable d'énonciations, et célébrez le matin et soir).

O fils d'Adam, quand tu récites mon nom, tu me loues ; quand tu ne me prononces pas, tu es impie à mon égard (Tradition).

« Articuler Dieu vaut mieux qu'y songer simplement.

» Prononcer des lèvres le nom de Dieu c'est l'affirmer, ce que ne fait pas la pensée ».

Comme effet salutaire de la prière dikr : Dieu mentionnera ceux qui l'aurons mentionné. « Parlez-moi, a-t-il dit, et je parlerai de vous. » — (Ridouane, p. 32).

Aucun théologien musulman ne songerait à dénaturer l'orthodoxie du dikr, et les soufis, qui en ont fait leur pivot, enseignent que ce *credo* surérogatoire est un bienfait suprême dont l'excellence a été célébrée par la tradition. « Celui qui le possède a pour devoir de le répandre dans l'âme des dévots, de même que Mohammed l'avait enseigné à A'li ainsi qu'à tous ses *ashab* (compagnons) ».

A'li, interrogeant un jour le Prophète, lui dit : O Envoyé de Dieu, indique-moi quel est le plus court chemin qui conduit au Paradis, celui que le Seigneur apprécie le plus et qui est le mieux à la portée de ses adorateurs ? »

Le Prophète lui répondit : « Ce chemin, ô A'li, c'est d'énoncer sans cesse le nom de Dieu dans la retraite ; cet exercice est si méritoire que la fin du monde n'aura lieu que lorsque personne sur la terre ne s'en acquittera plus ». — Mais comment, ô Envoyé de Dieu, faut-il énoncer le nom du Seigneur, poursuivit A'li ? — Il faut fermer les yeux, répondit le Prophète, et prononcer trois fois ce que je vais dire ; regarde-moi, tu m'imiteras ensuite. Mohammed ferma les yeux et dit trois fois d'une voix forte : « Il n'y a de Dieu qu'Allah ».

A'li répéta ce credo qu'il apprit ensuite à Hassan-el-Bosri, lequel enseigna à El-Habib-El-Adjemi et c'est ainsi que de l'un à l'autre, l'usage du dikr fut transmis aux soufis.

Ainsi, il n'y avait plus de doute : la partie substantielle de la théorie des soufis dérivait du Livre et de la Sonna.

Certes, l'historien impartial ne peut plus s'arrêter à ces habiles combinaisons tendant à réconcilier la théologie dogmatique avec la théosophie de l'école des soufis. Il ne peut donner une valeur historique aux fables monacales d'Abou-Beker et d'A'li ; mais chez les musulmans, la tradition est une loi sacrée, et les théologiens les plus sévères, poussés par la masse en délire, furent contraints d'accepter et, plus tard, d'appuyer le raisonnement harmonistique des docteurs soufis.

« Il n'est permis à personne de douter de l'orthodoxie des soufis,
» s'écrie le cheikh El-Islam-el-Makhzoumi, à moins qu'il n'ait fait partie
» lui-même de leur école et n'en ait constaté expérimentalement le
» désaccord avec les dogmes du Livre saint ».

« Prends un précepteur, ô mon frère. Écoute mes conseils et garde-
» toi de dire que la voie soufite n'est autorisée ni par le Livre, ni par la
» Sonna : ce serait une impiété. Le soufisme est une œuvre entièrement
» Mohammédienne ; la trame et la chaîne de son tissu sont mohammé-
» diennes. (Cha'rani, dans le Maharek-el-Anouar-el-K'adalya) ».

Il faut conclure, dit le cheikh Abd-el-Hadi ben Ridouane, « qu'il n'y
» a pas contradiction entre les leçons du soufisme et les enseignements
» versés dans la jurisprudence canonique ». « Toutefois, les soufis
retiennent, pour eux, les points principaux et les mieux établis des
matières où il y a divergence et marchent, autant que possible, d'accord
avec les pères de l'Islamisme. Cette conduite est on ne peut plus difficile, mais elle est aussi la meilleure, car la récompense est en
proportion de la peine » (1).

Partant de ces principes, généralement admis par les Eulama eux-
mêmes, ces pharisiens de l'Islam, jaloux de leur influence et de leurs
prérogatives, et enracinés dans l'esprit du vulgaire, incapable de suivre
la controverse et de distinguer les subtilités de la spéculation, le
système des soufis repose sur le trilogisme ci-après : imiter le Prophète
et ses compagnons dans leur morale et leur conduite, se nourrir de
choses licites, et mettre de la sincérité dans ses actes.

Voilà, aussi brièvement qu'il nous a été possible de le faire, la
théorie de l'école soufite. Il est aisé de concevoir combien le prestige de
ceux qui en étaient les champions a été grand.

La foule, d'où ils tiraient leur origine, trouvait, en eux, une consolation à ses misères, et se jetait, inconsciente, à leurs pieds. Elle écoutait,

---

(1) Sache que le soufisme est une doctrine entièrement pure, mais il faut bien peu de chose pour souiller ce qui est immaculé, et l'on ne peut douter que, dans la pratique, cet enseignement n'ait laissé une large place à l'imposture et à l'introduction de tendances novatrices ou hérétiques.

Cela tient à deux raisons : la première c'est que si quelqu'un se donne faussement le mérite d'appartenir à la secte, tout en contrevenant à ses principes, les soufis, non seulement ne soulèvent pas le voile de son imposture, mais le couvrent au contraire d'une généreuse indulgence ; la seconde c'est qu'à notre époque, la majeure partie de ceux qui vivent dans des erreurs qu'on voudrait redresser vous accueillent en disant : « Vous m'avez jalousé ». Il s'en suit des conflits auxquels les soufis véridiques et fidèles à la saine doctrine ne prennent pas part; et cette abstention est considérée, par les ignorants, comme l'approbation des fâcheux errements dont ils ont été les témoins oculaire ou les auditeurs.

(Extrait du *Madkhol ecchara'i eccherif a'la el madhahib erraba'a*, par l'imam Ibn-el-Hadj ben A'bdallah-Mohammed ben Mohammed ben el-A'bdari, mort en 737) (hégire).

anxieuse, leurs prières puisées à la source du Très-Haut et, dans son enthousiasme, semblait partager les intuitions mystiques auxquelles ils prétendaient s'élever dans leurs extases religieuses.

El-Djoneïdi à Baghdad, Abou-Othman à Niçabour, Abou-Aballah-Ibn-el-Djella à Damas, et tant d'autres (Djami cite l'histoire de plus de 220), bravaient la colère de certains khalifes et la fureur des Eulama, et exerçaient, sur les peuples musulmans, un ascendant qui tenait du prodige.

« El-Djoneïdi jouissait, à Baghdad, d'une telle estime que le jour de son inhumation, soixante mille personnes se rendirent sur sa tombe ». (Dugat, p. 322.)

Quelques-uns d'entre-eux se prétendirent les égaux du Prophète, que disons-nous, les égaux, ils s'estimaient hautement supérieurs, car Mohammed, à vrai dire, avait été envoyé par Dieu, mais n'était pas, comme eux, confondu divinement avec lui.

A leur mort, la foule les considérait comme les seuls magnats de l'Islam. Elle les rangeait au nombre des 4,000 ouali « amis de Dieu », placés au premier degré de la sainteté islamique, auquel ils étaient parvenus en marchant dans la voie spirituelle (la tariqa).

Mais le Dieu clément et miséricordieux ne se borne pas à accueillir dans son sein ceux qui suivent la voie céleste, et cherchent par l'anéantissement de leur être, à se rapprocher du trône souverain. Sa puissance magnanime se porte, plus spécialement, sur une catégorie d'hommes envoyés par « Lui » dans le royaume terrestre pour accepter et supporter, sans murmures, les coups du sort, et absorber dans leur âme les péchés des humains méritants. Ils sont les éternels témoins que les merveilles de Dieu demeurent toujours subsistantes, et servent d'instrument pour la manifestation de la mission du Prophète.

« Dieu prend leurs intérêts et ne les laisse pas un seul instant abandonnés à eux-mêmes. Il a soin de leur existence, car n'a-t-il pas proclamé « que Dieu prend soin des gens de bien ».

Ces hommes, amis de Dieu, sont dans les pays où la foi coranique a implanté ses racines ; ils semblent vivre dans une profonde nuit, mais leur âme est en contact constant avec l'Esprit divin ; leurs regards sont sans cesse tournés vers la créature et, par un effet divin qui les place au premier rang de la sainteté après le Prophète, ils pratiquent, avec ferveur, les devoirs de la religion, mais sans s'en apercevoir et, par suite, sans envisager la récompense qu'ils en obtiendront, car Dieu les maintient toujours dans l'obéissance absolue à ses décrets.

Qui ne connaît le *derouich*, non pas le derouich, sectaire farouche de la Perse, devenu, comme le faqir, son synonyme, le soufi fervent que nous connaissons, mais le derouich par dérision, de l'Afrique septentrionale, que les sceptiques (il y en a toujours) accablent de sarcasmes et que le vulgaire, comme le croyant sincère, adore et vénère.

En Orient, il a conservé son nom illustre d'ouali parfait (ami de

Dieu par excellence) ; dans les États barbaresques, on l'appelle vulgairement derouich, par imitation du derouich sectaire.

Dans l'Inde, il s'appelle toujours faqir, non ce faqir qui, par les macérations austères dont parlent les livres sanscrits, arrive aux dernières extravagances, mais ce simple, ce hideux mendiant qui va nu, le corps couvert de cendre et souillé d'ordures, le regard farouche et la bouche close, et commande, armé de sa redoutable massue, la charité des paysans.

Ici, les esprits perspicaces le qualifient aussi de « *mahboul* » (aliéné), à cause de son caractère excentrique et bizarre.

Tout le monde a vu, en effet, cet être inconscient qui promène sa nudité à travers les villes et les campagnes, indifférent aux actions qui, pour la masse, lui sont suggérées par l'Être suprême, inattentif au monde qui l'entoure (1).

Vêtu du costume que la clémente nature lui a donné, supportant parfois, par mégarde, le haillon ramassé n'importe où, qu'un croyant zélé lui a jeté clandestinement sur les épaules ou attaché à la ceinture, pour couvrir sa pudeur, il marche, le regard vague, perdu dans l'immensité ; ses cheveux longs et épars qui tombent incultes sur ses épaules, attestent son infortune matérielle, tout en le préservant des injures climatériques.

En pleine forêt, dans les champs en friche ou cultivés, sur les bords de la mer, des lacs et des cours d'eau, au sommet des montagnes les plus escarpées, dans les *thébaïdes* ou dans les contrées habitées, le derouich trouve aide et protection. Le vulgaire, qui ne sait pas donner de bornes à son imagination, est persuadé que, tel un nouvel Orphée apprivoisant, aux accents harmonieux de sa lyre, les tigres et les lions cruels, le derouich partage sa couche avec les bêtes fauves ; que celles-ci lui servent de monture lorsque ses jambes fléchissent après un long voyage, et qu'il s'associe volontiers à leur frugal repas.

Les oiseaux, avec un soin angélique, guettent son sommeil pour débarrasser son corps des insectes qui le couvrent et le dévorent. Sans

---

(1) Photographie communiquée par M. Gillotte, administrateur de la commune mixte d'Ammi-Moussa.

parents, sans amis, sans relations avec le monde des humains, il est l'être surnaturel, merveilleux, extrait des trésors des grâces divines et « *placé sur le tapis de l'affection suprême* » où le Dieu miséricordieux le maintient et le dirige.

« C'est », dit le poète Djami « par la bénédiction de ses pieds que la pluie tombe du ciel, sans qu'il s'en mêle et sans qu'il le sache ; c'est par l'effet de la pureté de son existence que les plantes germent du sein de la terre ; c'est sous ses auspices que les Musulmans obtiennent la victoire sur les Infidèles » ; que les miracles les plus fantastiques se produisent ; et c'est grâce à son intercession involontaire, que l'Être suprême dirige ses regards vers les créatures, exauce leurs prières et leur pardonne leurs méfaits.

Aussi, la masse des croyants guette ses moindres gestes, épie le plus petit de ses mouvements, essaie d'interpréter les paroles incohérentes, au sens mystique, qu'il prononce par intervalles. Elle recherche son contact, l'idolâtre lorsqu'elle peut l'approcher, le craint lorsque *l'a'lem* (le savant) donne à ses paroles une interprétation menaçante. Le fellah est heureux de lui voir traverser son champ, de l'introduire dans sa demeure ; le berger implore de lui, un mot, un geste qui préservera ses troupeaux des fauves redoutables ; et la femme inféconde épie l'heureux moment de se rapprocher de lui, espérant, dans un violent adultère, sentir germer dans ses entrailles ce fruit dont l'absence fait de la femme musulmane un objet de mépris.

Chose qui serait incroyable si elle ne prenait sa source dans la superstition, alors que le musulman farouche, dans d'autres cas, tue sur un simple soupçon, l'adultère du derouich n'est pas, pour lui, un outrage, mais une faveur divine, augure de bien-être et de prospérité. On le tolère, on le sollicite et, quand il devient orgiaque, on le couvre d'un burnous... on le protège ! (1).

Lorsque le derouich est appelé, pour toujours, dans les sphères célestes, il prend sa place auprès du trône souverain, et le Dieu clément lui permet d'initier les humains dignes d'une telle faveur à la glorieuse *baraka* qu'il possède.

C'est ainsi qu'à l'exemple du magnat soufi, il devient l'intercesseur des êtres humains dans l'Au-delà ; et la révélation de la tariqa n'en change pas, pour cela, la nature ; ceux qui la reçoivent, soufi ou ouali, ne différant qu'au point de vue du départ.

Ces deux conceptions : 1° absorption du sage en Dieu par l'anéantissement de l'être au moyen de pratiques sévères et méthodiques ; 2°. exaltation de l'ouali (derouich en occident), au point de le croire en

---

(1) « On m'en a cité un qui, à Tunis, accolait les femmes en pleine rue. Les passants » le couvraient respectueusement de leurs burnous pendant l'accomplissement de cet » acte édifiant ». (Pellissier de Reynaud, *Annales algériennes*, appendice, p. 479). Les exemples de cette nature sont fort nombreux ; il serait fastidieux d'en faire ici une longue énumération.

union constante avec l'esprit divin; conceptions aboutissant toutes deux à la délégation de la parcelle divine ou baraka, avaient pris consistance; elles étaient acceptées avec enthousiasme par les esprits faibles, et sans répugnance par les intelligences plus élevées.

Mais l'école des soufis, en imprimant à l'Islamisme une nouvelle orientation, donna naissance à une foule de dissertations doctrinales aboutissant toutes aux principes généraux du soufisme; mais, de morales qu'elles étaient, elles devinrent théurgiques, pour finir dans un panégyrique outré, modelé sur des désirs de luxe ou de vaine ostentation.

De même que les Alexandrins, lorsque les soufis ne surent plus évoquer Dieu dans leur âme, ils allèrent chercher des espérances, des émotions et des mystères dans les temples. Ils traduisirent la morale de Djoneidi en poursuite d'un aliment matériel, et ce semblant de philosophie que nous avions cru, un instant, voir apparaitre, devint de l'histoire crédule et superstitieuse.

Chaque soufi, parvenu au suprême degré, donna à la tariqa une forme particulière; l'ouali célèbre communiqua de son côté une tariqa aussi parfaite mais différente dans ses éléments constitutifs : de là, de nombreuses voies spirituelles (trouq), véritables confréries islamiques dérivées du soufisme et qui, en devenant les plus puissants et les plus fidèles soutiens de l'Islam, l'enserrent dans son immobilisme et le dirigent au gré de leurs intérêts respectifs. Nous les avons fait figurer dans une chaîne symbolique qui, en nous montrant leur origine, nous donne une idée exacte de leur formation.

Mais, avant d'en faire connaître l'évolution, il est nécessaire d'examiner à grands traits les croyances populaires des pays soumis à la loi du Prophète, croyances sur lesquelles les confréries ont modelé les doctrines extatiques qui les distinguent et puisé quelques-uns des germes de leur puissante organisation.

*
* *

L'homme, sans cesse en lutte avec les vicissitudes de l'existence, éprouve une satisfaction inexprimable à chercher dans l'incompréhensible, dans l'Au-delà, ce nous ne savons quoi de pur et de moral qu'il essaye en vain de se procurer auprès des êtres et des choses qui l'entourent.

Dans ses moments de chagrin, de souffrance extrême ou de détresse, une indicible inclination, un sentiment intime gravé au fond de son cœur, le poussent à implorer une Puissance invisible qu'il croit capable d'atténuer ses peines et de le secourir; de même, l'explosion d'une joie inattendue, le ravissement mystérieux, qui se traduisent par un sentiment inexplicable de contentement et d'admiration, l'incitent à remercier l'Éternel Inconnu qui les lui procure.

Ce sentiment naturel est nécessairement proportionné à la culture de l'esprit, mais, quoi qu'il advienne, il est et demeure indéracinable.

Les conceptions morales et religieuses, la spéculation et la dialectique le placent à un niveau plus élevé, le dirigent vers des horizons plus nobles et plus dignes de son essence, mais le fond demeure invariable et, lorsqu'on soulève le voile qui le cache et le protège, on est certain d'y apercevoir, intacts, les premiers germes qui, à travers les âges, apparaissent sous diverses formes et appropriés à de multiples éléments.

C'est l'éternelle histoire des croyances populaires et des religions, entièrement faites de traditions aussi anciennes que l'humanité; elles naissent, se modifient, s'améliorent ou disparaissent, mais celles qui ont su pénétrer le cœur humain ne meurent pas.....

La religion de Mohammed s'était imposée, dès son apparition, par la force et la violence et avait subjugué, en moins de cent ans, les immémoriales traditions des peuples vaincus. Mais, si elle avait su s'implanter à jamais chez les habitants de la péninsule arabique, pour lesquels elle semblait avoir été révélée, elle ne pouvait obtenir le même résultat notamment, chez les Perses et les Grecs, guidés par des conceptions opposées aux doctrines islamiques, ni conquérir l'âme de nations soumises à leurs antiques usages et avares de leurs dieux débonnaires.

Mohammed avait laissé à ses prosélytes le soin d'appliquer son œuvre à un monde qu'il ignorait, œuvre immense, entourée d'écueils, mais non insurmontable pour des hommes profondément imbus de leur devoir, qui entrevoyaient le Paradis comme récompense et étaient heureux de martyriser leurs corps pour défendre et sauvegarder la religion nouvelle.

Les résultats répondirent à leurs efforts et, s'ils ne réussirent pas à faire disparaître, chez les peuples vaincus, les cultes anciens, s'ils ne purent toujours enrayer des usages séculaires, ils surent, du moins, les tolérer, les niveler et, parfois, se les assimiler en les couvrant du manteau de l'Islam.

Dans les pays proches de l'Asie d'où sont partis ces prodigieux élans de la pensée emportant, avec eux, ce mysticisme ascétique et sensuel répandu sur l'Occident à des époques quasi-périodiques, l'Islamisme n'a pu que voiler les croyances populaires.

En Perse, la vieille foi Zoroastrienne, après avoir supporté, pleine de vigueur, l'invasion des idées qui avaient circulé sous le ciel de l'Asie, de la Grèce et de l'Égypte, transparaît toujours, à travers les préceptes coraniques qui, n'ayant pu la déraciner, semblent, en lui assignant sa demeure, l'avoir immortalisée.

D'après M. Veth, dans sa description de l'état religieux cité par

M. A. Kuenen (1), « la vieille foi populaire animiste n'a, dans la grande
» masse, rien perdu de sa force, et le culte de la nature, l'adoration des
» esprits, sont encore, aujourd'hui, en honneur chez les Javanais qui
» les pratiquent à l'abri de l'Islam ».

Si l'on soulève, ça et là, un pan du manteau musulman, écrit
M. Kuenen, on met à jour le boudhisme, jadis répandu à Java par des
missionnaires de l'Hindoustan où, là encore, « les façons de voir des
indigènes percent à travers la doctrine et la vie » des Mahométans.

L'Égypte, à une époque rendez-vous commun de toutes les philosophies et de toutes les religions, nageant dans l'opulence que sa terre chantée par Théocrite et sa situation sur la grande route du commerce indien lui procuraient, avait résisté au gouvernement odieux de Ptolémée, aux massacres d'Alexandrie et, après plus de vingt siècles de despotisme, n'avait trouvé de consolation que dans ses mille divinités gardiennes des trésors que les rives du Nil lui prodiguaient. — Sérapis, en qui tous les astres se confondaient, procurait à ses habitants des guérisons merveilleuses. L'omnipotence de Sérapis, dont les sanctuaires couvraient la terre des Pharaons, est admirablement synthétisée par la réponse d'un de ses oracles, conservée par Macrobe :
« Qui je suis ? Je suis le Dieu que je vais dire : la voûte du Ciel est ma
» tête ; la mer mon ventre ; la terre mes pieds ; la région éthérée mes
» oreilles, et, pour œil, j'ai le brillant flambeau du soleil qui porte par-
» tout mes regards » (2). Le bon Osiris faisait monter le Nil au jour fixé ; le temple d'Apis, le crocodile d'Arisone et la déesse aux mille noms, Isis, donnaient satisfaction à la dévotion populaire retombée dans un fétichisme grossier, où la liturgie et les orgies de l'Orient se mêlaient.

Le Mahométisme chercha à abroger tout ce qu'il trouva d'incompatible avec son essence, mais dans l'impossibilité de le faire toujours, il lui fallut satisfaire aux pratiques inhérentes à la nature du pays du Nil et même consacrer, en les faisant siennes, « celles qui étaient en
» rapport avec les inondations et la baisse du fleuve ».

Aussi bien qu'il l'avait fait en Perse et en Syrie, il dût rétablir, en Égypte, certaines fêtes populaires telles que le *Nòruz* et les réjouissances du printemps iranien qui, après avoir été officiellement consacrées par les khalifes, passèrent dans la tradition et sont encore aujourd'hui célébrées « avec les allures et la couleur de l'Islamisme ».

M. I. Goldziher, dans son étude « les Saints de l'Islam » nous a fait connaître comment les thaumaturges musulmans avaient pris les lieu et place des dieux fétiches de l'Orient, et M. Renan, dans son ouvrage « la Mission Phénicienne », a relevé, avec tant d'autres orientalistes de

---

(1) *Revue de l'Histoire des Religions*, t. 6, p. 28-29.
(2) Saturn, I, XX, 17.

talent, des documents qui ne laissent aucun doute sur l'existence, dans les pratiques extérieures de l'Islam, de glanures des anciens cultes (1).

Mais c'est surtout dans l'Afrique septentrionale que les exemples abondent ; en étudiant, sur place, les vestiges dont le sol est encore parsemé, en se reportant aux mœurs et coutumes des peuples autochtones, lesquelles se devinent à travers les lois de l'Islam, on peut suivre cette marche admirable par laquelle les Musulmans sont parvenus à islamiser les croyances populaires des Berbères, et, qui plus est, à les partager et à les soutenir.

A l'époque où le Christianisme était propagé par des évêques inspirés par cette foi ardente qui en faisait des martyrs, l'autochtone passionné et superstitieux, en butte à d'effroyables déprédations et accablé d'impôts, s'élevait volontiers au-dessus de son polythéisme grossier, pour adorer le Dieu des Chrétiens.

Le zèle et l'aptitude des missionnaires chrétiens répandus dans les plus petites villes, dans les plus infimes villages, les cruautés et les persécutions odieuses dont ils étaient l'objet de la part des gouverneurs, favorisaient leur prosélytisme et contribuaient à donner à l'église d'Afrique une importance telle qu'en moins de cent ans, elle fut classée au premier rang parmi celles de l'Empire Romain. Aussi, les habitants du Tell, les Lybiens de Salluste, subissaient-ils, au moins en partie, la loi commune aux peuples qu'un contact prolongé et des intérêts connexes finissent par confondre dans un même sentiment religieux.

Comme pour défier le despotisme et les cruautés des Septime Sévère, Decius, Valérien, Dioclétien et de tant d'autres, les condamnations à la prison, aux mines, le martyre que beaucoup de prêtres et d'évêques subissaient avec une résignation stoïque, le sacrifice de saint Cyprien, pour ne citer que celui-là, et les victimes exécutées à Lambèse, trouvaient de l'écho dans le cœur des Berbères qui, instinctivement, se sentaient attirés vers le Dieu de ces victimes d'une foi si profonde.

Cependant, dans les hauts-plateaux et dans les régions sahariennes, les Gétules, réfractaires à toute fusion avec l'élément européen, se laissaient difficilement pénétrer par ce culte envahisseur, symbole de paix et de conciliation, qui jurait avec les mœurs guerrières de ces peuplades.

Indécis et méfiants, ils ne l'accueillaient qu'avec une crainte superstitieuse, et sans se laisser gagner entièrement par cet enthousiasme divin qui entraîne les masses et les subjugue.

Époque, malgré tout, féconde, qui dura plus de deux siècles, et pendant laquelle l'Église romaine communiqua aux Africains, voués à un fétichisme grossier, cette sève tout évangélique dont les traces subsis-

---

(1) Dans son voyage en Arabie, M. Gloser a constaté, dans le Yémen Zéïdite, que des saints regardés comme des musulmans ou, au moins, comme des précurseurs de l'Islam, sont, en réalité, des personnages vénérés de l'*antiquité Sabéenne*, « Études sur l'épigraphie du Yémen » (*Journal Asiatique*, 1884. — Voyage de M. Gloser dans l'Arabie méridionale par Joseph et Hartwig Derenbourg).

tent encore, aujourd'hui, dans les âmes naïves de nos indigènes, principalement de nos Telliens.

Malheureusement, hier comme aujourd'hui, comme demain, les institutions les plus saines, les pensées les plus justes, les religions les meilleures, se heurtent et se heurteront aux intérêts matériels, toujours insatiables, qui avilissent la foi la plus pure quand ils ne la transforment pas en sentiments de haine et de cruauté.

L'ère des martyrs, provoquée par l'édit de Nicomédie, donné par Dioclétien, amena les « *traditeurs* » et il s'ensuivit des dissensions religieuses qui, durant trois siècles, menacèrent, avec l'empire, la religion du Christ, et ne se terminèrent que par la disparition du premier et par l'anéantissement de la seconde.

On sait avec quel acharnement, le schisme des Donatistes (du nom de Donat, premier évêque de Cases-Noires (*cellæ nigræ*), en Numidie), poursuivit de sa haine tout ce qui touchait à l'empire et à la société. Schismatiques et orthodoxes se jetaient l'anathème au visage, se maudissaient dans la même paroisse, détruisaient les églises et méconnaissaient les édits des empereurs.

La masse indigène, elle, pratiquait sa tactique naturelle de volte-face et, en donnant son appui aux insurgés, sentait renaître, dans ses rangs, son désir d'indépendance et ses sentiments de haine si longtemps comprimés.

Avide de pillage, excitée par ceux-là mêmes qui, autrefois, lui recommandaient le calme et le recueillement, elle s'organisait par bandes qui, animées par leur cri de ralliement « *laudes Deo* » (louanges à Dieu), parcouraient les campagnes sous le nom de « *Circoncellions* », dévastaient les fermes, ne laissant derrière elles que ruines et carnage (1).

« La Justice elle-même pleura les maux que l'Afrique souffrait », s'écriait Ammien Marcellin, et, plus loin, il ajoutait : « Il n'y a pas de bêtes si cruelles aux hommes que la plupart des chrétiens le sont les uns aux autres » (2).

Quel était donc ce Dieu dont les adorateurs et les prêtres devenaient fraticides, au nom de qui des femmes et des enfants de naissance illustre, de dogmes différents mais de même religion, étaient suspendus tout nus, flagellés de verges et brûlés avec un fer rouge ; sous le couvert de qui, une foule d'individus avaient, tantôt les oreilles, tantôt la langue, le nez et les mains coupés ?

Dans l'esprit de ces primitifs qu'étaient les Berbères, un Dieu qui laissait accomplir de tels forfaits ne pouvait être le « *Tout-Puissant* » magnanime et miséricordieux qu'on leur avait dépeint !

---

(1) « C'étaient des troupes de furieux, qui couraient par les bourgades et les » marchés avec des armes, se disant les défenseurs de la Justice, *mettant en liberté les* » *esclaves*, déchargeant les gens obérés de leurs dettes, et menaçant de mort les » créanciers s'ils ne les déchargeaient pas ». (Fleury, *Hist. Ecclésiast.*, vol. III, liv. XI).

(2) Ammien Marcellin (Lib. XXII, cap. V).

Et le doute entrait, pour n'en plus sortir, dans les âmes du pauvre et du faible, de ceux-là mêmes qui, hier, avaient eu confiance, et, aujourd'hui, pauvres hères, étaient obligés, ou de supporter les outrages, ou de suivre au pillage ces mêmes prêtres qui leur avaient appris à soulager le misérable, à venir en aide au frère en religion.

Vraiment, pensaient-ils, ce Dieu qui tolérait que ses disciples se déchirassent les uns les autres, n'était pas celui qu'on leur avait fait connaître ; et ces évêques, qui méprisaient le Saint Ministère, ravissaient par la fraude, l'usure et le pillage, au lieu d'assister le pauvre et de recommander la probité, ces évêques n'étaient que de simples mortels guidés par les instincts du vulgaire, et non les intercesseurs entre l'Au-delà et l'humanité...

La horde vandale appelée par Boniface, après s'être jetée, pour des considérations religieuses et des vues politiques, dans l'Arianisme, acheva de détruire ces convictions intimes des Berbères, et Hunéric, poussé par les Ariens, compléta impunément l'œuvre des schismatiques. Les peuples autochtones, d'abord enthousiasmés par l'idée d'un seul Dieu, finirent par devenir les victimes des dissentiments continuels dont ce même Dieu était la cause, et, sans cesse en lutte, exposés à des privations, à la tyrannie des Byzantins et aux vexations des exarques, ils finirent par se méfier des appuis humains et retournèrent à leurs dieux champêtres, à leurs cultes, desquels ils ne s'étaient, d'ailleurs, jamais complètement éloignés.

Qu'adoraient-ils donc, au juste, ces barbares farouches, méfiants et superstitieux ? Avaient-ils des dieux solaires, invoquaient-ils les astres, ou avaient-ils profité du voisinage et du contact des Phéniciens pour adopter quelques-unes de leurs divinités ?

Oui, dit Corripus : « Certaines peuplades offraient des sacrifices » humains à Gurzil, Mastiman et autres divinités » (1).

Ailleurs, existaient des divinités spéciales confondues, sans doute, avec celles de Carthage ou de la Rome païenne (2).

---

(1) E. Mercier « *Histoire de l'Afrique Septentrionale* », t. 3, p. 207.

(2) Dans la série des monuments d'art carthaginois, qu'on voit au musée d'Oran, plusieurs de ces monuments portent des *ex voto* à Saturne, le *Baal-Hamân* de la trinité punique, ce qui fait voir que les cultes carthaginois s'étaient introduits à Portus Magnus (près de Saint-Leu) et qu'ils y étaient encore en honneur sous la domination romaine.

Deux textes provenant des ruines d'Altava mentionnent que deux corps de troupes, l'*Ala Parthorum* et l'*Ala Thracum*, au retour d'expéditions heureuses, rendent grâce de leurs succès aux dieux maures et à une divinité sans doute locale, le *Genius Nemesi*. L'une de ces dédicaces est datée de l'année de la province 169 (de J.-C. 208).

(Voir, sur ce sujet, les intéressantes études du commandant Demaeght desquelles nous extrayons ces renseignements, publiés dans la *Vie algérienne et tunisienne*, mars 1897).

L'épigraphie nous a conservé les noms de quelques divinités topiques, trouvées généralement dans des grottes ou dans les parties montagneuses exclusivement habitées par les autochtones.

Nous citerons entre autres *Aulisua* (1), *Bacax* (2), *Beldir* (3), *Kantus*, dont les noms figurent sur des inscriptions trouvées : la première à Tlemcen, dans la base du minaret d'Aqadir, la deuxième à l'entrée des grottes du Djebel-Taïa *(commune mixte de l'Oued-Cherf)*, non loin d'Hammam-Meskhoutine *(aquæ Thibilitanæ)*; la troisième à Guelaât-bou-Sba, au pied du versant sud du Fedjoudj, et la quatrième à Khenchela.

Ajoutons encore *Ifru*, qui semble n'être que le mot berbère Ifri, lequel signifie montagne escarpée (par extension, excavation), mentionné dans une inscription de Cirta, et *Silvain*, « sorte de divinité » rustique, vague et impersonnelle, dont le nom est souvent ajouté à » celui des autres dieux telluriques » (4).

Mais, au-dessus de ces divinités rustiques, n'avaient-ils pas, eux aussi, un embryon de monothéisme ? Ne concevaient-ils pas une puissance divine absorbant toutes les autres et n'étaient-ce pas les astres qui frappaient davantage leur imagination, vers lesquels ils élevaient, plus volontiers, leur âme, parce qu'ils s'en expliquaient moins facilement les mystères ?

Le début du songe de Scipion nous permet de le croire. Scipion raconte « qu'à peine débarqué en Afrique, son premier soin fut d'aller » trouver le vieux roi berbère Massinissa. Massinissa l'embrasse en » pleurant, puis levant les yeux au ciel : *Grates inquit, tibi ago, summe* » *sol, vobisque, reliqui cœlites* » (5).

Ne faut-il pas, avec M. Cucheval, le savant annotateur de l'ouvrage de Cicéron, voir, dans cette invocation au Soleil, un souvenir de la religion des Perses dont le dieu *Mithra* (6) était le symbole ?

N'est-ce pas ce Mithra, « médiateur entre le Dieu Suprême et les hommes », dont le culte, importé à Rome par les légions de Pompée, se répandit dans le monde romain et particulièrement dans l'Afrique Septentrionale, qu'invoquait Massinissa ? (7). Ce Mithra dont les mystères et les

---

(1) *Corpus inscriptionum latinarum*, t. VIII, n° 9906.

(2) *Corpus inscriptionum latinarum*, t. VIII, n°ˢ 5504, 5505, 5517 et 5518.

(3) *Corpus inscriptionum latinarum*, t. VIII, n° 5279. Le mot Baldir est punique, mais certains épigraphistes pensent, avec raison, que les Phéniciens ont fait précéder le nom du dieu lybique Dir ou Dyr (Dyr-Dir) de la particule Baal, qui signifie seigneur, maître.

(4) Ch. Vars, *Cirta, ses monuments, son administration*, p. 342.

(5) G. Boissière, *L'Algérie romaine*, t. I.

(6) Dans les dialectes orientaux, Mithra signifie amour, puissance, lumière.

(7) Les Berbères qui ont conservé, dans toute leur pureté, leur race et leur langue, — nous voulons parler des Touareg, — pour avoir emprunté aux Musulmans le nom d'Allah, dont ils ont fait *lalla* ⊰||•, n'en ont pas moins conservé, pour désigner

fêtes excitaient à un si haut degré les esprits, et dont le culte, parti des ténèbres de la caverne (Spelœum), s'élevait jusqu'à la lumière représentée par le Soleil et arrivait à une sorte de monothéisme.

Que de rapprochements curieux à faire, en effet, entre les épreuves terribles d'initiation que les thaumaturges mithriastes de l'époque (1) faisaient subir à ceux qui voulaient pénétrer leurs mystères, avec celles de nos soufis musulmans ! Que d'emprunts les religions sémitiques n'ont-elles pas faits à ce culte bizarre : à partir du feu de la Saint-Jean, au solstice d'été, des Chrétiens, jusqu'au Ramadhan de l'Islam et aux amulettes que portent nos sujets musulmans ....

Ou bien, serait-il plus exact de voir, dans le monothéisme embryonnaire dont nous parlions tout à l'heure, la conception du Dieu Unique, caché, de la vieille Égypte « qui se manifeste par le soleil, lequel devient
» Dieu à son tour et engendre d'autres dieux destinés à symboliser les
» phases successives de sa course ».

L'un et l'autre, répondrons-nous, car dans ce pays, intermédiaire obligé entre l'Orient et l'Occident, toutes les conceptions religieuses, toutes les superstitions, tous les cultes et les mystères, aussi bien ceux de Mithra et des « monstres égyptiens » que ceux de l'Olympe romain, se sont rencontrés et y ont laissé une empreinte ineffaçable.

L'Africain Maxime de Madaure, compatriote d'Apulée, nous montre, dans une lettre à Saint-Augustin, quel était, à son époque, l'état des esprits :

« Sous des noms différents, nous adorons la Divinité Unique dont
» l'éternelle puissance anime tous les éléments du monde, et en rendant

---

Dieu, un vocable particulier qui garderait peut-être un regain de polythéisme mal effacé par l'Islam.

En effet, ils disent concurremment avec Ialla « amanaï imoqeren » ⊏ | ⋛ ⊏ ⋯ O | de la racine | ⋛ (voir) et de l'adjectif ⊏ ⋯ O (grand), ce dernier employé au superlatif.

Les deux termes, rapprochés, donnent « Le grand voyant », ce qui permettrait de supposer que ce grand voyant pouvait être le dernier degré d'une échelle de dieux que, peut-être, à l'exemple de la Divinité Unique de la vieille Égypte, il commandait.

Nous livrons cette appréciation pour ce qu'elle vaut, n'ayant pas la prétention de faire la lumière sur ce point, encore moins d'affirmer qu'il s'agissait du Dieu Mithra, thèse pourtant vraisemblable si l'on considère combien l'expression, elle-même, tirerait de force de son application au soleil, « ce grand voyant ».

(1) Le grand Mithra vint, qui, durant les IIe, IIIe et IVe siècles, brilla d'un éclat extraordinaire si puissant, dit M. Renan, que « si le christianisme eût été arrêté, dans sa croissance, par quelque maladie mortelle, le monde eût été mithriaste » (*).

Avant Mithra, Isis Osiris, Sérapis, Anubis avaient envahi le monde greco-romain, avec leurs prêtres, leurs offices, sermons, miracles et pénitences. Et dominant tout, de curieuses initiations tenaient l'âme en éveil, se complétaient dans le culte mithriaste, par des grades, des jeûnes, des flagellations et faisaient, des confréries de l'époque, une sorte de franc-maçonnerie qui n'est pas sans analogie avec les confréries religieuses musulmanes.

(*) *Le christianisme sous l'empire romain*, R. P. et L., novembre 1881.

» hommage successivement à ses diverses parties, nous sommes sûrs
» de l'adorer, elle-même, tout entière. Par l'intermédiaire des dieux
» subalternes, nous invoquons le Père des dieux et des hommes, auquel
» s'adressent, dans des cultes à la fois divers et semblables, le respect
» et les prières de tous les mortels » (1).

Les schismes et les hérésies du Christianisme, à partir de l'Arianisme et du Donatisme jusqu'aux Pélagiens et Semi-Pélagiens, aux Nestoriens, en faveur en Cyrénaïque, voire même aux Manichéens, y ont laissé des traces de leur passage.

L'Arabe conquérant faucha tous ces dieux du tranchant de son cimeterre, abolit toutes ces religions, en même temps « qu'il coupa le » nez à celui-ci, le doigt à celui-là, l'oreille à un troisième » (2) des chefs des peuplades autochtones, des tribus barbares, comme il les appela lui-même, détruisit les villes et pilla les campagnes.

C'était l'époque de la conquête, d'abord véritable incursion, commencée dans un but de pillage, à cause de l'attrait irrésistible des grandes richesses que renfermaient les villes du « *Maghreb* », de la fertilité de ses contrées appelées « *El-Khadrin* » (les verdoyantes), en raison de la riche végétation dont elles étaient couvertes (3). Sollicitée ensuite, au nom des habitants eux-mêmes, par leur ancien gouverneur, le Grec Djennaha suivant les uns, El-Hawadja suivant les autres (4), la conquête fut poursuivie avec la pensée d'une occupation permanente. Conquête terrible, unique, peut-être, dans les annales historiques, par les exemples de cruauté et de barbarie qui la caractérisèrent, mais admirable aussi par l'intrépidité et le valeureux courage des généraux qui la dirigèrent : Amrou ben el-Assi (5), A'bdallah ben Sa'a'd (6), Maouïa-ben Khedidj (7), Okba ben Nafi-el-Fahri (8), le vrai conquérant de l'Afrique Septentrionale, mort au champ d'honneur à Tehouda, Zouhir-ben Kis-el-Belaoui (9), le célèbre Hacenn ben Noman (10), firent des prodiges de valeur et accomplirent, en cinquante ans, ce que les Romains n'avaient pu faire en des siècles.

Semblables aux ouragans qui, en un instant, déracinent les arbres

---

(1) « Apulée de Madaure », *Revue politique et littéraire 1879* (Henri Lantoine).

(2) A. Carrette, *Recherches sur l'origine et les migrations des principales tribus de l'Afrique Septentrionale*, p. 341.

(3) A. Carrette, *Recherches sur l'origine et les migrations des principales tribus de l'Afrique Septentrionale*, p. 318.

(4) A. Carrette, *Recherches sur l'origine et les migrations des principales tribus de l'Afrique Septentrionale*, p. 318-322.

(5) 19 de l'hégire.
(6) 27 de l'hégire.
(7) 45 de l'hégire.
(8) 46 de l'hégire.
(9) 67 de l'hégire.
(10) 69 de l'hégire.

et renversent les édifices, ils traversaient les contrées, terrorisaient les esprits, amoncelaient cadavres et ruines sur leur passage, et, tenant le Coran d'une main et l'épée de l'autre, ils ne s'arrêtaient que lorsque le butin dont ils étaient chargés gênait leur course.

Tant de revers et de calamités ne pouvaient, pourtant, abattre l'esprit belliqueux des aborigènes : relevant la tête ils essayèrent de faire face à l'orage. Comme les Arabes, sobres, intrépides et guerriers, s'ils n'avaient pas encore un Dieu unique qui dirigeât leurs pas, un prophète au nom duquel leurs adversaires allaient au combat, s'ils n'étaient pas animés de cette foi inébranlable qui élève le plus faible au rang du héros, du moins, étaient-ils inspirés par un patriotisme ardent qui les fit surgir de leurs montagnes pour venger leur honneur outragé et sauvegarder leur indépendance.

Quel noble exemple que celui de Koceïla, roi autochtone des contrées de l'Aurès, vainqueur du terrible Okba, son inique et violent oppresseur, accordant l'aman aux vaincus de Qaïrouan, protégeant les enfants et les vieillards. Et qu'y a-t-il de plus désintéressé, de plus beau, de plus héroïque, que le patriotisme de Kahina, la Jeanne d'Arc berbère, se montrant généreuse envers ses prisonniers et ordonnant la destruction des richesses accumulées par tant de siècles de labeur, des récoltes, des forêts et des vergers, dans l'espoir que l'Arabe cupide, en les voyant moins belles, s'éloignerait des contrées dont elle était la reine.

Et si durant des siècles et malgré tant de dévouement, ils ne purent refouler le torrent dévastateur, si le Dieu des Arabes trouva de l'écho dans leur cœur, au point qu'ils s'en firent plus tard les ardents sectateurs et les zélés missionnaires, du moins conservèrent-ils une partie de leurs croyances et de leurs coutumes, toujours et partout plus fortes que la religion.

Les pratiques relatives aux serments et à la divination « des Lybiens nomades » d'Hérodote sont à peine voilées par l'Islam et si, dans la pensée intime des indigènes, le nom d'Allah occupe la première place, « on jure encore par les hommes qui passent, parmi eux, pour avoir été » les plus justes et les plus braves, et ils placent la main sur leurs » tombeaux », tout comme au temps de Pline, de Solin et de Strabon.

Ils célèbrent encore, chaque année, leurs fêtes champêtres, autrefois placées sous le patronage de divinités aujourd'hui confondues avec l' « Allah ta'la » des Arabes ; ils sacrifient, toujours, aux endroits mêmes où ils adoraient leurs dieux fétiches et avec les mêmes cérémonies que celles dont parle Hérodote lorsqu'il relate les sacrifices que les Lybiens des environs du lac Tritonide faisaient « principalement à » Minerve (1), à Triton et à Neptune ».

---

(1) « Le jour de la fête annuelle de Minerve, les jeunes filles de la contrée (c'étaient alors les Grecs qui occupaient le pays) choisissent la plus belle d'entre elles, la coiffent, en public, d'un casque à la corinthienne et d'une cuirasse grecque, la font

L'Arabe conquérant ne put, en effet, extirper ces mœurs et ce[s] croyances, pour la plupart communes avec celles de ses ancêtre[s] préislamiques. Impuissant à vaincre les résistances, il chercha à le[s] dominer et à les diriger, en s'appropriant des cultes et des coutume[s] qui lui offraient, avec une source de bénéfices, de précieux et puissant[s] moyens de domination. Et il le fit avec une habileté et une ténacit[é] qui nous expliquent, aujourd'hui, l'extension rapide de ses doctrine[s] chez les peuples fétichistes. A ces peuplades changeantes, il donna l[e] nom d'un héros de sa race « paré de toutes les splendeurs de la fable e[t] de la légende », et c'est ainsi qu'il parvint à les inféoder à ses généraux et à ses missionnaires ; qu'il prescrivit, à leur profit, la possession et le commandement ; qu'il établit, en un mot, une sorte d'enregistrement de son titre. En imposant sa langue et son Dieu, il débaptisa les cérémonies, et tous les coins de terre sanctifiés par les prières constantes et les sacrifices de tant de générations, ne furent, à ses yeux, que des « *mzara* », c'est-à-dire des lieux que l'on visitait, où l'on faisait de pieuses offrandes. Ne pouvant les supprimer, il les toléra.

Cette façon de procéder, à la fois simple et compréhensible, ne put que favoriser le prosélytisme musulman. Il n'y a, selon nous, sur ce point, aucun doute à avoir : ce qui attacha à l'Arabe les cœurs de la masse, toujours disposée à accorder ses sympathies à ceux qui savent la comprendre et respecter ses traditions, ce ne fut pas seulement l'idée grandiose du Dieu Un, omnipotent et omniscient, au nom duquel on remportait des victoires miraculeuses, sous la protection de qui on parcourait le monde, précédé du renom de la gloire ; ce fut surtout cette simplicité de vie et de mœurs que nous connaissons aux Arabes préislamiques et qui était si en harmonie avec l'existence de la plupart des Africains. Ce furent encore ces croyances superstitieuses leur rappelant leurs vieilles divinités et, par dessus tout, cette vie commune, nomade et champêtre que les Arabes avaient vécue dans leurs contrées désertiques, ces habitudes de polygamie qui étaient comme incarnées dans leur existence même.

Et puis leurs mœurs étaient identiques : les uns et les autres vivaient sous la tente, connaissaient les besoins inhérents à la vie pastorale et partout semblables ; ensemble, ils joignaient la sobriété au courage et, d'après plusieurs auteurs musulmans, l'origine de certaines des peuplades qui les composaient, était commune (1).

---

monter sur un char et lui font faire le tour du lac Triton. Puis elles se rangent en deux camps et se livrent à un combat à coups de pierres et de bâtons. En faisant cela, elles suivent, disent-elles, une coutume ancienne établie en l'honneur de *Minerve*. Si quelques-unes d'entre-elles meurent de leurs blessures, elles prétendent à tort, qu'elles étaient réputées vierges ». (Hérodote, cité par M. le Dr Rouire dans sa conférence sur l'histoire de la découverte du fleuve Meufès et du fleuve Triton. V. *Bulletin de la Société de Géographie d'Alger* (1er trimestre 1897).

(1) Il s'agit ici des peuples que les Romains nommaient les *Maures*. Ils seraient

Ce qui appuie cette thèse, c'est qu'en vérité, la résistance que les conquérants éprouvèrent, n'eut jamais pour mobile la religion. Si, à ce terrain si bien préparé à recevoir la semence d'une théologie à la portée de tous, on ajoute le prestige d'un prophète révélateur d'un Dieu Unique, on comprendra avec quelle facilité le Berbère, humilié et asservi, réduit à l'esclavage par ses anciens conquérants, dut accepter l'islamisme qui apportait dans son esprit, à la place des idées du Christianisme qu'il était impuissant à concevoir, cette clarté et cette netteté d'une conception monothéiste. Le Dieu de Mohammed n'était plus, en effet, celui que les évêques chrétiens lui avaient enseigné à adorer, mais un Dieu se rapprochant de celui proclamé par Tertullien, Dieu dont la loi révélée « quoi que ce soit qui se trouve dans les textes et dans l'interprétation que les évêques en faisaient, fût-ce la plus flagrante des contradictions, nous n'avons qu'à l'accepter et à nous y soumettre. Si révoltante que la chose puisse être, elle est certaine dès qu'elle est garantie par cette double autorité de la tradition, et son impossibilité même est une raison de plus d'y croire. « *Credibile est quia ineptum ; certum est quia impossibile. Non potest non fuisse quod scriptum est* ».

Tant de relations intimes ne pouvaient qu'aboutir à la fusion des deux races. Et, aujourd'hui, quand le chercheur ou le savant veut relever les vestiges des croyances antiques, approfondir les causes primordiales du culte maraboutique, encore si vivace dans l'esprit de nos sujets musulmans, lorsque, en un mot, on veut s'expliquer la diversité des doctrines des confréries religieuses que nous verrons naître tour à tour, et synthétiser toutes ces pratiques et ces mystères paraissant si nouveaux et pourtant si anciens, on est obligé de parcourir ce pays étrange et primitif, de relever ce qu'on voit dans les sentiers, ce qu'on rencontre dans chaque tribu, dans chaque fraction, dans la moindre petite agglomération, aux bords des fontaines ou des précipices, sur les limites des terrains et des vergers.

Il faut fouiller dans les mille replis de cette belle et mobile nature et entrer dans les détails pittoresques de la vie de nos indigènes. Ce

---

d'origine arabe, descendants des *Rois Pasteurs*, expulsés d'Égypte par Thoutmosis, roi de la Thébaïde. Battus sur les bords du Nil, et la retraite sur l'Asie leur étant coupée, ils durent se jeter vers l'occident sous la conduite de Malek-Afriki ben Kis-el-Carnin.

D'après Ibn-Khaldoun (*Histoire des Berbères*) Ifrikos (*) Ibn-Saïfi, prince de la dynastie des Tobba (roi du Yémen) donna son nom à l'Afrique où il aurait conduit une expédition et laissé les tribus hamyarites, Katama et Senhadja, lesquelles se seraient fondues graduellement avec les Berbères (V. aussi Léon l'Africain et Ben el-Raguiq dans Marmol).

(*) Ifrikich, fils de Ouathal ben Hamyar, d'après Mohammed ben el-Hassen ben Ahmed ben Yacoub el-Hemdany, auteur d'*El Ikelil fi ed doulet el Hamyaria* (couronne de la dynastie hamyarite).

faisant, on vit, malgré soi, à l'époque des Gétules et des Lybiens de Salluste, des Berbères d'Ibn-Khaldoun ; on voit encore ces croyances et ces superstitions bizarres surgir de la terre, gardienne fidèle des trésors de l'humanité, comme autant de procès-verbaux témoignant et certifiant le passé, souvenirs d'autrefois se rapprochant de ceux des vieilles races italiennes ou grecques, voilés par la légende arabe, toujours si emphatique et si persuasive.

Il faut arriver dans une de ces nombreuses tribus arabisées, s'y arrêter un jour de fête, à l'*A'ïd-el-Kebir* (1) ou à l'*A'ïd-el-Seghir* (2), au commencement de l'automne ou à la fin du printemps, y demeurer quelques jours pour assister aux différentes cérémonies en usage, aux premières lueurs du jour ou à la pâle et fugitive lumière qui suit le soleil couchant jusqu'à la nuit close, et, alors, la vie champêtre des Numides de Salluste, des autochtones de l'époque romaine, avec leurs croyances et les emprunts faits à leurs dominateurs, apparaissent dans toute leur simplicité.

A l'aube, quand les troupeaux vont chercher leur pâture dans les champs avoisinants, au moment où l'on entend les enfants grouiller dans le gourbi boueux, le *fellah*, quitte le logis et se dirige vers le monticule dominant la tribu. Là, d'un air grave et majestueux, il se place en face du soleil levant et prononce la prière du *fadjer*. Ses voisins viennent, à leur tour, invoquer le Dieu suprême, l'Allah Taa'la, comme pour le remercier de leur avoir permis de contempler ensemble la nature à son réveil. Après la prière, lentement, ils s'asseoient en cercle, chacun à sa place accoutumée, couvrent leurs pieds d'un pan de leurs burnous, le capuchon enfoncé, la tête appuyée sur l'avant-bras, le coude sur leurs genoux, les yeux perdus dans l'immensité. Ils regardent la fumée se dégager de leurs gourbis en branchages, et former, vers le ciel bleu, des tourbillons que les premiers rayons du soleil auréolent d'une poussière d'or, chatoyée de ces mille nuances dont l'Orient garde en secret le coloris, et qui sont les avant-coureurs de l'éblouissante lumière qui, dans un instant, éclairera la grande scène du monde.

Au milieu, un monument rustique, souvent un amas de pierres symétriquement arrangées, trois blocs superposés formant un édifice grossier semblable aux *dolmens* qui couvrent les parties montagneuses de l'Afrique septentrionale, paraît cacher un objet pieusement enseveli. C'est la *mzara*, l'endroit béni par tant de prières, sépulture d'un être inconnu où, depuis de longs siècles, les générations viennent, périodiquement, offrir, en sacrifice, les animaux désignés, à cet effet, dès leur naissance. Par ordre du chef de famille, le jeune indigène gardien du

---

(1) La fête des sacrifices commence le 10 du mois de Dhoul Hidja.

(2) Fête de clôture du Ramadhan se célèbre le premier jour de Choual.

troupeau, amène le bélier à la laine luisante, superbe, grâce à l'amulette préservatrice solidement attachée à son cou ; le fellah nécessiteux sacrifie le plus beau volatile de sa basse-cour, et chacun, selon ses moyens, contribue à la fête commune. Tout à coup, on voit des hommes graves sortir de leur semi-somnolence, poser à terre leurs burnous et, suivant le rite musulman, couper la gorge des malheureuses victimes dont le sang arrose la mzara, rappelant le culte touchant des dieux mânes et des dieux lares.

Après le repas du matin, la femme, créature faible et sans ressources, asservie par la menace constante du fellah, son maître et son bourreau, éprouve, elle aussi, un sentiment de tendresse pour l'être mystérieux que cache la mzara. Mais, hélas ! comment manifester cet amour profond qu'elle ressent, comment satisfaire à cette coutume de ses ancêtres et quelle voie employer pour implorer le secours de l'« Invisible », le remercier de l'avoir préservée des malheurs conjugaux journellement suspendus sur sa tête frivole !

L'*a'djouza* (vieille) ne possède que son vêtement, espèce de haillon, costume du jour et de la nuit, loque puante et boueuse qui, lentement, s'effiloche en lambeaux, jusqu'au jour où le mari, le fils ou le voisin compatissant, le remplace.

La jeune, jalouse des bijoux qu'un amant généreux lui a procurés, qu'un père bienveillant ou un mari passionné lui a donnés un jour de fête ou la veille de son mariage, ne peut consentir à se séparer de sa parure, qu'elle conserve et admire avec une joie enfantine ; elle ne peut offrir sa jupe d'indienne orientale, sa mousseline qui attirent les ardents regards des amoureux et font ressortir l'éclat de sa beauté. Mais toutes deux, vieille et jeune, disposent d'une ressource néanmoins puissante, efficace et méritoire, qui leur permet de ne pas déroger à leurs coutumes séculaires : des poteries qu'elles fabriquent, elles choisissent les meilleures, les plus solides, les plus fines, les mieux coloriées et, au moment où les hommes repus de kouskouss et de viande, vaquent à leurs affaires, vont aux champs où se reposent à quelque distance de la tribu, lorsque le vieillard qui les surveille les invite à aller ramasser le bois ou chercher l'eau nécessaire aux besoins du ménage, elles se chargent de leurs précieux fardeaux et s'avancent, par groupes ou isolées, vers la *mzara* objet de leurs vœux, lieu arrosé de tant de pleurs, témoin de tant de souffrances morales, et, avec une délicatesse fébrile et touchante, elles déposent leurs offrandes et se prennent à prier. Leurs invocations sont aussi modestes que leurs dons, les infortunées n'ayant qu'une vague et incertaine compréhension du *Livre de Dieu*. Mais on leur a dit que le mot « Allah » prononcé du fond de l'âme procurait autant de grâces que les litanies récitées par leurs seigneurs et, en répétant avec volubilité ce nom divin, instinctivement, elles ajoutent celui d'un être qui, lui aussi, leur est inconnu, mais qu'elles supposent reposer sous cet amas de pierres d'où il entend leurs plaintes, les accueille et les transmet au Dieu élevé, seul dispensateur des choses de ce monde, clément et miséricordieux, qui voit tout, est partout, entend tout et ne peut rester insensible aux sollicitations ainsi faites par l'intermédiaire d'un être ami.

Puis, après ces prières touchantes par leur naïveté et admirables par leur ferveur, l'une d'elles défait un petit linge pieusement conservé dans son sein, en sort un peu d'encens et, pendant que les autres répètent le nom d'Allah, brûle cet aromate sacré dans chacune des poteries déposées ; et, satisfaites, heureuses du devoir accompli, le cœur content et léger, elles retournent aux gourbis sous l'œil rigide du vieillard de la tribu, cerbère fort incommode, qui ne les a pas quittées de vue un seul instant.

Comment ne pas voir là comme un frappant souvenir de l'antique coutume indoue d'apporter à manger sur les tertres qui couvraient les cendres des ancêtres et d'y brûler du parfum pour appeler leur ombre.

Comment ne pas constater, une fois de plus, dans ce culte rural, un souvenir des fêtes rustiques en l'honneur des mille dieux obscurs de l'Olympe romain (Mânes, Lares, Pénates) ? Comment, enfin, ne pas y voir, aussi, les vestiges des six mille dieux champêtres que put compter Varron à la fin de la République (1) car, si chaque cité avait sa divinité particulière, si chaque famille, chaque homme, honorait des dieux particuliers et des génies protecteurs de sa vie et de ses biens, si on en avait pour tous les actes de l'existence (2), chaque tribu, chaque fraction, la moindre petite agglomération a aussi sa *mzara*. Dans nos grandes villes algériennes, dans nos villages de colonisation, dans la tribu ou en rase campagne, l'indigène perpétue ces habitudes des temps primitifs. A Alger même, la plage d'Hussein-Dey (3) est parsemée de lieux saints où les musulmans de la haute ville, principalement les nègres, se rendent à des époques déterminées pour y immoler la poule, le taurillon noir et le bélier traditionnels. Les travaux de construction du port d'Alger n'ont pu effacer l'endroit (3) (source près du marabout de Sidi-Brahim) situé dans les anciens îlots, aujourd'hui l'Amirauté, où les nègres se réunissaient pour leurs agapes immémoriales.

---

(1) Duruy, H. d. R. p. 77.
(2) Duruy, H. d. R. p. 77.
(3) Fête à Sidi-Belal (A'ïd-el-Foul). Le jour de la réunion étant fixé par les A'rifa (chefs religieux), le « hadjam » (celui qui circoncit) fait les sacrifices. Le taureau est recouvert d'une sorte de housse agrémentée de cauries (*cyprea cauris*) ; au front, il porte une tétière et au cou des amulettes ornées de rubans multicolores. Après le sacrifice, chacun des assistants se marque le front avec du sang de la victime.
A « La Consolation », sur la route de St-Eugène, on immole des poules tous les mercredis, pour chasser des maléfices ou guérir des maladies, et le cérémonial est loin d'être banal, mais sa description nous entraînerait trop loin de notre sujet.

Et comme pour témoigner en faveur de l'histoire, au-dessus de ces endroits vénérés existent d'autres sites, d'autres mzara, plus importantes, situées sur des hauteurs ou dans de grandes plaines, et où se réunissent généralement, au commencement des semailles d'automne et à la fin de la récolte d'été, les indigènes de plusieurs tribus, de plusieurs fractions, tels autrefois les autochtones, à pareilles époques et peut-être aux mêmes endroits, se réunissaient en l'honneur de leurs grands dieux protecteurs : au temps des Romains, c'étaient les saturnales ; aujourd'hui, c'est la *zerda* (1).

Ici, la cérémonie est plus importante, la fête plus grandiose : nos chefs indigènes y assistent, vêtus de leurs burnous d'investiture, comme autrefois les sénateurs et chevaliers ; les personnages religieux y arrivent montés sur leurs plus belles mules, escortés de leurs nombreux serviteurs (*khoddam*) ; les moins aisés, à dos de mulet ou d'âne ; le plus grand nombre, à pied, ayant marché parfois toute la durée d'une nuit ou d'un jour, tous mus par l'espoir du dédommagement que la *diffa* va leur procurer. Le riche fellah se pare de ses meilleurs habits, et les mesquines, les *khammès*, remplacent les esclaves de l'ancien temps. Tous fraternisent dans un repas plantureux, où la générosité et l'abondance sont sans limites : durant des heures, c'est un bruit de mâchoires continu au service d'estomacs fort complaisants et jamais rassasiés. La fête se termine par une de ces *fantasias* échevelées, clôturant les saturnales, dirions-nous, où les femmes voilées, groupées en un endroit éloigné des regards indiscrets de l'homme-démon *(radjel-djenoun)*, encouragent, par leurs *youyous* stridents, les beaux cavaliers, aussi habiles et aussi adroits que leurs ancêtres les Numides, faisant caracoler leurs coursiers ou les lançant, éperdus, comme s'ils allaient assaillir un ennemi imaginaire ou se jeter au supplice. Hier, ils criaient : « *io saturnalia* » ; aujourd'hui, ils invoquent le nom d'un personnage sanctifié, en l'honneur duquel ils se livrent à leurs ébats.

---

(1) La zerda est toute réunion solennelle ayant un but religieux ; زردة vient de زرد, avaler une bouchée. La zerda étant toujours accompagnée d'un repas, ce mot est pris souvent dans le sens de banquet, agapes. En effet, la zerda est aussi le repas que les fidèles prennent en commun, en commémoration de la naissance ou de la mort d'un saint, près du tombeau, de la koubba du saint. La traduction correcte de ce mot serait donc agapes ; elles existent dans tous les pays musulmans. (Note de M. Rinn, *Marabouts et Khouan*, page 85).

Dans les régions sahariennes, la zerda est synonyme du Ta'm. On fait un ta'm au tombeau de tel ou tel marabout, c'est-à-dire qu'on prend un repas en commun en l'honneur d'un saint musulman. Au Mzab, ces ta'm ont le caractère d'un véritable culte rendu aux ancêtres A certaines époques, les Mozabites se réunissent dans les cimetières et font des repas monstrueux, payés le plus souvent au moyen des revenus des propriétés d'un mort qui, de son vivant et dans le but de s'attirer l'indulgence du Créateur, avait consacré une partie de ses revenus à cette curieuse coutume des « repas macabres », prolongement vivant du culte des mânes.

Curieux spectacles des temps antiques, témoignages irrécusables de la perpétuité des coutumes berbères, aujourd'hui musulmanisées (si cette expression nous était permise), mais non disparues. Elles se pratiquent au nom d'Allah, sans crainte d'encourir la colère de Moloch ou les foudres de Jupiter. Et pourtant, sous l'amoncellement des pierres amassées par des mains pieuses, on devine encore les restes du sanctuaire de ces grands dieux immortels, débaptisés, avec d'autres attributs, moins universels, mais aux sympathies aussi vives parce qu'ils sont considérés comme les amis d' « Allah », les intercesseurs des croyants auprès du trône souverain.

**
* **

Un autre caractère de ces *mzara* est leur diversité infinie. Il y en a pour tous les actes de l'existence, pour toutes les nécessités de la vie, pour les impressions d'admiration ou d'effroi que cause aux faibles d'esprit, aux naïfs, la nature impénétrable.

Dans les ravins sombres et broussailleux, au bord de ces sources du nord de l'Afrique, parfois si riches en eau bienfaisante, la femme arabe passe ses moments de loisir à orner, çà et là, de menus chiffons aux couleurs variées, les buissons qui croissent à l'envi et présentent, ainsi enjolivés par des mains pieuses, un caractère à la fois poétique et mystérieux.

Ce qui était une adoration à l'époque de la « *Djahilïa* », notamment dans le Nedjran (les habitants de ce pays adoraient un grand palmier dont ils célébraient la fête annuelle après l'avoir orné de belles étoffes), est devenu aujourd'hui, par opposition aux *Djenoun*, une sorte d'hommage rendu aux اهل الخير *ahl-el-kheir* (1) aux génies du bien, protecteurs invisibles, anges nocturnes confinés dans les sombres ravins, voltigeant autour des sources limpides, au sommet des montagnes, ou se reposant sur les arbres touffus du Tell ou les palmiers du Sahara placés sous leur sainte protection, et à l'ombre desquels le voyageur

---

(1) Curieuse persistance de la croyance aux esprits : les Hellènes et les Romains avaient leurs nymphes, leurs faunes, leurs sylvains, leurs dryades et leurs oréades ; les peuples germaniques ont des nains et des gnomes ; les races latines, des ondines, des géants, des orvals et des lutins ; les Arabes, eux, ont aussi leur petit monde surnaturel de génies et d'esprits, qui jouent dans le milieu indigène un rôle fort important.

Il y aurait tout un recueil à faire sur les sorts, les mauvais regards, les malices du diable, les revenants, et ces esprits, subtils et invisibles, qui vivent auprès des habitations, génies masculins et féminins, comblant de voluptés exquises les maris ou les femmes qu'ils honorent de leurs visites, punissant de mort l'infidélité, êtres enchanteurs et mystérieux répondant si bien à cette nécessité de la croyance au merveilleux qui siège au fond de l'âme orientale.

exténué, le pèlerin, le faqir s'abritent des rayons d'un soleil torride. Il y en a partout de ces arbres favorisés par la superstition, et, si nous voulions chercher l'origine des ornements qui les signalent au respect des humains, nous serions obligés de faire une revue des pays de l'Orient, principalement des Indes, de l'Arabie et du nord de l'Afrique ; d'aller chez les peuples fétichistes, dans le Soudan occidental (1) ou au Bornou. C'est une croyance antique, apanage des peuples primitifs, rencontrée en tous temps et en tous lieux. Elle sera peut-être un jour engloutie par le flot ascendant de la civilisation, mais qui sait s'il n'en restera pas un fond qui fera revivre, après les avoir vu agoniser, ces restes de paganisme.

Sur les sentiers muletiers, à l'intersection de deux routes plus ou moins fréquentées, on voit souvent le cavalier ou le piéton s'arrêter près d'un amas de pierres artificiellement arrangées en cercle, au milieu duquel un bloc se détache en forme d'autel. Le croyant se place en face de ce monument improvisé, fait la prière d'usage et, avant de continuer sa route, ramasse, en ce lieu sacré, une pincée de terre qu'il enveloppe avec un soin méticuleux dans le pan de son turban ou de son mouchoir. C'est encore une *mzara* dans le Tell du département de Constantine, un *maqam* dans les Hauts-Plateaux et les régions du Sahara. Les esprits obtus attribuent à ces endroits, pour eux inexplicables, des vertus merveilleuses, les croient imbus du souffle régénérateur de leurs ancêtres, qui dorment peut-être, en effet, sous ces reposoirs révérés qu'on peut rapprocher des enceintes circulaires où se réunissaient les autochtones pour délibérer sur les affaires du pays, décider de la paix ou de la guerre, et prendre

---

(1) Henri Barth, *Voyage en Afrique*, t. III, p. 335, « chemin faisant, de Kabara à Tombouctou, a trouvé un arbre de cette nature (talha), auquel les indigènes suspendaient une foule de haillons, persuadés que leur dieu les en récompenserait en leur donnant des vêtements neufs..... »
Cette coutume existe aussi au pays Haoussa, car nous la trouvons condamnée, avec quelques autres, comme hétérodoxe, par l'auteur d'un petit manuscrit arabe qui nous a été rapporté d'Yola par M. Ahmed Medjkan, de Tizi-Ouzou, aujourd'hui en mission au Congo. L'auteur s'exprime ainsi : « Sont considérés comme infidèles, ceux qui offrent » des sacrifices aux arbres, leur apportent de la pâte, attachent à leurs branches des » étoffes ou autres choses, etc. ». Nous espérons pouvoir donner, quelque jour, la traduction de ce manuscrit.
Dans la yarriba (bassin du Niger), on vénère des arbres fétiches... on y suspend une quantité de banderolles, de morceaux d'étoffe de toutes formes et de toutes couleurs. *Darwin* a vu, en Patagonie, un arbre sacré également décoré, que l'on honorait en poussant de grands cris. Les mêmes usages se trouvent chez les Ostiaks, en Asie, et chez certaines tribus brésiliennes. Les Péruviens avaient aussi leurs arbres sacrés, les races sémitiques et aryennes également, etc... (Eugène Véron, *Histoire naturelle des religions*, p. 60, Paris, 1885, Octave Doin, Marpon et Flammarion, éditeurs).
Les simples, paysans, petits bourgeois romains, en passant devant *un arbre consacré dont les branches portaient les traces des agneaux immolés*, s'arrêtaient pour faire leurs dévotions ou, s'ils étaient pressés, ils envoyaient de la main un baiser (Duruy, H. de R., t. V, p. 439).

des décisions intéressant les collectivités. Le sol africain en est encore jonché (1). Chaque notable y connaissait son siège et le président de l'assemblée, de la *djema'a*, écririons-nous maintenant, prenait place sur la pierre du milieu.

Mzara, aussi le *redjem* (رجم) ou tas de pierres jetées, pêle-mêle, par les passants, qu'on rencontre généralement sur les limites des territoires respectifs des tribus, usage qui date de l'époque de l'indépendance de ces collectivités, où chacun témoignait en faveur de conventions librement consenties. Le savant et le chercheur pourraient y voir un hommage rendu au *dieu Terminus*, si renommé pour les innombrables services qu'il rendait aux peuples agriculteurs de la vieille « Italia » ou, peut-être, une pratique de pétrolatrie incomplètement effacée, ici, par le temps et une religion nouvelle, mais encore si vivante dans de nombreux pays. C'est ainsi que les Abyssiniens, en dépit de leur christianisme, couvrent encore d'amulettes, d'onctions de beurre, de fils votifs et de péritoines d'animaux, des pierres levées analogues à nos menhirs ; que les Kafirs (habitants du Kafiristan), qui ont cependant l'idée d'un être suprême, continuent à asperger, avec le sang de leurs ennemis, les pierres qui représentent leur dieu le plus honoré, *Hich*, dieu de la guerre.

Dans l'île de Sambava, les Orang-Dangos portent des offrandes à certaines pierres « pour implorer la protection du génie qui réside en elles ». « Les Mexicains, comme leurs prédécesseurs indigènes, élevaient, sous le nom de *Téocallis*, d'immenses tertres ou édifices pyramidaux (autres mzara), qu'ils inondaient du sang des victimes » (2).

Aux Nouvelles-Hébrides, on adore des cailloux, les Fidjiens croient au mariage des pierres mâles avec les pierres femelles, tout comme les Indous qui mariaient, dans des cérémonies grandioses, le volute « *saligram* » (la plus sainte des pierres), représentant le grand Rama lui-même, avec la *toulsie*, arbuste symbolique de *Siva*, la fidèle épouse de *Rama*... (3).

Mais si, dans l'Afrique septentrionale, la pierre a été l'objet d'un culte particulier dans des temps reculés, si elle a figuré au nombre des divinités arabes avant l'islamisme, si la pierre noire est toujours l'objet d'une vénération profonde, on ne saurait plus voir, croyons-nous, dans le redjem, qu'une sorte de commémoration d'un fait, un lieu de réunion préféré, un point de passage analogue aux *caïrn* ou *margemath* ou, encore, aux *katpatia* (petits autels consacrés à la déesse qui protège les voyageurs) de l'Inde, en résumé, une sorte de mzara, coutume conservée dans l'Arabie et propagée dans l'Asie,

---

(1) Boissière, l'*Algérie romaine*, t. I.
(2) Véron, *loco citato*.
(3) L'*Inde contemporaine* (Ferdinand de Lanoye).

notamment dans le Thibet, où l'*Obo* (1) des boudhistes est un lieu de prières où l'on exprime sa reconnaissance à la divinité, « en y entassant des pierres, en y plantant une hampe, un bâton, au bout desquels on attache une prière écrite sur toile ».

Comme analogue du Redjem, *l'en-neza* ﻟﺠﻰ (amas de pierres en forme d'obélisque), élevé à la mémoire des victimes de mort violente ou d'assassinat, pour rappeler aux parents et aux amis que l'impôt du sang n'a pas encore été liquidé, est encore une mzara. Là aussi, les passants jettent, de temps à autre, quelques pierres pour conjurer les mauvais génies ou les empêcher de lécher, sans cesse, le sang de l'infortuné. Croyance superstitieuse des Arabes préislamiques, importée par la horde conquérante, prétendent les sceptiques, mais inhérente, sans doute, au caractère vindicatif et superstitieux des peuples berbères.

Il y a dans ces mœurs et coutumes, ces glanures du paganisme synthétisées dans la mzara, plus d'une bizarrerie et plus d'une puérilité. Mais le plus sérieux, ce qui attire et éveille l'attention du chercheur, c'est de rencontrer les mêmes objets de dévotion au pied ou à l'intérieur de ces monuments mégalithiques, de ces dolmens et de ces sépultures qui couvrent les points culminants et les plateaux de l'Asie centrale, de la Syrie, de la Tunisie, surtout de l'Algérie et du Maroc ; de rencontrer, disons-nous, les mêmes ustensiles, les mêmes poteries déposées, comme un éternel hommage, aux mânes de cette race blanche aux yeux bleus, dont les descendants se rencontrent en si grand nombre, au milieu des populations les plus brunes (2).

---

(1) Gabriel Bonvalot, *De Paris au Tonkin, à travers le Thibet*.

(2) Les recherches des savants et des archéologues permettent, aujourd'hui, de se faire une idée exacte de ces monuments que certains auteurs rattachent « aux premiers âges de la civilisation et de l'humanité.....

» Dès 1820, M. Babington a fait connaître les Kodey-Kulls, de Malabar, qui consistent en une réunion de pierres fichées en terre par une de leurs extrémités et se réunissant par l'autre, que recouvre un large tablier de pierre affectant la forme d'un champignon. En fouillant au-dessous, on a trouvé des urnes contenant des fragments d'os humains mêlés à des charbons de terre et à du sable fin. Douze ans séparent la découverte de M. Babington de celle du capitaine Harkness, dans les Nilghirris; il y rencontra des *cairns*, et, un peu plus tard, le capitaine Congrève y trouvait des cromlechs. Ces *cromlechs* existent encore dans le Carnatic, dans les provinces centrales et dans tout le Deccan, où ils s'unissent aux *kistavens* et se présentent en groupes. Il y a des cercles de pierres dans le district de Kistna.

» Le colonel Yule a vu des monuments mégalithiques le long de toutes les routes, chez les Khasias, qui occupent, dans la partie nord orientale du Bengale, une chaîne de hauteurs portant leur nom, et le savant botaniste M. Hooker nous apprend qu'en 1868, ces tribus élevaient encore des *menhirs*, des *cromlechs* et des *dolmens*! Les Kasias n'ont certainement rien de commun avec les Aryas pas plus qu'avec les Touraniens. Ce sont, comme les Ghonds du plateau central, les Kolas du Gudjrat, les Bhils du Radjputana, les Jaharias du Bengale, des restes de ces populations aborigènes que les Dravidiens et les Aryas ont, tour à tour, refoulées et dispersées, mais sans les anéantir ».

(*Les monuments boudhiques et musulmans de l'Inde anglaise*, Ad.-F. de Fontpertuis, *Revue de France*, 15 février 1877).

Le culte de la mzara, sous quelque forme qu'il se présente, n'est pas le seul souvenir des temps passés. Si on pénètre davantage dans l'existence intime de nos sujets musulmans, les glanures du paganisme et des religions préislamiques apparaissent encore plus vivaces, plus caractéristiques. On les rencontre dans leur vie privée, dans leurs cérémonies religieuses, dans leurs vêtements, dans les signes extérieurs qui les distinguent, et surtout dans leur culte des morts.

Les tatouages qui couvrent leur corps, ceux en forme de croix que, dès leur jeune âge, on leur imprime sur le front et sur les mains, rappellent, à s'y méprendre, la croix byzantine qui orne encore la poignée du sabre ou du poignard que portent les Touareg et où l'*alfa* et l'*oméga* sont quelquefois admirablement imités. Les ornements de la chéchia orientale sont encore ceux que portaient les Phéniciens et les Carthaginois; les cris stridents poussés par les femmes assemblées autour d'un mort aimé, les pleureuses arabes si connues et si respectées, le deuil prolongé consistant, chez les Kabyles, à porter la barbe, à se laisser pousser les cheveux, à ne pas laver ses vêtements à obliger les femmes à quitter leurs bijoux durant cette période, les inscriptions qu'on trouve parfois sur le tombeau d'un musulman, les panégyriques des morts prononcés en présence d'une assemblée réunie, autour des chevaux des décédés, caparaçonnés comme pour un jour de fantasia (1), les processions autour des champs, rappelant les *ambarvales*, le carnaval des Rifains (2), qui est peut-être une réminiscence des *saturnales* de Rome, apparaissent comme autant d'échos lointains de l'époque romaine. Les portes marquées de croix à une ou plusieurs branches, qui se tracent avec le sang des moutons égorgés le jour de l'Aïd-el-Kebir, les fers à cheval ou les mains

---

(1) A cette occasion, une sorte de danse funéraire est organisée ; les assistants forment un grand cercle marchant, comme dans une ronde, dont le centre est occupé par le cheval. Un improvisateur entonne un chant funèbre en l'honneur du défunt. En voici un spécimen, cité par M. Henri Carnoy, dans son étude *L'Islam : mœurs et coutumes* :

« Non, il n'est pas mort ;
» Son âme est chez Dieu.
» Nous le reverrons un jour.
» Non, il n'est pas mort »..

A quoi les auditeurs répondent :

« On dit qu'il est mort dans son jour ;
» C'était une mer de kouskous,
» Une mer de poudre,
» Le seigneur des cavaliers, etc..... ».

Ces coutumes sont surtout pratiquées dans le département de Constantine. (V. *Revue de l'Islam*, avril 1897).

(2) V. *Le Maroc inconnu*, par Auguste Mouliéras, professeur à la chaire de langue et de littérature arabes à Oran, p. 107.

coloriées ou découpées dans des étoffes de couleur, les pratiques de consultation de l'avenir au moyen de matières organiques mélangées, les augures tirés du vol des oiseaux, les rencontres superstitieuses d'un borgne ou de tel ou tel animal, etc., etc., ne sont que des legs des ancêtres du peuple aborigène, des croyances et superstitions des Arabes préislamiques ou des peuples conquérants que l'Islam a adoptés et patronnés.

En résumé, partout où il s'est implanté, l'Islamisme n'a fait que voiler, souvent fort légèrement, des pratiques qui naissent avec l'homme, dernières protestations de la primitive humanité, dont la grande âme erre toujours sur la terre comme pour assurer, à ses sœurs nouvelles, la transmission de vertus ou d'imperfections spirituelles, à l'instar du corps humain qui lègue à la créature les qualités ou les défauts de la race qui l'a vu naître.

* * *

Ce sera l'éternel honneur des vaincus d'avoir conservé au fond de leur âme et dans ce qu'ils ont de plus cher, l'image de leurs ancêtres ; honneur dont ils ne comprennent même plus la portée, qu'ils attribuent volontiers à leurs vainqueurs, comme ils leur attribuent leurs mœurs et leurs usages séculaires.

On dirait qu'un vent d'oubli a obstrué leur cerveau, arrêté le développement de leur intellect. Bien reçu serait le téméraire qui oserait s'enquérir de l'origine de leurs pratiques et coutumes : les vieillards lui parleraient légendes merveilleuses, miracles fantastiques et, pour donner à leurs récits une image de réalité, feraient des efforts surhumains pour les corroborer par des exploits guerriers, lointains et exagérés, et par des faits saillants puisés dans la tradition, guide indispensable qui les fait vivre d'illusions et de mirages trompeurs.

Les lettrés répondraient par l'éternel « *Mektoub* », diraient que « tout est écrit », que, seul, le Coran régénérateur a pu prescrire de telles mesures, ou bien ils donneraient une explication, sans réplique celle-là, puisée dans de vieux manuscrits altérés par les copistes et invariablement reproduits.

Ne soyons, cependant, pas trop sévères pour ces âmes naïves qui, dans le roc imposant, cherchent l'arbre poussé dans ce lieu infertile et ne conservant sa sève que grâce aux bons génies protecteurs ou aux prières de l'ouali qui s'est abrité sous son feuillage au moment où les rayons ardents du soleil l'empêchaient de continuer sa route !

Soyons indulgents pour ces créatures, exposées aux mille troubles de la nature capricieuse, lorsque nous les voyons apporter dans les ruines d'un bâtiment des vieux âges (*henchir*) le produit de leur labeur et, pieusement, immoler, sur la mzara leurs meilleures volailles ou les plus beaux béliers de leurs troupeaux pour se préserver de maux réels ou imaginaires.

Malgré notre civilisation toujours ascendante, ne gardons-nous pas, au fond du cœur, un semblant de superstition qui nous fait courir parfois, nous aussi, à une mzara d'un autre genre pour y chercher une consolation à nos souffrances ?

L'humanité est, en effet, partout la même ; l'homme, à quelque catégorie qu'il appartienne, se fait à chaque instant, sur certains phénomènes, des questions insolubles, et le plus sceptique, au milieu des plaisirs, pense à l'Invisible, subit l'influence du Néant.

Il n'y a là aucun événement nouveau, aucune surprise : tous les peuples impuissants à suivre et à fixer leurs propres inspirations finissent, tôt ou tard, par en oublier l'essence ou par y voir la continuation de celles de leurs vainqueurs.

L'aborigène de l'Afrique septentrionale, plus que tout autre, a droit à l'indulgence de l'écrivain et du philosophe, surtout si, après avoir analysé les effets désastreux de l'ouragan dévastateur que fut la conquête effective des Musulmans, l'on tient compte de ceux plus *positifs* de ce que nous appellerons la conquête morale.

On sait avec quelle fièvre et quelle rage de destruction les hordes arabes parties de l'Égypte, au XIe siècle, dévorèrent ce que l'invasion du VIIe avait épargné :

« Ce nouveau mouvement des Arabes à travers l'Afrique occidentale
» eut une influence décisive sur la destinée de cette contrée. Ce fut lui
» qui, véritablement, implanta la tribu arabe en Afrique en y jetant non
» plus des corps d'armées, mais des flots de population.

» Il se propagea avec lenteur, mais il ne recula jamais.

» De siècle en siècle, il est facile de suivre et de constater les progrès
» de cette inondation qui renverse tout, qui dévaste tout, qui ruine tout.
» Bien différent de la première invasion qui annonçait des prétentions
» politiques, ce mouvement de 1048 a un caractère exclusivement
» social. Ce ne sont pas des noms de chefs qui paraissent sur la
» scène ; ce sont des noms de tribus. Elles ne prennent pas les villes
» pour les soumettre, mais pour les piller ou les détruire ; elles
» n'apportent pas des lois, mais des mœurs nouvelles. Habituées au
» régime des labours et du parcours, elles renversent tout ce qui fait
» obstacle au passage des bestiaux et de la charrue, les arbres aussi
» bien que les murailles. Elles changent entièrement la face de l'Afrique,
» n'épargnent que quelques montagnes élevées dont les habitants se
» liguent contre elles et les repoussent. Toutefois, ne pouvant les
» dévaster, elles les condamnent à dépérir en les désolant.

. . . .

» Semblables à un liquide qui cherche son niveau, elles s'avancent
» sans cesse vers l'Océan, leur unique barrière, détruisant sans relâche,
» anéantissant le travail de dix siècles et de trois civilisations, recueil-
» lant sur leur route des malédictions dont elles se soucient peu,
» replongeant dans la misère et la barbarie une contrée qui, quelques
» siècles auparavant, réunissait encore le double prestige de la richesse
» et de la science » (1).

Et tandis que ces hordes malfaisantes terrorisaient les esprits et donnaient un nouvel aspect aux régions qu'elles subjuguaient, d'un îlot du Haut-Niger où s'était réfugié, avec de nombreux fidèles, un apôtre islamique nommé Ibn-Yacine, partait le souffle d'une nouvelle invasion qui, poussé par les vents torrides du désert, devait bientôt gagner les Hauts-Plateaux et s'opposer, véritable barrière, au flot hilalien.

L'origine et la formation de cette œuvre d'unification témoigne de ce que peut une poignée de fanatiques stimulés par le zèle religieux et maintenus par des doctrines sévères et une discipline de fer, volontairement acceptée.

« Vers l'an 427 de l'hégire (1049), le cheik Yahia ben Brahim-el-Kedali des Lemtouna, de retour de pèlerinage à la Mecque, s'arrêta à Qaïrouan où il assista à l'auditoire du savant Abou-Amran-Moussa-El-Fasi, avec lequel il entra en relations.

» Le voyant enclin au bien, Abou-Amran le questionna sur les doctrines religieuses des habitants des régions désertiques. Le saint homme constata que l'ignorance était leur seul apanage et que le chef, lui-même, ne connaissait pas les principes sacrés du Coran et de la Sonna, malgré le désir ardent qu'il avait de s'en instruire.

— Vous devriez vous éclairer, lui dit le docteur.

— Mais comment le ferions-nous, répondit Yahia ; nous n'avons personne qui puisse nous diriger. Si nous avions la bonne fortune de découvrir quelqu'un pouvant nous apprendre le Coran et la Sonna nous nous empresserions vers lui. Voulez-vous obtenir la récompense céleste ? Envoyez avec moi, pour nous instruire, un de vos disciples.

» Le docteur déféra à son désir. Mais comme il ne trouvait personne parmi ses élèves qui osât quitter la ville sainte de Qaïrouan, il se souvint qu'il connaissait, dans le district de Nafis (2), un homme pieux et vertueux, de la tribu des Messamda, au contact duquel il avait acquis de nombreuses connaissances.

---

(1) Carette, *Recherches sur l'origine et les migrations des principales tribus de l'Afrique septentrionale*, p. 389-399, loco citato.

(2) D'après Ibn-Kaldoun ce serait à Sidjilmassa; le Kartas parle de Nafis, dans le Sous.

» Ce personnage répondait au nom de Ouh'adj-El-Metbi ben Zellou (1).

» Je vous remettrai, reprit le docteur, une lettre pour lui, afin qu'il vous adresse l'un de ses disciples ».

Muni de cette missive, Yahia ben Brahim se rendit auprès du docte Ouh'adj qui lui choisit son meilleur élève appelé A'bdallah ben Yacine-el-Djezouli (2), homme plein de science, de religion et de vertu.

A'bdallah se mit aussitôt en route en compagnie de Yahia pour le suivre dans son pays. A leur arrivée, ils furent accueillis avec joie par les tribus Kedala, mais le nouvel apôtre ne tarda pas à constater les turpitudes éhontées auxquelles s'adonnaient ces peuplades chez lesquelles l'homme pouvait épouser autant de femmes qu'il voulait.

Il n'hésita pas à désavouer devant eux cette licence de mœurs, leur apprit les principes du Coran et de la Sonna et leur enjoignit de mettre un frein à leurs passions. Mais en présence de ces exigences peu en rapport avec leur caractère, les nouveaux prosélytes résistèrent et se détournèrent de lui. D'ailleurs, la seule pratique religieuse à laquelle ils se soumettaient volontiers était la récitation de la formule : « *Il n'y a de Dieu que Dieu et Mohammed est son prophète* ».

Devant leur endurcissement et leur volonté bien arrêtée de donner un libre cours à leurs sentiments déréglés, A'bdallah ben Yacine se disposait à se retirer, lorsque Yahia lui fit observer qu'il l'avait fait venir spécialement à son intention et qu'il se désintéressait de ceux de son peuple qui voulaient se perdre.

« Si vous voulez posséder la vie éternelle, ajouta-t-il, voici ce que je vous propose : il existe ici une île ; lorsque les eaux qui l'entourent se seront retirées, nous y pénétrerons et y vivrons du produit des arbres et de la pêche. Nous nous y installerons et nous nous consacrerons au culte de Dieu jusqu'à notre mort ». A'bdallah accepta et ils se fixèrent dans l'île avec neuf habitants des Kedala. Ils y édifièrent un *ribat* (3), où A'bdallah et ses compagnons se livrèrent aux exercices de piété (4).

Ce fut le noyau d'une confrérie aux règles puritaines et aux obligations sévères : il fallait, pour être admis dans le *Ribat* d'Ibn-Yacine et, plus tard, dans la corporation des *Almoravides*, subir un châtiment

---

(1) *El Lamti*, d'après le *Roudh el Kartas* « Le Jardin des feuillets », par l'imam Abou Mohammed Salah ben A'bd el Halim, de Grenade, traduit par M. Beaumier, ancien vice-consul de France à Rabat et à Salé. Imprimerie impériale, 1860. V. dans cet ouvrage l'histoire des Almoravides.

(2) M. Ernest Mercier, *Histoire de l'Afrique septentrionale*, p. 23, t. II, le désigne sous le nom d'A'bd'allah ben Meggou, dit Ben Yacine, originaire de Guezoula. V. aussi *Histoire de l'Afrique*, par El-Qairouadi, traduite par MM. E. Pellissier et Rémusat.

(3) رباط lieu de retraite et de prière ; de là, مربّط mrabet (marabout).

(4) Ceux qui furent admis dans le Ribat furent appelés Merabot (*pl.* El-Merabtine), d'où les Espagnols ont tiré le nom d'Almoravides et les indigènes de l'Afrique septentrionale celui de marabout.

destiné à laver les souillures passées, et celui qui, par la suite, manquait à l'accomplissement d'un de ces devoirs, encourait des peines corporelles. Chaque péché, chaque manquement aux prescriptions de la religion, était puni d'un certain nombre de coups de fouet (1).

Bientôt le bruit se répandit qu'A'bdallah et ses prosélytes agissaient ainsi en vue d'obtenir le Paradis et la multitude afflua vers eux.

Lorsqu'ils furent au nombre de mille, A'bdallah, après les avoir exhortés à se mettre en garde contre les châtiments du ciel, leur tint ce langage : « Ne croyez-vous pas qu'il est de votre devoir de combattre » ceux qui refuseront de se soumettre à votre doctrine ? »

Ordonnez tout ce qu'il vous plaira, clamèrent ses disciples.

« Portez-vous donc vers vos tribus et poussez les habitants à se » convertir ; s'ils résistent, nous leur ferons la guerre jusqu'à ce que » Dieu décide entre nous. Il est le meilleur des juges ».

Et il les accompagna dans les tribus. Durant sept jours, il exhorta les gens à se convertir, mais, comme ils s'obstinaient dans l'erreur, il employa contre eux la force des armes.

C'est par les Kedala qu'il commença la lutte. Il en tua un grand nombre et les survivants durent embrasser l'Islamisme.

Ce fut ensuite le tour des Lemtouna. Il les attaqua, de tribu en tribu, jusqu'à ce qu'ils eussent adopté le Coran, la Sonna, et tout ce qui leur était imposé.

A'bdallah ben Yacine répartit entre ses adeptes le butin pris sur les morts et organisa le *Bit-el-Mal* (biens de l'État) sur des bases conformes à l'esprit du Coran et de la Sonna.

Le bruit de sa renommée se répandit chez les Sahariens et il acquit au Soudan une célébrité considérable.

L'émir Yahia ben Brahim El-Kedali étant mort sur ces entrefaites, A'bdallah ben Yacine le remplaça par l'émir Yahia ben Omar, originaire de Lemtouna, et le chargea de diriger à la guerre les peuples placés sous son commandement. En réalité, Yacine demeura le véritable chef spirituel et temporel des peuplades qu'il avait soumises.

Avec Yahia ben Omar, les *marabouts* étendent leur conquête dans tout le Sahara, font une expédition au Soudan, asservissent le roi de Sidjilmassa, ravagent les pays de l'Extrême-Sud, et, prenant toujours la religion pour prétexte, se livrent aux pires excès.

Son frère et successeur, Abou-Beker ben Omar, dirige à son tour leurs exploits, toujours sous la tutelle d'Ibn-Yacine. Celui-ci mourut le soir même de la désignation, comme chef, d'Abou-Beker (24 djoumad-el-aouel 451) (1059 J.-C.).

Il fut enseveli à *Kerifla*, et on bâtit une mosquée sur sa tombe. Sa grande austérité (il ne vivait que de gibier et ne buvait pas de lait) ne

---

(1) Ernest Mercier, *Histoire de l'Afrique septentrionale*, t. II, p. 24, *loco citato*. Ces doctrines sont encore usitées chez les Hansalía.

l'empêchait pas de voir un grand nombre de femmes et, chaque fois qu'il entendait parler d'une jolie fille, de la demander en mariage.

Comme signe de sa *Karama* (bénédiction divine), voici ce que rapportent les Almoravides :

Un jour qu'ils se trouvaient sans eau, dans le Soudan, ils creusèrent, conformément aux instructions d'Ibn-Yacine, l'endroit où il venait de prier, et à un pan de profondeur ils trouvèrent une eau douce, fraîche et désaltérante. Cette *Karama* « lui permit, entre autres choses, de jeûner depuis le premier jour de sa venue au Maghreb jusqu'à sa mort » (1).

Après lui, la puissante organisation de la corporation qu'il avait fondée, résiste à toutes les attaques et parvient à son apogée avec Youssef ben Tachefin.

Cet homme remarquable conquiert tout le Maghreb, fonde la ville de Marrakech (Maroc), s'empare de Fas (1069) et plie sous sa domination tout le Maghreb, — on sait qu'il débarqua, plus tard, en Espagne où, après s'en être rendu maître, il fut considéré comme un sauveur divin par la masse et les *fakih* (jurisconsultes, lettrés), précédemment humiliés d'être placés sous la domination des infidèles.

« Maître d'un vaste empire s'étendant sur les deux rives de la
» Méditerranée, le chef des Almoravides céda aux incitations qui, de
» toutes parts, le poussaient à prendre le titre de Prince des Croyants
» (*Émir-el-Moumenine*), titre qui fut confirmé par le khalife A'basside
» El Mostadher » (2).

Après la mort de Youssef ben Tachefin, ce fut le règne des fakih, et un puritanisme étroit pesa sur le Magh'reb et sur l'Espagne. L'œuvre d'unification rêvée par le fondateur de la confrérie des Almoravides eut été cependant accomplie et le royaume hammadite n'aurait pas tardé à disparaître, si le successeur d'Ibn-Tachefin avait eu plus d'initiative et si une autre secte, aux doctrines unitaires et dirigée par un homme de génie, n'avait élevé, sur ses ruines, un empire redoutable.

Nous ne nous attarderons pas à suivre, dans ses péripéties, la secte des Almohades (unitaires), ainsi appelés par opposition aux Almoravides. Rappelons, toutefois, que son fondateur, Mohammed ben A'bdallah, connu sous le nom d'Ibn-Toumert, de la tribu de Herg, fraction des Masmouda, avait basé ses doctrines sur l'enseignement professé par les docteurs de la secte sonnite d'El-Achari : « Il tendait à ramener la
» religion musulmane à sa pureté primitive, admettait la prédestination

---

(1) Roudh-el-Kartas, *loc. cit.*, p. 184.

(2) Ernest Mercier, *Histoire de l'Afrique septentrionale*, — *loco citato*. — Voir, dans ce remarquable ouvrage, les détails complets sur l'empire des Almoravides et sur celui des Almohades. Nous y puisons les points principaux que nous citons pour signaler, d'un trait, les événements qui ont contribué à transformer les idées du peuple autochtone.

» et l'influence des signes extérieurs sur les événements du monde.
» Ses doctrines furent exposées par lui dans deux principaux ouvrages :
» la *Mourchida* (directrice) et le *Touhid* (profession de l'unité de Dieu),
» d'où l'appellation de ses disciples formée de la même racine : El-
» Mouahedoun (Almohades), c'est-à-dire disciples de l'unité de Dieu) ».

Après avoir parcouru les diverses villes de l'Afrique et du Maghreb en prêchant, tel un soufi, la vertu, l'abstinence et le mépris des choses de ce monde, Ibn-Toumert se proclama *mahdi*, ajoutant ainsi aux pures doctrines de l'Islam l'idée messianique des Ismaïlites (1), importée dans l'Afrique septentrionale par la dynastie des Fatimites, et réunissant, dans cette conception, les deux principes du Touhid et de l'arrivée d'un sauveur, pour lesquels la foule ignorante et fanatique professe encore aujourd'hui une foi inébranlable (2).

Pendant que les montagnards de l'Atlas supplantaient les sauvages du désert et que l'empire des Almohades, comme celui des Almoravides auquel il se substitua, réduisait le flot hilalien et faisait disparaître, sous

---

(1) « C'est par vous, disait-il à ses mouminoun (croyants), que Dieu fera faire la conquête du Fars et de Roum, par vous qu'il anéantira l'ante-Christ ; c'est de vous que sortira l'émir qui fera la prière avec avec 'Isa ben Maryam (*) ; c'est à vous que restera le commandement jusqu'à l'heure suprême ». *Histoire des Almohades d'Abd-el-Wahid-Merrakechi*, traduite et annotée par Fagnan, p. 163, Alger, 1893, librairie Jourdan.

(2) Ibn-Toumert dénonçait partout les Almoravides comme infidèles. Il disait :
« Quelques-uns s'appellent, eux-mêmes, émirs des musulmans, mais leur vrai nom
» est *Moulethemin* (les voilés) et ils sont bien ce peuple décrit par le prophète de Dieu
» comme devant être exclu du Paradis; hommes qui paraîtront à la fin du monde avec
» des queues comme les vaches, et dont les femmes seront ivres, nues, indécentes, et
» auront des bosses de chameau pour têtes ».

De tels récits étaient bien faits pour frapper les ignorants et les crédules. Cependant les Almohades ayant été battus dans une rencontre avec les Almoravides, il fallait à tout prix, détruire les conséquences fâcheuses de la défaite et ranimer le zèle attiédi des croyants. C'est alors que le *Mahdi* fit enterrer vivants, la nuit, quelques-uns de ses hommes au milieu des morts et sur le champ de bataille même, ayant eu, préalablement, le soin de leur ménager une ouverture pour prendre haleine.

Puis, il harangua les chefs Almohades : « Si vous doutez de mes paroles, leur dit-il
» en terminant sa harangue, interrogez vos frères morts : ô nos compagnons morts !
» s'écrièrent-ils, sur le champ de bataille, où ils s'étaient rendus, dites-nous ce que
» vous avez trouvé chez Dieu chéri ? Alors on entendit cette réponse : « Ce que nous
» avons trouvé, ce sont toutes sortes de biens, plus que ne peuvent en voir les yeux
» et en entendre les oreilles » (**).

Et pendant que les guerriers se retiraient émerveillés, le Mahdi faisait mettre le feu aux ouvertures par lesquelles respiraient ceux qui lui servaient d'oracles, de crainte qu'en sortant de leurs tombeaux ils ne devinssent trop indiscrets.

Une telle fourberie jointe à une pareille cruauté, émanant d'un homme qui s'était proclamé « impeccable », faisaient merveille sur la masse et préparaient les voies à la prise de possession entière, absolue des esprits berbères par deux classes d'hommes que nous allons voir apparaître sur ce grand théâtre de l'ignorance et de l'extrême crédulité.

(*) V. p. 45, sur le Mahdi.
(**) *Roudh-el-Kartas*, *loc. cit.*

sa puissante domination, les petites principautés éparses dans le nord de l'Afrique, et, plus tard, durant les guerres intestines des dynasties hafside, zeyanite et mérinide jusqu'à la puissance des corsaires Barberousse et la domination turque, une caste de privilégiés poursuivait, sans secousse, l'œuvre si laborieusement entreprise d'obstruction intellectuelle, s'emparait de l'esprit du peuple courbé sous une constante oppression et devenait, peu à peu, l'arbitre des destinées du monde musulman. Nous voulons parler des *Chorfa*, gens de noblesse religieuse ; on connaît les vicissitudes des descendants du Prophète par Fatma-Zohra. Seuls, ils prétendaient à la succession spirituelle et temporelle de l'Envoyé de Dieu, et, d'après les principes fondamentaux de leur secte (Cha'ïa), la parcelle divine était en eux. Elle se subdivisait à l'infini et chacun en avait une étincelle destinée à éclairer le monde, tout en assurant à tous une sorte de suprématie morale sur le reste des humains.

C'est Idris ben A'bdallah-el-Kemel ben Mohammed ben Hoceïn, second petit-fils du Prophète, qui apporta dans l'Afrique septentrionale cette doctrine à laquelle il donna un nouvel essor en faisant prévaloir les droit au khalifat de la lignée d'A'li ben Abou-Taleb. Voici comment :

« Idris, qui s'était attiré la haine du sultan Haroun-er-Rachid, se retira dans l'Extrême-Occident (Maroc). Il fut rejoint, à Tlemcen, par son frère Soliman. Ils allèrent d'abord à Tanger ; mais l'état du pays n'étant pas à leur convenance, ils se rendirent à la montagne de Zarhoun où Idris épousa Kenza, fille d'Abdelmadjid, chef de cette contrée, qui le fit reconnaître sultan par les populations berbères sous sa dépendance.

» Idris mourut, empoisonné par l'odeur d'une drogue contenue dans une boîte à parfum que lui avait envoyée Haroun-er-Rachid, son ennemi. Idris laissa sa femme enceinte de six mois, laquelle mit au monde Idris II.

» Les descendants, frères d'Idris, sont à Tlemcen, à Aïn-el-Hout, à Rachgoun ; d'autres allèrent à Cordoue, en Espagne ; enfin, on en trouve encore aux environs du Maroc et à Alger.

» Idris II, reconnu sultan, se transporta à *Saguiet-el-Hamra*, à l'extrémité du Maroc ; et depuis, l'Islamisme commença à briller dans le Maroc.

» En 192, il acheta de trois berbères, moyennant 6,000 dinars, l'emplacement où il bâtit la ville de Fas. Un moine lui apprit que, sur cet emplacement, avait été jadis une ville nommée Saf et qui fut détruite 1700 ans avant l'Islamisme.

» Idris II épousa El-Hosna qui lui donna douze enfants lesquels eurent tous des successeurs, à l'exception des deux aînés morts en bas-âge.

» Idris II, après avoir régné 25 ans, mourut à l'âge de 36 ans en mangeant du raisin. Il fut enterré dans sa mosquée de Fas.

» Lors de son ascension au ciel, il aperçut sur la terre un espace
» blanchâtre resplendissant de lumière.

» Quel est, demanda-t-il à l'Ange Gabriel, le point lumineux que
» j'aperçois là-bas ? C'est, répondit l'Ange, le lieu où s'élèvera la ville
» destinée à être, dans les derniers siècles du monde, le refuge de la
» religion musulmane : elle se nommera Fas (1), et la lumière resplendira
» du sein de ses habitants avec la même abondance que l'eau coulera
» dans ses remparts.

» Les enfants d'Idris se partagèrent l'empire pour se conformer à
» l'avis de leur aïeule Kenza.

» Mohammed, l'aîné, occupa le siège du gouvernement à Fas ; il
» donna :

» Badès (dans le Rif), à son frère Omar.
» Tidjassat (Rif et Tanger), à Amran.
» Daïet-Aasla (Salé), à Aïssa.
» Tadela (Sous), à Abdallah.
» Tafilalet, à Ali.
» Habta, à Ahmed.
» Malka, Guernata et Djebel-el-Fatha (Gibraltar), à Ktir.
» Taza, à Hamza.
» Maroc, à Yahia.
» Sabta (Ceto), à Abi-el-Kacem.
» Tlemcen et Trara, à Daoud ».

.˙.

Les descendants des fils d'Idris se multiplient à l'infini dans le nord de l'Afrique ; on cite :

« Les Beni-Djermoun, Sakifioun, Beni-Mimoun, Beni-Terir, Beni-
» Herma, Harchefioun, Seraïna, Sarnioun, Beni-Hamza, Kadioun, Beni-
» Klal, Beni-Ouguil, Oulad Abi-Aman, Mograoua, Bedioun, Beni-Aoun,
» Beni-Amran, Oulad Ali ben Yahïa, Irakioun, Oulad bou Beker, Beni-
» Irif, Beni-Ourian, Lehanioun, Beni-Harfas, Oulad Rahmoun, Oulad
» Abi-Zakaria, Beni-Djennoun, Beni-Soliman, Oulad Khaled, Oulad
» Khaïd, Oulad Salem, Oulad Abdel-Halim, Oulad El-Hadj-Ali, Beni-Iman,
» Beni-Illoun, Oulad Ben-Ali, El-Hazioun, Beni-Deloul, Mezadjila, El

---

(1) V. sur l'étymologie du mot Fas, les versions données par M. G. Delphin, directeur de la medreça d'Alger, dans son intéressante étude « Fas, son université et l'enseignement supérieur musulman ». *Bulletin de la Société de géographie et d'archéologie* de la province d'Oran (1888) et librairies Ernest Leroux, Paris, et Paul Perrier, Oran, 1889.

» Zeradla, Oulad El-Kelah, Oulad Ben-A'ïcha, Beni-Ouennogha, Oulad
» Mahdi, El-Alouioun, Oulad A'bd-er-Rezak, Oulad Ben-Zeïd, Beni-Ketir,
» Oulad A'bdel-Aziz, Oulad Nacer, Oulad A'bdel-Hak, Oulad A'bdes-
» Semed, Beni-Rezzia, Oulad El-A'bbas, Oulad A'li-Et-Teka, Ouiad A'bdal-
» lah, Oulad A'bderrahman, Oulad El-Seknaoui, Ouled-Naïl, Oulad Bou-
» Sif et les Zidioun » (1).

La nomenclature continue par les fractions de ces divers groupes, qui ont formé de véritables tribus disséminées de l'extrémité du Maroc à la Tripolitaine, et pénétrant dans le Sahara jusqu'aux régions soudaniennes. Fas, leur berceau, Saguiet-el-Hamra, leur centre d'action, étaient les deux points de repère d'où partaient les missionnaires, revêtus de leur saint sacerdoce, pour aller catéchiser les masses et se tailler des domaines de culture intellectuelle, au milieu des peuplades autochtones du nord de l'Afrique.

A eux, se joignirent les *fakih* (lettrés) de l'Andalousie, relevés de leur condition humiliante par les Almoravides (2). Cordoue, alors le foyer des lumières, la rivale de Baghdad, fournissait aussi des convertisseurs, des apôtres et des prédicateurs. Les disciples d'Avicène, d'Averroès, etc., répandaient à profusion leur science chez les Berbères et s'implantaient, eux-mêmes, au milieu d'eux, comme les Chorfa et les autres propagateurs des lois coraniques, venus un peu de partout.

Tous concourent à transformer les idées, à *islamiser* les croyances populaires des autochtones, à régulariser un état de choses déjà ancien, à donner un semblant d'orthodoxie à des usages maintenus intacts à travers les générations. Tous aboutissent au même résultat : ils plongent leurs prosélytes dans les ténèbres et leur apportent, au lieu de la lumière bienfaisante, la nuit sombre et mystérieuse !...

Comme un liquide qui s'extravase, les membres de la caste sacerdotale des Chorfa, les élèves des docteurs de Cordoue et les « érudits dans les choses de Dieu », de Saguiet-el-Hamra, s'infiltraient dans les tribus berbères, revêtus de leur caractère religieux et pénétrés de la sainteté de leur charge.

Leur bagage est aussi simple que leur personne : un bâton à la main ; le « Livre sacré » sous le bras ; sur les épaules, un *mezoued* contenant

---

(1) Nous extrayons ce passage sur l'origine et l'extension des Chorfa du Maroc, de la traduction d'un opuscule : *Les Chorfa du Maroc*, publiée par L. Charles Féraud dans le Bulletin n° 21, année 1877, de la *Revue Africaine*. Nous avons cru devoir le reproduire en entier, de crainte d'en altérer le sens ou d'en atténuer la portée historique.

(2) La victoire des Almoravides à *Zellaka* (*) eut pour conséquence de relever le parti des fakih ou légistes, sorte de clergé laïque qui gémissait de la tiédeur religieuse, de l'hétérodoxie même, dont les princes musulmans donnaient l'exemple. (*Histoire de l'Afrique septentrionale*, t. II, p. 49, par Ernest Mercier, *loc. cit.*)

(*) *Sacralias* des Chrétiens. La bataille eut lieu non loin de Badajoz, le 23 octobre 1086, correspondant au 12 redjeb 479 (Ibn Khallikan, III, 190 ; *Mus. d'Esp.* IV, 292), note de M. E. Fagnan (*Histoire des Almohades, loc. cit.*, p. 115).

quelque frugale nourriture ; accroché à la ceinture, un long tuyau en fer-blanc, contenant un énorme rouleau de feuilles de papier collées les unes aux autres : c'est l'arbre généalogique *(chedjara)* du Chorfa, sur lequel l'heureux titulaire, assisté de témoins, a eu soin de se faire inscrire par un magistrat ou un personnage notable. Ce document précieux sert, en quelque sorte, d'acte de naissance et de notoriété à son détenteur. Il établit, d'une façon irréfutable, sa filiation, et ceux à qui il en donne connaissance, apprennent, ainsi, *qu'une part de la bénédiction divine est en lui.*

Ainsi équipé, le futur apôtre parcourt les plaines et les montagnes, traverse les sables du désert ou affronte les neiges des monts élevés, respecté par les croyants qui voient, en lui, un descendant authentique du Prophète, un propagateur de la loi révélée.

A l'approche ou au milieu des tribus où il songe à accomplir ses exploits merveilleux, il s'arrête, de préférence, dans les endroits vénérés de temps immémoriaux. — Là, accroupi sur la mzara, il attend, que les fidèles s'inquiètent de sa présence, le questionnent sur son origine et le but de son voyage, lui assignent un logis. — Bientôt, son identité est reconnue ; ses qualités pieuses, ses innombrables vertus, sa supériorité sur les simples et les ignorants éclatent aux yeux de tous. — Alors, son œuvre commence : il prodigue la parole de Dieu, l'enseigne à ceux qui l'ignorent, communique aux autres la foi ardente qui l'anime, et, sur la mzara où reposent, peut-être, les cendres d'ancêtres adorés, où peut-être aussi, les Lares, les Pénates, les Mânes de l'époque païenne ont été invoqués jadis, s'élève une espèce de couvent *(ribat).* C'est là que les fidèles se réunissent pour entendre la parole du chérif au caractère divin, pour écouter ses conseils émanés d'Allah et transmis par le Prophète au missionnaire, son arrière-petit-fils, chargé d'éclairer les sincères et de raviver le zèle religieux des sceptiques.

Ce n'est plus un ribat édifié dans le but de servir de bastion, où les combattants arabes et, plus tard, les Berbères musulmans abritaient leurs montures (attachaient, devrions-nous écrire, de la racine *rabata* attacher, lier), mais un couvent-caravansérail destiné à recevoir les disciples de « *l'apôtre du Dieu unique, attaché aux doctrines saintes du Prophète, lié à Dieu par la bénédiction céleste qu'il possède* ».

Cet apôtre, ses prosélytes l'appellent *Mrabot*, et ce nom révéré servira à qualifier tous ceux qui provoqueront l'admiration ou l'étonnement de la foule par leur connaissance approfondie du Coran et de la Sonna, par une vie austère, un caractère ascétique, une douceur d'âme, une charité poussée jusqu'à l'abnégation, un désintéressement absolu des choses de ce monde, etc... — Marabout, aussi, le taleb, le derouich dont les actes inconscients sont, croit-on, guidés par la Providence ; marabout, le simple d'esprit... le fou !

Aux prises avec les difficultés d'une existence troublée, avide de conseils, de consolation, la masse voyait, dans le marabout, l'intermédiaire de ses plaintes et de ses désirs auprès de l'Être suprême.

L'intervention du marabout répondait, en effet, aux sentiments intimes de pauvres gens isolés dans leurs montagnes, gens à l'esprit simple et toujours enclins à exalter ceux qu'ils croient émanés de la puissance divine ou en rapport avec elle, et dont les actes, à leurs yeux, sont le reflet de cette puissance.

Ils étaient heureux de pouvoir s'adresser, à tous moments, au seul homme capable de les comprendre, d'en faire le confident de leurs désirs et de leurs peines.

Encouragés par la confiance des croyants, les marabouts, semblables aux *Lucumons* de la vieille Étrurie, « seuls instruits de la science augurale », étaient, comme eux, dépositaires de la tradition divine et, peu à peu, devenaient les maîtres de toutes les choses spirituelles et temporelles..... les gardiens des mystères !

Leur renommée grandissait, prenait de la consistance, s'étendait au delà des limites de la collectivité qui les avait librement accueillis ; de fétiches vivants qu'ils étaient, ils passaient au rang de Saints, et leurs modestes *ribat* devenaient des *zaouïa* (1).

C'était dans leurs zaouïa que les marabouts se retiraient pour prier ; c'était là qu'ils « entraient en communication avec Dieu », pensaient les croyants naïfs, qui voyaient en eux des privilégiés de cet « Allah Akbar », toujours invoqué ; qui les considéraient, en quelque sorte, comme les « prolongements vivants » de ces êtres justes et bons qu'ils allaient invoquer naguère à la *mzara* ; et nous verrons comment, étant déjà superstitieux, ces croyants naïfs devinrent les êtres les plus crédules de l'Univers.

Le mot marabout devint rapidement synonyme d' « *Ouali* » (saint par excellence) et désormais, le marabout sera comparable aux idoles des peuples fétichistes, avec cette différence, qu'à lui, ce n'est pas seulement une prière qu'on adresse mais un acte de reconnaissance ou de repentir, une offrande en un mot. De toutes parts, en effet, on vient à la zaouïa implorer, remercier ou demander pardon au vénérable représentant de l'Être Suprême. Mais on vient généralement les mains pleines, croyant faire œuvre pie et mériter, ainsi, les faveurs du descendant du prophète.

A certaines époques de l'année, des milliers de croyants se réunissent autour de la demeure inviolable du Santon. Ici, un pauvre diable égrène son chapelet que le frottement de ses mains a rendu crasseux ; il récite la *fatiha* (premier verset du Coran), tout ce qu'il sait du Livre révélé, et après chaque oraison, un soupir étouffé

---

(1) *Zaouïa* (angle, coin); c'est le sanctuaire réservé au fond de l'édifice, le lieu spécialement affecté à la prière, à la méditation.

dans un sanglot s'échappe de sa poitrine. Doucement, il reprend sa litanie ; ses lèvres murmurent avec volubilité le mot « allah » auquel, parfois, il ajoute, instinctivement, le nom du marabout son intercesseur. Puis, la litanie se termine par une invocation suprême, prononcée à haute voix, comme si le Fidèle craignait que l'appel silencieux de son cœur ne parvint pas assez vite à l'Être Suprême : « *A'ounni ïa Sidi...* Aide-moi, ô mon Seigneur !... *Ia allah, Sidi... A'ounni !...* ô Dieu, mon Seigneur, viens à mon secours ! »

A quelques pas du mendiant légendaire, c'est le mesquine (le faqir), qui implore, à son tour, le saint pour que l'*oukil* (gérant de la zaouïa, parfois revêche, lui fasse apporter un peu de cette nourriture substantielle qui lui permettra de continuer sa route et d'atteindre la demeure du marabout voisin.

Là, c'est le fellah qui, lestement, descend de sa monture, auprès de laquelle une foule de serviteurs volontaires, de *khoddam* (clients de la zaouïa) s'avancent pour enlever le *tellis*, plein de grain, qu'elle porte. Le visiteur échange quelques banals compliments avec eux, se fait indiquer la retraite du marabout et, d'un air grave, comme s'il allait accomplir un vœu, se presse auprès de son idole vivante, se prosterne, baise pieusement les pans de son burnous, et, après avoir obtenu la bénédiction qu'il sollicite, se retire dans un endroit spécial où on lui apporte le kouskouss traditionnel.

Plus loin, c'est la femme stérile, qui vient supplier le marabout tout puissant d'intercéder, en sa faveur, auprès du Dieu miséricordieux. Sur un signe du saint, un acquiescement, elle se retire heureuse, et, souvent, il faut bien le dire, sa démarche n'a pas été vaine.

Le riche arrive, lui aussi, chargé de présents et le repentir sur les lèvres : il vient se renseigner auprès du marabout, l'entendre réciter quelque sourates du « Livre » qu'il ignore, ou raconter quelque pieuse légende, et, comme les autres, recevoir la nourriture sacrée. A tour de rôle, par groupe ou en particulier, tous paient, prient, se prosternent, mangent et repartent pour leurs demeures, la mine joyeuse, le cœur alerte, la conscience apaisée. Ils ont la conviction intime que leurs vœux seront exaucés, leur récolte abondante, leurs péchés pardonnés... Jusqu'à la visite prochaine, le mal sera éloigné de leurs gourbis, et, à cette époque aussi, si Dieu le veut, le marabout bienveillant les purifiera encore de leurs crimes, intercédera, de nouveau, en leur faveur. On immolera, en son honneur, l'agneau ou le bélier du sacrifice annuel, avec la même dévotion, les mêmes sentiments de tendresse et de dévouement que lorsqu'on le faisait sur les mzara.

Partout et en toute circonstance, l'intervention du marabout se fait sentir, débonnaire, capricieuse, et parfois arbitraire. Elle répond à tous les besoins, guérit tous les maux, favorise toutes les entreprises, même les plus téméraires, donne le bonheur aux méritants, élève les humbles à la foi robuste, protège les grands, comme elle provoque toutes les catastrophes, occasionne les accidents, fait naître les épidémies, voue aux peines éternelles les impies, fait échouer les meilleurs desseins, est l'arbitre des batailles, dirige les expéditions. De son sanctuaire, le marabout ruine le puissant indifférent aux choses de Dieu, voit tout, entend tout, connaît tout ; son action se manifeste en tous lieux et dans toutes les particularités de la vie. Et tout cela, par des moyens merveilleux, surnaturels, fantastiques, réservés aux véritables saints (Ouali), intermédiaires du Dieu unique, exécuteurs de ses volontés, chargés de récompenser les fervents et de châtier les rebelles ou les hésitants.

Et vraiment, les remèdes employés ne peuvent être à la portée du vulgaire, ignorant le langage divin et n'ayant pas, par conséquent, le don de l'approprier aux multiples besoins du genre humain. Le marabout, dépositaire de la science coranique, possède, nécessairement, toutes les facultés qui en dérivent. Car, tout aboutit aux paroles sacrées : par elles on dirige le monde à son gré, on surmonte les effets de la nature. Le tout est de connaître les attributs de chacune d'elles, et de savoir les employer à propos pour combattre, notamment, l'action des *Djenoun* malfaisants.

Alors, on a le don de la prédestination et des miracles, on est thaumaturge, on est marabout.

Voyez-le prodiguer sa science mystérieuse, ce santon imbu de *l'étincelle divine :* aux fiévreux, il fait avaler un petit feuillet couvert d'hiéroglyphes ou de signes mystérieux ; aux anémiés, il recommande de manger du poulet, des œufs marqués, au préalable, de caractères cabalistiques. On tue le volatile avec le cérémonial religieux usité, on le plume, et le marabout, de son *Qlam* (roseau), trace, un peu partout, des lettres coraniques, écrit des versets entiers, et la guérison doit s'en suivre. On guérit les blessures, les coups de feu, en les couvrant des cendres d'un manuscrit précieux rédigé à la minute par le thaumaturge; les effets mortels des piqûres des scorpions et des morsures des serpents sont enrayés, si on allume sur les chairs, ces mêmes morceaux de papier à la puissance miraculeuse. Mais quelle scène affreuse, quel spectacle hideux, que l'opération du marabout soignant la folie !

Le patient, au préalable solidement attaché et étendu aux pieds du saint homme, rugit d'effroi, ou, s'il est inconscient, regarde, hébété, les préparatifs longs et minutieux du supplice qu'on lui destine. D'une petite lampe, se dégage une lueur pâle ; quelques fidèles, accroupis autour, psalmodient, pendant que le marabout, majestueux et imposant, trace sur un papier des signes cabalistiques en murmurant des prières. Doucement, il roule les *Kaouaghid* (petits papiers), les plonge dans l'huile de la lampe et, quand ils en sont bien imbibés, les allume et les laisse se consumer.... dans les narines du patient. Les cris stridents que pousse ce malheureux remuent les plus insensibles, secouent les plus apathiques ; les convulsions dans lesquelles il se débat, en vain, sont terribles, monstrueuses, mais.... ne faut-il pas chasser le *Djin !!!* Horreur et... superstition !...

Ces remèdes *salutaires* ne sont, en réalité, que l'apanage du lettré, du taleb ou du marabout novice, car la faculté du thaumaturge est, non pas de guérir les maux d'autrui, mais de les prévenir. Et pour cela, il possède des talismans ou amulettes « *herz* » حرز au pouvoir surnaturel, avec lesquels il enfante des prodiges. Il en a pour tout et pour tous : il y en a qui favorisent les amours, ouvrent les portes des khalifes aux humbles, préservent des coups de feu, permettent de voir sans être vu pendant les nuits sombres, attirent la bienveillance des grands sur les coupables, font trouver des trésors enfouis sous la terre, etc.... D'autres sont souverains contre le mauvais œil, accordent une longue vie aux méritants, de la postérité à ceux qui en demandent, préservent les récoltes de la grêle et du siroco, les bestiaux des épizooties.

Certes, il en existe de plus ou moins efficaces ; mais, en général, leurs propriétés salutaires ne sont pas douteuses pour les croyants. Il ne saurait, du reste, en être autrement, car le marabout les tient de ses ancêtres de la lignée d'A'li, héritiers des trésors du prophète ; les versets du Coran qui y figurent ont été scrupuleusement choisis, et les noms des saints de la Bible y sont presque tous mentionnés. Avec cette écriture, généralement dépourvue de signes diacritiques, se voient quelques figures mystérieuses dont, seul, le marabout connaît le sens et la portée : des carrés, des triangles et d'autres images au milieu desquels sont écrits des chiffres, des noms d'Allah ou des caractères cabalistiques.

Parmi les amulettes léguées à la postérité et encore d'un usage fréquent chez les populations indigènes de l'Afrique septentrionale, nous en citerons quatre qui synthétisent toutes les autres. Ceux qui les portent doivent être préservés de tous les maux, et voir prospérer leurs entreprises. Quand il en est autrement, c'est que la foi religieuse n'est pas soutenue, ou bien que le précieux talisman a été souillé par des mains impies. Car sa puissance surnaturelle est incontestable, et il appartient à l'heureux propriétaire de la maintenir intacte....

Une des plus réputées est l'*herz andaroza* (1). Nous avons pu en avoir une copie pas trop altérée. Celui qui la porte sur lui, peut affronter, sans danger, les batailles ; les coups de sabres sont impuissants à l'abattre, les balles s'aplatissent sur son corps.

---

(1) Le mot Andaroza n'est, comme le lecteur le pense, que l'altération du mot Andalouza, dérivé d'Andalousie, contrée d'où sont venus les fakih qui ont, sans doute, puisamment aidé à propager ce genre de manuscrits. Le mot s'est conservé à travers les siècles et a été probablement altéré par les copistes.

Voici dans quelle circonstance ce précieux talisman aurait été découvert :

. . . .

On rapporte, comme le tenant de Bou-A'bbas (qu'ils soient, lui et son père, agréés de Dieu), et de A'bdallah ben Mohammed ben A'bdallah, le récit suivant :

« Un homme avait été amené devant l'un des khalifes de la dynastie
» omeïade pour être mis à mort.
» Dja'far ben Mohammed es-Seddik, — Dieu lui soit miséricordieux !
» — ayant abordé ce malheureux, remarqua l'impression de frayeur que
» lui causait l'attente de son sort. Il lui remit alors un morceau de
» papier couvert de caractères, et l'engagea à le mettre dans sa poche
» et à l'exhiber au Khalife, ajoutant qu'il en retirerait avantage auprès
» de son souverain.
» Notre homme prit le papier, après avoir exprimé sa reconnaissance
» à son interlocuteur.
» Dès qu'il fut mis en présence du Khalife, celui-ci ordonna de lui
» trancher la tête.
» Obtempérant à cet ordre, le bourreau s'empara du sabre et l'en
» frappa par trois fois, sans que son arme produisit la moindre coupure.
» Étonné, l'Émir fit fouiller le patient, et l'on trouva dans sa poche
» le papier sacré.
» D'où te vient cet écrit ? lui demanda le Khalife.
» De la postérité d'A'li ben Abou-Taleb — qu'il soit agréé de Dieu !
» Tu as raison, reprit le prince : A'li a laissé de véritables trésors,
» et sa famille est dépositaire de l'Avertissement (du Coran) ».

Il lui rendit ensuite la liberté et se fit donner lecture du contenu de la fameuse amulette, qui se compose de multiples invocations à Allah, dont voici un spécimen :

« O mon Dieu ! si l'un de tes sujets veut mettre en œuvre contre le
» porteur de mon présent écrit : le mal, la malignité, la méchanceté, la
» perversité, l'astuce, l'imposture, la jalousie, la sorcellerie, la magie,
» la ruse, l'iniquité, l'injustice, coupe-lui, ô mon Dieu ! la tête. Contiens
» son esprit malfaisant, bride lui la bouche, détourne de moi ses
» artifices. Protège-moi contre lui et contre toute créature que tu tiens
» par le bout de la chevelure.
» O mon Dieu ! fais entrer le porteur de cet écrit sous ta protection
» inattaquable, sous la tutelle de ton pouvoir invulnérable, sous ton
» patronage qui ne fait jamais défection. Ta protection est comme un
» fort inexpugnable, ton patronage est puissant, ton pouvoir est irrésis-
» tible. Tu es tout puissant.
» Je me retranche derrière le possesseur de la gloire, de la puissance
» et de l'omnipotence ; je cherche refuge auprès du dépositaire de la

» force, du pouvoir et de la souveraineté. Je mets ma confiance dans le
» vivant qui ne meurt point ».

Ces diverses invocations, au sens mystique, sont suivies de nombreuses citations du Coran, aux propriétés préservatrices.

Un autre talisman préservatif, incomparable, est *l'herz* (amulette), dite la « *chamelle* », contre le mauvais œil, cette superstition de tous les peuples pasteurs, sans cesse combattue et toujours cause des malheurs les plus graves. En voici la traduction textuelle :

« Louange à Dieu !
» Par le nom de Dieu clément et miséricordieux !
» Que Dieu répande des bénédictions sur notre Seigneur Mohammed !
« O mon Dieu, mon Maître !
» Mets en œuvre contre mon ennemi, le visage renfrogné, la flamme
» éclatante, la nuit obscure, le sabre lisse, la mer gelée, la pierre
» sèche !
» O mon Dieu ! arrache l'œil de celui qui exerce l'influence du
» mauvais œil, extirpe l'envie de son front et la parole de ses lèvres !
» Fais retomber sur lui sa propre machination, ô mon Dieu ! dans
» ses biens et dans ceux qui lui sont le plus chers.
» Lève les yeux vers le Firmament ; y vois-tu une seule fissure ?
» Lève les encore deux fois, et tes regards retourneront à toi frustrés
» et fatigués.
» Il faudrait que l'œil, qui se compose de sang subtil et de chair
» agglutinée, pût s'attaquer à la fortune de celui-là même qui exerce
» cette influence néfaste.
» Il n'y a de Dieu que Dieu !
» C'est la marque de ma foi et de ma soumission.
» Dieu est grand : c'est le cri de ma proclamation et de ma vénération.
» Louange à Dieu, en reconnaissance de ses bienfaits et de sa
» générosité.
» Dieu est grand : c'est le témoignage de ma confiance et de mon
» abandon.
» La création des cieux et de la terre est quelque chose de plus
» grand que la création du genre humain, mais la plupart des hommes
» ne le savent pas (Coran, 3-59. Le Croyant) (suivent des extraits du
» Coran : Les Confédérés ; chap. de l'Unité de Dieu ; chap. de l'Aube du
» Jour ; chap. des Hommes) ».

Comme on le pense, ce talisman est suivi d'un récit explicatif sur son origine. Nous le donnons dans toute sa naïveté.

On raconte, « d'après Bou A'bbas, puisse-t-il, ainsi que son père, être agréé de Dieu ! » l'anecdote qui suit :

« Hassan, fils d'A'li ben Abou-Taleb, — qu'ils soient favorisés l'un et
» l'autre de la satisfaction divine ! — s'étant mis en route, monté sur sa

» chamelle, vint à passer auprès d'un campement arabe. Parmi les
» nomades de cette tribu, se trouvait un homme exerçant l'influence
» du mauvais œil : il répondait au nom de Bel-Houbal ben Semaka-el-
» Aoussi (originaire du pays d'Aous), — qu'il soit maudit de Dieu !

» Lorsqu'il lançait un regard, cet individu était comparable à l'archer
» qui décoche sa flèche.

» Avisant ses compagnons, il leur demanda s'ils voulaient manger
» de la viande de la chamelle dont il vient d'être parlé.

» Comment t'en rendras-tu maître, répondirent-ils, par l'emploi de
» la violence ou en vertu d'un marché ?

— » Je ne l'usurperai, pas plus que je ne l'achèterai ; je n'aurai qu'à
» jeter un regard et prononcer les paroles qui me sont propres, et,
» aussitôt, elle tombera agenouillée et je pourrai la prendre à son pro-
» priétaire à vil prix.

— » A ta volonté ! fais de cet animal ce que bon te semblera.

» A peine eut-il lancé un regard et proféré un mot, que la chamelle
» s'affaissa sur le sol.

— » Hassan, — qu'il soit agréé de Dieu ! — mit aussitôt pied à terre et
» examina sa monture, pensant qu'elle avait été piquée par un scorpion
» ou mordue par un serpent, mais il ne vit absolument rien. Il exhiba
» alors un billet qu'il passa le long du corps de sa bête, en commençant
» entre les oreilles pour finir à la partie droite de la croupe.

— » Cela fait, il donna un coup à l'animal qui se leva aussitôt tout
» droit avec la permission de Dieu ; puis, il le prit par la bride et l'amena
» devant le groupe des nomades.

» Après l'échange des salutations, il leur posa cette question : Quel
» est celui d'entre vous qui voulait s'approprier ma chamelle en faisant
» agir le mauvais œil ?

— » Il n'y a point, parmi nous, d'hommes de cet acabit, rispos-
» tèrent-ils.

— » Laissez-moi passer ce billet devant vos yeux et Dieu tranchera,
» alors, entre l'homme de mauvais œil, et moi.

» Puis, saisissant le papier, il le fit circuler devant le groupe, de
» figure en figure, jusqu'à ce que, le tour d'El Houbel étant arrivé, il le
» lui passa sur le visage. Aussitôt, les yeux de cet individu tombèrent
» à terre, par un effet de la puissance du Dieu Très-Haut.

— » Tu as tué notre ami, clamèrent ses compagnons.

— » Je le jure, reprit-il, ce n'est pas moi qui l'ai tué, mais Dieu.

— » Nous te conjurons de nous dire qui tu es.

— » Je suis Hassan, fils d'A'li ben Abou-Taleb.

— » Par Dieu et par les principes de Mohammed (que Dieu répande
» sur lui ses bénédictions et le salut !), nous te conjurons de nous
» donner, par écrit, ces noms mystérieux ; et il déféra à leur désir.

» Dieu est le plus savant ! »

. . . .

En voici une autre remarquable, employée efficacement, non seulement contre le mauvais œil, mais encore contre la sorcellerie, et produisant des effets merveilleux pour tout ce que le croyant peut désirer :

« Par le nom de Dieu, maître du pardon, qui s'est établi sur le trône, devant lequel les têtes des potentats s'inclinent et les cîmes des monts les plus élevés s'abaissent, à cause de sa puissance !

» Les regards des peuples oppresseurs ont été voilés en présence des croyants.

» Sourds, muets, aveugles, ils n'entendent point, ne voient point et ne parlent qu'en termes favorables ou observent le silence.

» Alors, les colliers au cou et enchaînés, ils seront traînés dans l'enfer.

» Ils te regardent, mais ils ne voient rien (Coran, VII-173, El-A'raf).

» Si nous avions voulu, nous aurions envoyé du ciel un prodige devant lequel ils auraient humblement courbé leurs têtes (Coran, 3-3, Les Poètes).

» O mon Dieu, ô dompteur des puissants, des nations insolentes et des peuples des siècles passés, punis d'un châtiment exemplaire celui qui m'a porté malheur !

» O celui qui a frappé les hommes à l'Éléphant, contre lesquels il a envoyé les oiseaux ababils qui leur lançaient des pierres portant des marques imprimées au ciel ; et il en a fait comme de la balle dont le grain a été mangé.

» C'est vers toi que l'on se réfugie et c'est de toi que vient la victoire.

» Vaincs celui qui a voulu me vaincre, ô vainqueur non vaincu !

» Comment pourrais-je avoir peur quand tu es avec moi, et comment pourrais-je souffrir quand ma confiance repose en toi ?

» Je te fortifie, ô porteur du présent écrit, de la même façon que Dieu a fortifié son prophète Mohammed.

. . . .

» J'ai placé, ô porteur de mon écrit, entre toi et tes ennemis, afin de te dissimuler à leurs regards, de la même façon que se dissimulaient les prophètes pour se soustraire aux violences des Pharaons : Gabriel à ta droite et Michel à ta gauche, et la baguette de Moïse entre tes mains.

» Dieu t'observe : Il te délivrera de tes ennemis par un effet de sa force et de sa puissance.

» O mon Dieu ! garde le possesseur de mon écrit de la même manière que tu as gardé l'auguste Avertissement.

» Tu as parlé, et ta parole est la vérité.

» Nous avons fait descendre l'Avertissement (le Coran) et nous sommes ses gardiens.

» J'ai fait intervenir, entre toi et tes ennemis ou tes agresseurs, une nuit obscure, un sabre tranchant, une mer profonde. Si tes ennemis te

» poursuivent, ils seront mis en déroute, et si tu les poursuis toi-même,
» tu parviendras à les tuer.

» Nulle créature n'aura de pouvoir ni de puissance sur toi, grâce à
» la bénédiction divine et aux bénédictions qui accompagnent les
» attributs de Dieu : Il n'y a de force et de puissance qu'en Dieu, le
» Sublime, l'Immense.

» Ci-après figurent les noms de la *hamila* (il s'agit sans doute de
» l'amulette portée en bandoulière).

» Ces noms sont utiles à celui qui veut être agréé, aimé ou inspirer
» de la crainte à ceux qui le regardent :

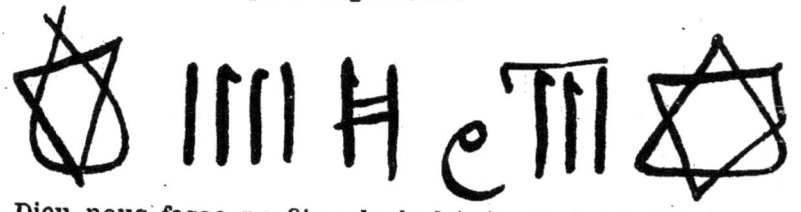

» Dieu nous fasse profiter de la bénédiction attachée à ces noms!
» Amen ! »

Citons encore l'*Herz-el-Mordjana* (2) et, plus particulièrement, l'invocation dite d'*El-Ahed* (la Garantie). Cette dernière paraît synthétiser toutes les vertus préservatrices :

---

(1) Étoile à six pointes, formée de deux triangles entrelacés, à bases parallèles. C'est le pantacle macrocosmique de Salomon, auquel correspondent les Trigrammes de Fo-Hi. (V. *Essais de sciences maudites; Au seuil du mystère*, par Stanislas de Guaita, p. 37). On sait que Salomon, qui commandait aux génies, était versé dans les sciences occultes. Son autorité est souvent invoquée par les fabricants d'amulettes. D'ailleurs, la figure représentée est généralement connue sous le nom de *khatem Sliman* (sceau de Salomon).

(2) Ce talisman jouit d'une grande réputation en Algérie. Il détruit les sortilèges, dénoue les nœuds, facilite l'enfantement, aide à la vision, guérit les maux de cœur, la migraine, les affections du dos et des articulations, toutes les maladies, en un mot. Ses avantages sont tels que Dieu seul en connaît le nombre.
Il était porté, a dit le cheikh Kemoleddin ben Youcef, d'après son maître Noureddin el Isbahani, par la négresse Mordjana, dont le khalife, malgré ses trois favorites : *Qaouat el qelb* (force du cœur), *Badhjat ezzennar* (beauté du siècle) et *Reidoura*, était éperdument amoureux.
Mordjana morte, le précieux talisman qui la faisait paraître belle aux yeux du khalife, passa à la laveuse qui avait préparé son linceul et qui, à son tour, devint en faveur auprès du Prince des Croyants.
Avant de mourir, la laveuse confia l'*herz* à Noureddin en lui disant : « Dans ce talisman est le grand nom de Dieu que l'on n'invoque jamais sans être exaucé ». Quarante savants le transcrivirent, et sa renommée se répandit bientôt dans les environs et dans tous les pays de l'Islam.
Sa composition est remarquable. Il semble que son auteur ait voulu y synthétiser, avec les attributs divins, ceux, symboliques, des personnages bibliques. Naturellement, comme partout, le Coran y tient une large place. Il nous paraît intéressant de donner le commencement de la *Mordjina* :

» Je le jure par celui entre les mains duquel réside le pouvoir, tout
» individu qui prononcera cette invocation une seule fois, en une
» heure, en un jour, en un mois, en une année ou dans le cours de sa
» vie, *entrera au paradis sans jugement.*

» O prophète de Dieu, lui demanda-t-on, et si cet individu a commis
» l'adultère ou le vol ?...

» S'il s'est rendu coupable d'adultère ou de vol, répondit le prophète,
» les anges le couvriront de leurs ailes, prieront pour lui et imploreront
» son pardon ».

« Suit le texte du talisman qui se termine par la déclaration suivante:
» Amulette destinée à nouer les langues, à éteindre la colère, à apaiser
» le mal.

» Une fois écrit, son porteur, homme ou femme, devra l'accrocher à
» la tête; Dieu nouera toutes les langues, et le détenteur sera agréé
» partout où il se rendra » (1) . . . .

Nous ne multiplierons pas les exemples; les spécimens qui précèdent

---

« Au nom de Dieu clément et miséricordieux!
» O mon Dieu, je te prie par l'*Être* et sa grandeur, par le *Siège* et son étendue, par le *Trône* et son élévation, par la *Balance*, ses plateaux et sa largeur, par la *Plume* et son écritoire, par la *Table* et sa conservation, par le *Sirath* et son étroitesse, par *Gabriel* et sa fidélité, par *Michel* et sa parole, par *Azrafil* et sa fierté, par *Azraïl* et sa sécurité, par tes faveurs et leur paradis, par l'*Ange* et sa souveraineté, par *Adam* et sa formation, par *Ève* et sa faute, par *Idris* et son enlèvement, par *Saleh* et sa chamelle, par *Noé*, sa barque et ses prières, par *Moïse* et sa parole, par *Aaron* et sa crainte, par *David* et sa gloire, par *Salomon* et sa puissance, par *Zacharie* et son annonciation, par *Khidr* et sa source, par *Abraham* et son intimité, par *Jésus* et sa supériorité, par *Jacob* et son isolement, par *Joseph* et ses aventures, par *Mohammed* (que le salut de Dieu soit sur lui !) et son intercession, par le *Coran* et sa lecture, par la science et son étendue, par *Abou Beker* et sa retraite, par *Omar* et sa justice, par *Otsman* et sa parenté, par *A'li ben Abou Taleb* et son courage, etc.; viennent ensuite de nombreuses sourates du Coran et des invocations par Noé, Moïse, l'Écriture, l'Évangile, les Psaumes et le Coran... »

Les talismans comprennent généralement deux parties distinctes : un texte et une figure, laquelle se nomme *djedoul* ou *khatem*. La matière sur laquelle on les écrit n'est pas toujours indifférente. Suivant le cas, on emploie le parchemin, voire du parchemin de gazelle, du plomb, de l'argile, de l'argent, etc.

Les Kabyles, principalement, excellent dans la fabrication du talisman et des recettes médicales qui en sont comme le complément obligé. D'ailleurs, ces recettes s'appliquent non seulement aux faits matériels : maladie, impuissance, grossesse, etc... mais encore aux faits moraux : tiédeur dans le service de Dieu, dissensions, projets........ jusqu'à l'amour, etc. (*). — Auteurs célèbres en la matière : Aboul A'bbas Ahmed ben Mohammed, de Merrakech, plus connu sous le nom d'El A'bassi; Abou Abdallah Mohammed Youcef es-Senoussi. Les autorités sur lesquelles ils s'appuient souvent sont : Bourzeli, Ghazali, Chadli, Senoussi, Dimiathi, Tsalbi, etc... Voyez les petits traités de médecine répandus en Algérie tels que la *Harounïa* de Manih et la *Kitab Errahma* de Syouthi, etc...

(1) Traduction de M. Sicard, interprète militaire.

Les amulettes et talismans sont encore aujourd'hui des moyens de propagande très

(*) V. *Une mission médicale en Kabylie*, par le Dr Leclerc, médecin-major (Paris J.-B. Baillière, 1864).

Spécimens d'Amulettes

donnent une idée exacte des mystères qu'ils renferment. Du reste, les Musulmans n'ont, de ce côté, rien inventé. Le talisman est né avec la superstition, et celle-ci est inséparable du genre humain ; tous les peuples, quel que soit leur degré de civilisation, ont une certaine croyance mystérieuse à ce qu'ils ne peuvent comprendre, se font des reliques avec les objets qu'ils croient bénits au contact de ce qu'ils vénèrent. L'amulette est encore en usage dans presque tous les pays de l'occident, et les races germaniques y ajoutent toujours une foi sincère. Les Aborigènes de l'Afrique septentrionale croyaient y trouver un remède à leurs maux. Ne soyons donc pas étonnés en voyant, encore aujourd'hui, les petits sachets, triangulaires ou carrés, en cuir ou en étoffe, plus ou moins ouvragés, qui sont suspendus à leur cou, sur leur dos, à leur ceinture et dont leurs vêtements sont constellés. Ne soyons pas surpris de leur voir un culte particulier pour ces petites feuilles de papier couvertes d'hiéroglyphes et de signes cabalistiques, et excusons-les de les conserver pieusement, durant de longues années — jusqu'à ce quelles soient réduites en miettes et que le vent en emporte la poussière — dans des tuyaux en roseau, en corne, en fer blanc, parfois en argent, lorsque ce n'est pas dans des boîtes métalliques d'un prix très élevé ! . . . .

Nous aussi, nous avons nos amulettes auxquelles nous reconnaissons autant de mérite que les Musulmans en accordent à leurs talismans ; et les cornes de corail, que portent les Napolitains, sont aussi susceptibles de réflexions que celles d'animaux renfermant quelques versets préservatifs du Coran.

Les effets du talisman ont, nous l'avons déjà dit, une durée en rapport avec les soins dont on les entoure ; moins ils sont souillés par les regards des incrédules ou des hérétiques, plus leur puissance est grande et se maintient efficace.

Aussi, les manuscrits cabalistiques sont-ils conservés, jour et nuit, avec une dévotion toute spéciale ; celui qui les porte ne s'en sépare jamais. Ce serait manquer de foi et vouloir s'attirer les châtiments du marabout qui les a donnés.

Le santon a, du reste, tout prévu : pour que le vulgaire n'en comprenne pas le sens et n'en fasse un commerce illicite, il a eu soin d'écrire des caractères sans signes diacritiques et sans liaison. De sorte que le plus habile ne peut en prendre connaissance, et que le dévot se contente d'y attacher une importance d'autant plus grande qu'elle est pour lui d'essence divine et, par suite, inexplicable, mystérieuse.

**

---

efficaces ; certaines confréries en ont le monopole, et les moqaddim qui les distribuent, à la masse des crédules réalisent des bénéfices importants.

Au moment de la mise en pages, on nous apprend qu'on vient d'arrêter, à Tébessa, quatre émissaires de la corporation des *Soulamia*, porteurs de plus de huit cents exemplaires imprimés en Tripolitaine, des talismans les plus appréciés par nos sujets musulmans.

L'octroi des remèdes merveilleux et des talismans préservatifs constitue, comme on le voit, l'un des attributs fondamentaux du marabout. Mais la foule ignorante lui reconnaît d'autres pouvoirs bien plus extraordinaires, bien au-dessus de tout ce que l'imagination peut concevoir. Sa faculté distinctive est de faire des miracles par le seul fait de son pouvoir souverain; c'est encore de produire des choses prodigieuses par un simple attouchement, une invocation à Allah prononcée d'une certaine manière, avec un signe, un geste, une syllabe.

Voyez, dans le désert, ce puits jaillissant: il est le résultat d'un coup du bâton pastoral frappé par l'apôtre de Dieu au moment où son escorte était sur le point de périr de soif en ce lieu torride.

Admirez l'oasis verdoyante qui, de loin, vous invite au repos : elle marque une étape du célèbre thaumaturge vulgarisant la foi musulmane.

Et ce ravin, où coule une eau putride, à laquelle le vulgaire accorde des propriétés curatives ou thérapeutiques, n'existe que par la volonté du marabout désireux de procurer aux croyants un remède infaillible contre la gale dont sont fréquemment atteints les chameaux de la contrée.

Ne trouvez pas naturel ce monticule isolé dans la vaste plaine qui s'étend à vos pieds, cette pétrification à forme conique que vous apercevez au bord d'une source d'eau thermale, cette eau limpide qui sort d'un rocher abrupt d'où vous contemplez l'horizon : ce sont les effets de la puissance thaumaturgique de l'Ouali.

L'anfractuosité de la montagne qui est devant vous, s'est formée pour lui servir de retraite; l'arbre touffu, florissant, qui, isolé sur la cime, semble dominer l'horizon, a poussé pour le préserver des rayons du soleil brûlant; et la brèche immense qui sépare ces deux roches, est le résultat d'un coup de sa canne, frappé un jour qu'il voulait favoriser le libre cours des eaux bourdonnantes de la rivière !. . . . .

Mais écoutez plutôt ce vieillard centenaire qui entretient les gens de son douar, attentifs à ses discours, des prodiges surhumains accomplis par le saint dont la *Koubba* s'élève, symbolique, sur le monticule voisin. Il a vécu un peu de l'existence du thaumaturge, lui, et sa mémoire fidèle lui permet de conter, à ses enfants émerveillés, les miracles multiples que son saint patron semait sur son passage.

Il l'a vu arrêter le courant des eaux, éteindre les incendies, détourner les inondations.

Il a assisté aux métamorphoses les plus surprenantes : par la volonté de l'ouali, l'homme frêle et chétif devenait un lion féroce, un ogre malfaisant; l'hérétique ou l'incrédule téméraire prenait les formes de la femme ; et le dévot, poursuivi par le prince arbitraire, échappait à ses représailles en devenant un aigle audacieux planant au haut des airs.

Il l'a vu, ce marabout magnanime, franchir les espaces aussi vite que la pensée; il l'a su, autre Appolonnius de Tyane, à la Mecque en même temps qu'à sa demeure; il l'a entendu converser avec le prophète, il l'a vu décider, de loin, du sort des batailles, recevoir dans ses bras le croyant sincère tombé ensanglanté au champ d'honneur, alors que lui-même était à cent lieues de la mêlée !. . . . .

Et après avoir ouï ces légendes merveilleuses, après avoir constaté le ravissement de ceux qui les écoutaient, vu passer dans leurs yeux, comme une image vénérée, une lueur d'enthousiasme et d'espoir, ne soyez pas surpris des privilèges accordés, du consentement de tous, à une catégorie de personnes vivant au milieu de leurs coreligionnaires, sans que, d'ailleurs, leur mérite ou leurs actions les signalent à votre attention : ce sont les descendants des marabouts. Ils tiennent leurs privilèges des effets des miracles opérés par leurs aïeux légendaires, et la plèbe, bien qu'elle en souffre parfois, les respecte pieusement, parce qu'elle craint de subir les châtiments des thaumaturges qui veillent, de l'Au-delà, à la conservation des prérogatives laissées, par eux, à leur postérité.

Pourquoi l'offrande annuelle que les *A'baziz*, pour ne citer que ceux-là, font aux descendants de *Sidi A'li*, le saint d'Aïn-el-Guethtaïa ?

— « Parce que leur ancêtre a, par sa miraculeuse intervention, fait couler l'eau dans la conduite qui dessert nos vergers », répondent les malheureux insensés ; et nous pourrions citer mille autres faits, aussi bizarres dans leur naïveté, mais devant lesquels on est obligé de s'incliner si on ne veut aller au devant des pires mécomptes.

. . . .

On pourrait écrire des volumes si on voulait énumérer les légendes hagiographiques auxquelles la science thaumaturgique du marabout a donné naissance en pays musulman ; tout se rattache à ces légendes. A chaque pas on en rencontre les vestiges et, aussi bien sous la tente du Saharien nomade que sous le gourbi du Tellien sédentaire, elles se répètent et se multiplient à l'infini.

Car le marabout emporte dans la tombe, le pouvoir de faire des merveilles, de protéger ceux qui respectent sa mémoire, qui vénèrent son nom, comme aussi de punir les ingrats ou les oublieux qui violent ses recommandations dernières, ou ne se conforment pas aux principes sacrés de la religion mahométane.

Les dénominations de marabout et d'ouali sont, nous l'avons dit, synonymes : la première est employée plus spécialement en Occident ; la deuxième en Orient et, nécessairement, ceux qui portent ces titres sont assis au même rang auprès du trône souverain ; ils demeurent, éternellement, les intermédiaires entre l'Être suprême et la pauvre humanité.

Aussi, de toutes parts, voyons-nous les *Khoddam* (serviteurs religieux), du marabout défunt, accourir, pour y prier, à la Koubba qui s'élève, imposante, ornée du croissant symbolique, au lieu même où, de son vivant, le saint personnage distribuait la mâne bienfaisante.

De ce tombeau s'échappent des effluves régénératrices, part le souffle qui vivifie ; tous les objets épars dans le sanctuaire, la terre même et les pierres qui l'entourent en sont pénétrées, et les croyants sincères, qui ont eu le bonheur de s'en procurer, les conservent comme des reliques aux propriétés miraculeuses, comme des talismans sans pareils.

Une visite pieuse au tombeau du marabout est presque aussi méritoire que le pèlerinage à la Mecque, tant il est vrai que les descendants du prophète ont hérité de la grâce divine, et que partout où ils ont passé, ils en ont laissé l'empreinte ineffaçable.

Le lieu sacré où reposent les restes du saint n'est pas, en effet, le seul qui soit sanctifié ; les endroits où il a prié, où il s'est reposé, où l'on est sûr de trouver les vestiges de ses pas ou de ses actes, sont respectés par la masse des fidèles.

Et comme pour les immortaliser à jamais, la masse leur applique ce nom de marabout avec autant de vénération qu'ils l'avaient fait jadis pour le chérif missionnaire : Marabout la mzara sur laquelle a été édifié le ribat, ... la zaouïa et plus tard la Koubba ; marabout la koubba elle-même ; marabouts le makam, le redjem, le neza, l'arbre consacré, etc.... marabout tout ce qu'on adore, qu'on vénère sous une forme quelconque et primitive. — Marabout tout ce qui surprend... tout ce qui frappe l'intelligence, tout ce qui émerveille. . . . .

Les appellations premières n'existent même plus dans le souvenir, et celles données aux choses sacrées par les arabes envahisseurs, ne sont employées que comme termes distinctifs.

Comment en aurait-il pu être autrement ? Si, comme ceux du Saint catholique, les attributs du marabout lui eussent été personnels, la masse aurait fini par reconnaître l'impuissance de ses mânes et, peut-être, les chaînes qui l'attachaient à lui se seraient-elles rompues ; son intelligence au lieu de tourner dans un cercle étroit, de demeurer dans un immobilisme qui la fait retarder de plusieurs siècles, aurait découvert de nouveaux horizons et subi son évolution normale. Mais non : en vertu du principe de la transmission de l'étincelle divine, les descendants en ligne directe du marabout héritaient aussi bien de son titre que des immunités qui y étaient attachées, et les générations, « tout en conservant une dévotion fervente pour le premier dépositaire du pouvoir » surnaturel, étaient heureuses de s'adresser à ceux de sa postérité qui maintenaient intacte la tradition et, parfois, dépassaient, en vertus et en prodiges, leurs vénérables aïeux.

Ainsi, sous l'aile protectrice de la religion musulmane, sous les auspices du Coran, s'établissaient et se perpétuaient des légendes fantastiques, et, au fond du cœur du croyant, s'enracinait pour jamais le culte maraboutique.

De siècle en siècle, les Lybiens, les Numides... les Berbères, en un mot, pour employer l'expression consacrée par l'usage et illustrée par Ibn-Khaldoun, sans bruit, sans troubles, sans révolution apparente, changèrent les noms de leurs idoles, volèrent leurs idées, les transformèrent en partie ; sous l'influence du missionnaire musulman, ils devinrent aussi fanatiques, sinon plus, de leurs nouvelles croyances, que les propagateurs de l'Islam eux-mêmes.

Le fond, cependant, demeura invariable ; tant il est vrai, comme l'écrivait un homme de talent, que, sous des formes diverses, les créatures ont toujours adoré les mêmes Saints et prié aux mêmes lieux.

Comment, en effet, en retrouvant dans le culte maraboutique, les mêmes superstitions, les mêmes légendes et les mêmes mystères chez la même race d'hommes demeurés sous l'influence des mêmes lieux et dans la même ignorance, comment, disons-nous, ne pas reporter sa mémoire à la foule de divinités locales que Tertullien appelle énergiquement « *decuriones deos* » ; aux dieux du monde souterrain : Larves et Lémures ; à ceux des *indigitamenta* ou registres sacrés ; aux dieux fétiches des autochtones ; comment ne pas penser à quelques-uns de nos Saints, à certaines de nos croyances populaires : Les Bacax, Eulisua, Silvain, Ifri, etc., après avoir dormi sous la mzara, se réveillent travestis dans le marabout, symbolisés dans un Allah suprême, comme ils l'avaient été, peut-être, dans un Dieu soleil.

Car, on l'a compris : chaque tribu, chaque fraction, a son marabout protecteur, comme autrefois elle avait son dieu champêtre.

Les Chorfa de l'Ouest, les pèlerins de Saguiet-el-Hamra à l'ombre du mystère, et les fakih de Cordoue, en avaient inondé l'Afrique septentrionale. Ils s'étaient répandus, comme de véritables oiseaux nocturnes, sur la chair palpitante des autochtones et, insensiblement, les Telliens et les Nomades oubliaient leurs anciennes divinités pour les Saints, plus récents, qui les remplaçaient, après avoir rénové leurs doctrines.

L'enthousiasme des guerriers avait agi sur l'âme des Berbères ; le marabout paisible, conciliant, persuasif, avait pris leur direction morale et les avait façonnés, à jamais, aux doctrines des *cha'ïa* qui répondaient si bien à leurs aspirations intimes.

Mais l'Est aussi fournissait son contingent d'hommes illustres par leur sainteté, et, des familles obscures, du peuple aborigène lui-même, surgissaient, sans cesse, des hommes vertueux, des illuminés…. des fous, se disant descendants du Prophète et qui, considérés comme des marabouts, étaient vénérés comme tels. Combien de chedjara vendues ou soustraites, combien de copies données dans un but de lucre ou de charlatanisme, combien de faux chorfa, combien d'héritages divins, authentiques aux yeux des naïfs, mais, en réalité, faussés par la légende, corrompus par les vicissitudes des temps et l'avidité insatiable de la nature humaine !!

Quoi qu'il en ait été de cette souche sacro-sainte, aux multiples et profondes racines, d'où se sont détachés, pleins de sève, des branches et des rameaux innombrables; de ces assises célestes où se sont élevés des monuments impérissables; quelle que soit l'origine de cette multitude de Saints immortels, leur postérité acheva leur œuvre. Leurs koubba aux dômes symboliques, leurs tombeaux usés par les genoux des croyants, ravivaient sans cesse leur souvenir et demeurent les témoins de leur grandeur. Le nombre des serviteurs fidèles qui y venaient fortifier leur âme, chercher un refuge à leur contact ou s'abriter sous leur ombre, devenait de plus en plus grand, et, aujourd'hui, il comprend la presque totalité des croyants.

Dans les endroits déserts où des marabouts, conduits par le destin, avaient cessé de vivre et où reposaient leurs dépouilles mortelles, se réunissaient des tronçons épars de tribus, des fractions disloquées par les événements; là, aussi, se réfugiaient les simples, les déshérités, les fervents, les étrangers, les pauvres diables; et, avec le temps, de ces éléments si divers, naquirent de véritables agglomérations unies par les liens religieux, des tribus ennoblies par le souffle divin qui se dégageait du tombeau de leur Saint vénéré, dont chacun prétendait descendre, et dont le nom se transmettait, à tous, de génération en génération.

De ces tribus ou fractions, on en compte, en Algérie, plus de cent. Elles se distinguent, plus particulièrement des autres par l'appellation : « *Oulad Sidi N.........* », les fils du Seigneur N........., car ce mot Sidi, aujourd'hui vulgarisé, était, à l'époque de la toute puissance des Chorfa, comme la particule de la noblesse religieuse.

Mentionnons, au hasard de la plume, les Oulad Sidi A'bdallah, Oulad Sidi A'bdelkader, Oulad Sidi A'ïssa, Oulad Sidi Cheikh, Oulad Sidi Moussa, Oulad Sidi A'ffif, Oulad Sidi Salem, Oulad Sidi Younès-Chorfa, etc., etc. (1).

Ainsi, le qualificatif de marabout, après avoir été donné, individuellement, aux chorfa du Maghreb, aux derouich mendiants, aux simples lettrés, aux illuminés..., aux fous, à tous ceux qui semblaient attachés aux choses saintes par un lien quelconque; après avoir été porté dignement par leur postérité et illustré par les *Oualaïa*, les champions de l'islamisme, appliqué aux lieux saints, s'étendit à des collectivités qui, encore aujourd'hui, s'honorent d'un pareil titre, non seulement parce qu'il perpétue l'héritage divin laissé par leurs aïeux, mais aussi, et surtout, parce que ce legs du passé confère, à ceux qui en ont la garde, des immunités appréciables et une considération fort grande.

---

(1) Voir sur l'origine des tribus maraboutiques :

1° *Le Répertoire alphabétique des tribus et douars de l'Algérie*, par F. Accardo, vérificateur du service topographique (Alger, typ. A. Jourdan);

2° *Histoire de l'Afrique septentrionale*, par Ernest Mercier;

3° A. Carette : *Recherches sur l'origine et les migrations des principales tribus de l'Afrique septentrionale;*

4° *Les travaux des Commissaires-délimitateurs chargés de l'application du sénatus-consulte de 1863.*

Car les santons musulmans, quelque désintéressés qu'ils paraissent des jouissances de ce monde, ont encore plus de religiosité que de religion ; et les marabouts, parvenus à l'apogée de la puissance spirituelle, n'ont pas négligé de réserver à leur progéniture des avantages matériels. Petits et grands, hommes et femmes, apportaient, par nécessité ou par habitude, aux descendants de leur Saint de prédilection, le prix de leurs conseils, de leurs talismans et de leurs miracles ; des tribus entières se reconnaissaient tributaires d'autres tribus ou fractions d'origine maraboutique ; les dynasties régnantes, intéressées à ménager les susceptibilités des marabouts, les comblaient de faveurs, et, tout comme au temps des dieux du paganisme, princes et manants allaient sacrifier, aux époques accoutumées, sur les tombeaux des thaumaturges.

C'est l'éternelle histoire du tribut payé par l'ignorance au charlatanisme.

Malgré le dédain de quelques esprits éclairés, la puissance des marabouts ne faisait que croître. Les transformations de la pensée qui s'opèrent dans l'ombre, et les doctrines qui apparaissent à l'Orient, ce pays de l'imprévu et du mystère, vont contribuer à élargir, sous une forme nouvelle, le domaine de cette puissance, à lui ouvrir de nouveaux horizons.

Il y a encore de beaux jours pour les oracles, dans ce pays où la croyance au merveilleux est comme un fruit du sol : lettrés ou ignorants, aristocrates ou paysans, tous sont invinciblement attirés vers le surnaturel.

De même qu'au temps d'Apulée, la foule se pressait chez les aruspices ; de même qu'au dix-huitième siècle, c'étaient « les guérisons miraculeuses du diacre *Pâris*, les visions des illuminés et le baquet magnétique de *Mesmer* » (1), qui passionnaient les esprits ; de même la société islamique a conservé ses augures, ses sorciers et ses enchanteurs, ses fétiches et ses talismans. On voit passer, dans les tribus, des illuminés en haillons, « des faiseurs de miracles qui laissent bien loin, derrière eux, la « Voyante de la rue de Paradis », « porte parole de l'archange Gabriel », les évocations des médiums et les tables tournantes.

Les Arabes ne mettent pas en doute les prodiges de leurs thaumaturges ; ils ne vont pas chercher le fond et la fin des choses ; la magie qui enchante, la fascination qui tue, sont, pour eux, des articles de foi.

N'en rions pas, car, sous ce rapport, nous n'avons rien à reprocher aux Musulmans ; nous avons, nous aussi, nos devineresses et nos guérisseurs, nos mystiques et nos professeurs de sciences occultes, nos mystagogues et nos mages. Les gens qui croient aux incantations et aux réincarnations ne sont pas rares, et, dans la capitale même, il se produit une curieuse poussée vers le mystère et l'inex-

---

(1) Duruy, H. de R., p. 451, t. 5.

pliqué. D'aucuns, qui chassent l'âme de partout, ne croient-ils pas la trouver dans *l'ébénisterie ?*

Schlatter sème des miracles en Amérique, pendant qu'à Paris, la pythonisse Eusapia laisse se gonfler, sous un souffle mystérieux, le rideau de lustrine derrière lequel elle opère ses merveilles.

Les travaux scientifiques ni les merveilleuses découvertes des temps contemporains n'ont rien changé : une foule de superstitieux se presse là où des descendants des sybilles vaticinent, cherchant, toujours et partout, la guérison des maladies physiques ou morales dont souffre l'humanité.

. . . .

Telle fut l'œuvre des marabouts.

Ils ont marqué, dans l'évolution islamique, une phase dominante, et, comme l'a écrit M. Albert Réville : « S'il faut à l'humanité, à un certain moment du développement religieux, des *hommes-dieux* », c'est peut-être dans le Mahométisme que cette conception puise le plus de force et apparaît avec le plus d'évidence.

En tous cas, les marabouts ont tenu et tiennent encore merveilleusement l'emploi d'hommes divins. Leur succès réside certainement, tout entier, dans cette idée fondamentale de la religion musulmane : que l'homme est impuissant à trouver la voie droite, — la vérité. — De là au messianisme et, plus tard, au culte maraboutique, la distance devait être vite franchie.

Nourri par le madhisme arrivé en Afrique avec les Fatimites, propagé par Ibn-Toumert qui enseignait l'impeccabilité de l'imam, le messianisme, après avoir été savamment exploité par les marabouts, servira de plate-forme aux patrons des confréries religieuses ; mais comme le peuple aime à voir, dans sa religion, l'esprit d'ascétisme, ces derniers l'emporteront rapidement sur leurs co-sectateurs et finiront par prendre la direction, pour ainsi dire exclusive, des masses.

Il y a là deux grandes étapes religieuses : celle des marabouts et celle des confréries religieuses.

Les marabouts couvrent d'un transparent manteau la croyance populaire du Berbère, propagent la croyance à la sainteté du derouich (ouali) et à la transmission de la grâce divine chez les descendants du Prophète, et, finalement, étouffent et maîtrisent la pensée qu'ils dirigent à leur gré.

Voilà pour la morale.

En politique, l'invasion maraboutique joue un rôle aussi marqué.

S'introduisant dans les tribus, tel un coin de fer dans un morceau de bois, qu'il y vienne pour faire du prosélytisme ou qu'il y soit appelé comme arbitre, des nombreux différends nés de l'indépendance dont jouissaient les populations depuis la chute des Almohades, le marabout prend partout racine.

On le voit s'établir, le plus souvent, sur des zones incultes et devenues vacantes par suite de dissentiments entre les groupes berbères, et, après la réconciliation, y former un établissement définitif, véritable siège de gouvernement.

Dans ce sens, on peut dire que les marabouts arrêtèrent sur la route de la barbarie, les tribus qui s'y étaient de nouveau engagées vers le commencement du XIVe siècle.

. . . .

La seconde et définitive étape, celle des confréries religieuses, s'opère, parfois, en même temps que la première. Tout en paraissant respecter les positions conquises par le Marabout, la Confrérie va peu à peu, se substituer à lui presque entièrement, marquant ses haltes par ces pratiques d'ascétisme, de contemplation et d'hystérie mystique dans lesquelles est aujourd'hui embourbée la grande majorité des croyants.

En vain, les soufis, qui vont devenir les patrons des confréries religieuses, chercheront dans le Coran les appuis qui leur manquent pour islamiser leur enseignement : ils iront, impuissants et comme pris de vertige, s'abîmer, se perdre dans le fond du vieil Orient dont l'esprit, en religion, en littérature, en langage et en institutions, a gardé, sous la diversité des formes, sa physionomie propre, sorte de synthèse du polythéisme qui n'est autre chose que ce *panthéisme*, auquel *Çakia-Mouni* a donné la forme la plus savante et la plus accomplie.

Avec les soufis, la vie de l'homme va devenir une apparence, une magie, la *maïa* des Indous ; à ces nobles et chauds élans de l'âme philosophique, à cette inépuisable charité, à cette excessive pauvreté, à cette immense piété, qui dominaient la méthode à ses débuts, vont se joindre pour s'y fondre, dans un incroyable et hideux mélange, des pratiques outrées, aboutissant à un panthéisme particulier et souvent immoral, le tout sous le couvert de l'idée, désormais sapée, du monothéisme grandiose que le Prophète avait apportée au monde.

.

Pour suivre cette curieuse évolution, il nous faut revenir à Baghdad. Nous y avons laissé les soufis organisés en une puissante corporation aux principes sacrés puisés aux sources divines ; prêchant à la foule émerveillée leurs doctrines spiritualistes ; enseignant aux croyants la voie, le dikr mystérieux, qui les conduisent à l'absorption en Dieu, leur procurent, chose étrange ! ces visions béatifiques recherchées, ce bonheur ineffable devenu l'objet de leurs continuelles aspirations. Comme les disciples des Pythagore, Socrate, Platon, Aristote, les élèves d'Abou-el-Kacem el-Djoneïdi, Seri-Sakati, Marouf-el-Kerkhi, Abou-en-Nacer-el-Kerkani, etc..., portent, au loin, leurs doctrines. Sur divers points du monde musulman, ils les propagent avec toute l'éloquence et l'ardeur de l'apostolat.

Mais, avec eux, nous entrons dans une évolution nouvelle ; les idées se transforment : au gré des théologiens qui les professent, les doctrines soufites vont bientôt subir, suivant les pays où elles s'enracinent et les intelligences auxquelles elles s'adressent, de profondes altérations.

Certains rites, certaines formules symboliques (*dikr*), certaines pratiques auront, tout comme la philosophie initiale de l'école, la vertu de faire entrer l'homme en commerce avec Dieu.

Avec Djoneïdi, nous en étions aux états extatiques; avec A'bdel-qader-el-Djilani et ses disciples, nous tomberons dans les miracles. Le soufisme, après avoir traversé les hautes régions de l'amour, de la piété et de la philosophie, va se perdre dans la théurgie, creuset des fluctuations, des contrastes, des horreurs et des mystères, où s'engloutissent, pour jamais, la religion et la philosophie.

Pendant que les esprits étaient accaparés par le merveilleux des marabouts, les nouveaux pharisiens, introduisaient dans l'ombre et le mystère, le surnaturel de leur système, et, de Baghdad à Cordoue, l'ardent désir de s'approcher du trône souverain, de conquérir le bonheur éternel en suivant la voie qu'ils offraient aux masses dégénérées, gagnait de proche en proche.

Et pour parvenir à ces degrés sublimes, à cette perfection de l'âme, point d'offrandes obligatoires, point de chedjara. Rien n'était nécessaire aux véritables croyants : ni sacerdoce, ni ascendants illustres par leur sainteté. Le désintéressement des biens de ce monde, l'abnégation de l'Être au profit du Dieu unique, la récitation constante d'un rituel révélé suffisaient à tous, pauvres ou riches, lettrés ou ignorants, princes ou manants, pour aspirer aux bénéfices des grandeurs célestes.

Aussi, nombreux étaient ceux qui s'y adonnaient, et, tandis que la propagande fiévreuse des soufis produisait un effet salutaire sur certaines personnalités dirigeantes, les esprits vulgaires se sentaient, peu à peu, pénétrés par un doute troublant et vénéraient, en silence, ces gens désintéressés à qui leur teint ascétique et leur figure sépulcrale donnaient l'aspect de revenants miraculeux, de messagers divins chargés de reprocher aux humains le peu de cas qu'ils faisaient du Dieu suprême, qu'ils semblaient confondre avec le marabout et méconnaître au profit de ce fétiche vivant.

Car les soufis, en véritables sermonaires, se prévalaient de leur profonde orthodoxie et combattaient, comme autrefois le Prophète et ses premiers disciples, les tendances idolâtres des peuples qu'ils catéchisaient.

« Vous voyez », disaient les apôtres soufis à la foule attentive, « vous voyez tel individu sortir de sa maison muni d'une somme » s'élevant, par exemple, à 20 *mouzouna* (1), avec laquelle il va en

---

(1) موزونة *Mouzouna*, sou, ancienne monnaie valant trente drachmes (dirhem), soit 0 fr. 75.

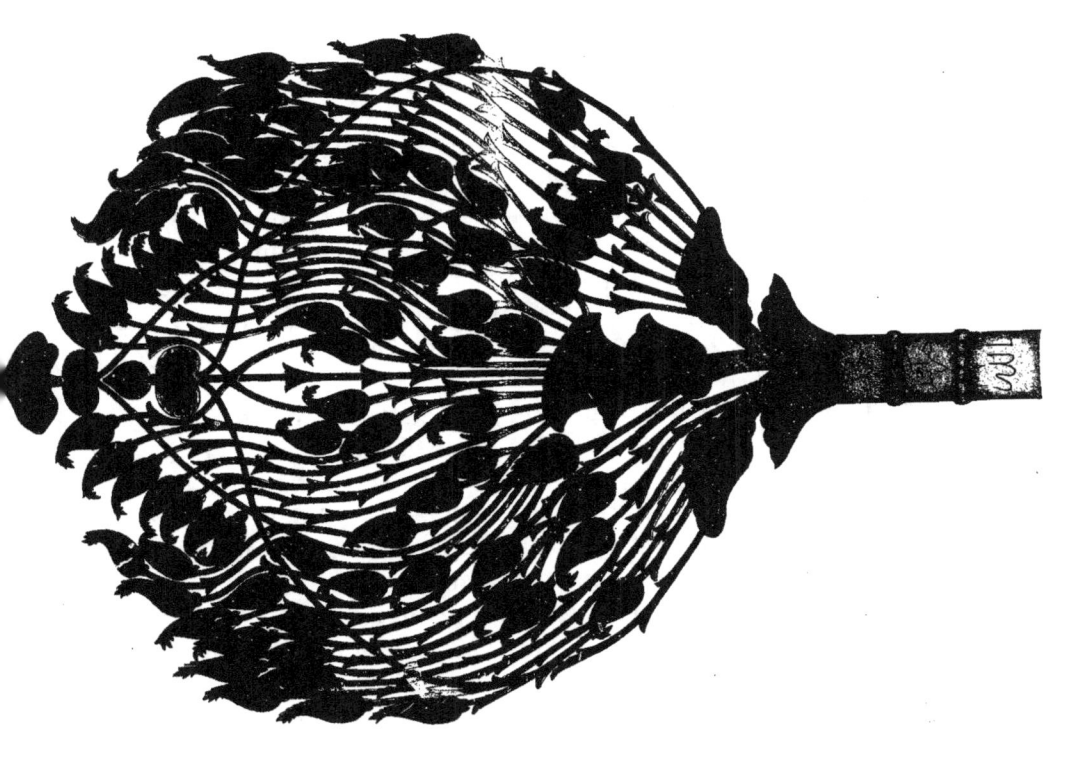

» pèlerinage au tombeau de l'un des Saints du Dieu Très-Haut, afin
» de la déposer auprès de ce thaumaturge, dans l'espoir qu'il comblera
» ses désirs ».

« Chemin faisant, combien ne rencontre-t-il pas de nécessiteux lui
» demandant la charité au nom d'Allah, pour l'amour du Dieu Très-
» Haut ? Mais il ne leur donne même pas un *dirhem* et il poursuit sa
» route jusqu'à ce qu'étant arrivé auprès du Saint, il se mette en devoir
» de placer, à la tête de son tombeau, la somme qu'il porte.

» C'est là un acte des plus blâmables, car l'aumône, ainsi donnée, n'est
» point offerte à Dieu, elle n'est point faite en vue de sa magnificence,
» de sa grandeur, de son noble nom, de son auguste existence, car,
» si cette charité eût été réellement destinée à Dieu, le donateur aurait
» dû la remettre aux besogneux rencontrés par lui.

» Mais, comme le véritable mobile qui l'a porté à faire cette aumône,
» qui l'a poussé à effectuer cette libéralité, résidait uniquement dans
» son intérêt personnel et l'intention de satisfaire ses désirs et ses
» passions, il en a gratifié tel objet à l'exclusion de tel autre, pensant
» que son intérêt dépendait de la présence ou de l'absence de ce même
» objet. J'ai vu aujourd'hui (par les yeux de l'âme !) ce qui a été offert
» en l'honneur des Saints depuis la porte de Tlemcen jusqu'à Saguiet-
» el-Hamra. Le montant de ces offrandes s'est élevé à 80 dinars,
» 360 moutons et 72 bœufs.

» Tout cela a été donné, en un seul jour, en vue de mériter les bienfaits
» des *Ouali*, tandis que les offrandes faites, le même jour, pour l'amour
» du Dieu Très-Haut n'atteignent que le chiffre de dix dirhems.

» Voilà, poursuit le cheikh Sidi-A'bdelaziz, qu'il soit agréé de Dieu !
» l'une des causes qui entraînent, nécessairement, le détachement du
» culte de Dieu, et qui se produisent maintenant chez les Musulmans
» sans que la plupart d'entre eux s'en rendent compte.

« Le nombre de ces causes se limite à 366, qui, toutes, provoquent le
» détachement de la créature du culte de Dieu.

» La première cause, c'est l'offrande accomplie en l'honneur des
» Ouali, dans le but précisé précédemment, à l'exclusion de l'amour de
» Dieu.

» La deuxième, c'est la prière adressée à Dieu par l'intercession des
» Saints, afin d'obtenir d'eux la réalisation d'un vœu.

» La troisième cause, c'est la visite faite aux Saints, dans le but de
» se faire pardonner une faute, une négligence dans l'accomplissement
» des devoirs qui incombent à l'homme, telle que la récitation d'un
» nombre déterminé de prières » (1).

. . . .
. . . .

---

(1) Extrait d'*Er-Rimah*, par Sidi-Ammar-el-Fouti-Es-Soudani Et-Tidjani, ouvrage spécial aux doctrines des Tidjanïa. Paroles du cheikh Sidi-A'bdel-Aziz-ed-Debbagh. Traduction de M. Sicard, interprète militaire.

Mais ces paroles sages, prononcées par un soufi austère contre les abus des marabouts, n'étaient pas suffisantes pour donner aux esprits une impulsion nouvelle.

Car, si le panthéisme que cachaient ces paroles peut être une religion de philosophes, il ne peut, malgré toute l'ardeur de ses prédicateurs, descendre dans la foule qui, dès qu'elle passe de la théorie à la pratique, établit, nécessairement, une distinction entre l'adorateur et l'Être adoré.

Tout en ne sacrifiant rien de la vérité des doctrines, tout en leur laissant leur apparence de religion monothéiste, sans laquelle elles risquaient de crouler, il fallait les rendre accessibles au flot populaire toujours grandissant autour des missionnaires soufis, devenus célèbres, considérés comme des demi-dieux ; et, pour cela, il fallait tenir compte des mœurs et coutumes des pays où s'exerçait le prosélytisme.

Mais, les premiers champions de ces doctrines d'un mysticisme spiritualiste ayant disparu, leurs successeurs, placés dans d'autres milieux, persécutés par les princes musulmans à l'instigation des marabouts et autres intéressés, n'avaient ni la même réputation de sainteté, ni les mêmes éléments de persuasion. Et, pourtant. il leur fallait donner à la masse éveillée, anxieuse, trop attachée aux croyances de ses ancêtres et aux marabouts qui les avaient remplacés, des témoignages de leur pouvoir divin ; pour cela, ils prirent une forme matérialiste et des mœurs moins austères. Ils modifièrent les doctrines de leurs maîtres, et, progressivement, se détachèrent du tronc gigantesque, pour former des rameaux florissants avec des éléments hétérogènes considérés, par leurs antagonistes, comme hétérodoxes. Ils ne craignirent pas d'abdiquer, en faveur d'habitudes locales, de préjugés séculaires et même d'encourager ceux-ci à l'occasion, pour amener les hésitants à leurs doctrines.

Tout en restant liés aux formes immuables de la Tariqa, ces nouveaux praticiens modifièrent la surface de leur enseignement selon les besoins de leur cause. Au fur et à mesure qu'ils s'avançaient dans l'Afrique septentrionale, ils changeaient leurs procédés de prosélytisme. L'enseignement de leurs maîtres n'était plus, pour eux, un but seulement, mais aussi un moyen, un instrument d'autant plus redoutable, qu'en aboutissant à l'anéantissement de l'être ils se servaient de leurs prosélytes sans pensée, pour seconder leur politique d'obstruction.

Les chorfa eux-mêmes, les eulama et les théologiens de l'époque, après avoir opposé une résistance de tous les instants à ces intrus qui venaient troubler leur sérénité, cherchaient à s'initier à la voie qui conduisait à l'extase, à la béatitude, cette fin de l'âme qui se confond avec l'Esprit divin. Ils allaient à Baghdad, imbus des sentiments que leur maître leur avait inspirés, et revenaient avec un cortège d'incantations, de purifications expiatoires et de dévotions extravagantes qui rappelaient les cultes orientaux de la vieille époque romaine. Ils parcouraient, à leur tour, les pays de l'Islam, édifiaient des monastères sur les ruines des temples d'Isis, de Cybèle, de la Vierge céleste (Astarté syrienne), et de Mithra. Et, de ces couvents mystérieux, sortent de nouveaux missionnaires aussi enthousiastes, aussi éloquents et aussi fanatiques que leurs chioukh. Ils créent, à leur tour, de nouvelles écoles pour enseigner leur rituel spécial, propager leurs doctrines particulières, le nouveau dikr révélé, avec des pratiques extérieures inspirées par le patron de leur choix ; comme jadis, dans les collèges romains, les initiés vont auprès des petits comme auprès des grands, portent à l'oreille des femmes et des enfants les paroles mystérieuses, du pouvoir divin.

Comme les prédicateurs chrétiens, que Bossuet appelait magnifiquement « les ambassadeurs de Dieu », ils ajoutent, à leur oraison, la formule des pasteurs : « Écoutez-moi, vous ne trouverez pas toujours
» un homme qui vienne à vous avec de libres vérités, sans souci de
» gloire ou d'argent, sans autre mobile que la sollicitude pour vous et
» résolu à supporter, s'il le faut, les moqueries, le tumulte et les
» clameurs ».

Ils ne s'adressaient pas à la foule bruyante, mais aux âmes naïves, faisaient des prosélytes dans le mystère et ne révélaient leur action, sur la masse, que lorsqu'ils étaient devenus invulnérables par leur propre sainteté et par le nombre de consciences qu'ils avaient gagnées à leur cause.

Certes, tous ces apôtres du soufisme, tous ces prédicateurs et ces mystiques exaltés, ces émissaires d'élite n'ont pas atteint le but de leurs efforts ; tous ne sont pas devenus les patrons de confréries puissantes, mais leurs noms retentissent, chez les riches et les humbles, comme ceux des marabouts morts en odeur de sainteté ou sans postérité. Un jour viendra où certains d'entre eux révéleront à quelques pieux personnages, un dogme spécial qui sera propagé, sous leurs auspices, dans la foule des dévots et des arriérés qui l'écouteront et en feront leur credo.

Voyons à l'œuvre les plus éminents, ceux qui ont réussi à fonder des corporations. Allons les chercher dans leurs monastères disséminés de l'Asie au Bosphore, en Arabie et en Égypte, dans l'Afrique septentrionale jusqu'au Soudan, et, plus particulièrement au Maroc, et essayons de déterminer, à grands traits, les doctrines qu'ils professent, les pratiques surérogatoires qui caractérisent leur enseignement.

Le plus illustre, de tous, celui dont la mémoire est vénérée à l'égal de celle du Prophète, le premier en date, après le célèbre Djoneidi qui ait fondé un ordre sur lequel plusieurs autres ont calqué leurs pratiques, est le fameux A'bdelqader-el-Djilani, le saint de Baghdad, le patron des pauvres, le chérif le plus considéré, en même temps que le soufi et le théosophe le plus remarquable.

Les idées dominantes de son enseignement sont naturellement basées sur celles des premiers soufis, ses maîtres, et à ces idées s'ajoutent, comme marques distinctives, une pratique continuelle de la charité, et l'entraînement mystique tendant « à l'anéantissement de l'individualité de l'homme par l'absorption dans l'essence de Dieu ».

« O mon enfant, je te recommande de craindre Dieu, qu'il soit exalté! de lui obéir, d'observer rigoureusement la loi divine et de te conformer à ses préceptes.

» Sache, que Dieu Très Haut nous assiste, l'un et l'autre, ainsi que tous les Musulmans! que notre ordre (tariqa) est basé sur le livre saint, la sonna, la pureté de l'âme, la charité, la bienfaisance, l'abstention de tout procédé inhumain, la patience à supporter le mal que l'on nous fait, et le pardon des offenses venant de nos frères (Khouan).

» Je te recommande ô mon fils! la pauvreté (en vue de Dieu); le respect constant *des chefs spirituels*, la bonté dans tes relations avec les frères (Khouan), les bons conseils aux petits et aux grands, l'abstention de toute discussion, excepté lorsqu'il s'agira d'une atteinte aux choses de la religion.

» Sache, ô mon enfant, que la vraie pauvreté consiste à ne pas avoir besoin de son semblable.

. . . .

» Je te recommande d'être fier avec le riche et humble avec le pauvre. Tu devras avoir, pour Dieu, un culte pur et sincère, c'est-à-dire détourner tes regards des créatures humaines et les diriger sans cesse vers le Créateur.

» N'accuse jamais Dieu dans les évènements et mets ta confiance en lui en toutes circonstances.

» Ne confie à personne le soin de tes affaires, sous prétexte de la parenté qui peut vous unir ou de l'affection et de l'amitié qui peuvent exister entre vous.

» Tu devras, ô mon enfant, mettre trois choses au service des pauvres : l'humilité, l'urbanité, la générosité du cœur.

» Asservis ton âme jusqu'à ce qu'elle soit éclairée (par la lumière divine).

» La créature la plus rapprochée de Dieu Très Haut est celle dont le cœur est le plus compatissant; et l'action la plus méritoire consiste à préserver son âme de toute aspiration vers autre chose que Dieu, qu'il soit exalté!

» O mon enfant! quand tu te trouveras dans la société des pauvres, vous devrez vous recommander réciproquement la patience et la vérité.

» Deux choses ici-bas doivent te suffire : la société du pauvre (le faqir) et la vénération pour les Ouali.

» Sache que le pauvre (faqir) peut se passer de toute chose, excepté de Dieu Très-Haut.

» L'emploi de la force vis-à-vis d'un plus faible que toi est une marque de faiblesse; vis-à-vis de celui qui t'est supérieur c'est un signe de grandeur.

» La pauvreté et le soufisme sont deux choses sérieuses; ne les mêle avec rien de ce qui est *badinage*.

» Telles sont les recommandations que je te fais, ainsi qu'à tous les néophytes qui en auront connaissance. Puisse Dieu Très Haut les rendre nombreux!

» Que Dieu vous aide dans l'accomplissement de ce que nous venons de

» mentionner et d'expliquer. Qu'il vous mette au nombre de ceux qui suivent la
» voie de nos devanciers et marchent sur leurs traces par les mérites de notre Seigneur
» Mohammed » (1).

Ces doctrines à la saveur évangélique, où la piété, sous toutes ses formes, se détache comme un principe de foi, étaient accueillies avec enthousiasme par les nécessiteux et les humbles ; les principes de rigoureuse charité qui en sont les éléments essentiels, ont fait de Sidi A'bdelqader-el-Djilani le patron des pauvres et des opprimés. Son nom est prononcé avec la même vénération que celui du Prophète. On le place au premier rang de la sainteté islamique.

Les règles qu'on remarque dans son enseignement font penser aux rishis des Indes, et, en constatant la pureté morale qui s'en dégage, les sentiments humanitaires qu'on y trouve, on ne peut s'empêcher de songer aux préceptes vulgarisés par quelques-uns des saints qui ont illustré l'église chrétienne.

Aussi, les âmes vraiment religieuses, les marabouts à la recherche d'une voie (tariqa) susceptible de donner satisfaction aux sentiments de leurs serviteurs religieux, ceux qui se voient dans l'obligation de suivre cet élan de la pensée vers l' « amour du divin » ou qui y trouvent un intérêt quelconque, en adoptent-ils le fond.

Certains des missionnaires qui, de Baghdad, allaient au loin, prêcher les vertus de leur patron, ne modifiaient ni l'esprit, ni la forme de son école, et, au fur et à mesure que la méthode des soufis prenait des ailes, des extrêmes limites de l'Inde au Bosphore et jusqu'au détroit de Gibraltar, voire même à travers l'Espagne, on voyait naître et se développer, sous leurs vocables, des confréries souvent placées sous d'autres auspices, à la chaîne mystique (selsela) différente, mais aux tendances similaires ; nous les appellerons des corporations maraboutiques ou locales, parce que leurs patrons étaient des thaumaturges vénérés ou des apôtres, dont l'influence acquise ne dépassait pas un certain rayon.

Dans cet ordre d'idées nous citerons :

En Hindoustan : la ramification des *Akbaria*, fondée au VIe siècle de l'hégire, par le cheikh Akbar Mahi-ed-Din Ibn-el-Arbi-el-Khatimi ;

A Tombouctou et dans le sud-ouest Saharien : celle des Azouadïa (Azouad), patronnée par la famille princière des Oulad-Sidi-Mokhtar ; les *Lessidïa* et les *Fadelïa*, instituées par les Oulad-Lessidi et le cheikh Sidi-Mohammed-Fadel ; la confrérie des Bakkaouïa ou Bukkaïa, du nom de Sidi-Omar-Ahmed-el-Bakkaï (960 de l'hégire, 1552-1553 de J.-C.).

Et tant d'autres aujourd'hui disparues ou ne jouant plus qu'un rôle

---

(1) Extrait de l'Ouacia de Sidi A'bdelkader-el-Djilani, traduction de M. Bagard, interprète militaire.

secondaire dans le monde musulman (1). Mais ces règles pieuses ne donnaient pas satisfaction à ce besoin de merveilleux qui, dans certains milieux, remplissait toute l'existence de la masse. En les suivant rigoureusement, peu de natures parvenaient aux visions miraculeuses, but essentiel de la tariqa. A'bdelqader-el-Djilani imposa à ses adeptes d'autres pratiques extérieures qui, en provoquant chez eux des états extatiques devaient en faire les précurseurs de doctrines nouvelles et égarer la méthode des soufis dans la *théurgie*.

Dans les innombrables monastères édifiés par les disciples d'A'bdelqader, dans les pays divers où domine la religion de Mohammed, à Baghdad, d'où la zaouïa-mère fournit des directeurs et des missionnaires ayant pour devise « Dieu et Sidi-A'bdelqader », et pour moyens leurs doctrines, les adeptes du Saint par excellence se livrent à leurs pratiques mystiques et cherchent, dans les hallucinations et l'extase, la réalisation de leurs aspirations.

Le jour, la nuit, à tout instant, leur pensée essaye de franchir les espaces.... de percevoir l'Inconnu. Leurs lèvres répètent, fiévreusement, le dikr révélé à leur Saint patron, et, les yeux demi-clos, le chapelet roulant lentement entre le pouce et l'index, ils invoquent l'Être suprême, demeurent attentifs aux palpitations de leur cœur, comme s'ils attendaient une manifestation spirituelle, un sentiment intime susceptible de dévoiler à leur sens la présence de l'esprit divin..... un commencement de la vision béatifique qui inondera de lumière leur conscience et en fera des mystiques accomplis.

Mollement, ils se lèvent, s'inclinent, font leurs ablutions, prennent un repas d'anachorète et reviennent s'accroupir aux mêmes endroits, toujours avec la même tension d'esprit, attendant le moment psychologique où le souffle divin viendra visiter leur âme purifiée. Pourtant, un jour de la semaine, le vendredi, ils se groupent en silence. Tous font converger leurs facultés intellectuelles « vers une seule idée, la Majesté de Dieu ». La présence du directeur de la zaouïa ranime leur ferveur, et, assis en cercle dans l'oratoire, les jambes croisées, la main droite ouverte, les doigts écartés sur le genou, ils récitent en chœur, en *hadra*, dirions-nous, plusieurs centaines de fois, des litanies composées de versets du Coran, d'invocations célestes. C'est le « dikr » dicté à Sidi-A'bdelqader-el-Djilani, dikr qui doit leur faire atteindre, au moins pour un instant, le degré de perfection désiré.

A une certaine distance du groupe, le cheikh (directeur) donne le signal de la prière, surveille les mouvements, les fait rectifier par son aide (chaouch) et, lentement, avec une cadence admirable, tous portent la face vers l'épaule droite en prononçant le mot *Allah*, puis vers l'épaule gauche en disant, *Allahou*; ils la baissent ensuite en

---

(1) Voir ci-après la notice des Qadrïa.

s'écriant, *Allahi*. Ils recommencent en accélérant ces balancements rythmiques et en prononçant le nom de Dieu : *Allah... Allahou... Allahi... ha... hou... hi...; ha... hou... hi...* et puis... plus rien...; les sons rauques qui s'échappent de leurs poitrines, comprimées par la congestion cérébro-spinale qui se produit, expirent sur leurs lèvres ; une vision délicieuse emplit leur esprit, leur sang bat aux tempes à coups redoublés et ils s'affaissent lourdement, roulent sur le sol, dans une profonde extase...

Alors, dans le silence du ravissement qui les soustrait au sentiment des objets extérieurs, ils reçoivent des inspirations et des conseils ; ils ont les visions les plus suaves ; les *houri* leur apparaissent resplendissantes de beauté, les anges leur ouvrent les portes du paradis (*Djenna*), et là, à côté du trône souverain, leur maître, Sidi A'bdelqader, se présente avec l'auréole des saints... des amis des Dieu.

Puis, au réveil, tout s'efface ; la réalité frappe, de nouveau, leurs sens, et des semaines, des mois, des années s'écoulent ainsi, jusqu'au jour où affaiblis, le visage émacié..., have, la tête couronnée d'un nimbe, les yeux tendus vers le ciel, l'intellect uniquement préoccupé de l'Au-delà, ils se croient éternellement confondus avec l'esprit divin, absorbés en Dieu. Véritables illuminés, ils apparaissent à la foule comme doués de cette puissance surnaturelle qui en fait des exorcistes, des visionnaires, des thaumaturges, des théosophes révérés, alors que, pauvres insensés victimes de leur faiblesse, ils ne sont que des mystiques déséquilibrés, des hallucinés inconscients ou de prétendus sages, sans pureté morale.

Ces pratiques extatiques furent instituées au VIe siècle de l'hégire par Sidi A'bdelqader-el-Djilani (551 de l'hégire, 1165-1166 de J.-C.). Elles ont été le germe qui se développe, grandit, s'enrichit de formes, de modifications et d'applications dont les manifestations offrent tant d'analogie avec celles des cultes païens du vieil Orient.

La voie mystique des anciens sages longtemps obstruée par les ruines d'Alexandrie et d'Athènes apparaît, de nouveau, large et spacieuse, et les idées d'unification dans une douce extase qui y circulaient au temps des philosophes Alexandrins, s'y répandent avec la même force expansive. Elles impriment au système philosophique des soufis, une impulsion nouvelle, marquant la deuxième étape de son évolution.

Ses échos retentissaient aux quatre coins du monde islamique, et de toutes parts, on se pressait, en foule, dans les zaouïa de la corporation où l'on réalisait de pareils prodiges.

Qu'auraient dit Porphyre et Jamblique si, du fond de leurs tombeaux, ils avaient pu assister à la rénovation de leur œuvre !!

Un descendant du Saint de Baghdad : Chems-ed-Din, héritier de la tariqa, introduisit dans ces exercices mystiques, l'usage de la musique, s'il convient d'appeler ainsi ce *tamtam* avec accompagnement de tambourins et de flûtes lançant constamment les mêmes notes traînantes, et produisant sur les auditeurs européens un malaise incompréhensible, une excitation nerveuse augmentée par la récitation du dikr ; ces sons, harmonieux pour des oreilles orientales, soutiennent la vivacité des mouvements du haut du corps.

Mais voilà que des élèves de Sidi-A'bdelqader et de ses héritiers dans la voie spirituelle, reçoivent, à leur tour, des révélations divines, des formules particulières, un rituel spécial, et que chacun, dans son milieu, développe, à son gré, de nouvelles doctrines, enseigne des pratiques plus entraînantes, aux effets plus saisissants que celles des maîtres, fonde une corporation distincte avec un vocable particulier.

Non loin de Baghdad, à Oum-Obeïda (Iraq-Arabi), Ahmed-Abou-A'bbas ben Ahmed ben A'li ben Ahmed-er-Rafaï mort en 577-78 de l'hég., 1181-1183 de J.-C., obtient une exaltation mystique plus intense, avec une méthode analogue à celle de son oncle A'bdelkader, mais au moyen d'un dikr et de mouvements plus accentués.

Ce n'est plus la douce béatitude, le ravissement de l'âme que procurent ses pratiques, ce sont de véritables transports enthousiastes, se manifestant par des cris, des exclamations, des convulsions épileptiformes. Les adeptes de Sidi-Ahmed-er-Rafaï (les *Rafaïa*) ne sont plus des mystiques exaltés, mais des hystériques, des épileptiques :

« *La illaha, illa Allah ; Allahou ! Allahou ! hou ! hou !...* » et, debout, formant chaîne, chacun ayant les mains sur les épaules de son voisin, ils se jettent en arrière, en avant, d'un seul bloc, fléchissent brusquement le haut du corps et poussent des hurlements : *ïa Rafaï ! ïa Rafaï !* et les uns s'affaissent dans l'ivresse de l'hystérie, les autres se précipitent sur les serpents, les brasiers, les coutelas rougis, préparés pour la scène finale, saisissent, lèchent, mordent avec des transports d'allégresse, jusqu'au moment où, ruisselants de sueur, les yeux hors de la tête, la bouche écumante, ils tombent à terre, horribles à voir!

« Quelques instants après, le cheikh parcourt la salle, visite les
» patients les uns après les autres, souffle sur leurs blessures, y met
» de la salive, récite des prières et leur promet une prompte guérison.
» On assure que, vingt-quatre heures après, on voit à peine les cicatrices
» de ces blessures » (1).

On dénomma les Rafaïa : les *derouich hurleurs*, par opposition aux *derouich tourneurs*, disciples de Sa'd-ed-Din-Djebaoui, un autre chef d'école fondateur de la confrérie des *Sa'dia* ou *Djebaouïa* qui, au VIIIe siècle de l'hégire (736 hégire, 1335-1336 de J.-C.), parvenaient à la même exaltation mystique avec des pratiques presque analogues.

---

(1) D'Ohsson, t. IV, p. 636-647.

Ce qui les caractérise, c'est leur danse en rond, appelée (دور, dour). « Elle consiste à tourner sur le talon du pied droit, en s'avançant lentement et en faisant insensiblement le tour de la salle, les yeux fermés et les bras ouverts, jusqu'au moment où, exténué, l'adepte tombe dans une sainte extase. Alors, le cheikh, pour le tirer de cet état d'anéantissement, lui frotte les bras et les jambes et lui souffle à l'oreille la formule sacrée : *La illaha illa Allah* » (1).

C'est le cheikh des Djebaouïa qui, le plus souvent, est le héros de cette curieuse cérémonie religieuse qu'on appelle le « *doleh* » : des hommes (khouan) sont couchés sur le sol, formant une sorte de tapis vivant sur lequel passe, à cheval, le maître spirituel, sans que d'ailleurs il n'en résulte aucun dommage pour ses affiliés.

D'autres corporations similaires s'étaient formées durant les VI⁶ et VII⁶ siècles de l'hégire, et, toutes, aux pratiques plus extravagantes les unes que les autres, semblent vouloir faire revivre les danses sacrées des Égyptiens, des Grecs et des Romains du Bas-Empire.

Khodja-Maouin-ed-Din-Chischti (636 hégire, 1238-1239 de J.-C.) fonde la confrérie des *Chischtïa* ; Ahmed-Badaoui (675 hégire, 1276-1277 de J.-C.) celle des *Badaouïa* Sid A'li-Ibn-el-Hedjazi (1108 de l'hégire) celle des *Beïoumia* ; Sid Ibrahim-el-Dessouki, celle des *Dessoukïa* ; et, de Péra, les *Melaouïa*, de Scutari, les adeptes de Sidi-el-Allouan-Abou-Hachem-el-Koufi, bien qu'indépendants des Qadrïa, quant à l'origine, et presque totalement disparus ou localisés, font encore entendre le bruit de leurs convulsions frénétiques.

L'Occident ne peut rester insensible aux prodiges divins, aux incantations et aux mystères que les missionnaires des monastères orientaux vulgarisent au nom d'Allah et de leurs patrons ! Lui aussi produit ses visionnaires et ses mystiques extatiques et, par intervalles, dans l'Afrique septentrionale, on voit éclore des sectateurs, des inspirés, qui fondent des confréries.

En Tripolitaine, ceux d'A'bdesselam-Lasmar (Soulamïa) invoquent A'bou-Abbas-Ahmed ben Arous (864-865 hégire, 1458-1459 de J.-C.) en vomissant des flammes ; cette imposture naïve, souvenir du miracle d'Eunus, renouvelée dans nos foires, a toujours du succès chez les peuples rétrogrades.

Au Maroc, les disciples de Si-Mohammed ben A'ïssa (930 hégire, 1524 de J.-C.), les *A'issaoua* légendaires, pareils aux prêtres de l'Enya de Comane, jonglent avec des épées, des coutelas, se traversent les chairs, se font de cruelles blessures et offrent un spectacle hideux.

Dans la régence de Tunis, à Nefta, les khoddam (serviteurs religieux) de Sidi-Boua'li *(Boua'lïa)* étonnent les spectateurs par l'intensité de leurs exercices hystériques, en se jetant, comme les Refaïa, dans les

---

(1) D'Ohsson, t. IV, p. 646-647.

flammes, en se brûlant les chairs avec des torches enflammées, avec des paquets de diss ou autres combustibles à leur portée.

Et vers 1715 de notre ère, un de ces derouich jongleurs renouvelle les procédés du « vieux de la montagne »; les Hachichin renaissent dans l'ancienne Numidie et sur les bords de la Seybouse, dans la région de l'antique *Calama* (Guelma) *Sidi-A'mmar-bou-Senna* procure l'extase en faisant priser à ses foqra du *kif* pilé, sorte d'opium analogue au *beng* des Hindous et des derouich de l'Asie centrale. Que disons-nous que c'est au moyen d'un pareil narcotique que le patron des *A'mmaria* favorise les états extatiques de ses adeptes? — Les éclairés et les sceptiques le pensent, mais la foule ignorante, les patients eux-mêmes, affirment que c'est du tabac sacré dont les qualités merveilleuses ont été révélées à Sidi-A'mmar dans une de ses nombreuses visions. Quoi qu'il en soit, sous l'influence de la musique peu harmonieuse que produisent la *qasba* et le *bendir*, animés par la valse frénétique à laquelle ils se livrent, les foqra de Sidi-A'mmar-bou-Senna, semblables aux disciples de saint Médard, arrivent à un degré d'exaltation tel que leurs cheveux se dressent, leurs yeux demésurément ouverts, deviennent fixes, leurs nerfs se tendent et, la prise du tabac magique aidant, ils tombent en convulsions aux acclamations des spectateurs qui admirent, acclamations renforcées par les *you you* stridents des femmes qui assistent, émerveillées, à ce spectacle hideux.

Mais voilà que, des zaouïa maraboutiques, surgissent des exorcistes et des visionnaires, des charmeurs de serpents venimeux, des sorciers, des bateleurs et des jongleurs aptes à donner satisfaction à cette soif de merveilleux qui remplit toute l'existence de la masse. Certains de ces établissements, certaines familles maraboutiques se donnent, peu à peu, la spécialité de ces exorcismes, pieux héritage, dit-on, de l'ouali, leur fondateur ou leur aïeul.

Comme autrefois les *Pyslles* et, aujourd'hui, les *Matapans* indiens à la fête des serpents *(Naga-Patchami)*, comme les bateleurs qui partent des bords du Celano et vont, à travers l'Italie, émerveiller les amateurs de spectacles peu délicats, les *Oulad-Moussa*, du Maroc, hypnotisent les serpents et effrayent leurs coreligionnaires crédules avec leurs reptiles apprivoisés.

Les Oulad-Moussa tiennent ce pouvoir mystérieux de leur ancêtre Ahmed Moussa ; aux bateleurs napolitains, c'est saint Dominique de Cullino qui le leur a donné. « Il y a trois mille ans, c'était une déesse
» en grande vénération aussi sur les bords du lac Fucin, la magi-
» cienne Augitié, sœur de Circé, ou peut-être Médée elle-même, de la
» sinistre famille d'Aétès », qui le conférait (1).

Les descendants du marabout Sidi ben A'ouda frappent encore les imaginations des faibles en promenant le lion qu'ils prétendent trouver

---
(1) Duruy, H. des R., p. 51, t. 1er.

annuellement, à un jour déterminé, dans la Koubba du saint thaumaturge, en souvenir de la puissance occulte qu'il exerçait de son vivant sur le roi des animaux (1).

En Kabylie, les Beni-A'bbas forment une corporation unie par les mystères que leur a légués leur patron A'bbas, pieux personnage, jongleur émérite, dans le genre de Sidi-A'mmar-bou-Senna, — et combien d'autres, disséminés dans les tribus de l'Afrique du Nord !

Sidi-Nahal exploite la crédulité des indigènes de l'arrondissement de Guelma avec des jongleries analogues à celles des *A'mmaria*, etc., etc.

Ces règles étroites, cet abandon de l'Être, cette recherche de Dieu par l'extase provoquée, ces exercices mystiques qui conduisaient plus rapidement à ce *summum*, le patient avide de merveilleux, de surnaturel et d'émotions tragiques, ces honteuses superstitions avec lesquelles les Soufis avaient enchaîné la langue de l'autochtone, son esprit et jusqu'à ses gestes, subsistent encore ; elles sont demeurées immuables tout en devenant plus régulières, plus méthodiques. Ceux qui s'y adonnent sont, comme autrefois, des exaltés et des mystiques, et dans les zaouïa des pays musulmans, elles servent toujours à entretenir l'illusion et la crédulité dans l'esprit du spectateur. Car, dans le nombre des pratiquants, il y a certainement des charlatans ; dans ces jongleries, il y a des scènes simulées, mais combien de malheureux ne se laissent-ils pas dominer par leurs nerfs surexcités. Combien de victimes succombent faute de précautions préalables !

Énervés par ces chants dont la cadence se précipite sans cesse, par ce tam-tam assourdissant et ces danses saccadées, il en est qui, pris de folie, et, croyant assouvir leur haine sur le *Kafer* abhorré ou pourfendre les ennemis du Prophète, jouent du *bouçaadi*, frappent aveuglément autour d'eux et, quand la lourde masse du cheikh ou du chaouch ne les terrasse pas, commettent d'affreuses boucheries.

C'est l'hystérie poussée à l'extrême, parvenue à son paroxysme. Ce ne sont plus des hommes, ce sont des bêtes fauves ; ils mugissent, sanglotent et tombent, râlant, véritables masses inconscientes, ramassis de chairs humaines qu'on jette pêle-mêle dans un coin de la cellule où ils rêvent à l' « Infini » jusqu'au réveil.

On voit quelle direction a pris le sentiment religieux dans certaines sphères. L'école mystique de Sidi A'bdelqader a produit ses fruits. En ouvrant les horizons du merveilleux aux fanatiques et aux imposteurs, elle les a conduits à un mysticisme impur, à l'impudicité, à l'ivresse de l'hystérie qui se termine souvent par d'effroyables débauches — quand ce n'est pas par la mort.

Ne les accuse-t-on pas de se livrer à des danses orgiastiques avec leurs sœurs ou leurs femmes qui les admirent et les attendent dans

---

(1) La Koubba de Sidi ben A'ouda se trouve dans la commune mixte de Zemmora (département d'Oran).

leurs cellules où ils sont sensés aller se plonger dans une sainte extase !

Et, en effet, dans certains de leurs établissements, les femmes sont nombreuses ; de loin elles suivent les mouvements des patients et encouragent les malheureux de leurs *you you* approbateurs. Elles attendent la fin de la cérémonie pour invoquer, par l'intermédiaire de ces jongleurs et de ces extatiques, la puissance miraculeuse de leur patron qui donne la maternité aux infécondes, favorise les amours des délaissées, procure la fortune aux pauvres et absout les coupables.

Les mystiques repoussent, naturellement, de pareilles calomnies ; mais vraiment, que ne peut-on supposer, sachant dans le même réduit obscur, des femmes et des êtres exaltés par les chants d'amour charnel, les effets du hachich et cette tension d'esprit qui, dans leur extase, les porte à se croire en contact avec les *houri* du paradis ? Le lecteur le devine. . . . .

Ces pratiques et ces mystères sont réprouvés par le Coran et la Sonna ; les Eulama regardent ce mélange de jongleries et d'exercices religieux comme des actes profanes ; ces manifestations extérieures et bruyantes sont considérées par la société délicate comme des hérésies, des extravagances et des actes grossiers condamnés par la loi révélée. On ne s'arrête devant les temples où s'enseignent de pareilles doctrines qu'avec un frémissement d'horreur, une crainte mystérieuse des mauvais génies dont on les croit peuplés ; mais, en réalité, crédules et sceptiques, ignorants et lettrés, s'y prosternent sans oser se prononcer. Ils adorent, en silence, ce qu'ils ne savent comprendre ni s'expliquer.

*

Simultanément à l'évolution des doctrines des Qadrïa et à la formation des ordres secondaires qui en furent la conséquence immédiate une autre école attirait l'attention des sectateurs de Mohammed :

Un certain Mohammed-el-Khelouati (1) parvient à l'extase en s'imposant des abstinences rigoureuses : il demeure, durant de longues périodes, dans une retraite obstinée, et, plus tard, son surnom de Khelouati passe à une confrérie-mère, à un ordre cardinal : les *Khelouatïa*.

C'est en Perse que la confrérie des Khelouatïa prend naissance, c'est en Asie et en Turquie d'Europe qu'elle se forme et se développe sous la direction de son véritable fondateur *Pir-Omar-el-Khelouati*, mort à Kaissarïa (Césarée de Syrie), l'an 800 de l'hég. (1397-1398 de J.-C.).

Plus tard, elle pénètre en Égypte, prend place sur les ruines des cloître où s'enfermaient les serviteurs de Sérapis, ceux de Mithra

---

(1) Voir, ci-après, la notice des Khelouatïa.

et d'Isis. Ses adeptes ont pour principe, comme leurs devanciers séculaires, la vie érémitique, et réveillent, aux yeux de l'observateur et du savant, les habitudes des thérapeutes « qui vivaient au désert dans le jeûne, la méditation et la prière, au milieu des illuminations et de l'extase ». Leurs habitations (zaouïa) rappellent les *Semnées* de la secte des *théoretici* (thérapeutes) dont parle Philon : curieuse coïncidence, admirable effet de la nature : les rives du Nil et du Jourdain paraissent destinées à inspirer la solitude et le recueillement, à en immortaliser les principes.

Après les dieux du paganisme, le monachisme chrétien en a fait son berceau, et les disciples de l'Islam viennent, à leur tour, y fixer leurs thébaïdes. Ils édifient des centres de propagande, des monastères subdivisés en un nombre indéterminé de cellules, où les néophytes s'enferment durant une période limitée, où les fervents, semblables aux moines chrétiens et aux modernes Quakers, s'abîment dans la contemplation et la prière.

Longtemps avant les disciples de Georges Fox, ils connurent les manifestations spirituelles, les *rappings* d'Hydesville. Ils n'ont pas attendu qu'un Svedenborg leur ouvrît la route de l'univers suprasensible, et les révélations que viennent faire les âmes aux *new lights* ou *nouvelles lumières*, sont d'une extrême faiblesse, si on les compare à celles dont les *kheloua* (lieux de retraite) gardent les secrets.

Des mois entiers, ils restent (dit l'un d'eux), dans leurs retraites, « *comme un enfant demeure attaché au sein de sa mère, pour y puiser la plus exquise des douceurs* ».

La faim, la soif, l'isolement, peu à peu disparaissent, le sentiment même de l'existence s'évanouit, et, de la dernière voûte des cieux jusqu'à la terre, un concert de prières et de bénédictions divines, enveloppe leur ivresse spirituelle, se mêle à leurs dikr passionnés.

Rongées du désir de Dieu, leurs âmes en travail d'ascension, en mal d'immortalité, s'élèvent et se perdent dans la nue pour contempler la *Lumière*, comme si elles voulaient ouvrir les portes du Ciel !...

Dans leur kheloua, les disciples du Pir Omar entendent la voix de Dieu et voient les anges qui s'approchent d'eux (يسمعون كلام الله ويرون ملائكته المقربين). Telles les ondes de la mer qui, en s'abaissant, redeviennent mer, ils se croient les ondes de Dieu et noient leur existence dans l'existence divine.

Écoutez plutôt Cheikh Senoussi nous dire, en détails, ce qu'ils éprouvent :

« .... A l'adepte plongé dans la solitude, apparaît la lumière résultant des ablutions
» et des prières, puis la lumière du démon en même temps que celle des honneurs.
» Il voit, ensuite, la vérité se manifester dans tout son éclat, tantôt sous la forme de
» choses inanimées, comme le corail, tantôt sous celle de plantes et d'arbres tels
» que le palmier, tantôt sous celle d'animaux, comme les chevaux, tantôt sous la

» sienne propre et, enfin, sous celle de son cheikh. Ces sortes de visions ont causé la
» mort d'un grand nombre de personnes.

» L'adepte jouit ensuite de la manifestation d'autres lumières qui sont, pour lui, le
» plus parfait des talismans.

» Le nombre de ces lumières est de soixante-dix mille : il se subdivise en plusieurs
» séries et compose les sept degrés par lesquels on parvient à l'état parfait de l'âme.

» Le premier de ces degrés est l'*humanité*. On y aperçoit dix mille lumières,
» perceptibles seulement pour ceux qui peuvent y arriver ; leur couleur est terne, elles
» s'entremêlent les unes dans les autres ; cet état permet, en outre, de voir les génies.
» Ce premier degré est facile à franchir, l'âme étant naturellement poussée à fuir les
» ténèbres pour rechercher la clarté. Pour atteindre le second, il faut que le cœur se
» soit sanctifié ; alors on découvre dix mille autres lumières inhérentes à ce second
» degré qui est celui de *l'extase passionnée* ; leur couleur est bleu clair.

» Conduit ensuite par le bien que l'on a fait, qui appelle sur vous d'autres biens et
» blanchit les âmes élevées, en leur faisant absorber les mérites conquis par le cœur
» et en les purifiant de leurs souillures, on arrive au troisième degré qui est *l'extase
» du cœur*. Là, on voit l'enfer et ses attributs, ainsi que dix mille autres lumières dont
» la couleur est aussi rouge que celle produite par une flamme pure ; seulement, pour
» les apercevoir, il faut que les aliments dont on se nourrit soient dégagés des choses
» que l'on aime le plus et dont on est le plus friand, sinon elles apparaissent mélangées
» d'une fumée qui en ternit l'éclat. Si ce phénomène se produit, on ne doit pas aller
» plus loin. Ce point est celui qui permet de voir les génies et tous leurs attributs, car
» le cœur peut jouir de sept états spirituels accessibles seulement à certains affiliés.

» S'élevant ensuite à un autre degré, on voit dix mille lumières nouvelles faisant
» partie des soixante-dix mille qui nous occupent, et inhérentes à l'état d'extase de
» l'âme immatérielle. Ces lumières sont d'une couleur jaune très accentuée ; on y
» aperçoit les âmes des Prophètes et des Saints.

» Le cinquième degré est celui de *l'extase mystérieuse* ; on y contemple les anges et
» dix mille autres lumières d'un blanc éclatant.

» Le sixième est celui de *l'extase d'obsession* ; on y jouit aussi de dix mille autres
» lumières dont la couleur est celle des miroirs limpides. Parvenu à ce point, on
» ressent un délicieux ravissement d'esprit qui a pris le nom *d'El-Khadir* et qui est
» le principe de la vie spirituelle. Alors, seulement, on voit notre Prophète Mohammed
» (que Dieu répande sur lui ses bénédictions et lui accorde le salut !).

» Enfin, on arrive aux dix mille dernières lumières cachées, en atteignant le
» septième degré qui est la *béatitude*. Ces lumières sont vertes et blanches, mais elles
» subissent des transformations successives : ainsi, elles passent par la couleur des
» pierres précieuses, pour prendre ensuite une teinte claire, puis, enfin, acquièrent une
» autre teinte qui n'a pas de similitude avec une autre, qui est sans ressemblance.

» Parvenu à cet état, les lumières qui éclairent les attributs de Dieu se dévoilent,
» et on entend les paroles du Seigneur rapportées dans le récit de la tradition, aux
» passages commençant par ces mots : « *Je l'ai entendu*, etc.... *Il ne reste plus que
» la vérité* ». Il ne semble plus, alors, que l'on appartienne à ce monde, les choses
» terrestres disparaissent.....

» Tel est ce que nous avons voulu faire connaître par le présent exposé destiné aux
» adeptes, exposé révélant les mystères attachés aux sept états de la vie extatique
» dont nous venons de parler. Cette description est forcément sommaire, parce que
» les apparitions lumineuses sont nombreuses, extrêmement variées et entièrement
» soumises à la volonté de Dieu.

» L'adepte ne pourra jouir des apparitions, alors même qu'il se trouverait dans l'état
» spirituel le plus favorable, que lorsqu'il aura fait abnégation de sa personne, au point
» où l'âme isolée est portée instinctivement à imposer sa volonté, même par la
» violence. Il ne verra l'ensemble (de ce qui peut-être révélé) y compris *l'âme sublime*,
» en entier, que lorsqu'il sera en état de pouvoir distinguer son âme à lui toute nue.
» Celui qui est chargé d'interpréter les révélations devra observer que, dans quelque
» état d'extase que soient les visionnaires, peu d'entre eux pourront arriver à ne point
» se laisser éblouir ; aussi, les chioukh n'observent-ils pas toujours ce qui paraît
» ressortir des révélations mystérieuses des âmes.

» On saura que toutes les révélations divines s'obtiennent par la lutte (contre les
» passions) et par la vie ascétique, c'est-à-dire qu'on peut les voir dans n'importe
» quelle religion. Il n'en est pas de même de la révélation des attributs de Dieu ;
» celle-là ne peut-être accordée qu'à ceux qui pratiquent le culte du Prophète (que
» Dieu répande sur lui ses bénédictions et lui accorde le salut !). Toutes ces révéla-
» tions, moins cette dernière, doivent être considérées comme une pente glissante.
» Combien d'êtres se sont égarés en les recherchant, ou ont péri en arrivant à en
» obtenir qui affectaient les formes divines. Ceux-là ont été victimes d'une similitude
» trompeuse ; le démon, qui en était l'auteur, leur montrait un (faux) trône de Dieu,
» car le trône du démon est placé entre le ciel et la terre.

» Certains autres, croyant avoir été absorbés par l'esprit et par l'âme de Dieu, ont
» cru entendre les voix de la vérité, et ont encore été conduits vers leur perte. Il n'est
» pas permis à tous les affiliés, même aux plus fervents et aux plus sincères, de per-
» cevoir directement les révélations. Le plus grand nombre est privé de cette jouis-
» sance, témoin les compagnons et les disciples du Prophète, auxquels il n'a pas été
» donné de se trouver dans cette situation » (1).

On conçoit ce que ces doctrines pouvaient avoir d'attrayant pour les âmes égarées et gagnées par la folie du divin.

De la zaouïa de Sidi-Damerdache, près du Caire, devenue, au IXe siècle de l'hégire, le principal centre d'action des Khelouatïa, on voit partir, vers les quatre points du monde musulman, des solitaires qui élèvent des couvents sur les ruines des innombrables monastères des Grecs et des moines chrétiens. Après s'être implantés en Perse, en Arabie, au Kurdistan et jusqu'à l'extrémité de l'Inde, ils pénètrent en Turquie, en Syrie, dans l'Afrique septentrionale. Le principe de la *kheloua*, la purification de l'âme, permettant de percevoir l'infini et de se confondre un instant avec l'esprit divin, se propage partout où s'étendent les terres mahométanes.

Les illuminés qui ne peuvent observer la règle établie, faute de couvents ou de cellules, se réfugient dans les endroits déserts, dans les grottes, les cavernes, les silos, et jusque dans les *jarres*. M. Le Chatelier, dans son intéressant ouvrage : « *Les Confréries du Hedjaz* » (p. 60), rappelle le cas d'un ascète qui, ne pouvant se soustraire

---

(1) Extrait du Livre mentionnant les autorités sur lesquelles s'appuie le cheikh Es-Senoussi dans le Soufisme, reproduit par M. Rinn dans son ouvrage : *Marabouts et Khouan*, p. 297, 298, 299, 302.

complètement au voisinage de ses semblables, avait profité de la proximité de la mer pour y chercher un asile sûr, en s'enfonçant dans l'eau jusqu'aux épaules. Beaucoup de ces anachorètes ont laissé la réputation de savants remarquables, de thaumaturges révérés. Quelques-uns sont devenus les patrons de confréries puissantes qui, tout en ayant observé les grandes lignes de la règle des Khelouatïa, en ont sensiblement altéré l'esprit et atténué le rigorisme.

Parmi les plus illustres, nous citerons :

1° Sidi-Sounboul-Youssouf (936 hég., 1529-1530 de J.-C.), qui a fondé la confrérie des *Sounboulïa ;*

2° Ibrahim-Goulchini (940 hég., 1553 de J.-C.), patron de la corporation des *Goulchinïa ;*

3° Ouchaki-Hassan-ed-Din (1001 hég., 1592 de J.-C.), qui a donné son nom à celle des *Ouchakïa ;*

4° Hidaï-Aziz ben Mahmoud (1038 hég., 1628 de J.-C.), fondateur de la confrérie des *Djelouatïa ;*

5° Sidi-Mostefa-el-Bakri, organisateur de la confrérie des *Bakrïa*, absorbée par celles des *Hafnaouïa*, *Cherkaouïa* et *Semmanïa*, fondées par ses disciples : Abou-A'bdallah-Mohammed ben Salem-el-Hafnaouï 1163-64 hég., 1759 de J.-C.), A'bdallah-el-Cherkaoui et Cheikh-Semman ;

6° Si Mohammed ben A'bderrahman-bou-Qobrin (1208 hég., 1793-1794 de J.-C.), qui a institué celle des *Rahmanïa*.

7° Si Ahmed ben Mokhtar-et-Tidjani (1196 hég., 1781-1782 de J.-C.), patron et fondateur de la confrérie des *Tidjanïa ;*

***

Au saint visionnaire, à l'ascète, à l'école des *Qadrïa* conduisant à l'extase hystérique et à celle des *Khelouatïa* provoquant des états extatiques, par des méthodes différentes d'entraînement physiologique, succède le philosophe qui revient aux principes substantiels du soufisme et, sans accroissements ni amplifications, sans pratiques bruyantes ni souffrances extrêmes, parvient aussi à l'anéantissement de l'individualité et à l'absorption de l'âme dans l'essence de Dieu.

C'est en Espagne et au Maroc que l'école des soufis renaît épurée. Abou-Médian qui naquit à Séville vers l'an 520 de l'hégire (1126-1127 de J.-C.), en est le chef et le fondateur; Djoneïdi et A'bdelkader-el-Djilâni en sont les appuis; Tlemcen est son foyer; A'bdessalam ben Machich et Hassen-Châdeli en deviennent les flambeaux. L'invocation constante du nom de Dieu, le renoncement au monde, une piété rigoureuse, la vie contemplative et la recherche des secrets du spiritualisme (التصوف) sont les causes motrices de son développement.

Tout l'enseignement mystique d'Abou-Median se trouve admirablement synthétisé dans le résumé ci-après qu'il en a laissé lui-même.

« Le sentiment de la grandeur et de la toute-puissance divines exalte mon âme
» s'empare de tout mon être, préside à mes pensées les plus intimes, de même qu'aux
» actes que j'accomplis au grand jour et aux yeux du monde.
» Ma science et ma piété s'illuminent de l'éclat des lumières d'en haut. Quel est
» celui sur qui se répand l'amour de Dieu ? C'est celui qui le connaît et qui le
» recherche partout, et encore, celui dont le cœur est droit et qui se résigne entière-
» ment à la volonté de Dieu. Sachez-le bien, celui-là seul s'élève, dont tout l'être
» s'absorbe dans la contemplation du Très-Haut. Dieu n'exauce point la prière, si son
» nom n'est pas invoqué. Le cœur de celui qui le contemple repose en paix dans un
» monde invisible ; c'est de lui qu'on peut dire : « Tu verras les montagnes, que tu
» crois solidement fixées, marcher comme marche les nuages. Ce sera l'ouvrage de
» Dieu, qui dispose savamment de toutes choses ». (Coran, XXVII, 90).

Interrogé sur l'amour divin, le même Abou-Median répondait :

« Le principe de l'amour divin, c'est d'invoquer constamment, et en toutes circons-
» tances, le nom de Dieu, d'employer toutes les forces de son âme à le connaître et de
» n'avoir jamais en vue que lui seul » (1).

De cette analyse succincte des doctrines d'Abou-Median, la vieille croyance de l'absorption du sage en Dieu se dégage nettement ; le monothéisme outré, que nous avons signalé en faisant ressortir l'esprit du Coran, tel que le conçoivent le simple et l'ignorant, se dessine avec clarté ; mais là où il prend une forme plus accentuée, plus excessive, où il devient l'unique préoccupation du savant et du philosophe, son *credo*, qu'il exalte et vulgarise avec passion, c'est dans les « déductions dogmatiques, liturgiques et politiques », du marocain A'bdessalam ben Machich.

Avec lui, l'unithéisme d'Ibn-Toumert prend un nouvel élan, et l'unique amour du divin exclut toute autre pensée, éloigne du cœur tout autre sentiment. Le croyant ne doit pas ouvrir la bouche sans prononcer le nom de Dieu, ne doit pas faire un pas sans avoir en vue l'obéissance à Dieu ; et son âme, purifiée des ordures humaines et des accidents temporels, se détache de la créature pour s'avancer, par degrés, vers le Créateur.

L'abnégation de l'être et la récitation constante et sans compter, des formules révélées (dikr) l'aident à accomplir ce devoir sacré, le conduisent infailliblement à la perfection, c'est-à-dire à l'extase et, par là, à des communications directes avec Dieu, à des évocations d'âmes, en attendant l'unification éternelle.

---

(1) Extrait cité par M. Rinn dans son ouvrage *Marabouts et Khouan*, p. 215-216.

Hassan-Chadeli (593 hég., 1196-1197 de J.-C.), donne une impulsion vigoureuse à ces principes unitaires. Avec lui, la science du Touhid (de la proclamation de l'unité de Dieu) devient une institution. Ses doctrines sur le spiritualisme, amplifiées des légendes et des miracles des marabouts, pénétrent dans la foule ; elles se vulgarisent, surtout dans l'Afrique septentrionale où elles donnent naissance à une confrérie-mère (les Chadelïa). Hassan-Chadeli est le type du vrai théosophe musulman et ses disciples sont considérés, par les théologiens de l'Islam, comme les réels traditionnistes de l'enseignement des premiers soufis.

« Tu ne sentiras pas le parfum de la sainteté, disait Chadeli, tant que tu ne seras pas détaché du monde et des hommes. Celui qui désire la gloire dans ce monde et dans l'autre, doit entrer dans ma voie. Il rejettera, alors, de son cœur, tout *ce qui n'est pas Dieu, ne recherchera que Dieu, n'aimera que Dieu, ne craindra que Dieu et n'agira qu'en vue de Dieu.*

» Écoute qui t'appelle à la quiétude, et non qui t'appelle à la lutte. Dieu m'a donné un registre dans lequel mes compagnons et les disciples de mes compagnons sont inscrits comme étant à l'abri du feu de l'enfer, jusqu'au jour de la résurrection » (1).

Mais voilà que le merveilleux se greffe au spiritualisme :

« Au cours de mon voyage, fait-on dire à Chadeli, je m'endormis, une certaine nuit, sur une colline. Des bêtes féroces survinrent, tournèrent autour de moi et restèrent à mes côtés jusqu'au matin ; or, je n'ai jamais passé une nuit plus tranquille. Je vis, dans ce qui venait de m'arriver, une preuve que j'avais acquis quelque chose du degré mystique : *Maqam-el-Ouns billah* (rang spirituel dans lequel le soufi, soustrait à toute influence temporelle, goûte au repos divin).

» Je descendis une vallée où se trouvaient des perdrix que je n'avais pas aperçues et qui, à mon approche, s'envolèrent, toutes, d'un seul coup. Mon cœur palpita de frayeur et j'entendis, alors, une voix me dire : « O toi, qui, hier, avais confiance au milieu des bêtes féroces, comment t'effraies-tu du vol des perdrix ? C'est qu'hier, ta pensée entière était élevée vers moi, tandis qu'en ce moment, tu t'es préoccupé de toi-même.

. . . .

» Je souffrais, une fois, de la faim depuis quatre-vingts jours et je pensais avoir ainsi mérité quelques faveurs spirituelles, lorsque, tout à coup, je vis sortir, d'une grotte, une femme dont le visage était d'une beauté aussi resplendissante que la lumière du soleil. Malheureux ! malheureux ! s'écriait-elle, ayant enduré la faim pendant quatre-vingts jours, il se prévaut déjà de son acte auprès de Dieu, et moi, voilà six mois que je n'ai goûté à aucune nourriture » (2).

. . . .

---

(1) Extrait du *Lataïf-el-Mounan-oua-el-Akhlak*, d'*A'bdel-Ouhab-el-Charani* (traduction de M. Arnaud, interprète militaire), cité par M. Rinn, dans son ouvrage *Marabouts et Khouan*, p. 227.

(2) Extrait du *Roudh-er-Riahin*, traduction de M. Mirante, interprète militaire,

Lorsqu'on songe aux pérégrinations des Abou Median, A'bdesselam ben Machich, Hassen Chadeli et de leurs disciples ; lorsqu'on les suit, par la pensée, à Séville, Cordoue, Fas, Tlemcen, Bougie, Tunis, le Caire, la Mecque et Médine, leurs gîtes d'étapes, où ils étonnent les grands et émerveillent les humbles par leur enthousiasme religieux et l'éloquence entraînante d'âmes ardentes et convaincues, il semble qu'on voit, en eux, les images de ces stoïciens illuminés, des apôtres contemporains d'Apulée, de ceux plus récents de l'Église chrétienne.

Philosophes païens, apôtres chrétiens, missionnaires musulmans, tous, quand ils poursuivaient « la régénération du fidèle par la Foi », n'avaient en vue que le bien ; les uns et les autres étaient donc fondés à se croire dans la voie tracée par la Divinité, et à dire à leurs disciples, suivant le lieu et l'époque : « Un Dieu est en nous », « nous sommes en Dieu, « la bénédiction d'Allah est en nous. » Mais, si les esprits cultivés peuvent considérer, comme psychologiquement incontestable, l'essence divine de doctrines puisées à une source morale, pure, infaillible, des affirmations comme celles qui nous occupent deviennent fort dangereuses, quand elles s'adressent à la masse ignorante qui les interprète à la lettre. Alors, elles brisent tout sur leur passage, préparent l'élection du fanatisme d'abord, et, plus tard, en favorisent les excès.....

Au-dessus de Mohammed, plus puissants que lui auprès d'Allah, puisqu'ils sont en possession de l'Unité substantielle, les disciples de l'Andalous Abou-Médian ont des formules révélées (dikr), prescrivent des pratiques qui doivent élever le néophyte au degré de sainteté, de béatitude, où ils sont parvenus eux-mêmes.

Hassen-Chadeli meurt sans laisser d'ouaçia, n'a pas d'héritier direct, ne désigne aucun de ses élèves pour lui succéder dans l'ordre spirituel. Mais ceux-ci se groupent sous son vocable, et la confrérie des *Chadelïa* occupe, bientôt, parmi celles déjà existantes, le premier rang, qu'elle a rapidement conquis : par la pureté mystique de ses doctrines, par le spiritualisme éclairé qui en est la base, et, aussi, par la réputation de sainteté, de science, etc., du cheikh des Chioukh Sidi-Abou-Hassan-Chadeli, de son maître A'bdesselam ben Machich et des autres théosophes et théologues éminents sur lesquels la confrérie appuie son enseignement. Cependant, au cours des siècles, elle se désagrège ; plusieurs de ses disciples, Chorfa pour la plupart, ou se disant tels, réputés par leur sainteté et leur science, forment des groupes distincts. Leurs doctrines se propagent, empreintes du « spiritualisme nuancé de mysticisme » de l'école-mère ; elles sont plus ou moins altérées, selon les temps et les milieux, par les miracles légendaires qu'on attribue à leurs fondateurs, mais, en réalité, elles ne diffèrent, entre elles, que par la forme du dikr, la notoriété des savants thaumaturges sous le patronage desquels elles se placent, ou la variété des légendes qui s'y rattachent :

1° Abou-A'bdallah-el-Djazouli (869 hég., 1464-1465 de J.-C.) (1), institue une école sans règles bien déterminées ; ses adeptes, les « *Djazoulïa* » se signalent par leur libéralisme et, aussi, le peu de cohésion qui existe entre eux. Abou-A'bdallah-el-Djazouli est leur imam et Hassen-Chadeli continue à être leur patron ;

2° Abou-A'bbas-Ahmed-Zerrouk (899 hég., 1493-1494 de J.-C.), donne son nom à la branche chadelienne des « *Zerroukïa* » ;

3° Si-Ahmed ben Youssef-el-Miliani (931 hég., 1524-1525 de J.-C.) donne son nom aux « *Youssefïa* » ou « *Rachidïa* » ;

4° Abou-Hassan-el-Kacem-el-R'azi (932-933 hég., 1526 de J.-C.), aux « *R'azïa* » ;

5° Sidi-Cheik-A'bdelkader (1022-1023 hég., 1615 de J.-C.), aux «*Cheikhïa*»;

6° Mohammed ben Nacer (1079-1080 hég., 1669 de J.-C.), aux « *Nacerïa* » ;

7° Mouley-Taïeb (1089 hég., 1678-1679 de J.-C.), fonde la confrérie des « *Taïbïa* » à laquelle il imprime un caractère plus conciliant à l'égard du pouvoir temporel marocain ;

8° Abou-Aïman-el-Hansali (1114 hég., 1703 de J.-C.), patron des « *Hansalïa* », se montre moins tolérant. Il n'admet, dans sa confrérie, que des néophytes soumis à la flagellation, au jeûne prolongé et à d'horribles mutilations, rappelant le rite du culte des dieux solaires et d'Atys, et les principes rigoureux de la secte des Almoravides ;

9° Rien de semblable ne se remarque dans les règles des « *Zianïa* » corporation constituée par Si-Mohammed-Abou-Zian (1145-1145 hég., 1733 de J.-C.) ;

10° Mais voilà que Si-Mouley-el-A'rbi-Ahmed-Derkaoui (1145-1146 hég. 1733 de J.-C.) revient aux doctrines puritaines de Sidi-Hassen-Chadeli. Ses disciples *(derkaoua)* ressemblent aux derouich des premiers temps de l'école soufite. Ils se tiennent éloignés des autres Musulmans et leur froc (*khirqa* خرقة) témoigne du mépris qu'ils professent pour tout ce qui se rattache au monde temporel ;

11° Plus conciliant, le disciple d'Abou-Zian-Mohammed-Dhaffar ben Hamza-el-Madani (1240-1241 de J.-C.), imprime aux doctrines de son ordre un esprit plus moderne. Il ne dédaigne pas les préoccupations mondaines, et ses adeptes *(Madanïa)* prennent une part assez active aux événements temporels dont le monde musulman est si souvent le théâtre.

Toutes ces branches secondaires de l'école chadélienne sont d'origine chérifienne. Comme certaines autres, dérivées des *Qâdrïa*, elles ont,

---

(1) Ce cheikh est l'auteur du دلايل الخيرات *Delaïl-el-Keïrat* « Les meilleurs arguments », traitant des prières à faire pour le Prophète. M. Rinn donne comme année de sa mort l'année 869. Celle de 870 est indiquée par M. le Comte de Castries, dans *Les Gnomes de Sidi-Abderrahmane-el-Medjdoub*, t. I, *Des Moralistes populaires de l'Islam*. Paris. Leroux. 1896. Ce marabout, Sidi-A'bderrahmane, est le deuxième successeur de l'auteur du *Delaïl-el-Kheïrat*. V. R. Basset, Directeur de l'École des Lettres d'Alger, *Revue des Religions*, avril-mai 1896.

sur les esprits simplistes, la double puissance, de l'étincelle divine qui réside en leurs patrons, de par leur naissance, et de la baraka qu'ils tiennent de la science spiritualiste puisée dans l'enseignement des docteurs soufis, leurs maîtres.

Signalons ici, à titre de renseignement documentaire, et comme s'étant développée à l'abri des confréries seigneuriales, la corporation des *Moukahlïa* ou *Ramïa*, ces francs-tireurs musulmans qui, après avoir suivi leur prophète au combat, servent d'escorte aux chefs puissants de certaines branches de l'école de Sidi-Hassen-Chadeli. Leurs pratiques ont quelque analogie avec celles des douze « saliens, ou sauteurs » qui, chaque année, exécutaient au mois de mars, la danse des armes et qui, aussitôt la guerre déclarée, rentraient dans les rangs du peuple du « dieu qui tue » et frappaient, de leurs piques, sur leur bouclier d'airain en s'écriant : « Mars ! éveille-toi ».

Leur constitution rappelle vaguement celle des francs-archers de Charles VII. Ils s'exercent périodiquement au tir du *moukhala* (fusil) et au maniement du sabre. A la fin de leurs exercices, ils se récréent en chantant, en commun, quelques versets de leur rite particulier dont voici un spécimen :

« O Rami, ceins-toi, pour te présenter devant Dieu.
» Si tu veux entrer dans l'Océan des Ramïa.
» L'Océan des Ramïa est très profond, ô mon ami !
» Seuls les *amiraux* savants y pénètrent.
» Observe la prière, le jeûne et le pèlerinage.
» Donne la zekate, tu obtiendras la richesse ;
» Ceci est la voie de l'Islam et de l'entrée chez le Prophète.
» Préserve entièrement ton corps et ton sexe de tout ce qui est défendu (1).

. . . .

***

En même temps que l'école chadélienne se développait dans l'Afrique septentrionale et en Arabie, une autre institution analogue, aussi puissante et aussi estimée, répandait son enseignement en Turquie d'Europe, en Asie et dans l'Extrême-Orient. Mohammed-Beha-ed-dine Naqechabendi (749 hég., 1319-1320 de J.-C.) fonde l'école des *Naqechabendïa*. Il s'adresse à la haute société, aux hommes d'élite, aux princes et aux sultans.

Tous tiennent à grand honneur de faire partie de cette association qui semble modelée sur celle instituée par Abou-Beker-es-Sedik (*Seddikïa*) du vivant même de Mohammed.

(1) Extrait d'un manuscrit trouvé sur un rami du cercle d'El-Goléa.

Plus tard, au fur et à mesure de son évolution, elle se perd dans le mysticisme. Les disciples de Naqechabendi réunissent, en une vaste synthèse, les pratiques des Qadrïa, Khelouatïa et Chadelïa. En vue de parvenir à la sanctification, ils emploient aussi bien la méthode des mystiques contemplatifs que celle des hystériques extatiques. Plusieurs d'entre eux n'hésitent pas à recourir à l'opium.

Un des plus notables, le cheikh Beker Soleïman, donne son nom à la confrérie des *Soleimanïa* dont les doctrines sont basées sur celles de son maître spirituel.

*

Le panthéisme persan renaît avec *Chehab ed-Din-Omar-es-Saharaouardi* (632 hég., 1234-1235 de J.-C.) et prend une extension plus grande avec Mohammed-Djemel (1163-64). Leur école (*Saharaouardia*) est purement spiritualiste; leurs doctrines sont le prolongement affaibli de l'enseignement éclectique des néo-platoniciens, mais étroitement enfermées dans les préceptes du Coran, elles ne peuvent atteindre à ces hauteurs incommensurables où s'étaient élevés, par la dialectique, les Alexandrins. Aussi n'étant pas accessibles à la foule, ont-elles peu de propagateurs et disparaissent-elles, submergées par celles des Naqechabendïa, Qadrïa et autres, plus en harmonie avec les sentiments de la masse dégénérée. Elles n'offrent plus, aujourd'hui, qu'un intérêt historique et scientifique, aucune des confréries qui citent comme appui, dans leur chaîne mystique, le nom du cheikh Saharaouardi, ne les pratiquant plus dans leur pureté primitive.

*

Ainsi les Chadelïa, dans les États barbaresques; les Khelouatïa, en Égypte et dans la Turquie d'Europe; les Naqechabendïa en Turquie et jusque dans l'Extrême Orient; les Saharaourdïa, en Perse et les Qadrïa un peu partout, donnaient naissance à une foule de confréries secondaires, analogues par la forme et par la pensée. Elles forment les cinq confréries mères (*Tariqat-el-Oussoul*) d'où dérivent toutes les autres (*Tariqat-el-Fourou'a*).

Par elles, les doctrines soufites issues d'un même point initial, aboutissent, par des voies différentes, au but commun : « l'anéantissement de l'être dans l'essence de Dieu »; elles jettent le Musulman dans le champ de l'extase, où tout est libre et sans frein parce que tout est sans universalité; elles arrêtent son développement intellectuel, et, de contemplatif par tempérament qu'il était, il devient un mystique exalté, qui n'a plus d'autre préoccupation que l'« Infini » insaisissable auquel il aspire avec véhémence.

Au fur et à mesure que l'enseignement, inaccessible au vulgaire, perdait de sa force, on voyait apparaître successivement les symboles et les rites.

Les nouvelles maîtrises spirituelles, au lieu de servir, comme les premiers soufis, Dieu pour Dieu seul, et non en vue des récompenses de l'autre vie, avaient évolué vers des aspirations matérielles érigées en doctrines qui, au lieu de les illuminer, font la nuit dans les âmes, les rejettent loin de la Divinité.

Tout n'est plus qu'apparence : la nature comme la vie. Plus de liberté ni de responsabilité, le bien n'existe plus, le mal pas davantage si ce n'est à l'état d'expression sans sens et sans portée. L'homme, lui-même, est devenu une illusion ; il n'attend plus son salut que de l'extinction volontaire ou provoquée, des facultés qu'il a reçues du ciel.

Tel le *yoghi* de l'école mystique aux Indes, le khouan, par les procédés dont nous avons parlé : musique, danse, etc... maîtrise sa sensibilité extérieure et voyage dans le champ de l'enthousiasme, comme s'il cherchait à retrouver le chemin du primitif Eden !

Inconsciemment, il fait renaître les *fureurs* ou extases de Plotin et des Alexandrins : les extases *musicale, mystique, sybilline* et *amoureuse*, interprétées, ici, au sens exact des mots et vaguement couvertes aux lieux et places des *Muses*, de *Dionysos*, d'*Apollon* et de *Vénus*, par un symbole que le croyant naïf prend pour le monothéisme de son Prophète, alors qu'il n'est, au fond, qu'une rénovation du vieux panthéisme oriental.

Et la méthode soufite, égarée dans la thaumaturgie, s'amplifie de rites, d'exorcismes et de solennités qui la jettent dans l'*occultisme* et la *magie*.

L'*Ouali* lui-même, ce mystique *réintégré* sans efforts, quitte, comme le *Dwidja* de l'Inde, son enveloppe terrestre, et, devenu corps *astral*, parcourt les espaces et pénètre même dans le corps de certains animaux, ses instruments pour l'exécution des décrets émanés de la Puissance divine, réalisant, ainsi, de son vivant, un curieux phénomène de métempsychose.

Que nous sommes loin du Dieu de Mohammed !...

Et à la masse grouillante, à la recherche d'un aliment spirituel au-dessus de son intelligence et de ses forces, aucune âme généreuse n'était assez autorisée, ni assez forte pour crier : « Malheureux extatiques, ne sentez-vous pas que vous repoussez la raison humaine, que vous l'annihilez, vous rangeant ainsi au niveau de la bête ! Etres dégénérés qu'une âme malsaine tourmente, ne voyez-vous pas que votre mysticisme provoqué, votre *hystérie*, aggravent votre mal et que vos hallucinations, fruits impurs du hachich et de l'opium, en vous faisant oublier la véritable pensée, la pensée divine, vous plongent, inconscients, dans un brouillard d'effluves mortelles !

» Ne voyez-vous pas que ceux que vous appelez vos maîtres, vous conduisent à cet idéalisme trompeur et mensonger qui assimile la créature au Créateur et finalement la substitue à Dieu ?

» Où est-il donc le Dieu Très-Haut, votre Allah Taa'la ?

» Assurément ce n'est pas cet homme qui vous apprend que tout est Dieu et qu'il est Dieu lui-même, vous conduisant ainsi, par une pente fatale, à la destruction de votre foi pour vous plonger dans l'immoralité, dans le matérialisme fait de raffinements et de rêveries sensuelles, mais aussi, destructif des plus nobles pensées.

» N'entendez-vous plus la voix du Prophète criant : « Il ne convient pas à l'homme qu'il dise aux autres hommes : Soyez mes adorateurs en même temps que ceux de Dieu. Dieu ne vous commande de prendre ni les anges ni les prophètes pour *maîtres*, et quiconque désire un autre culte que la résignation à la volonté de Dieu (islam) sera, dans l'autre monde, du nombre des malheureux ». (Coran, III, vers. 73, 74, 79).

Mais, hélas ! vous n'avez plus d'oreilles, ou ne voulez plus entendre. Et ces dieux vivants que sont vos maîtres, se gardent bien de vous instruire. Ayant foulé aux pieds toutes les lois, ils ne voient plus, partout, que des émanations de l'essence divine et quand, jaloux de se dire les seuls orthodoxes de la terre, ils ouvrent un Coran, c'est pour y chercher les textes par lesquels ils légitiment à vos yeux leur perfide enseignement.

Ils vous disent : « Dieu fait émaner la création et puis il la fait rentrer en lui-même » (Coran, X, vers. 4), assimilant, ainsi, par une dangereuse allégorie, l'identité de Dieu et de la matière, faisant de vous des adorateurs du Créateur dans ses œuvres, ce que défendait si expressément le Prophète.

C'est que l'Islamisme est, pour eux, un jeu d'enfants, et qu'ils veulent le pain des forts !

La rahbaniïeta-fil-islami : point de vie monacale dans l'Islam, dites-vous ? alors, pourquoi tous ces couvents, ces zaouïa, pourquoi ces retraites sous la terre, pourquoi ces longs et tristes isolements où l'hallucination mensongère et la faim dévorante tuent l'âme et le corps ? Pourquoi, puisque vous êtes, vous-mêmes, vos propres prêtres ?

Ne voyez-vous pas que l'adoration de vos maîtres remplace le culte du Dieu Très-Haut et que, dans leur dangereux système, un seul principe subsiste : la soumission au dieu de la terre.

Ah ! qu'ils sont loin les premiers soufis, prêchant l'union et la concorde, disant que l'ignorance était la cause de l'erreur.

Regardez l'œuvre de leurs successeurs : ils ont chassé, loin d'eux, la pureté de cette morale, abusé de vos imaginations et de vos sens, donné des fers à vos rêves, et, sous prétexte de sacerdoce, vous ont enserré dans cette même erreur que leurs devanciers combattaient et qu'eux, ont érigée en véritable institution.

Écoutez donc un de vos savants vous dire : « Le véritable soufi n'est pas celui qui endosse un habit rapiécé et qui pleure de tendresse en entendant chanter des cantiques ; ni celui qui crie, qui danse, qui se démène et se pâme comme un insensé.

Pour être soufi, il faut un cœur exempt d'impuretés ; il faut cultiver la *vérité*, le *Coran*, la *religion* ; il faut, encore, s'humilier devant Dieu et faire acte de contrition jusqu'au terme de sa vie.

Vous avez le dédain des choses de ce monde, dites-vous, mais, alors, que deviennent les vertus politiques que préconise le Coran ? Que deviennent le courage, la tempérance, la magnanimité dont vos ancêtres ont donné tant de preuves, si, dans un instant, au moyen de suggestifs malsains, vous croyez parvenir à franchir les obstacles, à identifier votre esprit à l'Esprit divin.

Êtes-vous assez naïfs, assez dégénérés pour ne point vous apercevoir que ce que vous éprouvez provient de votre extrême sensibilité, de vos nerfs affaiblis, de votre cerveau atrophié ? Êtes-vous parvenus à un degré de dégénérescence tel que vous confondiez l'extase avec l'hystérie, et ne comprenez-vous pas que ce que vous croyez voir de merveilleux et de sublime n'est qu'hallucinations trompeuses affaiblissant votre corps, perdant votre âme et vous conduisant au tombeau.

Ce désir inassouvi de vous élever jusqu'à l'Infini, de vouloir vivre d'une existence imagée, ne sentez-vous pas que ce sont des infirmités et des souillures morales ? Les esprits vraiment éclairés sont ceux qui se laissent conduire par la raison. Peu à peu, sans efforts et sans luttes, ils vivent heureux et consolent leur âme en lui imprimant une constante direction vers le bien. . . . .
. . . .

Heureusement, l'âme humaine a des penchants dont la morale la plus épurée, les doctrines les plus austères ne parviennent pas toujours à briser le ressort. Beaucoup de ces fondateurs de confréries, beaucoup de ces patrons, dont la postérité a fait des Saints, sortirent de leur solitude, de leur rigorisme, et s'abandonnèrent, eux aussi, aux jouissances des choses terrestres. Ils reçurent les hommages des grands et l'offrande des humbles, et, de leurs frères en Dieu (khouan), ils firent des esclaves d'autant plus asservis, qu'ils leur étaient liés par le pacte divin (*l'ahd*) qu'ils avaient contracté en recevant l'initiation à la voie (tariqa) céleste.

Les soufis empiètent sur les privilèges des marabouts, les eulama revendiquent leurs prérogatives, les chorfa se sentent menacés dans leurs droits seigneuriaux. En un mot, le sacerdoce, composé de cette puissance trilogique, par instinct de conservation, par fidélité aux croyances, dont il est le gardien et qu'il voit menacées par le mouvement des esprits, demeure rivé à un autre idéal social que celui qui se forme autour de lui. Il tâche de comprimer celui-ci, de l'étouffer à sa naissance, d'en entraver les applications. Un dissentiment grandissant se déclare entre lui et la société dont il fait partie, et comme, bien qu'affaibli, il dispose encore d'une force redoutable ; le combat entre lui et l'esprit nouveau devient acharné et dégénère, souvent, en guerre à mort.

Les confréries propagent leurs doctrines dans l'ombre, deviennent des corporations occultes. Elles livrent une guerre sourde aux gouvernements qui résistent à leurs convoitises et, souvent, obligent les khalifes et les sultans à descendre de leurs trônes.

**

Mais, voilà que le XIXe siècle s'annonce plein d'orages ; l'Europe civilisée livre de gigantesques assauts à l'Orient barbare ; de toutes parts, on entame le monde musulman, et, le continent africain, plus particulièrement, devient un dérivatif puissant aux préoccupations des puissances civilisées : les Anglais aux Indes, en Égypte et dans le Soudan oriental ; la Russie dans l'Asie centrale ; la France dans les États barbaresques et jusqu'à Tombouktou la mystérieuse ; l'Autriche en Bosnie et en Herzégovine ; les travaux scientifiques de nos savants et de nos ingénieurs en Égypte ; les pérégrinations d'intrépides voyageurs à travers la Syrie, la Perse et l'Arabie ; les comptoirs commerciaux des côtes de l'Afrique ; les produits occidentaux importés en Asie, dans le désert et jusqu'au centre du continent noir, par l'intermédiaire de riches compagnies et les soins de hardis explorateurs ; le contact de l'empire turc avec le monde civivilisé et ses luttes intérieures, provoquées par des besoins nouveaux, agitent le monde musulman. Une réaction très vive se produit de tous côtés : les sultans et leurs représentants tremblent pour leurs États ; les riches et les puissants se sentent menacés dans leurs domaines ; la masse des travailleurs et des humbles entrevoit de nouvelles souffrances ; tous, d'un commun accord, craignent pour leur religion et leurs croyances ; ils songent au supplice que leur réserve le chrétien abhorré. La patrie à leurs yeux, c'est la terre de l'islam et pour défendre cette terre sacrée que menace l'envahisseur, ils groupent leurs forces en faisant appel au sentiment religieux qui les unit et les soutient dans leur foi inébranlable.

Dans ce concert, faisant face à l'expansion rapide de la civilisation chrétienne, les confréries religieuses se trouvent au premier rang. Elles lèvent l'étendard de l'indépendance, resserrent les liens sacrés qui unissent leurs adeptes ; et leurs doctrines, d'exclusivement dogmatiques et mystiques qu'elles étaient, s'amplifient de préceptes politiques. Leurs statuts (ouaçia) subissent progressivement les modifications qu'une situation nouvelle réclame ; les deux principes : *guerre à outrance au Chrétien en tous lieux et en toutes circonstances, opposition systématique à toute innovation,* font partie du rituel de chacune d'elles, se répètent dans les couvents comme des articles de foi et se propagent dans l'ombre, au nom d'Allâh, chez des populations fanatiques qui en font leur *credo*.

Naturellement, celles qui se forment durant ce siècle d'inquiétude, portent la marque de cet esprit de haine inassouvie ; au mysticisme contemplatif des Chadelïa, à la piété rigoureuse et à la sublime charité des Qadrïa, elles ajoutent l'idée de conservation qui est leur but. On n'a plus le temps de se livrer à des pratiques extatiques pour obtenir des visions ; on n'a plus le temps d'attendre, pour l'admettre au sein de la confrérie, que le néophyte pervers ait fait ses preuves, se soit soumis à des flagellations, à des mutilations insensées. Il faut, au contraire, augmenter rapidement le nombre des adeptes, et, dans ce but, l'initiation n'est plus qu'un pacte de soumission aveugle, un contrat passé entre le chef suprême de la confrérie et l'aspirant.

Telles sont les doctrines de l'école *Khadirïa* propagée par le célèbre Si-Ahmed ben Idris-el-Fassi (mort en 1835) sous l'invocation du cheikh Sid A'bd-el-Aziz-ed-Debbagh (né vers 1683). Ses deux disciples : Si Mohammed-Salah-el-Mirghani et Mohammed ben A'li ben es-Senoussi en ont été les champions autorisés, et, aujourd'hui, les deux puissantes confréries placées sous leur patronage (les *Mirghania* et les *Senoussïa*) sont les avant-gardes de ces doctrines puritaines, anti-civilisatrices et rétrogrades. Elles marquent une étape décisive dans la réaction du vieux monde mahométan, et, de l'Inde au détroit de Gibraltar, gagnent, de proche en proche, les esprits les plus rebelles, les façonnent et les jettent en travers les tentatives des nations européennes qui essaient de franchir les obstacles et de les pénétrer.

. . . .

Mais c'est surtout en Algérie que l'évolution des esprits s'opère avec une rapidité toujours croissante ; c'est au milieu des peuples enfants de nos campagnes que les confréries font des progrès incessants : c'est là qu'elles transforment, à leur profit, les sentiments de la masse. Ailleurs, le croyant ne perçoit que de loin les échos des exploits guerriers du « roumi » envahisseur ; ils lui parviennent diminués ou grossis par la légende, suivant les sentiments du narrateur, et, indolent, apathique, il attend, confiant dans sa force et dans sa foi, le jour éloigné où, dirigé par les représentants du Prophète, il pourra donner un libre cours à ses sentiments longtemps comprimés. Ici, au contraire, il est appelé à défendre sa personne, il voit tous les jours le *Kafer* à l'œuvre, en sent le contact.

Comme un torrent que nul ne peut arrêter, le soldat français, parcourt les plaines et gravit les montagnes à la recherche de l'ennemi invisible. Sans souci des intempéries, sans crainte du siroco meurtrier, tenace, infatigable, il va combattre le rebelle au fond de la retraite où il se croit en sûreté. Sans trêve ni merci, il le pourchasse dans ses plus lointains quartiers, pénètre dans le sanctuaire inviolable du marabout, et poursuit son œuvre de conquête et de pacification, sans crainte de la puissance thaumaturgique du fétiche vivant qu'il y rencontre, sans se soucier des foudres d'Allah que les dévots confiants appellent sur sa tête.

En vain, après A'bdelqader, se lèvent de tous côtés des Bou-Maza et des Bou-Baghla ; en vain, on sort des sanctuaires sacrés les drapeaux des marabouts ; en vain le *croissant* symbolique brille sur leurs hampes secouées par le vent impétueux de la guerre sainte.

La France avance encore, avance toujours, malgré la résistance terrible, meurtrière, sanglante, désespérée !

Là bas, sur les hauteurs du Djurdjura, à *Akerrou-Boudja* et à *Tizibou-Iran*, la voix de Lalla-Fatma, dont le haïk rouge se détache sur un mamelon, n'empêche pas les brèches de se former dans les rangs serrés des Kabyles.

« A l'assaut ! » crie le général Maissiat. Et dans les retranchements, nos soldats trouvent, vêtus d'une courte culotte de bure, attachés les uns aux autres par les genoux au moyen de cordes, des combattants qu'il faut tuer sur place à coups de baïonnette : c'étaient les *insebbelen* (1) (les dévoués), enrôlés par les marabouts et offerts, en dernier sacrifice, pour défendre le sol sacré de leurs ancêtres...

Durant ces longs temps de revers, l'Arabe et le Kabyle, celui-ci encore plus fanatique que celui-là, doutent de leurs ouali et de leurs marabouts.

En face de l'impuissance même des insebbelem, ce dernier rempart de créatures qui avaient pourtant emporté avec elles, suprême espoir, la bénédiction des marabouts, les indigènes se prennent à désespérer :

> « Malheureux cheikh Ben Arab !
> » Pourquoi avais-tu disparu, ô saint ?
> » Pourquoi nous disais-tu :
> » Le Chrétien ne gravira pas la montagne,
> » Puisqu'en définitive,
> » Il l'a vaincue jusqu'aux Aït-Yenni ? »

chante le meddah affolé au moment de la conquête de la Kabylie (2).

---

(1) Dix-sept ans après, dans la nuit du 22 mai 1871, nous trouvons encore des insebbelen (*) à Fort-National, où trois cents d'entre eux tombent aux pieds des murailles marquant ainsi, de leur sang, l'agonie de cette lutte à outrance qui a inspiré le beau roman d'histoire et d'avantures de M. Hugues Le Roux (**), sur l'insurrection de 1871.

(2) Hanoteau et Letourneux, *La Kabylie et les coutumes kabyles*, t. 2, p. 104.

(*) *Les Insebbelen*, par M. Robin, *Revue africaine*, 1874.

(**) V. *Le Maître de l'heure*, par Hugues Le Roux (Paris, Calman-Lévy, 1897). Pour détails complets sur l'insurrection de 1871, V. *l'Insurrection de 1871*, par L. Rinn.

« Infortunés quarante saints ! où étiez-vous quand tu brûlais, ô Bou-Ziki ? » s'écrie
» un poète des Aït-Iraten, en s'adressant aux quarante bienheureux chargés, d'après
» l'opinion populaire, de veiller sur la mosquée appelée Bou-Ziki, qui fut incendiée par
» nos soldats le 24 mai 1857 (1).

Troubadour du temps, tu réveilles des souvenirs d'un autre âge. Tu fais entrevoir, dans un rêve lointain, les luttes de la Chrétienté contre l'Islamisme de l'époque des croisades. Tes poèmes et tes complaintes traduisent fidèlement le sentiment populaire. Dans ton délire, tu reproches aux marabouts la défaite des Musulmans, comme, au XIIe siècle, ton précurseur du moyen-âge s'en prenait à la Providence de la défaite des Chrétiens de la Palestine.

« La tristesse et la douleur, s'écriait-il, se sont emparées de mon âme, tellement
» qu'il s'en faut de peu que je n'en meure sur le champ, car la croix est abattue ; la
» croix, la foi ne nous protègent plus, ne nous guident plus contre les Turcs que Dieu
» maudisse ! mais ne pourrait-on pas croire, autant que l'homme peut en juger, que
» Dieu, pour notre perte, protège ce peuple infidèle » (2).

Et, obéissant à la voix du meddah, ses coreligionnaires les yeux remplis de larmes de rage et de désespoir, secouent violemment les chaînes de leur soumission aveugle, délaissent leurs fétiches vivants pour se retourner vers d'autres protecteurs divins qu'ils croient mieux à même d'appuyer leurs secrètes espérances : ils vont chercher un secours occulte chez le représentant de la confrérie religieuse.

Le missionnaire de la tariqa n'a point besoin de faire du prosélytisme. Comme sous le coup d'une baguette merveilleuse, il voit de jour en jour, grossir le nombre de ses affiliés : les mécontents, les ambitieux, la masse en délire, en un mot, viennent le supplier de les incorporer dans la voie mystique dont les liens sacrés, en leur ouvrant de nouveaux horizons, uniront et ranimeront les courages abattus.

Au fond, ces malheureux sortaient d'un esclavage pour tomber dans un autre qui, en prenant des ailes, achèvera encore plus rapidement que le premier, leur chute morale.

Avec une réelle connaissance des hommes et une parfaite intuition du moment, les maîtrises spirituelles, sentant tout le bénéfice qu'elles pouvaient tirer de la décadence du maraboutisme, revêtent, particulièrement en Kabylie, une forme démocratique, répondant ainsi à cet impérieux besoin d'association, qui est l'une des caractéristiques des races arabe et berbère.

---

(1) Hanoteau et Letourneux : *La Kabylie et les Coutumes Kabyles*, t. II, p. 103.
(2) *Servente*, qu'on attribue à un chevalier du Temple, traduit par l'abbé Millot. On le trouve dans l'éclaircissement sur les Troubadours dans le 4e volume de cette histoire. Michaud : *Histoire des Croisades*, t. 5, p. 39.

C'est qu'au cours de la conquête, les confréries avaient, elles-mêmes, été atteintes ; les Derkaoua, dans le département d'Oran, les Hansalïa, dans le département de Constantine, etc..., (1) dans leurs forces vives, et qu'il fallait, en affranchissant les croyants de la domination maraboutique et de celle de la caste guerrière, dont l'impuissance était démontrée, augmenter le nombre des affiliés et serrer les rangs pour garder et accroître ses conquêtes spirituelles.

***

A l'influence exercée par la conquête, à la transformation des idées dûe à l'impuissance thaumaturgique des marabouts, d'autres causes sont venues se joindre, qui ont contribué à donner aux confréries religieuses la direction à peu près exclusive des esprits, au point qu'elles en arrivèrent, rapidement, à dominer les derniers souvenirs d'une féodalité belliqueuse aujourd'hui presque entièrement disparue.

Au moment où la France prit possession de l'Algérie, les populations, à l'exception de celles des villes habitées par les Maures, étaient groupées autour d'un certain nombre de grands chefs, nobles par leur origine religieuse *(chorfa)* ou par leurs exploits guerriers *(djouad)* dans l'Ouest, *(douaouda)* dans l'Est de la colonie.

Dans la province d'Oran, la famille des Oulad Sidi-el-Aribi, installée près du confluent de l'Oued Taghia et du Chéliff, exerçait, de temps immémorial, le commandement d'un grand nombre de tribus sur le Chéliff inférieur et dans la partie Est de la région de Mostaghanem ; elle formait une sorte de commanderie militaire et religieuse que les Beys ménagèrent toujours beaucoup, parce qu'elle était, en quelque sorte, maîtresse de leurs communications entre Oran et Alger, par la vallée du Chéliff.

La famille des Oulad-bou-Medine avait, sur les populations de la Mina et du Chéliff, une influence à peu près égale à celle des Oulad Sidi-el-A'ribi.

Chez les Harrar, les Oulad Safi étaient de vrais seigneurs religieux ; dans le Djebel-Amour, les Ben Yahia, originaires de la fraction noble et guerrière des Oulad Mimoun, exerçaient le commandement depuis le XIIIe siècle et, progressivement, s'étaient affranchis du gouvernement de l'Odjeac.

La famille des Oulad ben A'ouda, originaires des Oulad A'li, fraction importante de la conféderation des Beni-Ameur qui, avec les Hachem, proclamèrent Sultan, en 1833, El-Hadj A'bdelqader et suivirent sa fortune

---

(1) V. le rôle politique des confréries religieuses, chap. VI.

jusqu'en 1842, époque de leur première soumission ; celle des Baïtia, la plus considérable des Douaïrs, dont l'histoire est intimement liée au Maghzen d'Oran, occupaient le premier rang.

Dans la province d'Alger, les Mahiddin à l'Est, les Bou-Mezrag et les Oulad Mokthar au centre, les Oulad A'bdesselam, les Ben Chnougha, les Zaanin de Laghouat, au Sud et à l'Ouest, les Ben Cherifa, régnaient en maîtres incontestés.

Plus loin, dans la province de Constantine, les Rezgui, les Assenaoui, les Ben Merad, les Mokrani, les Oulad A'li Cherif, dans les régions du Tell, les Ben A'chour, les Boudhiaf, les Bendeïkha, dans celles des Hauts Plateaux et les Bou-O'kkaz, les Ben Gana, les Ben Djellab, les Oulad el-Hadj A'li dans le Sud, étaient autant de souverains, des chefs de çofs toujours prêts à mesurer leurs forces sur le champ de bataille et à devenir d'utiles auxiliaires ou de dangereux ennemis.

Et, au sein de ces deux classes de « *chorfa* » et de « *djouad* », vivaient ces personnages maraboutiques que nous avons vu disparaître tour à tour ou devenir soit des sectateurs fervents soit des chefs de corporations puissantes dans l'Islam. Affranchis de tout joug spirituel ou temporel, ils formaient une sorte de théocratie, bénéficiant, à la fois, et de l'ascendant qu'ils avaient su acquérir sur les masses ignorantes et fanatiques, et de la décadence des princes musulmans, leurs maîtres.

C'était encore l'organisation des Arabes des temps préislamiques, c'étaient les mêmes mœurs, le même esprit de çof, le même antagonisme, qu'on retrouve, frappante analogie, dans les récits toujours si nouveaux et si piquants de Salluste et de Tite-Live, sur les Berbères de l'époque romaine.

C'était, pour ne citer que celui-là, Ferhat ben Saïd, chef de la famille des Bou-O'kkaz, la plus noble et la plus ancienne du Sahara, s'empressant de faire, en 1832, des ouvertures de soumission au duc de Rovigo, dans le but d'obtenir son appui pour renverser le bey Ahmed ; et, plus tard, en 1837, venant solliciter le secours du général Valée, pour chasser du Sahara les Ben Gana, ses adversaires, restés fidèles au bey ; ne comprenant pas que les circonstances politiques d'alors ne permettaient pas à la France de s'avancer dans le Sud, il va, déçu et dominé par son caractère impatient et aventureux, offrir ses services à A'bdelqader, qui le repousse comme suspect et le fait même emprisonner.

Redevenu libre, il bat l'estrade en plein Sahara et, enfin, meurt assassiné, au moment où il implorait la pitié des Ben Gana.

Entièrement dominés par leurs intérêts personnels, ces grands chefs, nouveaux Syphax au petit pied, ne donnaient leur fidélité qu'en garantie des avantages qu'ils avaient à l'accorder, ou de la protection et de l'appui qu'ils en espéraient.

Cependant, quelques-uns, dédaigneux de toute compromission de cette nature, ont conservé leur fierté et leur indépendance et nous ont loyalement combattus jusqu'au jour de leur défaite.

D'autres, après bien des tâtonnements et des revers, nous ont demandé « l'aman » et se sont ralliés à notre cause.

De graves défections, ayant eu pour conséquences de grands mouvements insurrectionnels, se sont malheureusement produites, mais il n'entre pas dans le cadre de ce chapitre d'en rechercher les causes ni les effets.

A ceux des chefs restés dans le devoir, le gouvernement a distribué, au début, des honneurs et attribué de vastes commandements ; il a été généreux pour les dissidents.

Les fils de quelques-uns de ces chefs ont bénéficié des faveurs accordées à leurs pères ; plusieurs d'entre eux ont été admis à l'école de Saint-Cyr ; d'autres, sont parvenus jusqu'aux grades supérieurs de la hiérarchie administrative indigène.

Malheureusement, à notre contact, leur goût pour le luxe et les jouissances du confortable se développaient en raison inverse de leur fortune, qui basée, le plus souvent, sur l'importance de leur commandement, diminuait au fur et à mesure que les exigences d'une politique nouvelle nous entraînaient à supprimer ou à réduire ce commandement et, avec lui, les immunités qui y étaient attachées.

Des mécontentements devaient naturellement se produire : habitués à commander en maîtres, les grands chefs ne voyaient pas d'un bon œil diminuer leurs commandements et surtout les avantages pécuniaires qui y étaient attachés : quelques-uns cherchèrent dans l'arbitraire, la concussion ou l'exaction, à maintenir, quand même, leur cassette intacte.

D'autres, qui avaient fait à notre civilisation les emprunts les moins flatteurs, offraient le spectacle désolant de chefs gaspillant, dans de folles dépenses ou de ruineux procès, les traitements avantageux qu'on leur avait alloués pour leur permettre de soutenir convenablement leur haute situation.

L'extension du territoire civil en 1881, est venue précipiter la chute des derniers descendants des grands chefs indigènes de la génération de la conquête.

Et de ces brillantes chevauchées, de ces « fantasia » devenues légendaires, de ces seigneurs féodaux qui en avaient la direction, il ne reste plus que le souvenir.

Ainsi que l'a si hautement exprimé M. le Gouverneur général J. Cambon, à la tribune du Sénat, le 18 juin 1894, nous n'avons plus, en face de nous, qu'une sorte de poussière d'hommes et les grands intermédiaires, entre les indigènes et nous, ont disparu.

De même qu'à notre arrivée en Algérie, nous avions décapité la hiérarchie turque et renvoyé les janissaires qui étaient, dans le pays, la force sans laquelle il n'est pas d'action ni d'influence possibles sur les indigènes (1), de même nous n'avons cessé, depuis la conquête, de

---

(1) « On se trouva en face d'une population à conduire, en face de besoins adminis-

réduire et, pour ainsi dire, d'anéantir, dans la personne des chefs indigènes, tout ce qui touchait à la forme du Gouvernement Turc.

C'est de cette erreur que sont nées les complications avec lesquelles nous sommes actuellement aux prises.

Nos chefs indigènes, en effet, même ceux qui descendent des familles féodales, manquent aujourd'hui de considération et d'influence.

Leurs anciens serviteurs sont devenus leurs égaux de par les droits que nous leur avons prématurément donnés et dont ils sont incapables de se servir ; ils lèvent la tête, osent regarder en face ceux qui furent leurs maîtres, refusent de cultiver leurs champs, de surveiller leurs bestiaux, de soigner leurs chevaux, et, humiliés, les chefs indigènes usent leurs moyens, passent leur temps à implorer l'aide du Gouvernement qui ne peut les suivre dans leurs revendications.

« On m'a insulté, on m'a appelé chien ; mais non pas moi seulement, » vous aussi, car je ne suis que le représentant de votre autorité chez « les miens et votre fondé de pouvoirs ! »

On croirait entendre Adherbal, toute distance gardée, s'adressant au Sénat romain pour réclamer le trône de ses aïeux, usurpé par Jugurtha : *Vestra beneficia mihi erepta sunt ; vos in mea injuria » despecti estis »* (1).

Quelques-uns, pleins de vices et repoussés par leurs coreligionnaires, auparavant leurs serviteurs, sont retournés sous la tente où ils n'ont plus trouvé ni bien-être, ni ombre d'autorité.

Du Tell, des Hauts-Plateaux ou du fond du Sahara, ils sollicitent des emplois, des subsides ; leurs requêtes sont humbles et suppliantes, parfois obséquieuses. Ils rappellent les services rendus par leurs ancêtres, souvenirs qu'ils savent ne jamais évoquer en vain, et ils continueront jusqu'au jour où ils disparaîtront eux-mêmes, pour ne laisser derrière eux que la misère qu'ils ne peuvent surmonter.

Jamais ils ne cherchent dans le labeur la reconstitution d'une fortune qu'ils n'ont pas su conserver ; le mot travail est pour eux synonyme de « honte ». Ce sont des « gens de famille » et ils se croiraient abaissés au rang de leurs esclaves s'ils cultivaient, eux-mêmes, leurs champs et conduisaient leurs charrues.

***

» tratifs à satisfaire, sans avoir la moindre idée de ce qui se faisait à cet égard avant
» notre arrivée ; et les choses allèrent si loin, que, pour donner un seul service public
» comme exemple, quand une fontaine cessait de couler, on ne savait où chercher les
» conduits qui y amenaient l'eau, afin de les réparer, l'amin el a'ïoun (chef des fontaines),
» ayant été mis dehors comme tous les autres fonctionnaires turcs ».
Léon Roches, *Trente-deux ans à travers l'Islam.*

(1) *L'Algérie romaine*, par G. Boissière, p. 108.

Pendant ce temps, les indigènes habitués, depuis des siècles, à être dirigés par la force de leurs chefs régionaux et héréditaires, s'accommodaient mal d'une liberté qu'ils ne savaient, qu'ils ne pouvaient utiliser parce qu'elle est incompatible avec leur organisation sociale. Les tribus perdaient leur homogénéité : chaque fraction, chaque tente ou gourbi, donnait un libre cours aux rivalités jusque là comprimées par la crainte d'une prompte répression et, quelquefois, d'un châtiment sévère. Les voisins devenaient des ennemis, et, dans les contrées où la propriété individuelle était constituée, chacun agissait suivant ses inspirations et, trop souvent, à l'instigation d'usuriers intéressés.

Les terres, autrefois inaliénables de par leur collectivité, étaient vendues par voie de justice et devenaient le patrimoine de l'usurier qui avait prêté quelques douros au jeune prodigue devenu majeur. Celui-ci avait signé ce qu'ils appellent vulgairement une *kaghta,* sans se rendre compte de l'acte qu'il accomplissait ; il se mariait, achetait un cheval avec le prêt consenti, sans s'inquiéter du remboursement ; et, plus tard, obligé de quitter sa tente, de ne plus toucher le produit de ses labours, il devenait un dévoyé ou un criminel.

De là, des mécontentements journaliers, de plaintes continuelles, des délits et des crimes, et, comme conséquence, la désagrégation suivie parfois de la ruine.

La famille patriarcale, héritage des peuples primitifs, perpétuée, à travers les siècles, par les Arabes, disparaissait lentement, mais sûrement, et rien ne la remplaçait, si ce n'est le désordre moral et matériel.

**

C'est le juste châtiment de notre faiblesse, s'écriaient les uns ; ce sont les coupables compromissions des défenseurs de la foi avec le roumi abhorré, clamaient les autres. Dieu nous a abandonnés !.. et, dans cet état d'âme, la foule des naïfs, des crédules, des fanatiques, se rappelait qu'au milieu des renégats devenus plus méprisables que les « *kouffar* », vivaient encore de vrais Musulmans, détenteurs de la « baraka », réelle émanation divine, étincelle resplendissante de lumière céleste.

Leurs ancêtres avaient été les directeurs des consciences, les précepteurs de leurs aïeux, leur avaient toujours appris à détester tout ce qui n'était pas musulman, avaient relevé leur courage les jours de combat, et les avaient consolés les jours d'affliction.

Eux, si puissants auprès d' « Allah », ne pouvaient rester indifférents à leurs supplications, et, comme le malade qui n'achète de remèdes que le jour où il a perdu tout espoir de guérison, nos populations indigènes allaient chercher une consolation suprême au fond de la retraite de l'ascète vénéré, ou de la modeste « *Nouala* » du moqaddem, son délégué.

Et ceux-ci, toujours intéressés à invoquer, pour le faible, l'opprimé ou le repenti, l'intervention d' « Allah » dont ils sont les représentants sur la terre, ne manquaient jamais d'accorder leur bienveillance au plus offrant, et de se venger des sacrilèges qui avaient, auparavant, dédaigné leurs conseils pour suivre et servir nos grands chefs indigènes, leurs oppresseurs.

Le simple « Khouan » jouait un rôle de protecteur auprès du pauvre diable des campagnes, attaché au sol qui l'avait vu naître, et que le destin « le Mektoub » l'obligeait à quitter, pour aller chercher, ailleurs, un bien-être qu'il ne savait se procurer.

Le pauvre fellah sollicitait son affiliation à la « Tariqa », suppliait le khouan d'intercéder auprès de son maître spirituel, le chaouch ou le moqaddem, et, pour cela, il consentait volontiers à aliéner le peu qu'il lui restait de son faible patrimoine.

Ne devait-il pas, par cet acte d'abnégation, d'abandon de son être, de sa liberté, de sa moindre initiative, satisfaire la curiosité téméraire qu'il avait toujours eue en face de l'incompréhensible, et réparer, en demeurant « *cadavre* » entre les mains de l' « Ouali » omnipotent, les erreurs de son existence passée ?

Et puis, il était sûr d'avoir un chef, maintenant, chef autrement fort et autrement puissant que le représentant du « beylik » qu'il ne pouvait regarder sans éprouver un sentiment de terreur.

Et c'est ainsi que les modestes moqaddim des confréries, groupaient, autour d'eux, un nombre élevé de mécontents et devenaient directeurs de congrégations avec lesquelles il faudra tôt ou tard compter.

Jadis, Mazouni du Kef, remplissait les modestes fonctions de taleb auprès de la grande famille des Ben Merad. Aujourd'hui, un descendant de ces Chorfa déchus, nommé à l'emploi d'adjoint indigène dans une petite section d'une commune mixte, s'empresse d'aller quémander l'investiture à la zaouïa de ce même Mazouni, qui représente l'une des corporations issues des Qadrïa, la plus répandue, peut-être, dans l'Afrique septentrionale.

C'est que les moqaddim, autrefois confinés dans leur rôle spirituel, n'agissant que lorsque leur action était tolérée par le prince de la contrée, passent aujourd'hui la tête haute et courent à la conquête spirituelle du monde musulman.

Ils troquent la « *khirqa* » pour le burnous flottant des Chorfa, agissent en maîtres, et les masses, soumises à leur omnipotence, obéissent sans murmurer.

Ils forment comme une sorte « d'État dans l'État », et tel personnage qui s'était jusqu'alors plié aux exigences d'un supérieur religieux, finit par s'émanciper, désireux de prendre, à son tour, la direction des consciences et, surtout, de faire tomber dans son escarcelle l'argent des Ziaras.

Il s'ensuit avec des inimitiés qui entraînent des scissions la formation, dans un même ordre religieux, de branches nouvelles cherchant à étendre sans cesse leur domaine d'action au profit de leurs intérêts particuliers.

.*.

Est-ce à dire que nos populations indigènes, si naïves lorsqu'il s'agit de croyances ou de superstitions, ne constatent pas cette désagrégation, n'apprécient pas à leur juste valeur, les chioukh et moqaddim qui vivent à leurs dépens ? Sans doute, mais nous l'avons vu, elles, leur pardonnent volontiers leurs écarts, et, après s'en être momentanément éloignées, retournent à eux, poussées par une foi ardente et craintive. Ne sont-ils pas les dépositaires de la vraie voie du salut ? Tout ce qu'ils peuvent dire, tout ce qu'ils peuvent faire est divin.

Les effluves qui émanent d'eux sont « régénératrices, purifient et sauvent ceux qui se mettent en communication avec eux ».

« Donner à eux, c'est donner à Dieu », leur montrer une soumission aveugle c'est obéir à l'Être suprême, car la « baraka » est en eux, et, s'ils s'écartent un instant de la voie droite, « Allah » clément et miséricordieux, grâce à l'intercession de l'ascète vénéré, de l'ouali tout puissant, révélateur de la « tariqa », les préservera du *djin* malfaisant.

Ici, on nous saura gré de corroborer notre remarque par un exemple : aux environs de Guelma, à Aïn-Defla, est édifiée la zaouïa-mère de la confrérie des A'mmarïa. L'ouali fondateur a deux fils : l'un fanatique, intéressé et sournois ; l'autre jovial, communicatif et généreux. Le premier est l'héritier direct de la « baraka ». Cependant, les sympathies des foqra de l'ordre vont au second et nul doute que l'« ouali », dans l'intérêt de la prospérité de la confrérie, ne suive le courant des esprits en révélant, à son second fils, les secrets qui en feront un thaumaturge des plus réputés.

Le futur cheikh fréquente volontiers les Européens ; il ne craint pas de boire les « liqueurs défendues » (pour faire comme le roumi, dit-il) qui lui jouent parfois le mauvais tour de lui enlever toute connaissance des choses d'ici-bas. Dans ces moments « *d'oubli* », les khouan l'entourent et le protègent. Ses moindres gestes sont pris, par eux, pour des invocations ; ses paroles incohérentes sont considérées comme le résultat de l'extase où ils le croient plongé. Les djnoun, causes de tous les maux, sont sans doute en lui et luttent avec l'étincelle divine qui se manifeste ; mais, plus tard, lorsqu'il aura hérité de la « baraka complète », Allah le préservera de la néfaste boisson du roumi et les djnoun n'auront plus, sur lui, aucune action.

La liste serait longue de ceux qui transgressent ainsi les prescriptions coraniques et dont la foule ignorante sanctifie les caprices. Mais les affiliés considèrent ces folies, réelles ou feintes, ces turpitudes du corps, comme une sorte d'épreuve envoyée par Dieu à ceux de ses serviteurs qu'il a plus particulièrement appelés à lui ; et la résignation des khouan est telle qu'ils supportent toutes les misères, espérant, d'ailleurs, bénéficier, tôt ou tard, des révélations divines auxquelles leurs idoles semblent prédisposées.

En attendant, leur pensée intime se porte au loin. Le soir, lorsque le silence se répand sur la terre, leurs âmes pieuses s'envolent vers La Mecque, sainte patrie d'où vient la lumière, où vivent, purs de toute souillure du « kafer » et dans une atmosphère toujours imprégnée des paroles du Prophète, les Saints de l'Islam. Heureux sont ceux qui peuvent les approcher, purifier leur âme à leur contact, leur communiquer leurs douleurs ou leurs aspirations !!

Peut-être, à l'A'ïd-el-Kebir ou à l'A'ïd-el-Seghir, leurs envoyés favoris viendront-ils, selon l'habitude, leur apporter la bonne parole, donner des instructions nouvelles au « Naïb » que le malin Bacchus se plaît trop souvent à égarer, et aux autres sacrilèges qui ne savent maintenir, intactes, les traditions des ancêtres.

Tel est, en général, l'état des esprits parmi nos populations indigènes des campagnes : leur existence s'écoule dans une attente perpétuelle d'événements heureux ou fantastiques, attente habilement entretenue par les émissaires des confréries religieuses des pays de l'Islam.

A titre documentaire, nous reproduisons, ci-après, des extraits de l'ouaçia d'une confrérie tripolitaine devenue toute puissante grâce au zèle que ses adeptes mettent à propager ses doctrines. Nous avons eu l'heureuse occasion de saisir cette ouaçia au moment où un moqadem en pérégrination, en donnait lecture à une vingtaine de prosélytes. Voici dans quelle circonstance :

Dans la tribu des Guerfa, où les exigences du service nous avaient amené, une vingtaine d'Arabes étaient assis sur une hauteur garnie de roches, au milieu desquelles fumaient leurs gourbis.

Les genoux près du menton, leurs burnous s'évasant du sommet du capuchon jusqu'au sol, ils ressemblaient à des monolithes blancs et triangulaires. Leur posture nous transportait, malgré nous, à vingt siècles en arrière, à l'époque reculée où les compagnons de Massinissa, Syphax et Jugurtha délibéraient dans ces enceintes en plein air, dont nous avons parlé au chapitre des croyances populaires.

Mais leurs gestes indécis, leurs mains fainéantes errant mollement dans la poussière, prenant des pincées de terre et les laissant retomber, indiquaient que leur esprit était inoccupé.

Le « mektoub », ce sentiment qui domine les plus grandes et les plus petites choses, s'est emparé de leur être, a emporté leur espoir et leur courage ; leur confiance est en « Allah », et, patiemment, ils attendent que la volonté souveraine les réveille de leur demi-somnolence.

Par instant, leurs yeux se tournent vers la rivière d'où viennent des femmes lentes et harassées, le dos courbé sous la peau de bouc. La marmaille sautille autour d'elles et, de temps à autre, les troupeaux attardés regagnent la demeure commune.

Tout à coup le groupe indolent s'était animé : on venait d'apercevoir, au loin, un cavalier qui se dirigeait, à une allure rapide, vers l'assemblée préoccupée.

Qui est-ce ? se demandait-on anxieux.

Est-ce l'adjoint indigène, le garde-champêtre, le chaouch du juge de paix, l'a'oun du cadi, un deïra ?

Non, répondaient quelques-uns ; il est monté sur une mule sellée d'une *seridja* et son burnous est noir.

Pendant ce temps, le cavalier approchait, et eux, hésitant, les regards tournés vers l'inconnu, attendaient un mot, un geste, pour accourir au devant de lui, sinon pour retomber dans leur posture contemplative.

« *Allah-Sidi-A'bdessalam !* » s'écria l'inconnu en arrêtant sa monture.

« *Essalam alikoum ia khouan* », que le salut soit sur vous, ô frères !

L'inquiétude avait disparu, la glace était rompue ; certes, ils ne connaissaient pas Sidi-A'bdessalam, mais le nom d'« Allah » avait réveillé leurs sentiments ; celui qui se présentait sous un pareil patronage ne pouvait être qu'un envoyé d'un de ces « ouali », de ces Saints par excellence, détenteurs de la « baraka », et ne pouvait apporter que de bienfaisantes nouvelles à la mechta.

Et le soir, ce fut une fête générale : on tua le mouton, on fit rôtir le « *mechoui* » ; et, après la prière du « *maghreb* » faite en commun, la nuit se passa en conciliabule. Vers deux heures du matin, le moqaddem, car c'en était un, commença la lecture du précieux talisman tenu, jusqu'à ce moment, soigneusement enveloppé dans sa « *djebira* ». Par cette lecture, expliquée, commentée et appropriée au besoin, à l'enthousiasme des auditeurs, ils apprirent comment ce talisman prophétique avait été révélé au Saint par excellence, à l'Ouali assis auprès de Dieu, Sidi-A'bdesselam Lasmar, patron de la confrérie des *Soulamïa ;* ils entendirent les recommandations spéciales faites aux croyants, la haine que tout Musulman doit entretenir contre le Chrétien, les appuis mystiques de la confrérie, et, finalement, les prédictions les plus fantastiques, les plus incohérentes, les plus curieuses par leurs rapports avec la vie intime du peuple arabe de l'Afrique septentrionale.

C'est cette dernière partie du volume que nous reproduisons, parce qu'elle démontre surabondamment à quelles absurdes injonctions obéissent nos populations musulmanes, à quelles croyances naïves elles sont sujettes.

On jugera, ainsi, avec quelle facilité, de fanatiques sermonnaires, à l'aide de leurs légendes pleines de dangereuses déductions, de leurs paroles mystérieuses, de leurs pseudo-miracles et de leurs insidieuses promesses, troublent les âmes du pauvre diable et du simple fellah.

« Craignez Dieu et fuyez le monde, a dit notre Cheikh Abou-Ras, car l'isolement
» sera un acte de piété pendant les dix années qui s'écouleront de la dixième à la
» vingtième année du 12ᵉ siècle de l'hégire. »

Et de dix en dix années, les calamités les plus terribles, les guerres intestines les plus meurtrières, les crimes les plus horribles, généralement suivis de périodes paisibles et heureuses, d'époques prospères, surviennent et se succèdent jusqu'au 16ᵉ siècle de l'hégire.
Nous reproduisons textuellement, depuis 1280 de l'hégire, 1864-65 de notre ère.

« La dernière année de la période de 1280 à 1290, les soldats de Tripoli pénétreront
» dans le Fezzan, les arbres seront coupés, les eaux disparaîtront dans le sol, un
» fléau semblable à la peste sévira et les habitants périront.
» La dixième année de cette période, les Arabes s'empareront de l'Ifrikīa et y
» resteront six ans. Ils en seront chassés par les Ghouzz (nom d'une peuplade turque).
» Pendant la période suivante, celle de 1290 à 1300, il y aura abondance de biens
» de toute sorte.
» Des gens ressemblant à des singes et hauts de deux coudées, apparaîtront; des
» sauterelles grosses comme des pigeons s'abattront sur Tripoli; on verra aussi des
» fourmis de la taille d'une chèvre et on les tuera à coups de fusil.
» Au cours de cette période, un homme, un magicien de grande taille, noir de
» visage, marqué de la petite vérole, amputé d'une jambe, viendra. Il se fera passer
» pour un saint et les gens le suivront. Que celui d'entre vous qui l'approchera lui
» enlève sa calotte, il verra sur son front une ligne de caractères tracés en couleur
» noire, où il lira : « O imposteur! O toi qui mérites la malédiction, la colère et le
» mépris! »
» Cet homme sera mince, tatoué aux deux poignets; il sera monté sur une jument
» grise et tiendra des ordures à la main.
» Mes frères! ne le suivez pas; ce sera un démon, un sorcier, un imposteur. Il se
» nommera Khalef « Allāh » et sera tué par un noble de Tripoli.
» Les deux meilleurs marabouts du Gharb (seront) Sidi ben A'īssa et Sidi Yazzi;
» les meilleurs de Tunis : Mahrez ben Khalfet, *Sidi-Ahmed ben Arous*; les meilleurs de
» Tripoli Sidi-A'bdesselam et Sidi-Abou-Djafar; les meilleurs du Micharq, El-Kilani
» et El-Badaoui.
« Après le XIIᵉ siècle, le bien-être n'existera plus à Tunis ni à Tripoli; les pluies
» ne tomberont plus et la disette sera affreuse. L'or et l'argent seront abondants, si
» bien que les gens choisiront les plus belles de leurs filles et de leurs épouses et les
» enverront avec une corbeille pleine d'or et d'argent, mais elles reviendront, la journée
» écoulée, sans avoir pu trouver quelqu'un qui leur vendît quelque nourriture ».
« *L'heure viendra*, un vendredi premier jour du XVIᵉ siècle. Les événements les
» plus grands se passeront au XVᵉ siècle. Ce que je vous prédis m'a été révélé en
» songe pendant mes veillées contemplatives, par le Prophète de Dieu. Notre cheikh
» Abou-Ras me l'a aussi divulgué ».
« Au milieu du XVᵉ siècle auront lieu des troubles et des combats dans tous les
» pays : le sultan Otsman périra; les Chrétiens s'empareront de toutes les villes et de
» l'Orient. L'imam El-Mahdi fera son apparition; l'anté-christ se montrera; ce sera un
» magicien, un innovateur ».

« Il aura deux attributs ; l'un représentant l'enfer, l'autre le paradis. Il jettera
» l'homme dans les flammes, puis l'en sortira pour le mettre dans le paradis d'où il le
» replongera dans les flammes ».

« Il sera monté sur une ânesse à la crinière longue et épaisse ; le croyant sincère
» ne se préoccupera pas de lui, ne l'écoutera pas et ne le suivra pas. Quiconque le
» suivra ira en enfer.

» « A'ïssa » (Jésus) fils de Marie apparaîtra alors, et tuera l'anté-christ.

» Le soleil apparaîtra à l'Occident ; les jours et les nuits seront plus courts ; Israfil
» soufflera dans la trompette (du jugement dernier) les cataractes des cieux s'ouvriront
» et tous les êtres animés périront ».

« Le monde restera durant 40 jours, sans aucun habitant ; puis les corps sortiront
» de terre. Israfil soufflera, de nouveau, dans la trompette ; les hommes se dresseront
» nus et, pendant mille ans, ils marcheront sur leur tombeaux, et resteront toujours
» debouts, jusqu'au jour où le cor résonnera.

» Ils seront, alors, tous, poussés vers le lieu du rassemblement et, lorsqu'un feu
» brillera aux quatre points cardinaux, ils s'enfuiront à Jérusalem ; les balances seront
» suspendues, les livres (des comptes) ouverts et le Sirat sera jeté au-dessus de l'enfer ».

. . . .

Le lendemain, notre moqaddem voyageur continuait ses pérégrinations à travers les tribus, laissant partout de nouveaux prosélytes, des cœurs pleins d'espoir ou de déception, jusqu'au jour où il fut arrêté et reconduit à la frontière tunisienne qu'il n'aurait jamais dû franchir pour le bien-être et la tranquillité de nos sujets musulmans.

Les prophéties de cette nature abondent ; elles sont, plus ou moins, comminatoires pour le Chrétien envahisseur. Qu'on nous permette d'en citer une seconde et dernière, adressée à M. le Gouverneur général de l'Algérie. Écrite à la date du 11 mai dernier, c'est-à-dire au moment où les Turcs avaient envahi la Thessalie, elle empruntait aux événements d'Orient, que nos indigènes suivent avec une certaine anxiété, un caractère d'actualité ; et sa gravité était doublée par les termes injurieux et menaçants dont s'est servi l'auteur :

» Je suis chargé de vous adresser la parole au nom des fils de ma nation, et de mes
» amis, entreprenant, ainsi, le combat dont la sanction est la victoire de la *religion*,
» victoire que le Dieu Très-Haut a prescrite.

» O nation tyrannique et coupable envers l'humanité, pour laquelle Dieu vous a
» cependant imposé la mise en pratique de la *liberté*, de l'*égalité*, de la *fraternité* en
» toutes circonstances, suivant les termes que vous employez dans votre formule
» mensongère.

» O barbares, ne voyez-vous pas que, sous peu, Dieu vous fera périr ; que vos États
» brûleront et se consumeront complètement, au point qu'il n'en subsistera plus le
» nom ni aucune trace, et que votre nation sera réduite à l'état d'un grain de sénevé
» imperceptible, jeté au milieu du désert.

» S'il plaît à Dieu, le Très-Haut fera triompher vos ennemis, dispersera vos rangs
» et fera désagréger votre société perverse. Car nous avons trois signes, à l'apparition
» desquels nous saluons notre future délivrance ; et ces signes apparaissent du sein de
» vos turpitudes.

» O quelle immense catastrophe va s'abattre sur vous et quelle joie elle va réserver
» aux Musulmans! Dieu vous châtiera ainsi vigoureusement et vous serez accablés
» par les afflictions suivies de l'extermination complète, à tel point que tout Français,
» parmi vous, regrettera de n'avoir pas été créé *pierre* au lieu de naître Français et
» préférera, à cette époque néfaste, l'avanie de 1870.

» Excellente nouvelle pour nous, société musulmane. L'assistance dont nous
» sommes gratifiés s'appuie sur une base indestructible. (Suit un assemblage de lettres
» et de chiffres) : ε . ١ ؍ ν ٢ . ٢٢ . . . ؍

» J'enverrai à l'extérieur un spécimen des paroles qui précèdent, afin d'éclairer
» ceux qui ne le sont pas ».

Cette menace directe est suivie de signes cabalistiques indiquant que son auteur cultive la magie et doit être un de ces trop nombreux fanatiques, un de ces illuminés, provocateurs de trouble et de révolte, qui surgissent toujours lorsque les événements leur font croire à l'arrivée du « Maître de l'Heure ».

Nous avons lu plusieurs prophéties de cette nature, mais aucune de celles répandues pendant les diverses insurrections ou soulèvements partiels, n'est, croyons-nous, aussi arrogante. Elles se bornent généralement à prêcher discrètement la guerre sainte qui chassera le Roumi du pays, tandis que celle dont nous parlons vise plus haut. En cherchant à saper nos institutions, en invoquant l' « année terrible », elle rappelle aux Musulmans, qu'un jour, une heure, nous avons été les vaincus de la terre et que nous pourrions bien ne plus être invincibles.

On sent passer, dans cet ardent appel à une force supérieure, toute la haine, toute l'exaltation extrême de la folie religieuse, laquelle trouve, malheureusement, toujours de l'écho dans le monde de l'Islam et nous indique que nous ne devons jamais nous départir de notre surveillance, que nous devons, au contraire, nous prémunir, sans cesse, contre les surprises que peut nous ménager le fanatisme musulman.

On conçoit facilement, quand on sait l'amour des Arabes pour tout ce qui touche au merveilleux et au surnaturel, l'effet que produisent de pareilles prédictions.

L'Orient est toujours le pays où fleurit le prophétisme : il y est né, c'est sa terre de prédilection.

Abou-Ras qui a révélé au monde arabique les maux qui l'attendent, l'inconnu qui a adressé à la plus haute autorité de la colonie ses sinistres menaces contre nous, n'ont donc rien inventé : il y a 2,400 ans, Isaïe prédisait la maladie de la vigne, qui, depuis l'ère chrétienne, n'a sévi qu'en ces dernières années.

Comme cheikh Abou-Ras, comme l'inconnu dont nous venons de parler, Isaïe a prédit, aussi, une longue suite de châtiments et de catastrophes et la venue de l'anté-christ, qui est, avec le jugement dernier, l'une des graves préoccupations qui agitent les prophètes !. . . . . . .

**

Aux causes primordiales que nous venons d'examiner, d'autres, d'un ordre secondaire, ont également contribué à favoriser l'évolution des confréries religieuses.

Telle est, en particulier, la prise de possession des biens *habbous* par le domaine de l'État, notre indifférence vis-à-vis des besoins religieux bien compris des musulmans, etc... et autres causes que nous exposerons au fur et à mesure que notre sujet nous y amènera.

Le tout a contribué à faire, des confréries, un faisceau compact de forces politico-religieuses qui se sont emparées de l'esprit des masses, qu'elles dominent et dirigent au gré de leurs désirs. Leurs émissaires reçoivent un accueil empressé partout où se trouvent des Musulmans. Qu'ils viennent du Maroc, des bords du Bosphore, de l'Égypte, de l'Extrême Sud ou de l'Extrême Orient, ils se présentent au nom d'Allah, armés de leurs rites, de leurs légendes miraculeuses et de leur foi, pénètrent dans la hutte du pauvre et dans le bordj du riche, avec la même puissance dominatrice qui trouble les âmes et fait, de ces pèlerins, des demi-dieux . . . .

CHAPITRE III

ORGANISATION DES CONFRÉRIES

Cheikh. — Khalifa. — Naïb. — Moqaddem. — Rakeb, Chaouch. — Khouan, Derouich, Faqir, Khoddam. — Moqaddemat. — Khaounïat. — Idjeza. — Investiture, initiation. — Mourid. — Rapports du Cheikh et du Mourid.

Zaouïa. — Oukil. — Naqib. — Chaouch. — Tolba

Maintenant que nous connaissons cet admirable esprit de suite qui a présidé à l'évolution des confréries, que nous avons exposé, dans leur ensemble, l'origine, les doctrines et les tendances de ces puissances occultes, sortes de petits États indépendants les uns des autres, affranchis du pouvoir temporel parfois même, soumis à leur omnipotence, il est nécessaire, pour l'intelligence de notre travail, de donner, ici, une idée générale de leur organisation intérieure.

Au sommet de la hiérarchie est placé le cheikh (1) شيخ (*pl.* شيوخ

---

(1) Le titre de cheikh, dont le sens générique est vieillard, vénérable, ancien, docteur, maître, directeur, guide dans la vie spirituelle, nous l'avons vu porter par les chefs des tribus arabes préislamiques avec celui de seigneur, et on le donnait à Abou-Beker en même temps que le titre de khalife الكلفا شيخ (le plus ancien ou le premier des khalifes).

C'est le qualificatif pompeux, respectable et vénéré dont tous ceux qui dirigent, administrent, détiennent une parcelle de la puissance publique, sont heureux de se parer.

Aussi bien dans le spirituel que dans le temporel, dans la vie mystique ou monacale que dans l'existence sociale, c'est un titre auquel les Arabes attachent un grand prix, de précieuses vertus, et qu'ils portent avec une ostentation non dissimulée.

Dans les contrées soumises à l'Empire Ottoman, celui qui occupe le premier rang dans l'ordre spirituel est qualifié de *Cheikh-el-Islam* ; les prédicateurs des mosquées sont des chioukh ou, plus spécialement, des *waïz* ou *mechioukh-el-koursi* (chioukh de la

chioukh), directeur spirituel et temporel de l'ordre, homme omnipotent et omniscient, favorisé du Dieu clément et miséricordieux, qui a étendu ses bienfaits sur sa personne en lui déléguant une étincelle de sa toute puissance (*la baraka*), qui en a fait son intermédiaire obligé auprès des êtres humains. C'est l'homme qui a une connaissance parfaite de la loi divine (شريعة), qui est arrivé au degré de perfection dans l'art de connaître les infirmités et les maux dont les âmes sont affligées, les remèdes propres à les guider dans la voie de Dieu. C'est un véritable pontife, héritier ou fondateur de l'enseignement spécial à la tariqa, le seul qui en possède tous les secrets, qu'Allah a honoré de tous les titres divins (ouali, soufi, kotob, ghout, etc.). Personnage magnanime, austère, synthétisant toutes les vertus, toutes les sciences, ayant le don des miracles ; en un mot, le vrai continuateur de la tradition que tant d'hommes célèbres ont illustrée par leur piété et leur savoir : soufi, derouich, marabout.

Le cheikh ne reconnaît d'autre puissance, au-dessus de la sienne, que celle du Dieu Unique et de son Envoyé ; ne s'inspire d'autres pensées que de celles que lui suggère Dieu lui-même ou son initiateur tout puissant assis, dans l'autre monde, à côté du trône souverain et imbu des sentiments de l'Être Suprême. Tel est au sens mystique du mot, le cheikh ainsi que le conçoivent les croyants, adeptes ou serviteurs de la confrérie placée sous son patronage.

Au deuxième rang se trouve le *khalifa* (1) ou lieutenant du cheikh

---

chaise) ; on les nomme ainsi pour les distinguer des chefs des confréries, qu'on désigne par l'appellation de *mechioukh-ez-zaouïa*.

Dans l'Afrique septentrionale, et plus particulièrement en Algérie, les fonctionnaires turcs chargés de l'administration des tribus s'appelaient chioukh, et les directeurs des confréries religieuses *chioukh-et-trouq* (directeurs spirituels). Nous avons ratifié ou plutôt nous avons conservé ces dénominations et, encore aujourd'hui, nous appelons cheikh, l'agent placé à la tête d'un douar, l'adjoint indigène.

Ajoutons que, dans les contrées kabyles, les tolba directeurs des zaouïa sont appelés *chioukh-ez-zaouïa*, et que, par extension, tous les maîtres éducateurs ou initiateurs sont désignés, par leurs élèves ou adeptes, par le titre de *chioukh-et-terbia* شيوخ التربية.

(1) Le mot khalifa خليفة (celui qui vient immédiatement après) est employé, dans le sens mystique, avec la même signification que dans la règle ordinaire : il se traduit par « lieutenant ». Le khalifa est celui qui exerce, par délégation, les pouvoirs surnaturels du cheikh. La dignité de khalifa, avec les prérogatives qui s'y rattachent, n'existe que dans l'ordre des Tidjania, dans celui des Qadrïa et ses dérivés à tendances extatiques : A'mmaria, Aïssaoua, Rafaïa, Saadïa ou Djebaouïa, Akbarïa, etc.

Le khalifa des Tidjania est l'héritier de la baraka. Ce titre lui est exclusivement réservé, pour le distinguer du fondateur de l'ordre qui, seul, doit porter celui de cheikh.

Dans l'ordre des Qadrïa, les émissaires de la zaouïa de Baghdad ou les moqaddim-pèlerins, qui obtiennent dans cet établissement les titres ou formules nécessaires (chedjara, ouaçia, selsela, dikr) pour continuer l'œuvre de Sidi-A'bdelkader-el-Djilani, sont intitulés khalifa ; les fidèles les dénomment de préférence chioukh, qualificatif sous lequel ils sont généralement connus.

son coadjuteur dans les pays éloignés, investi d'une partie de ses pouvoirs, son délégué auprès des fidèles.

On le désigne parfois sous le nom de *naïb*, intérimaire, mais alors, le naïb, comme son nom l'indique, exerce tous les pouvoirs du khalifa sans être officiellement investi de ce titre.

Au-dessous du khalifa est placé le *moqaddem* مقدّم (*prepositus*), pl. *moqaddim* (1), sorte de vicaire cantonal, exécuteur fidèle des instructions que le cheikh lui donne, oralement ou par des lettres missives, son délégué auprès du vulgaire, le vrai propagateur des doctrines de la tariqa, l'âme de la confrérie, tantôt missionnaire, tantôt directeur d'un couvent, professeur (a'lem) : lettré ou ignorant, il est l'initiateur du commun qui sollicite son appui.

Il remplit, en cela, le rôle du *daï* des ismaélites, a les mêmes attributions, les mêmes droits et les mêmes devoirs.

Le moqaddem non encore titularisé porte, comme le khalifa, le titre de naïb (intérimaire) نايب (*vicarius alterius*), au pl. نواب *nouèb*.

Les moqaddim ont généralement des agents spéciaux, sortes d'émissaires montés (*rakeb*, au pl. *rokkab*), spécialement chargés de prévenir les adeptes du jour de l'arrivée du maître, de donner connaissance aux frères assemblés des instructions, écrites ou verbales, que le moqqadem leur fait parvenir de temps à autre, et d'assurer les relations des adeptes avec le chef de l'ordre. Dans certaines confréries (Rahmanïa, Taïbïa, Hansalïa), ces auxiliaires portent le nom de chaouch.

Enfin, vient, au dernier échelon de la hiérarchie, la masse des adeptes qui sont différemment qualifiés, suivant les confréries auxquelles ils appartiennent : leur nom générique est *khouan* (frères), dans l'Afrique septentrionale, et *derouich* (2) en Orient; mais, en réalité, ces qualifications, qui rappellent sans cesse à l'affilié le bien intime qui l'attache à ses coreligionnaires alimentés à la même source divine : la *Tariqa*,

---

Enfin, dans les confréries aux pratiques essentiellement mystiques, notamment dans celle des A'mmarïa, le khalifa est le directeur de ces petites troupes de jongleurs (foqra), qui parcourent les villes et les campagnes, pour exalter la mémoire du maître et embrigader les nouveaux prosélytes qu'ils jugent aptes à leur genre d'exercices.

(1) Moqaddem مقدّم signifie littéralement : préposé, chef de file, directeur d'une zaouïa, curateur.

Dans la confrérie des Tidjanïa, il y a le *moqaddem-el-moqqadim*, espèce de directeur provincial, chargé de surveiller les moqaddim placés dans sa zone d'influence et de renseigner le khalifa sur leur manière de s'acquitter de leur mission. Il apostille les demandes d'admission aux fonctions de moqqadem des adeptes que l'éloignement empêche de se rendre à la zaouïa-mère.

Cette institution existe également dans certaines congrégations des Rahmanïa, mais aucun document n'y constate l'investiture du titulaire de la charge de moqaddem el-moqaddim.

(2) Derouich est un mot persan qui signifie *seuil de la porte*. Métaphoriquement il indique l'esprit d'humilité, de retraite et de persévérance qui doit former le caractère principal de l'anachorète.

ne sont employées : la première, que dans les ordres dérivés des Khelouatïa, particulièrement dans celui des Rahmanïa, et la seconde dans ceux issus des doctrines hadéliennes, principalement dans celui des Dèrkaoua.

Les Qadrïa et leurs dérivés ont conservé le nom illustre de *faqir* (1).

Les Tidjanïa appellent leurs adeptes : d'*ashab* (compagnons) et les confréries locales (Cheikhïa, Ammarïa, Sellamïa ou Soulamïa, Boualïa), ayant, généralement, un marabout comme patron, les nomment *Khoddam* (serviteurs) (2).

Ajoutons, pour mémoire, que les adeptes des confréries sont parfois désignés, par les autres croyants et par leurs supérieurs eux-mêmes, sous le nom « d'*ashab* » اصحاب les compagnons, les amis ; — souvent aussi ils complètent cette désignation en disant : *Ashab-el-fetoua*, compagnons de la décision ; *Ashab-el-beçat*, compagnons du tapis ou de la natte (servant à la prière) ; *Ashab-et-Tariqa*, compagnons de la voie ; *Ashab-ech-Chebd*, compagnons du zèle, du lien à la même foi ; *Ashab-el-ied*, compagnons de la main. Ils disent aussi, pour l'ensemble de l'ordre, *Ahl-el-Tariqa*, les gens de la voie, etc... (3).

Les faveurs célestes auxquelles aspirent les adeptes d'une confrérie, à quelque degré de la hiérarchie qu'ils appartiennent, ne sont pas exclusivement réservées aux hommes : les femmes bénéficient aussi de la mâne bienfaisante que répandent le cheikh fondateur et ses disciples ; comme conséquence, elles obtiennent leur affiliation à l'Ordre de leur rêve et parviennent même jusqu'au grade de moqaddem, féminin, moqaddemat. On les désigne sous le nom générique de *Khaounïat* ou *Khaoualat*, féminin pluriel de Khouan.

.·.

Nous avons vu comment les divers chefs des confréries étaient parvenus à fonder leurs doctrines, et examiné les principes, généralement admis par la masse, sur lesquels repose leur enseignement d'essence à la fois divine et mohammedienne.

---

(1) Au Maroc et dans certaines contrées de la Syrie, les adeptes des Qadrïa sont appelés Djelala, du nom du fondateur de la confrérie : Sidi-Abdelkader-el-*Djilani*, également désigné, dans ces pays, sous le nom d'A'bdelkader-el-*Djilali* ou *Ghilani* en Turquie.

Le mot faqir, plur. foqra, est employé, dans les confréries aux doctrines extatiques, pour désigner les jongleurs et les exorcistes qui font des conjurations contre les génies, en récitant des prières au son du tambourin.

(2) Sous le nom de Khoddam, les confréries comptent souvent des tribus entières. — Les habitants de ces tribus ne sont pas des affiliés proprement dits, mais ils considèrent leur ancien marabout comme leur saint de prédilection et deviennent, à ce titre, les tributaires de ses héritiers ou successeurs dans la voie spirituelle.

(3) Rinn, *Marabouts et Khouan* (p. 79).

La transmission de la baraka est soumise, également, à des principes immuables où le temporel est venu se greffer sur le spirituel.

Comme pour immortaliser le vieil « adage », les chefs des confréries religieuses musulmanes ont essayé, tout en recommandant l'abnégation de l'être au profit de l' « Inconnu », de sauvegarder les intérêts matériels de leur progéniture en instituant, à son profit, la transmission directe de la baraka, comportant avec elle l'apanage de tous les biens, meubles et immeubles, de la corporation.

C'est ainsi que, dans les confréries d'essence chérifienne, telles que les Qadrïa et les Taïbïa, la succession spirituelle et temporelle est dévolue au descendant en ligne directe du Cheikh fondateur. Les autres dignitaires de la secte se soumettent à cet usage consacré par la naissance illustre de leur nouveau patron, dont le seul souci est de faire ratifier, par le Gouvernement, l'acte qui établit sa suprématie spirituelle et temporelle.

C'est un écho du principe de la transmission de la goutte divine, établi par les Chaïa : le plus proche parent du détenteur de la baraka, par un effet de la toute-puissance du Très-Haut, quels que soient ses aptitudes, ses défauts ou ses qualités, hérite de la parcelle céleste que les membres d'une même famille se transmettent, de génération en génération.

Il en est de même pour les confréries d'origine maraboutique, telles que les Cheikhïa, les Boua'lïa, les Sellamïa, les Chabbïa.

Autre est la règle établie dans les confréries fondées par un homme illustre par son savoir, sa science coranique, parvenu à la connaissance du Dieu Suprême par les pratiques et l'enseignement des maîtres du soufisme, gardien fidèle de la tradition mohammédienne et observateur de la règle établie par ses illustres devanciers : Là, c'est le plus méritant, celui que son austérité, sa vie ascétique, ses hautes connaissances de la vie spirituelle حقيقة « de la voie révélée » (tariqa) طريقة, et ses grands mérites désignent au choix des fidèles, qui devient, en général, le Supérieur de l'Ordre. Souvent il est désigné du vivant du Cheikh qui le propose lui-même à l'agrément de ses moqaddim réunis en hadra (1) (en assemblée générale). Mais, à l'exemple du Prophète, quelques chioukh laissent à leurs disciples le choix de leur successeur, choix qui se porte généralement, de préférence, sur l'héritier naturel du Cheikh, ou sur celui de ses *khoulafa* ou moqaddim qui l'a le plus approché durant sa vie.

Le titre de khalifa est réservé aux compagnons du cheikh fondateur. Il est donné par ce dernier sans l'avis des autres disciples.

La même règle n'est point suivie dans certains ordres (Taïbïa, Rahmanïa), en ce qui concerne l'investiture des moqaddim. Ces dignitaires

---

(1) حضرة hadra, présence, assistance, réunion, assemblée et, quelquefois, par extension, fête en l'honneur d'un marabout. — Rinn, *Marabouts et Khouan*.

sont nommés à l'élection des Khouan. Le résultat est soumis à l'agrément du Chef de l'Ordre qui accepte ou rejette le choix de ses fidèles (1). Ce ne sont là, cependant, que des exceptions : les moqaddim sont, en général, nommés par le Cheikh ou le Khalifa et révoqués par celui qui leur a donné cette charge.

Ces titres ou licences sont consignés sur des diplômes (*idjeza*) établis avec un soin scrupuleux. L'idjeza est le talisman sans pareil qui accrédite le Cheikh successeur auprès des Khoulafa, moqaddim et adeptes, et ces derniers auprès de la masse des croyants. C'est le diplôme divin qui ouvre toutes les portes et donne, à celui qui le porte, une situation incomparable. Les prescriptions qu'il contient résument les doctrines de la confrérie ; les formules sont brèves, ont un sens mystique et sont, pour celui qui les répète, la source d'immenses bienfaits. Elles sont rédigées parfois sur du beau papier parchemin, mais plus généralement sur du papier ordinaire.

En tête se trouve l'empreinte du sceau du Cheikh directeur, portant en exergue son nom et une ou plusieurs invocations à Allah.

Viennent ensuite quelques formules laudatives, puis les recommandations spéciales, le dikr, la selsela et le système d'initiation.

Chaque mot, chaque phrase ayant une portée spéciale, un caractère divin, l'idjeza du Cheikh est plus étendue et comporte des recommandations fort longues qui constituent l'ouaçia. Celle du Khalifa est moins importante, et celles des moqaddim et moqaddemat sont beaucoup plus sommaires.

Les confréries locales se bornent à délivrer de simples lettres de recommandation sur lesquelles figure le cachet traditionnel. (2)

De là, deux sortes d'idjeza : *l'idjeza-el-kebira* (le grand diplôme), à l'usage des moqaddim instruits et privilégiés, et *l'idjeza-es-seghira* (le petit diplôme), destiné aux moqaddim d'une condition inférieure, illettrés ou sans notoriété, moins fervents ou moins aptes à la propagation des doctrines de la tariqa.

L'idjeza-el-kebira confère au titulaire le droit d'investir, à son tour, des moqaddim d'un ordre secondaire, sauf à faire ratifier les diplômes qu'il délivre par le Cheikh directeur.

Chioukh, khoulafa, moqaddim et moqaddemat des divers degrés « ordonnent », c'est-à-dire confèrent l'ouerd à la masse des adeptes.

---

(1) Ce système n'est employé que dans les pays éloignés de la Zaouïa-mère. C'est une espèce de garantie morale et matérielle, très appréciée par la masse, et sur laquelle nous reviendrons dans nos conclusions générales.

(2) Dans l'ordre des Qadrïa, l'idjeza porte, en tête, le cachet du fondateur de la confrérie, un autre sceau avec une formule spéciale, et, au bas, formant triangle, le sceau du supérieur qui a délivré le diplôme. Il est en parchemin, d'une calligraphie remarquable et toujours accompagné de la Chedjera (arbre généalogique) de Sidi-A'bdelqader-el-Djilani. La Chedjara est une bande de papier parchemin, mesurant jusqu'à 2ᵐ 50 de longueur, qui se termine par l'ouaçia et les attributs du saint par excellence : « Sidi A'bdelqader. »

Les systèmes d'initiation (1) diffèrent suivant les confréries. Les pratiques des confréries d'un mysticisme outré (Aïssaoua, Rafaïa, Boua'lïa, Sellamïa, A'mmarïa, etc.) exigent des caractères spéciaux. Le noviciat y dure souvent des années, et les adeptes n'arrivent à la perfection qu'après avoir subi les épreuves les plus pénibles.

L'initiation du commun est très simple et ne comporte souvent aucune épreuve. Quelques recommandations spéciales à l'ordre, la récitation d'un dikr facile à retenir, le serment prêté, entre les mains de l'initiateur, de faire abnégation de son être au profit de la corporation, et l'existence du néophyte est à jamais liée à celle du Cheikh directeur, désormais son seul maître, son intercesseur auprès de l'être divin, son dispensateur de toutes choses. L'initiation peut être faite par des moqaddin, mais en hadra (assemblée).

Chez les *Hafnaouïa* (branche égyptienne des Khelouatïa), la femme étant considérée comme un être impur, l'initiation se fait après interposition d'un morceau d'étoffe entre les mains de la postulante et celles du cheikh qui la reçoit, tandis que les *Dirdirïa*, considérant cette mesure préventive comme inefficace, ont recours à une ablution simultanée.

Le moqaddem et la sœur mettent leurs mains dans un baquet plein d'eau et les y plongent jusqu'au poignet avant de se les saisir. En outre, le premier ne doit voir l'initiée que par la réflexion de son image à la surface du liquide (2).

Dans certaines congrégations des Rahmanïa, le moqaddem ne touche pas la main de l'affiliée. Il se borne à réciter avec elle les prières de l'initiation, ou bien il lui fait tenir, dans la main droite, l'extrémité d'un chapelet dont il tient l'autre, également, de la main droite.

**

Telle est, brièvement esquissée, l'organisation du personnel, que nous appellerons « actif », des confréries religieuses : elle est aussi simple que vigoureusement constituée.

Si, par la pensée, l'on faisait abstraction de l'esprit qui fait du « commun » un instrument passif entre les mains d'un Supérieur omnipotent, s'il était possible de négliger ce fol abandon de l' « être », au profit d'une individualité émanée de l'Allah taa'la, cette abnégation entière qu'on remarque dans les doctrines des confréries islamiques, on verrait, dans ces institutions, un curieux rapprochement avec nos

---

(1) Le Chatelier, *Les Confréries du Hedjaz*, loco citato.

(2) Chez les Saa'dya, dans les branches syriennes tout au moins, le premier degré de l'initiation ne se donne pas uniquement, comme dans les autres confréries, par la poignée de la main rappelant celle du Prophète à ses disciples.

C'est en remettant au néophyte un fruit mouillé de sa salive que le cheikh l'admet au nombre des mourid. (A. Le Chatelier, *Les Confréries du Hedjaz*, loco citato).

associations philanthropiques, des points communs avec certains ordres religieux du christianisme et une analogie frappante avec les Collèges de la Rome païenne *(collegia universitates* et *collegi genio),* dirigés par leurs patrons déifiés, dont les noms figuraient en tête de l'album, avec, aussi, leur esprit de discipline et de hiérarchie, leurs dignitaires élus, leurs adeptes, leurs couvents et leurs agapes.

La confrérie, ou *ghilde*, du moyen âge, ce legs de l'ancienne Scandinavie, placée sous le patronage d'un Dieu ou d'un héros dont le nom servait à la désigner, s'accréditait en Gaule par de grossiers symboles, par la foi du serment et des liens de charité réciproques entre les associés, charité exclusive, hostile même à l'égard de tous ceux qui, restés en dehors de l'association, ne pouvaient prendre le titre de convive, conjuré, frère de banquet; la *ghilde*, disons-nous, dont le souvenir a été perpétué, sous diverses formes, jusqu'au XVIᵉ siècle, par les Scandinaves, en serait encore un exemple plus topique.

On y verrait, par dessus tout, l'application de ces principes d'association du monde Greco-Latin, toujours préconisés par les faibles et les déshérités de la fortune qui cherchent à améliorer leur existence dans la coopération de leurs forces; principes essentiellement démocratiques, lorsqu'ils n'amènent pas à créer une caste de prêtres, une espèce de sacerdoce séculier, impérissable par son essence même, parce que c'est Dieu qui l'ordonne et en est le soutien, après en avoir été l'inspirateur.

Mais si on sonde les esprits de nos sectaires musulmans, si on étudie les liens indissolubles qui les attachent au patron de la confrérie, on constate, au fond, dans leurs sentiments et leur organisation, une différence aussi grande que celle qu'il serait possible de s'imaginer entre les dieux débonnaires du paganisme et l'Allah unique, à la fois clément et sévère, miséricordieux et intransigeant, des Musulmans.

Le cheikh d'une confrérie n'est plus, en effet, le marchand enrichi qui, à défaut d'une autre, est charmé de prendre la dignité de patron d'un collège; ce n'est plus sous la protection d'Odin, d'un dieu païen ou d'un saint chrétien que les adeptes de la confrérie sont placés. C'est sous celle d'un homme qui est considéré comme une sorte d'émanation divine; qui réunit, dans ses mains puissantes, tous les pouvoirs, synthétise toutes les volontés, gouverne de près ou de loin, non seulement les intérêts matériels de ses adeptes mais qui, encore, dirige les âmes, dépouille ses affiliés de leur libre arbitre et en fait des « cadavres ».

Les dignitaires et les adeptes d'une confrérie sont tenus à des obligations strictes et exercent des droits réciproques généralement spécifiés dans un chapitre de l'ouaçia intitulé : « Devoirs du *mourid* (1) » à l'égard du cheikh et du cheik à l'égard du *mourid* ».

---

(1) On entend par *mourid* مُرِيد celui qui aspire à la connaissance de Dieu par

Chaque fondateur de confrérie a dicté, à sa manière, les devoirs du Cheikh et du Mourid, mais, comme si la même inspiration avait guidé les sentiments de ces fondateurs, le même esprit de domination absolue, d'ostentation et d'asservissement se remarque dans leurs recommandations.

Nous en donnons ci-après quelques extraits, puisés dans les doctrines des confréries modernes qui paraissent le mieux synthétiser celles des autres, plus anciennes, et donner la note de l'esprit général qui les caractérise toutes.

« Dans ses relations avec le Cheikh, le Mourid doit se dépouiller de son libre arbitre
» et ne disposer de sa personne et de ses biens que d'après l'avis du Cheikh et selon
» ses instructions ».

« Lorsqu'il se trouve dans la compagnie du Cheikh, il doit s'astreindre au silence
» et ne prononcer aucune parole, *même bonne*, qu'après en avoir obtenu la permission
» et seulement si ce dernier a le loisir de l'entendre ».

« La situation du Mourid en présence du Cheikh est semblable à celle de quelqu'un
» qui, assis sur le bord de la mer, en attend sa nourriture.

. . . .

« Vis-à-vis du Mourid, le Cheikh est le dépositaire de l'inspiration, comme l'Ange
» Gabriel est le dépositaire et le confident de la Révélation. De même que Gabriel ne
» s'appropria pas la Révélation, de même le Cheikh ne s'appropriera pas l'Inspiration.

» Le Prophète de Dieu parlait sans passion, et le Cheikh, qui suit ouvertement et
» sincèrement la voie tracée par Mohammed, ne doit pas, en parlant, se laisser diriger
» par les désirs terrestres ».

« Pendant que les paroles sortent de sa bouche, l'âme du Cheikh doit être comme
» endormie ; il doit seulement envisager les faveurs divines et la part qu'il peut espérer
» de ces faveurs, en écartant toute pensée d'orgueil et de vanité.

» Le Cheikh, lorsque Dieu parle par sa bouche, doit écouter comme s'il était
» lui-même un des auditeurs ».

Le Cheikh Abou-Daoud, parlant de l'inspiration à ses disciples, leur disait : « J'écoute les paroles que je prononce, comme vous les écoutez
» vous-mêmes ».

Un des assistants, trouvant ces mots obscurs, fit la réflexion suivante : « Celui qui parle sait évidemment ce qu'il dit. Comment le Cheikh peut-il ne l'apprendre qu'après avoir entendu, comme les autres auditeurs, les paroles prononcées par lui-même ? »

La nuit suivante, dans son sommeil, il entendit une voix qui lui disait :

« Le pêcheur de perles ne plonge-t-il pas pour aller chercher, au fond de la mer,
» les coquilles dans lesquelles se trouvent les perles ?

---

l'intermédiaire de ceux qui en sont les intercesseurs, en suivant l'enseignement et en se soumettant aux pratiques de la confrérie à laquelle il est affilié.

Ainsi, l'adepte vulgaire (khouan, derouich, faqir, khadim) est le mourid du cheikh ou moqaddem qui l'a initié, et le moqaddem est le mourid du cheikh ou du khalifa qui l'a investi.

» Il place les coquilles dans sa besace, mais ne voit les perles qu'après être sorti
» de l'eau, en même temps que les voient les personnes qui sont sur le rivage.

Le Mourid comprit que ce songe était une allusion aux paroles du Cheikh.

Le Mourid doit surtout conserver, vis-à-vis du Cheikh, le silence, l'attention et l'immobilité, en attendant que ce dernier lui enseigne ce qu'il est utile de dire et de faire.

. . . .

Il ne faut pas que le Mourid recherche dans la vie spirituelle, une situation plus haute que celle du Cheikh.

Il doit, au contraire, désirer, pour celui-ci, un rang élevé et les dons les plus rares et les plus précieux.

Ces désirs sincères démontreront la pureté de ses intentions, et les vœux qu'il formera pour le Cheikh lui feront obtenir plus qu'il n'ambitionne pour lui-même.

Dieu a dit :

» N'élevez pas la voix au-dessus de celle du Prophète, ne lui parlez pas avec bruta-
» lité, ne l'appelez pas par son nom « ô Mohammed » « ô Ahmed », comme vous le
» feriez pour vos semblables, mais respectez-le, dites-lui : « ô Prophète de Dieu,
» ô Envoyé de Dieu ».

C'est de cette façon que le Mourid doit parler au Cheikh.

Si le cœur du Mourid est pénétré de la vénération et du respect qu'il doit au Cheikh, sa langue trouvera naturellement les paroles qu'elle aura à prononcer.

Le Mourid doit toujours observer, en apparence et en réalité, les règles de la politesse à l'égard du Cheikh.

Abou-Mansour-el-Megherbi, à qui l'on demandait un jour pendant combien de temps il avait été le compagnon d'Abou-Otsman, répondit à son interlocuteur :

« Je l'ai servi, je n'ai pas été son compagnon. On est le compagnon de son frère
» et de ses égaux, mais on est le serviteur du Cheikh ».

Chaque fois que le mobile d'une action du Cheikh paraît obscur au Mourid, celui-ci doit rappeler à sa mémoire l'histoire de Moïse et d'El-Khidr (El-Khadir) :

« Quand Moïse avait désapprouvé quelque action d'El-Khildr, il lui expliquait la
» raison secrète qui l'avait fait agir ».

Le Mourid ne doit pas désapprouver le Cheikh car il ignore ce qu'il peut faire et la portée de ses actes.

. . . .

Entre autres règles extérieures de politesse, le Mourid ne doit étendre son tapis, en présence du Cheikh, qu'au moment de la prière.

Il doit se consacrer exclusivement au service de ce dernier, et l'action d'étendre le tapis est un indice de désir de repos et de fierté.

Lorsque le Cheikh est présent, le Mourid ne doit faire aucun mouvement en entendant un bruit agréable (de la musique, des chants), à moins qu'il n'en arrive à perdre tout discernement.

. . . .

Le Mourid ne doit rien cacher au Cheikh de son état d'âme, des grâces que Dieu lui accorde, des miracles qu'il lui révèle, des vœux qu'il exauce (1).

Voici maintenant un extrait des doctrines des Cheikhïa :

« Les adeptes doivent à leur Cheikh une obéissance absolue, ils écoutent ses avis,
» reçoivent ses ordres et s'y conforment strictement. Rien de ce qu'ils possèdent n'est
» à eux, tout ce qu'ils ont est à leur Cheikh, de même qu'ils lui *appartiennent eux-*
» *mêmes*. Le moqaddem remplace le Cheikh et ses prosélytes lui doivent la même
» obéissance. Ils sont ses enfants et, comme tels, ils lui doivent respect et soumis-
» sion » (2).

Nous ne reproduirons pas ici, les prescriptions en usage dans l'ordre des Rahmanïa, prescriptions aussi sévères que celles des Sellamïa et des Cheikhïa. M. Charbonneau (3) en a donné l'esprit, et MM. Brosselard, Hanoteau et Letourneux, Rinn les ont reproduites (4). La forme diffère sur certains points, mais le fond demeure invariable. Le Mourid est un esclave, un instrument, un cadavre. Ses biens, sa femme, ses enfants, sa personne sont la chose du Cheikh. Et, ici, il ne faut pas croire que ces recommandations demeurent lettres mortes ; qu'on ne s'attende pas à voir le caractère entier, farouche et parfois sauvage de l'Arabe ou du Berbère prendre le dessus, se révolter contre un pareil asservissement.

On chercherait en vain cet esprit d'indépendance dont l'autochtone a donné tant de preuves, que l'Arabe a si souvent mis en pratique. Le fait est accompli, l'esclavage est complet, esclavage à la fois matériel et moral, généralisé d'une extrémité à l'autre du monde musulman, partout où un cheikh a implanté les doctrines de sa confrérie, partout où un moqaddem missionnaire a terrorisé les esprits de la masse ignorante, crédule et naïve.

---

(1) Extrait de l'ouvrage de Sidi-Ahmed ben Arous, cheikh de la Confrérie des Aroussïa-Sellamïa. Traduction de M. Bagard, interprète militaire au Gouvernement Général.

(2) Extrait des doctrines des Cheikhïa, visées dans le rapport de M. le capitaine Cotte, chef du bureau arabe d'El-Goléa.

(3) *Revue Asiatique*.

(4) Brosselard (extrait des Présents Dominicaux). Rinn, *Marabouts et Khouan*, p. 90. Hanoteau et Letourneux, *La Kabylie et les coutumes kabyles*.

Nous avons vu nombre de Kkouan spoliés, maltraités, bâtonnés par leur maître spirituel, sans qu'un geste, une syllabe soient venus trahir leurs souffrances : les yeux levés au ciel, ils semblaient prendre à témoin l'invisible, implorer l'intervention divine, et encore, cette prière muette, cette expression de l'âme qui se lisaient dans leurs regards vagues et éperdus, n'était point faite dans l'espoir de porter remède à leurs maux qu'ils supposaient mérités, ni pour arrêter le lourd bâton qui s'abattait, comme une masse, sur leur corps endolori, mais bien pour demander au Clément, au Miséricordieux, de pardonner à leur *seigneur* un instant sorti de la voie, possédé sans doute par les démons et éloigné ainsi de la grâce divine.

Et si l'instinct de la conservation prenait le dessus, s'ils s'affranchissaient de la lourde dîme que leurs intercesseurs auprès de l'Être suprême prélevaient, sans cesse, pour satisfaire leurs appétits inassouvis, par un effet qu'ils considéraient comme providentiel, *leurs récoltes, leurs huttes étaient incendiées, leurs bestiaux volés, leurs femmes et parfois leurs personnes mêmes mises en péril* (1). Que de fois n'avons-nous vu arriver des vieillards en pleurs, des fellah, les yeux injectés de sang, demandant justice, criant vengeance ! Et lorsqu'un officier de police judiciaire perspicace, un administrateur bien renseigné, mettait le doigt sur la plaie, lorsque l'inspirateur de pareils méfaits apparaissait sous le burnous noir ou la khirqa de leur moqaddem de prédilection, nous voyions ces mêmes victimes retirer leurs plaintes, devenir suppliantes, rétracter leurs déclarations, faire de faux témoignages pour sauver leur dieu terrestre et ne pas encourir la colère d'Allah et de son Prophète !

*
* *

A côté du personnel « actif » des confréries, vit une autre catégorie de subalternes, formant, autour du cheikh ou du moqaddem, un corps de serviteurs dévoués, partageant son existence quotidienne, s'inspirant de ses sentiments intimes : ce sont ses élèves, les gestionnaires de ses biens, les distributeurs de bonnes œuvres, ses intermé-

---

(1) A titre documentaire et pour mieux affirmer ce que nous avançons, voici textuellement reproduit un extrait d'une plainte formulée contre son cheikh, par un khouan. « Notre cheikh (marabout) abuse de son prestige pour exploiter les malheureux. C'est un fléau pire que les sauterelles, la grêle et autres calamités qui peuvent fondre sur nous.

Il se fait chez nous, tous les ans, une fête du mouton. Malheur à celui qui ne porte pas le plus beau bélier de son troupeau chez le marabout. Malheur à celui qui refuse de faire les corvées (*touiza ma'ouna...*, etc...) ordonnées par le cheikh, — *les meules de blé et son gourbi sont incendiés et quand il n'est pas surpris par l'incendie, il reçoit un coup de feu.*

diaires auprès des affiliés des divers degrés. Ils composent le personnel de la demeure du maître, personnel que nous appellerions « *sédentaire* », si nous pouvions nous servir de ce mot peu en harmonie avec la vie nomade de nos indigènes. Ils vivent dans les zaouïa-mères ou secondaires de l'ordre et donnent à ces établissements, qui n'ont pas d'analogues dans nos pays d'Occident, une importance qu'il convient de bien déterminer.

En Algérie on a, en effet, trop souvent, traduit le mot *zaouïa* par *école* et, dans cette pensée, on n'y a vu qu'un établissement scolaire où la langue arabe, la lecture, l'écriture, la récitation du Coran, l'histoire, la géographie, la jurisprudence, la philosophie, la théologie et jusqu'à la divination sont enseignées. Le décret du 18 octobre 1892, sur l'enseignement primaire, public et privé des indigènes (art. 48), assimile les zaouïa à des écoles privées, et les soumet à la surveillance et à l'inspection des autorités académiques ou locales, tout comme les medreça et les midrashim ou écoles privées israélites.

Les articles 49 à 56 du même décret réglementent leur ouverture et leur fermeture, et vont jusqu'à prescrire *la tenue, en français*, dans chaque école (zaouïa), « d'un registre sur lequel doivent figurer les » noms des élèves, la date de leur naissance, le nom et le domicile de » leur père ».

Il y a, en effet, dans la zaouïa, un lieu réservé à l'éducation scolaire des enfants, où les tolba (étudiants) s'instruisent et où les eulama (savants) dissertent sur certaines questions scientifiques, se livrent à des commentaires sur les hadits, les diverses interprétations du Coran, etc.

Le mot zaouïa, *tekkié* en Turquie, *khaounak* en Égypte, *kalenter-khane* dans l'Asie centrale, *khanak* dans l'Inde (1), pris au sens propre, signifie angle, coin et, par extension, cellule d'un reclus, monastère, hospice (2).

C'est donc sous ces diverses formes qu'il convient d'envisager la zaouïa. Autrement il y aurait à craindre, par des réglementations prématurées et des inspections qui ressortiront encore longtemps au domaine politique exclusivement, il y aurait à craindre, disons-nous de se heurter à des mécomptes préjudiciables à nos intérêts et susceptibles de nous aliéner l'esprit de nos sujets musulmans.

Nous avons vu, plus haut, comment et dans quel but les diverses confréries religieuses ont créé ces sortes d'établissements. Les monastères des Qadrïa et des Khelouatïa, les couvents des Rafaïa, des Chischtïa, des Saa'dïa, des A'ïssaoua, etc., avaient un nombre considérable de cellules où les cénobites se livraient à la vie ascétique, et

---

(1) Le Châtelier, *Les Confréries du Hedjaz*, note p. 30.

(2) A. de Biberstein Kazimirski, Dictionnaire arabe-français au mot zaouïa.

une immense salle où les affiliés récitaient le dikr-el-hadra, suivi de valses convulsives, de jongleries bizarres ; où l'extase des pénitents tenait de l'hystérie, où les uns se fanatisaient et les autres tombaient dans des excès orgiastiques, ces monastères, disons-nous, étaient et sont des zaouïa. Zaouïa, encore, ce même établissement où le faqir trouve une nourriture assurée ; le malade, l'incurable, des guérisons merveilleuses ; le fellah, une consolation à ses maux, de l'espoir en l'avenir ; la femme stérile, la fécondité ; le criminel, le persécuté, le missionnaire, le pèlerin, le vagabond, un asile inviolable, une protection efficace (1).

Le sanctuaire de l'ouali vénéré, le tombeau du derouich, du marabout mort en odeur de sainteté, au-dessus duquel les fidèles élèvent des koubba et où les hommes pieux vont réconforter leur âme aux heures de la prière, où les habitants des tribus voisines viennent en pèlerinage à époque fixe, où les tolba, entretenus par les fidèles, récitent, sans cesse, les versets du Coran, sont des zaouïa.

La demeure du cheikh, celle du moqaddem aisé, avec leur « *nouala* » devenant, suivant les lieux et les circonstances, un cercle où les affiliés viennent prendre le mot d'ordre, où les faux bruits prennent leur source, d'où partent les avis insurrectionnels, où se discutent et se commentent les actions du « roumi », les actes administratifs des fonctionnaires, où l'on étudie leur caractère, où l'on surveille leurs faits et gestes, sont des zaouïa. Et si nous poursuivons nos recherches, nous constatons que certaines tribus maraboutiques ont pris le nom de zaouïa et en ont les prérogatives ; la maison, le gourbi ou la tente destinés à recevoir les étrangers, servant de lieu de réunion aux notables de la tribu, où les enfants récitent le Coran durant de longues heures, sous l'œil vigilant du derrer, est une zaouïa ; l'arbre sous lequel se réunissent, dans le même but, ces mêmes enfants, le rocher culminant d'où le taleb (le marabout en Kabylie) appelle les croyants à la prière sont des zaouïa.

En un mot, tous les lieux de réunion des adeptes d'une confrérie, tous les endroits où le *derrer* s'installe pour enseigner le Coran (2), où nos sectaires musulmans font leurs prières et se livrent à leurs pratiques mystiques, sont des zaouïa, par opposition aux mosquées et aux djamâa consacrées et entretenues par le pouvoir temporel où tous les croyants trouvent accès.

---

(1) V. chap. V du « Système financier des confréries religieuses ».

(2) Dans certaines tribus kabyles, les zaouïa, auparavant sous la direction exclusive du fondateur et des khoulafa de l'ordre des Rahmanïa, sont entretenues, depuis la désagrégation de cette corporation, par les fidèles et dirigées par les tolba qui designent eux-mêmes, à la majorité, leur cheikh. Ces établissements peuvent être considérés, aujourd'hui, comme de véritables écoles privées, mais ils cesseraient de l'être le jour où les moqaddim des Rahmanïa s'entendraient sur le choix de leur directeur spirituel.

Le gestionnaire des biens de la zaouïa, l'intendant du cheikh, l'homme d'affaires, gérant, fondé de pouvoirs est l'oukil (*curator administrator*), personnage considérable par ses fonctions, celui qui apparaît dans toutes les circonstances difficiles, l'intermédiaire du cheikh auprès des infidèles, qui correspond avec les étrangers toutes les fois qu'il s'agit des intérêts matériels de la confrérie.

Dans les corporations d'origine maraboutique, l'oukil est toujours l'intendant du fondateur de la confrérie et jamais celui de son successeur.

Il est le gardien du tombeau de celui qu'il appelle son maître, son seigneur, et, à ce titre, son importance est aussi considérable que celle du cheikh lui-même. C'est ainsi qu'à Bagdad, l'oukil de la zaouïa de Sidi-Abdelqader-el-Djilani centralise tous les pouvoirs et la direction effective de la confrérie. — Il en est de même en ce qui concerne la confrérie des Taïbïa. Les adeptes nombreux qui vont, à Ouazzan, déposer leurs offrandes annuelles sur le tombeau de Moulaï-Taïeb, obéissent, de préférence, à l'oukil qui, par une constante activité et une existence exclusivement vouée à la prospérité de la confrérie, a su capter la confiance des descendants du cheikh suprême et prendre de l'ascendant sur les dignitaires de l'ordre que leurs relations avec le « kafer » et le pouvoir temporel marocain ont rendus suspects.

Il y a eu même des oukla, notamment celui du tombeau de Sidi-A'mmar-bou-Senna, qui ont hérité de la baraka de leur maître et, à son exemple, sont devenus les fondateurs de corporations puissantes.

Ailleurs, l'oukil est un agent en sous-ordre, remplissant à la fois le rôle de gérant de la zaouïa et de domestique du cheikh ou moqaddem (1).

Avec l'oukil, ou sous sa direction, on remarque un certain nombre de serviteurs (chouach) (2) chargés des distributions, du service des rafraîchissements, lorsque le cheikh réunit en *hadra* les dignitaires de la confrérie, ou aux fêtes de l'*A'ïd-el-Kebir* et de l'*A'ïd-es-Seghir* époques auxquelles les adeptes viennent déposer leurs offrandes et recevoir la bénédiction de leur cheikh (3).

---

(1) Nous ne parlons ici que des zaouïa-mères, où les tombeaux des ouali, derouich et soufis célèbres ont été édifiés, et des zaouïa d'une certaine importance. Seules, elles sont gérées par des oukla. Pour les autres, secondaires ou peu importantes, le moqaddem remplit tous les rôles, et nous verrons plus loin comment les intérêts de la confrérie qu'il représente sont généralement confondus avec sa cassette personnelle.

(2) Dans les zaouïa où les adeptes des confréries se livrent à des exercices mystiques, sous l'impulsion d'une musique peu harmonieuse, le chaouch dirige les mouvements convulsifs des foqra.

(3) Dans la confrérie des Rahmanïa, branche de Tolga, ces serviteurs s'appellent mokaddem-el-khoddam (chef des serviteurs). Il ne faut pas confondre avec moqaddem-el-moqaddim.

Dans l'ordre spirituel, vient d'abord le naqib (1) ou suppléant du cheikh, appelé aussi cheikh-el-hadra (maître des cérémonies), spécialement chargé, en temps ordinaire, de la conduite des prières. Il remplit en cela le rôle d'imam et apprend aux néophytes à faire les *rakaa* ركعى (génuflexions), suivant le rituel en usage dans la zaouïa.

Les néophytes de tous les degrés : enfants des tribus voisines, étudiants venus de tous les points pour compléter leurs études coraniques, savants chargés de leur éducation, sont désignés sous le nom générique de *talamidh* تلاميذ (pl. de *telmidh* تلميذ), élève du cheikh, ou de tolba (pl. de taleb طالب), littéralement : qui demande la science (postulans *sapientiæ*). Ce nom de tolba leur est conservé lorsqu'ils quittent la zaouïa pour aller dans les tribus où ils s'installent, en qualité de derrers (instituteurs publics), et enseignent à leur tour les notions coraniques qui forment, généralement, tout leur bagage scientifique.

Les tolba, à défaut de marabouts vivants, deviennent les médecins sorciers des indigènes, jouent le rôle des *marses* de la vieille Italie, des *psylles lybiens*. On les voit, munis de quelques feuillets du Coran soigneusement renfermés dans leur djebira, toute leur encyclopédie, donner des talismans merveilleux, des amulettes sacrées, soigner les maladies les plus rebelles, conjurer les serpents venimeux, guérir les piqûres de scorpions, tout comme les marabouts à l'époque de la conquête de l'Afrique septentrionale. Mais, au lieu d'opérer comme leurs illustres devanciers, au nom du Dieu Unique dont ceux-ci étaient l'émanation, ils s'inspirent de leurs chioukh puissants dont ils vantent les mérites et exaltent les vertus.

Ils deviennent ainsi les instruments de propagande de certaines confréries, entretiennent et développent l'esprit rétrograde du monde musulman.

« En Algérie, l'autorité supérieure s'est émue, à plusieurs reprises,
» des agissements de certains tolba.

» Déjà, en 1852, une circulaire de M. le Gouverneur général, en date du
» 6 octobre, régla les conditions dans lesquelles la profession de derrer
» pouvait être tolérée. Son but était de débarrasser les tribus des tolba
» marocains et tunisiens, dont l'enseignement était un danger pour nos
» intérêts politiques ».

On ne devait admettre que les derrer munis d'une permission délivrée par les généraux ou préfets, permission qui ne devait être accordée qu'au vu d'un certificat de capacité délivré par le medjelès, et d'un avis du chef de bureau arabe militaire ou départemental.

Les prescriptions formulées dans cette circulaire, qui avait été soumise à l'approbation préalable de M. le Ministre de la Guerre, furent modifiées par celle du 22 mai 1877.

---

(1) En Orient, le mot naqib, ou suppléant, est employé pour désigner certains directeurs d'ordres religieux.

Le général Chanzy, n'ayant pas à se préoccuper (comme il le disait lui-même) d'encourager cette profession de derrer dont l'enseignement nous était foncièrement hostile, ne croyant pas non plus utile de donner à ceux qui l'exerçaient une consécration aussi élevée que celle qui leur était conférée par une autorisation du premier administrateur du département, général ou préfet, décida « que les permis seraient délivrés par » les administrateurs, maires ou commandants supérieurs, après avoir » pris l'avis de l'adjoint indigène ou du cheikh, dans le douar duquel le » derrer désirerait s'établir ».

Ces permissions devaient être refusées d'une façon absolue : 1° aux tolba étrangers à l'Algérie ;

2° Aux tolba qui désiraient ouvrir une école publique dans les localités où il existe, soit une école communale pourvue d'un adjoint indigène, soit une école arabe-française.

Lorsqu'il s'agissait d'autoriser un taleb algérien non originaire de la circonscription administrative où il demandait à se fixer, on ne se prononçait qu'après avoir pris, par la voie hiérarchique, des renseignements circonstanciés auprès de l'administrateur des lieux d'origine et de dernière résidence.

Enfin, « lorsqu'un derrer étranger ou algérien était demandé par un » chef de famille comme précepteur particulier pour ses enfants, il ne » lui était accordé qu'un simple permis de résidence, avec mention de » sa profession d'instituteur particulier de telle famille et défense » expresse d'ouvrir une école où seraient admis d'autres enfants que » ceux de la famille qui l'avait appelé, le payait et le cautionnait devant » l'administration française ».

Le décret du 18 octobre a abrogé ces instructions et aujourd'hui, comme toujours du reste, les tolba exercent leur métier de derrer sans surveillance effective. Les doctrines qu'ils enseignent sont conformes aux rituels des Zaouïa d'où ils sont sortis. La plupart d'entre eux deviennent des moqaddim influents ; d'autres parcourent les tribus, exercent le métier d'écrivain public et trouvent toujours, auprès du fellah aisé, aide et protection.

CHAPITRE IV

DÉNOMBREMENT DES CONFRÉRIES RELIGIEUSES

Nature du dénombrement. — Confréries répandues en Algérie, leurs principales ramifications. — Énumération rapide des divers pays de l'Islam où les confréries exercent une certaine influence.

Nous pouvons, maintenant, sans crainte d'embarrasser le lecteur, poursuivre le cours de notre étude, montrer, en nous servant des expressions techniques, le personnel occulte des confréries religieuses disséminées en Algérie et donner une idée générale du domaine géographique des nombreuses corporations implantées dans les autres pays de l'Islam.

Leur dénombrement, auquel il a été procédé par les soins des autorités locales, a permis de voir clair dans ce labyrinthe à peine ouvert aux Européens. Il a été effectué avec la plus grande attention et, en ce qui concerne les confréries et leurs dignitaires des divers degrés, les chiffres sont d'une exactitude aussi scrupuleuse que possible en pareille matière.

L'importance de chacune de ces *puissances au petit pied*, a été déterminée au service des affaires indigènes, au moyen de renseignements, soigneusement contrôlés et au besoin rectifiés, fournis par MM. les chefs des bureaux arabes, les administrateurs et maires de l'Algérie.

Nous ne pouvons pas être aussi affirmatifs en ce qui concerne le nombre des affiliés : certes, nous reproduisons les résultats des minutieuses recherches faites par les autorités locales, après les avoir rapprochés de ceux obtenus en consultant les chioukh et moqaddim eux-mêmes ; mais, il est nécessaire de faire observer que grande est la répulsion des indigènes pour faire de pareilles déclarations. Ils obéissent à un sentiment respectable, inspiré qu'il est, par la crainte de Dieu.

On serait, croyons-nous plus près de la vérité si, pour déterminer le nombre des adeptes des confréries religieuses, on admettait que tous les indigènes à partir d'un certain âge sont affiliés à l'une ou à l'autre, sinon à plusieurs simultanément.

Les indigènes, en effet, dominés par l'esprit que nous leur connaissons, cherchent un appui moral auprès des dignitaires des confréries, dès qu'ils sont délivrés de la contrainte paternelle, ou qu'ils ont des charges de famille.

Quelques-uns sollicitent leur admission à la « *tariqa* » par mode ou par ambition et, parvenu à l'âge maximum de 40 ans, l'Arabe des campagnes, voit dans la corporation de son choix, la *voie* qui lui procurera les jouissances célestes. Les femmes, les enfants suivent le maître de la tente, et, dans leurs joies ou leurs afflictions, ils invoquent, comme lui, le secours du cheikh ou moqaddem protecteur.

Nous ne craignons donc pas d'avancer que, de près ou de loin, l'influence des confréries religieuses s'exerce, en Algérie, sur toute la masse des « Croyants » des campagnes.

Nous disons des « campagnes », car, dans les villes, nombre d'indigènes conservent leur indépendance, et les promesses du bonheur éternel ne les engagent pas toujours à partager le produit de leur négoce ou de leur salaire avec les moqaddim sédentaires ou voyageurs.

Il faut bien dire aussi que, dans les villes, les indigènes, contraints de travailler pour vivre, sont aux prises avec des difficultés que n'éprouvent pas leurs coreligionnaires des campagnes ; qu'au surplus notre contact semble avoir atténué le fanatisme de quelques-uns et en avoir fait, non pas des sceptiques, mais de simples musulmans qui vont à la mosquée, comme ceux d'entre nous qui vont à l'église et remplissent leurs devoirs religieux, sans se livrer à des pratiques surérogatoires.

Parmi les vingt-trois confréries proprement dites ou corporations islamiques représentées en Algérie, par des chioukh et moqaddim, les unes ont leurs sièges principaux sur notre territoire et revêtent un caractère local; les autres ont leurs zaouïa mères à Baghdad, en Égypte, au Maroc, en Tripolitaine.

Dans notre colonie, les *Chadelïa* se subdivisent en quatre congrégations secondaires et comptent 11 zaouïa avec 195 tolba, 9 chioukh, 99 moqaddim, 13,251 khouan et 652 khaouniet disséminés dans les départements d'Alger et de Constantine.

Les *Qâdrïa*, avec leurs six congrégations locales rayonnant dans nos trois provinces, comprennent : 33 zaouïa où plus de 521 tolba donnent et reçoivent l'instruction dogmatique, 4 chioukh, 301 moqaddim, 21,056 khouan et 2,695 khaouniet.

Le cheikh Si Kaddour el-Mazouni, du Kef (Tunisie), en a la direction presque exclusive.

La confrérie locale des *Rahmania*, aujourd'hui fractionnée en un grand nombre de congrégations sans cohésion entre elles, est la plus répandue.

Le chiffre de zaouïa est de 177, les tolba dépassent le nombre de 676. Elle compte plus de 22 chioukh, 873 moqaddim, 849 chouach, 140,596 khouan et 13,186 khaouniet.

Le total général des affiliés donné par les statistiques atteint le chiffre de 156,214, chiffre certainement très inférieur à la réalité.

Les *Tidjania* avec leurs deux zaouïa principales d'Aïn-Madhi et de Temacin, leurs deux chioukh-directeurs et leurs 32 couvents secondaires sont répandus dans les régions du Sahara, des Hauts-Plateaux et du Tell, des trois provinces.

L'ordre compte 165 moqaddim et 162 chaouch, dirigeant 19,821 ahbab et 5,164 khaouniet.

Les *Hansalïa*, localisés presque exclusivement dans les régions du Tell et des Hauts-Plateaux du département de Constantine, ont maintenu leur cohésion primitive. Leurs zaouïa ou couvents s'élèvent au nombre de 18; un seul cheikh-directeur, 48 moqaddim, 102 chouach, dirigent 3,485 khouan, 438 khaouniet et 176 tolba.

Les *Taïbïa* ont maintenu leur organisation centralisatrice : les 8 zaouïa, 21 oukla, 234 moqaddim, 19,110 khouan, 2,547 khaouniet, au total 22,148 affiliés disséminés dans nos trois provinces reçoivent l'impulsion de la zaouïa-mère d'Ouazzan (Maroc).

Trois congrégations issues de la confrérie des *Aïssaoua* et n'ayant que des rapports peu fréquents avec la zaouïa-mère de Meknès, comptent 10 couvents, 5 oukla, 58 chouach, 1 cheikh, 39 moqaddim, 3,444 khouan et 33 khaouniet dispersés dans le territoire civil des trois départements.

Les *A'roussïa-Selamïa* ou *Soulamïa*, de la Tripolitaine, introduits en Algérie à une époque toute récente par l'intermédiaire des nombreuses zaouïa qu'ils entretiennent en Tunisie, ont 2 petits couvents, 3 moqaddim, 77 khouan, 5 khaouniet et 6 chouach dans les communes de Guelma, Souk-Ahras, Oued-Cherf (m.) et Msila (m.).

Les *Bou-A'lïa*, de Nefta, ont réussi, par une propagande active, à créer dans le département de Constantine, 4 zaouïa avec 6 moqaddim, 10 chouach, 266 khouan et 82 khaouniet.

Les *A'mmarïa*, ces jongleurs algériens, font tous les jours de sensibles progrès. Presque inconnus hier, ils comptent aujourd'hui 26 zaouïa, 3 oukla, 79 tolba, 3 chioukh, 46 moqaddim, 188 chouach, 284 khouan, 22 khaouniet, 36 khoulafa et 5,774 foqra. Leur action, en Algérie, s'exerce dans les départements de Constantine et d'Alger.

Les *Zerroukïa*, confinés dans le département d'Alger, communes de Berrouaghia (m.), Tablat (m.) et Aumale (m.), n'ont qu'une zaouïa, 55 tolba, 1 cheikh, 16 moqaddim, 13 chouach, 2,614 khouan, 35 khaouniet

Les *Nacerïa* ne comptent plus que 3 zaouïa, 4 chouach, 1 cheikh, 3 moqaddim, 468 khouan et 165 khaouniet, groupés dans les territoires de Khenchela (m.) et Khenchela (c.) (province de Constantine).

Les *Senoussïa* ne comptent, en Algérie qu'une seule zaouïa (celle de

Ben-Tekouk); 1 cheikh indépendant, 20 moqaddim, 10 chouach, 874 khouan, 13 khaouniet et 35 tolba ont été relevés.

La confrérie des *Derqaoua*, subdivisée en huit congrégations qui tendent à être absorbées par celle du Cheikh-el-Habri, des Beni-Snassen (Maroc), est localisée dans le département d'Oran, où on compte :

10 zaouïa, 134 tolba, 9 chiouk, 72 moqaddim, 8,232 derouich, 1,118 khaouniet et 2 chouach, au total 9,567 affiliés.

Les *Madania* de la Tripolitaine sont représentés par 2 couvents, 14 moqaddim, 1 chaouch, 1,673 khouan, 11 oukla dispersés dans les départements d'Alger et d'Oran.

Mentionnons encore les *Ziania*, du Maroc; avec 2 zaouïa, 76 moqaddim, 4 chouach, 2,673 khouan disséminés dans le département d'Oran.

Les *Kerzazia*, également du Maroc, avec 78 moqaddim, 1,673 khouan et 263 khaouniet.

Les *Mokhalïa* ou francs-tireurs du sud algérien, réduits à 2 moqaddim et 120 khouan.

Les *Chabbïa*, de Nefta, représentés par 2,500 khoddam dans les arrondissements de Bône, Constantine et Guelma et dans le sud du département de Constantine.

La corporation des « Ben-Nahal », avec sa zaouïa, ses 220 foqra et ses 1,500 serviteurs, est localisée dans l'arrondissement de Guelma.

Terminons notre énumération : 1° par la confrérie des *Oulad-Sidi-Cheikh*. Bien que Bou Amama, l'illustre rejeton d'une des branches collatérales, ait pu, en nous combattant, s'attirer les sympathies de plus de 3,000 affiliés, cette confrérie ne compte pas moins de 4 zaouïa, 45 moqaddim, 10,020 khouan, 140 khaouniet et 11 oukla dispersés dans le territoire de commandement des départements d'Alger et d'Oran. Son influence politico-religieuse, entièrement acquise aujourd'hui à la cause française, ne s'arrête pas là. Elle s'étend jusqu'aux oasis du Touat, particulièrement dans le Gourara.

2° Par la *corporation* en décadence des Youcefïa localisée dans le département d'Alger avec 1 cheikh, 8 moqaddim et 1,437 khouan.

.·.

L'état récapitulatif ci-après donne les totaux généraux évalués à 349 zaouïa et 295,189 affiliés ou membres réguliers des diverses confréries religieuses musulmanes.

ÉTAT NUMÉRIQUE DES CONFRÉRIES RELIGIEUSES MUSULMANES QUI ONT DES ADEPTES EN ALGÉRIE

NUMÉROS D'ORDRE	NOMS DES CONFRÉRIES	ZAOUÏA	OUKLA	T'OLBA	CHIOUKH	MOQADDIM	CHOUACH	KHOUAN	DEROUICH	HABAB	KHAOUNET	KHALIFA	FOQRA	KHODDAM	TOTAUX DES AFFILIÉS
1	Qadria	33	1	521	4	301	»	24.056	»	»	2.695	»	»	»	24.578
2	A'roussia, Selania ou Sou-lamia	2	»	»	»	3	6	77	»	»	5	»	»	»	91
3	Aïssaouïa (Aïssaoua)	10	5	»	»	39	58	3.444	»	»	33	»	»	»	3.580
4	Bou-A'lia	4	»	»	»	6	10	266	»	»	82	»	»	»	364
5	A'mmaria	26	3	79	3	46	488	284	»	»	22	36	5.774	1.500	6.435
6	Corporation de Ben Nahal	4	»	»	»	»	»	»	»	»	»	»	220	»	1.720
7	Rahmania	177	41	676	23	873	849	140.596	»	»	13.486	»	»	»	156.214
8	Derdouria de l'Aurès	»	»	»	1	1	»	4.020	»	»	250	»	»	»	4.272
9	Tidjania	32	9	495	2	165	162	43.251	»	19.821	5.164	»	»	»	25.323
10	Chadelia	11	»	55	9	99	13	2.614	»	»	652	»	»	»	14.206
11	Zerroukia	4	»	»	4	16	»	1.437	»	»	35	»	»	»	2.734
12	Youcefia	4	»	»	1	8	4	10.020	»	»	140	»	»	»	1.446
13	Chekhia	4	4	»	1	45	»	468	»	»	165	»	»	»	10.216
14	Naceria	3	»	»	1	3	»	»	»	»	»	»	»	»	641
15	Taïbia	2	»	128	1	234	108	19.410	»	»	2.547	»	»	2.500	2.500
16	Hansalia	8	21	176	»	48	102	3.485	»	»	438	»	»	»	22.148
17	Ziania	48	3	»	»	76	4	2.673	»	»	364	»	»	»	4.253
18	Derqaoua	2	»	134	»	78	2	4.673	»	»	263	»	»	»	3.117
19	Madania	10	41	»	9	72	»	1.673	»	»	1.118	»	»	»	2.014
20	Les Mokhalia	2	»	»	»	14	»	»	8.232	»	»	»	»	»	9.567
21	Senoussia	»	»	35	4	20	5	874	»	»	13	»	»	»	122
								420							1.699
															949
		349	76	4.999	57	2.449	1.512	224.141	8.232	19.821	27.172	36	5.994	4.000	295.189

Si peu complets que soient encore tous ces renseignements statistiques, deux faits s'en dégagent avec netteté : l'augmentation rapide du nombre des adhérents et la formation, dans le sein des confréries précédemment connues, de congrégations homogènes qui essayent de s'affranchir, progressivement, des chefs qui les ont formées.

Voilà pour l'Algérie : mais, nous l'avons souvent répété, les confréries n'ont pas de frontières. Leurs ramifications s'étendent partout où il y a des Musulmans, et leur action se manifeste à tout propos, aussi bien dans les pays où elles sont sérieusement assises, que dans ceux où elles sont à peine connues.

Poursuivons donc notre dénombrement à travers le pays de l'Islam et essayons de présenter, dans leur ensemble, les principales sociétés secrètes qui, tout en dénaturant l'esprit du *Livre révélé* et de la Sonna, en sont les plus fermes soutiens.

A l'ouest de nos possessions algériennes, le Maroc semble vouloir se réserver le privilège de conserver, au monde musulman, le corps des Chorfa sensiblement diminué dans les autres contrées de l'Afrique septentrionale.

Les grandes zaouïa de Mouley-Idriss-Seghir, à Fas, avec le tombeau du célèbre propagateur des doctrines soufites, Sidi-Abdesselam ben Machich, étendent leur influence sur une partie des populations du Rif et contrebalancent l'autorité du sultan.

Les zaouïa du marabout Sidi-Allel-el-Hamouni et de Mouley-Bou-Cheta, dans les régions du haut Ouar'ra, forment autant de confédérations religieuses, vivant du produit des offrandes de leurs serviteurs.

Ouazzan, siège de la confrérie de *Mouley-Taïeb*, est une sorte de principauté soumise à la seule domination de la zaouïa de ce nom, asile inviolable pour les criminels, qui étend son influence sur les populations de l'extrême-nord, dans toute la région de l'Oudjera, notamment, dans le centre et dans l'est du royaume de Fas. Les contrées qui séparent le bassin du Sebou de la frontière oranaise, les Haïaïna, les R'iatsa, les Miknassa, les Tesoul, les Oulad-Bekar, les Houara, les Magraoua, les Oulad-Bou-Rouma, les Metalsa, les Beni-bou-Iahim et jusqu'à la grande tribu des Beni-Ouaraïne ne reconnaissent que l'autorité religieuse des chorfa d'Ouazzan.

Les *Derqaoua*, nouveaux cyniques fiers de leurs haillons, avec leur zaouïa-mère de Bou-Berih ; leurs deux ramifications principales, dirigées l'une par le cheikh El-Habri, de Drioua (Beni-Snassen), et l'autre par les Chorfa de Mdaghara, prennent tous les jours un ascendant considérable sur les populations marocaines.

Les *Ziania*, chers aux commerçants de l'Extrême-Sud marocain, nos alliés reconnaissants de notre attitude à leur égard, perdent tous les jours du terrain. Leur zaouïa-mère de Khenatza ne compte plus que des serviteurs religieux dans le bassin de la Moulouïa, chez les Guelaïa et dans le Rif.

Les *Kerzazïa*, de Fas, répandus le long de la frontière marocaine, n'ont plus qu'une importance secondaire.

Les *Qadrïa*, connus sous le nom de *Djilala*, ont leurs principales zaouïa à Oudjda, à Fas et à Melilla. Leurs affiliés sont répandus entre Marrakech et les pays qui s'étendent entre Tombouctou, le Sénégal et le Souf.

Les *Tidjanïa* de Fas, qu'il ne faut pas confondre avec les Tidjanïa algériens, très nombreux chez les Guelaïa et dans le Garet.

Leur principal chef, Sid-El-Ghali ben A'zzouz, est un des personnages marquants du Maroc.

Enfin, la célèbre zaouïa-mère de l'ordre des A'ïssaoua, située à Meknès, est aujourd'hui sans grande influence politique, mais exerce toujours sur les indigènes un ascendant mystérieux.

Les Oulad-Sidi-Ahmed-Moussa sont en assez grand nombre dans les provinces du Soûs et du Drâa. Les *Nacerïa*, très répandus dans le Sud, à partir de Rabat, avec leur principale zaouïa à Tamegrout, comptent peu d'adhérents dans le Nord de l'Empire.

Les *Senoussïa* et les *Madanïa* y sont à peine connus.

Indiquons encore, dans le Garet, la zaouïa du Djebel-Ouerk, dirigée par Teliouanti des Beni-Chiker; la confrérie de Si-Ahmed-Filali et, pour mémoire, celle des R'azïa, cantonnée dans l'Oued-Drâa et sans influence bien apparente.

*
* *

Dans l'Afrique occidentale, au Sénégal, les Qadrïa jouent un rôle prépondérant. Quant à El-Hadj-Omar et son successeur Ahmadou, ils n'ont professé, de même que tous les fauteurs d'insurrection depuis un demi-siècle, d'autres doctrines que celles des Tidjanïa marocains, leurs inspirateurs.

Au sud de nos possessions algériennes, les contrées du Touat et du Gourara, autrefois *(au temps du voyageur Ibn-Batouta)* points de concentration des caravanes de l'Occident et du Nord de l'Afrique, remplies de *zaouïa* destinées à recevoir les nombreux étrangers dont le commerce enrichissait le pays, habitées « par des marabouts très riches en dattiers et en troupeaux, et très grands en influence » protecteurs des caravanes contre les « farouches pères du sabre » (les Hoggar d'aujourd'hui), sont placées sous l'influence des Cheikhïa, Taïbïa, Qadrïa, Tidjanïa (marocains) et Senoussïa.

La confrérie des *Bakkaïa*, dont les doctrines tolérantes et humanitaires ont permis à leur directeur spirituel le cheikh Bakkaï de Tombouctou, de protéger le voyageur allemand Barth, et à un membre de sa famille d'entretenir de bonnes relations avec Duveyrier, est aujourd'hui placée sous la direction d'Alouata, petit-fils du cheikh Sidi Mokhtar. Le frère aîné de ce personnage, cheikh A'bidin, est à la tête de la confédération guerrière.

Les descendants d'El-Hadj-Omar ont des affiliés aux environs de Tombouctou où, ils ont supplanté les Bakkaïa et les Touareg, malgré leur tiédeur religieuse, ne négligent pas de se placer sous le patronage des confréries religieuses auxquelles ils s'affilient volontiers lorsque leurs intérêts les y engagent.

Nos Tidjanïa et nos Qadrïa algériens ont parmi eux de nombreux affiliés ; le cheikh A'bidin y exerce une réelle influence.

Ben-Guessem et le cheikh d'In-Salah sont moqaddim des Senoussïa.

EN TUNISIE

Les *Bou-a'lïa* de Nefta, très considérés dans les régions de Nefta-Tozeur et répandus sur tout le territoire de la Régence, y comptent plus de deux mille affiliés et douze zaouïa.

Les *Chabbïa* de Sfax jouissent de quelque considération ; ils la doivent à leurs relations avec l'extrême-sud et la frontière occidentale.

Les *Selamïa* ou *Soulamïa* de la Tripolitaine, connus en Tunisie sous le nom d'*Aroussïa*, ont su acquérir, depuis quelques années, une influence dominante. Plus de vingt-huit zaouïa, dont six à Tunis, un nombre considérable de moqaddim et trois mille affiliés sont disséminés dans le territoire de l'ancienne Ifrikïa, et reçoivent leur direction des succursales de Gabès et de Tunis.

Les *Zaouïa-Qadrïa* du Kef, Nefta, et Bouzelfa (Tunis), sont citées comme les plus importantes de la Régence. Leurs moqaddim et khouan, sortent de leurs nombreux couvents, pour répandre les doctrines de Sidi-Abdelqader-el-Djilani aux quatre coins de la Tunisie.

La branche tunisienne des *Rahmanïa*, particulièrement connue dans le Djerid, prospère sans cesse dans la zone comprise entre Tunis, Qairouan, Sfax et Gafsa.

Les *Madanïa* centralisent à Sfax toute leur action de propagande, qu'ils poursuivent méthodiquement.

Les *A'mmaria* comptent à Tunis, une zaouïa, une branche-mère au Kef et plus de 1,200 foqra qui parcourent la Tunisie en tous sens.

Les *Senoussïa* peuvent être cités à titre de renseignement parce qu'ils y comptent quelques moqaddim et quelques adeptes ; mais leur influence est bien restreinte si on la compare à celle des confréries prépondérantes : Selamïa-Aroussïa, Madanïa, Qadrïa et Rahmanïa.

Les Taïbïa y sont en nombre assez élevé.

Les Aïssaoua y sont également représentés.

Au milieu de ces confréries, on trouve encore quelques corporations des Chadelïa ; enfin, une foule de vagabonds qui se disent marabouts ou « ouali », mais qui exercent, en réalité, des métiers suspects, mendient par les campagnes et les villes en récitant des prières, exploitent la piété des gens naïfs et excitent le dégoût des tolba et des membres dirigeants des diverses confréries.

EN TRIPOLITAINE

Les *Madanïa* avec leur zaouïa-mère de Misrata ont plus de douze zaouïa ou couvents secondaires, quatorze moqaddim et trois mille adeptes.

Les *Qadrïa* y comptent huit couvents, douze chioukh ou moqaddim indépendants et deux mille affiliés.

Les *Sa'adïa*, inconnus en Algérie, au Maroc et dans notre extrême-sud, sont représentés en Tripolitaine par six zaouïa, neuf moqaddim et deux mille cinq cents khouan.

En Tripolitaine nous commençons à pénétrer dans le domaine des Senoussïa, dont on a exagéré l'importance et l'esprit hostile.

Leurs cinq zaouïa sont situées aux oasis de la Menchia et du Sahel, à Ghadamès, à Mezda, à Mazersan et à Misrata.

Le rôle politique de leurs dix ou douze moqaddim et de leurs affiliés est sans doute considérable, mais n'est pas à comparer avec celui de la confrérie de *Sidi-A'bdessalam-el-Asmar*, dont la zaouïa-mère de Zliten, avec ses milliers d'adhérents et son immense fortune, semble vouloir faire renaître au profit de ses partisans la maxime des *Cyrénaïques* en cherchant à développer le précepte de Socrate : « Jouir est le seul but à poursuivre ». Les principaux appuis mystiques de la confrérie jalonnent, en effet, de leurs koubba, la route que suivent les caravanes pour aller au Soudan. Aucune de ces dernières n'oserait s'y aventurer sans obtenir auparavant la bénédiction du cheikh de

Ziliten. C'est ce qui explique l'empressement que montrent les divers commerçants à solliciter leur affiliation et, par suite, la prospérité toujours croissante de la confrérie.

Les *Taïbïa* ont une zaouïa à Ghadamès, avec plus de deux mille adeptes.

DANS LE SANDJAK DE BENGHAZI Y COMPRIS LE CYRÉNAIQUE JUSQU'A KOUFRA

A Benghazi nous approchons du Djaghboub, qu'on est allé jusqu'à qualifier de « Rome musulmane », alors qu'elle n'est, en réalité, que le centre d'action d'une confrérie puissante, rivale des autres corporations, qui, à leur tour, intriguent de leur mieux pour ne pas être absorbées partout où l'action des Senoussïa se manifeste.

Le nombre des zaouïa situées dans cette circonscription territoriale s'élève à trente-trois et les adhérents se comptent par tribus.

Les routes de Tripoli, Ghadamès, Rhat, l'Aïr et Tripoli, Sokna, Mourzouk, jusqu'au lac Tchad, sont parcourues par les adeptes des Senoussïa, et on rapporte que le Sultan du Ouadaï a reconnu la suprématie du Mahdi de Djaghboub aujourd'hui installé à Koufra, au milieu de ses prosélytes, hier fétichistes.

Malgré cette puissance, à la fois seigneuriale et religieuse, d'autres confréries ont réussi à se maintenir dans cette partie de l'Afrique devenue, en 60 ans, le domaine du cheikh Sidi-El-Mahdi.

Les *Madania* y comptent trois zaouïa et plusieurs centaines de sectateurs.

Les *Selamïa* y possèdent trois zaouïa et des milliers d'adhérents.

Les *A'issaoua* sont également représentés par de nombreux affiliés qui se réunissent dans leurs trois Zaouïa de Benghazy.

Enfin, les *Qadrïa* comptent environ 50 membres et les *Rahmanïa* ou *A'zzouzïa* (branche tunisienne) sont au nombre de 70 environ.

EN ÉGYPTE

En entrant dans les plaines du Nil, on ne peut s'empêcher de penser aux cloîtres de Sérapis et, instinctivement, on se demande s'il existe encore quelque vestige de cette vie monacale et érémitique que les

Esseniens pratiquaient sur les bords de ce fleuve après l'avoir préconisée sur ceux du Jourdain.

Les noms seuls ont changé, mais les pratiques se sont perpétuées à travers les âges et les générations de race différente.

La confrérie des *Khelouatïa* a, en effet, conservé dans sa zaouïa-mère de Damerdache, près du Caire, les principes de la retraite extatique.

Les *Badaouïa* pratiquent dans leur zaouïa-mère de Tantah le mysticisme extatique.

Les *Rafa'ïa* y enseignent les doctrines hystériques des A'issaoua dont le rôle n'y est plus que nominal.

Les *Qadrïa* centralisent leur action dans leur zaouïa du Caire. La célèbre confrérie Aliste des Naqechabendïa y possède également une zaouïa.

Mentionnons encore les Madanïa, les Beïoumïa, les Doussoukïa, les Sa'adïa, les Seddikïa et les Senoussïa qui semblent attirer à eux tous les Arabes nomades de la haute Égypte.

SOUDAN ÉGYPTIEN

A l'Ouest de l'Égypte, dans le Kordofan, à Khartoum, au Bornou, les Qadrïa poursuivent leur propagande.

Les Badaouïa, formant une congrégation indépendante de la branche-mère, les Doussoukïa, les Saa'dïa, les Mirghanïa et les Senoussïa en ont fait également leur domaine d'action.

TURQUIE

A Constantinople, le Cheikh Dhaffer, l'ancien précepteur et le conseiller intime du Sultan, a donné une extension considérable à la confrérie des Madanïa dont il est le chef.

Les *Rafa'ïa*, grâce à l'ascendant que leur cheikh Abou-El-Houda, originaire des environs d'Alep, exerce dans l'entourage religieux du Sultan, y ont une influence religieuse et temporelle très appréciable.

Les *Naqechabendïa* y ont de nombreuses zaouïa et des milliers d'adeptes; les *Melamïa* y jouissent d'un certain prestige. Les Khelouatïa, les Qadrïa, les Saa'dïa, les Sounboulïa, les Djelouatïa, les Goulchinïa, les Ouchakïa, les Badaouïa et les Bektachïa y comptent de nombreux couvents.

EN ASIE MINEURE

Les branches Chadeliënnes des *Akharïa*, des *Malamatia*, les ordres cardinaux des Khelouatïa et des Naqechabendïa (zaouïa-mère à Bokhara) y dominent.

Les Melamïa y sont représentés.

EN SYRIE

Les Qadrïa et les Rafa'ïa dominent, les Madanïa peu nombreux, les Doussoukïa avec quelques adeptes, les Saa'dïa et les Melamïa, se partagent l'influence exercée par les confréries orthodoxes sur les populations de ces contrées.

EN MÉSOPOTAMIE

Les Qadrïa et les Rafa'ïa y exercent, presque exclusivement, une influence considérable. On est, en effet, tout près de Baghdad, ville illustrée par tant de saints musulmans et particulièrement par le fondateur de l'ordre le plus répandu dans tous les pays de l'Islam, Sidi-Abdelqader-el-Djilani, dont la zaouïa, aux quatre dômes dorés, n'est plus, aujourd'hui, dirigée que par un modeste oukil. Les *Saa'dïa* n'ont pas complétement disparu, mais ils ne jouent plus qu'un rôle nominal.

EN PERSE

Les Naqechabendïa, les Saa'dïa et les Melamïa et, plus au Nord, dans les deux Turkestan, les Indes Néerlandaises et l'Hindoustan, les Qadrïa (connus sous la dénomination de Bénnewa ou Qadrïa Akbarïa), les Rachidïa, les Naqechabendïa et les Beïoumïa y répandent leurs doctrines.

Nous avons réservé pour la fin de notre longue énumération, le point de concentration de toutes les confréries.

EN ARABIE, LE HEDJAZ, LA MECQUE ET MÉDINE

Les Qadrïa y comptent huit zaouïa, les Rachidïa une, les Aïssaoua une, les Madanïa une, les Rahmanïa issus des Madanïa trois (il ne faut pas les confondre avec les Rahmania algériens), les Naqechabendïa, les Beïoumïa, les Djazoulïa, les A'roussïa-Selamïa, les Morchidïa, aujourd'hui complètement dispersés, les Doussoukïa, les *Tidjanïa* de Médine, les Rafa'ïa, les Saa'dïa, les Mirghanïa, originaires du Hedjaz, les Seddikïa, les Allouanïa, les Melamïa, ces conteurs célèbres qui vont partout réciter la légende des MILLE ET UNE NUITS' et, enfin, les Senoussïa, qui ont réussi à inféoder à leurs doctrines la plus grande partie des populations de l'Arabie, comprises entre le Sinaï et le Yémen, sont les principales confréries qui y possèdent des couvents, des lieux de réunion et de nombreux moqaddim.

. . . .

CHAPITRE V

SYSTEME FINANCIER

Revenus divers. — Dépenses

Les dignitaires des confréries bénéficiaient des aumônes obligatoires, — la masse y trouvait avantage et profit, — la *zerda*, prépondérance des marabouts.

Réunion des hobous au domaine de l'État. — Mécontentement des croyants. — Affermissement des confréries. — *Ressources ordinaires et recettes accidentelles* : la *sadaqa* ou *ghafara*, — la *ziara*, droits d'investiture, — la *touiza*, dons volontaires de diverses natures.

Un État dans l'État : Les représentants des confréries sont devenus des personnages politiques exclusivement préoccupés de leurs intérêts matériels. — Évolution spirituelle et désagrégation temporelle provoquées par l'âpreté au gain. — État des esprits. — Époque de transition.

Une partie des ressources de nos sujets musulmans est envoyée dans les divers pays de l'Islam. — Appauvrissement de la masse indigène. — Danger économique.

Il ne faut pas chercher, dans les congrégations musulmanes, une organisation méthodique, des revenus fixes ou un système financier établi. Ici, point de comptabilité, pas de recettes ni de dépenses obligatoires au sens absolu du mot, rien de nos savantes combinaisons financières.

Les revenus, comme les dépenses, sont d'essence divine et ont pour base unique la charité inépuisable des fidèles.

Dieu a dit :

« O croyants ! faites l'aumône des meilleures choses que vous avez acquises, des
» fruits que nous avons fait sortir, pour vous, de la terre. Ne distribuez pas en largesses
» la partie la plus vile de vos biens (1).

» Le paradis est destiné à ceux qui font l'aumône dans l'aisance comme dans la
» gêne. . . . . (2).

» Tous ceux qui font l'aumône des biens que nous leur donnons en secret et en
» public, doivent compter sur un fond qui ne périra pas (3).

» A ceux-ci les jardins d'Éden : sous leurs pieds couleront des fleuves ; ils s'y
» pareront de bracelets d'or, se vêtiront de robes vertes de soie et de satin, accoudés
» sur des trônes ; — quelle belle récompense ! quel admirable support ! (4).

» Ceux qui dépensent dans le sentier de Dieu ressemblent à un grain qui produit
» sept épis et dont chacun donne cent grains. Dieu donnera le double à celui qu'il
» veut. Il est immuable et savant » (5).

Impossible de mieux prêcher la charité, et de faire entrevoir les récompenses qu'elle procure ; mais, en établissant l'usage des donations sous forme d'aumône aux représentants de Dieu sur la terre, la *Loi divine* a donné aux revenus des confréries religieuses un caractère quasi-obligatoire ; car, si les lois humaines n'atteignent pas les négligents ou les retardataires, la *Loi révélée* sait, au besoin, intervenir à propos et rappeler aux sceptiques les engagements moraux qu'ils ont contractés :

« Quant à ceux qui calomnient les croyants (qui les accusent de vanité), à l'occasion
» d'aumônes surérogatoires, ou parce qu'ils ne peuvent les acquitter qu'avec beau-
» coup de peine, ceux qui raillent, Dieu les raillera à son tour. Un châtiment douloureux
» les attend (6).

» Dieu ne leur pardonnera pas, car ils ne croient point en Dieu ni à son apôtre,
» et Dieu ne dirige point les impies » (7).

Avec ses rigueurs exploitées par ceux qui ont intérêt à détourner à leur profit le courant charitable, cette loi devient terrible, cruelle, parce qu'elle atteint les consciences, les menace et les torture. Tout en réservant les peines éternelles de « l'Incompréhensible, de l'Allah ta'ala », à ceux qui, s'y étant volontairement soumis, n'en suivent pas scrupuleusement les préceptes, elle contribue à l'asservissement d'une partie de l'humanité, maintient les Musulmans simplistes dans un état de perpétuelle domesticité, au profit de la caste qui parvient à dominer leur intelligence et à vivre, au nom d'Allah, du labeur d'autrui.

---

(1) Coran, chap. IX, Aumône § 3, 269.
(2) Coran, chap. IX, Aumône § 3, 128.
(3) Coran, chap. IX, Aumône § 25, 26.
(4) Coran, chap. XVIII.
(5) Coran, chap. II, v. 263.
(6) Coran, chap. IX.
(7) Coran, chap. II.

L'empire exercé sur les masses par les marabouts et, plus tard, par les dignitaires des confréries religieuses en avait fait, en effet, les bénéficiaires des largesses de leurs adeptes. Pas un tombeau de ces thaumaturges populaires, ni une zaouïa dirigée par leurs descendants qui ne fussent entourés de quelques hectares de terrain fertile dont l'usufruit était aliéné *(hobousé)* au profit de ces établissements religieux (1).

Les différents gouvernements musulmans, pour gagner la neutralité bienveillante des personnages religieux ou de certaines confréries hostiles à leur domination, leur accordaient la jouissance de vastes domaines. Les particuliers eux-mêmes, dans un but de piété, de charité, foulaient aux pieds l'ordre de successibilité tracé par la loi musulmane et aliénaient, au profit de leurs saints de prédilection, des pauvres des deux villes saintes : La Mecque ou Médine, ou des édifices religieux, tout ou partie de leur patrimoine.

Ainsi se constitua, progressivement, ce vaste domaine de hobous, évalué, assure-t-on, en 1830, au moment de la conquête, à plus de neuf millions. Il se composait de biens meubles et immeubles, aussi divers par leur nature que par leur importance; chacun avait contribué à le

---

(1) Le hobous ou ouakof est une donation d'usufruit faite à perpétuité au profit des pauvres ou de fondations religieuses ou d'utilité générale, déterminées par le constituant qui immobilise حبس la chose hobousée; le fond reste sa propriété, mais il est inaliénable *(imam malek)* et demeure séquestré pour assurer l'attribution des fruits aux bénéficiaires.

Il est fait dans le but de mériter au constituant la reconnaissance pieuse des bénéficiaires sur terre et la récompense réservée aux bonnes œuvres, dans l'autre vie.

Il doit, obligatoirement, avoir le caractère de donation aumônière et, si ce but est supprimé, les droits des bénéficiaires disparaissent avec lui. Mais cette aumône ne peut être qu'une œuvre de piété et de bienfaisance. Elle doit donc, en principe, être faite au profit « des pauvres musulmans », c'est-à-dire de bénéficiaires qui ne s'éteignent pas. Aussi, dit-on que ces hobous sont voués au Dieu très-haut.

Le caractère et le but des hobous sont tellement liés à la religion que, si le fondateur abandonne l'islamisme, son hobous devient caduc de ce fait et ce qui le compose reprend les caractères de propriété particulière (melk) ; si, plus tard, il rentre dans la religion musulmane, le hobous n'en est pas moins détruit. (Dorr).

Telles sont les règles de principe du hobous. C'est son but et son intérêt de bienfaisance qui ont fait admettre par les légistes la validité d'un acte consacrant une dérogation absolue aux dispositions de la loi islamique. Le but manquant ou étant supprimé, les conséquences disparaissent, et tout rentre dans l'ordre primitif.

Les principes qui précèdent sont appliquées par les légistes des quatres rites, au hobous, et servent de règles à l'appréciation des cas s'y rapportant. *(Hobous ou ouakof, ses règles et sa jurisprudence*, par Ernest Mercier. Jourdan, imprimeur-éditeur, Alger. Loc. cit.).

Cependant, le caractère d'inaliénabilité et d'imprescriptibilité n'étaient pas, dans certains cas, sans porter atteinte à la valeur même des biens ainsi séquestrés et, par suite, aux bénéfices des dévolutaires ; aussi, des jurisconsultes reconnurent-ils la validité de certains actes *(a'na, inzal, khoulsou, kerdar* et *djelsa)*, sortes de cessions, de mise en possession, de modes de location ou d'habitation, qui permettent moyennant certaines conditions trop longues à développer ici, conditions qui n'enlèvent rien, d'ailleurs, à l'affectation primitive de l'objet, de faciliter les transactions et de faire fructifier les hobous, en les remettant dans le domaine de la circulation.

constituer suivant sa fortune ou son état ; un kabyle avait donné un olivier; un autre plus pauvre, sa part d'un de ces arbres possédés en commun : c'étaient des bestiaux, des maisons, de vastes propriétés dont les revenus, souvent considérables, servaient à l'entretien des édifices religieux et formaient la ressource principale des corporations musulmanes.

Toutes les fondations de hobous devant avoir, rigoureusement, une destination définitive de piété, de charité ou d'utilité générale (1), nul ne pouvait mieux leur conserver ce caractère que les marabouts, hommes pieux par excellence, représentants de Dieu sur la terre et, nécessairement, les intermédiaires du pauvre, les distributeurs de la manne bienfaisante, ceux, en un mot, qui comprenaient le mieux cette démocratie houleuse et méfiante lorsqu'il s'agit du pouvoir temporel, mais soumise et attachée aux représentants du pouvoir spirituel qui lui ouvrent la voie du salut éternel.

Aussi, dans ces zaouïa dont le minaret, souvent modeste, domine la tribu qui s'est groupée à sa base, dans ces koubba isolées sur les crêtes montagneuses du Tell et des Hauts-Plateaux, dans les steppes sahariennes, près du tombeau du marabout légendaire, le malheureux trouvait-il toujours une hospitalité fraternelle, large et généreuse; le plat national (kouskous) à défaut d'autres, ou, tout au moins, le pain du faqir *(kesra)* lui était servi au nom d'Allah, de Mohammed son envoyé et du pieux personnage qui en était le généreux distributeur.

Il trouvait un asile dans ces lieux sanctifiés par la sépulture de l'ouali révéré ; il y réchauffait son corps et purifiait son âme au contact de l'intercesseur auprès de l'Être suprême. C'était par milliers qu'on voyait accourir la horde des *mesquines* (meçaquines), nous racontait, un jour, un vieillard attristé, et aucun d'eux ne partait sans avoir participé au repas traditionnel et reçu un mot d'encouragement à la fois bienveillant et protecteur.

Les infirmes et les vieillards y étaient entretenus sans bourse délier et ils y trouvaient, avec le pain quotidien, une consolation suprême et l'espoir de bénéficier, à leur trépas, des magnificences du paradis *(djenna)*.

Leurs dépouilles mortelles étaient destinées à reposer sous l'ombre protectrice du marabout; à partager un peu de son impérissable

---

(1) Selon El-Bokhari, l'institution du hobous remonterait à Omar ben Khettab qui, possédant, à Khaiber, un terrain qui lui était cher, demanda un jour à Mohammed ce qu'il fallait en faire. « Si vous le voulez, répondit Mohammed, vous pouvez en immo-» biliser le fond et en dépenser les revenus en bonnes œuvres ».

Dans ce but, les hobous affectent les formes les plus diverses ; il en est qui sont constitués au profit d'hospices ou autres établissements hospitaliers, d'écoles, de puits, fontaines, cimetières, ou affectés à des distributions d'aliments, de vêtements, etc., etc., tous bienfaits humanitaires qui démontrent jusqu'à quel point les Musulmans poussent la charité à l'égard du prochain.

renommée, et, lorsque leurs coreligionnaires de l'avenir viendraient se prosterner et prier sur le tombeau de l'ouali célèbre, leurs mânes bénéficieraient encore de ces prières.

Avec de tels sentiments, le pauvre était fier de sa misère et, accroupi sous ses haillons, il regardait, la tête haute, le généreux donateur. Aucune honte ne se trahissait sur son visage. Peut-être, si on avait pu lire au fond de son âme, y aurait-on trouvé comme un sentiment de jalousie, un regret de ne pouvoir, lui aussi, *donner*, pour mériter, comme le favorisé de la fortune, les faveurs du protégé d'Allah et celles de son Envoyé. Mais on y aurait lu, aussi, l'orgueil de se sentir sous une sorte de protection divine, de pouvoir jeter à la face de ses détracteurs le nom illustre du marabout, son maître, qui, lui aussi, avait vécu pauvre de par la volonté d'Allah, et de se voir appliquer, à son tour, par la piété des vrais Croyants, ces paroles du « Livre révélé » :

« Les aumônes sont destinées aux indigents et aux pauvres, à ceux qui les recueil-
» lent, à ceux dont les cœurs ont été gagnés par l'Islam, au rachat des esclaves, aux
» insolvables, pour la cause de Dieu et pour les voyageurs. Ceci est obligatoire de par
» Dieu. Il est savant et sage » (1).

***

On conçoit le prestige de ces lieux sanctifiés et l'ascendant qu'exerçaient sur les masses les heureux privilégiés nantis de la jouissance des terrains hobous. Certes, il y en avait qui s'écartaient de la voie véritable, et détournaient dans tous autres buts que l'aumône et l'assistance, les produits considérables des donations pieuses ; certes il se commettait de grands abus ; mais les transactions commerciales étaient encore à l'état embryonnaire, la circulation fiduciaire sans importance relativement à ce qu'elle est aujourd'hui. De telle sorte que les produits fonciers (céréales et bestiaux) constituaient la ressource primordiale de nos sujets musulmans et, comme conséquence, la matière qui alimentait les zaouïa. L'exploitation du serviteur (aujourd'hui le khouan) n'avait pas encore été élevée à la hauteur d'un système.

Autour des établissements hospitaliers (zaouïa) des édifices religieux (mosquées), (nous parlons, bien entendu, des campagnes), les silos conservaient, durant des années, comme une réserve précieuse, les quantités de grains suffisantes pour alimenter les zaouïa, subvenir à l'entretien des tombeaux des marabouts morts en odeur de sainteté,

---

(1) Coran, chap. IX, 60, p. 517.

et payer le personnel subalterne généralement satisfait de trouver, à si bon compte, sa subsistance matérielle.

Dans les années de disette ou en cas de calamité publique, alors que partout ailleurs la faim causait d'irréparables ravages au sein de la foule imprévoyante et fataliste, les zaouïa conservaient leur rôle hospitalier.

Justifiant leur dénomination de maisons d'Allah, elles ouvraient aux faibles, aux nécessiteux, de véritables trésors de grains. Les fellah y puisaient à pleines mains pour tenter à nouveau la terre ingrate ou pour combattre la famine qui les étreignait ; si la récolte suivante était bonne on rendait à profusion, mais si les temps mauvais persistaient, c'était la volonté de Dieu et personne ne songeait à réclamer les grains avancés.

Et vraiment, il y avait quelque chose de saisissant à voir la foule réjouie, fêter dans ces lieux sanctifiés le retour des vaches grasses. C'était une munificence d'Allah due aux prières des intercesseurs et, de toutes parts, on venait déposer dans le sanctuaire du marabout, l'hommage d'une véritable et sincère gratitude. A ce sentiment spirituel s'ajoutaient les appétits corporels, et, Dieu sait s'ils sont gloutons! Ce jour-là ce n'étaient plus des aumônes limitées qui sortaient des réserves des édifices religieux; ce n'était plus la maigre *kesra* du faqir, mais l'opulent kouskous, le *mechoui* du chérif qui venaient récréer la vue, dérider et épanouir la figure grave du fellah.

On s'avance, on se presse autour de la *kessoua* (plat où l'on sert le kouskous) ; chacun y plonge sa main bientôt pleine de *marga* (sauce-bouillon) et, toujours, sans cesse, les plats sortent de la zaouïa, pendant que les moqaddim s'agitent, que les spectateurs s'installent, se rassasient et partent en cédant leurs places à d'autres affamés.

Tous ont coopéré à la fête en apportant au marabout, au moqaddem, une, deux, dix mesures, une charge de céréales : et les silos, un moment entamés, béants, vides, se remplissent à vue d'œil ; les hobous, un temps inhabités par les bestiaux, leurs hôtes coutumiers, se couvrent de ces dons vivants dont les mugissements, les bêlements, emplissent l'air de sons à la fois lugubres et attristants.

Pauvres victimes! Elles errent à l'aventure dans ce domaine sacré, flairant en vain leurs compagnons de chaque jour! Elles courent, s'arrêtent, s'échappent et reviennent se placer sous la garde inflexible du berger et, bientôt, dans un instant, d'aucunes serviront d'appât aux faveurs célestes! Ne soyons pas, cependant, trop compatissant ; évoquons le passé et songeons, un instant, à l'épouvantable sort des victimes humaines, existences autrement précieuses, immolées peut-être aux mêmes endroits, sous une autre forme mais dans un but identique, à l'époque de l'Afrique païenne. C'est un progrès immense à l'actif de l'Islam, que d'avoir supprimé cette coutume d'un autre âge, malheureusement encore en honneur sur certains points du Soudan fétichiste.

Et puis, beaucoup d'entre elles échapperont à leur malheureux sort. Celles qui resteront peupleront, à nouveau, et pour longtemps, les pâturages hobous auparavant déserts, s'y multiplieront et, précieuses réserves, serviront, plus tard, à fournir aux émissaires, tolba, foqra, mendiants, voyageurs et pèlerins, la nourriture sacrée de l'hospitalité musulmane.

***

Comme si la considération était fille de l'opulence, les personnages religieux qui centralisaient tant de précieuses donations, qui les utilisaient ou les distribuaient dans un but humanitaire, augmentaient leur renom de sainteté avec le produit du bien de leurs serviteurs. Le prestige spirituel dont jouissait un pieux personnage se mesurait, surtout, à la munificence de sa *zerda* (repas en son honneur), qu'on donnait aux époques accoutumées.

De là, cette puissance sans égale des dignitaires des confréries religieuses, presque tous sanctifiés, ou par la baraka partielle qu'ils détenaient de leurs chefs spirituels ou par une inspiration divine due à l'intervention du personnage célèbre dont ils entretenaient, gardaient et veillaient le tombeau.

On aurait pu dire que les mânes d'ancêtres sanctifiés se convertissaient en poudre d'or inépuisable, et, véritable mine insondable, fournissaient, sans cesse, des trésors aux nobles héritiers d'une aussi illustre origine.

De toutes parts, les croyants venaient s'inspirer de leurs doctrines, écouter leurs conseils et, ainsi, sous couleur d'émanation divine, se consolidaient ces puissances occultes, se manifestant dans toutes les circonstances, englobant tous les éléments de la société musulmane, parvenant à diriger les croyants et à imposer leur propre omnipotence au pouvoir temporel.

Le pauvre et le riche, le fellah et le khammès, la femme, l'enfant et le vieillard, l'infirme et le puissant, conformaient leurs actes à ceux de ces hommes réputés vertueux, puisaient auprès d'eux, avec des sentiments de haine, d'horreur pour les non-musulmans, l'espoir pour le monde inconnu......

Les zaouïa et autres édifices religieux devenaient, par suite, des foyers de fanatisme, de petits repaires de sentiments hostiles à tout gouvernement, et, du fond de la sépulture du marabout, sortait un vent d'insurrection perpétuelle ; de la terre donnée à Dieu, surgissaient des fanatiques invulnérables pour leurs adeptes, intraitables pour les autres ; des agitateurs permanents que la force pouvait, seule, réduire.

La France conquérante ne pouvait laisser subsister tant de foyers de révolte ni tolérer que les biens qui lui revenaient, par droit de conquête (1), servissent à entretenir les lieux de réunions de ses ennemis irréductibles, à leur fournir les moyens de nous combattre.

S'appuyant sur ce principe de la loi musulmane que : « *la terre appartient à Dieu et* » que, « *seul son délégué sur la terre peut en avoir la disposition* » le gouvernement français prit divers arrêtés et, notamment, ceux des 7 décembre 1830 et 3 octobre 1848 en vertu desquels le domaine de l'État mit la main : d'abord, sur les revenus des propriétés destinées, en principe, aux besoins du culte musulman et à l'entretien des édifices religieux de diverses catégories ; puis, sur ces propriétés elles-mêmes disséminées sur l'ancien territoire de la Régence d'Alger.

En agissant ainsi, le gouvernement français ne songeait ni à atteindre la religion musulmane ni à revenir sur les garanties si généreusement offertes aux vaincus et proclamées par la capitulation de 1830. Mais, durant cette longue période de 21 ans (de 1830 à 1851), entièrement occupée par les besoins de la guerre et de la conquête, on ne pouvait, n'étant pas encore allé au fond des choses, voir, et on ne vit pas, qu'en prenant les biens hobous, on attaquait ce que les indigènes ont de plus cher, ce qui leur tient le plus à l'âme et fait des martyrs : le culte des ancêtres respecté par tous les peuples envahisseurs, maintenu et encouragé par les Arabes, patroné par le Turc cruel et tyran !.....

On ne considéra pas assez que les marabouts étant les directeurs spirituels des musulmans, leur enlever les terrains qui faisaient leur fortune et augmentaient leur influence c'était les blesser dans leurs sentiments intimes et, avec eux, atteindre leurs nombreux serviteurs. Aussi, *de conciliants intéressés* qu'ils auraient pu être, se transformèrent-ils, rapidement, en adversaires, et, leur haine s'envenimant, devinrent-ils féroces, irréductibles.

Alors, la révolte, de locale qu'elle était, prit un caractère national, et de la tente du désert ou du gourbi du Tell, surgirent les simples et les dévots, poussés par un fanatisme ardent qui en fit des héros.

Ils combattent au nom de Dieu, défendent la chose de Dieu, et, tels des lions blessés, pleins de rage, ils se rangent sous la bannière du chérif et se font massacrer dans de folles équipées.

---

(1) Omar refusa de distribuer aux Musulmans les terres des pays conquis ; il les immobilisa au profit de la société musulmane, c'est-à-dire qu'il les fit *ouaqof*, *hobous*. Lorsqu'une propriété est devenue ouaqof, le droit du propriétaire sur le fonds de la chose est annulé ou, comme disent les Musulmans, renvoyé à Dieu, et l'usufruit, seul, en reste disponible pour les hommes..... La chose, alors, n'est pas susceptible d'être ni vendue, ni donnée, ni transmise en héritage. Il n'y a de terres de dîme que la péninsule arabique ; tous les autres pays musulmans agrégés au domaine de l'Islam *par la victoire* ou *par capitulation* sont de nature tributaire, d'où résulte la mise en ouaqof..... Le souverain, pas plus que le paysan cultivateur, ni le seigneur placé entre eux, n'a le droit de disposer des fonds de la terre.

(Worms, p. 122-123. Note de M. Perron, traduction de Sidi-Khalil.)

La France cependant, n'abandonnait pas ses idées généreuses à l'égard du vaincu : en mettant la main sur les hobous, elles entendait en affecter le produit au culte musulman et organiser l'assistance publique de ses nouveaux sujets. Elle voulait régulariser les deniers, souvent détournés de leur affectation par des gestionnaires peu scrupuleux. Elle voulait, à tout prix, mettre un peu d'ordre dans ce gâchis inextricable où les *oukla* se plaisaient à laisser des revenus considérables. Elle ne voulait plus que, sous le masque de la sainteté, des personnages musulmans exploitassent la crédulité des populations simplistes.

Pour atteindre ce résultat, le gouvernement crut devoir prendre l'engagement moral de pourvoir aux besoins du culte musulman et de faire participer à nos œuvres de bienfaisance la masse toujours croissante des *meçaquines,* considérés comme nos propres nationaux.

Il se chargea donc de l'entretien des édifices religieux, se substitua dans les villes aux autorités turques, nomma les mufti (1), les khettib (2), les imam, les mouderris (3), les bach-hazzab (4), les hazzab (5), les bach-moueddin ou mouaqqat (6), les moueddin (7), les tolba chargés du tenbih-el-anam (8), les houdour (9), etc., autant de

(1) Le *mufti* est le premier personnage de la hiérarchie religieuse. Il administre la principale mosquée dont il est le chef, fait la prière solennelle du vendredi, professe la théologie et prononce des fataoua.

(2) Le *khettib* est placé dans la mosquée de 2ᵉ classe. Il remplit des fonctions analogues à celles de nos curés dans leurs paroisses. Il surveille les cérémonies religieuses, l'entretien de l'établissement qui lui est confié, fait, comme le mufti, la prière du vendredi, et, les jours de fête, il lit la khothba (sorte de prône).

(3) Le *mouderris* professe l'enseignement supérieur : la théologie (touhid), la jurisprudence (el-*foqh*), la grammaire et la littérature (*nahou*), l'astronomie (*i'lm-el-falek*), etc., etc. Les mouderris sont les culama les plus instruits ; ils forment les élèves pour les emplois du culte, et c'est parmi eux que l'on choisit, le plus ordinairement, les mufti et les cadi.

(4) Le *bach-hazzab* est le chef des hazzab.

(5) Les *hazzab* font, chaque jour, la lecture des *hazb* ou chapitres du Coran qui sont au nombre de 60. Ceux de 1ʳᵉ classe lisent un chapitre le matin, à 4 heures, et un chapitre le soir, à 3 heures, de manière à terminer le Coran dans l'espace d'un mois. Les hazzab de 2ᵉ classe ne lisent qu'un chapitre par jour au *Dohr* (une heure de l'après-midi), de telle sorte que, l'année révolue, les premiers ont fait douze *khetma* ou lectures complètes de ce livre et les derniers six seulement.

(6) Le *bach-moueddin* ou le *mouaqqat* est le chef des moueddin.

(7) Les *moueddin* sont de garde pendant 24 heures, à tour de rôle ; ils veillent constamment, indiquent les heures de la prière et appellent, du haut du minaret, les musulmans à la mosquée.

(8) *Tenbih-el-anam*. Les fonctions des tolba, chargés du tenbih-el-anam consistent à faire, à certaines heures, la lecture de livres édifiants dans lesquels sont racontées les actions du Prophète les plus propres à servir d'exemples aux croyants. C'est surtout le vendredi, de 11 h. 1/2 à midi, pendant que le pavillon vert est hissé sur le minaret, que les lectures, faites avec une certaine solennité, réunissent le plus grand nombre d'auditeurs.

(9) *El-houdour* veut dire, littéralement, assistance. Ce titre s'applique à la réunion

fonctions rétribuées auparavant sur les produits des hobous et qui le furent sur l'ensemble du budget, lorsque ces biens spéciaux furent affectés aux besoins de la colonisation ou à d'autres entreprises.

Cette sollicitude insuffisante aux yeux des musulmans des villes, ne fut pas appréciée par les indigènes des campagnes, où la foule, mécontente, se cramponnait, désespérée, au sanctuaire du marabout vénéré, et, faute d'autres moyens, louait au service des Domaines les terrains qui étaient, auparavant, sa principale ressource.

Le mal ne fit qu'empirer lorsque l'autorité pensa que le culte musulman ne devait pas jouir seul et sans partage, d'une fortune aussi importante que celle des hobous. « Il est juste, écrivait-on, que les revenus des hobous contribuent à l'acquittement des charges communes et à d'autres améliorations », et l'idée première qui était d'affecter ces biens à l'organisation du clergé musulman, idée qui, jusqu'à un certain point, pouvait finir par être comprise des indigènes, ne reçut qu'un commencement d'exécution.

Non seulement les produits hobous furent confondus dans l'ensemble du budget et, comme tels, affectés à d'autres besoins, mais les ministres du culte, eux-mêmes, n'eurent que des traitements dérisoires et, par suite, demeurèrent sans considération et sans prestige vis-à-vis de leurs coreligionnaires. Ils furent effacés et bientôt submergés par les personnages affiliés aux confréries religieuses, personnages vers lesquels les croyants se sentaient de plus en plus attirés.

Avant les événements de 1870, on avait pensé, pour se conformer aux indications contenues dans la lettre impériale sur la politique de la France en Algérie, à organiser un consistoire musulman par province, à instituer, pour chaque mosquée, une sorte de conseil de fabrique, et à rendre à ces nouvelles institutions les biens hobous, encore disponibles, qui leur appartenaient autrefois. Mais, après examen, il a semblé que le gouvernement français ne saurait laisser ces biens à la disposition de sociétés religieuses qui, à un moment donné, pouvaient être accessibles aux excitations du fanatisme. L'organisation des consistoires et des conseils de fabrique musulmans en resta là (1).

---

des tolba qui suivent assidûment les leçons du mouderris dans les mosquées de 1re classe.

Les *nas-el-houdour* sont ceux qui font partie de cette assemblée studieuse, qui assistent à la lecture et aux explications des livres les plus en honneur parmi les musulmans.

Viennent enfin le *chaâ'l* (allumeur) et le *konnas* (balayeur), considérés comme des hommes de peine.

(1) Mieux avisés que nous, le gouvernement tunisien et, après lui, le Protectorat, se gardèrent toujours de prendre des mesures susceptibles de blesser, en quoi que ce soit, les croyances musulmanes et d'entraver l'exercice de la religion. Tandis que nous persistions à annexer au Domaine des biens le plus souvent de maigre valeur pour nous, le général Kheïr-ed-Din fondait la *djema'a*, sorte de conseil d'administration et de surveillance des hobous, ayant pour haute mission, notamment, d'assurer la bonne gestion de biens dont les oukla, comme leurs collègues algériens, abusaient.

Depuis, on a persisté dans la politique d'accaparement (1). Au fur et à mesure de l'application du sénatus-consulte du 22 avril 1863, le service des Domaines met la main sur les immeubles hobousés au profit de marabouts locaux, de telle sorte que nous pouvons aujourd'hui avancer que, dans le Tell et les Hauts-Plateaux, il n'existe, pour ainsi dire, plus de hobous, mais des biens domaniaux, que leurs anciens propriétaires rachètent lorsqu'ils le peuvent, qui demeurent en friches ou sont loués, par les fidèles, au profit du sanctuaire de leurs saints de prédilection ou au bénéfice des descendants de personnages vénérés.

Hâtons-nous de dire que, dans quelques circonscriptions du territoire de commandement, la jouissance des terrains hobous a été laissée à leurs détenteurs légitimes (2).

Nos lois et nos règlements de droit commun n'ont pas encore été introduits au milieu des peuplades sahariennes, et les personnages religieux, jaloux de leurs immunités et satisfaits d'en jouir puisent en elles une force et un prestige qui leur permettent de diriger et de maintenir leurs adeptes. Et ceux-ci, appréciant notre tolérance à l'égard des chefs spirituels qu'ils se sont volontairement donnés, servent souvent nos intérêts.

Certes, l'autorité militaire a voulu voir clair dans ce labyrinthe ; elle a voulu connaître l'emploi des revenus des biens religieux, et, dans ce but, elle a constitué des commissions spéciales chargées d'en vérifier l'emploi.

C'est encore là le système du gouvernement turc, dépouillé de tout ce qu'il avait d'illégal et d'arbitraire. Les personnages religieux ne voient certainement pas d'un bon œil notre immixtion dans la gestion de biens qu'ils dirigeaient sans contrôle, mais les croyants y trouvent, avantage et profit ; notre budget, qui n'aurait pu tirer que des ressources illusoires de biens, en général, de peu de valeur, se trouve ainsi moins grevé par l'entretien d'édifices religieux, entretien laissé, en partie, à la charge de ceux qui bénéficient du produit des hobous.

*
* *

Aujourd'hui, des naïbs (contrôleurs), surveillent les oukla, administrent les biens, surveillent les ventes des produits immobiliers, de telle sorte que les établissements religieux sont bien entretenus, les fonctionnaires du culte bien rétribués et les revenus, en entier, affectés au service religieux, le tout à la grande satisfaction des indigènes.

(1) Les immeubles hobous, aliénés dans le seul département d'Alger, depuis 1830 jusqu'au 14 mai 1891, ont été évalués à 4,761,547 fr. 44.

(2) Dans le relevé que nous avons sous les yeux, le seul immeuble en territoire de commandement (département d'Alger), aliéné au profit de l'État, est situé dans le cercle de Laghouat ; il était évalué à la somme de 11,200 francs.

Nous n'avons pas été plus perspicaces du côté de l'assistance publique : aux pauvres, aux orphelins, nous n'avons pas toujours su tendre la main. Par un sentiment d'assimilation excessif, nous avons voulu les obliger à entrer dans nos hôpitaux sans tenir suffisamment compte de la répugnance que notre contact leur inspirait. Aussi, les avons-nous vus détourner de nous leurs regards pour les reporter vers leurs chioukh et moqaddim, et, faute de la nourriture qu'ils trouvaient autrefois dans la zaouïa, mourir d'inanition dans l'asile en ruines du marabout disparu. On ne nous envoyait que ceux atteints de maladies incurables, ceux surtout rongés par la syphilis, si commune et si terrible chez ce peuple aux passions ardentes et toujours inassouvies !

Durant les épidémies, malheureusement si fréquentes dans ce pays où l'hygiène est inconnue, les indigènes cherchent encore une guérison illusoire dans le talisman du marabout où les remèdes grossiers du taleb. Un écrit informe et cabalistique porté précieusement, un breuvage sans nom, tels sont les remèdes les plus fréquemment ordonnés par les disciples déchus d'Averroès ! La robusticité du patient a-t-elle raison de sa maladie ? c'est le taleb qui l'a guéri. Meurt-il ? c'est Dieu qui l'a voulu. Faute de soins, ils expirent pour la plupart sous l'œil attristé de leurs coreligionnaires impuissants à les secourir, mais ils meurent résignés. Admirable fatalisme !

Ici, qu'on nous permette d'appuyer notre assertion par un fait concluant.

C'était en 1893 ; le choléra dit « asiatique » faisait des ravages au milieu des populations indigènes et, plus particulièrement, dans certaines contrées de l'arrondissement de Guelma, il se manifestait avec une intensité telle, que les mesures prises étaient impuissantes à en atténuer les effets.

On était à bout de ressources et les indigènes s'obstinaient à ne pas vouloir être soignés dans les ambulances installées dans les tribus contaminées.

Se sentir menacé dans son existence ; être appelé à comparaître devant la djema'a des saints, présidée par Allah, et, au dernier moment, se souiller avec les médicaments, — probablement empoisonnés, — du kafer ? Quel crime abominable qu'Allah et Mohammed ne pardonneraient, certes, jamais. Essayer de leur démontrer le contraire, de leur prouver l'efficacité de nos remèdes, c'eût été se heurter à des résistances inflexibles. Et le fléau continuait ses ravages, — le médecin désespérait de l'enrayer et l'autorité assistait, impuissante, à la disparition d'un grand nombre de ses administrés. Et eux, résolus, se reprochant, sans doute, du fond de leur cœur, un méfait quelconque à l'égard d'Allah ou d'un de ses représentants sur la terre, semblaient attendre le châtiment et, tour à tour, tombaient en prononçant la phrase sacramentelle : *Rebbi ! Mektoub !* Leur dernier soupir était une prière, leur dernier mouvement une convulsion mystique. Spectacle grandiose et saisissant ! En examinant ces corps inanimés, on se sentait pris d'admiration pour la grandeur de cette foi, mais aussi d'une immense tristesse pour ces victimes d'un aveuglement fanatique, fruit d'une décadence tombée si bas qu'elle atteint le niveau de la bête rébarbative et méfiante.

Un jour, on se souvint que dans une zaouïa de la contrée vivait, dans un ascétisme profond, un vieux moqaddem des Rahmanïa. Tous ses khouan imploraient de lui un miracle comme il en avait déjà tant fait, mais le vieil homme, insensible à leurs prières, leur désignait, pour toute réponse, d'un geste majestueux, la direction de la Mecque, d'où le Dieu vengeur avait sans doute envoyé le sinistre fléau.

L'administrateur de la commune mixte où ce fléau sévissait (1), se rendit alors auprès du saint homme, lui fit comprendre toute la gravité du mal et le supplia d'exhorter ses coreligionnaires à profiter des soins mis si généreusement à leur disposition.

Les résultats ne se firent pas attendre : le lendemain le bruit se répandit dans les tribus que l'Envoyé de Dieu apparu, en songe, au marabout vénéré, ordonnait, au nom d'Allah, de profiter, en cette triste occurence, de la science du Roumi exécré.

Aussitôt, des quatre coins de la circonscription, des multitudes humaines se précipitent autour du médecin, pour un moment vénéré. On se jette avidement sur les médicaments, on mène les malades dans les ambulances ; les femmes, les enfants, les vieillards, accourent de toutes parts, et, miracle divin! les guérisons se multiplient, le fléau cesse . . . .

Les efforts constants que nous avons tentés, pour tenir nos engagements vis-à-vis des indigènes, n'ont pas eu d'écho dans leur cœur. Nos intentions ont toujours été mal interprétées parce que nous avons trop négligé le seul moteur susceptible de les faire comprendre : la religion. Nous avons bien essayé d'atténuer ce fanatisme outré que nous constatons à chaque pas, mais nos moyens d'action se sont toujours heurtés à ceux, plus efficaces, des marabouts et des confréries religieuses, nos ennemis par intérêt, les seuls qui soient écoutés par les masses qu'ils dirigent, torturent et empêchent de prendre cet élan régénérateur que nous voudrions leur donner.

D'un autre côté, nous avons, peut-être, trop oublié que « quand les mœurs sont en opposition avec la loi, ce sont les mœurs qui l'emportent ». Les vieilles coutumes consacrées par une religion d'essence divine triomphent toujours, à moins qu'on n'ait recours à la

---

(1) Il s'agit ici de M. René Bernelle, décédé en 1894, dans l'exercice de ses fonctions, après plus de 30 ans de services. En évoquant ce souvenir, nous ne pouvons nous soustraire à l'agréable devoir de rendre un pieux hommage aux rares qualités de droiture et de cœur, à la grande érudition et aux connaissances étendues du milieu indigène du fonctionnaire d'élite qui fut notre premier chef.

X. C.

destruction, œuvre sauvage, indigne de la France et des peuples civilisés.

Il n'est pas jusqu'aux Sociétés de Prévoyance et de Secours Mutuels qui n'aient trouvé des détracteurs dans la foule naïve et ignorante.

On a voulu, par ces institutions, parer à l'insouciance de nos sujets musulmans, les préserver de la famine si fréquente dans un pays où les vicissitudes climatériques produisent de si terribles effets. Pour en rendre la gestion plus facile et lui donner plus de garanties, on a, tout en maintenant les silos de réserve, autorisé l'indigène à remplacer, par une cotisation en argent, la cotisation annuelle qu'il versait en nature pour garnir ces silos créés par le gouvernement turc. On a donné à ces Sociétés la personnalité civile.

Eh bien ! malgré ces améliorations sensibles, malgré les garanties que leur offre une institution si avantageuse, les Arabes n'y ont pas confiance, n'en comprennent pas l'utilité, et il faut tout le zèle des autorités locales pour les amener à verser leur obole, pourtant minime, mais dans laquelle ils ne voient, souvent, qu'un surcroît d'impôts. Ils finiront, cependant, par y trouver de sérieux avantages, et bien dirigées, administrées dans un sens large et généreux, ces institutions, mieux comprises, contribueront, il faut l'espérer, à nous attirer la reconnaissance de nos sujets musulmans (1).

.˙.

L'État, en s'emparant des hobous (2), n'a donc pas porté atteinte au prestige des personnages religieux qui en avaient la jouissance ni réduit l'influence des confréries qui y puisaient les éléments nécessaires à l'entretien de leurs zaouïa et au développement de leurs doctrines? Cette mesure, inspirée par des considérations d'ordre à la fois politique et économique, n'a pas annihilé l'action des corporations

---

(1) L'actif des Sociétés de Prévoyance et de Secours-Mutuels, au 30 septembre 1896, était de 5,803,971 fr. 08, se décomposant de la manière suivante :

1° Fonds en caisse	3.088.383 95
2° Valeur des grains en silos	613.410 33
3° Prêts en argent consentis aux sociétaires	1.818.246 17
4° Prêts en nature	149.748 10
5° Cotisations restant à recouvrer au 30 septembre 1896	134.182 53

Le nombre des sociétaires, à la même date, était de 243,199, répartis en 77 Sociétés.

(2) En 1891, l'évaluation des biens domaniaux provenant des hobous non utilisés pour la colonisation était de :
1,574,225 fr. dans le département d'Oran ; 554,078 fr. dans celui de Constantine ; et 509,702 fr. dans celui d'Alger, rapportant ensemble la somme de 72,908 fr.
(Extrait d'un état fourni par l'administration des Domaines au Gouvernement général — 4° bureau).

religieuses parce que, pour un instant, elle a diminué leurs ressources et changé la destination de produits qu'elles considéraient comme leur propriété exclusive ?

Avancer le contraire serait mal connaître les sentiments des populations musulmanes, mal apprécier la force qui les fait agir et se méprendre sur la puissance réelle des personnages religieux qui les dirigent.

Atteints dans ce qu'ils avaient de plus sacré : leurs intérêts, ceux-ci élevèrent la voix non en leur propre faveur mais au nom de la religion, et leur action, d'ouverte qu'elle était, devint occulte ; ils se glissèrent sous la tente, remuèrent les cœurs, excitèrent la colère du fellah, de la femme, du vieillard, et, missionnaires divins ou chorfa inspirés, employant avec une égale habileté tantôt la ruse, tantôt la menace, ils firent de leurs prosélytes crédules et ignorants, de dociles instruments de leur haine, des serviteurs passionnément dévoués, et, aussi, des esclaves tributaires.

L'offrande religieuse *(ziara)* (1) que le khedim (serviteur) faisait en nature et à des époques déterminées, à ses saints de prédilection, se convertit en espèces, et, de minime qu'elle était, étant donné le peu de valeur des produits fonciers (2), devint une lourde charge, un impôt progressif basé, non sur la fortune de l'adepte, mais sur les besoins insatiables de son chef spirituel. Celui-ci taxait et exigeait au nom de la religion attaquée, au nom de l'Être Suprême dont il se prétendait le représentant, et au nom des principes sacrés de l'Islam, dont il se faisait le gardien vigilant, le défenseur opiniâtre.

Devenus sectaires, les marabouts propagèrent cette idée : que les impôts payés au Gouvernement des infidèles doivent être considérés comme une charge à laquelle il faut se soumettre jusqu'au jour de la délivrance, ainsi Dieu l'a voulu, mais que les redevances ainsi prélevées sur le vaincu ne réservent, à ce dernier, aucune récompense céleste et, par suite, n'exemptent pas le bon croyant de la *véritable dime* religieuse qui, elle, réconforte les âmes, absout les méchants, et donne aux vertueux l'espoir de mériter avec la bénédiction d'Allah, les joies du Paradis.

Or, en l'absence de représentant d'un Gouvernement issu de l'Islam, dépositaire du pouvoir temporel et ayant la haute main sur le pouvoir spirituel, les véritables intermédiaires de la volonté divine, ses délégués

---

(1) *Ziara* زيارة visite pieuse ou de respect à une personne d'un rang supérieur, vient du mot *zar* زار visiter un lieu saint pour témoigner du respect. Ce mot est spécialement employé pour indiquer la visite aux personnages religieux ou aux lieux saints. Les pèlerinages religieux, ailleurs qu'à la Mecque, sont des ziara. Mais les ziara, même aux tombeaux, étant toujours accompagnées d'une offrande, le mot ziara est synonyme d'offrande. On reçoit et on fait la ziara, on envoie un serviteur faire des ziara, c'est-à-dire faire des quêtes religieuses (Rinn, *Marabouts et Khouan*, p. 15).

(2) La *Zekate* fut établie en 623 de l'hégire, Coran, chap. IX.

sur la terre, sont les détenteurs de la baraka, ceux qui connaissent la voie qui conduit au salut éternel, les directeurs, en un mot, des confréries religieuses et leurs représentants dans les diverses contrées du monde musulman.

De cette doctrine, habilement propagée, entretenue par les dignitaires des corporations religieuses et devenue, pour la masse, un véritable article de foi, dérive l'obligation, jadis purement morale, aujourd'hui stricte et définitivement établie, de leur payer la dîme ou *sadaqa* (1) qui remplace l'impôt zekate et a'chour.

Payer la sadaqa, c'est acquitter entre les mains de son chef spirituel, moqaddem ou cheikh, la dîme imposée par Allah, recommandée par son Envoyé. Manquer à cette obligation c'est encourir les foudres célestes, être voué sur cette terre aux pires châtiments, et mériter les peines de l'enfer.

Payer la gharama (impôt) c'est, au contraire, donner aux mécréants, aux infidèles, le tribut imposé par le beylik, dont la durée est limitée par les décrets de l'Être Suprême. On s'en acquitte contraint par la loi du plus fort, mais Dieu pardonne à celui qui peut s'y soustraire.

Aussi, progressivement, sans secousse apparente, les confréries ont-elles fini par se créer des ressources déterminées que nous appellerons « ordinaires ». Ces ressources devraient constituer le trésor de ces associations, mais leur caisse est confondue avec celle des dignitaires qui s'en sont, naturellement, attribué la libre disposition sous le contrôle du Dieu unique à qui, seul, ils doivent rendre des comptes.

On peut donc, en Algérie, fixer ainsi, d'une manière générale, les ressources ordinaires des confréries religieuses ou, plus exactement, les redevances que leurs dignitaires prélèvent sur leurs adeptes.

1° La sadaqa : il n'y a rien de déterminé dans le montant de cette dîme ; elle est proportionnelle à la fortune du tributaire et, presque toujours, laissée à son appréciation. Tantôt c'est le produit de la vente d'une charge de blé, d'un bœuf, d'un mouton, tantôt c'est une somme lentement amassée et pieusement conservée dans la cassette du khouan.

---

(1) Le mot *sadaqa* صَدَقة pl. صدقات signifie aumône légale, dîme prélevée sur les biens, dans un but de charité.

Dans le Sud, et plus particulièrement dans le département d'Oran, chez les Oulad Sidi-Cheikh, l'aumône légale est désignée par le mot غِفارة (*ghefara* (*), aumône en vue du pardon) qui, dans cette acception, est synonyme de sadaqa. En Égypte, c'est la *Hidia !*

(*) غِفر *s. m.* **pardon**, *absolution des péchés. Rémission, offrande obligatoire à un marabout. Redevance envers le chef d'un ordre religieux due par tous les affiliés* خلص الغفر *percevoir le ghefar, cette redevance.*

(Beaussier — Dictionnaire arabe-français, Jourdan, éditeur, au mot غِفر.)

Elle s'élève à 10, 20, 30, 40 jusqu'à 100 francs et même au-delà. Mais, en règle générale, c'est la pièce de cinq francs, le « *douro* », que le fellah ou le khammès donnent en signe de leur aveugle soumission et en échange de la bénédiction du moqaddem-quêteur.

Cette taxe divine est payée deux fois par an : à la fin des récoltes d'été et à la fin des labours d'automne.

La moyenne des versements effectués annuellement par chaque adhérent, calculée sur les indications fournies par les tributaires eux-mêmes, s'élève, en chiffres ronds, à 10 francs au minimum, ce qui, d'après le dénombrement des khouan, établi en 1896, produirait un rendement de trois millions de francs (exactement : 2.924.320 francs), réparti entre 24 confréries qui possèdent 347 zaouïa et dont le personnel dirigeant comprend :

55 chioukh ;
2,121 moqaddim ;
1,505 chouach ;
76 oukla ;
36 khoulafa ;
2,000 tolba.

De même que les simples khouan, les dignitaires des diverses catégories paient la *sadaqa* à leurs chefs hiérarchiques.

Ainsi, l'affilié (homme ou femme), la paie à son maître initiateur ; celui-ci en prélève une partie et remet ou envoie la différence à son chef direct qui, à son tour, opère de la même façon et, en dernier lieu, le total des versements effectués, défalcation faite des prélèvements, parvient au cheikh-directeur, détenteur de la baraka, chef suprême au nom duquel, après Dieu et Mohammed, la dîme sacrée est perçue.

2° Viennent ensuite les droits d'initiation ou d'investiture : les néophytes et les adeptes élevés à une fonction supérieure offrent à leurs maîtres spirituels la *sadaqa* destinée à célébrer leur admission ou leur élévation dans la confrérie, mais, en réalité, ces dons vont à la caisse du cheikh suprême qui délivre l'idjeza (licence-diplôme) ou dans celle du moqaddem-initiateur qui confère l'ouerd.

Il est impossible d'évaluer, si ce n'est que très approximativement, l'importance des revenus annuels provenant de cette source. Ils sont en rapport avec le prestige et les résultats de la propagande des membres de la confrérie. De certaines données, on peut, cependant, déduire que les droits d'initiation et d'investiture s'élèvent pour toute l'Algérie à une somme approximative de 1,500,000 francs.

3° La ressource la plus importante est celle qui provient des visites pieuses et intéressées des adeptes à leurs chioukh ou moqaddim, en vue d'obtenir les largesses, le pardon de l'Être Suprême. Les ziara (1) produisent des sommes considérables qui s'ajoutent à celles provenant des deux premières sources et, ainsi que les autres, se répartissent entre les mêmes personnages religieux.

Pas un adepte, pas un croyant qui ne sollicite l'intercession de son moqaddem pour satisfaire ses ambitions, bénir sa récolte, son bétail, donner la fécondité à sa femme, prolonger les jours d'un vieillard, parent ou ami, obtenir des guérisons merveilleuses, se faire pardonner un méfait, un vol, souvent un crime.

Et, en ces occurrences, il se présente les mains pleines devant l'Être vénéré, le partisan du juste, l'ennemi du mal, l'intermédiaire du Dieu unique, le moqaddem en un mot, qui synthétise toutes les vertus.

Cette offrande pieuse mais intéressée est, elle aussi, proportionnée à la fortune du solliciteur ; il y en a qui vont jusqu'à voler pour qu'elle soit plus luxueuse ! Elle n'est jamais, en tous cas, inférieure à 5 francs et, si on admet qu'elle se répète au moins deux fois par an, c'est 10 francs par khouan, ce qui, pour l'ensemble des adeptes recensés, donne, en chiffres ronds, un capital de trois millions de francs se répartissant entre les divers dignitaires des confréries religieuses.

Cette évaluation, très-approximative et établie d'après des calculs partiels, est certainement au dessous de la réalité.

Telles sont les trois ressources principales qui alimentent la caisse des corporations religieuses. Elles peuvent être considérées, nous le répétons, comme des revenus ordinaires ; mais les dignitaires des confréries jouissent d'autres immunités qui, sans être aussi productives, méritent, néanmoins, d'être mentionnées parce que, facultatives dans la vie ordinaire, elles revêtent un caractère obligatoire lorsqu'il s'agit de personnages religieux. Nous citerons plus spécialement la *touïza* تويزة syr. معاونة corvée de labour, collaboration. On sait qu'au moment des labours ou des récoltes, les indigènes se prêtent un concours mutuel.

Un certain nombre de laboureurs ou de moissonneurs réunissent leurs charrues ou leurs faux et, tous ensemble, en une sorte de tournoi champêtre, ils travaillent une ou deux journées au profit de leurs coreligionnaires. Cet usage de mutualité ancré dans les mœurs, serait très-louable s'il ne donnait lieu à de véritables abus.

Le jour de la touïza n'en est pas moins un jour de liesse véritable : il faut les voir, sous le soleil brûlant ou sous la pluie d'hiver, ces groupes de fellah, prendre, une fois par hasard, le collier du travail.

Tels ces estomacs fatigués que le condiment stimule, il semble, vraiment, que leur paresse habituelle leur fait une loi de s'exciter à la besogne : c'est qu'en effet, ces grands admirateurs de la nature, ces résignés, ne travaillent qu'à leurs heures et, encore, leur faut-il de la

---

(1) Lorsque la ziara est faite à la suite d'un vœu formé par un indigène, on l'appelle *Neder* ou *Oua'da*, suivant les régions.

mise en scène : ici une musique bruyante adoucit le labeur, là, c'est la voix seule des chanteurs qui s'élève, en des mélopées joyeuses ou plaintives, chants de guerre ou d'amour : alors, l'enthousiasme déborde, des bras nerveux et forts abattent la tâche, et, dans une rage folle, les épis tombent ou les sillons se creusent. Et, le soir, un repas copieux, où les mâchoires s'exercent à qui mieux mieux, dédommage les laboureurs ou les moissonneurs des fatigues de la journée.

Mais, si la touiza doit être considérée comme une œuvre utile lorsqu'elle est faite dans le but de venir en aide à un indigène ou parfois même à un Européen, et si, dans ce cas, elle demeure facultative, elle devient une corvée lorsqu'il s'agit du marabout-sectaire. Les adeptes, en effet, sont moralement tenus d'ensemencer ou de récolter les céréales de leur *patron*. Et, si un jour ne suffit pas, ils y sont employés durant des semaines.

Ils ne s'en plaignent pas, d'ailleurs ; c'est un honneur pour eux, et ils se trouvent largement rémunérés par le *taa'm* plantureux qui leur est servi, et, surtout, par l'espoir que l'acte méritoire qu'ils ont accompli attirera, sur leurs propres récoltes, la bénédiction du ciel. Aussi, est-on parfois surpris de constater qu'un moqaddem quelconque est imposé pour plusieurs charrues de labour, alors qu'il ne possède, en réalité, aucun instrument aratoire, qu'il n'a pas de khammès et que, lui-même, s'abstient de cultiver ses domaines.

Ces obligations étant déterminées, on peut récapituler, ainsi, les recettes ordinaires des confréries religieuses musulmanes implantées en Algérie, savoir :

Produit de la sadaqa.	3.000.000 »
Droits d'investiture et d'initiation.	1.500.000 »
Produit de la ziara.	3.000.000 »
Corvées exceptionnelles, touiza.	Mémoire
TOTAL GÉNÉRAL.	7.500.000 »

chiffre bien au-dessous de la réalité et, cependant, énorme, si l'on tient compte de ce fait, que le rendement des impôts arabes n'a été, en 1895, que de 16,187,092 fr. 90.

C'est ici qu'apparaît, dans toute sa puissance, ce gouvernement occulte, cet État dans l'État, levant des impôts sans contrôle et, des quatre coins de l'Algérie, enchaînant, par des liens indissolubles, des milliers de tributaires, véritables esclaves qu'un serment solennel et indissoluble, maintient sous ce régime d'exploitation et de fanatisme!

Et, en vérité, ces versements périodiques, ces corvées, imposées au nom de Dieu et acceptées avec reconnaissance, ne sont pas les seules exigences des chioukh et moqaddim : les biens de leurs adeptes sont leur propriété, leurs chevaux sont leurs montures, et leurs huttes, impénétrables pour le reste du genre humain, sont accessibles à ces parasites vénérés. Leurs moindres caprices sont satisfaits ; leurs demandes sont des ordres ponctuellement exécutés, et Dieu sait si elles sont nombreuses et fréquentes.

Parmi les injonctions faites sous forme de requêtes, que les circonstances ont placées sous nos yeux, nous en relèverons une dont la naïveté fera ressortir avec quelle aisance, quelle désinvolture, les moqaddim ou autres chefs spirituels, s'adressent à leurs adeptes pour satisfaire la fantaisie la plus futile. Du Maroc, en 1894, l'un de ces chefs écrivait à un moqaddem, que nous pourrions nommer :

« Il faut m'envoyer une caisse de bougies de première qualité, par » l'entremise de votre ami Sidi A'bdallah-el-Fellous-el-Ouazzani ».

Et, plus loin :

« Ensuite, *je vous ordonne* de me procurer un rossignol et de me le » faire parvenir, car j'en ai besoin ».

On le voit, les distances ne sont pas, pour eux, un obstacle ; un affilié voyagera des mois, fera des milliers de kilomètres pour obéir à une injonction de cette nature, offrir la ziara ou s'acquitter de la sadaqa obligatoire.

Mais il serait difficile, pour ne pas dire impossible, de déterminer la nature et la valeur des dons volontaires ou ordonnés. Car il y a, dans chaque confrérie, des divergences provenant soit de l'esprit des personnalités dirigeantes, soit des circonstances politiques et, parfois même, atmosphériques. Si on réclame, en effet, des bougies, de l'huile, des fruits aux khouan des régions telliennes ; de la laine, des burnous de diverses catégories à ceux des Hauts-Plateaux, on exigera des affiliés du Sud ou de l'Extrême-Sud des dattes, des gazelles et autres produits spéciaux du Sahara.

On ne peut donc déterminer ces revenus, que nous qualifierons de « recettes accidentelles », et, pour donner une appréciation exacte « sur les charges extra-légales que l'ignorance, la routine et la superstition imposent à des malheureux qui n'osent ni ne veulent s'affranchir » (1), il faut s'en tenir aux évaluations précédentes, basées sur des principes définitivement établis dans toutes les confréries et volontairement acceptés par leurs affiliés (2).

---

(1) Rinn, *Marabouts et Khouan*, p. 361.

(2) Quelques corporations locales perçoivent des droits seigneuriaux et, pour en faciliter la rentrée, elles dressent des espèces de matrices cadastrales, où les mutations des meubles et immeubles de leurs serviteurs religieux sont admirablement consignées.

Nous citerons, à titre documentaire, les servitudes religieuses payées par les adeptes des cheikhïa, que nos officiers qualifient de « ghefara des Oulad-Sidi-Cheikh ».

« Elles sont du 1/4 des jeunes chameaux nés dans l'année, pour certaines tribus » algériennes, et de 200 moutons, 12 burnous et d'autres denrées, d'une valeur approximative de 1.500 francs, pour les Chaamba Berazga.

» Elles doivent être ainsi réparties : à Si Ed-Din et Si Kaddour ben Hamza,

Quelle qu'elle soit, d'ailleurs, la taxe perçue en nature est devenue régulière, lourde, accablante pour les tributaires qui se débattent dans les convulsions d'une misère toujours grandissante.

Autrefois, le moqaddem revêtait le manteau de la pauvreté : c'était son signe caractéristique. Aujourd'hui, c'est un personnage politique, vêtu des plus riches atours ; sous la khirqa légendaire, apparaît le fin burnous du Djerid, costume du riche et du puissant.

Le chapelet qui orne sa poitrine est une œuvre d'art, agrémentée de corail et de pierres précieuses, et, à travers la *sederia*, jadis inusitée, se dissimule mal la chaîne de montre en or massif. Sa monture est parée des plus beaux harnachements, sa mule porte la *seridja* luxueuse, aux couleurs voyantes, et, de loin, les croyants la reconnaissent à sa fière allure.

Ce n'est plus l'homme pieux parcourant les tribus pour soulager le faible ou encourager l'opprimé, le missionnaire à la recherche de nouveaux prosélytes ; c'est le seigneur féodal visitant ses vassaux ; c'est le collecteur d'impôts faisant son inspection annuelle, se livrant au dénombrement des bestiaux de ses khouan, se rendant compte du produit de leurs récoltes, taxant pour l'année à venir, « *touchant le montant des cotes de l'exercice écoulé* ».

Son bâton pastoral, pieux symbole, est devenu la lourde massue qui s'abat sur le dos du pauvre diable, un moment réfractaire au paiement de la dîme ou ne pouvant tenir ses engagements.

La djebira, d'où ne sortaient que des feuillets du Coran, des talismans salutaires, est devenue la tire-lire à double-fond où s'entassent, pêle-mêle, le louis de l'adepte aisé, le douro du fellah ou du khammès et jusqu'à la pièce de cinquante centimes de la femme-sœur ou du jeune adepte.

Ce n'est plus le représentant de Dieu sur la terre, c'est le délégué d'une sorte de gouvernement constitué. Il ne visite plus ses khouan (ses frères), mais ses administrés, s'inquiète de leur situation, s'immisce dans leurs affaires privées, tranche les différends, réconcilie les adversaires, punit les récalcitrants, inflige des condamnations disciplinaires aux tièdes, récompense les fervents, au nom de son Maître suprême, du Dieu tantôt vengeur, tantôt clément.

A l'entendre, les calamités sont dues à la présence du *kafer* (infidèle),

---

» 103 moutons; aux Oulad-Si-El-Hadj-Bou-Hafs, 30 chameaux ; aux Oulad-Sidi-El-
» Hadj-Ed-Din, 100 moutons; aux Ouabad (Abid) de Sidi-Cheikh, 12 burnous.
» Enfin, des burnous, des cotonnades, du sucre, du café et d'autres denrées, d'une
» valeur approximative de 1,500 francs, sont envoyés, annuellement, à Bou-A'mama ».
(Extrait du rapport de M. le colonel Didier, commandant supérieur du cercle de Ghardaïa) (*).

(*) M. Rinn, dans *Marabouts et Khouan*, a donné la nomenclature de ce que les Oulad-Sidi-Cheikh étaient, jadis, en droit d'exiger de leurs serviteurs religieux. Ce document n'offrant plus qu'un intérêt rétrospectif, nous n'avons pas cru devoir le reproduire.

les accidents à la tiédeur des fidèles, les malheurs survenus aux croyants à leur manque d'abnégation.

Du diplôme sacré qu'il détient de son cheikh, il délivre des extraits, appose un cachet qu'il a fait faire en son nom malgré les règlements de son ordre, et, progressivement, les adeptes investis par lui le reconnaissent comme cheikh suprême; il confère l'ouerd, institue des moqaddim secondaires, des chouach et des roqab.

A la mort du directeur spirituel de l'ordre, il s'intitule, lui-même, cheikh, et s'affranchit *matériellement* de la tutelle qui pesait si lourdement sur ses épaules désormais soulagées.

Les bénéfices que lui procurent son titre et sa réputation sont sa propriété exclusive, et si, par intervalle, il daigne, à son tour, offrir à la zaouïa-mère une ziara en rapport avec son rang et sa fortune, ainsi amassée, c'est en souvenir du cheikh qui l'a investi, du fondateur de l'ordre assis à côté du trône souverain, et qui peut, à tous moments, attirer sur sa tête les rigueurs divines.

N'est-ce pas le cas de dire avec le poëte : « Comment en un plomb vil l'or pur s'est-il changé? »

Comment la baraka divine est-elle devenue le facteur du seul intérêt terrestre, mû uniquement par l'égoïsme profond, étouffant toute moralité?

C'est évidemment à l'état d'âme du musulman, mais c'est aussi à notre indolence et à notre insouciance vis-à-vis des choses de la religion de Mohammed et de ses superfétations, qu'il faut attribuer cette dangereuse évolution spirituelle et temporelle que nous venons d'essayer de décrire et sur laquelle nous aurons à revenir pour en tirer les conséquences qu'elle comporte.....

Le santon pieux et austère a vécu, l'honnête moqaddem est devenu un mythe ; son successeur n'est plus qu'un vulgaire percepteur qui vendrait jusqu'à la place où le croyant s'assied si celui-ci n'avait la précaution de demander son siège à la terre elle-même.

Foncièrement perverti, ce collecteur de la dîme religieuse dépouille lentement, mais systématiquement, ses ouailles, au nom de cette parcelle de flamme divine dont il est l'indigne dépositaire; insoumis, il s'émancipe, reconnaît à peine l'autorité de son cheikh et, brisant le dernier anneau de sa chaîne spirituelle, méconnaissant toute suprématie, il crée une chapelle dans l'église.

Cet état d'esprit, conséquence de l'âpreté au gain, est une des causes primordiales de la désagrégation que nous constatons dans les confréries, désagrégation qui s'accentue au fur et à mesure de la disparition des grands chefs religieux et des besoins nouveaux des populations indigènes.

C'est ainsi que se sont constituées, au sein des confréries primitives, des rameaux ayant à leur tête des chioukh qui, tout en suivant les mêmes rites, tout en s'inspirant des mêmes doctrines n'ont, au point de vue matériel, aucun lien entre eux et finissent même par se faire une guerre sourde provoquée par les appétits féroces et entretenue par un besoin de lucre toujours inassouvi.

Nombreuses sont les confréries ainsi disloquées. Les Rahmanïa comptent plus de vingt-cinq branches, plus ou moins importantes : les affiliés du cheikh *Mohammed ben Belkacem* de Bou-Saa'da (même confrérie), ne reconnaissent pas la suprématie du cheikh *A'li ben A'tsman* de Tolga ; ceux initiés par *Hamlaoui* de Châteaudun-du-Rhumel, refusent la ziara au cheikh *Belkacem-Boudjelil* d'Akbou et la branche tunisienne de Nefta, pourtant très-liée avec celle de Tolga, conserve son indépendance. *Bachtarzi* de Constantine prétend avoir la direction de l'ordre, et, à quelques centaines de kilomètres, les adeptes de *Ben Talaha* de Jemmapes, d'*Amara-bou-Diar* du Nador, de *Mahdjoub* de Gabel-Hanada, d'*A'bdessemed* d'A'ïn-Touta, forment autant de chapelles indépendantes.

Les Derqaoua sont divisés en plus de huit rameaux ; les Qadrïa en six, répartis dans nos trois provinces ; les directeurs des deux grandes zaouïa des Tidjanïa perçoivent, chacun à son profit, des redevances ; les Chadelïa n'ont aucune cohésion, et presque toutes les autres corporations suivent l'impulsion donnée par les circonstances, et le développement des appétits. Chacun en sa sphère : le cheikh dans son sanctuaire, le moqaddem dans sa zaouïa, le chaouch, le *raqeb*, un peu partout, vivent du labeur du malheureux khouan, du naïf ou de l'ignorant. Le dévot ne sollicite plus son admission dans l'ordre : on le presse, on l'oblige au nom d'Allah et, apathique, sans force et sans vigueur, il se laisse entraîner dans ce mouvement rétrograde qui conduit la moitié de la population indigène à vivre au détriment de l'autre.

Quelques descendants des grandes familles aristocratiques recherchent le moqqademat avec l'espoir de reprendre, sur leurs anciens sujets, une influence perdue ; d'autres se font initier pour obtenir l'appui de la masse et, par leur propre prestige, donner un nouvel éclat à la confrérie de leur choix. Enfin, le commun suit le mouvement : d'une extrémité à l'autre de l'Algérie, c'est une chasse frénétique aux situations lucratives qu'offrent les confréries religieuses. On voit des enfants admis comme adeptes, de vieux militaires se faire les domestiques de personnages religieux, dans l'espoir de gagner la djenna perdue au service de l'Infidèle, disent-ils, mais, au fond, uniquement pour vivre de cette vie indolente et se procurer, dans un doux far-niente, pour lequel ils semblent avoir été créés, le pain de chaque jour, en servant, fidèles esclaves, les représentants de Dieu.

Et puis, les congrégations religieuses représentent, nous l'avons dit, l'église musulmane libre de toute attache officielle ; s'y embrigader, c'est jouir de cette indépendance si recherchée par nos montagnards kabyles ou autres, c'est augmenter les forces des véritables croyants et, à l'heure fixée par Dieu, pouvoir contribuer, peut-être, à chasser l'oppresseur du pays de l'Islam. Que la dîme ruine leurs semblables, que le chef qu'ils se sont librement donné les batte et les spolie, que leur importe ? Ils sont ses serviteurs, ses esclaves, sa chose, travaillent pour lui, vivent pour mériter sa clémence et son pardon. Ce qu'ils donnent au moqaddem, c'est Dieu qui le reçoit, et, dans l'autre vie, ce qu'ils auront donné leur sera rendu au centuple.

Cependant, quelques-uns lèvent la tête (1) ; la faim qui les torture les fait sortir de leur apathie ; ils crient au sacrilège, rappellent les paroles saintes des aïeux ou celles des chefs spirituels des indignes parasites qui les rongent, mais, comme pour démentir et étouffer leur voix téméraire, un mot d'ordre semble sortir des entrailles de la terre où reposent des restes sanctifiés.....

A leurs plaintes, on répond par de nouvelles sommations ; à leurs injures, on oppose la volonté divine, parfois débonnaire, juste, miséricordieuse, mais parfois aussi, inclémente, cruelle, tyrannique.

Parmi ces hommes, un moment révoltés, nous en avons vu disparaître dans le plus profond mystère..... Nouveaux Ismaéliens, les affidés, pillent, volent, incendient les récoltes, brûlent les gourbis des *révoltés*, les tuent sur un simple mot d'ordre du maître. Et le silence se fait autour de ces exécutions, car la mort ou l'exil guettent quiconque oserait élever la voix !.....

---

(1) Nous avons sous les yeux de nombreuses plaintes dont l'une, toute récente, mérite une mention spéciale. Elle est formulée par un musulman instruit et profondément religieux, contre un khouan exalté qui l'avait pris à partie à propos de la phrase suivante citée en marge d'un livre traitant des chorfa :

« Le chérif véritablement honorable est celui qui craint Dieu et s'adonne aux œuvres de piété, tandis que le chérif libertin, comme celui qui commet des meurtres ou des vols, n'est digne d'aucune considération ; toutes les religions sont unanimes à réprouver de semblables crimes ».

A la lecture de ces lignes, le khouan entra en fureur et se prit, dans une pièce de vers, à lancer toutes les foudres du ciel contre l'imprudent personnage assez osé pour traiter ainsi les chorfa. Voici des extraits de cette poésie qui respire partout l'injure et la menace, en même temps qu'elle peint l'esprit du sectaire :

« Que s'ils (les chorfa) font du mal, pardonnez-leur ; *s'ils tyrannisent*, pardonnez-
» leur. Venez-leur en aide quand ils le demandent ; *qu'on sache bien que leurs péchés,*
» *même les plus grands*, étaient pardonnés d'avance dans la préexistence.
» Est-ce que le feu de l'enfer pourrait atteindre une personne dans laquelle se
» trouvent la chair et le sang du Prophète ?..... »

Et notre khouan, qui se qualifie d'esclave et de *petit chien* de la zaouïa d'El-Hamel, ajoute : « Mon adversaire s'est montré un démon, ennemi de Dieu, de l'Élu des musulmans..... ; lorsqu'il passe dans leurs rangs, son odeur est plus désagréable que celle de l'oignon..... ; il a déchiré auprès de nous l'honneur de l'Élu, etc., etc. » (nous passons les épithètes les plus blessantes).

Une telle attitude n'était pas sans provoquer le trouble : dans la ville où le khouan répandait sa poésie, des partis se formaient pour ou contre les adversaires en cause, et l'autorité dut intervenir pour calmer les esprits. Il n'est pas nécessaire d'insister sur les traitements humiliants auxquels s'exposent les rares esprits assez indépendants pour essayer d'endiguer le courant de fanatisme qui, coulant à pleins bords, emporte, comme un fétu, les protestations, pour ne rendre, en échange, que l'insulte grossière et la menace.

Tout cela malgré nos lois impuissantes et nos règlements toujours inefficaces parce que, en pareils cas, les preuves manquent toujours.

Mais si pressuré que soit l'indigène, ces contributions forcées ne suffisent pas à remplir les bourses des milliers de moqaddim-quêteurs ; aussi, certains d'entre eux, pour y suppléer, ont-ils recours à des subterfuges que leurs coreligionnaires jugent sévèrement, mais pardonnent toujours.

Par mode, par instinct, ou séduits par de fallacieuses promesses, les gens les plus éclairés sont parfois victimes du charlatanisme éhonté des moqaddim dont, par une aberration inexplicable, ils vont solliciter l'appui, implorer les conseils.

Témoin l'aventure arrivée à un de nos chefs indigènes des plus distingués, connaissant nos mœurs et parlant notre langue, élevé, d'ailleurs, dans une de nos meilleures institutions scolaires mais ayant conservé, malgré tout, ce fond de superstition qui sommeille au fond de l'âme musulmane.

Quand il cause de la vie arabe, il plaisante volontiers le derouich vulgaire, prononce avec dérision le mot marabout, mais le moqaddem lui inspire un sentiment de respect mêlé de crainte ; il a pour son caractère sacré, tous les égards et, dans ses lumières, une confiance absolue.

A plusieurs reprises, il avait manifesté le désir de pénétrer les mystères d'une confrérie religieuse que les vertus de son fondateur et celles des héritiers de la baraka ont rendu populaire.

Mais il fallait débuter, s'affilier comme le plus vulgaire khammès et, vraiment, il ne pouvait se résoudre, lui, agent du *maghzen*, à recevoir l'ouerd du moqaddim couvert de haillons qui habitait à quelques kilomètres de sa résidence.

Il avait une autre ambition, celle-là plus humaine : il aurait voulu occuper des fonctions plus élevées que celles qu'il exerçait, troquer son burnous noir contre le burnous rouge, être caïd, agha, bach-agha. Mais que tenter pour obtenir une pareille distinction ?..... ses titres étaient ordinaires et le moqaddem pouilleux, certainement en possession de quelque secret divin, de quelque talisman protecteur, ne voulait consentir, à aucun prix, à lui révéler la puissance mystérieuse capable de fléchir, à son profit, le *beylik* sourd à ses constantes sollicitations.

Telles étaient ses préoccupations lorsqu'un jour, le moqaddem le fit mander par son naqib. « Mon fils, lui dit-il, le cheikh des chioukh,
» le saint par excellence, le pôle étincelant, le détenteur fidèle de la
» baraka arrive ce soir.

» Mes khouan sont prévenus par mes chouach et roqab. Nous
» viendrons ici, demain, recevoir la bénédiction divine. Viens aussi !
» j'intercèderai en ta faveur et, si Dieu le veut, mon illustre maître
» te révèlera la voie réelle qui t'élèvera aux plus hautes destinées ».

Le lendemain, notre ambitieux prenait, dans sa djebira, les quelques douros qu'il avait économisés à force de privations, allait chez le juif voisin emprunter une somme équivalente, et, vêtu de ses habits de fête, monté sur un beau cheval alezan, il se dirigeait vers la modeste zaouïa, le cœur palpitant d'espoir.

Il n'ignorait pas qu'il fallait se présenter les mains pleines, offrir... à Dieu une somme en rapport avec le service attendu et, étant donnée, d'ailleurs, sa situation officielle, son amour propre lui commandait de rémunérer largement la bénédiction mystérieuse qu'il attendait depuis de si longues années.

Le vieux moqaddem le reçut avec égards, le présenta au cheikh assis dans le petit sanctuaire où il conférait l'ouerd aux nombreux indigènes qui s'étaient présentés, les uns, avec la besace remplie de présents, les autres, avec le simple douro dans la chechia. Mais pour lui, il fallait autre chose que la vulgaire bénédiction ou la cérémonie banale de l'initiation, il fallait une prière spéciale capable de lui ouvrir toutes les portes de l'« Infidèle »... et de faire descendre sur ses épaules le burnous rouge, objet de ses ardentes convoitises.

On la lui donna, en effet, cette formule tant désirée ; il la répéta sans cesse durant de longs mois, mais ses nouvelles et pressantes sollicitations n'en restaient pas moins infructueuses. Cependant, le juif usurier réclamait son argent et lui, traqué, poursuivi par ses créanciers, honteux de son échec, ne comprenait rien à cette série de déceptions que la formule sacrée était impuissante à conjurer.

Il retourna chez le moqaddem, se plaignit amèrement, mais le cheikh était parti et son humble subordonné n'avait pas le pouvoir de chasser le djin malfaisant qui, sans doute, était la cause de l'inefficacité de la formule salutaire.

Alors, les doutes qui étreignaient le mghazni se confirmèrent ; le moqaddem ne fut plus à ses yeux qu'un vulgaire imposteur et son chef spirituel, le cheikh des chioukh, le directeur d'une bande d'exploiteurs de la crédulité publique.

Il en appela à nos tribunaux, obtint une condamnation exemplaire qui demeura sans sanction, le prudent homme de Dieu s'étant réfugié à l'étranger, où il continue, sans doute, à faire de nouvelles victimes.

Si bien que le malheureux quémandeur est aujourd'hui démoralisé, déconsidéré vis-à-vis de ses coreligionnaires qui le traitent de *mtorni* (renégat), d'apostat, de mécréant, de blasphémateur, etc. Ne s'est-il pas permis d'obliger le moqaddem à aller souiller la baraka devant les tribunaux de l'Infidèle. Personne ne lui pardonnera cet acte de quasi apostasie.

Combien sont nombreuses les victimes de ce genre ! Toutes se plaignent, mais rares sont celles qui osent protester ouvertement. Nous pourrions multiplier les exemples, rappeler, entre autres, l'aventure arrivée à ce fervent du Babor qui obligea ses deux jeunes filles à partager la couche d'un derouich réfugié dans une grotte d'où il ne sortait que pour se livrer à des actes extravagants. On devine ce qu'il en advint : un beau jour, le trop fervent croyant trouva sa descendance augmentée de deux enfants, fruits du commerce de ses filles avec l'homme de Dieu. Il n'eut d'autre ressource que de traduire le derouich devant nos tribunaux, qui le condamnèrent à quelques mois de prison. Mais à quoi bon insister; tous ceux qui ont vécu au milieu des indigènes savent combien ces cas sont fréquents.

De pareils faits diminuent, sans doute, la confiance aveugle du khouan à l'égard de son maître, car l'ignorance, le fanatisme et l'abnégation qui le caractérisent n'obstruent pas son intellect au point de l'empêcher de s'apercevoir qu'il est victime de sa crédulité. Aussi, malgré les promesses, malgré les menaces dont il est l'objet, malgré les malheurs qui le frappent, il est certain que la lumière se fait dans son esprit. Malheureusement, un autre sentiment le domine : là où il ne voyait, il y a quelques années, que des hommes préoccupés de l'éducation des âmes, et de la sauvegarde des intérêts de sa religion, il voit, aujourd'hui, des chefs futurs qui, le moment venu, le conduiront au combat et qui, par la prière et l'épée, le guideront vers la réalisation du rêve chimérique qu'il caresse avec ferveur : chasser l'Infidèle des terres de l'Islam, et reconquérir, à jamais, le bien-être qu'il croit avoir perdu.

En attendant, ses ressources diminuent dans des proportions désespérantes et son attente sans fin développe ses instincts apathiques. Dominé par l'idée messianique, il songe au Sauveur divin qui, de loin, veille à sa destinée et qui, à l'époque fixée, viendra jeter à la mer, l'oppresseur...

Si les nécessités de l'existence obligent le fellah à travailler encore, les revenus de ses labeurs sont partagés avec ce personnel des confréries, tous les jours plus nombreux et plus rapace.

Sur l'ensemble des richesses mobilières et immobilières du travailleur indigène, vivent plus de 55 chiouch, 2,120 moqaddim, 76 oukla, 2,000 tolba, 1,506 chouach, au total près de six mille agents de toutes catégories sans compter les membres de leurs familles.

Certes, les principaux personnages rendent, en aumônes, partie des dons qu'ils reçoivent. Leurs zaouïa sont toujours ouvertes aux voyageurs, aux étrangers, aux infirmes, au meçaquin. Agir autrement serait se déconsidérer et perdre la confiance de la masse crédule. La zaouïa n'aurait plus ce caractère de sanctuaire divin que nous lui connaissons et, de toutes parts, on crierait à l'infamie, au sacrilège ! Mais le nombre des zaouïa, petites et grandes, s'élève au chiffre peu élevé de 347, tandis que les moqaddim et autres dignitaires sont légion.

La plupart d'entre eux souffrent de la pénurie générale de ressources, partagent la misère du commun et, s'ils multiplient leurs démarches, s'ils font preuve d'un zèle intempestif pour se procurer la sadaqa, la ziara ou autres redevances, c'est uniquement pour satisfaire leurs besoins, leurs goûts ou leur ambition.

Ici, nous entendons les objections : elles sont logiques et méritent une réponse. En quoi l'État peut-il intervenir en pareille occurence ? Peut-on empêcher les simples et les naïfs de donner une partie de leurs biens à leurs coreligionnaires ? Serait-il moral d'entraver leur liberté de conscience, de martyriser leur âme pour sauver leur corps ? Et, sérieusement, comment songer à interdire à nos indigènes musulmans de contracter des engagements indissolubles envers des gens qui captivent leur volonté ? Doit-on sévir contre ces personnages religieux qui, perçoivent l'obole du dévot ?

Évidemment, le pouvoir temporel ne peut en effet exercer son droit souverain tant qu'il n'y a pas *pression caractérisée*, tant que les agissements de certaines personnalités ne portent pas atteinte à cette liberté individuelle dont l'humanité est si jalouse ; tant que le khouan, en un mot, ne se plaint pas, lui-même, de l'exploitation dont il est l'objet, l'intrusion gouvernementale, dans le domaine spirituel, serait prise pour de la persécution et aboutirait à des résultats négatifs.

Cependant l'action des agents des confréries religieuses est aujourd'hui manifeste. Non seulement ils pressurent leurs adeptes mais ils s'opposent, systématiquement, à tout progrès, à toute innovation.

De là, stagnation de la richesse publique et, comme conséquence inéluctable, appauvrissement de la population indigène et diminution inquiétante dans le rendement des impôts.

L'État n'a pas à s'inquiéter si la fortune publique se déplace, objectera l'économiste : qu'elle soit détenue par le simple khouan ou par le moqaddem, elle existe, et le fisc pourra toujours exercer ses droits. Que les terrains soient ensemencés au profit du directeur de la zaouïa ou à celui du fellah, la taxe demeure invariable et la cote générale n'en sera pas moins élevée.

Oui, si les dons et redevances exigés par les personnages des confréries religieuses avaient un caractère personnel et restaient dans le pays. Malheureusement l'Islam n'a pas de frontières, et le domaine géographique des confréries religieuses est, lui aussi, privé de bornes. Le monde musulman est *Un,* et partout où se trouve un disciple de Mohammed, le moqaddem compte presque toujours un adepte.

Aussi une partie de la fortune mobilière de nos sujets musulmans va-t-elle alimenter les zaouïa des pays étrangers où résident nos ennemis, ceux qui détiennent, dans leurs mains puissantes, les forces vives de cette population fanatique disséminée dans les pays où brille le croissant.

Toujours en prenant pour base la sadaqa annuelle, ou redevance obligatoire de dix francs au minimum, le total des sommes adressées par les khouan algériens à leurs chefs hiérarchiques, à l'étranger, atteint le chiffre énorme de 702,180 francs.

Nous en indiquons la répartition dans l'état ci-après :

NOMS DES CONFRÉRIES RELIGIEUSES et INDICATION DES ZAOUÏA PRINCIPALES qui centralisent LA SADAQA DES ADEPTES ALGÉRIENS	NOMBRE D'ADEPTES ALGÉRIENS d'après le DÉNOMBREMENT DE 1896	REDEVANCE annuelle AU MINIMUM	ÉVALUATION EN ARGENT des redevances payées en une année aux CHIOUKH ET MOQADDIM en résidence A L'ÉTRANGER
KERZAZÏA Zaouïa de Kerzaz (Maroc); cheikh Ahmed ben Kebir............	2.014	10 »	20.140 »
MADANÏA Zaouïa de Sfax (Tunisie), de Mezrata (Tripolitaine); cheikh Dhafer, de Constantinople, et ses moqaddim.........	1.699	10 »	16.990 »
ZIANÏA Zaouïa de Khenatza (Maroc); cheikh Si Mohammed ben A'bdallah............	3.159	10 »	31.590 »
AÏSSAOUA Zaouïa de Meknès (Maroc); cheikh El-Hadj Abdelkebir et ses moqaddim.........	3.583	10 »	35.830 »
TAÏBÏA Zaouïa d'Ouazzan (Maroc)............	22.148	10 »	221.480 »
SENOUSSIA Zaouïa de Djaghboub (Tripolitaine) et de Koufra............	949	10 »	9.490 »
BOUA'LÏA Zaouïa de Nefta, Tozeur (Tunisie)........	364	10 »	3.640 »
SELLAMÏA OU SOULAMÏA Zaouïa de Tunis............	91	10 »	910 »
RAHMANÏA Branche de Nefta, zaouïa de Nefta (Tunisie)	13.949	10 »	139.940 »
DERQAOUA Zaouïa de Bou-Berih et des Beni-Khaled (Beni-Senassen, Maroc)............	9.567	10 »	95.670 »
QADRÏA Zaouïa du Kef, Nefta, Tozeur (Tunisie)... Cheikh Si-Mohammed-el-Mortada, en résidence à Beyrouth............	11.304 1.446	10 » 10 »	113.040 » 14.460 »
TOTAL............			702.180 »

Dans les évaluations approximatives qui précèdent, nous avons omis, à dessein, les ziara que les fidèles ne manquent pas de faire parvenir clandestinement. Nous avons voulu nous en tenir à la sadaqa proprement dite, car aucun affilié, riche ou pauvre, ne songe à s'y soustraire.

Il convient, cependant, de tenir compte des prélèvements qu'opèrent les personnages religieux étrangers qui parcourent notre territoire.

De tous temps, l'Algérie a été sillonnée par des missionnaires-quêteurs qui, véritables malfaiteurs politiques, se dissimulent à travers l'immensité des tribus et échappent, le plus souvent, à nos investigations.

Il en vient de l'Inde, de la Mecque, de Baghdad, de l'Égypte, de la Tripolitaine, de Djaghboub, du Soudan, du Sénégal et du Maroc, de la Turquie d'Asie et de Constantinople. Tous se présentent en émissaires des chioukh des zaouïa-mères, font appel à la foi ardente des croyants, sollicitent et reçoivent des ziara.

Durant l'année 1895, pour ne citer que cette période, les autorités ont mis la main sur plusieurs de ces voyageurs clandestins qui, tous, étaient porteurs de sommes plus ou moins considérables, amassées pendant leur séjour dans les localités traversées. C'était un émissaire des Senoussïa qui, après avoir parcouru le Sud de l'Algérie, s'était rendu au Maroc, chez Bou-A'mama, et n'avait été surpris qu'au moment où il regagnait son pays d'origine ; c'était un nègre du Soudan, arrêté dans l'arrondissement de Philippeville ; c'étaient Sidi ben A'li, des A'ïssaoua de Meknès, se faisant passer pour inspecteur des zaouïa de son ordre ; Sidi-El-Hadj ben Mohammed ben A'ïssa, appartenant à la même confrérie ; Si-Mohammed ben Menchaoui-Djilali, venant de Baghdad et quêtant au nom de l'oukil de la zaouïa-mère de l'ordre des Qadrïa ; Sidi-El-Hadj ben Derouich, de La Mecque ; un moqaddem du cheikh Dhafer, de Constantinople, et des centaines d'autres dont l'énumération serait, ici, longue et fastidieuse.

L'Administration algérienne, soucieuse des intérêts des populations indigènes, s'est toujours émue d'une pareille situation. Elle a interdit, d'une manière générale, la perception des ziara et autres redevances religieuses. Elle a poursuivi, et poursuit sans faiblesse, les émissaires étrangers qui, au mépris des règlements en vigueur dans la colonie, foulent notre territoire sans autorisation préalable et se livrent à leur propagande intéressée. La plupart de ces moqqadim-quêteurs ont été considérés comme des vagabonds et, toutes les fois que les circonstances l'ont permis, on leur a appliqué nos lois de droit commun.

Ces mesures préventives peuvent être efficaces dans des cas isolés et d'un ordre purement politique, mais elles demeurent sans portée sérieuse, lettre morte, lorsqu'il s'agit d'empêcher, ou tout au moins d'atténuer, les conséquences des pérégrinations intéressées des missionnaires musulmans étrangers le plus souvent insaisissables.

Il faudrait jalonner de sentinelles nos frontières algériennes, mettre l'immense territoire soumis à notre surveillance en état de siège, pour empêcher les personnages religieux de pénétrer dans nos tribus. Il faudrait séquestrer nos sujets musulmans, depuis l'enfant jusqu'au vieillard, pour les empêcher d'obéir à leurs sentiments intimes. Et malgré ces mesures draconiennes, d'un autre âge, et applicables seulement dans des conditions désespérées, mesures que personne n'a jamais songé ni ne peut songer à employer en matière de religion, sous quelque forme qu'elle se manifeste, on n'obtiendrait jamais du khouan qu'il ne mît sa conscience en règle avec ce qu'il considère comme le plus strict de ses devoirs, c'est-à-dire qu'il ne répondît à la voix secrète qui lui commande de payer la sadaqa pour mériter les faveurs divines.

Faut-il appuyer d'exemples frappants cette vérité, évidente par elle-même, pour tous ceux qui ont vécu au contact des indigènes. Depuis que l'Administration algérienne a essayé d'atténuer les conséquences matérielles et morales des tournées périodiques des émissaires musulmans d'origine étrangère, en leur interdisant l'accès de notre territoire, nos indigènes emploient les moyens les plus détournés pour faire parvenir leur obole à leurs supérieurs spirituels. Tantôt ce sont des commerçants, des pèlerins, voir même des négociants israélites qui leur servent d'intermédiaires, tantôt ce sont des envoyés qui partent clandestinement de nos tribus, franchissent nos frontières sous la protection de leurs coreligionnaires, et vont remettre à leurs maîtres spirituels les cotisations des khouan de telle ou telle contrée.

Au surplus, ils utilisent le service de la poste dont ils ont appris à connaître le fonctionnement et les garanties. C'est le moyen rationnel dont les montagnards, dans leur méfiante naïveté, ne songent pas encore à se servir, mais que le moqaddem intelligent emploie régulièrement, sûr qu'il est d'échapper ainsi aux rigueurs de nos règlements.

Ainsi, pour ne citer que celui-là, le cheikh des Qadrïa, Si Mohammed-el-Mortada, cousin germain de l'émir A'bd-el-Kader et héritier de la baraka de son oncle Mahieddin, réfugié à Beyrouth depuis une vingtaine d'années y a reçu, en 1895, une somme de 1,440 francs en mandats postaux.

Ces mandats lui ont été adressés par quatre de ses principaux moqaddim parmi lesquels un ancien caïd et un cadi, c'est-à-dire, tous deux, gens éclairés, au courant de nos mœurs, connaissant notre civilisation et nos règlements. Et pourtant, la constatation est flagrante ; soit dans un but politique, soit par intérêt, ils sont, volontairement, les esclaves collecteurs de leur supérieur spirituel qui, à travers les mers, exerce encore sur eux, ce pouvoir mystérieux que nous connaissons aux personnages religieux de sa catégorie.

« N'essayez pas d'interdire la ziara, «nous disait un jour un vieil
» Arabe dévot», vous n'y parviendriez pas. Si vous fermez les portes,
» les croyants sortiront par les fenêtres, et si vous clôturez herméti-

» quement le domaine que Dieu a placé sous votre domination, les
» douros s'empileront dans la *setla* (cruche) enfouie dans la profondeur
» de la terre, pour être remis aux destinataires le jour de la délivrance.»

Nous sommes de l'avis de ce vieillard sceptique : il serait puéril d'espérer empêcher le khouan de manifester les sentiments de son âme, et nous nous illusionnerions si nous avions la prétention de remédier au mal par des mesures de police aussi vigilantes qu'elles puissent être. Les mesures prohibitives absolues ne sont propres qu'à accroître la puissance de certains personnages au caractère occulte, surtout lorsque ces personnages ont la confiance de la foule.

Elles ne peuvent qu'entretenir le feu qui couve sous la cendre, donner à ces individualités l'auréole de la persécution et, par cela même, leur assurer une prépondérance dangereuse pour la paix et la sécurité de la Colonie.

C'est en agissant directement sur l'esprit des indigènes, c'est en allant au-devant de leurs aspirations que nous parviendrons à modifier leurs vues rétrogrades, à guérir la plaie qui les ronge et, peut-être, à les élever, dans la civilisation, au rang auquel, malgré leur déchéance morale, il leur est encore permis d'aspirer!. . . (1).

---

(1) Voir nos conclusions générales

CHAPITRE VI

ROLE POLITIQUE DES CONFRÉRIES RELIGIEUSES

Aperçu général sur leur action politique aux différentes époques de l'histoire, — leur rôle en Algérie, — elles sont l'âme du mouvement panislamique.

Détente de certaines confréries en faveur des gouvernements établis.

Nos relations avec les *Cheikhïa*, les *Taïbia*, les *Tidjania* et les *Qadria*.

Situation de certaines corporations hostiles par rapport à l'Algérie et aux voies de pénétration dans notre hinterland africain.

Pour déterminer le rôle politique des confréries religieuses, il n'est point nécessaire de remonter à leur origine, ni de les suivre dans leur évolution. Quelques traits entre mille, puisés dans les annales historiques de l'Orient et celles, plus contemporaines, de l'Algérie, suffiront à donner une idée des formes diverses sous lesquelles leur action s'exerce.

On sait, par exemple, la part prise, par les Badaouïa d'Égypte, à la bataille de Fareskour, lors de l'invasion de la Chrétienté dans les vallées du Nil : les armures des chevaliers de Louis IX, tués en combattant pour le triomphe de la Croix sur le Croissant, conservées dans la zaouïa de Tentah, sont autant de souvenirs que les adeptes du cheikh Badaoui sortaient encore, il y a quelques années, lors de la célébration de son anniversaire.

Qui ne connaît, aussi, le rôle joué par les derouich dans les expéditions guerrières : on les voit se presser autour du drapeau sacré, renforcer les lignes des combattants, soutenir les efforts des émirs, rappeler aux esprits faibles les biens ineffables promis par le Prophète à tous les Musulmans qui combattent pour la Foi, les engager à être victorieux ou martyrs, et, souvent, les couvrir de leur corps, faire, avec eux, des prodiges de valeur.

Nous ne rappellerons pas, non plus, la résistance des corporations religieuses aux firmans des sultans et aux fataoua des muftis, ni leurs luttes contre les gouvernements ottomans, ni l'autorité que le peuple ignorant leur accorde, ni leur action occulte dans les tragédies mystérieuses dont la Turquie a été si souvent le théâtre. Ce serait vouloir rééditer l'histoire du monde musulman, et nous n'en avons ni la place, ni les moyens.

L'Afrique septentrionale nous offre, d'ailleurs, un champ d'expérience où les exemples se multiplient à chaque étape de l'histoire. Sans remonter aux sectes des Almoravides et des Almohades, sans énumérer les milliers d'inspirés qui, tour à tour, ont surgi dans les tribus et essayé de soulever les masses au nom de la religion outragée, nous voyons le gouvernement de l'Odjeac quotidiennement aux prises avec les sociétés secrètes qui, souvent, le menacent dans ses forteresses et l'obligent à traiter, avec elles, de puissance à puissance.

Dans le département d'Oran, les *Derqaoua*, après avoir soulevé les tribus contre les caïds du bey Hassan, sont dispersés, mais, lorsqu'on les croyait anéantis à jamais, ils reparaissent plus forts et plus acharnés.

Ils s'étaient recueillis dans l'ombre et, animés par leurs sentiments puritains, ils avaient galvanisé des populations qui poussèrent l'audace jusqu'à venir assiéger Oran.

Les Tidjanïa, à leur tour, se déclaraient affranchis de tout pouvoir temporel et résistaient de leur mieux dans leur citadelle d'A'ïn-Mahdi.

Dans le département de Constantine, après la lutte sourde des Hansalïa contre les beys, un nouveau sectaire derqaoui soulève toute la petite Kabylie et remporte d'éclatantes victoires sur l'armée turque.

Mystérieusement, des groupes, placés sous le patronage de thaumaturges révérés, se forment et entrent en lutte ouverte contre le gouvernement local.

Mais c'est surtout depuis 1830 que l'action des confréries religieuses s'est manifestée. Sans parler de l'émir A'bdelqader qui dut, en grande partie, sa popularité et ses succès aux intrigues et à l'appui des Qadrïa, dont son père, Mahi-ed-Din, était le représentant, tout le monde connaît l'histoire de Bou-Ma'za, moqaddem des Taïbïa, de Bou-Baghla et de tant d'autres illuminés. L'insurrection du Sud-Oranais en 1864, la fameuse épopée de 1871, durant laquelle les A'mmarïa excitaient au combat les dissidents de Souk-Ahras et les Rahmanïa soulevaient jusqu'aux vieillards, aux femmes et aux enfants de la Kabylie, le soulèvement du Sud-Oranais, en 1881, sont autant d'épisodes où la khouannerie, sans cesse sur la brèche, a joué le plus grand rôle.

Ne pouvant plus, aujourd'hui, nous combattre ouvertement, les sociétés secrètes agissent dans l'ombre, sur la masse, qu'elles dirigent à leur gré et dont elles sont les appuis et l'espoir.

Parmi les armes, en apparence inoffensives, mais, en réalité, dangereuses, qu'elles emploient, les mandements ou « *risala* », doivent être cités en première ligne.

Les mandements affectent toutes les formes : tantôt ce sont des proclamations au nom de Dieu, placées et lancées sous le patronage de saints musulmans illustres ; tantôt ce sont des exhortations transmises aux Fidèles par l'intermédiaire d'un pieux personnage, à qui le Prophète les a révélées dans un moment de béatitude. Le fond est invariable : guerre à l'oppresseur ; mépris aux apostats et récompenses célestes aux sectateurs purs de toute compromission, en sont les formules sommaires et mille fois répétées. A ces catégories diverses, vient s'en ajouter une autre, curieuse par l'analogie qu'elle offre avec les prédictions de nos charlatans, toujours écoutées par nos paysans. Nous reproduisons ci-après l'extrait d'un spécimen saisi, il y a quelques années, sur un personnage de la confrérie des Aroussïa et qui a eu un certain retentissement :

» Voici les paroles de Sidi-Ahmed-el-Aroussi, que Dieu lui fasse miséricorde, amen.
» Je t'ai interrogé au nom de Dieu, ô toi qui as le regard clairvoyant ; je t'ai
» demandé quel serait l'état des choses dans la présente décade.
» Tu es inspiré, c'est toi qui possèdes les secrets des deux terres (l'Est et l'Ouest),
» ô Medjdoub ! C'est de toi que procèdent tous les gens inspirés.
» Il m'a répondu en traçant un carré cabalistique où il a inscrit des chiffres indiens.
» Vois un ط après un ر et puis un ش.
» Le ط vaut...... 90
» Le ر vaut...... 200
» Le ش vaut...... 1000

» Total..... 1290 de l'hég., correspondant à l'année 1873 de J.-C. (1).
» des événements dignes d'être inscrits dans l'histoire se produiront dans l'Ouest.
» L'*Alif*, 1291 = 1874 : un soutien pour les malheureux.
» *Ba*, 1292 = 1875 : des morts nombreuses.
» *Ta*, 1293 = 1876 : la famine dans l'Ouest.

. . . .

» *Ouaou*, 1293 = 1879 ; hâtez-vous de revenir dans votre patrie avant que les
» portes du bien vous soient fermées.
» *Ya*, 1299 = 1882 : les opprimés goûteront, enfin, le bonheur ; la tristesse fuira
» loin d'eux, ils seront rétablis en un instant.
» *Un chérif vous apparaîtra* ; il sera de la descendance d'Hassein, fils d'A'li et de
» Fathma. On le reconnaîtra aux signes suivants : il aura les dents claires, son étendard
» sera vert. Il sera âgé de 35 ans ; il formera quarante medjelès de fakih.......

_____

(1) Il est à remarquer que les lettres arabes ne correspondent pas à leur valeur numérique réelle.

On voit à quelles injonctions naïves obéissent nos sujets musulmans et comment ils vivent dans l'attente perpétuelle de l'arrivée d'un Rédempteur. Cette idée de mahdisme domine toute l'existence musulmane et les confréries l'exploitent à merveille. C'est l'attente du « Maître de l'Heure », qui permet au moqaddem de maintenir le vulgaire dans l'état d'abaissement intellectuel où il se trouve ; d'exiger davantage de sa bourse en lui recommandant l'inertie et la résistance à nos lois.

N'avons-nous pas vu, dans le département d'Oran, une fraction entière se soulever, à l'instigation d'un moqaddem, contre l'application de la loi sur la constitution de l'état civil des indigènes ; ailleurs, ce sont d'autres chefs spirituels qui, avides d'argent et craignant de ne pas percevoir, dans leur intégralité, les taxes religieuses, poussent les croyants à refuser le paiement des impôts dus au beylick.

Là où la France a eu la généreuse idée de créer des écoles préparatoires à l'usage des indigènes, ne constatons-nous pas, aussi, la lutte sourde des tolba, la résistance des parents à faire donner l'instruction à leurs enfants. Et tant d'autres exemples qu'il serait facile de trouver dans la vie ordinaire des indigènes et les actes quotidiens de notre administration.

A quelle cause attribuer, par exemple, ce mouvement d'émigration qui, depuis de longues années, dépeuple notre colonie algérienne, si ce n'est à l'action occulte des confréries ? Déjà, en 1847, c'était un marabout très influent, cheik El-Mahdi, qui, dans le Haut-Sebaou, prêchait l'émigration des Kabyles. Sous prétexte que l'invasion des infidèles était imminente, il engageait ses compatriotes à abandonner une terre désormais maudite pour se rapprocher du foyer de l'Islamisme.

Un grand nombre de tribus répondirent à l'appel de ce fanatique et se réfugièrent en Syrie.

Au fur et à mesure du succès de nos armes en Kabylie, quelques familles prenaient également le chemin de l'Orient et allaient grossir le noyau de Kabyles réunis à Damas.

Il en fut ainsi jusque vers 1864, époque à laquelle on eut à enregistrer le départ de deux cents familles kabyles. Depuis cette époque, les émigrés, au moyen d'une correspondance suivie, déterminent, chaque année, quelque nouvel adhérent à les rejoindre dans la terre « bénie ».

Actuellement, le mouvement se poursuit grâce aux appels constants qui partent de la Syrie et que des personnages religieux amplifient en faisant miroiter, aux yeux des crédules, les avantages moraux et matériels que ce pays leur offre.

C'est un ancien cadi affilié aux Rahmanïa qui, de Syrie où il est réfugié, cherche à grossir là-bas le noyau des Algériens dissidents. C'est encore un rahmani qui, plus hardi, revient en Algérie et fait ouvertement, en Kabylie, son pays d'origine, de la propagande en faveur de l'émigration.

Mais, à quoi bon multiplier les exemples ?

Partout, en tous lieux et en toutes circonstances, on retrouve les agissements occultes des confréries religieuses. Nous avons, sous les yeux, des paquets de lettres écrites par des mystiques ou des fanatiques exaltés, et ceux qui les reçoivent ne le sont pas moins, qui affirment ce que nous avançons.

Tout ce qu'on y lit se réduit à ce sentiment souverain : vivre et mourir en terre d'Islam. Et il faut, en effet, un mobile aussi puissant pour décider des familles à abandonner la demeure de leurs aïeux pour entreprendre, à travers des routes inconnues et pleines de périls, de gagner la terre bénie du Prophète.

* * *

Et puis, aux yeux de nos sujets et de tout bon musulman, l'Algérie n'a point cessé d'être considérée comme terre d'Islam et, comme telle, elle subit le contre coup, affaibli, il est vrai, des mouvements qui agitent le monde mahométan. Comme une exilée que les chaînes qui l'enserrent empêchent de manifester sa pensée, elle attend, anxieuse, le jour de la délivrance et, tenue en éveil par les émissaires des confréries religieuses, elle suit de loin le mouvement religieux et politique qui s'opère dans l'empire Ottoman.

Or, on le sait, depuis quelques années l'idée de panislamisme hante les esprits et galvanise les peuples grands ou petits, des divers pays soumis à la loi du Prophète.

Cette idée, qui ne manque pas de grandeur, a deux buts : en matière religieuse, elle tend à dégager les préceptes coraniques de toutes les croyances et de toutes les pratiques parasites que les théologiens y ont successivement greffées depuis douze siècles.

C'est la doctrine des confréries puritaines issues de l'école des Chadelïa, doctrine que les Derqaoua et les Madanïa propagent et entretiennent en Afrique septentrionale et qui, à diverses époques de l'histoire de ce pays, a donné lieu à des évolutions de la pensée suivies de dissentiments intestins et de la formation de confréries nouvelles.

En matière politique, le panislamisme tend à la concentration des forces de l'Islam pour la défense de la Foi contre la Chrétienté — elle remplace le mot Patrie et c'est au nom de la religion attaquée, c'est en montrant, sans cesse, les frontières des pays de l'Islam entamées, qu'elle est propagée chez les croyants et acceptée par eux avec enthousiasme.

C'est l'idée chère à A'bd-el-Hamid II, et qui se manifeste avec une intensité si vive, d'une extrémité à l'autre du monde musulman, en ce moment où le gouvernement de la Porte est en lutte ouverte avec les Hellènes.

Et, bien que le deuxième but visé par le panislamisme soit en opposition avec les intérêts matériels des confréries, lesquelles, ce but étant atteint, devraient logiquement disparaître, il n'en est pas moins vrai que tout s'efface devant la conception dominante de la reconstitution du Khalifat. Sous l'empire de cet idéal, tous marchent de concert pour résister à l'ennemi commun et l'attaquer au besoin.

Et, naturellement, ce sont ceux qui jouissent de la confiance de la foule qui occupent, dans le mouvement, la première place : ce sont les chioukh, les khoulafa et les moqaddim des confréries religieuses qui tiennent et font mouvoir, dans leurs mains habiles, les fils moteurs de l'Islam contemporain ; qui surexcitent partout la foi des croyants en leur montrant, comme un spectre terrible et toujours menaçant, l'invasion européenne.

Du palais même du sultan de Constantinople, deux de ces chioukh, directeurs spirituels et temporels de deux puissantes confréries, sont l'âme du mouvement panislamique qui se dessine avec tant de force expansive... Avec l'or du sultan et leurs milliers d'émissaires, ils le répandent et l'entretiennent, tel un feu sacré, partout où la loi du Prophète compte des sectateurs et les confréries des affiliés.

Le premier de ces chioukh est Abou-el-Houda, chef suprême de la confrérie des Rafa'ïa et conseiller intime du Sultan. Il dispose, à son gré, d'un grand nombre d'exaltés qui parcourent l'Orient en vue d'y semer la conception dont il est l'apôtre à Constantinople. Son action s'est portée, plus particulièrement, sur la Mecque où, avec l'appui du grand chérif, membre, lui-même, de la confrérie des Rafaï'a, il a réussi à faire occuper, par ses plus proches parents et ses meilleurs moqaddim, les charges de chioukh-et-trouq et, par suite, à faire pénétrer dans les zaouïa des confréries rivales le sentiment du danger européen que ses représentants ont mission de propager.

Le cheikh Abou-el-Houda et le grand chérif de la Mecque sont devenus les maîtres de cet ingénieux système inauguré en Égypte par Mehemet-A'li et qui consiste à reconnaître l'existence légale aux associations religieuses et à les placer, au point de vue administratif, sous la tutelle d'un chef commun, appelé *Cheikh-et-Trouq*, qui n'est, lui-même, que le représentant du gouvernement qui le paie ou, à la Mecque, du grand chérif qui le nomme.

Indépendamment de cette organisation, le grand chérif de la Mecque, auxiliaire dévoué du cheikh El-Houda et serviteur du Sultan, dispose d'une autre force qu'il emploie pour la cause sainte dont il est l'instrument. Maître absolu du pèlerinage, il nomme un personnel important, composé de conducteurs de pèlerins qui, tout en s'enrichissant, propagent le panislamisme, au nom de leur maître, et ne négligent aucun effort pour garder les clefs du Hedjaz, aujourd'hui, plus que jamais, fermé aux Européens.

C'est ainsi que la ville sainte, aussi bien par l'action du grand

Le Grand Chérif de La Mecque
(A'oun-er-Rafa't).

chérif et de ses *moutaouafs* (conducteurs de pèlerins), que par celle du Cheikh-et-Trouq, est devenue le pivot de la politique musulmane contemporaine. C'est de là que se propagent, dans l'ombre et le mystère, ces mouvements qui éclatent soudainement dans le monde islamique. C'est de là, enfin, que les pèlerins emportent, dans leur pays d'origine, le germe du rêve grandiose qui hante l'esprit d'A'bd-el-Hamid.

Le second personnage est le cheikh Dhaffer, chapelain d'A'bd-el-Hamid et directeur de la confrérie des Madanïa. Ce personnage, auquel on prête une part assez active dans les incidents qui marquèrent la chute et la mort d'A'bd-el-Aziz, occuperait une place considérable à la cour de Constantinople et dirigerait de son sanctuaire le mouvement panislamique en Afrique septentrionale. La confrérie dont il est le chef est, en effet, localisée en Tripolitaine où est située la zaouïa-mère, en Tunisie et en Algérie.

Ses proches parents et ses moqaddim en sont les membres actifs et, malgré notre perspicacité, l'Algérie n'échappe point à leur action.

Il y a à peine quelques mois, au moment même où les disciples de Mohammed massacraient les Arméniens, un parent de ce même cheikh Dhaffer, sous prétexte de visiter ses moqaddim, parcourait une partie de notre territoire, visitait les principaux chefs des congrégations auxquels il faisait des cadeaux au nom du Sultan(1), et, s'il n'emportait pas leur adhésion aux idées de son chef spirituel, du moins pouvait-il envoyer à Constantinople plus de huit mille francs (produits de ziara), comme part contributive de ces mêmes chefs de congrégations dans les dépenses occasionnées par la propagande panislamique.

*

Il ne faudrait cependant pas en induire que toutes les confréries sont, nécessairement, nos ennemies. Si le fond de leurs doctrines est, par nature même, hostile à tout pouvoir établi, il n'en est pas moins vrai que certaines de ces sociétés ont apporté à leur enseignement des tempéraments ou des modifications que leur intérêt matériel commandait. D'aucunes même sont dévouées aux gouvernements qui savent s'en servir.

Sans aller puiser nos exemples dans la politique anglaise aux Indes, politique appuyée sur l'élément religieux, sans approfondir le rôle qu'on a prêté au grand Chérif de la Mecque en faveur de la puissance britannique, ni celui de certaines confréries locales, notamment les

---

(1) Ces cadeaux étaient des albums où figuraient tous les sultans qui se sont succédé sur le trône des khalifes à Constantinople et des brochures contenant l'éloge et l'histoire de ces mêmes sultans.

Bakrïa d'Égypte, entièrement à sa dévotion, les faits qu'il nous est possible de relever en Algérie sont des témoignages irréfutables et nous offrent un précieux enseignement.

Les Turcs, en même temps qu'ils combattaient les agissements de certaines confréries rebelles, n'obtenaient la tranquillité des tribus qu'en appuyant leur politique sur la caste maraboutique et, aujourd'hui, certains descendants de chorfa déchus, certains membres des confréries des Qadrïa, A'ïssaoua, Taïbïa, Rahmanïa, héritiers de la baraka de leurs aïeux, peuvent encore nous présenter des actes authentiques constatant les marques de haute bienveillance, les remises d'impôts ou l'octroi de privilèges dont leurs ancêtres ont été l'objet de la part du Gouvernement de l'Odjeac.

Nous aussi, dès notre arrivée en Algérie, nous avons, sur certains points, utilisé la force maraboutique; en 1831, nous relevons le nom d'El-Hadj-Mahied-dine-Seghir ben Sidi-A'li ben Mobarek, chef de l'antique et illustre famille des marabouts de Coléa, nommé agha en récompense des services qu'il nous avait rendus. Nous nous servons de ces mêmes marabouts comme intermédiaires et dans plusieurs circonstances ils se présentent en hommes de paix. Le maréchal Bugeaud dut, en partie, les heureux résultats de sa politique, à l'appui dévoué de certains marabouts et à l'intervention pacifique de corporations puissantes.

Et, sans remonter à l'époque où l'émir A'bdelqader se voyait repousser du Sahara grâce à l'influence des Tidjanïa, on peut rappeler que sans le concours d'un moqaddem de Temacin, nous n'aurions pas occupé, comme nous l'avons fait, c'est-à-dire pacifiquement, Biskra; sans le concours des Tidjanïa, le général Marey-Monge n'aurait pas obtenu, sans résistance, la soumission des Larbâa et des Oulad-Naïl du département d'Alger, et, peut-être, les fractions constituées de la région insurgée de la province d'Oran ne se seraient pas tenues dans la réserve, alors que, cette même année, les autres fractions de la confédération des Braz, non affiliées aux Tidjanïa, suivaient le mouvement insurrectionnel.

Faut-il rappeler aussi la neutralité bienveillante du cheikh qadri de la zaouïa de Mena'a, dans l'Aurès, au moment où l'insurrection de 1879 agitait ces contrées et, en 1871, l'intervention du moqaddem rahmani A'bdessemed, qui, par intérêt ou guidé par un sentiment d'humanité, n'hésita pas à couvrir de sa protection les quelques Français qui s'étaient réfugiés dans sa zaouïa.

Nous pourrions multiplier nos citations en fouillant dans le passé; mais ce sont autant de faits connus et le présent nous offre, du reste, de précieux éléments qui feront ressortir qu'il est, parfois, possible de concilier le fanatisme le plus outré avec les intérêts de chacun.

.•.

Dés son arrivée au Gouvernement général, en 1891, M. Jules Cambon fut frappé de la puissance des confréries religieuses et, décidé à entreprendre notre œuvre de pénétration saharienne, il songea à gagner d'étroites sympathies afin d'établir des relations durables avec certains ordres religieux.

Depuis six ans, ses efforts n'ont pas été vains. Par une politique habile et des actes de haute bienveillance, il a réussi à ménager au gouvernement l'appui des Cheikhïa, Taïbïa, et d'une branche des Qadrïa, sans compter les Tidjanïa qu'il a fortifiés dans leur dévouement à la France.

Nous donnons, ci-après, un exposé détaillé des démarches entreprises, des négociations entamées et des résultats acquis. Le lecteur y verra, en même temps que les dispositions pacifiques auxquelles on peut amener les confréries religieuses, les efforts tentés pour étendre notre domination dans notre hinterland africain.

Cheikhïa. — On sait la vénération dont sont entourés les Oulad Sidi-Cheikh, aussi bien que le rôle qu'ils ont joué dans la terrible insurrection qui, commencée, par eux, en 1864, dura près de vingt ans (1).

Après la pacification de 1883 et jusqu'en 1891, ils étaient restés dans l'expectative. Un seul, le fameux Bou-A'mama, que l'insurrection du Sud-Oranais a rendu un moment célèbre aux yeux de ses coreligionnaires, continuait à occuper les esprits et à chercher, ainsi qu'il le fait encore aujourd'hui, à traiter avec nos commandants des postes de l'Extrême-Sud, des conditions dans lesquelles il pourrait se rendre à nous.

Quant aux autres personnages des Oulad-Sidi-Cheikh, s'ils pouvaient garder à notre égard une attitude semi-indépendante et même nous échapper, à raison de l'abri, des amis et des ressources qu'ils ont au Gourara, ils n'ont cependant jamais cessé de sentir — et aujourd'hui plus que jamais — que leurs traditions et leurs intérêts les portent vers nous; ils savent surtout que la prise du Gourara par le Maroc, avec lequel ils sont en délicatesse, aurait inévitablement pour résultat leur expulsion des oasis.

Profitant de cet état d'âme, M. Cambon, en 1891, obtenait de deux des principaux Oulad-Sidi-Cheikh, Si-Eddin ben Hamza et Si-Hamza ben Bou-Bekeur, le premier agha des Oulad-Sidi-Cheikh, le second agha du Djebel-Amour, la promesse qu'ils chercheraient à nous ménager des intelligences dans les oasis et qu'ils amèneraient, à Géryville, quelques-uns des notables des ksours.

Il s'agissait alors, comme aujourd'hui, d'occuper les oasis touatiennes, occupation nécessaire et que les agissements du Maroc dans ces

---

(1) Voir la notice spéciale des Cheikhïa.

provinces rendent de plus en plus urgente, si l'on veut empêcher le Maroc et Tripoli de se donner la main en-dessous de nos possessions et parer à un investissement qui ferait des oasis (1) comme le réduit des futures insurrections, tout en nous enfermant au Sud de la Colonie.

Un troisième personnage des Oulad-Sidi-Cheikh, Si Qaddour ben Hamza qui, jusqu'à cette époque, avait évité d'entretenir des relations cordiales avec nous, rentra à son tour en scène et reçut mission de se rendre avec Si Hamza, pour y calmer les esprits, au Gourara, où la majorité des habitants est affiliée aux Cheikhïa.

Ce voyage eut pour résultat d'amener à Alger plusieurs ksouriens.

Quelque temps après Si Qaddour se rendait à El-Goléa auprès de M. le Gouverneur général en tournée, pour y rendre compte de sa mission et faire acte de soumission, acte qui, étant donné le passé de Si Qaddour, eut un retentissement considérable dans le Sahara.

Depuis cette époque, Si Qaddour ne cessait de mettre son énorme ascendant au service de notre cause ; bien plus, il y a deux ans, il s'était rendu à Géryville où il avait exprimé hautement le désir de servir nos projets d'expansion dans l'Extrême-Sud. Et il nous avait donné de suite la preuve de son attachement en accompagnant un officier supérieur, le commandant Godron, en reconnaissance dans le sud du cercle de Géryville, jusqu'à Tabelkoza, oasis la plus importante du district du Tinerkouk et presque exclusivement habitée par les Mcharza, confédération d'origine arabe et entièrement dévouée aux Oulad-Sidi-Cheikh.

Il avait obtenu, de cette confédération, son concours pour notre implantation définitive dans cette région.

Mais le fait le plus important et qui, en couronnant les efforts tentés à l'égard des Oulad-Sidi-Cheikh, en a marqué la soumission définitive, est l'arrivée à Géryville de Si Lala ben Bou-Bekeur, troisième frère du marabout Si-Hamza ben Bou-Bekeur, lequel était chef de la famille à l'époque de la conquête de l'Algérie.

Jusqu'en 1885, époque à laquelle il tenta un rapprochement en

---

(1) Les oasis du Touat, du Gourara et du Tidikelt sont divisées, au point de vue de la population, en deux soffs (partis) principaux : les Soffian, partisans du Maroc, et les Yammed, favorables à nos projets. Ces oasis constituent des sortes de municipes aux institutions essentiellement démocratiques ; le pouvoir politique y est exercé par des djemaa analogues à celles qui ont longtemps régi la population kabyle.

Quant à la population, elle se compose d'Arabes, de Zenata, de Touareg et de Harratin (gens de couleur, issus d'unions entre blancs et négresses) et de nègres.

V. pour renseignements complets, les publications du colonel de Colonieu (*Voyage au Gourara et à l'Aouguerout*. 1860, Bulletin de la Société de Géographie) ; du commandant Deporter (*La Question du Touat*, Imprimerie Fontana, à Alger) ; du commandant Bissuel (*Le Sahara français*. 1891, Jourdan, libraire-éditeur à Alger) ; de M. Camille Sabatier (*Touat, Sahara et Soudan*. Paris, 1894, Société d'éditions scientifiques) ; de M. Broussais, *De Paris au Soudan*.

(2) Si Qaddour est décédé dans ses campements de l'Oued Gharbi, le 10 février 1897.

écrivant au commandant supérieur de Géryville qu'il était avec sa famille chez Si-Qaddour sous la protection du gouvernement Français, ce personnage, qui a joué un rôle si considérable dans la grande insurrection des Oulad-Sidi-Cheikh, s'était tenu absolument à l'écart.

Tandis que ses neveux Si Eddin et Si Hamza venaient à nous franchement, lui, campait entre El-Goléa et Metlili chez Si Qaddour et ne suivait, qu'à distance, le mouvement qui s'opérait vers nous.

Il tentait cependant en 1886, de se rencontrer avec le général commandant la division d'Oran et dans ce but il se rendait à Brézina où devait avoir lieu la rencontre. Mais un changement d'itinéraire ayant conduit le général à Géryville, Si Lala ne voulut pas, malgré les instances d'un officier, se rendre dans cette dernière localité.

De telle sorte que sans être précisément vis-à-vis de nous, en défection ouverte, il restait dans une indépendance préjudiciable à notre prestige dans le Sahara.

Son arrivée à Géryville, dans les circonstances plus haut énumérées, fut, l'officielle et définitive sanction de la pacification des Oulad-Sidi-Cheikh.

S'il était vrai que son grand âge, ses trente années de lutte et d'exil ne lui permissent plus de jouer un rôle actif, il ne personnifiait pas moins dans le Sahara, la haine du nom français, ce qui donna à son acte de soumission le caractère le plus éclatant de l'apaisement des esprits.

Il a encore augmenté cette marque de paix en exprimant hautement, devant l'autorité, son regret du passé, en déclarant vouloir consacrer à nous servir le reste de ses forces et en faisant à tous ses enfants les recommandations de toujours servir, avec fidélité, la France.

Aussi, M. Jules Cambon pouvait-il écrire :

« Je considère la soumission publique de Si Lala comme l'achèvement de l'œuvre que nous poursuivons depuis quatre ans et demi
» à l'égard des Oulad-Sidi-Cheikh, œuvre qui tend à faire du traité de
» pacification de 1883, une réalité. Nous avons aujourd'hui en main,
» l'influence, les forces, l'action matérielle et morale des Oulad-Sidi-
» Cheikh. C'est grâce à eux que nos négociations ont réussi au Gourara
» et que nous pouvons y entrer quand nous voudrons sans tirer un
» coup de fusil. »

Si Lala est mort, mais son testament politique nous reste, qui jette dans nos bras les Oulad-Sidi-Cheikh et assure pour l'avenir la tranquilité du pays qui deviendra, tôt ou tard, notre domaine.

Ainsi tombent d'elles-mêmes, les préventions qui tendaient à montrer qu'une politique telle que celle suivie à l'égard de cette famille de marabouts devait faire craindre des soulèvements nouveaux.

Les Taïbïa. — S'il était nécessaire de montrer l'intervention pacifique des Chorfa du Maroc, dans les affaires intérieures de notre gouvernement, on la trouverait, notamment, dans le fait rapporté par M. de Neveu (1) de la désignation, qui fut si contestée du moqaddem de Mouley-Taïeb, à Constantine, Si Chérif ben Cheriet, à l'époque où M. le général Baraguay d'Hilliers commandait en Algérie.

Deux soffs des Taïbïa étaient en présence : les Cheriet et les Ben-Aïssa ; chacun voulant son moqaddem, charge qui, en dernier lieu, avait été obtenue, en usant d'un subterfuge, par l'un des fils de Ben-Aïssa, les partisans de Ben-Chériet protestèrent énergiquement et, malgré les sages mesures prises par le général Baraguay d'Hilliers, il fallut faire appel à un personnage de la maison d'Ouazzan pour juger le différend en dernier ressort.

Un fait analogue s'est produit dans la même ville de Constantine il y a deux ans : Si Khoudir ben Zerrouq, avait été désigné par le Chérif d'Ouazzan comme moqaddem des Taïbïa, titre qui lui était fort contesté par les nombreux partisans de Si Omar ben Mostefa ben Cheriet, fils de l'ancien moqaddem décédé. Une sorte d'élection faite à Constantine, à la demande même du Chérif d'Ouazzan, donna gain de cause à Ben-Cheriet qui, à la prière du Chérif, fut officiellement investi, *par notre autorité,* dans ses fonctions de moqaddem.

Les faits qui précèdent comme ceux qui vont suivre, démontrent que les Taïbïa, même dans les questions délicates se rapportant à à leur confrérie, ne craignent pas de faire, sans arrière-pensée, appel à nous pour trancher leurs différends.

Au point de vue politique, nos relations avec les Taïbïa remontent en 1843. C'est sur les instances du maréchal Bugeaud que, cette même année 1843, notre consul général à Tanger recevait des instructions pour se mettre en relation avec le chef de l'Ordre, à cette époque Si El-Hadj-el-A'rbi, et essayer de nous le rendre propice.

Malheureusement les négociations n'aboutirent pas et, depuis lors, tout en vivant en bonne intelligence avec les Chorfa d'Ouazzan, le gouvernement avait, il y a quelques années, un peu abandonné les habitudes traditionnelles de protection effective qui nous avaient donné tant d'autorité au Maroc et cessé des relations que le Ministère des affaires étrangères et M. Jules Cambon ont renouées et affirmées par des actes d'une haute portée, non-seulement pour la politique saharienne, mais aussi pour celle, plus générale, de la France au Maroc.

Vers la fin de 1891, le Chérif d'Ouazzan Si A'bdesselam ben El-A'rbi vint à Alger où il demeura environ deux mois pendant lesquels il sut résister à la pression que certaine puissance étrangère ne cessa de faire exercer sur lui.

---

(1) *Les Khouân*, par De Neveu, p. 44.

A Alger, il donna une première mesure de son ascendant en obtenant de Gourariens venus dans la capitale et qui, jusqu'alors, n'avaient été prodigues que de compliments, une adhésion ferme de se placer sous notre protection et même une adhésion à nos projets.

Bien plus, et comme pour sanctionner ses actes, il consentit, après quelques négociations, à prendre un engagement qui ne laissait subsister aucun doute sur ses intentions à notre égard.

La nature quasi-diplomatique de cet engagement ne nous permet pas d'en reproduire les termes, mais ce que nous pouvons affirmer, c'est qu'il donne à la France une haute autorité, pour ne pas dire plus, sur la maison d'Ouazzan.

Les faits qui suivirent parlent, d'ailleurs, assez haut par eux-mêmes, pour nous dispenser d'insister sur ce point.

Au mois de février 1892, en effet, Mouley A'bdesselam partait, accompagné d'un goum fourni par les Oulad-Sidi-Cheikh, pour visiter ses zaouïa du Touat et recueillir des ziara.

Le Chérif d'Ouazzan, Si A'bdesselem ben El-Arbi, en mission au Touat.

Ceux qui savent que ces sortes de contributions religieuses ne peuvent être levées, dans certains cas particuliers, qu'avec l'assentiment de l'autorité souveraine du Maroc, comprendront toute la portée de l'appui moral considérable que nous prêtait en cette circonstance, le Chérif d'Ouazzan. Par le fait seul d'accomplir son voyage en traversant l'Algérie à l'aller et au retour, n'était-ce pas reconnaître, effectivement, les titres de la France à la domination dans les oasis ?

De semblables titres ainsi affichés par le chef de la maison d'Ouazzan sans le concours duquel les Sultans du Maroc sont assis sur un trône fragile, ont autrement de poids aux yeux des indigènes et sont autrement propres à soumettre un pays que les titres résultant d'actes diplomatiques dont la valeur a le plus souvent besoin d'être sanctionnée par les armes.

Il n'est donc pas douteux qu'en assurant une protection officielle à la clientèle religieuse des Chorfa d'Ouazzan, comme, d'ailleurs, à celle des Oulad-Sidi-Cheikh, nous n'arrivions à réduire les apparences d'autorité que le Maroc cherche à se créer dans les oasis, et, par là, nous n'avons pas de plus sûr moyen de préparer les voies à une action directe, le jour où le Gouvernement la jugera opportune.

Son état de santé et son âge avancé ne permirent pas à Mouley-A'bdesselam, déjà très fatigué, de prolonger son voyage ; il dut rentrer à Alger d'où il partit pour le Maroc où il mourut peu de temps après.

Quelques mois avant sa mort, son fils Mouley-Larbi que, par testament, Mouley-A'bdesselam avait institué Grand Maître de l'Ordre des Taïbïa, vint également à Alger (août 1892).

Ce personnage au premier abord, rentré en lui-même et défiant, fut reçu en grande pompe au palais de Mustapha où il déclara de la façon la plus formelle, vouloir suivre entièrement les engagements pris par son père.

Une pareille déclaration faite spontanément eût été de la part de Mouley-Larbi, l'indice d'un caractère léger et sans valeur. Mais quand on sait les réflexions et la longue hésitation qui caractérisèrent son acte, on comprend qu'il en a eu le sentiment net et profond.

Mouley-Larbi en quittant Alger, se rendit dans le département d'Oran où les ovations qu'il reçut de ses fidèles, lui démontrèrent toute la bienveillance, toute la latitude que nous accordons aux musulmans dans l'exercice de leurs croyances.

Il trouva, dans son séjour en Algérie, une preuve nouvelle que les assurances qu'on lui avait données à Alger, n'étaient pas de vaines paroles et emporta de ce pays des témoignages dont il a déclaré qu'il garderait éternellement le souvenir.

Lorsqu'on songe au rôle que jouait, quelque temps auparavant, à la cour de Fas ce Mouley-Larbi, dont le Sultan employait l'influence religieuse au service de ses vues sur les oasis dans lesquelles il espérait, fort de l'appui des Taïbïa, implanter son autorité, il n'est point besoin d'insister sur l'effet produit, dans notre Extrême-Sud et au Touat, par le voyage du fils de Mouley-A'bdesselam.

Depuis lors, tout en conservant avec le gouvernement marocain des relations que le jeune Sultan lui-même se garderait bien de rompre, sous peine d'ébranler son trône mal assis, Mouley-Larbi n'a pas cessé de nous témoigner de sa confiance et de nous assurer de son dévouement.

Il a été fait chevalier de la Légion d'honneur pendant son séjour à Alger, après avoir sollicité lui-même cette distinction, à titre de sceau donné à ses engagements vis-à-vis de nous.

Nous sommes donc aujourd'hui redevenus les protecteurs de la maison d'Ouazzan et en continuant, à son endroit, notre politique sage et bienveillante, nous n'aurons plus à craindre de voir miner par d'habiles et intrigants politiques étrangers, l'œuvre entreprise et couronnée par les efforts communs des Affaires Étrangères, du Gouvernement général et de la Légation de France à Tanger.

Et le moment venu, nous pourrons, en toute confiance, demander aux Taïbïa et aux Cheikhïa la clef des oasis depuis longtemps préparées pour recevoir notre domination.

***

Les Tidjanïa. — Il est un troisième ordre religieux qui, dans l'Est de notre hinterland, nous a permis, avec un succès égal à ceux obtenus dans l'Ouest, de préparer notre expansion future dans le Sahara.

A l'instar des Taïbïa, les Tidjanïa nous ont toujours considérés comme occupant par la volonté de Dieu la terre algérienne.

En parlant de Si Mohammed-Tidjani, Léon Roches (1) s'exprime ainsi :

« Parmi les marabouts maîtres des kçours, il en est un qui jouit
» d'une grande influence et qui compte des moqaddim dans toutes les
» tribus et villes d'Algérie. C'est par lui qu'A'bdelkader *pourrait établir*
» *d'une façon solide et permanente* son autorité dans le désert central.
» Ce marabout est Sidi-Mohammed-Tedjini, dont un des ancêtres fut
» canonisé au commencement du huitième siècle de l'ère chrétienne. »

Léon Roches nous représente, à l'époque dont il parle (1838), les marabouts de l'Est et de l'Ouest jaloux de l'influence tidjanienne, demandant à Abdelkader de réduire Mohammed-Tidjani, en attaquant l'oasis d'Aïn-Madhi, ville fortifiée, où résidait ce personnage religieux.

Le même auteur nous a dit les péripéties mouvementées du siège d'Aïn-Madhi, qui dura plus de deux mois et se termina par une capitulation plus glorieuse pour les assiégés que pour les assiégeants (2).....

Depuis 1844, les Tidjanïa, sauf de rares défaillances, nous sont demeurés fidèles et nous ont donné des preuves de leur attachement en confiant à nos voyageurs dans le Sahara des *lettres* destinées à favoriser leur mission.

C'est grâce aux Tidjanïa que les Touareg Azdjers ont toléré la présence, dans leur pays, de M. Duveyrier.

Depuis la signature du traité de Ghadamès (26 novembre 1862) (3),

---

(1) *Trente-deux ans à travers l'Islam*, p. 289.

(2) Le siège d'Aïn-Madhi fut levé le 2 décembre 1838.

(3) Convention destinée à ouvrir des relations commerciales entre l'Algérie et le Soudan, passée avec le commandant Mircher et le capitaine de Polignac et dont la confirmation fut obtenue par M. d'Attanoux, il y a deux ans.

dû, en partie, aux démarches du marabout Cheikh-Otsman, de la tribu touareg des Kel-es-Souk (1), la politique de la France dans l'Extrême-Sud, contrariée par les événements de 1870, nous avait détournés de la marche en avant, vers le Sahara, que les maréchaux Randon et Pélissier avaient inaugurée.

Plus tard, en 1881, le massacre de la mission Flatters venait dresser entre nous et les populations touareg, une barrière que rien ne paraissait plus devoir nous laisser franchir.

Enhardis par notre silence, en 1887, des Touareg de l'Ouest, des Taïtoq et des Kel-Ahnet, confédération à cette époque inconnue de nous, pénétraient sur notre territoire et y opéraient une ghazzia qui ne faisait qu'aggraver le régime d'alertes constantes sous lequel vivaient depuis longtemps déjà nos sujets de l'Extrême-Sud.

Dans ces régions soumises à notre domination effective, habitent, en outre, entre Metlili, Ouargla et Hassi-Inifel, les Chaa'mba (2), depuis des siècles en état d'hostilité avec les Touareg et qui, grâce à leur position excentrique, entrent facilement en dissidence et sont fort malaisés à surveiller

Il s'agissait, dans ces dernières années, de mettre nos Chaa'mba à la raison et de reconquérir, pied à pied, le terrain perdu du côté des Touareg Azdjers ; c'est à un marabout tidjanien, guidé et encouragé par la Division de Constantine, que nous devons, en grande partie, d'avoir pu reprendre nos relations avec ces mêmes Touareg.

Se souvenant que son ordre religieux avait été le principal adversaire d'A'bdelkader, le marabout dont nous parlons, Si El-A'roussi ben Si Mohammed-Sghir, chef de la zaouïa de Guemar, fidèle aux traditions

---

(1) Si Otsman est venu à Alger, pour la première fois, en 1856 ; il était accompagné de Si A'bdelhakem ben Tebikat, Si Tinidi ben Amar et Si Mohammed ben A'bdallah.
En rentrant dans leur pays, ces Touareg adressèrent au gouverneur général, le maréchal Randon, la lettre que nous croyons intéressant de reproduire ci-après, parce qu'elle renferme une peinture saisissante des mœurs touareg qui n'ont pas varié depuis :

« Si Otsman nous charge de vous dire qu'il traite avec les Azdjers et les Hoggars ;
» que partout il fait votre éloge et emploie, pour les persuader, les paroles les plus
» conciliantes ; son but est de les engager à se rendre chez vous en *miad* (députation).
» Quelques-uns goûtent ces idées, d'autres y sont opposés. Ces peuples ignorent
» l'arabe et n'ont aucune idée d'un gouvernement régulier ; ils sont grossiers et leur
» esprit est inculte ».

Voici, d'autre part, comment Si Otsman était apprécié à cette époque par le gouvernement général :

« Si Otsman est pour le pays des Touareg Azdjers, le moqaddem de l'ordre des
» Tidjania et nous continuons à n'avoir qu'à nous louer de l'esprit de tolérance éclairée
» de cet ordre. Si Otsman exerce une grande action sur Ikhenoukhen, chef de la plus
» importante tribu des Azdjers ».

Si Otsman se rendit à Paris en 1862, en compagnie de Si Mohammed ben Moussa et de Si Mohammed ben Ahmed, des Kel-es-Souk.

(2) Les Chaa'mba se subdivisent en Chaa'mba-Berazga (Metlili), Chaa'mba-Bourouba (Ouargla) et Chaa'mba-Mouadhi (El-Goléa).

de ses ancêtres, chercha à renouer des intelligences avec les Azdjer et les Hoggar.

Très politique, Si El-A'roussi n'avait pas manqué de s'apercevoir que le prestige de sa confrérie avait été atteint par le désastre de la mission Flatters, laquelle comptait parmi ses membres Si A'bdelqader ben Hamida, moqaddem des Tidjanïa, donné comme sauvegarde au colonel et qui, comme nos malheureux compatriotes, avait été mis à mort.

Le temps ayant fait son œuvre d'apaisement, Si El-A'roussi dépêcha aux Hoggar un de ses meilleurs serviteurs, Si Ahmed ben Mohammed ben Belkacem, avec mission de démontrer aux Touareg qu'en prévision de notre expansion dans le Sud, le seul parti qu'ils eussent à prendre était de venir à nous, non plus en ennemis, mais en futurs alliés.

Après de longues hésitations, les djemâa des Azdjer et des Hoggar se réunirent près d'Idelès, dans l'Atakar, chez Ahitaghel, chef de la confédération des Hoggar.

Étaient présents à cette réunion : les héritiers d'Ikhenoukhen, qui signa au nom des Azdjer le traité de 1862 ; Mouley ben Kheddach, son successeur direct, qui commande les tribus qui entourent Ghadamès et Mohammed-Anaklouf, neveu de Mouley ben Khedach, qui est à la tête de celles qui campent aux environs de Ghat.

Quelque temps après, sanctionnant la décision qui avait été prise, une délégation composée de quatre Ifogha (1), trois Issakamaren et deux nègres affranchis, se rendait au Souf, puis à Alger où elle arrivait le 16 novembre 1892.

Parmi ces Touareg se trouvaient le petit-fils du fameux Cheikh-Otsman, A'bdel-Nebi, Ifogha, chef principal de la mission, et Tiniri, Issakamaren, conseil et confident d'Ahitaghel lui-même (chef des Touareg Taïtoq).

Au cours des conversations qui furent engagées avec ces envoyés, en la présence de Si El-A'roussi, ils se montrèrent fort diplomates. Tout ce que nous pouvons dire à cet égard, c'est qu'ils se plaignirent longuement de leurs traditionnels ennemis, les Chaa'mba.

Ces derniers, en effet, n'ont aucun intérêt à nous voir arriver chez les Touareg. Ils sentent fort bien que le jour où nous dominerons dans ces régions, nous aurons porté un coup considérable aux profits qu'ils tirent, à l'instar des Touareg, des caravanes qu'ils convoyent en les exploitant. Ils voudraient garder leur emploi d'intermédiaires obligés entre nous et le désert et craignent de voir passer aux mains targuies les revenus qu'ils perçoivent.

---

(1) Les Ifogha sont une tribu de marabouts répandus un peu partout en pays touareg. Dépositaires de la science religieuse, ils jouissent, à ce titre, d'une influence incontestée dont ils se servent pour apaiser les querelles et concilier les différends entre les parties adverses.

C'est évidemment ce sentiment qui les guide en toute circonstance.

Les Chaa'mba voient d'un mauvais œil nos progrès dans le Sahara; ils ont été les agents les plus actifs du massacre de la mission Flatters, et ils ne trompent personne malgré leurs protestations de dévouement et le concours intéressé qu'ils semblent prêter à nos explorateurs auxquels ils présentent la clef du Sahara, sauf à leur dresser mille embûches, et, au besoin, à les conduire dans des embuscades, lorsque le succès est sur le point de couronner l'œuvre entreprise.

C'est, d'ailleurs, ce même sentiment qui anime les Touareg, lesquels, à l'instar des Chaa'mba, tiennent, par dessus tout, à leur indépendance séculaire et à la liberté des routes commerciales à la libre circulation desquelles ils s'imaginent que nous apporterions des entraves.

En attendant, quelle que soit la sincérité des déclarations qu'ils ont faites, après les avoir mûrement pesées, le point essentiel à en retenir est, nous le répétons, l'hostilité qu'ils ont manifestée à l'endroit des Chaa'mba.

Ce point était nécessaire à établir pour montrer dans quel sens doit évoluer et évolue notre politique saharienne dans l'Est de notre zone d'influence où là encore, ainsi qu'on vient de le voir, le facteur principal est l'élément maraboutique.

Les premiers résultats de cette politique ne se sont, d'ailleurs, pas fait attendre.

Le 15 novembre 1893, un nouveau miad comprenant des Ifogha, des Azdjer et des Hoggar arrivait à la zaouïa de Guemar pour y faire une sorte de retraite et demandait au général De La Roque en personne, de faire appel à la France pour les venger des griefs qu'ils ont contre les Tripolitains (ils avaient, quelque temps auparavant, été victimes d'un ghezzou fezzani) et obtenir du Sultan les compensations qu'ils estimaient leur être dues.

Ainsi ces Touareg, se plaçaient franchement sous notre protectorat tout en confirmant nos droits sur leurs territoires.

L'année suivante, Kounni ben Moussa, des Azdjer, tentait une démarche analogue mais visant, cette fois, la restitution de chameaux enlevés à ces mêmes Azdjer, il y a plusieurs années, par nos Chaa'mba.

Enfin, plusieurs tentes touareg, actuellement installées dans le territoire d'El-Oued, confirment les résultats dont nous parlons, résultats qui sont, pour la plus grande partie, dus à l'intervention de Si El-A'roussi et à celle de ses serviteurs religieux.

Les Qadrïa. — Dans le sud, les Qadrïa comptent, également, de nombreux adeptes. Leurs moqaddim font preuve de la plus grande déférence vis-à-vis de l'autorité française et les zaouïa de Rouissat (Ouargla) et d'El-Hamich (El-Oued) ont à leur tête deux hommes animés des meilleures intentions à notre égard ; à plusieurs reprises, ils nous ont offert le concours de leur influence grandissante pour les besoins de notre action dans le Sahara.

Si dans cette action, ils n'ont pas tenu les premiers rôles, ils n'en demeurent pas moins des instruments fort utiles qu'il ne tient qu'à nous d'employer comme nous l'avons déjà fait en maintes circonstances, notamment pour ramener, dans la bonne voie, les dissidents.

Enfin, par l'esprit particulier qui domine dans la confrérie, peu accessible aux alliances que pourraient leur offrir les agitateurs ou autres personnages à la recherche de leur appui, les Qadrïa opposent une barricade sérieuse à la propagande du cheikh Senoussi.

En 1894, des Touareg vinrent à Ouargla solliciter l'appui de leur chef religieux, le naïb des Qadrïa, pour obtenir la formation d'un ghezzou destiné à se joindre à eux afin de se venger de l'attaque dont ils avaient été victime de la part de Fezzani.

Ce sont là des points importants qui n'échappent à personne et qui ont fait dire par un homme dont tout le monde se plaît à reconnaître la haute compétence en ces matières, le général De La Roque, ce qui suit :

« Plus que jamais, je crois que nous devons persévérer dans la ligne
« politique qui a amené dans le Sud-Constantinois les ordres Tidjanïa,
« Rahmanïa et Qadrïa à un état complet de confiance vis-à-vis de
« l'autorité.

« Les idées de particularisme de ces différentes confréries sont le
« moyen le plus puissant que nous ayons d'arrêter la propagande des
« Senoussïa, si les efforts de ces derniers venaient à être dirigés sur
« nos possessions ».

Les événements qui se déroulaient dans le Soudan égyptien, au moment où le général De La Roque écrivait ces lignes, donnaient une singulière portée à ses appréciations et montraient une fois de plus les avantages qu'il y a à ménager les confréries religieuses, à les attirer à nous et à façonner leurs idées qu'un effort persévérant et suivi nous a déjà rendues en partie favorables tout en nous permettant d'envisager des résultats encore plus féconds pour l'avenir et l'extension de notre belle Colonie.

***

Malheureusement, pendant que nous attirons à nous quelques-unes de ces corporations puissantes, à nos côtés, derrière nous, se groupent sous un même chef religieux des populations innombrables et inaccessibles. Pendant qu'à l'Ouest, les Taïbïa se disposent à nous suivre, les

Derqaoua avec leurs zaouïa jalonnées sur la frontière marocaine, poursuivent leur œuvre d'obstruction intellectuelle, multiplient le nombre de leurs affiliés et nous suscitent sans cesse des ennemis ; les Zianïa et les Kerzazïa, tout en se montrant dociles lorsqu'il s'agit de percevoir la zïara dans l'étendue de notre territoire, se maintiennent dans une prudente réserve.

Dans un rayon plus éloigné, en même temps que la branche tidjanienne du Maroc se détache de nos protégés algériens et propage, dans le Soudan occidental, la haine du chrétien, le grand chérif Ma-el-A'ïnin, qui semble vouloir réunir, sous son vocable, tous les Qadrïa du Soudan occidental, du Touat et des régions de Tombouctou, et prendre la direction spirituelle des Bakkaïa, vient à Marrakech recevoir l'investiture de caïd de Saguïat-el-Hamra et donne sa baraka au sultan A'bdelaziz.

Au Sud-Ouest, si les Oulad-Sidi-Cheikh n'attendent qu'un mot de nous, un ordre, pour affirmer leur dévouement, Bou-A'mama, d'un autre côté, groupe, autour de sa personne, des fanatiques dissidents et forme ou laisse se former des ghezzou qui viennent piller nos tribus.

En pays touareg, les efforts des Tidjanïa et des Qadrïa sont contrebalancés par ceux, plus effectifs, des missionnaires senoussïa qui suivent la ligne de démarcation de Djagboub, Ghadamès, In-Salah pour remonter vers leur zaouïa de Ben Tekkouk (arrondissement de Mostaganem) et excitent les instincts pillards et de révolte qui caractérisent les Touareg.

Le cheikh A'bidine, chef de la confédération guerrière des Bakkaïa, au mépris des traditions de la confrérie qu'il représente et des sentiments de tolérance et d'humanité de son grand oncle, le cheikh Ahmed Bakkaï, ami de l'explorateur Barth, se place à la tête des Hoggar rebelles, et recommande la guerre contre l'Infidèle.

A l'Est, si les Qadrïa du Kef et de Nefta sont nos amis, les Selamïa et les Madanïa de la Tripolitaine propagent la haine contre nous et contribuent à faire le vide autour de nos possessions dans le Nord de l'Afrique.

Et si nous pénétrons au cœur du Continent Africain, nous y rencontrons les représentants de ces mêmes confréries qui tantôt en commerçants, tantôt en apôtres, catéchisent les peuplades fétichistes. Dans les vastes territoires qui de l'Afrique septentrionale vont, en se fondant et se perdant dans les solitudes du Sahara, jusqu'aux immenses régions du Soudan, ils recrutent de nouveaux adeptes, édifient de nouvelles zaouïa et aident, parfois, à fonder des empires comme ceux, disloqués aujourd'hui, mais toujours prêts à se réformer, d'Ahmadou et de Samory, sans oublier celui de Rabah qui fait actuellement la tâche d'huile ; empires composés de sujets aguerris et fanatiques qui nous haïssent et se préparent à nous résister avant même d'avoir sondé nos intentions à leur égard, ni connu nos desseins.

Si nous envisageons la question à un point de vue plus général et, surtout, au point de vue commercial, nous constatons que les Senoussïa sont maîtres de la route que suivent les caravanes en passant par les oasis de Baroua, Kaouar, Tidjerri et le Fezzan ; que les Selamïa protègent la voie de Ghadamès, Ghat, Kano et le Soudan, attirent à Tripoli et à Gabès tout le commerce de Ghadamès, le détournant ainsi de l'Algérie.

Enfin, les négociants marocains qui font des échanges au Touat, par la voie de Mogador, trouvent aide et protection chez les Nacerïa de l'Extrême-Sud marocain, comme, autrefois, les caravaniers de l'Ouest trouvaient qu'ils ne devaient leur liberté de circulation qu'à l'appui des nombreux marabouts en résidence dans ces régions désertiques.

CHAPITRE XII

CONCLUSIONS

Il importe de souligner que l'organisation de production dans la région d'un chargeur est un sujet, sans influence directe sur le tonnement les classes sont les facteurs des classes pour ce qui concerne vite, des prix-plancher comme enjeu de tonnalité de progrès.

La veille sur tout cela sans modérations matières et à réaliser est, le plus souvent très exactement ce que l'on prévoit l'ensemble de ces aspects obsessifs, de labeurs et de frais lesquels comprennent un même conscience manifeste à l'énergie, avec un fruit appui ressortant de l'intérieur permis et mieux publique

Plusieurs conférences sur telle entreprises, apporter avec à la source tournant dans une se recouverent.

CHAPITRE VII

CONCLUSIONS

> S'avancer régulièrement et de proche en proche ; s'affermir avant de s'étendre, ne se point charger de trop d'affaires ; dissimuler quelque temps et se déclarer à propos.
>
> (H. Univ. 3, 6).

Résumons la situation : en Algérie, de nombreuses corporations organisées en puissances théocratiques, exercent le pouvoir religieux à côté d'un clergé salarié ne jouant qu'un rôle effacé et demeurant, par suite, sans influence et sans prestige réels. Ces corporations maintiennent les masses sous un joug humiliant, perpétuent l'ignorance des classes pauvres et immobilisent, dans leurs tendances à l'inactivité, des populations qui opposent, ainsi, la force d'inertie à toute tentative de progrès.

La zouïa où, autrefois, le vieux soufi épuisait son corps en des macérations austères et où le malheureux trouvait un gîte et une table, est, le plus souvent, transformée en une sorte de maison de banque où l'on perçoit l'argent du riche et du pauvre en échange de diplômes, de chapelets, de talismans et de prières; les moqaddim des confréries locales s'enrichissent aux dépens de leurs adeptes; ceux qui ont leurs maîtrises à l'étranger, y envoient une partie de leurs revenus : d'où, appauvrissement de la masse au profit d'une caste et diminution de la richesse publique.

Plusieurs confréries ont accepté notre domination et favorisé nos entreprises; d'autres nous sont franchement hostiles; il en est qui demeurent dans une prudente expectative, ce qui leur permet de ménager et le fanatisme de leurs adeptes et le pouvoir gouvernemental.

A l'extérieur, plus de quarante ordres religieux subdivisés, eux-mêmes, en un nombre considérable de congrégations n'ayant de commun que l'origine de leurs doctrines rétrogrades et leur antipathie pour tout ce qui n'est pas musulman, détiennent les forces de l'Islam.

Et au-dessus de ces petits États dans l'État, de ces gouvernements occultes, plane, comme un symbole de foi remplaçant l'idée de patrie absente, cette grandiose conception du panislanisme qui, née à Stamboul et développée à la Mecque, tend à réunir, sous l'étendard du sultan de Constantinople, toutes les confréries, pour la défense de la religion, la reconstitution du khalifat et la lutte contre l'invasion européenne.

Certes, pour le moment, nous n'avons rien à redouter pour nos conquêtes dans l'Afrique du nord : les divisions nombreuses qui existent au sein de l'Islam et des confréries elles-mêmes, nous sont un gage de leur impuissance. D'ailleurs, le courage de nos soldats et la valeur de nos armes mettraient vite un terme à une tentative de révolte.

Mais, si demain nous étions aux prises avec une conflagration européenne, d'un de ces tekkiés de l'Empire ottoman, d'une de ces zaouïa du Hedjaz, de l'Égypte, de la Tripolitaine, du Maroc, des steppes sahariennes ou de la Tunisie et de l'Algérie elle-même, partirait, peut être, l'étincelle qui, en rejaillissant sur les territoires placés sous notre protection, allumerait le feu qui couve sous le brasier ardent du fanatisme.

Il y a là une menace de danger qui pourrait se transformer en péril véritable pour l'accomplissement de nos deux grandes entreprises dans la colonie : la conquête morale des indigènes, et la pénétration dans les régions qui nous sont dévolues par la convention de Berlin.

*
* *

Le problème s'offre donc à nous, avec plus d'opportunité que jamais et, aussi bien dans l'intérêt des populations placées sous notre égide que dans le nôtre, il est urgent d'essayer de le résoudre : faut-il combattre les confréries religieuses, persécuter leurs chefs, faire acte, en un mot, d'autorité à leur égard ; ou bien, faut-il, par des actes de haute bienveillance, par des mesures sages et appropriées aux sentiments intimes de nos indigènes, tenter de capter leur confiance, de les attirer à nous.

La première de ces deux mesures, que bien des esprits voudraient voir mettre en vigueur, est condamnée par l'expérience.

Depuis 67 ans que la France occupe l'Algérie, toutes les fois que les nécessités de la conquête nous ont mis dans l'obligation de sévir contre les membres influents des confréries religieuses nous n'avons réussi, en effet, qu'à leur faire accorder la palme du martyr, et, à accroître le fanatisme des khouan.

Si ce monde mystérieux était placé sous la domination exclusive de la France et si notre action pouvait s'exercer sur lui directement, en tous temps et en tous lieux, on pourrait, peut être, s'arrêter à l'examen des moyens d'opérer la désagrégation des confréries par la force ; mais, nous le répétons sans cesse, leur domaine d'action n'a point de limites, l'Islam est un, et, la plupart des corporations qui nous sont hostiles, échappent à notre contrôle, se dérobent à notre vigilance.

De sorte, qu'en poursuivant les rares confréries locales qu'il nous serait possible d'atteindre, nous demeurerions impuissants à diriger l'esprit de leurs adeptes et à mener à bien l'œuvre bienfaisante que nous avons entreprise. Nos efforts continueraient être frappés de stérilité, nos lois seraient toujours mal interprétées et partout où nous essayerions de surmonter les obstacles, nous nous heurterions, sans cesse, à ce monde de vicaires musulmans et de fervents fanatiques qui, au nom de l'Être suprême, dirige les masses. Au surplus, les persécutions religieuses, loin d'aboutir à détruire l'esprit qui anime les confessions ou les sectes, servent au contraire, le plus souvent, à le fortifier.

*
* *

C'est une œuvre de tolérance et de mansuétude qu'il convient d'entreprendre ; c'est la pénétration des esprits de nos sujets musulmans qu'il faut chercher à opérer jusqu'au jour où le khouan, mieux éclairé, relèvera la tête et brisera ses liens d'esclavage. Alors, mais alors seulement, nous aurons atteint le but à poursuivre sans relâche : la désagrégation des confréries religieuses.

En attendant, puisqu'il est avéré que la force religieuse, mue par les confréries, est, dans ce pays, la seule qui soit encore capable de remuer les masses, nous devons chercher à nous en emparer, pour en faire un auxiliaire dans l'accomplissement de notre pénible tâche.

Sans rappeler ici la politique de certains hommes d'État de l'empire Ottoman, ni les actes de Salah-Bey à Constantine, pas plus que la ligne de conduite que s'était tracée Mehemet-Ali en Égypte, nous pouvons avancer que les éminents administrateurs qui, en Algérie, ont fait des tentatives en vue de nous rapprocher ou de pénétrer les sociétés secrètes, ont obtenu des résultats satisfaisants.

Mais, ce sont là des faits isolés, des palliatifs qui n'ont eu qu'un faible écho dans le cœur des croyants, car faute de persévérance et d'esprit de suite, les heureux effets d'un moment, dus à l'amitié ou au dévouement de certains chefs de corporations locales, étaient aussitôt détruits par l'hostilité d'autres associations traitées d'une façon différente.

Au fur et à mesure que nous gagnions la neutralité ou que nous provoquions la sympathie des unes, nous renforcions le prestige des autres, et l'esprit populaire demeurait stationnaire.

Car, il faut bien le dire, une sorte d'indécision et de gêne a entouré, jusqu'à présent, cette question délicate. On a pris des demi-mesures et aplani les difficultés du moment sans, peut-être, s'inquiéter assez de l'avenir.

Nous pensons qu'il est de l'intérêt de tous de ne plus hésiter à mener cette même question de front et avec ensemble. Nous estimons qu'il est nécessaire d'aller au-devant des confréries qui nous résistent, qu'il est utile d'aller chercher le santon dans son sanctuaire, de lui faire entendre des paroles de paix ou de pardon, de lui faire connaître et propager nos intentions à l'égard de ses adeptes et, par son intermédiaire, de prendre contact avec la masse attentive à ses paroles, obéissante à ses gestes.

Alors nous pourrons, peut-être, entreprendre avec espoir de succès, la lutte contre le fanatisme.

Dans cet ordre d'idées, nous examinerons les points généraux ci-après :

1° Rapports avec les confréries religieuses, quelles que soient leur importance et leurs doctrines, en vue de les placer sous notre tutelle et de faire de leurs dignitaires des imams non rétribués ;

2° Rapports avec la masse indigène et pénétration des esprits en opérant une sorte de main-mise sur les zaouïa existantes et en tolérant, partout où le besoin s'en fait sentir, la construction d'établissements similaires afin de les réunir, progressivement, au domaine de l'État et de leur restituer leur triple caractère d'établissement de culte, d'instruction et de bienfaisance ;

3° Mise en œuvre de l'action des confréries religieuses qui ont des ramifications à l'extérieur pour le rétablissement de nos relations politiques et commerciales avec le Soudan oriental et occidental et la pénétration de nos idées civilisatrices dans les autres pays de l'Islam.

**

Ces vues d'ensemble répondent à des besoins immédiats, et, en vérité, leur application n'exigerait pas, pour le moment, de grands efforts.

Point ne serait nécessaire de faire beau ni grand, mais simplement de donner l'impulsion que nécessitent les circonstances ; les indigènes, eux-mêmes, feraient le reste.

En premier lieu, il s'agirait, tout en maintenant les positions conquises, depuis six ans, d'attirer à nous les milliers de chioukh et de moqaddim qui s'en éloignent.

Puisqu'ils sont les véritables ressorts de la société musulmane, donnons leur un peu de cette *horma* (pouvoir, honneur) officielle consistant en burnous rouges et en décorations, horma à laquelle ils ne savent résister. Puisqu'en eux seuls résident la force réelle et la puissance morale, obligeons-les, en leur confiant, le plus souvent, le commandement de douars ou de fractions, à sortir de leur ascétisme pour se mettre aux prises avec les difficultés de la vie matérielle.

Suivons, en un mot, l'exemple du maréchal Bugeaud qui ne cessait de recommander de traiter ces hommes, au caractère divin, avec des ménagements particuliers : « Ils peuvent être quelquefois appelés au » pouvoir, mais toujours ils doivent être traités avec considération et » de manière à nous en faire des amis » (1).

Et au fur et à mesure que nous prendrons contact avec eux, sans les inquiéter dans leurs pratiques ni dans leurs doctrines, de crainte d'irriter les consciences et d'aller à l'encontre du but à atteindre, nous pourrons, à l'exemple du Gouvernement égyptien et de l'Empire ottoman au Hedjaz, exercer sur les personnages religieux une tutelle en les consacrant, en quelque sorte, dans leur sacerdoce. En leur donnant une investiture qui consisterait, tout d'abord : 1° à ratifier le choix fait par les moqaddim, de leurs chioukh, dans les confréries où cette charge est soumise à l'élection et à veiller à leur désignation dans les confréries où la baraka est héréditaire ; 2° à viser les diplômes que ces chioukh délivrent à leurs moqaddim, nous parviendrions à constituer une sorte de clergé régulier, entièrement entre nos mains, à faire des principaux dignitaires (chioukh) des représentants de notre gouvernement au titre temporel et spirituel ou, tout au moins, de grands muftis, et, de leurs moqaddim, des imams libres, placés dans les zaouïa secondaires.

Il est urgent, en effet, de chercher à donner à la masse des campagnes, une satisfaction à son besoin de prières et d'exercices religieux et il vaut mieux le faire ouvertement que d'obliger, par notre indifférence, l'arabe à se cacher sous la khirqa de son moqaddem. Nous serions aidés, dans cette œuvre, par le futur clergé séculier que nous formons, en ce moment, dans nos medersas réorganisées. Ce sont nos jeunes imams qui, élevés par nous et imbus de nos idées, seraient appelés à remplacer progressivement, les *moqaddim-imams* et à faire fructifier nos efforts.

Nous ne pouvons nous empêcher d'admirer, à cet égard, avec quel soin particulier, l'Autriche Hongrie, dans la Bosnie et l'Herzégovine, a su donner au culte musulman comme aux autres cultes professés

---

(1) Circulaire du 17 septembre 1844.

sur ces territoires, les satisfactions qu'il réclamait tout en le dégageant de ses attaches avec Constantinople. Une sorte de medjelès composé d'culama ayant pour chef le reïs El-Eulama, remplit là-bas, le rôle de consistoire musulman et donne, ainsi, aux croyants, la certitude que leur foi est respectée à l'égal de celle des autres confessions.

Sans aller jusqu'à réclamer, de prime abord, pareille institution pour l'Algérie, il serait sage de donner au clergé musulman une organisation plus forte et plus en rapport avec les besoins religieux de nos populations indigènes.

Il ne faudrait pas, d'ailleurs, voir dans la mise en pratique de ces idées générales, un empiètement du pouvoir temporel sur le pouvoir spirituel ou bien, en ce qui concerne les confréries, la consécration de puissances théocratiques par la plus libérale des démocraties. En politique il est des circonstances où il faut savoir taire ses sentiments dans l'intérêt de l'œuvre entreprise ; et puis, il ne faut pas oublier, non plus, que chez les arabes comme partout « c'est la confiance des peuples et non la faveur des grands qui fait la puissance des prêtres ».

Tout ce qu'il pourra en résulter, croyons-nous, ce sera, au début, une recrudescence dans le nombre des moqaddim poussés qu'ils seront par l'espoir d'un gain matériel ; mais que nous importera que les croyants multiplient leurs intercesseurs auprès de Dieu puisqu'il nous sera possible de les destituer nous-mêmes ou de les faire destituer par leurs chioukh.

Et dans l'hypothèse même de la réalisation de cette augmentation de personnel, ce sera tant mieux pour les Khouan et pour nous, car, en devenant plus nombreux, les agents des confréries, en le partageant, diminueront le pouvoir occulte de ceux qui le détiennent actuellement ; la masse, de son côté, se délivrera plus tôt du joug qui l'oppresse et nous pourrons ainsi réaliser, plus vite, le vœu que nous formons de l'élever jusqu'à nous.

Et si les résultats n'étaient pas immédiats, du moins, n'assisterons-nous plus au spectacle désolant que nous offrent certains de nos chefs indigènes en se prosternant, tels des valets devant leurs maîtres, aux pieds de ces chefs de congrégations avec lesquels ils sont obligés de compter s'ils ne veulent s'exposer à voir se déchaîner, sur leurs têtes, la colère de leurs administrés toujours prêts à obéir aux injonctions de leurs idoles vivantes. Et pouvant juger nous-mêmes de la moralité des moqaddim, nous ne verrons plus des escrocs se parer de ce titre révéré et exploiter la crédulité publique au nom de la *barakat-allah* (bénédiction divine) dont ils sont les indignes dépositaires.

En même temps que nous ferions tous nos efforts pour attirer à nous les membres influents des confréries religieuses, nous pensons qu'il faudrait essayer d'entrer en relations directes avec la masse afin d'en pénétrer plus facilement l'esprit et de répondre à ses aspirations. Pour atteindre ce résultat, les corporations religieuses nous offrent aussi des armes que nous pourrions, avec beaucoup d'esprit de suite, faire tourner à notre profit. Parmi ces armes, la principale est la zaouïa où les confréries enseignent leurs pratiques et centralisent leur action. Elle est l'élément essentiel pour la lutte contre le fanatisme et rien ne s'oppose à ce que nous n'en prenions la direction.

Parmi les quatre cents couvents, en chiffres ronds, que nous avons relevés dans le dénombrement de ces établissements, plus de cent sont de véritables monastères plus ou moins vastes, plus ou moins bien entretenus. Édifiés de temps immémorial avec les produits de la fortune publique, ils sont devenus peu à peu, la propriété exclusive de familles religieuses qui détiennent la baraka de génération en génération, et, notre action se borne à une surveillance politique peu effective puisque nous nous trouvons en présence de domiciles ayant un caractère privé et par suite inviolable.

Ici, il n'y a que la persuasion intelligemment employée, qui puisse aboutir à des résultats sérieux.

Après avoir capté la confiance des directeurs de ces zaouïa, en faisant preuve de bienveillance, on pourrait les amener en les subventionnant, au besoin, à édifier, au nom de l'État, un bâtiment contigü à leur sanctuaire — bâtiment qui deviendrait la base des opérations de nos agents en vue de substituer, progressivement, notre action sur la masse, à celle du santon qui la dirige.

Nous mettrions ainsi un pied dans la maison sans crainte de blesser le fanatisme farouche de ceux qui en ont la garde et nous avons la conviction que les fidèles, édifiés sur nos sentiments, au lieu d'y voir une sorte de sacrilège, n'y verraient qu'un témoignage d'intérêt.

Les autres zaouïa disséminées sur notre territoire sont, généralement, de simples gourbis, souvent des tentes, qui ne doivent cette appellation qu'à la présence du moqaddem qui les dirige ou du derrer qui y séjourne.

Rien donc de plus commode, lorsque l'opportunité en serait démontrée, que d'élever, à côté ou sur le même emplacement, une zaouïa telle qu'il faudrait la concevoir, c'est-à-dire une école en même temps qu'un établissement de bienfaisance avec une salle réservée aux cérémonies du culte et à la prière.

Enfin, nous pourrions autoriser dans les mêmes conditions d'opportunité, et d'après un modèle type, la construction si souvent sollicitée de nouvelles zaouïa.

Pour l'exécution de ce programme, quelques restitutions de habous disponibles, quelques subventions ajoutées aux quêtes des fidèles, nous permettraient, à la fois, d'enlever aux zaouïa ainsi construites, leur affectation de propriété privée et de les classer comme biens publics ayant le triple caractère d'établissements d'enseignement, de culte et de bienfaisance. Et tout en donnant satisfaction au désir de la masse qui verrait dans cette protection, accordée ouvertement à ce qu'elle a de plus cher, un bienfait de Dieu, nous marcherions d'accord avec ses sentiments intimes pour la réalisation de nos vues d'avenir.

Et la zaouïa ainsi comprise, nos moyens d'accès ainsi assurés, nous pourrions, puisqu'il est démontré que nous nous trouvons dans l'impossibilité d'empêcher la perception de la dîme religieuse, surveiller la distribution de cette dîme et exiger, progressivement, qu'elle soit répartie au nom de la France généreuse.

Nous serions en droit d'exiger des comptes et les huit millions que les dignitaires des confréries religieuses encaissent bon an mal an, tels des percepteurs, au lieu d'enrichir leurs escarcelles, serviraient à entretenir les établissements qu'ils dirigeraient et à secourir les malheureux que nous devons protéger. Sans obliger le pontife régional à refuser sa baraka à ceux qui viendraient la lui demander, nous lui imposerions l'obligation d'accorder, comme il le faisait jadis, l'hospitalité aux indigents qui iraient frapper à la porte de son sanctuaire. Nous y gagnerions, peut-être de la reconnaissance, tout au moins des moyens de surveillance efficaces vis-à-vis des apôtres des confréries religieuses en résidence à l'Étranger.

Car, si nous estimons qu'il serait sage de nous montrer tolérants pour nos moqaddim algériens, sans distinction de confréries, nous pensons aussi qu'il serait urgent de sévir rigoureusement contre les étrangers qui viennent, périodiquement, prélever la ziara sur notre territoire.

Dans ce dernier cas, en effet, c'est la fortune publique qui est atteinte, et il y a là un danger économique à prévenir. Or, les moqaddim qui, aujourd'hui, abritent les personnages étrangers, de crainte d'être dénoncés eux-mêmes, seraient, une fois investis par nous, les premiers à nous signaler ceux qui viendraient sur leur domaine.

Nous pourrions, ainsi, intervenir efficacement et dégager nos indigènes de cette charge des ziara étrangères qui, lentement, mais sûrement, les écrase.

Et, une fois que les bases de ce programme seraient assises, que nos moyens d'action seraient établis, nos médecins de colonisation ou nos officiers de santé indigènes (l'organisation d'un corps de médecins indigènes est en ce moment à l'étude) pourraient prodiguer, en cet endroit divinisé qu'est la zaouïa, leurs soins aux indigènes, soins que leurs scrupules religieux les empêchent de recevoir ailleurs; l'instituteur français y enseignerait notre langue, en même temps que le taleb y apprendrait le Coran ; nos magistrats et nos fonctionnaires y rendraient la justice et y feraient aimer le gouvernement qu'ils représentent en même temps que l'imam y réciterait la prière.

Nous voudrions que, de la zaouïa, nos lois et nos règlements parviennent à nos sujets musulmans, revêtus de certaines formes, appuyés sur certaines autorités religieuses, islamisés en quelque sorte.

Alors ils seraient facilement acceptés par les indigènes qui y verraient un témoignage irréfutable de notre bienveillance à leur égard, comprendraient la haute idée d'humanité qui nous guide, et, avec l'apaisement des esprits, naîtraient, peut-être, la confiance et, peu à peu, la prospérité.

L'impulsion ainsi donnée, nous pourrions poursuivre notre œuvre d'émancipation sociale, infiltrer dans l'esprit de nos sujets un peu de cette bienfaisante lumière qui leur fait tant défaut. Nous pourrions les dégager de leurs préjugés séculaires, leur faire comprendre tout ce qu'il y a de rétrograde dans certaines de leurs croyances et, peut-être, arriver, à l'exemple de l'Autriche-Hongrie dans la Bosnie et l'Herzégovine, à puiser, dans la *Loi musulmane*, les matériaux nécessaires à la confection de codes spéciaux en rapport avec les besoins de la société nouvelle.

Ce sont là autant de mesures connexes qu'il serait utile de mettre en pratique, avec ensemble et ménagement.

Certes, sur beaucoup des points soulevés, nous ne nous faisons pas d'illusions : la transformation de la pensée, l'éducation d'un peuple ne s'opèrent pas spontanément. Ce n'est que lentement, sous l'influence des années et la diffusion des lumières que les générations prennent cet élan régénérateur que nous serions heureux de constater chez nos sujets musulmans.

On se leurrerait de mirages trompeurs si on pensait que, soudain, quatre millions de fanatiques abandonneront leurs rites, modèleront leur religion sur nos idées avancées et nous sacrifieront leurs préjugés.

* * *

Mais la mission de la France ne se borne pas à sa colonie algérienne : indépendamment du rôle de puissance civilisatrice qui lui est dévolu et qu'elle remplit de son mieux depuis des siècles, ses intérêts la convient à jeter un regard au-delà du Sahara et à se préoccuper des événements qui agitent l'Islam ; ses espérances lui commandent de prévenir les embûches qu'elle rencontre dans le Soudan Noir et de déjouer les intrigues qui se trament dans le mystère qui entoure le monde mahométan.

Dans cet ordre d'idée, nous avons à méditer et à suivre l'exemple de la Russie, qui obtient, dans l'Asie centrale, de réels résultats avec l'emploi des musulmans ralliés. Nous avons à mettre en œuvre les éléments que les confréries ayant des ramifications à l'extérieur de nos possessions du nord de l'Afrique peuvent nous offrir. Parmi leurs chioukh et moqaddim gagnés à notre cause, nous pourrions, sans crainte de trahison, trouver des intermédiaires avec les adeptes des mêmes corporations en résidence à l'étranger et des propagateurs dévoués et autorisés de nos sentiments de haute humanité. Ils s'y prêteraient d'autant plus volontiers qu'ils y seraient eux-mêmes intéressés.

Des Qadrïa, par exemple, nous ferions des agences de renseignements ayant des correspondants dans les mille monastères disséminés de l'Afrique aux Indes.

De leurs zaouïa de Rouissat, d'El-Amich, voire même de Nefta et du Kef, ils établiraient des relations solides avec les Qadrïa du Bornou, des environs du lac Tchad et du Soudan occidental pour remonter ensuite vers le Touat et le Gourara en laissant, çà et là, des succursales avec la mission de propager le germe bienfaisant des sentiments de progrès et d'humanité auxquels ils sont accessibles. Et après en avoir fait des apôtres et des missionnaires, certains qu'ils auraient laissé sur leur passage des gages de retour, qu'ils seraient accueillis partout, avec sympathie, il nous serait aisé de les transformer en commerçants. Sous notre inspiration, nous verrions leurs chioukh et leurs moqaddim, franchir les steppes sahariennes, à la tête de caravanes inviolables, pour aller au Soudan répandre le bon renom de la France et gérer, en même temps, leurs affaires.

De leurs zaouïa transformées, partiraient, sous l'égide de notre gouvernement, des tolba-émissaires qui iraient à la Mecque, en Tripolitaine, en Égypte, en Turquie d'Europe, en Asie et jusqu'en Extrême-Orient faire connaître les bienfaits de notre civilisation au lieu de la présenter, comme ils le font actuellement, sous la forme d'un spectre terrible et toujours menaçant qu'il faut combattre à outrance pour mériter les grâces divines.

Et, progressivement, le nom de la France rayonnerait, sympathique, d'une extrémité à l'autre du monde islamique et reprendrait le grand prestige dont il jouissait autrefois en Orient.

Prévenus, en temps utile de ces mouvements qui éclatent soudainement en pays musulman, après avoir été fomentés à la Mecque ou à Stamboul, il nous serait facile, grâce au dévouement de nos protégés, sinon de les prévenir, du moins, d'en éviter le choc.

On pourrait faire adopter le même programme, dans un rayon plus restreint, par nos Tidjanïa algériens, que nous enverrions dans les pays fétichistes combattre la propagande hostile de leurs « frères » dissidents du Maroc et du Soudan occidental.

Avec ensemble et méthode, nous continuerions à employer les Taïbïa soit auprès du gouvernement chérifien, soit pour les besoins de notre politique saharienne, sans négliger le Zianïa, les Kerzazïa, les Nacerïa, voire même les Derqaoua qui, si nous réussissions à les rallier, seraient nos meilleurs auxiliaires auprès des populations fanatiques du centre et de l'extrême sud marocain.

Et de la zaouïa senousia de Ben-Tekouk dont nous avons, peut être, exagéré l'hostilité, le gouvernement pourrait tenter d'entrer en relation avec le cheikh El-Mahdi de Koufra, afin de prendre contact avec lui et d'arriver, peut-être, à dévoiler les mystérieux projets qu'on lui prête.

C'est en agissant ainsi, croyons-nous, que tout en sapant un pouvoir occulte, tout en hâtant l'heure, sans doute fort lointaine, de la désagrégation de la khouannerie, nous parviendrons à faire disparaître, la menace constante pour nos conquêtes du Nord de l'Afrique d'être attaquées de tous côtés le jour où des complications surgiraient en Europe.

Et, les voies libres, les esprits préparés, nous pourrons, sans crainte d'exposer leur vie, faire appel aux hommes de cœur et d'initiative ou à ceux qui se meurent dans l'oisiveté, pour les lancer dans la nouvelle France où, la main dans la main, ils travailleront avec nos sujets musulmans, pour le plus grand profit de nos intérêts politiques et matériels.

DEUXIÈME PARTIE

NOTICES ET DOCUMENTS

Les notices des confréries religieuses répandues en Algérie ont été établies, en partie, par M. Rinn, dans son ouvrage *Marabouts et Khouan*.

D'autres auteurs de talent, notamment M. A. Le Chatelier, dans son livre, *Les Confréries musulmanes du Hedjaz*, ont étudié, plus particulièrement, les doctrines des corporations implantées dans l'empire ottoman. Nous-mêmes, nous en avons donné l'esprit général.

Refaire leur historique, raconter, à nouveau, les légendes qui s'y rattachent, serait tomber dans des redites peu intéressantes et fatiguer le lecteur, sans utilité apparente et sans portée effective.

Notre but est de compléter, autant qu'il nous est possible de le faire, les notices déjà publiées et d'établir, aussi simplement que le cadre de notre travail le comporte, celles qui n'ont jamais été faites.

Pour atteindre ce résultat, ce qu'il importait de ne point négliger, ce sont les points essentiels qui caractérisent les confréries, c'est-à-dire les titres et diplômes qui contiennent, en esprit général, les principes fondamentaux de chacune d'elles, ainsi que les sentiments intimes des chioukh qui ont délivré ces documents. Ce sont là autant de pièces à conviction, si nous pouvons nous exprimer ainsi, que nous avons eu la bonne fortune de nous procurer et qu'il est indispensable de faire connaître à ceux qui sont, journellement, aux prises avec les chefs de ces *gouvernements* au petit pied que représentent les confréries religieuses.

Au moyen de ces documents, les agents qui ont la mission difficile de surveiller les agissements des populations musulmanes placées sous la tutelle des corporations religieuses, pourront, aisément, se rendre compte de leur puissance occulte, et, à l'avenir, lorsque les circonstances les placeront au contact d'émissaires ou de chioukh en pérégrinations intéressées, savoir reconnaître, au vu des diplômes dont ils sont généralement munis, la confrérie pour le compte de laquelle ils agissent.

Le domaine géographique des confréries, l'influence respective des chefs qui les dirigent, étaient, à notre avis, les points essentiels qu'il fallait déterminer. Nous l'avons fait avec un soin tout particulier, et c'est là, la partie administrative de notre travail.

On pourra, désormais, en jetant les yeux sur les états où nous avons consigné nos renseignements, avoir une idée à peu près exacte de l'importance des confréries et juger de l'influence des chioukh et moqaddim qui les représentent dans les divers pays de l'Islam.

Nous avons omis, à dessein, d'émettre des appréciations sur les personnages religieux qui détiennent, en ce moment, les forces vives du monde mahométan. Notre jugement aurait pu paraître téméraire.

Nous estimons, d'autre part, qu'il ne serait pas de bonne politique de livrer à la publicité des renseignements confidentiels sur des personnages (seraient-ils hostiles à notre domination et à notre expansion coloniale), que les circonstances peuvent nous appeler à ménager.

D'ailleurs, leurs sentiments d'aujourd'hui peuvent ne plus être ceux de demain ; l'hostilité de tel chef religieux peut se traduire en amitié sincère. Il serait donc, de notre part, imprudent de faire connaître, ici, ce que nous pensons de leur attitude.

Un travail complet, de cette nature, offrirait un intérêt inappréciable, mais pour que les résultats puissent répondre au but qu'on se propose, il doit être et demeurer confidentiel (1).

---

(1) Les renseignements qui figurent dans la partie documentaire du présent ouvrage ont été puisés, presque tous, à des sources officielles, sauf en ce qui concerne la Tunisie, pour laquelle, aucun renseignement officiel n'ayant pu être produit, nous avons dû avoir recours à des sources indigènes.

CHAPITRE VIII

Confrérie-mère (tariqa-el-ouçoul) des Qadrïa : son origine, sa formation, ses principes fondamentaux, son domaine géographique. — *Ramifications :* Azaouadïa (Azaouad), Fadelïa et Lessidïa, Akbarïa, Bakkaouïa ou Bakkaïa.

Confréries dérivées des Qadrïa (trouq-el-fourou'a) : Rafa'ïa, Sa'adïa ou Djebaouïa.

Confréries aux principes extatiques similaires : Djichtïa, Badaouïa ou Ahmedïa, Beïoumïa, Doussoukïa, Maoulenïa, A'roussïa-Selamïa ou Soulamïa, A'ïsaouïa (A'ïssaoua), Boua'lïa, A'mmarïa.

Corporations de jongleurs, de visionnaires, de charmeurs, d'exorcistes, etc.... placées sous le patronage de thaumaturges vénérés : Oulad-Moussa, Oulad ben A'ouda, Beni-A'bbas, Oulad-Nahal, etc.

La confrérie religieuse musulmane des *Qadrïa* est ainsi appelée du nom de son fondateur et patron Sid-Mahi-ed-din-Abou-Mohammed-A'BDELQADER-EL-DJILANI ben Abou-Salah-Moussa-el-Hassani (471-561 de l'hégire, 1079-1166 de J.-C.), désigné, plus simplement, sous le nom d'A'bdelqader-el-Djilani, ou Djilali en Orient et au Maroc, et Ghilani en Turquie.

Son lieu de naissance est, en effet, Djil ou Djilan près de Baghdad d'où le qualificatif *Djilali* ou *Djilani*, qui lui est indifféremment appliqué et celui de *Qadrïa* ou *Djelala* qu'on donne à ses adeptes.

Chérif d'origine, A'bdelqader réalisa le type du mystique accompli, du soufi incomparable. Tantôt oukil du tombeau d'Abou-Hanifa-*Noman*, tantôt missionnaire infatigable ou savant professeur, il fut toujours *pauvre* et donna l'exemple des plus éclatantes vertus.

Les croyants, en général, et plus particulièrement ses adeptes, ne prononcent jamais son nom sans l'accompagner, en signe de respect et de vénération, des qualificatifs laudatifs suivants :

Observateur de Dieu............	مشاهد الله
Chose de Dieu...............	امر الله
Bonté de Dieu...............	فضل الله
Foi de Dieu................	امان الله
Lumière de Dieu..............	نور الله
Pôle de Dieu................	قطب الله
Sabre de Dieu...............	سيف الله
Firman de Dieu..............	فرمان الله
Argument de Dieu.............	برهان الله
Prodige de Dieu..............	ءايت الله
Secours de Dieu..............	غوث الله

Tous ces mots, pris en sens mystique, forment les attributs du *Sultan des Saints*, Sidi-A'bdelqader (1).

Ses doctrines peuvent être synthétisées dans les formules suivantes : Abnégation de l'être au profit de Dieu ; mysticisme extatique aboutissant à l'hystérie au moyen de pratiques enseignées dans des zaouïa ayant une certaine analogie avec les monastères chrétiens ; principes philantropiques développés au plus haut degré, sans distinction de race ni de religion ; une charité ardente ; une piété rigoureuse ; une humilité de tous les instants, et, par suite, une douceur d'âme qui en ont fait le saint le plus populaire et le plus révéré de l'Islam.

---

(1) Voir pour renseignements complets sur la vie et les doctrines de Sidi-A'bdelqader-el-Djilani :
Les *Khouan* par le capitaine de Neveu ;
Marabouts et Khouan par L. Rinn ;
Les Confréries du Hedjaz par A. Le Chatelier ;
Une note imprimée dans la *Revue archéologique de Constantine* (année 1869) par E. Mercier ;
La religion musulmane dans l'Inde et l'Islamisme par Garcin de Tassy ;
Mrs. Meer Hassan A'al : *The Musulmauns of India* ;
Un manuscrit du Cheikh Snoussi (traduction de M. Colas) ;
Anouar-el-Nader par A'bdallah ben Nacer-el-Bekri-es-Seddiki ;
Nezhat-en-Nader par A'bd-el-Atif ben el-Hachemi ;
Kohdjet-el-Asrar en 3 volumes, par Abou-el-Hassan-A'li ben Youcef ben Djara-el-Lokhim-ech-Chetnoufi, cités par M. Rinn. p. 173, d'après l'historien Abou-Ras.
Histoire du Saint : *Menakib-Sidi-A'bdelqader* traduite du persan par cheikh A'bdelqader-el-Qadri et éditée par cheikh A'bderrahman-Tiazi, supérieur du couvent des Qadrïa, à Boulaq, en 1883, citée par M. A. le Chatelier, p. 34, et divers manuscrits et chapitres spéciaux intercalés dans les nombreux ouvrages traitant du soufisme ou des confréries religieuses musulmanes.

Indépendamment de ces règles d'où la morale la plus épurée se dégage comme un symbole de foi et dont Sidi-A'bdelqader s'était fait le représentant et le défenseur, les adeptes qadrïa sont astreints à d'autres obligations qui constituent les préceptes spéciaux de la confrérie.

Ces obligations sont comprises dans l'*Ouerd* imposé par Sidi-A'bdelqader et sont propres à conduire l'affilié à la perfection morale recherchée, à le maintenir pur dans la voie (tariqa) instituée par le patron des pauvres et des opprimés.

L'ouerd formulé par le fondateur de la confrérie se compose :
1° du *dikr-el-hadra* dont nous avons analysé, plus haut, les grandes lignes ; (1)

2° Des litanies suivantes que l'adepte, parvenu à un certain degré de connaissance des règles mystiques de la voie, doit réciter après les prières réglementaires de la journée :

100 fois : Que Dieu pardonne ;

مايت مرّة استغفر الله العظيم

100 fois : Que Dieu soit exalté ;

مايت مرّة سبحان الله

100 fois : O mon Dieu, que Dieu répande ses bénédictions sur notre Seigneur Mohammed et ses compagnons ;

مايت مرّة اللهم صلي على سيدنا محمد وعلى آله وصحبه

500 fois : Il n'y a de Dieu que Dieu ;

خمس مايت مرّة لا اله الا الله

C'est l'*Ouerd-el-Kebir* ou le Dikr-el-Ouaqt.

3° De l'*Ouerd-es-Seghir* ou dikr simple, communiqué aux foqra ; il consiste à réciter 165 fois après chaque prière obligatoire le *credo*.

لا اله الا الله

« Il n'y a de Dieu que Dieu » (2).

Ces prières ne sont pas les seules en usage : Sidi A'bdelqader recommandait tout spécialement la récitation constante de prières surérogatoires dont voici la principale et la plus répandue :

---

(1) Voir ci-devant, p. 156-157. Dans les hadra, les Qadrïa récitent parfois des oraisons qui forment de véritables volumes ; elles sont réunies dans des recueils imprimés analogues à nos livres de prières.

(2) L'ouerd que nous reproduisons textuellement ci-dessus est celui délivré actuellement à Baghdad. Des divergences peuvent exister avec celui que certains chefs de

الـقـنـوت

اللهم انا نستعينك و نستغفرك و نومن بك و نتوكل عليك و نخضع لك و نخلع و نترك من يكفرك اللهم اياك نعبد ولك نصلي و نسجد و اليك نسعى و نجهد نرجو رحمتك و نخاف عذابك الجد ان عذابك بالكافرين ملحف

Knout *(ou oraison spéciale)*.

O notre Dieu ! nous invoquons ton assistance, nous implorons ton pardon, nous croyons en toi, nous nous confions à toi, nous nous résignons à ta volonté, nous nous détournons et nous nous écartons de ceux qui sont infidèles envers toi. O notre Dieu ! c'est toi que nous adorons, c'est toi que nous prions, c'est devant toi que nous nous prosternons, c'est à toi que nous allons, c'est toi que nous servons, nous espérons ta miséricorde, nous craignons ton châtiment terrible ; certes, ton châtiment ne manquera pas d'atteindre les infidèles (1).

Comme on le voit, ces oraisons sont presque exclusivement composées de versets du Coran, d'où leur désignation d'*Hezb*, auxquels on attribue plus de vertus qu'aux autres.

*
* *

L'enseignement de Sidi-A'bdelqader-el-Djilani se rattache à celui d'Abou-el-Kacem-el-Djoneidi par la chaîne mystique suivante :

Abou-Sa'ïd-el-Mebarek-el-Makhzoumi ;
Cheikh-el-islam-Abou-el-Hacem-el-Korchi ;
Abou-Feradj-Mohammed-el-Tarsoussi ;
Abou-Feradj-A'bdel-Ouahab-et-Tamimi ;
Abou-Beker-Mohammed ben Bou-Dalou-ech-Chebli ;
Abou-el-Kacem-el-Djoneidi ;

et aboutit à A'li ben Abou-Taleb et au Prophète par la *selsela* que nous avons reproduite au chapitre du soufisme (2).

Mais, le saint de Baghdad était un descendant direct d'A'li ben Abou-Taleb par :

Abou-Salah-Djanki-Doust ben Sidi-A'bdallah-el-Djili ; ben Sidi-Yahia-

---

congrégations donnent dans d'autres pays, notamment en Égypte, où M. A. le Chatelier a constaté qu'on se borne à l'invocation :

O mon Dieu, que Dieu répande ses bénédictions sur notre Seigneur Mohammed, le prophète illettré, qu'on répète 50 fois seulement en y ajoutant des noms d'attributs de Dieu : O vivant ! 100 fois ; O immuable ! 100 fois.

(1) Knout délivré à Baghdad à un pèlerin algérien en 1896 ; traduction de M. Mirante, interprète militaire.

(2) Voir ci-devant, p. 92.

el-Zahid ; ben Sidi-Mohammed ; ben Sid-Daoud ; ben Sid-Moussa ; ben Sid-A'bdallah ; ben Sid-Moussa-el-Djaoun ; ben Sid-A'bdallah-el-Mahdi ; ben Sid-Hassein-el-Motenna ; ben El-imam-Hassein-Radhi-Allah ben A'li-ben Abou-Taleb..... et comme tel, il héritait en même temps de la *baraka* des soufis et de la parcelle divine des chorfa.

De là les deux généalogies suivantes : l'une symbolique comprenant les chioukh qui se sont transmis la *khirqa* de Sidi-A'bdelqader, et, par suite, la baraka et tous les pouvoirs spirituels et temporels attribués au directeur de la confrérie ; l'autre, réelle, indiquant ses descendants en ligne directe.

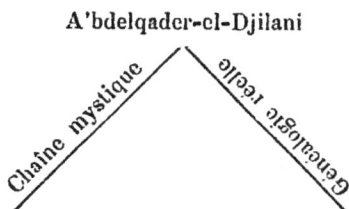

A'bdelqader-el-Djilani

Chaîne mystique / Généalogie réelle

Chaîne mystique	Généalogie réelle
A'bdelaziz,	A'bdelaziz,
Mohammed-el-Hattaq,	Mohammed-el-Hattaq,
Chems-ed-Din,	Chems-ed-Din,
Charef-ed-Din,	Cheref-ed-Din,
Zin-ed-Din,	Zin-ed-Din,
Ouali-ed-Din,	Ouali-ed-Din,
Nour-ed-Din,	Nour-ed-Din,
Yahïa,	Hassan-ed-Din,
Abou-Beker,	Mohammed-Derouich,
Hassan-ed-Din,	Zin-ed-Din,
Mohammed-Derouich,	Mostefa,
Nour-ed-Din,	Sliman,
A'bdelhouab,	A'li,
Ismaïl,	Hassan-el-Qadri.
Abou-Beker,	
A'bdelqader,	
A'li,	
Sliman,	
Sid-el-Hadj-Mahmoud,	
A'bdesselam (1892),	

La chaîne mystique se confond parfois avec la généalogie réelle, mais tous les personnages compris dans cette dernière n'ont pas été appelés à prendre la direction de la zaouïa de Baghdad.

La succession de cette charge est, en effet, réservée à la branche aînée ; ce n'est qu'à l'extinction de celle-ci qu'elle est dévolue aux autres membres de la famille.

Quoi qu'il en soit, l'hérédité des pouvoirs qu'elle confère est exclusivement réservée aux membres de la famille de Sidi-A'bdelqader, disséminés aux quatre coins du monde musulman.

Ils descendent de ses 13 fils :

> A'bd-Er-Rezaq,
> A'bd-el-Ouhab,
> A'bdelaziz,
> A'bd-el-Djebar,
> A'bdel Gheffar,
> A'bd-Es-Settan,
> Chems-ed-Din,
> Mohammed,
> Ibrahim,
> A'ïssa,
> Salah,
> Yahia,
> A'bdelghani,

et de sa fille Fatma. (1)

Plusieurs d'entre eux furent des chioukh éminents et des apôtres convaincus. Après A'bdelqader, ils parcoururent le monde musulman, propageant les doctrines de leur père, avec cette fièvre du prosélytisme de l'époque qui fit de leur confrérie une école pleine de sève et de force expansive dont les principes fondamentaux servirent de base aux multiples corporations analogues.

Sidi-A'bd-er-Rezaq, mort en 603 de l'hégire (1206-1207 de J.-C.) ; Mohammed-el-Hattaq, décédé en 600 (1202-1203 de J.-C.) ; Chems-ed-Din, A'bdelaziz, prirent successivement la direction de la confrérie et, à l'exception du dernier, qui émigra à Fas après la prise de Grenade (1), ils furent enterrés à Baghdad.

Le premier avait fait construire, près du tombeau de Sidi-A'bdelqader, la mosquée aux sept dômes légendaires, la zaouïa mère, d'où sont sortis tant de savants, tant de missionnaires devenus, avec le temps, des chefs de congrégations puissantes placées sous le vocable de leur Saint de prédilection, Sidi-A'bdelqader ;

Chems-ed-Din introduisit l'usage de la musique et de la danse rythmée dans la hadra ; Cheikh-A'bd-el-Ouhab, mort en 594 de l'hégire (1196-1197 de J.-C) ; Cheikh-Yahia, mort en 600 de l'hégire (1202-1203 de J.-C.), furent également inhumés à Baghdad ;

---

(1) Nous puisons ces renseignements sur un arbre généalogique délivré à Baghdad le 4 rebia' 1310 (26 septembre ou 26 octobre 1892), par le cheikh Es-Sid-A'bdesselam-el-Qadri.

M. Rinn n'en cite que neuf et M. Le Chatelier, d'après une histoire du saint « Menakib-Sidi-A'bdelqader » traduite du persan par Cheikh-A'bdelqader-el-Qadri et éditée par Cheikh-Abderrahman-Tiazi, supérieur du couvent Qadrïa d'Alexandrie, à Boulaq, en 1883, parle de quarante neuf enfants, dont 27 garçons.

Cheikh-A'ïssa, auteur d'un traité sur le soufisme, intitulé *Sataïf-el-Anouar*, mort à Karaf en 573 de l'hégire (1177-1178 de J.-C.) ; Cheikh-Ibrahim, mort à Ouarita (entre Bosra et El-Koufa) en 592 de l'hégire (1195-1166 de J.-C.) ; Cheikh-Moussa, mort à Damas en 613 de l'hégire (1206-1207 de J.-C.), etc., ont laissé une nombreuse postérité et des coadjuteurs zélés aux Indes, dans le Turkestan, en Arabie, en Égypte et dans l'Afrique septentrionale, particulièrement au Maroc d'où leurs doctrines se sont répandues au milieu des peuples fétichistes et aux quatre coins des pays soumis à la *Loi* de Mohammed.

Baghdad demeura de longs siècles le centre d'attraction où aboutissaient tous les éléments de la puissante confrérie des Qadria ; mais, progressivement, des groupes indépendants se formèrent, des moqaddim influents se détachèrent de la zaouïa-mère, et devinrent, eux-mêmes, les chefs de corporations dissidentes auxquelles ils imprimèrent une direction nouvelle.

C'est ainsi que la confrérie perdit, peu à peu, son homogénéité et que la zaouïa de Baghdad, tout en demeurant le dépôt sacré des doctrines pures de Sidi-A'bdelqader, ne conserva plus sur les zaouïa secondaires qu'une influence toute spirituelle.

Depuis de longues années, les néophytes des Qadria se contentent de l'investiture de leurs chefs spirituels directs, et ce n'est que dans le but d'aller se prosterner sur le tombeau de leur patron qu'ils se rendent en pèlerinage à Baghdad.

Là, on leur délivre la généalogie mystique de Sidi-A'bdelqader, l'ouaçia, le rituel spécial à la zaouïa-mère, les attributs du fondateur de l'Ordre, les noms de ses enfants, le tout écrit sur un parchemin en beaux caractères, qui atteint, souvent, trois mètres de longueur.

C'est la chedjera de Sidi-A'bdelqader, en tête de laquelle on remarque, à droite et à gauche, superposés, les cachets du maître ou plutôt de l'inspirateur, le grand *Noman* ainsi que le cachet du disciple, portant la formule sacro-sainte : *Il n'y a de Dieu que Dieu, le cheikh A'bdelqader, chose de Dieu.*

Au-dessous, formant triangle, figure le sceau du directeur spirituel de la confrérie au nom duquel le document est délivré.

La chedjara que nous reproduisons, en réduction, porte le nom de Sidi-A'bdesselam-el-Qadri et est datée du 26 octobre 1892.

Mais, la pièce la plus importante, celle qui *canonise*, pour ainsi dire, le bienheureux qui la reçoit, est le diplôme d'investiture attribuant ou ratifiant les titres de moqaddem ou de khalifa.

Le rituel *(dikr)* est consigné sur un morceau de parchemin et, souvent, en considération de l'influence morale du personnage visiteur ou de l'importance de son offrande, on lui remet aussi les formules des

---

(1) Rinn, *Marabouts et Khouan*, p. 178.

Chedjara de Sidi-A'bdelqader.

prières surérogatoires et quelques autres recommandations plus ou moins bien reproduites, provenant de Sidi-A'bdelqader-el-Djilani.

Muni de ces références, le pèlerin-sectateur retourne dans son pays, persuadé qu'il a gagné les grâces divines. Là, il initie à son tour, nomme des moqaddim, fonde, en un mot, une congrégation qui, suivant les milieux et les circonstances, devient une corporation secondaire ou le noyau de doctrines nouvelles propagées sous le patronage du saint de Baghdad.

Nous allons passer en revue le monde musulman et essayer de faire connaitre celles de ces corporations qui jouissent de quelque prestige tout en déterminant, autant qu'il nous sera possible de le faire, l'influence respective de chacun des chioukh ou moqaddim qui les dirigent.

.·.

A Baghdad, le directeur spirituel de la confrérie est, en même temps, curateur du tombeau de Sidi-A'bdelqader et *naqib* des hobous (ouaqof) considérables qui en dépendent. Son titre de naqib, équivalant à celui d'oukil en Algérie, est ratifié par le gouvernement ottoman qui, de ce fait, a une sorte de main-mise sur la mosquée et ses dépendances. Ce titre est héréditaire.

En 1896, c'était un nommé Sid-Sliman-el-Qadri qui en était le titulaire : « C'est un personnage cupide, assez nul, très peu fanatique, très porté à entretenir de bons rapports avec les Européens, très vaniteux, très porté à intervenir dans les affaires du Wilayet et à imposer son influence aux gouverneurs généraux de Baghdad » (1).

L'action immédiate de la zaouïa-mère des Qadrïa ne dépasse pas la Mésopotamie ; à Baghdad même et dans l'Iraq, les Qadrïa sont peu nombreux, mais, par contre, tous les Kurdes d'Iderkouk, Mossoul, Diarbekir, appartiennent à cette confrérie et sont directement tributaires des chefs spirituels et temporels qui se succèdent à la mosquée de Sidi-A'bdelqader-el-Djilani.

Les nombreux khoulafa ou moqaddim qui dirigent les couvents disséminés en Asie-Mineure, en Turquie, en Syrie et en Arabie, reconnaissent, naturellement, la suprématie du chef de l'ordre et s'inspirent des doctrines religieuses et politiques qui sont enseignées à la zaouïa-mère. Mais, au point de vue matériel, ils recouvrent, peu à peu, leur indépendance et s'affranchissent de toute redevance obligatoire.

Il n'en serait pas de même des Qadrïa des Indes, qui y enverraient périodiquement, des dons volontaires représentant de fortes sommes. Ajoutées aux offrandes des pèlerins et aux revenus des hobous, ces offrandes formeraient la principale ressource de la zaouïa de Baghdad.

Voilà, en quelques mots, la situation du directeur de la confrérie et celle de la zaouïa placée sous ses auspices, par rapport aux autres chefs et couvents de la même confrérie peu éloignés du siège principal.

Signalons encore, dans la Mésopotamie, un couvent dirigé par un naqib, à *Se'ert* (région de Mossoul), et un autre, moins important, à *Anah*, sur les bords de l'Euphrate.

En Syrie, ceux d'Alep, de Damas et de Tripoli.

Dans la ville de Constantinople et ses faubourgs, les Qadrïa comptent plus de quarante zaouïa (tekkié). Les principales sont :

A Stamboul, celles de :

Beiram-Pacha, à Khasséki-Adjami, fondée par le grand-vizir Ali-Pacha, mort en 1048 (1638).

Hékim-Oghlou-Ali-Pacha, à Alty-Mermer, fondée par le grand-vizir Ali-Pacha, fils du médecin Nouh-effendi, en 1147 (1734).

Cheikh-Emin, aux Sept-Tours.

Ghavsi effendi, à la porte de Mevléni-hané.

Halil effendi, à Sinan-Pacha.

---

(1) Note de M. H. Pognon, consul de France à Baghdad.

Cheikh-Mohammed-Khoffâf, à Kutchuk-Hammam.
Ivaz effendi, au tekkié de Mimar.
Oglan-Cheikh-Ibrahim effendi, dans le quartier de Mourad-Pacha, à Ak-Seraï.
Cheikh-Mahmoud effendi de Baghdad, à Kutchuk-Hammam.
Haïdar-dédé, à Mimar-Ayaz.
Déniz-Abdal, dans la mosquée du même nom, à Chehr-Emini, bâtie par l'architecte Élias, mort en 958 (1551).
Cheikh-Khalil-Sâadi effendi, à Alti-Mermer.
Kurkdji, à Lalézar.
Kurkdji-zadé, cheikh qadri effendi, à Alty-Mermer, dans la longue rue.
Peik-dédé, à la porte de Silivrie.
Tchéné-zadé, à Eski-A'li-Pacha.
Tchoban-Tchaouch, dans la mosquée du même nom, à Mosalla, fondée par bach-Tchaouch-Suleiman-aga.
Nazmi effendi, à Tatli-Souyon.
Yalaklar, à Khasséki.
Yalaklar, à la Mohammédié.
Remli effendi, dans la mosquée du même nom, à Djami-Khodjagui, fondée par le Cheikh Mahmoud effendi.
Remli effendi, à Chehr-Emini.
Kaba-Koulak, dans la mosquée du même nom, au Khirkaï-Chérif, fondée par Iskender aga, chef de la police municipale sous Mohomet II.
Hadj-Élias, dans la mosquée du même nom, à Eyri-Kapou, quartier de Yatagan.
Cheikh-Hassan effendi, à Khasséki.
Mohammed-Chems-ed-din effendi, à Yéni-Baghtché.
Muhyi effendi, au Kirkaï-Chérif.

A Eyoub, celle de :
Fevsi, à Bulbul-dédé.

A Kassim-Pacha, celles de :
Pialé-Pacha, dans la mosquée du même nom, bâtie par le capitan pacha Pialé, en 981 (1573).
Ali-baba, dans le même faubourg.
Yachmakdji.
Muabbin-Hassan effendi.
Yanik, dans le même faubourg.

A Top-hané, celles de :
Nabati.
Ismaïl-roumi, connu sous le nom de tekkié de Kadihané.

Dans le Bosphore, celle de :

Yardemdji-baba, sur la côte d'Asie.

A Haskeui, celle de :

A'bd-es-Selam, dans la mosquée du même nom, fondée par le defterdar (contrôleur des finances) A'bd-es-Selam effendi.

A Scutari, celles de :

Hadji-dédé le nouveau, à Debbagh-Younous, fondée par Khodja-Bali.
Hadji-Khodja, dans le même faubourg.
Halim-Gulum, à Zindjirli-Kouyou.
Kartal-Ahmed effendi, au quartier de bazar-bachi.
Mahmoud effendi, à Debbagh-hané (1).

***

En Arabie, les Qadrïa occupent une des premières places parmi les confréries locales, aussi bien par le nombre élevé de leurs adhérents que par la considération que les croyants, sans distinction de corporation, ont pour Sidi-A'bdelkader-el-Djilani.

Leur zaouïa de Djedda est actuellement dirigée par le cheikh Mohammed-Saïd-Kadhi ; celle de Médine par le cheikh M'Ahammed-el-Alloui-el-Mekdachi ; et à la Mecque, où ils sont représentés par plus de trente moqaddim, leur couvent principal est placé sous la direction du cheikh Mohammed-Ayad.

Mais c'est surtout en Extrême-Orient, du Turkestan aux Indes anglaises et néerlandaises jusqu'au Yu-Nam chinois, que les Qadrïa progressent. Dans ces pays, berceau du *faqirisme* et de l'extase provoquée, les disciples du saint de Baghdad ont trouvé un terrain préparé à leurs doctrines et sous le nom de Bé-Nawa (sans provision) (2), ils s'emparent des esprits et captivent les masses.

Ce sont, plus particulièrement, les descendants de Sidi-A'bder-Rezaq qui opèrent dans ces contrées. Nous verrons plus loin, comment, tout en conservant pour devise les pieuses doctrines du patron de la confrérie, ils ont formé des groupes distincts et pris le vocable de leurs fondateurs.

***

---

(1) Ces renseignements nous ont été fournis par l'Ambassade de France près la Porte ottomane. Nous les reproduisons *in extenso.*
(2) A. Le Chatelier, *Les confréries du Hadjaz,* p. 37.

En Égypte, la zaouïa qadrïa du Caire dirigée par le moqaddem et oukil, Si-Mohammed ben Moulaï-A'bdelqader, réunit, les jours de hadra, plus de deux mille tolba et foqra (1). Les autres couvents secondaires ainsi que les divers dignitaires de la confrérie disséminés dans la vallée du Nil jusqu'au désert de Nubie, reconnaissent la suprématie de cette zaouïa et s'inspirent des doctrines qu'on y enseigne.

Dans les régions de Khartoum, au Kordofan, au Darfour, au Ouadaï, au Bornou et au Sokoto, sur les routes que suivent les caravanes pour aboutir au Fezzan, les Qadrïa sont fort nombreux : le sultan du Bornou, et les nombreux personnages de sa cour suivent le dikr de Sidi-A'bdelqader-el-Djilani ; à Kouka, il y aurait une zaouïa dirigée par un certain *Mala-colo* qui s'intitulerait chef de la *tariqa* et, comme tel, nommerait des moqaddim.

La seule confrérie que les Tebbous reconnaissent, serait celle des Qadrïa, à laquelle beaucoup d'entr'eux et des plus notables, seraient affiliés.

Enfin, le grand *mahdi*, Mohammed-Ahmed, était qadri et son successeur A'bdallah appartiendrait à la même confrérie.

En Cyrénaïque, les quelques adeptes qui y sont répandus, notamment à Benghazi, dépendent de la zaouïa de Derna, moqaddem : Sidi-Mohammed-Neftah (2).

La Tripolitaine compte une zaouïa à Tripoli dirigée par le moqaddem A'li ben Ghouma avec plus de cinq cents adeptes habitant la ville de Tripoli, les oasis de la Menchia et du Sahel.

Deux à Ghadamès : moqaddem Si El-Hadj-Mohammed-Et-Tsemi et Si El-Hadj-Mohammed ben Sanou ; 400 affiliés.

Une à *Mesrata* : 400 fokra.

Une à *Zliten* : 1 moqaddem et 300 adhérents.

Une à *Gharian* : 1 moqaddem ; 50 adeptes.

Une à *Messelata* : 1 moqaddem ; 100 affiliés.

Enfin, une à *Ghat* (3).

Les divers moqaddim répandus en Tripolitaine et en Cyrénaïque, dépendent, plus ou moins, des chefs des congrégations qadriennes de la Tunisie. Le rôle qu'ils peuvent jouer ne peut donc être que secondaire et mérite à peine d'être mentionné.

* * *

---

(1) Renseignements de source indigène.
(2) Renseignements fournis par notre vice-consul à Benghazi.
(3) Renseignements approximatifs, quant au nombre des adhérents, fournis par M. le Consul général de France à Tripoli.

En Algérie et en Tunisie, les Qadrïa forment des congrégations n'ayant de commun que les doctrines fondamentales de l'ordre et le vocable de Sidi-A'bdelqader-el-Djilani. Chacune d'elles à ses moqaddim et reconnaît ses adhérents ; chaque chef a sa généalogie mystique et son cachet spécial.

Les trois plus importantes, dont les couvents sont jalonnés depuis la Tripolitaine, Ghat et Ghadamès en passant par In-Salah et le Touat y compris la Tunisie, jusqu'aux départements de Constantine et d'Alger, ont leurs zaouïa principales en Tunisie.

La première est représentée par la zaouïa de *Menzel-Bouzelfa* (Tunisie), dirigée par le Cheikh Sidi-Mohammed ben Mostafa-el-Menzeli, cadi maléki de la localité. Son influence s'exerce surtout dans les régions Nord-Est de la Tunisie et jusqu'à la Tripolitaine. Les zaouïa qadriennes de Djerba : moqaddem A'bdelqader ben Salem-Chellakhi ; de Sfax : moqaddem Dhrifa-Menzeli, et celle de Gabès : moqaddem Ben-Sliman, seraient des succursales de la zaouïa de Menzel-Bouzelfa.

La deuxième est la corporation fondée sous les auspices de Sidi-A'bdelqader-el-Djilani par le Cheikh-el-Mazouni du Kef, et actuellement dirigée par son fils Si Qaddour. Elle rayonne dans tout le Nord-Ouest de la Tunisie et embrasse le territoire civil du département de Constantine ainsi qu'une grande partie de celui d'Alger.

La zaouïa qadrienne du Kef est une des plus importantes et des plus riches de la Tunisie. Plus de cinq cents tolba y reçoivent et y donnent l'instruction coranique ou y enseignent les doctrines de la confrérie. Elle héberge plus de mille pèlerins par an.

Voici un extrait d'un diplôme de moqaddem où sont consignées les recommandations spéciales du Cheikh de la congrégation. En tête et à droite, entre la deuxième et la quatrième lignes et sur la troisième est apposé un cachet à forme cubique portant le nom du Cheikh-Qaddour-el-Mazouni.

« Au nom de Dieu clément et miséricordieux !
» Que Dieu répande ses bénédictions sur notre Seigneur Mohammed, sur sa famille
» et ses compagnons et qu'il leur accorde le salut !
» Louange à Dieu maître des mondes.
» Que la prière et le salut soient sur notre Seigneur Mohammed, sceau des pro-
» phètes et imam des Envoyés.
» Que les grâces divines soient répandues sur sa famille et tous ses compagnons
» sur leurs imitateurs et leurs fervents adeptes.
» Voici ce que dit l'humble serviteur de Dieu, celui qui espère que son Seigneur
» lui accordera la faveur de ses récompenses, Qaddour ben El-Hadj-Mohammed ben
» A'mmar-el-Mazouni, de la confrérie des Qadrïa.
» Je confère le présent diplôme au très illustre, etc. . . . .
. . . .
» Je l'investis du titre de moqaddem auprès des affiliés (foqra) de la tariqa des Qadrïa

» *Il s'occupera des affaires des Khouan et, en toutes circonstances, veillera sur leurs*
» *intérêts spirituels et temporels, par quelque moyen et de quelque façon qu'il le jugera utile.*
» *Nous recommandons aux Khouan, d'avoir, pour lui, des égards et du respect, de se*
» *conformer à ses prescriptions et de le traiter avec considération* ».

Viennent ensuite de longues invocations à Dieu, ainsi que la chaîne mystique des appuis sur lesquels repose l'enseignement du grand maître. Nous la reproduisons en entier, après en avoir supprimé les formules laudatives qui figurent à la suite de chacun des noms des saints personnages qui suivent :

Si Qaddour,
Mohammed-el-Mazouni,
Sidi-el-Hadj,
Abou-A'bdallah-Sidi-Mohammed-el-Iman,
Sidi-A'li-Ech-Chaïb,

Sidi-A'bderrahman,
Sidi-el-Hadj-A'li,
Sidi-Mohammed,
Sidi-Rab-Allah,
Sidi-Fardj-Allah,
Sidi-A'bdelqader,
Sidi-A'bder-Rezaq,
Sidi-A'bdelqader,
Cheikh-Hossein,
Chems-ed-Din,
Sidi-Charef-ed-Din-Kacem,
Sidi-A'bdel-Bacit,
Chihab-ed-Din-Ahmed,
Abou-Salah-Nacer,
A'bder-Rezaq,

Sidi-Mohammed ben A'bdelkrim,
Sidi-Mohammed-Tahar,
Sidi-Oqil-el-Mekki,
Sidi-Mohammed-Es-Seddiq,
Sidi-Mohammed-Kacem,
Sidi-A'bd-el-Fettah,
Sidi-Gherib-Allah,
Sidi-Daoud,

A'bdelqader-el-Djilani

La Chaîne continue par les maîtres spirituels de Sidi-A'bdelqader en passant par Abou-Kacem-el-Djoneidi et A'li ben Abou-Taleb, etc...

La troisième branche, la plus répandue, est la branche qadrienne de Nefta.

Fondée par Abou-Beker ben Ahmed-Chérif, élève de l'imam El-

Menzeli, elle prit une extension considérable avec le cheik Brahim ben Ahmed-Chérif-Nefti.

Zaouïa d'El-Amich

Aujourd'hui, son influence dans l'Extrême-Sud de la Tunisie et de l'Algérie, aboutit à Ghadamès, Ghat, In-Salah, le Touat et le Tidikelt. Les Touareg reconnaissent volontiers la suprématie spirituelle des chefs qui la dirigent, et beaucoup d'entre eux sont affiliés. Le fameux cheikh A'bidine, marabout légendaire, qui parcourt en maître incontesté le pays des hommes *voilés*, ce thaumaturge-guerrier qui, par ses miracles et ses légendes, se crée un domaine au milieu des Touareg, ses tributaires, serait un fervent adepte des Qadrïa de Nefta (1).

Le cheikh Brahim, décédé il y a quelques années, a laissé neuf

Zaouïa de Rouissat (façade principale)

---

(1) Renseignement fourni par le cheikh Si Mohammed ben Brahim, grand maître de la zaouïa de Nefta.

enfants qui se sont partagés le domaine spirituel de leur père. L'aîné, Si-Mohammed, a pris la direction de la congrégation et, comme tel, réside à la zaouïa-mère de Nefta.

Deux de ses frères, Si-El-Hachemi et Si-Mohammed-Taïeb, ont été délégués avec le titre de « Naïb », dans le Sud algérien où ils déploient une grande activité dans le recrutement des adeptes.

Le premier a fondé une zaouïa importante à El-Amich (annexe d'El-Oued), d'où il entretient des relations avec tous les nomades du désert et dirige l'expansion de sa confrérie jusqu'à Ghat et au Soudan.

Il a su prendre la direction exclusive des Qadrïa de l'Extrême-Sud et, par une propagande active et intelligente, ramener les dissidents Trouds-el-Souafa.

Zaouïa de Rouissat (côté nord).

Le second, Si Mohammed-Taïeb, a été chargé de représenter la corporation, à la zaouïa de Rouissat (poste d'Ouargla), d'où il étend son influence sur tous les Qadrïa des régions de Ghardaïa et de Laghouat;

Si Mohammed-Larbi est placé à la tête de la zaouïa de Gafsa ;

Si Mohammed-Lezhar est fixé dans le couvent du Ghesour (Kef) ;

Si El-Haoussin dans celui de Guemar;

Si A'li à Tébessa ;

Mohammed-Liman dirige le couvent du Sahane des Chaamba (El-Oued);

Zaouïa de Rouissat (côté sud).

Si El-Hadj-Ahmed, celui de Gabès.

Les Qadrïa de Nefta se rattachent, par leur chaîne mystique au cheikh *A'li ben Ammar-El-Menzeli-ech-Cha'ib*, qui semble avoir été un apôtre fervent des doctrines de Sidi-A'bdelqader-El-Djilani en même temps que l'initiateur des fondateurs des deux autres branches tunisiennes.

Voici cette chaîne :

>Si-Mohammed-El-Kebir ;
>Brahim ben Ahmed-Chérif-Nefti ;
>Bou-Beker ben Ahmed-Chérif ;
>Mohammed-El-Imam-El-Menzeli ;
>*Ali ben A'mmar-El-Menzeli-ech-Cha'ïb ;*
>Mohammed ben A'bdelkrim ;
>Mohammed-Tahar ;
>Aqil-el-Mekki ;
>Mohammed-Es-Seddiq ;
>Mohammed-Kacem ;
>A'bdel-Fettah ;
>Gherib-Allah ;
>Daoud-El-Baghdadi ;
>*A'bdelqader-El-Djilani*, etc. . . . . .

Le rituel imposé aux adeptes de la zaouïa de Nefta diffère sensiblement de celui usité à Baghdad. Les formules sont plus longues et les obligations plus strictes.

Lorsque la prière se fait en hadra, le moqaddem commence le *dikr* par les paroles suivantes :

« Au nom de Dieu ;
» Ceci est de Salomon ».

Les fidèles récitent ensuite :

Cent fois : « Au nom de Dieu, le clément, le miséricordieux ».
Une fois : « La Fatiha ».

Le moqaddem reprend :

« Apprenez qu'il n'y a de Dieu que Dieu ».

Les khouan répètent :

Cent fois : « Il n'y a de Dieu que Dieu ».
Cent fois : « Allah ».
Une fois : « Je déclare qu'il n'y a de Dieu que Dieu ; je déclare que Mohammed » est son prophète ».
Cent fois : « Je demande pardon à Dieu, le grand, le vivant, l'immuable ; revenez » à lui ».
Trois fois : « Je déclare qu'il n'y a de Dieu que Dieu ; je déclare que Mohammed » est son prophète ».

Le dikr se termine par la prière suivante :

« O mon Dieu ! faites que nous profitions de ces paroles ; faites-nous bénéficier de leurs vertus ; placez-nous au nom des plus parfaits de ce monde ! Amen ! Amen ! Amen !

» O maître des deux mondes ! ô notre Dieu ! faites-nous vivre dans le bonheur et faites que nous mourions en prononçant la « Chaheda » !

» Faites que nous ne nous écartions pas de la *Sonna* ; que cela soit une marque de votre bonté et de la bienveillance de notre prophète Mohammed ! Amen ! Amen ! Amen !

» O maître des deux mondes, que le salut soit sur les Envoyés de Dieu (3 fois).

» Louange au maître des deux mondes (3 fois).

» Les litanies qui précèdent sont récitées après les cinq prières réglementaires de la journée, dans la posture habituelle aux musulmans au moment de la prière.

» Lorsque la récitation du dikr a lieu en commun, le moqaddem lit quelques passages de l'ouvrage de Sidi-A'bdelkader « El-Ghonïa » الغنية, ou d'un livre intitulé Es Sfina » السفينة (la barque). Parfois il donne lecture d'un autre ouvrage de Sidi-A'bdelqader, « El-Fetah-er-Rebani ». Ces lectures ne sont jamais commentées par le moqaddem, qui se borne à choisir les passages les mieux appropriés à l'état d'esprit de ses fidèles » (1).

***

Indépendamment des trois corporations qui précèdent, les Qadrïa comptent en Tunisie d'autres zaouïa dirigées par des moqaddim, plus ou moins inféodés aux couvents de Bouzelfa, du Kef et de Nefta.

A Tunis, on nous a cité les suivantes :

Zaouïa Sidi-Nanaha, moqaddem : El-Hadj-El-Madji ;
Zaouïa Sidi-A'bderrahman, moqaddem : Ahmed-Djemel ;
Zenkas-el-Kebda, moqaddem : Sma'ïl-Bouzghada ;
Bab-el-Kouas, moqaddem : Mostafa ben Cha'ban ;
Zaouïa Ben-El-Hadjar, moqaddem : Mostafa-El-Baroudi ;
Bel-Alfaoui, moqaddem : Chadeli-Mouhla.

Une autre zaouïa qadrïa existerait à *Béja* ; elle aurait été édifiée à la mémoire d'un apôtre du saint de Baghdad, Sidi-Miled, et aurait comme oukil un nommé Mohammed ?

***

L'Algérie comprend, aussi, un certain nombre de chioukh qadrïa indépendants, qui luttent de leur mieux pour maintenir, intacte, l'influence de leurs aïeux, laquelle semble diminuer tous les jours au profit des Qadrïa du Kef et de Nefta.

---

(1) Extrait d'un intéressant rapport de M. le lieutenant Simon Pierre, adjoint au bureau arabe de Laghouat.

Dans la commune mixte de l'Aurès la vieille famille des Bel-A'bbès conserve encore ses traditions; « *Bel-A'bbès* » *Mohammed Seghir*, qui en est le chef, prétend être un descendant direct de Sidi-A'bdelqader-el-Djilani par la généalogie suivante :

> Mohammed Seghir,
> A'li,
> Mohammed,
> Bel-A'bbès,
> Mohammed,
> Boubeker,
> Mohammed,
> Ahmed,
> Amor,
> Belkacem,
> A'bd-er-Rezaq,
> A'li,
> A'bderrahman,
> Daoud,
> Idris,
> Brahim,
> A'bdelqader-el-Djilani.

Zaouïa de Menâa (Aurès, mixte)
Vue communiquée par M. Arripe, Administrateur.

Brahim aurait été, d'après la tradition, un frère de Sidi-A'bdelqader.

Il serait, peut-être plus exact de penser qu'il s'agit, ici, du fils du *Sultan des saints* qui, après avoir émigré au Maroc serait venu faire du prosélytisme au milieu des autochtones de l'Aurès.

C'est lui qui aurait fait bâtir la belle zaouïa de Mena'a où ses descendants ont perpétué les doctrines dont il était l'apôtre et où sont encore enseignées les pratiques mystiques du patron de la confrérie-mère.

La zaouïa de Mena'a est comme le souvenir vivant de ces ribat qu'édifiaient les apôtres musulmans du Maghreb, en pays berbère, et montre combien était robuste la foi de ces sermonaires soufis qui parcouraient le monde islamique en semant, sur leur passage, le germe ineffaçable de leurs doctrines.

Il en est de même d'une branche qadrienne dont la zaouïa-mère est sur le territoire de la commune mixte d'El-Milia. Elle fait remonter sa généalogie jusqu'au grand Idris et rallie son enseignement à celui d'A'bdelqader-el-Djilani, par l'intermédiaire de son fils Ibrahim.

Le directeur spirituel de cette branche est actuellement Cheikh-*Mohammed ben Baghrich*, descendant direct du fondateur du couvent placé sous son patronage.

Dans le département d'Oran, les Qadrïa n'ont rien perdu, ni de leur force expansive, ni de leur prestige.

Les héritiers du fameux cheikh Mahieddin, père de l'émir A'bdelqader, reprennent, progressivement, l'ascendant que leur ancêtre exerçait sur ses adeptes.

Le cheikh Si Mohammed-el-Mortada, cousin germain de l'émir, dirige ses khouan et investit ses moqaddim de Beyrouth, où il s'est réfugié.

Son principal « naïb », cheikh Bou-Tlélis, de Chabet-Lagham, acquiert, tous les jours, de l'importance ; et la zaouïa de *Chelafa* (commune mixte de l'Hillil), fondée vers 1784, par le cheikh Sidi-Gachem, et dirigée, actuellement, par son arrière-petit-fils, « Lahouel » A'bdelqader, centralise l'action de plus de cinquante moqaddim et de près de quatre mille adeptes.

Nombreux sont, aussi, les adhérents des chioukh *Ben A'bdelghani*, Si Mohammed ben A'bd-er-Rezaq, et Mouley-Rachid, en résidence au Maroc.

L'état numérique ci-après, détermine l'influence respective de chacun de ces chefs spirituels et indique, avec le nombre de leurs dignitaires et de leurs adeptes, leur domaine d'action.

ZAOUIA-MÈRE	NOMS des principaux CHIOUKH INDÉPENDANTS	LOCALITÉS où la Confrérie compte DES ADEPTES	ZAOUIA	OUKLA	TOLBA	CHIOUKH	MOQADDIM	KHOUAN ou FOQRA	KHAOUNIET	TOTAUX DES AFFILIÉS	TOTAL
		ORAN *TERRITOIRE DE COMMANDEMENT*									
		Tiaret	»	»	»	»	»	41	»	41	
		Mécheria	»	»	»	»	2	40	»	42	
		Maghnia	»	»	»	»	8	120	»	128	
		Aïn-Sefra	»	»	»	»	»	20	»	20	
		ALGER *TERRITOIRE CIVIL*									
		Alger (ville)	»	»	»	»	1	150	»	151	
		Blida	»	»	»	»	1	64	»	65	
		Cherchel	»	»	»	»	1	20	»	21	
		Soumma	»	»	»	»	1	21	»	22	
		Beni-Mansour	»	»	»	»	»	19	»	19	
		Aumale	»	»	»	»	»	18	»	18	
		Boghari (plein exercice)	»	»	»	»	»	10	»	10	
		Berrouaghia	»	»	»	»	»	12	»	12	
		Hammam-Righa	»	»	»	»	1	23	»	24	
		ALGER *TERRITOIRE DE COMMANDEMENT*									
		Ouargla	»	»	»	1	16	1.363	»	1.380	
		Ghardaïa	»	»	»	»	9	391	113	513	
		Djelfa	»	»	»	»	»	14	»	14	
		Laghouat	1	»	12	»	5	309	80	406	
		Chellala	»	»	»	»	»	12	»	12	
		El-Goléa	1	1	25	»	1	89	65	181	
		CONSTANTINE *TERRITOIRE CIVIL*									
		Biskra	»	»	»	»	1	100	»	101	
		Aïn-Touta	»	»	»	»	»	412	7	419	
		Duvivier	»	»	»	»	2	20	»	22	11.304
		Nechmaya	1	»	15	»	4	45	»	64	
		Penthièvre	»	»	»	»	»	12	»	12	
		La Calle	»	»	»	»	4	220	40	264	
		Bougie	1	»	18	»	2	135	»	155	
		Taher	»	»	»	»	6	95	15	116	
		Constantine	1	»	45	»	4	200	»	249	
		Aïn-Abid	»	»	»	»	»	50	»	50	
		Aïn-Beïda	1	»	16	»	2	40	»	58	
		Oued-Zenati	1	»	9	»	1	70	»	80	
		Tebessa	1	»	12	»	1	204	»	217	
		Oum-el-Bouaghi	»	»	»	»	»	35	»	35	
		Sedrata	»	»	»	»	1	30	»	31	
		Meskiana	»	»	»	»	2	85	39	126	
		Morsott	3	»	25	»	2	430	»	457	
		Guelma	1	»	12	»	1	143	»	156	
		Clauzel	»	»	»	»	»	14	»	14	
		Héliopolis	»	»	»	»	»	16	»	16	
		Millésimo	1	»	14	»	1	70	40	125	
		Petit	1	»	12	»	1	500	»	513	
		Souk-Ahras (plein exercice)	1	»	25	»	2	20	13	60	
		Sefia (mixte)	»	»	»	»	2	43	13	58	
		Souk-Ahras (mixte)	»	»	»	»	2	93	»	95	
		Jemmapes (mixte)	»	»	»	»	4	150	»	154	
		Jemmapes	»	»	»	»	»	56	3	59	
		Bordj-bou-Arréridj	»	»	»	»	1	90	»	91	
		Bône	1	»	12	»	1	120	»	133	
		CONSTANTINE *TERRITOIRE DE COMMANDEMENT*									
		Biskra	»	»	»	»	»	42	»	42	
		Khenchela	»	»	»	»	»	22	»	22	
		Tebessa	»	»	»	»	14	146	»	160	
		Touggourt	1	»	19	»	21	1.114	609	1.763	
		El-Oued	5	»	45	»	3	1.905	355	2.308	
		A reporter	22	1	316	1	131	9.463	1.392	11.304	11.304

Left margin (vertical text):
ZAOUIA-MÈRE: BAGHDAD. — Oukil en 1892 : Sidi-A'bdesselam-el-Qadri ; en 1896 : Sidi-Silman-el-Qadri

NOMS des principaux CHIOUKH INDÉPENDANTS: ZAOUIA DU KEF, NEFTA ET TOZEUR (TUNISIE) dirigées par le cheikh Qaddour ben El-Mazouni et le moqaddem indépendant Si Mohammed-el-Kebir ben Brahim, ayant comme principaux moqaddim en Algérie ses frères Si Mohammed-Tafely, de la zaouïa de Rouissat (Ouargla), et Si El-Hachemi, de la zaouïa d'El-Amïch (El-Oued).

ZAOUIA-MÈRE	NOMS des principaux CHIOUK INDÉPENDANTS	LOCALITÉS où la confrérie compte DES ADEPTES	ZAOUIA	OUKLA	TOLBA	CHIOUKH	MOQADDIM	KHOUAN ou FOQRA	KHAOUNIET	TOTAUX DES AFFILIÉS	TOTAL
		Report...........	22	1	316	1	131	9.463	1.392	11.304	11.304
	ZAOUIA DE MENAYA (Aurès mixte) Cheikh Bel-Abbas. Mohammed-Seghir.	**CONSTANTINE** TERRITOIRE CIVIL Khenchela.........	2	»	16	»	8	490	221	735	
		Aurès.............	1	»	35	1	2	226	233	497	2.579
		Aïn-Touta.........	»	»	»	»	»	412	7	419	
		Batna et environs..	»	»	»	»	16	912	»	928	
BAGHDAD. — Onkil en 1842 : Sidi-Abdesselam-el-Qadri ; en 1896 : Sidi Seliman-el-Qadri.	Mohammed ben Baghrich (El-Milia)	**CONSTANTINE** TERRITOIRE CIVIL Constantine et environs.....	»	»	»	»	12	912	»	924	
		Collo (mixte)........	»	»	»	»	2	125	»	127	
		Collo (plein exercice).....	»	»	»	»	»	120	»	120	
		El-Milia............	1	»	12	1	3	95	59	170	
		Bougie.............	»	»	»	»	»	45	»	45	
		Djidjelli...........	»	»	»	»	»	50	»	50	
		Aïn-M'lila..........	»	»	»	»	»	12	»	12	2.773
		Aïn-Abid...........	»	»	»	»	»	18	»	18	
		Aïn-Beïda..........	»	»	»	»	»	125	»	125	
		Oued-Zenati........	»	»	»	»	»	150	»	150	
		Oued-Cherf (mixte)..	1	»	12	»	1	500	»	513	
		Clauzel............	»	»	»	»	»	112	»	112	
		Nechmeya..........	»	»	»	»	»	45	»	45	
		Morris.............	»	»	»	»	»	50	»	50	
		Guelma et environs.	»	»	»	»	»	162	»	162	
		Jemmapes..........	»	»	»	»	»	150	»	150	
	Cheikh Si Mohammed-el-Mortada, cousin germain de l'émir Abdelkader, en résidence à Beyrouth, et cheikh Bou-Tlélis, de Chabet-Lagham.	**ORAN** TERRITOIRE CIVIL Saint-Lucien (mixte)..	»	»	»	»	1	120	»	121	
		Aïn-Temouchent....	»	»	»	»	»	45	»	45	
		Mascara (mixte)....	»	»	»	»	2	150	»	152	
		Dublineau..........	»	»	»	»	»	14	»	14	
		Saïda..............	»	»	»	»	1	12	»	13	
		Saïda (mixte).......	»	»	»	»	3	61	»	64	
		Mascara (plein exercice)....	»	»	»	»	2	90	»	92	
		Frenda (mixte)......	»	»	»	»	»	82	»	82	1.446
		Sidi-bel-Abbès......	»	»	»	»	»	50	»	50	
		Mercier-Lacombe....	»	»	»	»	»	29	»	29	
		Tenira.............	»	»	»	»	»	10	»	10	
		Tessala............	»	»	»	»	»	28	»	28	
		Trembles...........	»	»	»	»	»	30	»	30	
		Chanzy............	»	»	»	»	»	20	»	20	
		Sidi-Khaled........	»	»	»	»	»	12	»	12	
		Oran et environs...	»	»	»	»	3	620	»	623	
		Tlemcen...........	»	»	»	»	1	60	»	61	
		À reporter........	27	1	391	3	445	15.607	1.912	18.102	18.102

ZAOUIA MÈRE	NOMS des principaux CHIOUKH INDÉPENDANTS	LOCALITÉS où la Confrérie compte DES ADEPTES	ZAOUIA	OUKLA	TOLBA	CHIOUKH	MOQADDIM	KHOUAN ou FOKRA	KHAOUNIET	TOTAUX DES AFFILIÉS	TOTAUX GÉNÉRAUX
		Report............	27	1	391	3	445	15.607	1.912	18.102	18.102
BAGEDAD. — Oukil en 1892: Sidi-Abdesselam-el-Qadri; en 1896: Sidi-Seliman-el-Qadri	ZAOUIA DES CHELAFA (commune mixte de l'Hillil, dirigée par le fils du cheikh Bel-Lahouel « Lahouel-A'bdelqader »	**ORAN** *TERRITOIRE CIVIL*									
		Tlemcen................	1	»	8	»	2	220	»	230	
		Oran et environs.......	»	»	»	»	1	179	»	180	
		Palikao................	»	»	»	»	»	42	»	42	
		Cacherou (mixte).......	»	»	»	»	5	276	69	350	
		Mascara (mixte)........	»	»	»	»	4	328	30	362	
		Frenda (mixte).........	»	»	»	»	3	44	6	53	
		Sidi-bel-Abbès.........	»	»	»	»	»	40	»	40	
		Mekerra................	»	»	»	»	2	51	»	53	
		Tounin (plein exercice)	»	»	»	»	3	120	»	123	
		Belle-Côte.............	»	»	»	»	3	40	»	43	
		Aïn-Tédélès............	»	»	»	»	1	12	»	13	
		Renault (mixte)........	»	»	»	»	1	39	»	40	
		Zemmora (mixte)........	»	»	»	»	5	93	»	98	
		Tiaret (mixte).........	1	»	10	»	1	152	»	163	
		Ammi-Moussa............	»	»	»	»	1	125	»	126	
		Cassaigne..............	»	»	»	»	2	300	»	302	
		Hillil (mixte).........	1	»	60	1	8	240	20	329	3.570
		Saïda (mixte)..........	»	»	»	»	2	40	»	42	
		Mostaganem.............	»	»	»	»	1	22	»	23	
		Bosquet................	»	»	»	»	1	45	»	46	
		ORAN *TERRITOIRE DE COMMANDEMENT*									
		Saïda (annexe).........	»	»	»	»	5	86	»	91	
		Géryville..............	»	»	»	»	4	520	»	524	
		ALGER *TERRITOIRE CIVIL*									
		Alger (ville)..........	»	»	»	»	»	220	»	220	
		Cavaignac..............	»	»	»	»	»	6	»	6	
		Chéliff................	»	»	»	»	1	22	»	23	
		Ténès..................	»	»	»	»	»	78	»	78	
BEN A'BDELGHANI en résidence à Oudjda (Maroc), Si Mohammed ben Abderrazak (même résidence). MOULEY RACHID (id.)		**ORAN** *TERRITOIRE CIVIL*									
		Aïn-Fezza (mixte)......	»	»	»	»	6	150	»	156	
		Nedroma (mixte)........	1	»	15	»	5	519	315	854	
		Remchi (mixte).........	1	»	25	»	10	161	64	260	
		Sebdou.................	»	»	»	»	14	113	57	184	
		Tlemcen................	1	»	12	»	1	150	»	163	2.906
		Oran et environs.......	»	»	»	»	4	450	»	454	
		Aïn-Temouchent.........	»	»	»	»	1	29	»	30	
		Telagh (mixte).........	»	»	»	»	3	93	»	96	
		ORAN *TERRITOIRE DE COMMANDEMENT*									
		Maghnia (commandement).	»	»	»	»	9	250	222	481	
		Géryville (commandement)	»	»	»	»	4	224	»	228	
		TOTAUX GÉNÉRAUX......	33	1	521	4	558	21.056	2.695	24.578	24.578

Au Maroc, les Qadrïa ont conservé le prestige purement moral des premiers missionnaires du saint de Baghdad. Les couvents, assez nombreux, qui sont jalonnés sur le territoire de l'empire Chérifien, n'ont aucune cohésion entre eux ; les Chorfa-Moqaddim qui les dirigent faisant plus ou moins remonter leur généalogie à Sidi-A'bdelqader-el-Djilani, ne reconnaissent la suprématie d'aucun cheikh.

Les plus importants, parmi ces couvents, sont :

1° Celui de *Melilla* dirigé par la famille des Oulad-el-Hadj-A'bdelqader, dont les membres entretiennent des relations suivies avec les Qadrïa du département d'Oran et notamment avec ceux de Tlemcen, en grande partie, leurs adeptes.

2° Celui de *Fas* où se réunissent plus de cinq cents adhérents, appartenant aux divers degrés de la hiérarchie spirituelle, sous la direction de leur cheikh Sidi-Mohammed ben Kacem-el-Qadri. Ce personnage religieux aurait la haute direction d'un certain nombre de moqaddim Qadrïa de l'Est marocain et de l'Ouest du département d'Oran.

3° Enfin, la zaouïa de *Marrakech,* la principale et la plus riche, où prendraient le mot d'ordre, les Qadrïa de l'Ouest de l'Empire.

Mais si les Qadrïa n'occupent plus le premier rang parmi les confréries locales de l'empire Chérifien, ils sont prépondérants dans le Sud-Ouest Algérien, au Touat, au Gourara, au Tafilalet, dans l'Adrar et la partie orientale du Sénégal, au Soudan français, etc...

Dans ces pays, si peu ouverts à l'influence européenne, où l'éloignement du reste du monde musulman maintient leurs habitants dans l'ignorance et la simplicité, les doctrines débonnaires de Sidi-A'bdelqader, accessibles aux plus humbles parce qu'elles semblent être calquées sur la nature humaine, devaient, nécessairement, y être favorablement accueillies et s'y maintenir dans toute leur pureté.

Les apôtres chargés de les y implanter ne pouvaient tarder à être renommés par leur savoir et leur piété. Au fur et à mesure qu'ils infiltraient dans les âmes de ces peuples qu'un matérialisme vulgaire faisait à peine mouvoir, un peu de cette lumière divine susceptible de les sortir de leur torpeur intellectuelle, ils devenaient leurs maîtres spirituels et temporels, de véritables princes à la fois prêtres et guerriers.

En premier lieu nous citerons les fondateurs de la zaouïa historique de *Kounta,* ardents propagateurs des doctrines humanitaires du saint de Baghdad. Peu à peu, on s'habitua à ajouter à leurs véritables noms le qualificatif de *Kounta* et leurs descendants, aussi bien que leurs adeptes, formèrent la corporation des *Kounta,* tout en conservant, en esprit général, les pratiques de la confrérie mère. En réalité, ce mot de Kounta ne s'applique, d'après nous, qu'aux personnages religieux élèves de la seule zaouïa où l'on pouvait faire quelques études sérieuses.

Tels les membres de la famille princière des Oulad-Mokhtar-el-Kounti qui, elle aussi, formait une congrégation indépendante, une sorte de corporation maraboutique dont les adeptes sont unis par les liens du sang et par les liens religieux.

La prépondérance que cette famille a su acquérir dans le district d'Azaouad, au Nord de Tombouctou, l'a faite appeler, indifféremment, confrérie des Mokhtarïa, des Azaouadïa ou Bakkaïa du nom de son fondateur, Omar-el-Bakkaï.

Le cheikh Qadrïa, Mohammed-el-Fadel, mort depuis 25 ou 30 ans, nous offre le même exemple.

Ce personnage religieux avait donné un développement considérable à la confrérie qu'il représentait dans l'Adrar. Les Maures avaient, pour lui, une grande vénération et, même à l'heure actuelle, il est connu, parmi eux, sous le nom de Cheikh-el-Kebir. Ses prosélytes sont désignés par celui de *Fadelïa*.

Plus récemment, l'ancêtre des Oulad Lessidi, chérif Qadrï, a réussi à grouper, autour de son nom, un certain nombre de fervents adeptes qui portent le nom de Lessidïa.

Le cheikh qui les représente est un certain *Sidia*. Il résiderait sur la frontière du pays des Trarza et de celui des Brakna. Son habitation estivale serait *Boutilimit*, à deux cents kilomètres de Podor, où il possède une importante zaouïa et d'où il dirige ses nombreux adeptes disséminés dans le désert et, plus particulièrement, dans la tribu maraboutique des Oulad-Beïra, dont il serait le chef.

Mais, à vrai dire, toutes ces corporations, distinctes au point de vue matériel, n'ont rien abandonné de l'enseignement de la confrérie-mère.

Le *dikr* lui-même, qu'elles communiquent à leurs foqra, est identique à celui qu'on délivre actuellement à la zaouïa de Baghdad.

Certes, les longues litanies et le dikr-el-kebir ne sont pas imposés aux indigènes de ces contrées désertiques, leur longueur s'accommoderait mal avec l'esprit peu développé de ces races encore dans l'enfance ; mais, dans leurs zaouïa, ils seraient en honneur.

Rien donc de plus rationnel à ce qu'un personnage, de commune origine, ne réunisse tous ces éléments épars et n'en prenne la direction spirituelle au nom de leur patron El-Djilani. Ce serait le but du fils de Sidi-Mohammed-Fadel, le nommé Ma-el-A'ïnin-el-Chenguitti. Ce personnage religieux, fameux dans tout le Soudan par ses miracles et le pouvoir merveilleux qu'on attribue à ses amulettes et talismans, serait parvenu à se faire reconnaître grand maître des Qadrïa, aussi bien par les Oulad-Mokhtar, par les Oulad-Moussa, vassaux de ces derniers, que par la zaouïa de Kounta. Seul le cheikh *Sidia* conserverait son indépendance. Mais nul doute qu'il ne finisse par solliciter, lui aussi, la baraka d'El-A'ïnin.

« L'influence religieuse de ce saint personnage s'étendrait, actuelle-
» ment, de Saguiet-el-Hamra, limite extrême du Sud marocain, jusqu'à

» la région d'*Adrar* et de *Tagout*, au sud-est du cap Blanc, c'est-à-dire
» dans la zone d'influence française.

» Il a deux résidences principales : l'une, où il vit habituellement,
» est un peu au sud de Saguiet-el-Hamra, dans un endroit qui se nom-
» merait *Daoud-el-Bethni*, suivant les uns, *Smara* situé au sud de
» Saguiet-el-Hamra (à environ 200 kilom.), d'après les autres ; l'autre, à
» *Chenguit*, d'où il tire son nom ; ce dernier point situé à environ
» 21°30' de latitude nord et 14°20' de longitude ouest, est dans la zone
» française » (1).

Le principal vicaire du cheikh *El-A'ïnin* serait son frère, cheikh *Sa'ad-bou*, habitant, généralement, la frontière des *Trarza* et de l'*Adrar*, d'où il dirige ses nombreux moqaddim disséminés dans tous les pays du Sénégal, voire même jusque dans la Gambie anglaise (2).

Et pour donner à ses doctrines plus de force, pour accréditer son prestige religieux auprès des peuplades fétichistes des pays qu'il catéchise, il s'est fait le représentant de toutes les corporations qui pourraient, à un moment donné, porter ombrage à son omnipotence spirituelle. C'est ainsi qu'il donne l'ouerd des Chadelïa et qu'il a, dans son entourage, des jongleurs a'ïssaoua. Aussi, sa baraka est-elle sollicitée par tous les personnages religieux quelle que soit la corporation à laquelle ils appartiennent et, dans les contrées comprises entre l'Atlantique, l'Extrême-Sud marocain, Tombouctou et In-Salah est-il considéré comme un saint invulnérable et un personnage politique de la plus haute importance.

Cette particularité n'a point échappé à la cour chérifienne qui, après l'avoir reconnu caïd de Saguiet-el-Hamra, l'a reçu, il y a quelques mois, à Marrakech, avec des honneurs inaccoutumés.

Cheïkh-el-A'ïnin est donc le feudataire du sultan A'bdelaziz et, comme tel, il peut être appelé à jouer un rôle considérable dans la consolidation et l'extension de l'autorité chérifienne dans les pays indépendants situés au sud du Maroc (3).

---

(1) Extrait d'un rapport du commandant Schlumberger.
(2) Renseignements officiels fournis par M. le Gouverneur général de l'Afrique occidentale.
(3) Voir chapitre VI, Rôle des confréries religieuses, p. 276.

QADRÏA-AKBARÏA (VI° SIÈCLE DE L'HÉGIRE)

Cette situation des chioukh qadrïa n'est pas spéciale à ceux de l'Afrique du Nord ou du Soudan occidental. Partout où l'ascendant d'un disciple d'A'bdelqader-el-Djilani est reconnu, son nom s'ajoute au vocable de la confrérie-mère.

M. A. Le Chatelier cite, entr'autres corporations qadriennes au vocable de l'apôtre convertisseur, celle des Akbarïa fondée en Hindoustan, dès le VI° siècle de l'hégire, par le Cheikh-el-Akbar-Mahi-ed-Din-Ibn-el-A'rbi-el-Khatimi.

« Sa popularité personnelle l'emporte, chez les musulmans des
» Indes, sur celle de ce dernier (A'ddelqader-el-Djilani). Sous le nom de
» Cheikh Saddou, il est le héros de nombreuses légendes locales, et
» sous celui de Mirânji, seigneur, prince — le patron d'une des grandes
» fêtes des Mahométans hindous, celle du 11° jour du mois de Râbi-
» tsâni, le second printemps ».

Plusieurs branches de cette congrégation existeraient dans l'Oudh, (un couvent se trouverait à Batala), dans le Penjab, et dans les états voisins (1).

Signalons encore, à titre documentaire, les *Qadrïa-Laaguilia* de Djedda, dont le cheikh actuel est un certain A'bdelqader ben Mohammed-Djar, directeur d'une zaouïa située à Rabagh (près Djedda) ; et tant d'autres, dont le vocable additionnel est plutôt employé pour désigner les adeptes initiés par des moqaddim renommés par leur sainteté, que des congrégations aux doctrines nouvelles.

Il n'y a là qu'une question de mots et de personnes à laquelle la masse des croyants ne s'arrête pas. Ce qu'il importe de retenir, c'est l'esprit général de l'enseignement que ces corporations secondaires propagent. Cet esprit a résisté aux fluctuations de la pensée ; il est encore ce qu'il était aux premiers jours de son institution, le saint de Baghdad, au nom duquel on le vulgarise, semblant le protéger d'outre-tombe.

Que les Qadrïa se répandent en Extrême-Orient ou dans les états de l'empire ottoman, qu'ils résistent à l'action puissante de confréries rivales dans l'Afrique du Nord, qu'ils dominent dans les steppes sahariennes, ou qu'ils convertissent à leurs rites les fétichistes du Soudan Noir, les principes doctrinaires de la confrérie-mère n'en demeurent pas moins immuables. Que dans certaines contrées du monde islamique, ils prennent le vocable d'apôtres vénérés ou qu'ils gardent celui de leur patron, ils se font remarquer en tous lieux et en toutes circons-

---

(1) Voir, A. Le Chatelier, *Les Confréries du Hadjaz*, p. 35-38.

tances, par cet amour du prochain qui est l'idée mère de leurs doctrines : cette simplicité vis-à-vis des faibles et cette humilité à l'égard des grands qui les font aimer des uns et tolérer des autres.

Les Qadrïa ne constituent pas des congrégations composées de sectaires farouches qui, de leurs sanctuaires jettent l'anathème sur tous ceux qui ne pensent pas comme eux et, plus particulièrement sur les détenteurs du pouvoir temporel, mais des associations de sages et de philantropes acceptant sans murmures, la situation qui leur est faite et, au besoin, n'hésitant pas à solliciter des situations honorifiques ou des fonctions publiques que d'autres confréries réprouvent.

C'est ainsi qu'au Hedjaz et en Égypte, ils reconnaissent l'autorité du Cheikh-et-Trouq ou du Cheikh-es-Sedjada ; que dans certaines contrées de l'Empire ottoman, ils se plient aux exigences du gouvernement Turc ; qu'en Tunisie et en Algérie, on recrute, parmi eux des caïds et des cadis ; qu'au Soudan français, ils entretiennent de bonnes relations avec les représentants du Gouvernement.

Ils peuvent, du reste, sans transgresser leurs doctrines, profiter des *innovations*, surtout lorsqu'elles garantissent leurs intérêts respectifs et qu'elles sont conformes à leur esprit d'association et de solidarité.

A Tlemcen, à la suite de malversations de leur moqaddem, ils n'ont pas hésité à se constituer en société civile sous le titre de « *Société civile de Sidi-A'bdelqader-el-Djilani* » et à observer nos règlements sur cette matière, et ce en vue d'entretenir, de fortifier leur couvent et de combattre l'influence des autres corporations.

C'est là un symptôme de bonne augure, une étape ascendante vers le progrès et la civilisation où les disciples de Sidi-A'bdelqader-el-Djilani semblent diriger leurs nombreux adeptes.

BAKKAÏA OU BAKKAOUÏA

Dans les pays où les Qadrïa ont semé le germe de leurs doctrines, où ils s'implantent et prospèrent, grâce à leur enseignement accessible à tous, approprié à toutes les intelligences, les apôtres des confréries rivales qui viennent, à leur tour, y propager leurs rites, sont, le plus souvent, obligés de les modeler sur ceux de leurs devanciers, sous peine de voir leurs efforts demeurer stériles.

Peu à peu, ils arrivent, ainsi, à suivre eux-mêmes l'impulsion première donnée à leurs adeptes d'un moment et à reconnaître la supériorité morale des préceptes de Sidi-A'bdelqader-el-Djilani, quand ils n'en deviennent pas les défenseurs convaincus, au détriment même des corporations qu'ils représentent.

C'est là un fait général et digne de remarque à tous égards. La confrérie des Bakkaïa ou Bakkaouïa, du nom de son fondateur : Cheikh Omar ben Sid-Ahmed-el-Bakkaï (960 de l'hégire, 1552-1553 de J.-C.) nous en offre un précieux exemple.

En examinant l'arbre généalogique de la famille de Bakkaïa (1), on est porté, malgré soi, à penser à ces nombreuses zaouïa dirigées par des marabouts riches et puissants, qui jalonnaient les territoires du Touat et du Gourara au temps du voyageur Ibn-Batouta (754 de l'hégire, 1353-1354 de J.-C.). Et, lorsqu'on retrouve, dans les appuis mystiques du

---

(1) 1° *Sidi-Okba-Ibn-Nafi*, surnommé El-Mourtadjéb, conquérant de la Berbérie ;
2° *Sakeri* ;
3° *Yadroub* ;
4° *Saïd* ;
5° *A'bdelkrim* ;
6° *Mohammed-Yakhsta* (ou Mohammed-Askia, premier roi de cette dynastie et le plus grand roi du Soughay, réputé par le pèlerinage retentissant qu'il fit à La Mecque) ;
7° *Dahman* ;
8° *Yahïa* ;
9° *A'li* ;
10° *Sidi-Ahmed* (ou Mohammed) *el-Kounti*, né d'une mère Lemtounïa appelée Yaquedech, et mort à Fask, à l'ouest de Chenguit (Adrar) ;
11° Sid-Ahmed-el-Bakkaï, mort à Oualata ;
12° *Sidi-Omar-ech-Cheikh*, qui fit abolir la cruelle habitude que l'on avait, avant lui, de tuer tous les enfants mâles sauf un ; il laissa vivre ses trois fils. Il était lié avec A'bdelkrim ben Mohammed-el-Mougheli et il était allé, en sa compagnie, rendre visite au savant cheikh Es-Siouti, en Égypte. Il mourut en 960 de l'hégire (1552-1553 de J.-C.) dans le district d'Igdi, à l'est de Saguiet-el-Hamra ;
13° *Sidi-el-Ouafa* qui, bien que second fils d'Omar, lui succéda comme chef spirituel, pendant que la charge de chef temporel restait aux mains de l'aîné, Sidi-el-Mokhtar ; celui-ci mourut dans la koubba dite Zaouïa-el-Kounti, située dans le voisinage de Bou-A'li, ksar du Touat, où réside la famille d'El-Mougheli ; Ouafa avait un jeune frère nommé Sidi-Ahmed-er-Rega ;
14° *Sidi-Habib-Allah* ;
15° *Sidi-Mohammed* ;
16° *Abou-Beker* ;
17° *Buba-Ahmed* (ces quatre derniers ne furent que de saints personnages sans avoir la dignité de cheikh) ;
18° *Mokhtar*, autrement dit Mokhtar-el-Kebir, afin de le distinguer de ses petits-fils, né en 1142 de l'hégire, mort dans sa zaouïa de Bou-Lanouar, dans l'Azaouad, en 1226 de l'hégire (1811-1812 de J.-C.). Un songe qu'il eut, en 1209 de l'hégire, est resté célèbre dans tout le Soudan et plus particulièrement dans les pays de l'Azaouad, du Hodh, du Oualata et du Baghena. Avec lui, la dignité de cheikh passa dans une autre branche de la famille ;
19° *Sidi-Mohammed-ech-Cheikh*, mort le 2 chouâl 1241 de l'hégire (10 mai 1826 de J.-C.) alors que le major Laing était dans l'Azaouad ;
20° *Mokhtar*, fils aîné du précédent, mort en 1263 de l'hégire (1846-1847 de J.-C.), à Tombouctou ;
21° *Sidi-Ahmed-el-Bakkaï*, jeune frère de Mokhtar, protecteur de Barth (1854), mort à Sirédina sur le Niger (1865) ;
22° *Sidi-el-Mokhtar*, mort à Akara, en 1878 ;

fondateur de la confrérie des Bakkaïa, la plupart des noms de ces hommes illustres par leur savoir et le rôle d'intermédiaires qu'ils remplissaient entre les « farouches pères du sabre », les Hoggar d'aujourd'hui, et les caravanes qui allaient à Tombouctou la mystérieuse, échanger les marchandises du nord de l'Afrique et d'une partie de l'Europe avec les produits du Soudan, on est tenté d'en déduire qu'au moment de leur disparition, le cheikh Si-Omar-el-Bakkaï hérita de leur influence et de leur renom de sainteté.

Or, presque tous ces saints personnages étaient des Chorfa mogherbins qui, du IIIe au XIe siècle de l'hégire, étaient allés dans les Thébaïdes de l'extrême-sud marocain et extrême-sud-ouest algérien, faire entendre ces paroles de mansuétude et de paix qui sont la base et l'essence des doctrines de leur grand maître Sidi-A'bdelqader-el-Djilani.

Et comme pour donner à cette pensée plus de force et de vraisemblance, autour de ces mêmes zaouïa, se sont groupées de véritables tribus que nous voyons, en ce moment, sous la direction spirituelle des disciples du saint de Baghdad. Les Oulad-Mokhtar, les Oulad-Moussa, les Oulad-Bou-A'li reconnaissent la suprématie des chioukh qadrïa de Chenguit (Adrar), de Kounta et de Saguiet-el-Hamra.

Mais le cheikh Omar-el-Bakkaï était un sage doublé d'un savant, et les doctrines spiritualistes des flambeaux de la science ésotérique : Abou-Médian, A'bdesselam ben Machich et Hassan-Chadeli, alors répandues dans le nord de l'Afrique, ne pouvaient le laisser indifférent.

Aussi, le voit-on faire acte de déférence au pieux Djellal-es-Siouti, grand moqaddem, et lui demander, en quelque sorte, l'ouerd des Chadelïa.

On peut déduire, de ce fait, que l'enseignement du fondateur de la confrérie des Bakkaïa était basé sur celui de l'école chadélienne, mais il est incontestable que le cheikh Omar et ses descendants ne se sont, malgré tout, jamais départis des principes de morale qu'ils tenaient de la zaouïa qadrienne de Kounta.

C'est ainsi qu'en 1825 ou 1826, lors de la prise de Tombouctou par les Peulhs, nous voyons cesser les violences de ces fanatiques grâce à l'intervention du fameux marabout El-Mokhtar de Kounta (alors chef spirituel de la confrérie) ;

Qu'en 1846, la ville de Tombouctou n'échappa, en partie, à la dépen-

---

23° Alouata ben Hammadi, chef actuel de la confrérie, petit-fils de Sidi-el-Mokhtar frère aîné du cheikh Bakkaï (n° 20 de la chaîne ; son frère A'bidine est l'homme d'action ou le chef de la confédération (*).

(*) L'arbre généalogique que nous donnons ci-dessus se confond, parfois, avec la chaîne mystique (selsela). Nous l'avons établi avec la chaîne donnée par le docteur Barth *(Travels and discoveries in and central Africa,* t. IV, annexe) et les renseignements que nous devons à l'extrême obligeance de M. E. Chaudié, gouverneur général de l'Afrique occidentale française.

dance des Foulbé du Macina, qu'à la suite de la convention passée entre le cheikh Ahmed-el-Bakkaï et les envahisseurs : la ville de Tombouctou reconnaissait, en fait, la suzeraineté des Peulhs, mais à la condition qu'elle ne serait pas occupée militairement et que les impôts seraient perçus par deux cadis, l'un peulh et l'autre indigène (Soughay) ;

Que le docteur Barth fut soustrait au fanatisme des Foulbé et accueilli avec la plus grande cordialité par ce même Ahmed-Bakkaï qui le couvrait de son sacerdoce inviolable ;

Qu'un descendant de ce pieux personnage rendit les plus grands services à Duveyrier (1) ;

Le rituel de la confrérie offre un caractère spécial, bien que les formules soient simples et que le nombre 33, choisi de préférence au chiffre 100 usité dans l'ouerd de la confrérie-mère, ait quelque analogie avec le dikr des pays soudanais.

Nous le reproduisons en entier :

« Après les prosternations d'usage, le croyant prononce la formule : *Le salut soit sur vous !* en tournant la tête vers la droite pour saluer l'ange du bien, puis vers la gauche pour saluer celui du mal.

» Il récite ensuite les prières ci-après :

» Au Fadjar (l'aube) ; *Que Dieu soit loué !* (33 fois).
» *Louange à Dieu !* (33 fois).
» *Dieu est grand !* (33 fois).
» *O Dieu, compte-nous parmi ceux qui se sont résignés à ta volonté et qui suivent la bonne voie, mais ne nous compte pas avec les dévoyés* (Coran).
» *J'affirme qu'il n'y a de Dieu que Dieu !*
» *J'atteste que Mohammed est son esclave et son envoyé !*
» *Que Dieu est unique et qu'il n'a pas d'associé !*
» *Dans cette voie je vivrai, je mourrai et je comparaîtrai le jour de la résurrection !*
» *Louange à Dieu, maître de l'univers !* (13 fois).

» Au dohor (2 heures de l'après-midi) :
» *Que Dieu soit loué !* (33 fois).
» *Louange à Dieu !* (33 fois).
» *Dieu est grand !* (33 fois).

» A l'a'cer (4 heures de l'après-midi) :
» Mêmes formules répétées le même nombre de fois qu'au dohor ;

» Au maghreb (coucher du soleil) :
» Comme au fadjar.

» A l'a'cha (8 heures du soir) :
» *Que Dieu soit loué !* (33 fois).

---

(1) De l'aveu même du lieutenant de vaisseau Hourst, les Kounta ont été pour beaucoup dans la réussite de la mission qu'il commandait et dont on sait les heureux résultats. Le P. Hacquard, des Pères Blancs, qui faisait partie de la mission, a appuyé cet aveu dans une très intéressante conférence faite à la Société de géographie d'Alger, le 21 mai dernier.

» *Louange à Dieu !* (33 fois).
» *Dieu est grand !* (33 fois).

» Après chaque dikr, l'adepte récite *deux fois* la formule ci-après :

» *Dieu les mit à l'abri du châtiment*, et, avec l'index et le majeur de la main droite
» réunis, les autres doigts fermés, il fait, en même temps, trois signes à droite, trois
» à gauche, trois derrière lui, trois vers le ciel et trois vers la terre.

» Enfin, après chaque prière, il prononce de 50 à 100 fois la phrase :

» *Que Dieu répande ses grâces et ses bénédictions sur notre seigneur Mohammed, sa*
» *famille, ses compagnons et leur accorde le salut* ».

Mais voilà qu'en 1863 le célèbre moqaddem tidjani El-Hadj-Omar, en lutte avec les Peulhs, attaque à son tour Tombouctou et que son neveu Tidiani, en occupe la partie nord et les pays environnants.

Les marabouts de Kounta prennent part à la lutte (1), changent leur rôle d'apôtres contre celui de chefs de colonne et, vaincus, ils perdent leur influence religieuse et se voient abandonner par les Touareg au profit des marabouts des *Kel-Antassar* leurs rivaux (2).

---

(1) « Le vieux marabout El-Bakkaï quitta Tombouctou pour aller prendre le com-
» mandement de ses troupes et rétablir ses affaires, mais il mourut en arrivant à
» Sirédina sur le Niger (1865). Avec lui, disparut le prestige de sa famille compromis
» dans ces guerres religieuses.
» Son fils, Sidi-el-Mokhtar, lui succéda et continua la lutte contre Tidiani. Après des
» alternatives diverses, il vint l'attaquer dans sa capitale, Bandiagara, fut repoussé
» et son armée détruite. Obligé de fuir vers Tombouctou, il perdit à jamais le Macina
» que Tidiani réduisit entièrement en son pouvoir par une série de guerres sanglantes
» (1864 à 1880). Sidi-el-Mokhtar, abandonnant la politique de son père qui, pour
» repousser la domination des Foulbé, puis des Toucouleurs, s'était appuyé sur les
» Touareg, entra en lutte avec eux, soutenu par les Foulbé du Fermagha et du Marigot
» de Diakha, rebelles à l'autorité de Tidiani. Il mourut à Akara, en 1878, au moment
» où il se rendait dans le Fermagha.

(2) » Les guerriers, ceux qui vivent de pillage, portent le nom de Kel-Antassar, ils
» occupent surtout les rives Nord et Sud du lac Faguibine, à Farasch, Tuakim,
» Raz-el-Ma, N'Roussa. Leur chef nommé N'Gonna exerçait sur sa tribu, avant sa
» soumission définitive, une énorme influence. Par sa résistance opiniâtre à notre
» conquête, il était devenu pour tous les fanatiques musulmans, le défenseur du Coran,
» un grand marabout en même temps qu'un grand chef ; heureusement, les chefs de
» tribus, ses voisins, ne lui prêtèrent que leur appui moral.

. . . .

» On les divise en plusieurs fractions dont voici les noms :
» Alal-Hammada, à laquelle appartient le chef N'Gouna, Kel-Aghezaf, Kel-Tenbou-
» kra-Inabalek, Kel-Inakaouat, Kel-Ingouynïa, Kel-Arouyi, Kel-Benthousy, Kel-
» Neticher, Kel-Abaida, Inataben, Tiab, Kel-Daoukoré, Kel-Tabirimel.
» La soumission de ces tribus est générale, N'Gouna reste seul avec quelques
» fidèles ; les Kel-Antassar ont élu, pour chef, son frère Ima-Ellal et paraissent
» décidés à cesser leur pillage (*) ».
Ils passent pour être les inspirateurs des Touareg.

(*) Extraits d'une notice sur la région de Tombouctou publiée par le Gouvernement Général de l'Afrique Occidentale française.

Aujourd'hui la baraka du cheikh Omar-el-Bakkaï est dévolue à *Alouata*, petit-fils de Sidi-Mokhtar, frère aîné de l'ami de Barth.

Ce marabout, chef spirituel de la confrérie, réside généralement dans la région de l'Aribinda où son fils Mohammed est son moqaddem, ou à la zaouïa-mère de Kounta, dont il aurait la direction.

Son frère A'bidin est chargé du commandement de la confédération guerrière et essayerait de relever le prestige de ses aïeux avec l'appui des pillards Aouellimiden et Hoggar ses serviteurs religieux.

Quoi qu'il en soit, la famille Bakkaï est encore aujourd'hui, malgré ses revers, placée à la tête de la zaouïa qadrienne de Kounta et dirige la tribu chérifienne qui en dépend (1).

Elle compte encore un grand nombre d'adhérents parmi les noirs et les Touareg de la région de Tombouctou ; ses principales zaouïa sont :

Halaïa dans l'Adrar ; moqaddem : Sidi-el-Bey ben Amor ;

El-Esela dans l'Aribinda ; moqaddem Sidi-Mohammed ben Alouata ;

Trois zaouïa à *In-Salah*, placées sous la direction d'A'bidin et la vieille Koubba de Bou-Lanouar dans l'Azaouad ;

A Tombouctou, les Bakkaïa se réunissent un peu partout. Ils y sont, du reste, peu nombreux.

Il peut se faire que les luttes de çoff ou l'espoir de reprendre leur situation perdue, les lancent dans des aventures guerrières, et ce, au mépris des doctrines qu'ils professent. Mais, tout permet de croire que, sous la direction spirituelle où ils semblent vouloir se placer, des chioukh Qadrïa du Soudan occidental, qu'ils deviendront plutôt les auxiliaires dévoués de ces mêmes chioukh.

Dans cette affirmative, le cheikh Ma-el-A'ïnin pourrait, sans obstacles, jouer le rôle d'Omar-el-Bakkaï et dominer à son tour, de sa sainte baraka, les « frères ennemis » qui se déchirent au profit des autres castes maraboutiques, aux dépens des doctrines débonnaires de Sidi-A'bdelqader-el-Djilani et de la civilisation patronnée par la France.

Tels sont les Qadrïa proprement dits et les ramifications qui, sauf de rares exceptions, ne se sont pas écartées des doctrines fondamentales de la confrérie-mère.

D'autres, les ont transgressées pour se lancer dans le domaine de l'extase provoquée ; ils sont parvenus ainsi, à la folie hystérique et, par suite, au fanatisme outré qui en a fait des exaltés inconscients et susceptibles de commettre des crimes au nom d'Allah et de leurs patrons : ils ont sacrifié le temporel au spirituel et, de l'enseignement du saint de Baghdad, il n'ont retenu que les pratiques extatiques propres à frapper l'imagination de la masse crédule et à faire de leurs prosélytes des jongleurs ou des exercistes.

---

(1) Les Kounta sont divisés en Ezgageda, Oulad-el-Ouali, Oulad-Sidi-Mokhtar, Togat, Oulad-el-Hemmal, campés dans la région de Mabrouk, dans l'Adghagh et le Gourma.

Parmi ceux-ci, nous classerons : 1° Les Rafa'ïa et les Sa'adïa ou Djebaouïa comme étant des dérivés immédiats des qadrïa aussi bien par leurs pratiques hystériques que par l'organisation et la forme de leurs corporations ;

2° Les Djichtïa, Badaouïa ou Ahmedïa, Beïoumïa, Doussoukïa ; Maoulenïa, A'roussïa-Selamïa ou Soulamïa, A'ïssaouïa (A'ïssaoua), Boua'lïa et A'mmarïa, comme ayant des principes extatiques similaires bien qu'aboutissant, par leurs *selsela*, à d'autres écoles mystiques ou formant des associations placées sous le patronage de thaumaturges qui tiennent *directement* de Dieu, leurs pouvoirs merveilleux.

RAFA'ÏA

Sid-Ahmed-el-Kebir-er-Rafa'ï, fondateur de la confrérie des *Rafa'ïa* était disciple et neveu de Sidi-A'bdelqader-el-Djilani. Mort en (578 de l'hégire = 1182-1183 de J.-C.), il fut enterré dans le principal monastère de la corporation placée sous son vocable, à *Oum-Obeïda*, province de Bassora, dans l'Iraq.

Ses adeptes en ont fait un thaumaturge célèbre, « dépositaire d'une sorte d'émanation de la Divinité », aussi puissant auprès de Dieu que le Prophète lui-même. Dieu l'aurait chargé, pendant une extase, de la mission de diriger les Croyants vers l'anéantissement de l'individualité de l'être au moyen de pratiques mystico-extatiques.

Indépendamment de cette révélation directe, Sidi-Ahmed-er-Rafa'ï appuie son enseignement sur les autorités suivantes, qui forment la chaîne mystique de la confrérie : Ahmed-Rafa'ï, Abou-el-Fadhel, A'li-el-Gari, Abou-Fadhel ben Kabah-el-Ouaciti, A'llam ben Terkane, Abou-A'li, Ahmed ben Mohammed-er-Roudabari, A'li-el-A'djemi, Abou-Beker-ech-Chabbi, Dhoul ben Djahdar, Abou-el-Kacem-el-Djoneidi. (Suit la chaîne principale des soufis jusqu'à A'li ben Abou-Taleb.)

Ahmed-Rafa'ï fait encore remonter sa chaîne spirituelle à *Abou-Beker-es Seddiq*, par le cheikh Yahïa et une autre lignée de saints, et à *Anès ben Malek*, serviteur du Prophète, par Habib-el-Hadjemi, avec, pour seul intermediaire, *Mohammed ben Sirin-et-Tebaï*.

Plusieurs autres chaînes secondaires aboutissent également à Djoneidi.

Son arbre généalogique, semblable, sous certains rapports et par la forme, à celui de Sidi-A'bdelqader-el-Djilani, aboutit à A'li ben Abou-Taleb par : *A'li-Abou-Hacem ben Abou-A'bbas-Ahmed ben Yahïa* (émigré de Baghdad à Bosra, où il remplissait les fonctions de naqib-el-achraf (chef des chorfa), *ben Abou-Hazem-Tsebet, ben Abou-el-Faouarès, Ali-Hazem ben Abou-a'li-Ahmed-el-Mortada, ben Abou-el-Fodhil, A'li ben El-Hacen-el-Asoghar-Rafa'a-el-Hachemi-el-Mekki, ben Abou-Rafa'a-el-Mahdi, ben Abou-Kacem-Mohammed, ben Abou-Moussa-el-Hocine ben A'bderrahman-el-Hocine-er-Rhida-el-Mohadit ben Ahmed ben Abou-el-Kheir (ou Abou-Sebkha), Moussa ben Abou-Mohammed-el-Amir, Brahim-el-Mortada ben Moussa-el-Qadem, ben Dja'afar-es-Sadok, ben Abou-Dja'far Mohammed-el-Boqa, ben Zin-el-A'bidine-Ali, ben El-Hocine, ben A'li ben Abou-Taleb.*

Les *Rafa'ïa* se distinguent par la khirqa noire qu'ils portent comme symbole et par leurs petits bonnets garnis d'une toile grossière. Au cours des siècles, les nombreux Chorfa de la postérité d'Ahmed Rafa'ï se sont dispersés en Orient et ont formé des groupes distincts, des espèces de succursales rivales les unes des autres, à la tête desquelles furent placés des Chioukh indépendants qui ne tardèrent pas à ajouter leur vocable à celui de la confrérie-mère. Citons plus particulièrement : les partisans du cheikh A'li Chabbak et ceux du cheikh Abd-el-Houab-el-Anani (*Anania*) en Égypte ; les *Kazrounïa* ou disciples d'Omar Ibn-Abi-el-Feradj-el-Kazrouni dans l'Iraq Arabi ; les Rafa'ïa *Sayadïa*, patronnés par le cheikh Hassan Effendi, en Syrie.

Mais depuis quelques années, tous ces groupes sans cohésion, recevraient l'impulsion spirituelle du cheikh Abou-el-Houda, conseiller intime du sultan A'bd-el-Hamid, dont la demeure est voisine de Yldiz-Kiosk. Abou-el-Houda, originaire des environs d'Alep, administrateur des biens chérifiens du Villayet, directeur de la branche syrienne et réputé par ses travaux astrologiques, par ses ouvrages canoniques et sur les doctrines des Rafa'ïa est arrivé, grâce aux faveurs impériales, à une situation temporelle et spirituelle semblable à celle qu'occupe, également auprès du sultan, le cheikh Dhaffer des Madanïa.

Il a réussi à placer sous sa direction spirituelle les nombreux couvents de la confrérie qu'il représente à Constantinople, et à faire des Rafa'ïa et du grand chérif de la Mecque, les meilleurs agents du mouvement panislamique qui se manifeste depuis 1882 (1).

Sous sa puissante direction, les Rafa'ïa semblent reprendre leur homogénéité spirituelle et devenir, en même temps que les ennemis jurés du progrès et de la civilisation, les exécuteurs sans scrupules des desseins de la Porte Ottomane.

Cependant, leurs pratiques extatiques les éloignent des gens instruits, mais la foule a pour eux une grande vénération ; elle suit religieusement leurs prodiges et peut, à un moment donné, s'inspirer de leurs prédications immorales et anti-civilisatrices.

---

(1) Voir, ci-devant, *Rôle politique des confréries religieuses*, p. 262.

A cet égard et, surtout, en considération du rôle prépondérant que joue auprès du gouvernement turc, leur chef spirituel, les Refa'ïa méritent d'être connus.

Leur zaouïa-mère est à Oum-Obeïda, province de Bassora (Iraq). Elle est dirigée par un naqib, descendant de la famille Rafa'ï, qui centralise l'action des adeptes de la branche locale.

Dans toute la Mésopotamie, les Rafa'ïa ennemis des Qadrïa, sont nombreux.

En Syrie, la principale zaouïa est à Alep ; des couvents secondaires sont disséminés dans la ville et les régions de Damas. Les adhérents qui en dépendent, seraient sous la direction immédiate du cheikh Abou-el-Houda.

L'Arabie (Hadramaut, Yémen et Hedjaz) est le pays où les adeptes d'Ahmed-Rafa'ï ont fait le plus de progrès : leurs principaux couvents sont ceux de :

Djedda, moqaddem Abdou-el-Achour et Ahmed ben A'li ;

La Mecque, moqaddem Mohammed ben Cheikh Ahmed Rafa'ï, investi de la charge de Cheikh-et-Trouq ou de Cheikh-el-Mecheikh ;

A Médine, deux zaouïa : moqaddem A'bdallah-Rafa'ï et Ahmed ben Sliman ;

En Turquie, les Rafaï'a sont très répandus ;

A Constantinople, on compte plus de quarante lieux de réunion, savoir:

A STAMBOUL : *Sandjakdar-Baba,* au tribunal de l'Adlié ;

Cherbetdar, dans la mosquée de Fénat ;

Cheikh Ahmed effendi, à Oda-Bachi ;

Cheikh Chakir effendi, à la Sélimié ;

Cheik A'bdallah effendi, à Oda-Bachi ;

Cheikh Mostafa effendi, à Oun-Kopan ;

Tarsous, à la mosquée d'Evlia ;

Koubbé, à la Mohammédié ;

Merdjimek, dans la mosquée du même nom, à Laléli, fondée par Tchakir aga d'Uskub ;

Berbèr-Cheikoui-Osman effendi, à Bayézid, quartier de l'Aga ;

Cheikh Kiamil effendi, à Avrat-Bazar ;

Serradj-Ishak, dans la mosquée de ce nom qui est celui de son fondateur, à Koum-Kapou ;

Cheikh A'ziz effendi, à Kutchuk-Moustafa-Pacha ;

Arabadji-Bachi, à l'Ahmédié ;

Kylyndji-Baba, à la porte de Mevlénihané ;

Tahta-Minaré, à Kara-Gucumruk ;

Djundi-Khurrèm, à Alty-Mermer ;

Kara-Sarykhy, à Moufti-Hammam ;

Kara-Baba, à Guédik-Pacha ;

Guelchini, à Chèhr-Emini, fondé par Hulvi effendi ;

Kélmi, au bazar du Yaïla ;

Cheikh A'rif effendi, surnommé le jardinier, au turbé de Khosrev-Pacha ;

Cheikh Holvai effendi, à l'aqueduc de Valens ;

Koro-Nukhoud, dans la mosquée du même nom, à la fontaine de Mihter. Cette mosquée a été bâtie par Chudja aga, chef de la fonderie de canons à Top-hané du temps du sultan Suleiman ;

Al-Yanak, à l'intérieur de la mosquée de Zéhgnirdji ;

Zéhgnirdji, à Lalézar ;

Sa'ïd-Tchooach, dans le quartier du même nom à Kutchuk-Mostafa-Pacha ;

A EYOUB : *Sultan Osmon*, à Séra-Selvi ;

Yahia effendi, plus connu sous le vocable de Hassib effendi ;

A TOP-HANÉ : *Kechji-Effendi*, Khodja-Zadé ;

A SCUTARI : *Ahmédié*, dans la mosquée de ce nom fondée par Ahmed aga, directeur de l'arsenal maritime sous le sultan Ahmed III en 1134 (1722) ;

Cheikh Nouri effendi, à Debbaghlar-Meidani ;

Rifa'i, dans le quartier Inadié, maison centrale de la confrérie où les étrangers vont de préférence.

La branche égyptienne joue encore un rôle assez prépondérant ; ses membres se font remarquer par leur esprit d'indépendance. Leur centre d'action est la zaouïa, assez riche, du Caire ; le naqib est un nommé Ymi ben Cheikh-er-Rafa'ï, descendant du fondateur de la confrérie.

Comme on le voit, les Rafa'ïa ont leur domaine géographique en Orient. Dans l'Afrique septentrionale, les quelques moqaddim qui ont essayé d'y venir pour faire du prosélytisme ont été confondus avec les A'ïssaoua (1). Le nom seul du Cheikh-el-Houda est connu des musulmans des villes qui s'occupent des questions orientales et des chioukh de certaines confréries avec lesquels El-Houda entretient des relations.

SAA'DÏA OU DJEBAOUÏA

Une confrérie aux principes analogues se développe, au VIIe siècle de l'hégire, dans les contrées mêmes où le Cheikh Ahmed-Rafa'ï avait implanté ses doctrines.

---

(1) En Algérie les Rafa'ïa sont, à peine, en souvenir. Au moment du dénombrement des confréries religieuses, on en a relevé quatre à Tlemcen ; des étrangers sans doute, qui avaient reçu leur affiliation en Égypte au moment de leur pèlerinage à la Mecque.

Le fondateur de cette confrérie fut le Cheikh Sa'ad-Ed-Din-Djebaoui, mort à Bïredjik (province d'Alep) an 700 de l'hégire (1).

La vie de Sa'ad-ed-Din-el-Djebaoui est une suite de légendes qui le présentent tantôt comme chef d'une bande de brigands réfugiés dans les forêts de l'Haouran, d'où « ils coupaient impunément la route entre Baghdad et Bassorah », tantôt comme un saint magnanime, aux vertus éclatantes et aux règles sévères.

Descendant d'un ancêtre du Prophète par son père, et de la branche chérifienne de Dja'far-es-Sadok par sa mère, élève du cheikh Ahmed-er-Rafa'ï, il possédait la double influence de la *baraka* nobiliaire et spirituelle. Mais la plus considérée entre toutes, fut celle qu'il reçut directement du Prophète à la suite de la manifestation du repentir sincère de ses écarts de jeunesse.

« Un jour, dit la légende, trois voyageurs arrivèrent sur le chemin où il se tenait
» embusqué. C'étaient le Prophète et deux autres envoyés célestes. Sa'ad-ed-Din, en
» se rapprochant d'eux, fut précipité à terre de son cheval, par une force mystérieuse,
» et frappé d'immobilité sans perdre toutefois connaissance. Le Prophète, alors, toucha
» sa poitrine en disant : « Estarfer Allah », pardonne, ô Dieu ; et le repentir, en
» pénétrant son cœur, rendit la vie à ses membres. Puis, Mohammed, prenant un
» fruit (2) que lui tendait un de ses compagnons, le donna au coupable prosterné, après
» l'avoir marqué de sa salive, en signe de pardon. Tous trois disparurent ensuite,
» laissant Sa'ad-ed-Din-el-Djebaoui plongé dans l'extase de cette miraculeuse appa-
» rition » (3).

Ses historiens nous le montrent s'adonnant ensuite aux pratiques les plus rigoureuses, visitant les lieux saints, séjournant à la Mecque, où il se signale par son austérité, et, enfin, revenant aux environs de Damas, son pays natal, où il fonde une confrérie à son vocable : les *Saa'dïa* ou *Djebaouïa*.

Comme les Rafa'ïa, les Sa'adïa appuient leur enseignement :

1° Sur une révélation faite à leur patron par l'intermédiaire du Prophète ;

2° Sur la chaîne mystique suivante, remontant à A'li ben Abou-Taleb par Abou-el-Kacem-el-Djoneidi ;

---

(1) Suivant d'Ohsson, tableau de l'empire ottoman, tome IV, p. 623, et, avec lui M. Rinn, *Marabouts et Khouan*, p. 36, le Cheikh Sa'ad-Ed-Din serait mort à Djeba, aux environs de Damas, en 736 de l'hégire. M. A. Le Chatelier, *Les Confréries du Hedjaz*, p. 211, rappelle « que le Cheikh-Sid-Hamouda-el-Khodia, un des principaux moqaddim des Saa'dia et en même temps Cheikh-Es-Sedjada de la branche égyptienne en 1886, a répandu un opuscule dans la Basse-Égypte où il fait naître El-Djebaoui en 460 de l'hégire, dans le but de marquer l'ancienneté de sa confrérie sur celle de Sid-Ahmed-er-Rafa'ï avec laquelle on le confond.

(2) D'après une autre version, ce fruit aurait été une datte.

(3) A. Le Chatelier, *loco citato*, p. 212.

Cheikh Ali-Smaïl, Ali Effendi, Mohammed-el-Menzili, Ali Es-Saadi, Ahmed, Yahia, Abdelmahn, Abdelqader, Mohammed Sa'adi, Ali Sa'adi, Hossein dit El Gherib, Beder-ed-Din, Sa'ad-ed-Din, Hossein, Hassein-el-Djebaoui Es-Saadi, Mohammed Saa'di, Saïd Saa'di, Taqi-ed-Din, Ali-el-Hakahl, Younès-el-Haouad, CHEMS-ED-DIN ES-SAA'D-EL-DJEBAOUI, Younès-el-Kebir, Abdallah-M'zid, Bou-Saïd-el-Andlousi, Boubeker-Nessedj, Ali-el-Keteb, Belkacem-el-Kermani, Atsman ben Ali-el-Khadhem, Boubeker Chebli, Abou-Kacen-el-Djoneidi. . . . .
. . . .

Du vivant même de Sa'ad-ed-Din-el-Djebaoui, la confrérie se répandit en Asie, en Turquie, en Arabie, en Syrie, en Égypte et dans le nord-est de l'Afrique septentrionale.

Ses descendants, à l'instar de ceux d'A'bdelqader-el-Djilani et du cheikh Rafa'ï, la scindèrent en plusieurs congrégations et, successivement, s'affranchirent de l'autorité de la zaouïa-mère.

Aujourd'hui, on compte plusieurs congrégations rivales les unes des autres ; les principales sont : les *Oufaïa* et les *A'bdesselamïa*, d'Alep et de Damas, qui étendent leur influence en Syrie et en Turquie ; les *Sa'àdïa*, d'Égypte, d'où paraissent dériver ceux de la Tripolitaine et du Soudan et des nombreuses zaouïa isolées en Arabie.

Les renseignements officiels et de source indigène que nous possédons, nous permettent de citer les couvents et lieux de réunion suivants :

A STAMBOUL : *Tchakir-Aga*, dans la mosquée dite de Segban-Bachi, quartier du même nom, à la porte d'Andrinople ;

Rachid effendi, à Dragoman ;

Kilissa-Djami (mosquée-église), à Khalidjilar, fondée par Fénari-Issa ;

Saudjakdar Khair-Eddin, à Psamatia ;

Beder-eddin-Zàdéler, à Psamatia ;

A'bdes-Selam, à Hassan-Pachahan, fondé par Kofadji-Cheik-Emin effendi ;

Findik-Zadé, à Juksek-Kalderem ;

Cheikh Djanib, à Khoubar ;

Kadémi-Chérif, à Psamatia ;

Mohammed effendi, dit *Edjer*, à Kara-Gucumruk ;

El-Jémez, dans la mosquée du même nom, à Psamatia, fondée par le cheikh-derouich Mirza-Baba ;

Cheikh-Suleiman effendi, à Eyri-Kapou, fondé par Suleiman effendi.

A EYOUB : *Baltchik*, dans la mosquée du même nom, fondée par Ghazi-Teriaki-Hassan, au quartier de Djézi-Kassim-Pacha ;

Cheikh A'li, à Otakdjilar ;

Derzi Cheikh A'li effendi, à Otakdjilar ;

Tachli-Bouroun ;

A Scutari : *Yaghdji-Zâdé*, à l'échelle de Balaban, aujourd'hui en ruines ;

Séif-Eddin effendi, à Tchaouch-déré.

Kapou-Agassi Ismaïl-Aga, à Aga-Hammam.

A Kassim-Pacha : *Djiguérim-dédé*, fondé par Khodja Kassim-Pacha ; *Cheikh Djevher*, à l'entrée de la plaine de l'Ok-Méidan.

A Cadi-Keui : *Abdul-Baki*.

A Sutludjé : *Hasri-Zâdé*.

De la Tripolitanie, on nous signale :

Une zaouïa à *Tripoli* moqaddem Mohammed-Bajeguenine, avec plus de quatre cents adhérents.

A Misrata : Une zaouïa comprenant deux cents derouich, en chiffres ronds.

La région des montagnes de la Tarchouna est exclusivement habitée par des affiliés à la confrérie des Sa'adïa qui possède, également, une zaouïa à Zliten, une autre à Gharian, et une dernière à Messellata.

En Arabie : Les *Saa'dïa* n'ont qu'une zaouïa à la Mecque, dirigée par Cheikh-A'bderrahman ben Sliman.

DJICHTÏA

La confrérie des *Djichtïa* est une branche des *Qadrïa*, aux doctrines mystico-hystériques analogues à celles des *Rafa'ïa* et des *Sa'adïa*. Elle a pour patron Moua'ïn-ed-Din-Hassan-el-Sedjzi-el-*Djichti*, et a eu pour organisateur, le Cheikh-el-Islam-Farid-ed-Din-Kandji-Chaker-*ed-Djichti*.

M. Garcin de Tassy comprend ce personnage dans l'énumération qu'il a faite des patrons des confréries indiennes, et, après lui, M. Rinn le mentionne dans son ouvrage *Marabouts et Khouan* et l'appelle : Khodja-Maouin-ed-Din-*Chischti* ben Gaous-ed-Din-el-Hoçaïni, né dans le Sejestan en 537 de l'hégire = 1142-1143 de J.-C. et mort à Adjemir (Hindoustan) en 636 de l'hégire = 1239 de J.-C.

Mais, le Cheikh Naqechabendi fait aboutir une de ses chaînes (1) mystiques à Kandjchaker-ed-Djichti qu'il donne comme le fondateur de la confrérie. Il continue la filiation spirituelle des *Djichtïa* par : Qotb-ed-Din-Bakhtiar-el-Kaki ; *Moua'in-ed-Din-Hassan-el-Sedjzi-el-Djichti* ; Naçer-ed-Din-Youssef-el-Djichti ; Abou-Mohammed-el-Djichti ; Abou-Ahmed-A'bd-el-Djichti ; Abou-Ishaq-Ech-Chami ; Memchad-ed-Dinouri ;

---

(1) Kitab-el-Hadaïq-el-Ouardïa-fi-Haqaïd-Adjilla-en-Naqechabendïa par A'bd-el-Madjid ben Mohammed-el-Khani-el-Khaledi-en-Naqechabendi.

Habira-el-Bosri ; Hadifa-el-Mera'chi ; Brahim ben Edahm ; Fodhil ben A'ïadh ; Abd-el-Ouahd ben Zid ; Hassan-el-Bosri ; A'li ben Abou-Taleb. Le Prophète.

Cette chaîne mystique semble se confondre avec la généalogie des Djichti et constituer plutôt une famille seigneuriale qu'une confrérie proprement dite. Elle n'aurait jamais eu, d'ailleurs, un grand développement. C'est à peine si elle est connue en Hindoustan, où, cependant, le tombeau du fondateur est l'objet de nombreux pèlerinages.

BADAOUÏA OU AHMEDÏA

Sidi-Ahmed-el-Badaoui, né à Fas, d'une famille originaire du Hedjaz, et mort à Tentah (Égypte), en 675 hég. (1276), donna son nom à la confrérie Badaouïa ou Ahmedïa.

Élève des zaouïa de Baghdad et d'Oum-Obeïda, le cheikh Ahmed-el-Badaoui dut la mission de fonder une association religieuse à une vision du Prophète, qui lui fut annoncée par Sidi-A'bdelqader-el-Djilani et Sidi-Ahmed-Rafa'ï, pendant une profonde extase.

C'est sur les bords du Nil qu'il commença son apostolat, sous le patronage du Prophète, avec lequel il passait pour avoir de fréquentes relations, et celui des fondateurs des Qadrïa et Rafa'ïa, ses inspirateurs quotidiens et ses meilleurs appuis. On le voyait, racontent ses adeptes, accroupi sur le toit de sa demeure, les yeux tournés vers le ciel, où il semblait chercher une inspiration et puiser les principes extatiques de son enseignement. C'était un mystique accompli, un saint invulnérable, autour duquel de fervents disciples se réunissaient pour écouter ses paroles, au caractère divin, ou purifier leur âme à son contact. Les premiers auditeurs de sa sainte et merveilleuse doctrine furent dénommés *El-Satahouïa*, du mot *satah* (la terrasse), qui leur servait de lieu de réunion.

Certes, les doctrines du saint de Baghdad et celles de son disciple d'Oum-Obeïda, que le cheikh Ahmed-Badaoui enseignait avec quelques variantes, étaient religieusement écoutées et suivies, avec toute l'exaltation de fanatiques inconscients, mais la vénération des adeptes pour leur cheikh ne connut plus de bornes lorsqu'ils purent constater ses pouvoirs miraculeux ; celui par exemple, de rendre la fécondité aux femmes stériles ou de faire gagner des batailles sur le roumi téméraire. Ces croyances caractérisent encore l'esprit de la confrérie.

La première est tellement ancrée chez les fervents Badaouïa, que les fêtes qu'ils célèbrent en l'honneur de leur patron, dans leur zaouïa-mère de Tentah, se transforment en véritables saturnales.

La deuxième prit naissance vers 643 de l'hég., époque de l'invasion de l'Égypte par la chrétienté.

Poussés par Sidi-Ahmed-Badaoui, qui, de son sanctuaire, dirigeait le combat, un grand nombre de ses prosélytes prirent part à la défense de Damiette et de Mansourah.

La victoire des Musulmans à Fareskour, sur le roi de France Louis IX, leur fut attribuée (1).

On comprend combien l'enthousiasme des fidèles fut grand pour le détenteur de pareils prodiges et avec quel succès ses doctrines se répandirent dans le monde musulman. C'est ainsi que le cheikh Badaoui devint, en Égypte, l'objet d'un véritable culte, et que ses moqaddim rencontrèrent l'accueil le plus empressé en Tripolitaine, en Tunisie, en Syrie, en Arabie, en Turquie.

La popularité de cette confrérie repose, donc, non seulement sur les doctrines extatiques que ses membres professent, mais, surtout, sur la sainteté, les miracles du cheikh fondateur et « l'union de tous les croyants dans la guerre » sainte. Les adeptes se distinguent par la khirqa rouge, adoptée par leur chef spirituel, et qu'ils portent, dans les circonstances solennelles, sous forme de turban.

Ahmed Badaoui mourut sans postérité ; sa baraka passa successivement à ses moqaddim les plus en vue ; quelques-uns ont conservé le principe de l'hérédité dans leurs familles, et des scissions se produisirent. Mais la zaouïa de Tentah est demeurée le principal couvent de la confrérie.

Voici une chaîne mystique des chefs spirituels, copiée sur un document qui nous a été remis par un indigène envoyé en mission à La Mecque. Elle est spéciale à la branche du Hedjaz.

Ahmed-Badaoui fait remonter sa généalogie mystique à Aboul-el-Kacem-el-Djoneidi, par El-Barbari, A'li-Mouhaïn-el-Iraqi, A'li-Oussati et Abou-Beker-Chebli.

Après Ahmed-Badaoui, les dignitaires spirituels de l'ordre auraient été :

    A'bdelmoutahal-Khalifa-el-Kebir ;
    A'bderrahman, frère du précédent ;
    Chohab-ed-din-Ahmed, id. ;
    A'bdelkrim, neveu du précédent ;
    Salem, fils du précédent;
    Mohammed, id. ;
    A'bdelkrim ;

---

(1) V. ci-devant, Rôle politique des Confréries religieuses, p. 257.

A'bdelnadjid ;
A'bdelmoutahal-Khalifa-el-Seghir ;
Ahmed-Ahmouda ;
Mohammed-el-Ahmdi-Tanaoui ;
El-Aouazaï ;
Mohammed ben Makhlouf-ech-Char ;
Mohammed ben Abdelkrim ;
A'bdelkrim ;
A'llel ben Mohammed-Mostafa-Batikh ;
Rafa'ï-es-Saïdi ;
Sidi-A'li ben Cheikh-el-Kheir-Allah-el-Ahmdi ;
El-Hadj-Rafa'ï-el-Dojoneidi ;
Sliman ben Salem-Cherkaoui ;
Sidi-Ahmed ;
Brakim ;
Ahmed ;
El-Hamri ;
Mohammed-Cheboukchi ben Abou-Doha.

Ce dernier personnage est le cheik de la congrégation du Hedjaz. Chacune des branches badaouïa paraît avoir conservé sa généalogie propre, et, bien que l'ensemble de leurs doctrines ne diffère que sur quelques points à peine appréciables, la confrérie serait actuellement, complètement désagrégée ; il y aurait autant de congrégations qu'il y a de zaouïa. Seul, le tombeau de Sid-Ahmed-Badaoui serait l'objet de leur vénération.

L'oukil désigné par le gouvernement khédival réunirait les offrandes des fidèles et synthéserait, en réalité, tous les pouvoirs.

Mentionnons donc, au cours de la plume, sans nous arrêter aux relations d'ordre temporel qui pourraient exister entre eux, les rameaux locaux suivants, savoir :

1° *Chemsïa, Chenaouïa, Choabïa, Halabïa, Hamoudïa, Imbabïa, Kennassïa, Sellamïa, Zalsedïa, Menoufïa, Teskianïa, Sofouatïa, Sanadkïa* (1).

2° D'après des renseignements de source indigène :

A DJEDDA : Une zaouïa dirigée par cheikh Mohammed-Cheboukchi.

A LA MECQUE : Un couvent sous la direction du cheikh A'bdallah-el-Guettani.

A MÉDINE : Deux zaouïa, moqaddim : cheikh Mohammed-el-Beïoumi et Ahmed ben El-Hadj-A'bderrahman.

---

(1) Le Chatelier, auteur cité.

Suivant des renseignements de provenance officielle :

EN TURQUIE (dans le Bosphore) : *Cheikh Ahmed effendi*, sur la côte d'Asie.

Istavros, près de Scutari.
Cheikh Seïd effendi, sur la côte d'Asie.
A SCUTARI : *Hassib effendi*, à Top-Tachi.
A KASSIM-PACHA : *Cheikh Abou-Riza-Chems-Eddin effendi.*
Ali effendi.
Badaoui, à Tatavla.
A GOLATA : *Mostafa effendi.*
A STAMBOUL : *Cheikh Naïl effendi*, à Khodja-Moustafa Pacha ;
Islam-Bey, dans les mosquée du même nom, quartier de Kassim-Tchasuch, à Eyoub, établissement fondé par un général du sultan Suleiman.

BEÏOUMÏA

Confrérie fondée par Sidi-A'li ben El-Hedjazi-Ibn-Mohammed, né à El-Beïoum (Égypte), en 1108 de l'hégire (1696 de J.-C.).

Un moqaddem des Khelouatïa, Sidi-A'li-El-Beïoumi, cheikh prépondérant de la zaouïa de Damerdache, essaya de rénover le rituel des Badaouïa en lui donnant un caractère plus exalté et en imposant à ses prosélytes, des pratiques rigoureuses.

Mais l'impulsion, dans la voie extatique, qu'il donna aux doctrines du saint de Tentah alarmèrent les membres de la corporation qui ne tardèrent pas à considérer Beïoumi comme le fondateur d'une tariqa nouvelle. A vrai dire, la corporation des Beïoumïa n'est qu'une ramification de celle des Badaouïa. Elles ne diffèrent entre elles que par quelques divergences, surtout par le degré d'hystérie, notamment, où parviennent les disciples de Sidi-A'li. Les deux chaînes mystiques se confondent.

Le prosélytisme des Beïoumïa s'étendit, du vivant de son fondateur, jusqu'au Hedjaz.

Ses successeurs, désignés à l'élection par les principaux moqaddim, propagèrent leur enseignement dans une grande partie de l'Arabie, dans les vallées de l'Euphrate et dans celles de l'Indus, où ils ont encore de nombreux couvents.

Actuellement, la zaouïa-mère est située dans un village, à quelques kilomètres du *Caire*. Le principal dignitaire de la confrérie est le cheikh

Sidi-Ahmed ben Abdelghani-El-Beïoumi, qui centraliserait l'action des nombreux moqaddim disséminés dans la Basse-Égypte et conserverait une espèce de suprématie spirituelle sur les adhérents de l'Arabie.

Dans ces contrées, on confond souvent les Beïoumïa et les Badaouïa. Il est donc difficile aux indigènes, eux-mêmes, de déterminer exactement, le rôle de chacune de ses confréries. Les couvents des Beïoumïa seraient, cependant nombreux, et leur esprit puritain ainsi que leurs pratiques d'extase frénétique, les placeraient au premier rang parmi les confréries locales.

Les principales zaouïa qu'on nous a signalées sont celles de *Djedda*; moqaddem A'li-Edlimi; *de la Mecque (à El-Miâala)* dirigée par les chioukh Abdallah-Ennaharoui et Mostafa-El-Kesas.

DOUSSOUKÏA

Confrérie placée sous le patronage du cheikh Sid-Ibrahim-Ed-Doussouki (733-776 de l'hégire) (1332-1374 de J.-C.).

La recrudescence de fanatisme et d'exaltation mystique constatée chez les adeptes de Sidi-El-Beïoumi, se remarque, également, chez les Doussoukïa, localisés en Égypte, au Hedjaz et en Syrie.

Ils semblent suivre la même progression extatique que les Badaouïa et les Beïoumïa, mitigée par la retraite prolongée qui caractérise l'école des Khelouatïa.

Au point de vue doctrinaire, la confrérie des Doussoukïa, peut donc être considérée comme une branche des Badaouïa, aux tendances érémitiques.

Mais, en réalité, c'est une corporation locale qui s'est formée, comme tant d'autres, sous le patronage d'un ouali célèbre par ses vertus et ses qualités thaumaturgiques.

Le cheikh Sid-Ibrahim, né en 733 de l'hégire, dans le village de Doussouk situé dans la Basse-Égypte, d'où le vocable de *Doussoukïa,* est considéré à l'égal du Prophète, et passe pour avoir été un extatique célèbre.

A sa mort, ses disciples se groupèrent autour de son frère Charef-Ed-Din-Abou-El-Imran sous le vocable d'*Ibrahimïa* et ce ne fut que vers le IXe siècle, en choisissant le moqaddem Othman-Fakri-Ed-Din comme chef de la corporation, qu'ils abandonnèrent cette dénomination pour prendre celle de Doussoukïa.

La confrérie se fractionna ensuite en plusieurs congrégations indépendantes et, aujourd'hui, elle est complètement désagrégée : on compte, en Égypte : les Doussoukïa centralisés à la zaouïa-mère de *Doussouk;* les *Chernoubïa,* les *Chaouïa* et les *Touhamïa.*

Au Hedjaz, en Hadramaut, au Yémen et en Syrie où ils étaient représentés, il y a quelques années, par des couvents secondaires, on les confond avec les foqra des confréries similaires. Ce n'est donc qu'à titre documentaire qu'ils méritent d'être cités (1).

MAOULENÏA

La confrérie des Maoulenïa a été fondée par le célèbre poète persan Hazrath-Mohammed-Djelal-ed-din-Er-Roumi-Moulana (notre maître), surnommé le sultan El-A'refin (souverain maître des spirituels), né à Balkh, mort à Konïa (en 672 de l'hégire, 1273 de J.-C.).

C'est un ordre oriental des plus considérés ; d'abord connu sous le vocable de Djelalïa, il figure parmi les appuis des Naqechabendïa sous le nom de *Roumïa*. En Turquie d'Europe et en Asie-Mineure, où il est localisé, on le confond parfois avec les Saa'dïa ou Djebaouïa.

Les *Maoulenïa* sont, en effet, des derouich tourneurs qui ne diffèrent des autres foqra aux pratiques similaires, que par l'austérité des épreuves du noviciat qu'ils s'imposent et la singularité de leur danse, appelée *sénia*.

Leurs salles de réunion, d'exercices, d'extases frénétiques, devrions-nous écrire, sont désignées sous le nom générique de *Sénia-Khanès,* et leurs couvents, sous celui de *Maouleni-Hané.*

Leurs prières particulières et leurs pratiques mystiques sont encore celles que nous décrit d'Ohsson (tableau de l'Empire ottoman, t. IV, p. 651 et suiv.).

On y remarque une espèce de culte pour les divers sultans et, plus particulièrement, pour A'bdel-Aziz, à qui la confrérie doit d'immenses bienfaits, notamment de nombreux couvents et des hobous considérables.

Nous n'avons que très peu de données sur leur domaine géographique : leur zaouïa-mère est à *Konïa,* et les quelques couvents que nous pourrions citer sont disséminés en Turquie.

A Constantinople (ville), ils ne possèdent aucun *tekkié*. Ils en ont, au contraire, à *Péra,* à *Kassim-Pacha,* à *Scutari,* à *Yéné-Kapou* (Stamboul),

---

(1) Voir « *Les Confréries des Hadjaz* », p. 190 et suivantes, par A. Le Chatelier.

en dehors des murs, avec une mosquée fondée par Malkotch effendi, bach-khalfa des janissaires ; à *Eyoub*, dans le *Maouleni-Hané* de Béharié, fondé par le sultan A'bdel-Aziz.

A'ROUSSÏA - SELAMÏA OU SOULAMÏA

Il y a plus de cent ans, vers 1210 de l'hégire, un de ces savants thaumaturges qui, de tous temps, ont exploité la crédulité publique, se signalait en Tripolitaine et en Tunisie par son ardente piété et ses connaissances étendues des sciences esotériques. Ses inspirations quotidiennes et ses visions étaient dues à la vénération inaltérable qu'il avait des pieux personnages inhumés dans les koubba qui s'élevaient, çà et là, sur les territoires de l'antique Ifrikïa et de la vieille Cyrénaïque. Ces hommes illustres par leur sainteté, derouich ou apôtres soufis, lui suggéraient, d'outre-tombe, les idées grandioses qui caractérisaient son esprit, et lui, instrument passif de leurs mânes, synthétisait toutes leurs vertus, communiquait à la foule leurs paroles magnanimes et leurs conseils ; il bénéficiait, ainsi, de leur culte et de leur renommée.

Dans les violentes extases où, souvent, on le voyait plongé, ses paroles incohérentes s'adressaient à ces hommes divins qu'il appelait ses maîtres... ses chioukh, et, à son réveil, lorsqu'il cessait d'être en union avec leur esprit, il répétait leurs saintes inspirations, se faisait l'interprète de leurs recommandations, prédisait l'avenir, était, en un mot, leur intermédiaire auprès des musulmans, comme ces mêmes chioukh étaient ses intercesseurs auprès d'Allah.

Il s'illustrait, ainsi, dans l'art de la divination ; les événements futurs n'avaient, pour lui, point de secrets, mais plus pratique que les Chaldéens, au lieu d'opérer par déductions, de chercher dans les astres, ou de percevoir, dans certains signes, les prédictions et les maux qu'il annonçait, il en attendait la révélation de ses patrons qui, eux-mêmes, s'adressaient à Dieu. Naturellement, aux yeux de la masse ignorante, puisqu'il possédait le pouvoir merveilleux de connaître les maux futurs, il devait en posséder le remède. Aussi, sa réputation s'étendait-elle dans les contrées du Nord-Est de l'Afrique et du Soudan oriental où ses miracles avaient été colportés, et d'où accouraient des milliers de fidèles pour implorer, par son intermédiaire, le pardon de l'Être suprême.

Ce personnage fameux, ce derouich invulnérable, ce qotb, ce ghouts, était le célèbre *A'bdesselam* ben Selim ben Mohammed ben Salem ben Mohammed ben Homaïd ben Omran ben Mahïa ben Soulïman ben Salem ben Khalifa ben Noufil-Es-Saïdi-el-Mogherbi-el-Makhzouni-el-Qorichi, surnommé Abou-Merzoug-el-Mechour-*el-Asmar*-el-Fitouri.

Nouveau Jupiter Ammon, il avait installé son champ d'exploitation de la crédulité publique à *Zliten* (L. N. 32° 29' 40", L. E. 12° 14' 10"), une de ces oasis maritimes de la Tripolitaine où une immense zaouïa abrite son tombeau et héberge les nombreux pèlerins qui, par les voies de terre et de mer, viennent quotidiennement le visiter. Il fit de la divination sa principale doctrine, des amulettes et des talismans les remèdes infaillibles des maux qui lui étaient révélés, et, des croyants qui suivaient son enseignement, des divins et des diseurs de bonne aventure.

Comme pour faire tourner à son profit toutes les circonstances qui pouvaient accroître ses moyens d'action sur le vulgaire, ses prédictions pour l'avenir étaient empreintes de ce fanatisme outré commun aux sectaires soufis.

Il savait combien un pareil enseignement était susceptible de faire vibrer, à l'unisson, les sentiments des peuplades simplistes auxquelles il s'adressait ; et, semblable à tous les fondateurs des corporations religieuses, il légitima son enseignement, lui donna un caractère orthodoxe, en l'appuyant sur une de ces voies (tariqa) déjà en renom dans la Régence de Tunis et de laquelle il n'était, disait-il, que le continuateur. Cette voie était celle suivie par la confrérie des *A'roussïa*, fondée par le cheikh éminent, le derouich célèbre *Abou-el-A'bbas* Ahmed ben Mohammed ben A'bdesselam ben Abou-Beker ben *A'rous* El-Temami-el-Araoui ben Rouaha ben Choïba ben Kinana ben Katada ben El-Fadel ben Abbas ben Omar ben A'bdallah ben A'bdelqader ben Saïd-Ech-Chérif-el-Hachemi-el-Qorichi, mort à Tunis vers 864-865 de l'hégire (1460 de J.-C.).

El-Asmar fut, en quelque sorte, le réorganisateur de la dite confrérie ; il en transforma les doctrines spiritualistes en pratiques extatiques provoquées, en jongleries et en charlataneries qui en ont fait le plus bel exemple des corporations issues de derouich, qu'il soit possible d'imaginer.

Mais, laissons-le invoquer, lui-même, ses appuis :

« Notre voie, dit-il, est celle des *A'roussïa*. Elle nous a été révélée
» par notre maître cheikh Sidi-A'bdelouhad-ed-Doukali-el-Magherbi-
» el-Qorichi (mort à l'âge de 130 ans, au Xᵉ siècle de l'hégire).
» *Cheikh-Sidi-Fatah-Allah-Ibn-el-Marabot-Sa'ïd-Abou-Ras-el-
» Qairouani*, mort et inhumé au Soudan ;
» *Cheikh-el-Imam-Abou-el-A'bbas-Sidi-Ahmed-bou-Tellis-el-
» Qairouani*, mort à Qairouan et inhumé à la djemâa Ez-Zitouna ;
» *Cheikh-Abou-Raoui ben A'li*, enterré à Soussa ;
» Le jurisconsulte, l'iman, le savant des savants, *Cheikh-Aboul-
» A'bbas-Sidi-Ahmed ben A'bdallah ben Mohammed ben Abi-Beker-el-
» A'roussi-el-Haraoui-et-Tamimi-et-Toumi*, protecteur des Trablissïa
» (habitants de Tripoli) ;

» *Cheikh-Sidi-Fatah-Allah-el-Adjemi-et-Toumi ;*
» *Cheikh-Nacer-ed-Din-el-Aoudhaï ;*
» *Cheikh-Nadham-ed-Din-el-Khaldi ;*
» *Cheikh-Farid-ed-Din-ech-Chaker-Knadji ;*
» *Cheikh-Maïn-ed-Din-el-Habachi ;*
» *Cheikh-Otsman-el-Haraoua ;*
» *El-Hadj-ech-Chérif-el-Zendi ;*
» *El-Qotb-Mouroud ben Boussif ben Mohammed ben Sema'an-el-*
» *Habachi ;* son fils *Mohammed ;* son autre fils *Sema'an ;* son oncle
» maternel *Mohammed ben Ahmed ;* son fils *Abi-Ishaq-ech-Chami ;*
» *Cheikh-Memchad-ed-Dinouri ; El-Baciri ; El-Morchi ; Ibrahim ben*
» *Adham ; El-Foudil ben A'iadh ; A'bdelouahd ben Zaïd ; Kamil ben*
» *Ziad ; A'li-ben-Abi-Taleb ; Mohammed ; Djoubril ; Allah.*

» Cette chaîne est celle des saints qui ont transmis l'*ouerd* à notre
» patron *Abou-el-A'bbas-Ahmed ben A'bdallah-el-A'roussi,* mais, ce
» saint personnage avait également reçu la baraka de son cheikh Fatah-
» Allah-el-A'djemi, qui rattache ses doctrines à celles des *Chadelïa,* par
» l'intermédiaire de :

» *Cheikh-Abou-A'bdallah-Sa'ïdi-Mohammed-el-Medjahdi ; Abou-en-*
» *Nadjet-Salem-el-A'nabi ; Cheikh-Souliman-el-Djezar ; Cheikh-el-*
» *Qostanthini ; CheikhAbi-A'li-el-Hiniani ; Aboul-A'bbas-el-Morsi ;*
» *Abou-el-Hassan-el-Kebir-Ech-Chadeli* (1).

» Notre voie est donc celle des A'roussïa, de laquelle nous tenons
» l'*ouerd,* c'est-à-dire le rituel que nous pratiquons et elle se rattache à
» la tariqa des Chadelïa, de laquelle Cheikh-el-A'roussi tenait sa
» baraka à lui conférée par les plus illustres soufis ».

Mais, si le Cheikh-el-Asmar appuie son enseignement sur celui de confréries déjà reconnues orthodoxes, les pratiques qu'il a prescrites dans l'*Ouacia* que nous avons sous les yeux (2), en font une corporation analogue, sous certains rapports, aux confréries mystico-hystériques. Le dikr-el-hadra semble calqué sur celui des Qadrïa, et, par sa longueur et les formules qu'il renferme, produit sur les adeptes la même exaltation mystique que les dikr des confréries aux tendances similaires. Les chants rythmés, la musique qui les accompagne, et les frénétiques invocations au patron de la corporation, poussées par les assistants au moment où, excités par le tam-tam, ils vomissent des flammes, traversent des brasiers ardents ou se livrent à d'autres jongleries, leur donne un cachet tout particulier qui n'a d'analogie qu'avec les derouich Rafa'ïa, Saa'dïa, Boua'lïa, A'issaouïa ou autres exaltés de la même catégorie.

---

(1) Suit la chaîne mystique des Chadelïa.
(2) L'*Ouacia* de Sidi-A'bdesselam-el-Asmar forme un volume de près de 300 pages, imprimé à Tripoli.

D'autre part, si les appuis des disciples du Cheikh-el-A'roussi peuvent faire considérer leur corporation comme étant une branche des Chadelïa, leur rituel dicté par Sidi-A'bdesselam-el-Asmar les classe parmi les dérivés des Qadrïa.

Voici, d'ailleurs, quelques extraits de l'*Oudhifa* ou dikr-el-hadra, tel qu'il est recommandé aux foqra A'roussïa, et pratiqué dans les principaux monastères de l'ordre :

Lire la fatiha (3 fois).
Lire la sourate El-Ikhelas (3 fois).
Lire la sourate El-Falq (3 fois).
Lire la sourate En-Nas (3 fois).

Dire ensuite : *Que Dieu soit exalté. — Louange à Dieu.* — Puis : *Il n'y a de Dieu que Dieu. — Dieu est grand. — Il n'y a de force et de puissance si ce n'est en Dieu, l'élevé, l'incommensurable* (3 fois).

Générosité et bienfaits de Dieu. — Louange et miséricorde de Dieu. — Louange à Dieu pour son assistance, nous implorons son pardon pour tous manquements à nos devoirs. — Pardonne-nous, ô Dieu. — Tout retourne à toi. — O bon maître, ô toi qui accordes la victoire (3 fois).

Sois exalté, ô mon Dieu élevé, le plus élevé (3 fois).

Cheikh-Abou-Ras-el-Ouahhab, a complété ainsi ces invocations :

Sois exalté, ô Dieu ! nous ne t'adorons pas comme tu mérites d'être adoré.
Sois exalté ! nous ne te connaissons pas comme tu mérites d'être connu.
Nous témoignons qu'il n'y a de Dieu que Dieu seul et qu'il n'a pas d'associé. — L'univers lui appartient. — Il est le vivant éternel, et ne mourra jamais. — Il fait vivre et mourir. — Il est le détenteur du bien et de la puissance en toutes choses (3 fois).

Cheikh Ed-Doukali a ajouté à ces invocations les suivantes :

Tout retourne à Dieu ;

Dire ensuite :

Il n'y a de Dieu que Dieu, le Vrai, le Certain ;
Il n'y a de Dieu que Dieu, le Vrai, le Fort ;
Il n'y a de Dieu que Dieu, le Vrai, le Certifié ;
Il n'y a de Dieu que Dieu, le plus miséricordieux ;
Il n'y a de Dieu que Dieu, le plus généreux des généreux ;
Il n'y a de Dieu que Dieu, qui aime les repentants ;
Il n'y a de Dieu que Dieu, qui accorde le secours à ceux qui le lui demandent ;
Il n'y a de Dieu que Dieu, l'Éternel, le Certain ;
Il n'y a de Dieu que Dieu (avec croyance et sincérité) ;
Il n'y a de Dieu que Dieu (avec bienveillance et bonté) ;
Il n'y a de Dieu que Dieu (avec adoration et bonté) ;
Il n'y a de Dieu que Dieu, le Fort, le Puissant ;
Il n'y a de Dieu que Dieu, le Seul, le Victorieux ;

Il n'y a de Dieu que Dieu, le Généreux, le Conservateur ;
Il n'y a de Dieu que Dieu, le Fort par excellence, le miséricordieux ;
Il n'y a de Dieu que Dieu, Maître de toutes choses ;
Il n'y a de Dieu que Dieu, avant toutes choses ;
Il n'y a de Dieu que Dieu, après toutes choses ;
Il n'y a de Dieu que Dieu ; Il restera alors que tout disparaîtra ;
Il n'y a de Dieu que Dieu, l'Adoré en tous lieux ;
Il n'y a de Dieu que Dieu, l'Invoqué dans toutes les langues ;
Il n'y a de Dieu que Dieu, le Connu par ses bienfaits ;
Il n'y a de Dieu que Dieu, le Généreux ;
Il n'y a de Dieu que Dieu, le Fort par excellence, le Miséricordieux ;
Il n'y a de Dieu que Dieu, l'Incommensurable, le Roi ;
Il n'y a de Dieu que Dieu ; et Il n'interrompt pas son œuvre ;
Il n'y a de Dieu que Dieu, seul ; Il n'a pas d'associé et sa promesse se réalise toujours ; Il a accordé la victoire à son adorateur et Il a fortifié ses armées. Dieu seul a vaincu les ennemis.

Il n'y a rien avant Lui et rien après Lui Il est le possesseur des bienfaits, de la générosité, de la louange.

Il n'y a de Dieu que Dieu et nous n'adorons que Lui avec dévouement, même lorsque les infidèles ne le veulent pas.

Il est le premier et le dernier, l'apparent et le caché. Il connaît toutes choses.

Cheikh Abou-Ras a ajouté le verset suivant qui n'a point d'égal :

L'Entendant, le Voyant. Il nous suffit. Il est le meilleur défenseur, le meilleur seigneur le meilleur aide (trois fois).

Cheikh Ed-Doukali a également ajouté :

Il n'y a de Dieu que Dieu (une fois).
Il n'y a de Dieu que Dieu (vingt fois).
(Nous, nous faisons cette dernière invocation sans compter).

Dire ensuite :

Il n'y a de Dieu que Dieu, de trois manières (inflexions de la voix) différentes.

Suivent d'autres particularités dans lesquelles nous n'entrerons pas pour ne pas trop allonger ce dikr.

Nous terminerons par cette recommandation du cheikh Abou-Ras.

Notre maître Abou-Ras (que Dieu soit satisfait de lui) a dit : Lorsque vous désirez terminer le hadra, il est convenable de dire : *Dieu, répandez vos grâces sur notre Seigneur Mohammed ainsi que sur sa famille et ses compagnons, et donnez-leur le salut* (trois fois).

Ensuite vous pouvez vous asseoir et dire *Je témoigne qu'il n'y a de Dieu que Dieu et que Mohammed est le Prophète de Dieu* (trois fois).

Dieu, fais nous vivre et mourir dans cette profession de foi, et fais qu'elle nous soit utile dans le malheur et la nécessité !

O Dieu, maître des créatures, ô Dieu (trois fois).

. . . .

Vous direz ensuite à haute voix : *Exauce nos invocations, ô notre maître, fais nous miséricorde ; ô Dieu ! Exauce nos invocations, et protège nous ; ô Dieu ! exauce nos invocations à notre maître.*

Notre cheikh Ed-Doukali a ajouté :

Rends-nous heureux, ô Dieu, exauce nos prières à notre maître et ne nous abandonne pas ; ô Dieu !

. . . .

Après la récitation de l'ouerd, en commun, les foqra récitent les poésies mystiques laissées par leurs principaux chioukh :

« En vue de se rapprocher de Dieu et de suivre les préceptes de
» notre ordre, ceux d'entre vous qui sont doués d'une belle voix et d'un
» organe agréable se mettront debout et psalmodieront, en les rythmant,
» les paroles des chioukh des *A'roussïa* », leur recommande A'bdesselam-el-Asmar.

« Il est nécessaire », a dit notre cheikh Ed-Doukali, « que le naqib (1)
» soit éloquent, ait une voix douce et mélodieuse, susceptible d'aug-
» menter, chez ses auditeurs, l'amour de Dieu et de son Envoyé.

» Parmi les poèmes de nos maîtres, ceux de notre cheikh El-
» Memchad-Ed-Dinouri sont les plus rares et les plus beaux.

» Lorsque je les entendis », continue El-Asmar, « ils produisirent sur
» moi une émotion telle, que je dus quitter la djema'a et m'en aller dans
» le jardin voisin où j'errai durant de longues heures dans un ravisse-
» ment mystique inexprimable.

» Autrefois, étant jurisconsulte, je n'avais aucune inclination pour
» ces poésies et pour ceux qui en nourrissaient leur esprit; mais dès que
» mon maître Ed-Doukali m'en fit connaître les vertus, je fus dans un
» état d'âme surnaturel, je connus les beautés de l'extase et mon
» amour pour le *Tar* (instrument de musique) et les poèmes de Dinouri
» fut sans bornes.

» Mes frères, ces poésies sont célèbres : la plupart sont en honneur
» chez les Magherbin (occidentaux) qui les débitent aux fêtes du
» Mouloud du haut des minarets de leurs mosquées.

» Ceux qui ne croiront pas à leurs inconcevables vertus, ou qui ne
» suivront pas nos recommandations et celles de nos chioukh, seront
» altérés en ce monde et dans l'autre et ne se désaltéreront jamais,
» pourraient-ils boire le nectar le plus suave ».

---

(1) Le mot naqib est employé ici pour désigner le chantre de la djema'a ; celui qui dirige une section de néophytes au moment de la cérémonie, qui déclame la prose des maîtres spirituels de la confrérie ou débite leurs poèmes.

Nous possédons, en manuscrit, un recueil complet de ces poèmes mystiques : il y en a pour tous les goûts et pour toutes les circonstances ; il y a des louanges pour les saints de l'Islam, les chioukh des A'roussïa, entr'autres, en l'honneur du cheikh El-A'roussi et du rénovateur de la confrérie, El-Asmar ; il y a des anathèmes contre les Eulama qui combattent les doctrines des derouich, contre les juifs et les chrétiens « avec lesquels on ne doit avoir aucune relation et qu'on ne « doit même pas regarder en face, ni s'asseoir en leur compagnie ».

Nous en reproduisons un spécimen à titre de curiosité : il fait bien ressortir la lutte qui s'est toujours poursuivie dans l'ombre entre les Eulama de la Tripolitaine et de la Tunisie, et les membres de la confrérie des A'roussïa qu'on a souvent accusés d'hérésie.

O fakih, assez ! Quelle chose nies-tu dans le soufisme. Jusques à quand persisteras-tu à le haïr.
. . . .
Si tu connaissais Dieu, son Prophète et la Sonna, tu serais dans la bonne voie, et tu saurais que la fréquentation des soufis purifie la conscience.
Ce sont eux qu'on invoque dans les grands malheurs.
..... Moi, je m'éloigne de ce monde détesté.
O fakih aveugle ! ne me reproches pas ma conduite, car, ce faisant, tu t'occuperais de choses qui sont hors de ta compétence.
Tu as rencontré l'aveuglement, — il ne te reste pas de voix, — tu es incapable d'agir, — tu n'as plus de conscience, — tu es aveuglé pour toujours !
Tes paroles, qui les entend, ô homme sans origine !
Mets-moi donc à l'épreuve, approches-toi donc des soufis, et tu verras que leur enseignement est fait de science cachée et de pureté morale. — Tu obtiendras l'ivresse divine (la boisson de l'ouerd).
Quiconque nous manifeste sa jalousie, nous le frappons, au foie, avec une flèche, tandis que les hommes qui ne nous oublient pas voient prospérer leurs affaires.
Ils nous fréquentent durant toute notre vie et nous secourent dans le malheur.
Heureux celui qui se grise de la liqueur de mon verre toujours plein !
A ceux qui nient, répondez : Nous buvons dans ce verre.
. . . .
Les soufis sont tout occupés de leur *ouerd*.
Leurs khouan qui espèrent en eux, ne les invoquent jamais en vain.
. . . .
O toi, dont l'incompétence est notoire, ne contestes pas notre enseignement avant d'avoir appris à le connaître.
. . . .
Dans les mers des lumières nous sommes entrés !. . . . .

Telles sont, résumées, en matière morale et religieuse, les doctrines propagées par A'bdesselam-el-Asmar. Elles se distinguent de celles des confréries similaires par leur esprit éclectique, le culte exagéré du *derouich-ouali*, les poésies mystiques recommandées dans les cérémonies religieuses, les mortifications physiques qu'elles prescrivent, et, comme conséquences immédiates, elles aboutissent, à un mysticisme exalté, à un charlatanisme inspiré qui noie le vulgaire dans un océan de préjugés ridicules.

Un autre caractère des doctrines de Sidi-A'bdesselam-el-Asmar, est de se préoccuper de la vie temporelle. Comme si les mânes des Cyrénaïques lui avaient inspiré leurs maximes, le fondateur des Selamïa ne plaçait pas, exclusivement, le souverain bien « dans l'absorption du sage en Dieu » mais, pensait que la vie matérielle ne devait point être négligée.

Aussi, ses adeptes, profitant de son immense popularité dans l'Extrême Sud de la Tripolitaine et des appuis mystiques qu'il s'était ménagés chez les Ouali célèbres qui avaient essayé de catéchiser les peuplades fétichistes du Soudan oriental, cherchent-ils l'aisance dans le négoce et se livrent-ils aux spéculations les plus hasardeuses, au lieu de vivre dans la contemplation et l'attente du bonheur éternel.

Il y a, parmi eux, de riches négociants; presque tous ceux qui habitent la Tripolitaine entretiennent des relations commerciales avec l'ensemble des nomades sahariens, et les caravanes qui partent de la vieille Cyrène pour aller faire des échanges au Soudan, par Kano, Ghat et Ghadamès, se composent de ces hardis sectaires qui, à la fois apôtres et commerçants, réalisent d'immenses bénéfices et recrutent, sans cesse, de nouveaux adeptes.

En devenant l'âme de la confrérie des A'rousia, en lui imprimant une direction nouvelle, A'bdesselam-el-Asmar, devait, naturellement en devenir le directeur spirituel et temporel. Ses adeptes abandonnèrent volontiers le qualificatif d'A'roussïa (disciples de Sid-Ahmed ben A'rouss) pour prendre celui, plus méritant à leurs yeux, de Selamïa ou adeptes de Sidi-A'bdesselam.

Aujourd'hui, ce dernier vocable est plus fréquemment employé, et, en Tripolitaine, où le nom d'El-Asmar est vulgarisé dans les plus infimes milieux, on ne connaît que la confrérie des *Selamïa* ou *Soulamia* dérivés *d'A'bdesselam ben Souliman*, tandis qu'en Tunisie où la mémoire du cheikh El-A'roussi est encore présente à tous les esprits, on emploie communément celui d'*A'roussia* ou *Selamia*.

Quelle que soit, d'ailleurs, la préférence que l'on accorde à ces vocables, Sidi-A'bdesselam-el-Asmar est resté le patron contemporain de la confrérie. Ses descendants en ont la direction exclusive. Leurs droits à la baraka et à toutes les prérogatives qui s'y rattachent, sont constatés : en Tunisie, par le gouvernement beylical et les croyants qui suivent leur voie (tariqa); en Tripolitaine par l'arbre généalogique déposé à la zaouïa-mère après avoir été, au préalable, ratifié par l'autorité locale.

La grande maîtrise de l'ordre est, nous l'avons dit, à Zliten; sa succursale principale est à Tunis.

Le grand dignitaire de la confrérie est *El-Hadj-Ahmed ben El-Hadj*

A'bdallah, descendant direct de Sidi A'bdesselam-el-Asmar. Il réside à la zaouïa-mère et jouit du prestige qui s'attache au sanctuaire de son aïeul et au directeur spirituel et temporel d'une confrérie puissante, qui lui fait occuper un des premiers rangs parmi les notables de la Tripolitaine.

« La confrérie religieuse de Sidi A'bdesselam-el-Asmar, compte, en
» Tripolitaine, de nombreux adhérents. Ses zaouïa y forment autant de
» temples vénérés fréquentés par des milliers d'adeptes qui se recrutent
» dans toutes les classes de la société musulmane.
» Il n'y a, pour ainsi dire, pas de cité, voire même pas de bourgade
» dans le Wilayet qui n'ait plusieurs de ces sortes de couvents. Dans la
» seule ville de Tripoli, il en existe six.
» La zaouïa-mère de Zliten possède des revenus considérables. De
» tous côtés les dons y affluent. Aussi, est-ce par centaines que se
» comptent les indigents qui sont nourris et hébergés dans des
» fondouks (espèces de caravansérails) qui en dépendent.
» Grâce aux moyens puissants dont ils disposent, les Selamïa ont
» réussi à étendre leur domaine spirituel jusque dans l'Extrême Sud et
» leurs doctrines ont pénétré même au Soudan. Leur influence s'exerce
» plus effectivement du golfe de la Grande-Syrte jusqu'aux limites
» occidentales de la Tripolitaine » (1).

Dans le sandjak de Benghazi, les selamïa y possèdent cinq zaouïa : trois dans la ville même de Benghazi ; la quatrième située à environ quatre heures de marche dans la direction de Merdj, et la cinquième au Sud-Ouest, à quatre heures de marche du village de la Grande-Syrte. Les adhérents se comptent par milliers.

La succursale de Tunis est placée sous la direction du cheikh *Hamida-el-Fitouri*, descendant de Sidi-A'bdesselam-el-Asmar. Il réside à la zaouïa El-Fitouri, quartier Troudja. On compte également à Tunis appartenant à la même corporation, les zaouïa *El-Alfaoui*, moqaddem : Mohammed-Chérif ; *Sidi-Chérif* (quartier Sidi-Mansour), moqaddem : Mohammed-el-Fitouri ; zaouïa *Sidi ben-A'rous*, moqaddem : Mohammed-Gharbi ; zaouïa *Sidi-Chiha*, moqaddem : Sidi-Mohammed-Chiha.

Dans les principaux centres de la Régence, les disciples d'A'bdesselam sont fort nombreux. A Sousse, à Sfax et à Djerba, ils possèdent des centres de propagande et des zaouïa où ils déploient une grande activité tout en se livrant à leurs pratiques extérieures.

De la Tunisie ils s'infiltrent, peu à peu, en Algérie où, sous prétexte de négoce, ils ont réussi à s'établir définitivement dans les arrondissements de Bône et de Guelma. Nous récapitulons, dans l'état numérique ci-après, leurs lieux de réunion et le nombre approximatif de leurs adeptes :

---

(1) Renseignements fournis par M. le Consul général de France à Tripoli.

ZAOUIA MÈRE	LOCALITÉS où la confrérie compte DES ADEPTES	ZAOUIA	OUKLA	CHIOUKH	MOQADDIM	KHOUAN	KHAOUNIET	CHOUACH	FOKRA	TOTAUX DES AFFILIÉS
ZLITEN (Tripolitaine)	**CONSTANTINE** *TERRITOIRE CIVIL*									
	Guelma	1	»	»	1	25	»	»	»	26
	Souk-Ahras (plein exercice)	1	»	»	1	40	5	6	»	52
	Oued-Cherf	»	»	»	»	12	»	»	»	12
	M'sila	»	»	»	1	»	»	»	»	1
	Totaux	2	»	»	3	77	5	6	»	91

A la Mecque, ils sont représentés par plusieurs moqaddim; ils possèdent une zaouïa à Médine dirigée par le cheikh Mohammed-Saïd et des couvents secondaires qui servent à héberger les pèlerins de la confrérie qui se rendent annuellement à la ville sainte.

⁎

Ainsi, en moins d'un siècle, dans un pays où des confréries rivales avaient déjà implanté leurs doctrines et imposé leur omnipotence, où le clergé séculier résistait à l'envahissement des ordres religieux, les Selamïa, à l'insu des gouvernements locaux et grâce à l'impulsion première donnée à leur corporation par leur patron, à leurs pratiques mystico-extatiques et à leurs préoccupations *du temporel*, dominent en Tripolitaine, sont prépondérants en Tunisie et étendent leur zone d'influence en Algérie et jusqu'à la Mecque.

Il y a à peine quelques années, les caravanes, qui, de Tripoli, allaient faire des échanges au Soudan Oriental par les oasis de Baroua, Kaouar, Tidjerri et le Fezzan, trouvaient, partout, aide et protection, grâce au prestige que les Selamïa exerçaient dans les vastes solitudes s'étendant des contrées du lac *Tchad* à la Tripolitaine. Et, si nous devons ajouter foi à des renseignements de source indigène, l'arrivée du conquérant Rabah à Kouka et la prépondérance des Senoussïa au Ouadaï n'auraient atteint que dans de faibles proportions, l'influence à la fois religieuse et thaumaturgique des disciples de Sidi-A'bdesselam-el-Asmar.

Les Touareg eux-mêmes seraient leurs meilleurs auxiliaires, et, si les caravanes du Fezzan s'appuient, en partie, sur l'autorité du cheikh El-Mahdi, celles qui aboutissent au Soudan par Ghadamès, Ghat et Kano ne jouiraient de certaines immunités qu'en se plaçant sous le patronage des dignitaires des Selamïa qui, d'autre part, auraient réussi à attirer vers le port de Gabès tout le commerce de Ghadamès.

C'est là une situation toute particulière qui explique, en partie, et les immenses richesses de la zaouïa de Zliten, et les relations les meilleures que le gouvernement turc s'efforce d'entretenir avec le personnel dirigeant de la confrérie. Elle mérite donc, à tous égards, d'être étudiée de près, et de solliciter l'attention des gouvernements qui ont des intérêts aussi bien dans l'Afrique du Nord que dans le Soudan noir.

A'ÏSSAOUÏA (A'ÏSSAOUA)

Parmi les confréries religieuses musulmanes, celle des A'issaoua est, évidemment, la plus connue ; les étranges pratiques de ses adeptes ont fait l'objet d'innombrables études, et l'histoire, toute de légendes et de miracles, du fondateur, a été racontée et embellie par des milliers d'écrivains habiles.

Rappelons, toutefois, que *Sid-Mahammed ben Aïssa*, originaire d'une famille chérifienne assez obscure, naquit à Meknès, au IXe siècle de l'hégire, et mourut dans cette même ville (vers 1523-1524 de J.-C.).

Ce fut, à la fois, un grand mystique, un thaumaturge célèbre et un fervent adepte des doctrines spiritualistes des Chadelïa. Sa vie s'écoule en pérégrinations depuis l'Orient, où il fréquente des derouich au fanatisme exalté, jusqu'à l'Occident, où son immense popularité porte ombrage au Sultan de sa ville natale, qui, après l'avoir poursuivi de sa haine, s'incline devant ses nombreux triomphes, le comble d'honneurs et de richesses, et dispense de corvées et du paiement des impôts, tous les mécontents qui s'étaient groupés autour de sa personne (1).

Affilié à plusieurs voies mystiques, Sid-Aïssa semble n'avoir retenu que les pratiques des Saa'dïa et les doctrines chadéliennes, auxquelles il avait été initié par Ahmed-el-Haristi, disciple de Sliman-el-Djazouli.

L'enseignement des A'ïssaoua a donc eu, pour principes fondamen-

---

(1) En souvenir du prestige de leur aïeul, les descendants de Sid-Mahammed ben A'issa ont toujours joui, à la cour chérifienne, de faveurs particulières, et ceux qui étaient venus s'installer en Algérie n'étaient, du temps des Turcs, astreints à aucune corvée, ni au paiement des impôts. Aussi, leur dévouement aux représentants des gouvernements chérifiens et de l'odjeac fut-il toujours sincère. Au Maroc, les A'issaoua seraient encore, aujourd'hui, les meilleurs émissaires du Sultan.

taux, l'extase provoquée usitée dans les confréries orientales issues des Qadrïa, et les idées spiritualistes se confondant dans le Touhïd (l'unification en Dieu), vulgarisées en Afrique septentrionale, par Sidi-Hassan-Chadeli et ses disciples.

On trouve les traces de ces dernières dans les manuscrits et ouvrages spéciaux conservés dans quelques zaouïa importantes de l'ordre et dans la chaîne des appuis mystiques et orthodoxes qui n'est autre que celle des Chadelïa-Djazoulïa, par le cheikh Ahmed-el-Haristi.

Mais, aux yeux de la foule, seules, les pratiques extérieures des adeptes de Si-Mahammed ben A'ïssa, presque toutes calquées sur les miracles du saint par excellence et, par suite, inspirées par lui, caractérisent les doctrines de la confrérie.

Sid-A'ïssa est, pour les simplistes, une sorte d'incarnation divine, et ceux, parmi les membres de la corporation, qui parviennent à réaliser les prodiges qu'on lui attribue, passent pour avoir obtenu la *baraka*.

Cependant, la direction spirituelle de la confrérie, après avoir été laissée à *Abou-Rouain-el-Mahdjoub*, successeur immédiat de Sidi-A'ïssa, passa dans la famille du fondateur, dont les membres dirigent encore, aujourd'hui, la grande maîtrise de Meknès (1).

Le cheikh actuel est un nommé El-Hadj-A'bdelkebir, homme pieux et instruit, qui essayerait de réagir contre le discrédit qui a atteint les membres de la corporation. Il est assisté du fameux medjelès institué par le fondateur pour immortaliser les fidèles qui, par dévouement à leur maître, n'avaient pas hésité à affronter le martyre.

Les trente-neuf assesseurs qui le composent sont les descendants de ces fervents, dont la baraka a presque autant de vertus que celle des descendants directs du patron de la confrérie. La zaouïa de Meknès est, également, le siège d'un certain nombre de hauts dignitaires, sorte d'inspecteurs généraux qui, périodiquement, font des visites inopinées

---

(1) Nous donnons, ci-après, la liste des descendants de Sid-Mahammed ben A'ïssa, susceptibles d'être placés à la tête de la confrérie ou de diriger des groupes indépendants :

El-Hadj-A'bdelkebir, grand chef de la confrérie, demeurant à Meknès (quartier de Baraka).

Mohammed-Djilali ben A'chour, frère et proche parent du directeur de la confrérie, demeurant à Meknès.

Moussa ben Chakour, moqaddem à Tanger.

Bou-Mahdi et *Allel-Sehel*, fils de Moussa, en résidence à Meknès.

El-Hadj-Mohammed ben El-Hachemi-bou-Kouider, ses frères *Ben-A'li*, *Mohammed*, *El-Habib*, ses cousins *El-Hachemi* ben Sa'ïdi, *Mekki* ben Sa'ïdi et *Sidi-Dris*, demeurant à la zaouia-mère.

Mahdjoub-Mohammed et *A'bdelqader ben Moussa*, à Meknès (quartier Sebbarnin).

Sidi ben A'issa (quartier Si-Ahmed-Enbli).

Sidi ben A'li, tribu des Beni-Kassem (Maroc).

Sidi-bou-Mahdi, demeurant à Rebat.

El-Hadj ben A'issa, *Sidi-El-Yazid* et ses fils *Mohammed* et *Djilali*, demeurant à Arzila (près Tanger et El-Arachi).

dans les zaouïa disséminées dans les divers pays de l'Islam. Ils maintiennent ainsi une espèce d'homogénéité spirituelle dans leur corporation, et exercent une sorte de suprématie temporelle sur leurs moqaddim.

Cependant, quelques descendants de Sidi-A'ïssa, éloignés de la zaouïa-mère, reprennent peu à peu leur indépendance; de la zaouïa de Meknès ils ne gardent plus que le culte attaché au tombeau de leur patron. Malgré cet état d'esprit, dû à l'éloignement des couvents secondaires et, surtout, à des jalousies suscitées par les intérêts matériels, la confrérie des A'ïssaoua conserve encore une espèce d'unité de direction, une cohésion toute spirituelle, que les événements peuvent consolider et transformer, au point de vue politique, en une agence de renseignements toute dévouée à la Cour chérifienne.

Il est donc utile de bien déterminer son domaine géographique:

Au Maroc, indépendamment de la zaouïa de Meknès, la confrérie possède de nombreux couvents dans la région du Zerhoûn, d'où partent, dans l'extrême Sud marocain, des groupes de fervents qui étonnent les nègres du Soudan par leurs cérémonies charlatanesques.

En Algérie, elle semble scindée en trois branches secondaires : la première et la plus importante, est celle du département d'Alger, ayant pour centres principaux, la zaouïa du douar Ouzara (Berrouaghia m.), dirigée par Sidi-A'li ben Mohammed, et la demeure du cheikh de l'ordre, Mohamed-el-Kebir, en résidence à Blida.

Sidi-A'li serait un descendant du fondateur de la confrérie par *Sid-Mohammed, Hadj-A'li, A'li, Mohammed*, khalifa vers 1788, fondateur de la zaouïa du douar Ouzara;

Allel, A'li ben Cheikh A'issa, Mohammed, Cheikh-A'issa, Mahammed-Sidi-A'ïssa venu du Maroc à Ouzara vers 1570 et, enfin, *Sidi-Mahammed ben A'ïssa.*

Comme témoignage irréfutable de leur descendance du saint de Meknès, les directeurs de la zaouïa du douar Ouzara rappellent qu'ils ont hérité de la fameuse peau de panthère sur laquelle le fondateur de la confrérie des A'ïssaoua « affectait de se coucher en signe de résignation ».

Cette relique à laquelle les « croyants » et particulièrement les femmes indigènes se plaisent à accorder des cures merveilleuses, existerait encore.

« Elle se trouverait en ce moment chez un adjoint indigène de la
» commune mixte du Djendel, qui l'aurait demandée au représentant
» des A'ïssaoua dans l'espoir de se guérir d'une grave maladie que la

» science des tolba de la contrée sont impuissants à faire dispa-
» raître » (1).

La deuxième est localisée dans le département d'Oran.

Elle n'a de représentants que dans les villes et, comme partout ailleurs, ce sont généralement des malheureux ou des dévoyés qui cherchent dans les exercices peu délicats auxquels ils se livrent, le pain quotidien que les âmes généreuses ou les spectateurs curieux ne manquent jamais de leur donner.

Cependant, une zaouïa assez importante existe, dans la commune mixte de Remchi ; elle est dirigée par un nommé Si Kezzouli Ould-el-Hadj-Mohammed, homme pieux qui jouit d'une certaine réputation de jongleur émérite parmi les indigènes des contrées environnantes.

Hadj-Ali, Cheikh de la zaouïa Ouzara et son moqaddem Hamed ben Allel, de Médéa, en 1896.

Le département de Constantine compte aussi quelques couvents et un certain nombre de moqaddim qui semblent s'inspirer des directeurs des zaouïa de Bône et de Constantine. Ils forment la troisième ramification.

L'état ci-après détermine l'influence respective de ces branches :

---

(1) Extrait d'un rapport sur « les Confréries religieuses musulmanes de la commune mixte de Berrouaghia », établi par M. Logerot, administrateur, à qui nous devons la communication des photographies ci-dessus reproduites.

ZAOUIA MÈRE	NOMS des CHIOUKH PRINCIPAUX	LOCALITÉS où la confrérie compte DES ADEPTES	ZAOUIA	OUKLA	CHOUACH	TOLBA	CHIOUKH	MOQADDIM	KHOUAN	KHAOUNIET	TOTAUX DES AFFILIÉS	TOTAUX GÉNÉRAUX
ZAOUIA DE MEKNÈS, DIRIGÉE PAR EL-HADJ-A'BD-EL-KEBIR	SI-KEZZOULI OULD HADJ MOHAMMED, en résidence à Remchi (mixte).	**ORAN** *TERRITOIRE CIVIL*										
		Aïn-Fezza............	»	»	»	»	»	2	30	»	32	
		Nédromah............	»	»	»	»	»	1	123	10	134	
		Remchi..............	1	»	»	»	»	»	22	»	23	
		Tlemcen.............	»	»	23	»	»	8	310	»	341	
		Oran................	1	»	»	»	»	3	80	»	83	
		Mascara.............	»	»	»	»	»	»	30	»	30	757
		Saïda (mixte)........	»	»	»	»	»	»	4	»	4	
		Mascara (mixte).....	»	»	»	»	»	1	11	»	11	
		Sidi-bel-Abbès.......	»	»	»	»	»	1	15	»	16	
		Mostaganem.........	1	»	»	»	»	1	30	»	34	
		Relizane.............	»	»	»	»	»	1	15	»	16	
		Renault (mixte)......	»	»	»	»	»	1	25	»	26	
		Zemmorah...........	»	»	»	»	»	»	10	»	10	
	Zaouïa de SI-ALI BEN SIDI MOHAMMED BEN EL-HADJ-ALI, en résidence à Berrouaghia (mixte) et MOHAMMED-EL-KEBIR, en résidence à Blida.	**ALGER** *TERRITOIRE CIVIL*										
		Alger...............	»	»	5	»	»	2	100	»	107	
		Aumale.............	»	»	»	»	»	1	10	»	11	
		Blida...............	»	»	»	»	»	1	34	»	35	
		Cherchell...........	»	»	»	»	1	1	215	»	217	
		Coléa...............	»	1	3	»	»	1	44	»	49	
		Marengo............	»	»	»	»	»	1	150	»	151	
		Souma..............	»	»	»	»	»	»	31	»	31	1.660
		Aumale.............	»	»	»	»	»	»	3	»	3	
		Berrouaghia (mixte).	1	1	»	»	»	»	20	»	21	
		Boghar (plein exercice)..	»	»	1	»	»	1	25	»	27	
		Berrouaghia.........	»	»	»	»	»	»	840	»	840	
		Miliana.............	»	»	»	»	»	1	72	»	73	
		Affreville...........	»	»	1	»	»	»	40	»	41	
		Ténès (plein exercice)...	»	2	1	»	»	1	50	»	54	
	Zaouïa de Bône et de Constantine.	**CONSTANTINE** *TERRITOIRE CIVIL*										
		Bône................	1	»	2	»	»	1	160	1	164	
		Morris..............	»	»	»	»	»	»	10	»	10	
		Bougie..............	»	»	3	»	»	1	196	»	200	
		Akbou (mixte).......	»	»	4	»	»	2	54	»	60	
		Constantine.........	1	»	»	»	»	1	500	»	501	1.163
		Aïn-Beïda...........	1	»	»	»	»	1	40	»	41	
		Tebessa.............	1	1	»	»	»	1	25	»	26	
		Guelma.............	1	»	3	»	»	1	20	»	25	
		Souk-Ahras (plein exercice)..	1	»	12	»	»	1	70	2½	105	
		Sétif................	»	»	»	»	»	1	30	»	31	
		TOTAUX...........	10	5	58	»	1	39	3.444	33	3.580	3.580

En Tunisie, la confrérie des A'ïssaoua compte : trois zaouïa à Tunis, deux à Djerba, une à Sfax, une à Sousse, une à Gabès, une au Kef, une à Bizerte et des couvents et autres lieux de réunion dans presque toutes les localités importantes.

En Tripolitaine, elle est dépassée par les Soulamïa et les Saa'dïa, avec lesquelles on la confond facilement. Des moqaddim ont réussi, cependant, à y pratiquer les doctrines de Sidi-A'ïssa et à recruter quelques adeptes parmi la partie la plus grossière de la population.

A Benghazi, on nous a signalé trois zaouïa : les deux premières dirigées par les moqaddim Ahmed-ben-Median et El-Hadjar, la troisième par un certain Tabdji. Cette dernière renferme le tombeau d'un saint personnage : Sidi-Meskine, autrefois très vénéré, délaissé aujourd'hui au profit du Cheikh-Senoussi, dont la mémoire préoccupe tous les esprits.

En Égypte, les A'ïssaoua passent inaperçus ; en *Arabie*, ils ne comptent qu'une zaouïa à la *Mecque*, dirigée par le Cheikh-Mohammed-el-Hafnaoui-el-Kobsi, khodja à Bab-es-Salam (une des portes de la Caa'ba).

BOU-A'LÏA

La confrérie des Bou-A'lïa ou de Sidi-bou-A'li, doit son vocable à un de ces moqaddim-qadrïa qui, du XIe au XVIIe siècle arrivèrent, sous les auspices de Sidi-A'bdelqader-el-Djilani, à prendre de l'ascendant sur la foule et à acquérir un renom de sainteté qui en a fait, avec le temps, des patrons de confréries distinctes.

Sidi-Bou-A'li ne fut pas, en effet, comme tant d'autres apôtres de l'école qadrienne, l'organisateur de la corporation placée sous son patronage. Mais ses talents de thaumaturge furent, après sa mort, exploités par quelques-uns de ses élèves et la *baraka* qu'il possédait se transmit, suivant l'usage, aux vénérables curateurs de son tombeau.

Depuis de nombreuses années, la transformation est complète : à la zaouïa-mère, située à Nefta, on délivre le dikr, l'ouacïa, la chaîne mystique, réunis dans des manuscrits fort longs ou synthétisés dans des *idjeza* peu soignées. Il serait fastidieux d'en donner ici l'analyse, leur esprit général étant, à beaucoup d'égards, celui des Qadrïa. Les doctrines mystico-hystériques, que nous avons signalées, et les légendes hagiographiques dont Sidi-Bou-A'li est l'objet de la part de ses adeptes, sont les éléments essentiels qui caractérisent la confrérie.

Cependant, dans la régence de Tunis et dans l'Est du département de Constantine, les Bou-A'lïa trouvent, parmi la masse, un accueil empressé et y recrutent de nombreux adeptes.

Ils jouissent d'une certaine considération et, au moment de la conquête de l'Algérie et de la Tunisie, on leur a prêté un rôle politique qu'ils ne pourraient, certes, plus jouer. On ne peut leur attribuer qu'une influence toute locale et ne voir, en eux, que des jongleurs susceptibles de rendre des services comme émissaires de confréries plus puissantes ou de gouvernements intéressés. (1)

Leur zaouïa principale est à Nefta, où a été inhumé Sidi-Bou-A'li; elle est dirigée par le chef spirituel de la corporation : Sidi-A'mer-es-Skandri.

En Tunisie, ils possèdent plusieurs autres couvents secondaires, entr'autres ceux de Tozeur (moqaddem : Abdallah ben Amar-el-Thouil), de Tunis, de Gabès et de Sfax.

En Algérie, leur branche principale est à Khenchela, dirigée par le moqaddem Boukchem-A'mmar; ils comptent, dans le département de Constantine, quatre zaouïa, six moqaddim et plus de trois cents affiliés, ainsi répartis :

ZAOUIA MÈRE	LOCALITÉS où la confrérie compte DES ADEPTES	ZAOUIA	CHIOUKH	MOQADDIM	CHOUACH	KHOUAN	KHAOUNIET	KHALIFA	FOQRA	OUKLA	TOLBA	TOTAUX DES ADEPTES
NEFTA-TOZEUR (Tunisie)	**CONSTANTINE** TERRITOIRE CIVIL											
	Khenchela.........	2	»	2	3	120	82	»	»	»	»	207
	Bône...............	1	»	2	3	20	»	»	»	»	»	25
	Meskiana..........	»	»	»	»	6	»	»	»	»	»	6
	Guelma............	1	»	1	3	30	»	»	»	»	»	34
	Oued Cherf.......	»	»	»	»	40	»	»	»	»	»	40
	La Séfia...........	»	»	»	1	22	»	»	»	»	»	23
	CONSTANTINE TERRITOIRE DE COMMANDEMENT											
	Biskra..............	»	»	1	»	8	»	»	»	»	»	9
	El-Oued............	»	»	»	»	20	»	»	»	»	»	20
	TOTAUX........	4	»	6	10	266	82	»	»	»	»	364

---

(1) M. Duveyrier, en citant cette confrérie comme inféodée aux Senoussïa, la donne comme étant à la dévotion du Gouvernement ottoman. Cette appréciation n'est plus à considérer depuis que nous exerçons le protectorat sur la Tunisie.

A'MMARÏA

La confrérie des A'mmarïa est placée sous le patronage de Sidi-A'mmar-bou-Senna, thaumaturge célèbre, né vers l'an 1712 de notre ère (1123 de l'hégire) à Smala ben Merad, commune de l'Oued-Zenati.

Il était originaire d'une famille d'ouali, affiliée à un moqaddem des qadrïa. Dès sa naissance, il fut entouré d'un pieux respect, grâce aux prophéties d'un disciple d'A'bdelqader-El-Djilani qui avait prédi sa venue dans le monde et l'avait annoncé comme devant être, un jour, un des plus zélés propagateurs de ses doctrines.

Toute sa jeunesse s'écoula dans les montagnes environnantes, plongé dans la plus grande solitude, vivant avec les fauves, en proie au froid et à la misère, jusqu'au jour où il se lança dans un mysticisme outré. C'était un derouich, un mystique, dans toute l'acception du mot; il ne tarda pas à se signaler par de nombreux miracles et à grouper, autour de lui, une véritable légion de foqra, qui, à sa mort élevèrent sur son tombeau situé à Bou-Hammam, tribu des Beni-Caïd, commune de Nechmaya, une koubba devenue la zaouïa-mère de la corporation (1).

L'impulsion des pratiques de Sidi-A'mmar ne commença à se produire que vers l'année 1815. A cette époque, un nègre, le sieur El-Hadj-Embarek-el-Mogherbi-el-Bokhari (2), descendant de la famille maraboutique des Bokhar, résidant à Meknès (Maroc), arriva à Alger, où il exerça quelque temps le métier de cordonnier, puis continua son voyage à destination de la Mecque.

Partout, il visitait, à l'exemple des autres pèlerins, les zaouïa qui se trouvaient sur son passage et se faisait un scrupule de s'arrêter aux endroits vénérés pour y puiser de nouvelles forces.

Au Bou-Hammam, il fut frappé de la vénération que les habitants de la contrée avaient pour Sidi-A'mmar-bou-Senna; il remarqua le manque de cohésion qui régnait parmi les disciples du saint. Aussi, jugea-t-il à propos de terminer son voyage et, dans le but de former une corporation avec ces éléments épars, il s'installa au tombeau de l'ouali, où il se distingua bientôt par une ardente charité et un dévouement à toute

---

(1) Voir, pour l'étude complète des A'mmarïa, *Confrérie religieuse musulmane de Sidi-Ammar-bou-Senna ou l'A'mmaria*, par X. Coppolani. — A. Jourdan, imprimeur-éditeur.

(2) « El-Hadj-Embarek-el-Mogherbi-el-Bokhari est un descendant des nègres qui furent attirés du Mogherb à Meknès par le sultan Moulaï-Ismaïl qui, placés sous la protection d'un saint de l'Islam, Sidi el-Boukhari, formèrent cette garde noire entièrement dévouée au sultan, sans aucun lien avec la population indigène arabe ou berbère et qui a constitué, pour les souverains du Maroc, une grande force ». Ernest Mercier, *Histoire de l'Afrique septentrionale*, t. III, p. 287-288.

épreuve. Il s'intitula, lui-même, le pieux serviteur de Sidi-A'mmar-bou-Senna (khedim) et, sur ses pressantes sollicitations, il obtint, de l'*oukil*, l'insigne honneur de charrier sur son dos, d'une source située à un kilomètre environ du tombeau, l'eau nécessaire à désaltérer les pèlerins.

Son dévouement lui valut de nombreuses faveurs, et, entre autres celle de surveiller les zerda que les croyants donnaient, deux fois par an, en l'honneur de Bou-Senna.

Cette marque d'attachement lui valut quelque prestige aux yeux des compagnons du saint ; mais, leur stupéfaction fut grande lorsqu'en 1820, ils apprirent que le nègre marocain avait reçu le don des miracles et qu'il se préparait à continuer l'œuvre de leur patron. Ils se rendirent en foule au Bou-Hammam, suivis de fervents de tous les points de l'Algérie et de la Tunisie et, après avoir immolé les plus beaux taureaux de leurs troupeaux, ils demandèrent à Sidi-el-Hadj-Embarek de les initier aux révélations qui lui avaient été faites par leur maître. Ils écoutèrent religieusement les récits des visions de Sidi-el-Hadj-Embarek qui leur donna ainsi une preuve évidente de son fervent mysticisme, de ses exorcismes et pouvoirs divins dont il était le détenteur par la volonté de Sidi-Ammar. Ses paroles furent accueillies avec joie et il fut proclamé le khedim (serviteur) de Sidi-A'mmar-bou-Senna. Mais, là ne se bornait pas son ambition. Il choisit les plus fervents de ses auditeurs avec lesquels il parcourut toute l'Algérie, la Tunisie et une grande partie de la Tripolitaine.

Contrairement aux procédés employés par ses devanciers, il installait, dans chacun des principaux centres qu'il visitait, un de ses dévoués foqra auquel il donnait le nom de khalifa, avec la mission de recruter des adeptes.

Ces centres, devenus lieux de propagande, étaient judicieusement choisis : tantôt, c'était une modeste chambre qu'il louait, aux endroits les plus fréquentés, dans les principales villes de l'Algérie et de la Tunisie ; tantôt il faisait bâtir un simple gourbi en un endroit vénéré où ses khoulafa accordaient l'hospitalité aux musulmans qui voulaient s'y arrêter et où ils se livraient à leurs jongleries.

En 1830, Sidi-el-Hadj-Embarek fit son premier voyage à la ville sainte. Ce pèlerinage lui procura l'occasion de s'allier avec plusieurs derouich de l'Orient qui le considéraient déjà comme un personnage religieux des plus influents. A son retour, il recommença de nouveau ses tournées, et aux jongleries de Sidi-A'mmar il ajouta, pour sa propagande, quelques versets du Coran qu'il avait tirés du dikr de la confrérie des Aïssaoua, dont il était devenu le moqaddem.

En 1836, lors de la première expédition sur Constantine, il nous fut de quelque utilité, et, en récompense des services qu'il avait rendus à notre cause, ou plutôt pour gagner sa neutralité, le général Youssouf lui fit construire une zaouïa avec koubba, à quelques kilomètres de

Guelma, sur le versant de la Mahouna, connue sous le nom de zaouïa d'A'ïn-Defla, et devenue, plus tard, sa résidence habituelle.

De 1840 à 1870, Sidi-el-Hadj-Embarek se montra, en même temps qu'un fervent religieux, un politicien habile et parfois dangereux.

Il fit huit fois le pèlerinage de la Mecque, et, chaque fois, son retour fut salué par les acclamations de ses adeptes, de plus en plus nombreux.

Il fit également un voyage au Maroc, son pays natal, où il étudia le dikr des Hansalïa à la zaouïa-mère de cet ordre, située à Dadès, et reçut le brevet de moqaddem du grand dignitaire de la zaouïa de Mouley-Idris.

L'influence qu'il avait acquise, lui valut, à son retour, d'être porté en triomphe de Guelma au Bou-Hammam, par une population fanatique et enthousiasmée par ses pieuses prédications (mai 1876). A cette époque, il sollicita l'autorisation de faire construire une chambre au tombeau de Sidi-A'mmar-bou-Senna, où il comptait désormais s'établir. Mais, pour des raisons politiques, cette autorisation lui fut refusée. Lorsqu'il se rendait au Bou-Hammam, il y régnait en maître incontesté; l'oukil lui remettait les offrandes des fidèles, et lui, veillait à l'entretien du marabout.

Quelques compagnons de Sidi-A'mmar qui, tout en reconnaissant ses qualités maîtresses, n'avaient jamais voulu jusqu'alors consentir à lui remettre, directement, une part des ziara que les musulmans leur faisaient, comme cela se pratique dans les ordres religieux disciplinés par un rituel, sévère sur ce point, lui demandèrent l'ouerd et le reconnurent chef de la corporation.

De 1882, date la formation réelle de l'ordre :

Le dikr fut composé, après la campagne de la Tunisie, à l'instigation du cheikh Sidi-el-Mazouni, du Kef, qui avait vu dans la confrérie de Sidi-A'mmar le noyau d'une branche secondaire des Qadrïa dont il est un des principaux moqaddem.

Sidi-el-Hadj-Embarek suivit les conseils de Sidi-el-Mazouni, mais complètement illettré, il fut obligé de dicter le dikr de l'ordre à un de ses dévoués khoddam, devenu le gendre de son fils et actuellement chef des tolba de la confrérie. Ce dikr est appris aux affiliés qui possèdent les qualités essentielles pour arriver au moqaddemat.

DIKR OU RITUEL

Les prolégomènes sont peu étendus. Sidi-el-Hadj-Embarek se pose en chef de la confrérie et n'étend sa chaîne mystique qu'à Sidi-A'mmar-bou-Senna, placé lui-même sous la protection divine.

Quelques eulama, affiliés à la corporation, depuis 1882, prétendent que Sidi-A'mmar-bou-Senna n'était qu'un fervent de la confrérie des Qadrïa et, à ce titre, ils ajoutent à leur diplôme de moqaddem la chaîne mystique de Sidi-A'bdelqader-el-Djilani, malgré l'avis contraire de Sidi-el-Hadj-Embarek.

. . . .

(1) الحمد لله وحده ولا يدوم الا سبحانه

بسم الله الرحمن الرحيم وصلى الله على الحبيب محمد وهذه تقديمة الطريقة الواضح والامور الصالح طريف سيدي عمار ابي ستة نفعنا الله واياكم بامثاله امين وقد اخذها عليه سيدي الرباني الكواكب النوران الولي الصالح الواضح القطب سيدي الحاج امبارك بن محمد المغربي البخاري وقد اخذها عليه سيدي الطاهر بن علي بن غربية الهنداوي وهو يذكرها في كل ليلة ونهارا وهو يعبد الله سبحانه ولا اله غيره

« Louange à Dieu unique.
» Il n'y a de durable que sa louange.

» Au nom de Dieu, le Clément, le Miséricordieux ;
» Que Dieu répande ses bénédictions sur l'ami Mohammed, que le salut soit
» sur lui.
» Voici les prolégomènes de la voie divine des œuvres saintes, voie de Sidi-A'mmar-
» bou-Senna, que Dieu nous fasse profiter de ses exemples. Amen.
» Elle a été (la voie divine) prise sur lui (Sidi-A'mmar) par le maître, l'astre, la
» lumière, l'ami de Dieu, le saint par excellence, le célèbre Sidi-el-Hadj-Embarek ben
» Mohammed-el-Mogherbi-el-Bokhari qui l'a donnée (mot à mot qui l'a prise) à Tahar
» ben A'li ben Gharbia-el-Handaoui qui la récitera toutes les nuits et tous les jours et
» adorera Dieu, que sa louange soit proclamée.
» Il n'y a d'autre Dieu que Lui ».

. . . .

Vient ensuite l'ouerd qui n'a de particulier que l'exaltation de Dieu qu'on y remarque à chaque phrase.

Les formules, choisies pour la plupart dans le Coran, ont une certaine analogie avec celles des Qadria et des Aïssaoua.

La nuit est recommandée aux adeptes de préférence à la journée, tenant, en cela, compte des doctrines des Chadelïa et de leurs dérivés qui prétendent que la prière de la nuit est plus méritoire (1).

ورد ليلة الاحد

تذكروا بيها لا حول و لا فوّة لا بالله العلي العظيم خمس مايـة مـرّة بان خلصها يصلى اربعين ركعة لله انتهت

ورد ليلة الاثنين

تذكروا بيها لا اله لا الله محمد رسول الله صلى الله عليه وسلم ستة مايت مرّة بان خلصها يصلّى خمسين ركعة ويهلل من الفرءان بعض ءايت انتهت

ورد ليلة الثلاثة

تذكروا بيها سبحان الله و الحمد لله و لا يله لا الله و الله اكبر اللهم يا غايث المستغثين اغثنا يا الله اغثنا يا الله سبعة مايت مرّة بان خلّصها يصلى خمسين ركعة وينتبّل بالفرءان انتهت

ورد ليلة الاربعاء

تذكروا بيها الحمد لله رب العلمين إلى اخرها خمس مايت مرّة بان تمّها يصلى اربعين ركعة وينقبل بالفرءان انتهت

---

(1) Le texte arabe renferme plusieurs fautes d'orthographe et des incorrections de style que nous avons respectées pour mieux donner une idée exacte du niveau des connaissances des tolba de la confrérie.

ورد ليلة الخميس

تذكروا فيها لا اله الا الله لا غالب الا الله لا اله الا الله عيسى روح الله لا اله الا الله موسى كليم الله لا اله الا الله ابرهيم خليل الله لا اله الا الله محمد حبيب الله و خير خلف الله و يس الى ا اخرى سبعة مرة بان تمّها يصلى خمسين ركعة و ينقل بالفرءان انتهــت

ورد ليلة الجمعة

تذكروا فيها كل شيء هالك الا وجهه له الحكم و اليه ترجعون كل من عليها فان و يبقى وجه ربك ذو الجلال و الاكرام اعوذ بالله من الشيطان الرجيم بسم الله الرحمن الرحيم سبعين مرة بان تمّها يصلى ثلاثين ركعة و ينقل بالفرءان انتهت

ورد ليلة السبت

تذكروا فيها طه و يس و الملك الى اخرها و يصلى عشرون ركعة و ينقل بالفرءان انتهــــــت

و هذه طريقة الاسلام من عند مصباح الظلام الشيخ الطريفة و امام الخفيفة سيدنا و سندنا و من على الله ثمّ عليه اعتمادنا سيدي عمّار ابي ستة نفعنا الله به ٭ امين ٭ و هذه اجازة الطاهر ابن علي ابن غربية صانه الله ٭ امين ٭ اصيكم يا خوان عليكم بطعة الرحمن و اذكروا الله وحده و لا تطيعوا غيره اذكروا الورد الفايم في كلّ وقت و نهارا و الله مجيب لمن دعا اليه اذكروا انزلفاه في ليلة القدر و ما ادرايك ما ليلة القدر ليلة القدر خير من الف شهر تنزل المليكة و الرّوح فيها باذن ربهم من كلّ امر سلم هى حتى مطلع الفجـــر وزد الله لا اله الا هو الحى الفيّوم الى اخره و السّلام المومن المهيمن الى اخرها و الله على كلّ شي فدير و ما تفدموا لانفسكم من خير تجدوه عند الله هو خيرا و اعظم اجرا و استغفروا الله ان الله غفور رحيم قل هو الله احد الله الصمد لم يلد و لم يولد و لم يكن له كفوا احد في كل دبور الصلاة الخمس انتهت مولقة من الشيخ عمّار ابي ستة حمــــــد الله

Ouerd de la nuit du Dimanche

« Récitez 500 fois :
> » Il n'y a de puissant que Dieu,
> » L'exalté, le magnifique.

» Se prosterner ensuite 40 fois. »

Ouerd de le nuit du Lundi

« Récitez 600 fois :
> « Il n'y a pas d'autre divinité que Dieu ;
> » Mohammed est son prophète, que le salut soit sur lui.

» Se prosterner ensuite 50 fois en récitant quelques versets du Coran ».

Ouerd de la nuit du Mardi

« Récitez 700 fois :
> « Que la louange de Dieu soit proclamée ;
> » Louange à Dieu ;
> » Il n'y a pas d'autre Divinité que Dieu ;
> » Dieu est grand ;
> » O secours divin ! aide les infortunés ;
> » O Dieu ! aide-nous ;
> » Aide-nous, ô Dieu !

» Se prosterner ensuite 50 fois en récitant quelques versets du Coran ».

Ouerd de la nuit du Mercredi

« Récitez 500 fois :
> » (Le chapitre 1er du Coran commençant par) :
> » Louange à Dieu. Maître de l'Univers.....

» Se prosterner ensuite 40 fois en récitant quelques phrases du Coran ».

Ouerd de la nuit du Jeudi

« Récitez 700 fois :
> » Il n'y a pas d'autre divinité que Dieu ;
> » Il n'y a rien de plus puissant que Dieu ;

» Il n'y a d'autre divinité que Dieu ;
» Aïssa est l'ami de Dieu.
» Il n'y a d'autre divinité que Dieu ;
» Moussa est la parole Dieu.
» Il n'y a d'autre divinité que Dieu ;
» Brahim est l'ami de Dieu.
» Il n'y a pas d'autre divinité que Dieu ;
» Mohammed est le seul compagnon de Dieu.
» Se prosterner ensuite 500 fois en récitant quelques phrases du Coran ».

Ouerd de la nuit du Vendredi

« Récitez 700 fois :
» Tout périra excepté Dieu ;
» Le meilleur jugement est celui de Dieu ;
» Vous retournerez tous à Lui (à Dieu) ;
» Tout ce qui est sur la terre passera ;
» La face seule de Dieu restera environnée de Majesté et de Gloire.
» Dieu Clément, préserve-nous des démons !
» Au nom de Dieu Clément et Miséricordieux.
» Se prosterner ensuite 30 fois en récitant quelques phrases du Coran ».

Ouerd de la nuit du Samedi

« Récitez :
» Les Sourates Taha (chapitre 20 du Coran) ;
— Yacin (chapitre 36 du Coran) ;
— El-Malek (chapitre 67 du Coran).
« Se prosterner ensuite 20 fois en récitant quelques versets du Coran ».

. . . .

Enfin viennent les dernières recommandations qui prescrivent aux fidèles la récitation de quelques sourates du Coran, à n'importe quel moment de la journée.

. . . .

« Voilà le chemin par la prière qui conduit à la lumière divine, du cheikh de la
» secte et imam de la justice divine, notre Seigneur et maître (après Dieu) qu'il nous
» protège ! Sidi-A'mmar-bou-Senna, Dieu nous maintienne avec lui, amen.
» Je vous recommande, ô frères ! obéissance au Clément (Dieu) et de réciter à la
» fin de chacune des cinq prières précitées :

» Dieu est seul et n'obéissez qu'à Lui.

» A chaque moment de la journée, l'ouerd du chef de l'ordre :

» Dieu aime ceux qui se recommandent à Lui.

» Réciter la sourate *Alkadar* (chapitre 97 du Coran) :

> » Nous avons descendu le Coran dans la nuit d'Alkadar ;
> » Qui te fera connaître les bienfaits de la nuit d'Alkadar ;
> » La nuit d'Alkadar vaut plus que mille nuits ;
> » Dans cette nuit les anges et les esprits descendent dans le monde avec la permission de Dieu pour régler toutes choses ;
> » La paix accompagne cette nuit jusqu'au lever de l'aurore.

» Ajouter (sourate II, verset 256) :

> » Dieu est le seul Dieu ;
> » Il n'y a point d'autre dieu que Lui ;
> » Le vivant, l'immuable, etc....

» Jusqu'à la fin.

» (Sourate 59). Une partie du verset 23 commençant par :

Le Sauveur (Dieu), le Fidèle, le Gardien...

» (Sourate 73), Fin du 20e verset commençant par :

Dieu est tout-puissant ;
Tout bien que vous avancerez, vous le retrouverez auprès de Dieu ;
Cela vous vaudra mieux ;
Cela vous vaudra une plus grande récompense ;
Implorez le pardon de Dieu car il est indulgent et miséricordieux.

» (Sourate 122, l'*Aube du jour*) :

Dis : Dieu est un ;
C'est le Dieu à qui tous les êtres s'adressent dans leurs besoins ;
Il n'a point enfanté et n'a point été enfanté ;
Il n'a point d'égal en qui que ce soit.

. . . .

» L'auteur (de l'ouerd) qui précède est le cheikh A'mmar-Bou-Senna, que Dieu l'aide
» et proclame sa louange ».

. . . .

Les adeptes qui parviennent à enseigner le dikr reçoivent le titre de moqaddem et sont chargés de la direction d'une zaouïa. On exige, en outre, qu'ils aient une certaine notoriété. Enfin, ils doivent avoir donné, pendant plusieurs années, des témoignages indéniables de dévouement à la Confrérie.

L'investure a lieu, ordinairement, à la zaouïa d'A'ïn-Defla, en présence des principaux dignitaires de la Confrérie. Placé en adoration devant le cheikh, le néophyte écoute ses nouveaux devoirs pendant qu'un taleb les consigne sur une feuille de papier qui forme *l'idjeza*.

Le nouveau dignitaire fait ensuite vœu d'obéissance passive et reçoit, outre le dikr, le drapeau de Sidi-Ammar-bou-Senna, emblème sacré qui doit être religieusement conservé dans la zaouïa qu'il est appelé à diriger.

La cérémonie varie lorsqu'il s'agit du recrutement d'un ou de plusieurs foqra : les moqaddim, tolba et autres font place aux khoulafa chargés de surveiller les épreuves mystiques auxquelles sont soumis les pénitents.

S'ils sont reconnus aptes à exécuter les exercices imposés aux membres actifs de la confrérie, le cheikh les couvre à tour de rôle du drapeau de Sidi-A'mmar, en même temps que les musiciens font entendre les sons de la casba et les roulements du bendir. Ils reçoivent, quelque temps après, leur destination pour un centre de propagande, et suivant les progrès qu'ils accomplissent dans la voie mystique, ils sont élevés à la dignité de khalifa.

Aucune garantie morale n'est exigée des foqra. Ce sont, en général, des fanatiques inconscients sous la direction immédiate de moqaddim peu considérés par les Eulama, mais respectés par la masse.

La confrérie est fractionnée en trois branches à la tête desquelles sont placées des chioukh indépendants. Nous avons déterminé leur importance respective dans l'état ci-après (1) :

---

(1) Au moment de la mise en pages on nous signale, de Guelma, le décès de Sidi-el-Hadj-Embarek.

Ce pieux personnage était impotent depuis plusieurs années. Il vivait dans sa zaouïa d'Aïn-Defla où il était considéré comme une sorte de fétiche. Son grand âge (il avait plus de 110 ans) est un cas de longévité peu ordinaire que ses disciples exploitaient au plus grand profit de leur confrérie et de leurs intérêts matériels.

ZAOUIA MÈRE	NOMS des CHIOUKH INDÉPENDANTS	LOCALITÉS où la Confrérie compte DES ADEPTES	ZAOUIA, COUVENTS LIEUX DE RÉUNION	CHIOUKH	MOQADDIM	KHOUAN	KHAOUNIET	OUKLA	TOLBA	KHALIFA	CHOUACH	FOQRA	TOTAUX DES ADEPTES
MARABOUT DE SIDI-A'MMAR-BOU-SENNA situé au Bou-Hammam, triba des Beni-Caïd, commune de Nechmaya.	SIDI-ELHADJ-EMBAREK, à Aïn-Defla. — Guelma	**CONSTANTINE** *TERRITOIRE CIVIL*											
		Guelma.........	1	»	1	2	»	»	30	6	10	300	349
		Héliopolis......	1	»	»	»	»	»	»	»	1	10	11
		Millésimo.......	»	»	»	15	»	»	»	»	»	»	15
		Henchir Saïd....	»	»	»	12	»	»	»	»	»	»	12
		Kellerman......	»	»	»	15	»	»	»	»	»	»	15
		Clauzel.........	»	»	»	25	»	»	»	»	»	»	25
		Guelaâ-bou-Sba..	»	»	»	11	»	»	»	»	»	»	11
		Petit...........	»	»	»	12	»	»	»	»	»	»	12
		Soukahras......	1	»	»	1	25	»	»	1	»	50	77
		Oued-Cherf (mixte)..	1	»	»	1	12	»	»	2	2	4	85	106
		Séfia (mixte)...	»	»	»	20	»	»	»	»	»	»	20
		Soukahras (mixte)..	»	»	1	15	»	»	»	»	»	»	12
		Oued-Zernati....	»	»	»	»	»	»	»	»	»	»	16
		Constantine.....	2	»	2	40	»	»	»	»	»	»	975
		Bizot...........	»	»	1	8	»	20	1	12	900	9
		Aïn-Beïda.......	»	»	»	»	»	»	»	»	»	»	85
		Khenchela......	1	»	1	12	»	»	1	1	2	80	157
		M'sila..........	1	»	1	»	»	»	1	3	140	24
		Mila............	»	»	»	»	»	»	»	1	2	20	95
		El-Milia........	1	»	1	»	»	»	»	2	3	90	84
		Akbou (mixte)...	»	»	3	»	»	»	»	1	»	80	217
		Taher...........	»	»	1	30	10	»	»	»	4	210	65
		Tébessa.........	»	»	»	»	»	»	1	2	20	13
		Fedj-M'zala.....	»	»	1	»	»	»	»	»	2	12	31
		Morris..........	»	»	»	10	»	»	»	»	»	28	80
		ALGER *TERRITOIRE CIVIL*											
		Alger...........	2	»	2	»	»	»	2	4	150	158
		Aumale.........	»	»	»	10	»	»	»	»	2	48	60
		Boufarik........	»	»	2	10	»	»	»	»	2	48	62
		Chebli..........	1	»	3	»	»	»	»	»	4	25	32
		Coléa...........	»	»	1	»	»	»	»	»	»	10	11
		Marengo........	»	»	1	»	»	»	»	»	2	50	53
		Ménerville......	1	»	1	»	2	»	»	»	5	35	43
		Beni-Mansour...	»	»	1	»	»	»	»	»	»	15	16
		Affreville.......	1	»	1	»	»	»	»	»	3	100	104
		Tizi-Ouzou......	»	»	»	»	»	»	»	1	2	42	45
		Bordj-Menaïel...	1	»	1	»	»	»	»	»	»	2	2
		Fort-National...	2	»	2	»	»	1	»	»	3	31	35
		Mekla...........	»	»	»	»	»	»	»	»	»	8	11
		Tizi-Reniff......	»	»	3	»	»	»	»	»	»	12	12
		Djurdjura (mixte)..	»	»	1	»	»	»	»	»	8	140	151
		Dra-el-Mizan (mixte)..	»	»	»	»	»	»	»	»	»	19	20
		ALGER *TERRITOIRE DE COMMANDEMENT*											
		Sidi-Aïssa......	»	»	2	»	»	»	»	»	»	30	32
		TUNISIE											
		Tunis...........	2	»	2	»	»	»	6	2	15	950	975
(2) ZAOUIA DU KEF (Tunisie), dirigée par Sidi-Rhamdan-ben-Kolaï.	(1) ZAOUIA D'EDOUG, élevée à la mémoire du cheikh Ahmed-ben-Belkassem.	(1) Bougie.......	1	»	2	»	»	»	»	»	2	82	86
		Djidjelli........	1	»	1	»	»	»	»	»	1	20	22
		Edough et environs.	1	»	1	»	»	1	12	»	22	500	536
		Collo...........	»	»	»	»	»	»	»	1	2	72	75
		Bône............	1	»	1	»	»	»	»	1	3	90	95
		(2) Kef et Régence de Tunis.	1	1	1	»	»	1	8	12	60	1.200	1.283
		TOTAUX GÉNÉRAUX......	26	1	46	284	22	3	79	36	138	5.774	6.435

Indépendamment des confréries issues des Qadrïa et de celles aux pratiques extérieures similaires, il y a, disséminées dans le monde musulman, un certain nombre de corporations de jongleurs, de visionnaires, de charmeurs de serpents, d'exorcistes qui peuvent être citées, ne serait-ce qu'à titre documentaire.

Ce ne sont pas des confréries proprement dites, n'ayant aucune organisation intérieure ni aucun des principes fondamentaux qui caractérisent ces associations. Mais, étant donné le pouvoir mystérieux que les crédules attachent à leurs exercices grossiers et le rôle d'émissaires que leurs membres remplissent parfois, nous croyons devoir mentionner celles qui sont particulièrement connues en Algérie.

Les *Oulad-Moussa* doivent leur puissance thaumaturgique à leur patron Ahmed-Moussa, marabout célèbre de Marrakech où il est enterré. Ils sont en assez grand nombre dans les provinces du Soûs et du Dra'a, d'où ils parcourent tous les marchés du Maroc et ceux des départements d'Oran et d'Alger. On les rencontre aussi, par bandes, dans l'Extrême-Sud marocain. Partout, ils se livrent à leurs exercices comparables à ceux des saltimbanques de nos foires, ou charment des serpents, faisant, ainsi, l'admiration des badauds émerveillés.

Les *Hamdoucha* et leurs frères dissidents les *Dghorirïa*, de Meknès, peuvent être comparés aux A'ïssaoua dont ils ne sont, du reste, que des fractions. Ils sont connus dans les contrées septentrionales du Maroc et dans quelques localités du département d'Oran.

Dans la commune mixte de Zemmora, sur un rocher qui domine la vallée de la Mina, existe la koubba du fameux *Sidi-Mahammed ben A'ouda*. Elle est légendaire par les lions *mendiants* que les khoddam de ce saint homme promènent à travers les tribus et dans les villes algériennes, en souvenir de leur saint patron qui, du fond de son tombeau, les protège contre la colère du roi des animaux.

Les *Beni-A'bbas* sont en souvenir dans la petite Kabylie du département de Constantine. On en rencontre dans les grandes villes du département d'Alger où ils cessent, peu à peu, de se livrer à leurs jongleries peu goûtées, pour s'adonner à l'industrie.

Dans la petite commune de Kellerman, un certain *Ben Nahal* a réuni, dans sa zaouïa du *Fedjoudj*, plus de 200 foqra avec lesquels il se livre à l'exploitation de ses coreligionnaires crédules.

Son aïeul et patron, compagnon de Sidi-A'mmar-bou-Senna est

enterré à *Bou-Hakim*, commune de l'Oued-Zenati, où les fidèles de la contrée se rendent annuellement pour célébrer sa mémoire.

La popularité de Ben-Nahal ne s'étend pas au-delà de l'arrondissement de Guelma, où elle est, d'ailleurs, combattue par les A'mmarïa, dont ils ne sont qu'une branche dissidente.

En Tunisie et en Tripolitaine, les corporations de cette catégorie seraient fort nombreuses.

CHAPITRE IX

ÉCOLE DES KHELOUATÏA

Confrérie-mère des Khelouatïa : son origine, ses principes fondamentaux, son évolution, son domaine géographique.

Confréries et ramifications issues des Khelouatïa : Sounboulïa, Goulchinïa, Ouchakia, Djelouatïa, Bakrïa, Cherkaouïa, Semmanïa, Hafnaouïa et dérivés : *saouïa, derdirïa, lessïa, deïfïa, messellemïa, Rahmanïa* — les *Tidjanïa*.

Un siècle environ, après la vulgarisation des doctrines des Qadrïa, une autre école mystique, dont l'enseignement extatique et les pratiques mystérieuses, sont également fort appréciés dans le monde musulman, se développait dans cet Orient où surgissent, tour à tour, les idées les plus opposées pour aboutir au même résultat négatif : la recherche de l' « Introuvable ».

Ici, ce n'est plus un chérif dépositaire de la parcelle divine, qui se lance dans la voie des soufis sanctifiés, mais un ascète dans toute l'acception du mot, un véritable anachorète, qui cherche, dans la solitude et les privations austères, à anéantir son corps pour élever son âme purifiée vers l' « Incommensurable ».

La matière est, pour lui, un fardeau dont il essaye de se défaire au moyen de l'oubli de l'existence, et, dans ce but, il s'éloigne du monde pour s'absorber dans l' « Inconnu », qu'il croit percevoir à travers les épaisses murailles du monastère où il a trouvé la retraite obscure (kheloua), que, seuls, les rayons célestes viendront, parfois, illuminer.

C'est chez le persan Mohammed-el-Khelouati que les antiques solitaires du monachisme chrétien trouvèrent un imitateur inconscient, un fervent émule qui devint le patron d'une confrérie-mère. Mohammed avait été surnommé le *Khelouati* (le solitaire), et, naturellement, ceux qui imitèrent ses pratiques furent qualifiés de Khelouatïa, d'où le vocable de la confrérie.

Mais, si ce thaumaturge a été, en quelque sorte, l'initiateur de la confrérie et si ses pratiques ont servi de base aux doctrines de l'Ordre cardinal des Khelouatïa, c'est son disciple Omar-el-Khelouati, mort à Kassarïa (l'an 800 de l'hég., 1397-1398 de J.-C.), qu'il faut considérer comme le fondateur réel de la confrérie. En Orient, plus particulièrement, on attribue à ce dernier personnage tout le mérite de l'institution, et, dans certains ouvrages spéciaux aux branches issues des Khelouatïa, on le présente comme l'organisateur de l'enseignement orthodoxe qui, avec les pratiques extatiques spéciales au persan Mohammed, caractérise les doctrines de son école.

Cet enseignement repose sur l'*engagement* que le néophyte prend au moment de l'initiation.

Nous en reproduisons les grandes lignes, d'après les « merveilles biographiques et historiques du cheikh A'bder-Rahman-el-Djabarti, traduites de l'arabe par Cheikh Mansour-Bey-A'bdela'ziz-Kahil-Bey-Gabriel-Nicolas-Kahil-Bey et Iskender-Ammoun Effendi », en modifiant l'orthographe de quelques noms déjà cités, que le lecteur pourrait ne pas reconnaître.

« Voici la manière de recevoir l'engagement, enseignée par Sid-el-Bakri-Es-Seddiki au cheikh El-Hafnaoui ou El-Hefni, au moment où il lui permit de recevoir des engagements dans la confrérie des Khelouatïa. La façon de reconnaître l'âme docile se pratique ainsi : l'aspirant se place devant le maître de façon à ce que leurs genoux se touchent. Pendant ce temps, le maître qui a le visage tourné vers le sud, lit la Fatiha (premier verset du Coran), la main dans celle de l'aspirant qui lui confie son âme et puise dans ses lumières et sa sainteté. Le maître dit à l'aspirant à trois reprises : « Dis avec moi : je demande pardon à Dieu le grand ». Il lit ensuite les deux chapitres du Coran qui préservent, le verset de la prohibition, puis celui de la reconnaissance : « Ceux qui te reconnaîtront pour leur chef, reconnaîtront Dieu à l'exemple du Prophète, etc. » ; puis il donne lecture de la Fatiha, demande à Dieu de l'aider, de le favoriser et recommande à l'adepte de remplir les devoirs qui lui incombent par le fait de son affiliation, d'être toujours dans le chemin de la vérité. Lorsque viendra le temps de lui enseigner le deuxième nom, il le lui enseignera, afin qu'il arrive à ses fins et il lui ouvrira la porte qui fait connaître que tous les actes émanent d'un seul.

» Au troisième nom, il lui enseignera que tous les noms n'en indiquent qu'un seul ; au quatrième il lui apprendra que toutes les qualités sont les attributs d'un seul, afin qu'il le fasse arriver graduellement aux qualités les plus sublimes ; au cinquième nom, il lui apprendra l'unité de Dieu, afin qu'il jouisse des meilleurs plaisirs ; enfin, au sixième et au septième noms, il lui enseignera les secrets qui le perfectionneront dans la voie (tariqa).

. . . .

» Ces lignes étaient écrites de la main même du cheikh (Bakri), au dos de l'acte qui portait, en outre, ce qui suit : « J'ai lu dans l'ouvrage intitulé *El-Fetouhat-el-ilahiah*, dû au Cheikh-el-Islam-Zakaria-el-Ansari : « Quand le maître veut recevoir de quelqu'un l'engagement, il est tenu, ainsi que l'aspirant, de se purifier de toute impureté, afin qu'il soit digne d'initier aux mystères de la confrérie. Le maître élevera son âme vers Dieu et le priera d'accepter le nouveau venu ; il l'en conjurera par Mohammed, qui est l'intermédiaire entre lui et ses créatures. Il mettra la main droite sur la main droite de l'aspirant de façon à ce que les paumes de leurs mains se touchent et que le pouce de l'aspirant soit tenu par les doigts du maître. Celui-ci lira alors les deux chapitres du Coran qui prescrivent ; il récitera El-Bismallah et dira ensuite ces paroles :

» Louanges à Dieu, le maître de l'univers ! Je demande pardon à Dieu le grand, le seul, l'unique, Dieu le vivant. Je me repends de tous mes péchés. Que Dieu bénisse et salue notre Seigneur Mohammed, les membres de sa famille et ses disciples ! »

» L'aspirant doit répéter cette formule après lui, et il doit ajouter ces mots : « Dieu, je vous prends à témoin, et vos anges, et vos envoyés, et vos prophètes et vos élus, que j'ai reconnu ce maître pour cheikh ; il m'indiquera la route à suivre pour arriver à vous ». Le maître dira alors : « Dieu, je vous prends à témoin et vos anges, et vos envoyés, et vos prophètes et vos élus, que je l'ai accepté pour enfant en vous. Dieu, recevez-le et soyez-lui bienveillant. Dieu, soyez avec lui et non contre lui ». Il fera ensuite la prière suivante :

» Dieu, redressez-nous et permettez-nous de redresser ; guidez-nous dans le chemin de la vérité et permettez-nous d'y guider ; Dieu, montrez-nous la vérité et le mensonge sous leurs véritables formes et aidez-nous à nous rapprocher de celle-là et à éviter celui-ci. Dieu, enlevez de notre route tout obstacle susceptible de nous empêcher d'arriver à vous ; ne nous écartez pas de vous et ne nous permettez pas de vous oublier ».

» Quant aux sept degrés indiqués par Sidi-Bakri, ils sont les degrés des sept noms ; l'âme a dans chacun de ces degrés une condition, qui a son nom propre. Or, le premier nom est : « Il n'y a de Dieu que Dieu » ; dans ce degré, qui est le premier, l'âme est qualifiée de « encline » ; le deuxième nom est « Dieu », et l'âme est qualifiée dans ce degré de « blâmeuse » ; le troisième nom est « est », et l'âme est, dans ce degré, qualifiée de « inspirée » ; le quatrième est « vérité », et l'âme est, dans ce degré, qualifiée de « tranquille » ; le cinquième est « vivant », et l'âme est alors qualifiée de « satisfaite » ; le sixième est « ressusciteur », et, dans ce degré, l'âme est « satisfaisante » ; enfin, le septième nom est « dompteur », et l'âme est qualifiée de « parfaite ».

» C'est le dernier degré de l'enseignement ; les six noms sont soufflés dans l'oreille droite de l'affilié ; seul, le septième est soufflé dans son oreille gauche. Leur enseignement dépend de la conduite et du mérite de l'adepte et du jugement que le maître porte sur lui.

» Cette façon de recevoir l'engagement de quelqu'un remonte au Prophète, qui l'a apprise de l'Ange Gabriel, qui, à son tour, l'a fait remonter à Dieu. D'aucuns disent que le Prophète l'a apprise des quatre archanges.

» Le Prophète a initié A'li. Voici comment Sidi-Youssouf-el-Adjami rapporte cette initiation, dans son ouvrage intitulé *Rihan-el-Qouloub* (Le parfum des cœurs) : « A'li dit un jour au Prophète : « Envoyé de Dieu, indique-moi le chemin le plus court pour arriver à Dieu ».

» Le Prophète lui répondit : « A'li, répète toujours le nom de Dieu dans les endroits solitaires. — Voilà la vertu attachée à l'invocation du nom de Dieu, dit alors A'li, mais tout le monde le fait, ô Envoyé de Dieu ». Le Prophète lui répondit : « A'li, lorsque sonnera l'heure, la terre ne contiendra plus un seul homme qui prononce le nom de Dieu. — Comment, et dans quelle posture dois-je faire cette invocation,

Prophète de Dieu ? dit A'li. — Ferme les yeux, répondit le Prophète, et écoute ce que je vais dire ; tu répéteras ensuite, à trois reprises, mes paroles, pendant que j'aurai les yeux fermés ». Le Prophète dit ensuite, trois fois, les yeux fermés et à haute voix, pendant qu'A'li retenait ses paroles : « *Il n'y a de Dieu que Dieu* ». A'li répéta cette formule après lui autant de fois ; le Prophète avait les yeux fermés et retenait ses paroles.

» A'li initia ensuite Hassan-el-Bosri, quoi qu'en disent les contradicteurs ; Hassan-el-Bosri initia Habib-el-Hadjemi, l'initiateur de Daoud-et-Taï, l'initiateur de Marouf-el-Kerkhi, qui initia à son tour Seri-Saqati, l'initiateur d'Abou-el-Kacem-el-Djoneïdi, le fondateur de l'école soufite d'où dérivent toutes les confréries religieuses islamiques. El-Djoneïdi initia Memchad-el-Dinouri qui initia Mohammed-el-Dinouri qui, à son tour, initia le cadi Ouadjih-ed-Din, l'initiateur d'Omar-el-Bakri, l'initiateur d'Abou-Nedjib-es-Sahrouardi, qui initia le chef des mystiques El-Abhari, ce dernier initia Mohammed-en-Nadjachi ; En-Nadjachi initia Chehab-ed-Din-ech-Chirazi ; Ech-Chirazi initia Djelal-ed-Din-el-Tabrizi ; El-Tabrizi initia Ibrahim-el-Kilani, qui initia Mohammed-el-Khelouati, qui donna son nom à la confrérie.

A partir de ce saint personnage, les organisateurs et successeurs dans l'ordre spirituel de la confrérie, qui se sont transmis les secrets de *l'engagement*, sont les suivants :

» *Omar-el-Khelouati*, Baïram-el-Khelouati, Ez-ed-Din-el-Khelouati, Bader-ed-Din-el-Khaïali, Yahïa-ech-Charaouani, l'auteur de *Ouerd-el-Sitar*, Mohammed-el-Arzindjaoui, Chalabi-Soultan, Kheir-et-Toukadi, Chaban-el-Castoumani, Ismaïl-el-Djourouni, dont la dépouille mortelle repose à Jérusalem, Sidi-A'li Effendi Kanabache (tête noire en langue turque) qui donna son nom au groupe des *Bakria*. Mostafa Effendi et ses successeurs atteignirent, au dire de Sidi-Bakri, le nombre de quatre cent quarante et quelques vicaires. Mostafa Effendi initia Abd-el-Atif, fils de Hassan-ed-Din-el-Halabi, qui initia le soleil de la tariqa et la preuve de la vérité, et Sidi-Mostafa fils de Kamel-ed-Din-el-Bakri-es-Seddiki ».

La chaîne mystique donnée par Djabarti est celle des grands-maîtres de l'ordre, qui, jusqu'au XIIe siècle de l'hégire, ont maintenu intactes les doctrines du cheikh Omar-el-Khelouati, doctrines qui, comme on le voit, peuvent être synthétisées dans les principes suivants : au point de vue mystique, la kheloua avec toutes ses rigueurs, l'abstinence suivie de la folle extase, et le dikr symbolisé dans la formule : « Il n'y a de Dieu que Dieu » (1), formule sans cesse répétée dans la solitude, en prenant une posture particulière du corps (les jambes croisées) et de la tête.

Comme tendances générales : le vieux panthéisme persan se devine sous le voile du soufisme épuré par l'enseignement des princes de la philosophie mystique musulmane : Djoneïdi, Ghazzali, Saharaouardi,

---

(1) Dans un ouvrage du cheikh Senoussi, dont nous possédons un extrait copié à la zaouïa de Djaghboub, par un nommé A'bdeldjelil ben Omar, l'invocation « Il n'y a de Divinité qu'Allah » est complétée par la récitation des dix noms de Dieu : *Houa, Haq, Haï, Qahar, Ouahab, Falah, Ouahad, Ahad, Samer, Qioum.*
Le mourid ne doit passer de l'une à l'autre de ces invocations que lorsque Dieu lui a accordé les visions que doit produire chacune de ces oraisons successives.

Dinouri et tant d'autres qui figurent dans les appuis de l'école des Khelouatïa.

Au point de vue temporel : le serment avec toutes ses sévérités, l'engagement sacré, le pacte entre le cheikh et le néophyte, la connaissance des sept noms de Dieu correspondant aux sept qualités cachées de l'âme, et le secret absolu.

D'où, en morale : obstruction intellectuelle et asservissement de l'humanité, et en politique : opposition systématique à tout progrès, fanatisme exalté, et, comme conséquences immédiates : persécution à tout ce qui touche au pouvoir temporel, d'autant plus dangereuse, qu'elle ne se manifeste qu'après avoir été longuement méditée dans le mystère et les ténèbres de la kheloua.

*
* *

L'évolution de l'école des Khelouatïa peut être divisée en deux périodes :

La première date de l'impulsion donnée à ses doctrines par le Pir-Omar et Khelouati (VIIe siècle de l'hég.), et s'arrête au XIIe siècle de l'hégire au moment où la désagrégation de la confrérie semble être complète.

Elle s'opère en Asie-Mineure, en Turquie d'Europe, au Hedjaz et aux Indes.

Les nombreux disciples des Khelouatïa qui fondent dans ces contrées des monastères aux cellules étroites et inaccessibles aux non affiliés, reprennent, peu à peu, leur indépendance et la confrérie perd l'homogénéité qui faisait sa force. Quelques-uns de ces disciples deviennent les patrons de confréries secondaires, et modifient sensiblement l'enseignement liturgique de l'école-mère, tout en conservant, dans leur rituel, les principes essentiels des doctrines de leurs maîtres.

Dans plusieurs autres instituts, les règles des premiers temps ont, au contraire, été maintenues intégralement et les chioukh qui se sont transmis la direction spirituelle et temporelle de ces établissements et de leurs dépendances ont conservé le vocable de « Khelouatïa ».

Nous signalerons entre autres :

A STAMBOUL : Ak-Chems ed-Dine, près du Khirkaï Chérif.

Umoni-Sinan, à Aïghr-Emini.

Aïdin-Zadéh, à Salkym Senyut.

Tchalak, quartier du Mauguini, à Mahmoud Pacha.

Zékaï-Zadeh, au Khirkaï-Chérif.

Cheikh Souleiman Effendi, à Sofaelar.

Cheikh Osman Effendi, à Djellâd-Tchuhmé.

Féizi Effendi, à Agatch-Kakan.

Urdou-Cheikni, à Daoud-Pacha.
Emirler, à la porte de Silivrie.
Saa'd-Allah-Tchaouch, quartier de Ainalibakkal, à la porte de Silivrie.
Séidi-Vilayet, à Cheikh-Pacha.
Hadji-Kadine, à Psamathia.
Hamza-Zadeh, à Nichandji-Méhémed-Pacha.
Fazze-Ullahi-Osman Effendi, à At-Bazar.
Altoundji-Zadeh, quartier d'Ekchi Karatout, à Ak-Séraï.
Bachdji, dans la mosquée du même nom, à Khasséki, fondée par Bachadji-Hadji-Mahmoud.
Khodja-Zâdé-Hadji-Ahmed, à Zéirek.
Mouchtak-Zâdé, à Tchokour-Tchechmé.
Nour-ed-Din-Djerraï, à Kara-Gueumruk.
Sertarik-Zâdé, à Koumroulq-ouf-Mesdjid.
Cheikh-Chekki Effendi, à Mimar-Adjem.
Mimar-Sinan, à Achik-Pacha.
Tachdji, à la porte d'Andrinople.
A'li Effendi, à Adji-Tchechmé.
Kécufi Effendi, à Chechzadé-Bachi.
Nour-ed-Din-Koulou ou Hakki Effendi, à Tach-Kassab.
Yildiz-Dédé, à Baghtché-Hapou, fondé par Nedjm-ed-Din-Dédé.
Ak-Chems-ed-Din, dans la mosquée du même nom.
Iplikdjié, montée de l'Ohoudj, à la Sélimié.
Hakaki-Osman, à Eyri-Hapou.
Sivâsi, à la Sélimié.
Sokolly-Méhémed-Pacha, à la petite Ste-Sophie (ancienne église des SS. Serge et Bacchus).
Kouch-Adali-Ibrahim Effendi, à Kirk-Tchechmé.
Tchémeli-Zâdé, à Eyri-Kapou.
A Eyoub : Emin Effendi, à Otakdjilar.
Tcholak-Hassan Effendi, à Edris-Kiosque.
Ser-Tarik-Zadek, à Nichaudjilar.
Hakiki-Osman Effendi, à Arpadji-Tchechmé.
A Sudludjé : Kramani-Ishak.
A Scutari : Nassouhi, dans la mosquée du même nom, bâtie par Hassan-Pacha, gendre du sultan Mohammed IV, sous l'invocation du cheikh Nassouhi, de Castamouni.
Kosra-Mostafa Effendi, dans la mosquée du même nom.
Cheikh-Hafiz Effendi.
Ahmed Effendi, à Tchinili-Djani.
Edris Effendi, à Tchaouch-Deressi.
Reoufi Effendi, à Eski-Menzil-Hané.
A Top-Hané : Hassan Effendi.
Karabach, dans la mosquée du même nom, fondée par Karabach Mostafa-Aga.

A Kassim-Pacha : Dogramadji.
Yahïa Effendi.
Cheikh-Djémal-ed-Din-Chimchiri.
A Béchiktach (Bosphore) : Matchka, dans le quartier du même nom.
Dans le Bosphore : Dourmouch-Dédé, à l'intérieur de la forteresse en ruines de Roumélie-Hissar.
Ismaïl Effendi, à Yéni-Keni.
Hafiz Effendi, à Beicos.
Karabach, à Roumélie-Hissar.
Cheikh-Souleiman Effendi, à Beicos.

Parmi les ramifications de Khelouatïa qui ont pris un vocable spécial durant la première époque de son évolution, nous énumérerons, par ordre chronologique : les Sounboulïa, Goulchinïa, Ouchakïa et Djelouatïa.

SOUNBOULÏA

La confrérie des *Sounboulïa*, localisée en Turquie, doit son vocable à son fondateur Youssouf-Sounboul-Sinan, de Marsivan (Asie-Mineure), mort à Constantinople en 936 de l'hég. (1529-1530 de J.-C.), et enterré dans le tekkié qu'il avait fondé dans la mosquée de Khodja-Mostafa-Pacha (1).

Les pratiques extérieures de son enseignement ont subi l'influence des derouich tourneurs et, tout en ayant conservé les principes fondamentaux des Khelouatïa, desquels Sidi-Sounboul était un des plus zélés missionnaires, on peut, à certains égards, confondre ces pratiques avec celles des confréries Rafa'ïa et Saa'dïa.

Le domaine géographique des Sounboulïa ne s'étend pas au-delà des environs de Constantinople où ils possèdent de nombreux monastères et jouissent d'un certain prestige.

Les renseignements fournis par l'ambassade de France près la Porte Ottomane nous permettent d'indiquer les tekkiés suivants :

A Stamboul : Sinan-Erdébili, à Ste-Sophie.

Kara-Mohammed-Pacha, dans la mosquée du même nom, à Ak-Séraï, bâtie en 1114 de l'hég. (1702 de J.-C.).

Khodja-Mostafa-Pacha, dans la mosquée du même nom, à la porte de Silivrie, fondée par le grand-vézir Mostafa-Pacha, mort à Brousse en 845 de l'hég. (1490 de J.-C.).

M. Rinn, *Marabouts et Khouan*, d'après d'Ohsson désigne le fondateur des Sounboulïa sous le nom de Sid-Sounboul-Youcef-bou-Laoui.

Emir-Akhor, dans la mosquée du même nom, aux Sept-Tours, fondée par l'émir Akhor (chef des écuries impériales Elias-Bey).

Hariri-Mohammed Effendi, à Chèhr-Emini.

Safnèti, à Aghatch-Yéri.

Hadji-Evhad, dans la mosquée du même nom, aux Sept-Tours ; fondée par un kassap ousta ou chef de la corporation des bouchers en 983 de l'hég. (1575 de J.-C.).

Ibrahim-Pacha, dans la contrée de ce nom, à Koum-Kapou ; fondée par le grand-vézir Ibrahim-Pacha en 939 de l'hég. (1532 de J.-C.), à la demande de sa femme Muhsiré.

Béchikdji-Zâdé-Mohammed Effendi, à Békir-Pacha.

Kourouk, à Molla-Kourani.

Kécufi Effendi, à l'intérieur de la mosquée de Kéféli, fondée par le sultan Selim Ier.

Sirkedji, dans la mosquée du même nom, à Djubali, fondée par Yorgâni-Emir-Cheikh-Guidoudar-Guilani.

Mimar, au bazar de ce nom.

Merkèz Effendi, dans la mosquée de ce nom, à la porte de Mevléni-Hanè, établissement fondé par Châh-Sultane, fille du sultan Sélim Ier.

A Eyoub : *Châh-Sultane*, dans le quartier du même nom, à Tach-Bouroun ; fondée par la fille du sultan Sélim Ier.

Nedjati, à Béharié ; fondé par le sultan Sélim Ier.

A Top-Hanè : *Kutchuk-Kéçufi Effendi*.

GOULCHINÏA

C'est à son patron Ibrahim-Goulchini, originaire de l'Azerbaïdjan, mort au Caire en 940 de l'hég. (1533 de J.-C.), que la confrérie des Goulchinïa doit son vocable. Il eut pour précepteur et consécrateur le cheikh Dédé-Omar-Roucheni, d'où l'appellation de Rouchenïa par laquelle on désigne, parfois, les disciples du fondateur de la corporation.

Goulchini était un savant apôtre des Khelouatïa et, comme tel, ses doctrines n'offrent rien de particulier. Les exercices mystiques auxquels se livrent ses adeptes se ressentent du contact des derouich Saa'dïa et similaires avec lesquels ils ont quelques rapports.

L'association des Goulchinïa dut, en partie, son développement aux faveurs du sultan Souleiman qui avait pris sous sa protection Ibrahim-Goulchini. Il l'avait fait venir d'Égypte à Constantinople où son enseignement s'est perpétué dans les trois monastères de :

Gurdj-Cheik-Ali Effendi, à Molla-Ichki.
Saa'di Effendi, à Djami-Bachdji (Stamboul).
Tatar Effendi, à Top-Hanè.

Le rôle que peuvent être appelés à jouer les Goulchinïa paraît aujourd'hui très secondaire. La confrérie tend à disparaître ou, tout au moins à ne jamais dépasser la ville de Constantinople où elle est localisée.

OUCHAKÏA

Le vocable des Ouchakïa vient d'*Ouchak*, pays d'Asie-Mineure, où le fondateur de la confrérie, Hassan-ed-Din, né à Bokhara, en 880 de l'hég. (1475 de J.-C.), avait longtemps séjourné et où il s'était distingué par ses nombreux miracles.

Sa grande réputation de derouich engagea le Sultan Mourad III à l'appeler à Constantinople où il réussit à grouper un certain nombre d'adeptes.

Il mourut à Konia en 1001 (1592 de J.-C.), au retour d'un pèlerinage à la Mecque. C'est là que se trouve la zaouïa-mère.

A Constantinople, la confrérie des Ouchakïa compte encore quelques monastères, savoir :

A STAMBOUL : *Ouchaki-Hassan-ed-Din*, à Zédi-Koulé (les sept tours).
Djémal-ed-Din-Ouchaki, à Eyri-Kapou, en dehors des murs.
Ouchaki-Mahmoud Effendi, à Ketchedjïler.

A KASSIM PACHA : *Ouchaki-Hassan-ed-Din*.

Ses doctrines n'ont plus que des rapports très éloignés avec celles de l'école-mère (Khelouatïa), sauf les appuis mystiques qui remontent à Omar-el-Khelouati.

C'est une confrérie à la dévotion du gouvernement ottoman, et, comme toutes les corporations secondaires, elle ne peut entretenir ses tekkiés que grâce aux largesses des Sultans.

DJELOUATÏA

Le cheikh Hidaï-A'ziz-Mahmoud-Djelouati, fondateur de la confrérie qui porte son nom, né à Kotch-Hissar en 950 (1543 de J.-C.), et mort en

1038 (1628 de J.-C.), à Scutari, était un des principaux personnages des Khelouatïa. Il s'était distingué par son ascétisme et son savoir dans les sciences ésotériques. Ses successeurs ont transgressé ses doctrines et dirigé ses adeptes vers l'extase provoquée par la danse et les exercices mystiques propres aux derouich des autres corporations similaires.

Renommée en Turquie, la confrérie des Djelouatïa jouit d'une certaine considération à Constantinople, où elle possède de nombreux couvents.

On nous a signalé les suivants :

A STAMBOUL : *Petite Sainte-Sophie*, dans la mosquée du même nom, quartier de Méhemmed-Pacha-Djamini, établissement fondé par le grand eunuque Hussein-Aga.

Ala-Uddin, dans la mosquée du même nom, à Sofoular.

Sarmachyk, à la porte d'Andrinople.

A SCUTARI : *Badjilar*, dans le quartier d'A'ziz-Mahmoud Effendi.

Pandermali-Zâdé, à Inadié, fondé par le cheikh Youssouf-Nizami, de Penderma.

Dévatdji-Mohammed Effendi, à la mosquée de Doun-Cheikh.

Hidaï-Aziz-Mahmoud Effendi, dans la mosquée du même nom, qui contient le tombeau du fondateur de la confrérie.

Sélami-Ali Effendi, à Adji-Bâdem.

Sélami-Ali Effendi, à Teham-Idja.

Ibrahim Effendi, à Scutari.

Sélamziz, dans le quartier du même nom.

Fénai, dans la mosquée du même nom, fondée par le Seid-A'li Effendi.

A TOP-HANÉ : *Djelouati*, à Akardja.

A SCUTARI : *Méhémed Effendi de Tehamlidja*, à Tehaouch-déré.

.*.

Au XIIe siècle de l'hégire, la confrérie des Khelouatïa entre dans une nouvelle période d'expansion ; ses doctrines, après être presque tombées dans l'oubli, retrouvent des partisans dans les classes dirigeantes du monde musulman et l'Égypte, où elles étaient déjà enseignées dans la zaouïa de Sidi-Damerdache, devient le pays où les disciples des premiers apôtres khelouatïa concentrent leur action. De la ville du Caire, ils se répandent dans les vallées du Nil, pénètrent dans le Soudan oriental et couvrent de leurs monastères une partie de l'Afrique septentrionale et du Hedjaz.

Grâce à eux, l'enseignement du Pir-Omar-el-Khelouati est vulgarisé dans les plus infimes localités et, aujourd'hui, sous le patronage de leurs descendants spirituels devenus des chefs de corporations puissantes, il est encore plein de sève expansive.

C'est au savant professeur à la mosquée d'El-Azhar, Sidi-Mostafa ben Kamal-ed-Din-el-Bakri-Es-Seddiki-el-Khelouati, qu'il dut ce nouvel élan et que la confrérie devint, pendant quelques années, une véritable association aux règles fidèlement observées dans les nombreux couvents placés sous son vocable.

Sidi-Mostafa-el-Bakri naquit à Damas vers la fin de l'année 1100 de l'hégire. Il fut élevé à Jérusalem sous les auspices du cheikh A'bd-el-Atif-el-Hababi et, comme tous les hommes célèbres de son époque qui cherchaient à s'inspirer des chioukh réputés par leur sainteté et leur savoir, il parcourut plusieurs pays de l'Islam jusqu'au jour où, étant en état d'extase dans une cellule d'un tekkié de Constantinople, le Prophète, accompagné du célèbre soufi Sidi-Mohammed-el-Taflati, vint l'avertir qu'il n'avait plus rien à demander aux connaissances humaines.

Il quitta alors sa kheloua et, après avoir visité le Liban, Bassorah, Baghdad, les contrées arrosées par le Tigre et l'Euphrate, et fait, plusieurs fois, le pèlerinage de la Mecque, il vint au Caire, où il fut bientôt proclamé le chef des Khelouatïa.

Il mourut dans cette ville, le 12 rabi-et-tsani 1152, au milieu de ses nombreux disciples qui, après sa mort et pour se distinguer des autres Khelouatïa, prirent le vocable de *Bakrïa*.

Leur zaouïa-mère est située à trois kilomètres du Caire. Elle est dirigée par un oukil descendant de l'illustre famille des Bakrïa et membre du Medjelas-es-Serr, présidé par le pacha A'bbas-el-Khédiouni.

Les Bakrïa proprement dits ne sont guère connus qu'en Égypte, où ils ne jouent plus qu'un rôle très effacé, et au Hedjaz, où ils ont une zaouïa située à Djedda et dirigée par le cheikh A'li-Zeni-Djemal-el-Lil.

Khelouatïa-Cherkaouïa. — A la mort du cheikh Bakri, les plus renommés, parmi ses nombreux élèves, convoitèrent sa succession spirituelle. La cohésion qu'il avait réussi à rétablir dans l'Ordre des Khelouatïa ne tarda pas à disparaître ; ses vicaires principaux se proclamèrent indépendants et formèrent des groupes qui existent encore aujourd'hui avec des vocables distincts. Abdallah-ech-Cherkaoui, cheikh de la mosquée d'El-Azhar fonda la corporation des *Khelouatïa-Cherkaouïa,* dont les adeptes ont réussi à s'implanter au Soudan égyptien et au Yémen.

Khelouatïa-Semmanïa. — Le cheikh Semmam porta son action au Hedjaz, où il créa la branche des *Semmanïa*, aujourd'hui répandue à Djedda, où elle compte deux couvents, à la Mecque où elle en a un, et à Médine, siège de la zaouïa principale, avec pour directeur Cheikh-Mohammed ben Semma, descendant direct du fondateur de la confrérie.

Khelouaïa-Hafnaouïa. — Le plus distingué des disciples de Sidi-el-Bakri, celui qui donna la plus grande impulsion à ses doctrines, fut « le cheikh, l'imam, le grand, le plus grand savant de l'époque, celui
» qui est arrivé à posséder ce que les autres ne purent obtenir, celui
» qui est reconnu pour n'avoir pas d'égal et auquel la première place
» a été décernée d'un commun accord, le soleil de la religion, *Moham-*
» *med-Ibn-Salem el-Hafnaoui-ech-Chaffaï-el-Khelouati*, descendant du
» Prophète par sa mère. Son père avait été percepteur au service d'un des
» émirs du Caire et s'était acquitté de cette charge avec une rare honnêteté.

» Le cheikh Mohammed-el-Hafnaoui naquit au commencement de
» l'an 1100 de l'hégire au village de *Hafna*, une des dépendances de
» Belbeis, et y fut élevé. C'est de là qu'il tire le qualificatif d'El-Hafnaoui,
» qui est devenu pour lui un véritable nom propre à force de lui être
» appliqué. Il étudia à Hafna jusqu'au verset *Poëtes*, du Coran. Il fut
» ensuite amené au Caire, sur l'ordre donné à son père par cheikh
» Abd-er-Raouf-el-Bachbichi. Il avait quatorze ans quand il arriva et
» c'est dans cette ville qu'il apprit le reste du Coran. Il étudia ensuite
» les textes, apprit l'*Alfiah* de Ibn-Malek, le *Sullam*, le *Djoharah, El-*
» *Rahabiah, Abou-Chodjah* et autres, et fréquenta les cours des savants
» de son époque. Il parvint à une grande érudition et, du vivant même
» de ses professeurs il enseigna les ouvrages les plus abstraits, tels
» que : *El-Achmouny, Djamh-el-Djawameh, El-Manhadji-Moukhtas-*
» *sar, El-Saad* et autres ouvrages de jurisprudence, de logique, de
» hadith, de théologie et quelques ouvrages traitant des bases de la
» *Loi*. Il enseignait ces matières en l'an 1122 de l'hégire.

« Les maîtres du cheikh Hafnaoui furent cheikh Ahmed-el-Khalifi,
» cheikh Mohammed-el-Deiribi, cheikh Abd-el-Raouf-el-Bachbichi,
» cheikh Ahmed-el-Mellaoui, cheikh Mohammed Segaï, cheikh
» Youssouf-el-Mallaoui, cheikh Abdan-el-Dioui, cheikh Mohammed-el-
» Segaï et le grand traditionniste cheikh Mohammed el-Bediri. Sous
» la direction de ce dernier, il étudia *El-Tafsir*, *le Hadith*, les traditions
» qui remontent, appuyées sur des autorités, jusqu'au Prophète, l'ou-
» vrage intitulé : *El Ehia*, dû à l'imam El-Ghazzali, les livres véridiques
» de Bokhari, *Mosslem*, les *Sounan* d'Abou-Daoud, les *Sounan-el-*
» *Nessai*, les *Sounan* de Ibn Madjah, *El Mouatta, Mousnad,* ouvrage dû
» à l'imam Chaffaï, *El-Modjan-el-Kébir, El-Modjam-el-douassat* et
» *El-Modjam-el-Saghir*, trois traités dûs aux Tabarani, le livre véri-
» dique de Ibn Hâyan, le *Moustadrak* de El Nissabouri, *El Heliah* de
» El Hafiz Abou Naïm et autres ouvrages ».

Après s'être trouvé dans l'obligation de copier des livres pour subvenir à son existence, il dût à une libéralité de pouvoir reprendre ses études. — « Il porta toute son attention sur l'enseignement et les
» sciences, il enseigna *El manhadj, Djamh-el-Djaouameh, El Mch-*
» *mouni, Mouklassar-Es-Saad* et les notes du petit-fils de l'auteur sur
» ce dernier ouvrage. L'illustre savant cheikh Moustafa-el-Azizi lui

» communiquait toutes les questions dont on lui demandait la solution.
» Il étudia aussi la versification, et après quelque temps, il y devint
» d'une grande habileté. Il fit des poésies et des morceaux de prose
» achevés. Ses contemporains en grande partie, du moins ceux qui
» étaient de son rang, ou lui étaient inférieurs, furent formés par lui et
» s'appuyèrent sur son autorité. Parmi eux, nous trouvons son frère,
» le grand savant, cheikh Youssouf, le cheikh Ismaïl-el-Ghoneimi, à qui
» l'on doit des écrits magnifiques et qui mourut en 1161, le cheikh des
» Chioukh, cheikh Ali-el-Edoui, cheikh Mohammed-el-Ghilani, cheikh
» Mohammed-Ez-Zohar, qui habitait à El-Meholla-el-Koubra, et autres.
. . . .

» La carrière de l'enseignement, à laquelle cheikh Hafnaoui s'était
» consacré, lui laissait à peine le temps d'écrire, et pourtant, on lui
» doit entre autres ouvrages célèbres :

» Des notes sur le commentaire du traité intitulé : *El Aded Les*
» *'Saad*;

» Des notes sur *El Chanchouri*, ouvrage qui traite des successions ;

» Des notes sur le commentaire du *El Hamziah*, ouvrage dû à Ibn
» Hedjir ;

» Des notes sur *Mokhtassar el Saad* ;

» Des notes sur *El Yassminiah* et son commentaire, par El-Samar-
» kandi, ouvrage d'algèbre et autres écrits tous célèbres. . . . .

» Mohammed-el-Hafnaoui était un soufi accompli et un thaumaturge
» révéré. — « Il a fait des miracles, des actes extraordinaires qu'il serait
» trop long d'énumérer. Le cheikh Hassan-el-Molki les a relatés dans
» son ouvrage contenant tout ce qui regarde le maître. Le grand savant
» cheikh Mohammed-el-Damanhouri, dit El-Helbaoui, est, également,
» l'auteur d'un ouvrage qui parle des qualités du maître et qui en fait
» des éloges ». . . . .

Initié, progressivement, aux doctrines des Khelouatïa par Sidi-el-Bakri, il en fut le représentant au Caire où il apprit, à son tour, les mystères cachés aux profanes. Après un voyage qu'il avait fait à Jérusalem pour y recevoir la bénédiction de son maître spirituel, il institua « de nouveau *dikr* que ses adeptes répétaient nuit et jour, fit
» du prosélytisme et devint le grand maître reconnu de l'époque, et le
» chef des mystiques de son temps ; tous, lui jurèrent obéissance.
» Lorsqu'il voulut faire des adeptes, des milliers d'aspirants vinrent
» à lui. Or, dans les débuts, il usait de son droit de choisir l'aspi-
» rant, d'exiger de celui-ci qu'il écrivît son nom, etc. Mais, voyant
» que le nombre augmentait sans cesse, il en avisa son maître, Sidi-
» el-Bakri. Celui-ci lui envoya dire de n'empêcher aucun individu, *fût-il*
» *chrétien*, de s'instruire auprès de lui. Plusieurs chrétiens se conver-
» tirent à la religion musulmane grâce à lui ; le premier qui fut initié
» est le cheikh El-Soufi, puis cheikh Ahmed-el-Bauna-el-Foui. . . . . .

» On rapporte que l'Ouali, Mohammed Pacha Ragheb, dit un jour à
» l'un des descendants de Sakkaf : « Le nom de Sakkaf (en arabe,
» celui qui fait les toits) a été donné à votre ancêtre parce qu'il était un
» toit qui préservait le Yemen des malheurs.
» Eh bien ! le cheikh El-Hafnaoui est le toit de l'Egypte, il la préserve
» des calamités. » On disait un jour devant un émir : « Le maître El-
» Hafnaoui est une des merveilles de l'Egypte. — Dites plutôt du
» monde » dit l'émir.

» Le cheikh El-Hafnaoui mourut dans la matinée de samedi 17
» Rabi-el-aoul de l'an 1181 de l'hégire. Il fut enterré le dimanche, à
» la mosquée d'El-Azhar » (1).

Ses apôtres ne purent s'entendre sur sa succession spirituelle et plusieurs d'entre eux fondèrent des congrégations indépendantes.

Ceux qui lui restèrent fidèles instituèrent la confrérie des *Hafnaouïa* aujourd'hui localisée en Égypte et au Hedjaz où elle est représentée par un couvent à la Mecque et par un autre à Médine.

Parmi les corporations issues des *Hafnaouïa*, nous citerons : 1° les *Saouïa*, du cheikh El-Saouï, localisés au Hedjaz où ils ont des zaouïa : à Djedda, cheikh A'yad ; à la Mecque, cheikh Mohammed Chili ; à Médine, cheikh Mohammed Es-Sa'ïdi. La zaouïa principale serait située à Djedda et placée sous la direction du chef de la corporation (2).

2° Les *Derdiria* disciples du métaphysicien et traditionniste consommé, le spiritualiste Ahmed-el-Edoui, dit *El-Derdir*, dont l'enseignement serait encore en honneur à la Mecque et à Médine.

3° Les branches locales des *Lessïa*, *Deifïa* et *Messellemïa* dont la réputation n'a guère dépassé les environs du Caire (3).

RAHMANÏA

La confrérie des Rahmanïa complète l'énumération des corporations issues des Khelouatïa ; on en connaît les règles générales et la formation.

Son fondateur, *Si-Mahammed ben A'bderrahman-el-Guechtouli-el-Djerdjeri-el-Ahzari*, né vers 1126-1133 de l'hégire (1715-1728 de J.-C.) à Aït-Smaïl, fut l'un des meilleurs élèves du cheikh El-Hafnaouï. Mission-

---

(1) Extraits des chroniques d'El-Djabarti, auteur déjà cité.
(2) Renseignements de source indigène.
(3) Le Chatelier, auteur déjà cité.

naire éprouvé, apôtre convaincu, il parcourut le Soudan, une partie des Indes, le Hedjaz et la Turquie, propageant partout les doctrines de son maître spirituel et essayant de faire du prosélytisme. On le voit revenir ensuite dans son pays natal, vers 1183 de l'hégire, précédé par sa réputation de saint, illustre par ses miracles, sa science ésotérique et les vertus mystérieuses qu'on attribuait aux disciples de l'école khelouatïa.

Ses prédications lui attirèrent la foule enthousiaste, et, bientôt, sa demeure d'Aït-Smaïl devint le siège d'une véritable agence de propagande, d'où les fidèles répandaient dans les tribus de la Kabylie, les éloges du maître spirituel que la Providence semblait leur avoir donné.

La ville d'Alger et les environs furent, à leur tour, visités par le cheikh A'bderrahman et, partout, ses doctrines et ses miracles soulevaient la masse en sa faveur, lui valaient de nouvelles marques de sympathie.

Ni la jalousie de la caste maraboutique, ni les fataoua des Eulama rendues à l'instigation du Gouvernement turc, qui voyait un danger dans cette puissance naissante, ne purent arrêter l'impulsion donnée, et les populations du Djurdjura firent du thaumaturge vivant qu'était A'bderrahman, leur saint national.

La mort vint le surprendre l'an 1208 de l'hégire (1793-1794 de J.-C.), au moment où la confrérie à laquelle il avait donné son nom était en plein développement.

Cette mort donna lieu à des manifestations de la part des nombreux adeptes de Mahammed ben A'bderrahman ; ceux de la plaine se rendaient en pèlerinage dans les montagnes du Djurdjura et tout laissait à prévoir que le tombeau du Saint deviendrait le rendez-vous des populations belliqueuses de la Kabylie.

Les Turcs s'alarmèrent de cette situation et, dans le but de surveiller les khouan rahmanïa, ils firent enterrer leur patron au Hamma, après avoir fait substituer son corps primitivement inhumé à Aït-Smaïl.

On connaît le miracle qui s'en suivit et la légende des deux tombeaux qui valut à A'bderrahman le surnom d'Abou-Qobrin et à la confrérie deux zaouïa-mères : la première à Aït-Smaïl (Durdjura m.) et la seconde au Hamma, tout près d'Alger. Les adeptes rahmanïa pensent encore trouver dans ces deux établissements religieux, la dépouille mortelle de leur saint de prédilection.

Cependant, la zaouïa du Djurdjura a toujours été considérée comme la maîtrise principale de l'Ordre et les directeurs spirituels qui s'y sont succédé, ont été reconnus comme les dépositaires de la baraka de Sidi-A'bderrahman-bou-Qobrin, en même temps qu'ils étaient investis du titre de chefs suprêmes de la confrérie.

Le tableau synoptique ci-après mentionne les dignitaires qui ont été élevés à la charge de khalifa de Sidi-A'bderrahman, ainsi que les principaux chioukh, leurs descendants ou leurs héritiers dans la voie (tariqa), qui représentent aujourd'hui la confrérie :

FILIATION SPIRITUELLE
DES
RAHMANIA EN 1897

A branching genealogical tree, read right-to-left from the root **A'bderrahman**:

- **A'bderrahman**
  - **Ben-A'ïssa**
    - **Si Belqacem-El-Hafid**
      - **Si El-Hadj-El-Bachir**
        - **Si Mohammed ben Belqacem-N'aït-Anan**
          - **El-Hadj-Ammar**
            - **Si Mohammed-El-Djahdi**
              - **Si Mohammed-Amzian-El-Haddad**
                - Hadj-A'li ben Hamloui
                - « Hocini » Mohammed b. Belqacem
                - Cheikh A'li
                - Amara bou Diar
                - Mataallah Si El-Hadj-Ahmed
                - Si Ahmed ben Cheikh
                - Si Ahmed ben Hamida
                - Djemili ben Sa'id
                - Belqacem ben Mohammed b. Chaab
                - Si El-Hadj-Belqacem ben Bou-Zidi
                - Mahdjoub Si Taïeb ben Mahdjoub
                - Si Mohammed ben A'bdssemed
                - Derouich Si Belqacem ben A'li
                - Si Mohamed ould El-Habib
                - « Moulessouiga » Mohammed
                - Bouzid Si Ahmed ben Mohammed
                - Si ben Ounis-Larbi
                - Si Mohammed ben A'li
  - **Si Mostafa ben Bachtarzi**
    - **Si Mohammed b. A'zzouz**
      - **Si Mostafa b. A'zzouz**
        - **A'li ben A'tsman**
          - Mod b. Belqacem
            - A'li ben A'tsman
            - Mekki ben Mostafa b. Si-Mohammed ben A'zzouz
            - Lazhari ben Mostafa
            - Si Mohammed-Lazhari b. A'bdelhafid
            - Mohammed b. El-Hadj-Mohammed ben Belqacem
            - Si Tahar b. Si-Sadok b. El-Hadj
        - A'li b. Amor
        - Si A'bdelhafid
        - Si Embarek b. Qouïder
        - Cheikh-Mokhtar
        - Sidi-Saddok
    - Si El-Hadj-Saïd ben Bachtarzi

C'est d'abord le magherbi *A'li ben A'issa* investi du vivant même du fondateur de la confrérie qui, de 1794 à 1836, continue l'œuvre de son maître. *Si Belqacem-ou-El-Hafid*, originaire des Maatka ou du Babor, le Marocain *Si El-Hadj-el-Bachir* (1836-1837), *Mohammed ben Belqacem-Naït-Anan*, originaire des Beni-Zeminzer (1843-1844), *El-Hadj-A'mmar* (1843-1857), *Si Mohammed-el-Djahdi*, se succèdent à la tête de la confrérie malgré les dissidences qui se produisent, jusqu'au jour où le moqaddem *Si Mohammed-Amziam-el-Haddad*, reconnu par les Rahmanïa du Tell et de la Kabylie grand-maître de l'Ordre, se fait le porte-étendard de l'insurrection de 1871 et où la zaouïa du Djurdjura est fermée par mesure politique.

Un spécimen du cachet du Cheikh A'ziz.

Pendant que le cheikh Haddad expiait sa faute en prison ; que sa zaouïa de Seddouk était détruite ; « que ses biens étaient confisqués et livrés à la colonisation » ; que son fils A'ziz (1) sollicitait une mesure de clémence, la confrérie perdait de son homogénéité et, dans

Un spécimen du cachet du Cheikh A'ziz.

les régions telliennes, les principaux moqaddim devenaient de véritables dignitaires indépendants. En l'absence du maître, ils s'instituaient, eux-mêmes, chefs de congrégations et, aujourd'hui, ils sont supérieurs de maîtrises distinctes, avec leurs zaouïa secondaires, leurs moqaddim et leurs khouan, n'ayant de commun que le vocable de la confrérie et les principes fondamentaux de leurs pratiques.

Des descendants du fondateur des Rahmanïa et des chefs spirituels qui lui ont succédé à la zaouïa du Djurdjura et qui auraient pu jouer un certain rôle, il ne reste plus que le souvenir et ceux qui sont demeurés étrangers aux affaires de l'Ordre végètent, en Kabylie, sans influence et sans prestige.

Les efforts tentés, de l'étranger, par le cheikh A'ziz n'ont pu arrêter l'ascendant que prenaient, sur la masse, les moqaddim de son père. Quelques-uns de ses partisans lui sont, cependant, demeurés fidèles ; ils se recommandent encore du titre de moqaddem qu'ils avaient reçu de Djedda, d'où l'héritier du cheikh Haddad investissait, par correspondance, les khouan qui voulaient bien lui demander sa baraka, et, reconnaîtraient, sans doute, la suprématie de son fils *Salah*, le jour où ce dernier, qui a pris du service dans l'administration, trouverait avantageux de prendre la direction de la confrérie.

Nous donnons ici la traduction d'une des idjaza que délivrait le

---

(1) Cheikh A'ziz a joué, comme on le sait, un rôle principal dans l'insurrection de 1871 : il en a été, pour ainsi dire, l'âme. Transporté à la Nouvelle-Calédonie, il réussit à s'évader et vint se fixer à Djedda où ses nombreuses manifestations de repentir lui avaient valu un traitement de faveur. Autorisé à venir à Paris, en 1895, pour y suivre un traitement médical, il mourut après un court séjour dans la capitale et fut inhumé à Constantine.

cheikh Aziz, idjaza dans laquelle on trouvera l'esprit dont était animé ce personnage religieux ainsi que les recommandations qu'il a laissées à ses adeptes :

« Louange à Dieu unique ; que sa gloire soit proclamée !

» A tous ceux, khouan ou autres, qui prendront connaissance de ce diplôme par nous délivré ; que le salut soit sur vous accompagné de la miséricorde de Dieu et de ses bénédictions.

» Si, comme je l'espère, vous êtes en bonne santé, grâces en soient rendues à Dieu. Ensuite, je vous demande de vouloir bien faire pour moi des vœux sincères comme j'en fais pour vous tous et je vous informe de ce qui suit :

» Le porteur du présent diplôme, Sid Mohammed ben A'mara que j'appelle mon fils, car sans l'être par descendance, il l'est réellement par l'amitié que mon cœur lui a vouée, avait été agréé par notre feu Cheikh. En conséquence, je l'autorise à conférer l'ouerd des Rahmanïa à quiconque viendra spontanément lui demander à être initié ou sera sollicité par lui à cet effet.

» Il enseignera progressivement les sept *noms à l'élève* qui, donnant des indices de dévotion et de vertu, s'annoncera digne de cette communication.

» Sid Mohammed ben A'mara transmettra cet enseignement tel qu'il l'a reçu lui-même de son Cheikh. Que Dieu le dirige dans la bonne voie et le prenne comme intermédiaire pour y diriger les autres ; qu'il l'illumine et fasse de lui un instrument d'illumination ; qu'il le guide dans la voie du Paradis et se serve de lui pour y conduire les autres, qu'il le pénètre de plus en plus des doctrines de la confrérie et les propage par son enseignement.

» En s'adressant à lui par l'initiation à la voie, c'est comme si on s'adressait à notre Cheikh feu ben El-Haddad, mort éloigné des siens : l'avantage sera le même, l'affiliation aura une égale valeur.

» Je vous recommande, je me recommande préalablement à moi-même, et je recommande au détenteur de ce diplôme de rester dans l'obéissance et la crainte de Dieu, d'observer fidèlement le rituel de l'Ordre, de faire preuve, en toute chose, de résignation et d'humilité et de ne chercher d'appui que sur *la paix*, car, c'est elle qui constitue la meilleure voie menant au ciel sans obstacle, et c'est elle qui permet de multiplier les bonnes œuvres.

» Je n'ai plus rien à ajouter, mais ceci suffira à tout homme sérieux, bien élevé, ami de Dieu et sensé.

» De la part d'A'ziz fils du Cheikh ben El-Haddad, l'éloigné des siens, que Dieu le protège ! » (1).

.*.

---

(1) Diplôme délivré à Sid Mohammed ben A'mara, traduit par M. Mirante, interprète militaire au Gouvernement général.

Parmi les principaux moqaddim du cheikh Haddad qui se sont affranchis de tout pouvoir spirituel, nous citerons en première ligne le cheikh *Hadj-A'li ben Hamlaoui ben Khalifa* qu'une légende, habilement répandue dans le Tell et en Kabylie, fait considérer comme le dépositaire de la baraka de son maître (1).

Voici, consigné par lui-même, dans un diplôme de moqaddem, le rituel qu'il enseigne et

Zaouïa du Cheikh-Hamlaoui à Chateaudun-du-Rhumel
Vue communiquée par M. PENSON, administrateur.

les pratiques qu'il prescrit aux vicaires qui le représentent auprès des milliers d'adeptes qu'il compte en Algérie :

« Louange à Dieu.
» Je cherche un refuge auprès de Dieu, contre Satan le lapidé.
» Au nom du Dieu clément et miséricordieux !
» Que Dieu répande ses bénédictions sur notre Seigneur Mohammed et lui accorde le Salut.
» Ceci est un diplôme dont tirera avantage la tariqa des Khelouatïa qui conduit (à la source de tous les biens) ceux qui marchent dans la voie droite.
» (Il est délivré) à Sid Mohammed El-Bachir ben Ahmed ben El-Bouab, de Zemorah.
» Nous l'autorisons à divulguer (les secrets de) la tariqa à quiconque le lui demandera (et ce) pour propager la religion, en vue de la vie future et non de celle d'ici-bas. Son but ne sera pas d'être vu ni entendu ; il ne sera pas prouvé par la vanité et n'aura que le désir d'obéir (à Dieu).
» (Les pratiques de) l'initiation sont (les mêmes que) celles employées, vis-à-vis de ses disciples, par le Prophète, — que Dieu répande sur lui ses bénédictions et lui accorde le Salut ! — qui, en les initiant, leur a seulement demandé de tenir les yeux fermés et de prononcer trois fois, en prolongeant le son des mots, la formule de l'Unité de Dieu.
» C'est ainsi que le Prophète, — que Dieu répande sur lui ses bénédictions et lui

---

(1) « Avant de mourir « dans les prisons des chrétiens et martyrs de la guerre » sainte » le vieux Cheikh-El-Haddad avait pris ses précautions pour que sa succes- » sion spirituelle fut assurée. Il avait désigné Si El-Hadj-el-Hamlaoui, moqaddem à » Chateaudun-du-Rhumel, comme devant remplacer son fils A'ziz en cas de décès ou » d'empêchement ». Rinn, *Marabouts et Khouan*, p. 475, loco. citato.

accorde le Salut ! — a initié Sid A'li, — que Dieu ennoblisse son visage ! qu'il ne voie jamais sa propre nudité !

« Lorsqu'il demanda au Prophète — Que Dieu répande sur lui ses bénédictions et lui accorde le Salut ! : — « Quel dikr dirai-je, ô prophète de Dieu ? » — « Ferme les
» yeux, lui répondit le Prophète, et écoute-moi lorsque je dirai trois fois : « Il n'y a
» pas d'autre divinité que Dieu ». Dis, ensuite, toi-même, trois fois : « Il n'y a de
» divinité que Dieu » et je t'écouterai.

» Élevant la voix et tenant les yeux fermés, le Prophète prononça alors trois fois :
» Il n'y a de divinité que Dieu » et A'li l'écoutait.

» Puis A'li éleva la voix, à son tour et dit trois fois, en prolongeant le son de ses mots, tandis que le Prophète l'écoutait : « Il n'y a pas d'autre divinité que Dieu ».

» Tel est le dikr qui sert d'appui à notre Ordre.

» Pour procéder à l'engagement (عهد), le cheikh place la paume de sa main droite sur la paume de la main droite du mourid et tient le pouce droit de celui-ci, tous deux s'étant, préalablement, purifiés et se tenant dans la posture de celui qui prie.

» Le cheikh récite alors au néophyte le dikr qui vient d'être indiqué, puis il se met à prier (pour lui).

» Telle est la forme employée pour l'initiation des hommes.

» En ce qui concerne l'initiation des femmes, Ech-Châbi rapporte que le Prophète — que Dieu répande sur lui ses bénédictions et lui accorde le Salut ! — en tendant la main (aux femmes) l'entourait d'une étoffe.

» On dit (aussi) qu'il plongeait la main dans un vase contenant de l'eau ; il ordonnait ensuite aux femmes d'y plonger également leurs mains et prononçait la formule : « Je cherche auprès de Dieu un abri contre Satan le lapidé » ; puis celle de l'invocation à Dieu. Au nom du Dieu clément et miséricordieux ! » ; il implorait le pardon de Dieu Très-Haut et disait trois fois : « Il n'y a pas d'autre divinité que Dieu ! Puis il retirait sa main de l'eau.

» Les femmes, imitant le Prophète, récitaient, trois fois, la prière qu'il avait dite et il priait pour elles, ainsi qu'il l'entendait » (1).

Le cheikh Hamlaoui dirige sa zaouïa de Châteaudun-du-Rhumel, d'où il étend son action sur les couvents secondaires que ses moqaddim possèdent et sur plus de quarante mille adhérents répartis ainsi qu'il suit :

---

(1) Traduction de M. Bagard, interprète militaire au Gouvernement Général.

— 389 —

ZAOUIA MÈRE	NOMS des principaux MOQADDIM OU CHIOUKH indépendants	LOCALITÉS où la confrérie compte DES ADEPTES	ZAOUIA	OUKLA	TOLBA	CHIOUKH	MOQADDIM	CHOUACH	KHOUAN	KHAOUNIET	TOTAUX DES AFFILIÉS	TOTAUX GÉNÉRAUX
		ORAN *TERRITOIRE CIVIL*										
		Col-des-Oliviers............	»	»	»	»	3	»	91	»	94	
		Zemmorah (mixte)..........	»	»	»	»	5	»	290	»	295	
		ALGER *TERRITOIRE CIVIL*										
		Djurdjura (mixte)...........	»	»	»	»	»	»	210	»	210	
		Bir-Rabalou...............	»	»	»	»	2	»	2.002	»	2.004	
		Beni-Mansour (mixte).......	1	»	»	»	1	»	80	»	81	
		Aumale (mixte).............	»	»	»	»	2	»	980	»	982	
		Tablatt (mixte).............	9	»	»	»	12	»	920	»	932	
AIT-SMAIL (Djurdjura). — HAMMA (Alger).	HADJ-ALI BEN HAMLAOUI BEN KHALIFA à Chateaudun-du-Rhumel (mixte)	**ALGER** *TERRITOIRE DE COMMANDEMENT*										
		Sidi-Aïssa..................	»	»	»	»	2	»	420	»	422	
		CONSTANTINE *TERRITOIRE CIVIL*										
		Aïn-Touta (mixte)..........	»	»	»	»	1	6	30	»	37	
		Aïn-Sultan (mixte)..........	1	»	12	»	12	16	1.200	»	1.240	
		La Calle (mixte)............	»	»	»	»	5	6	211	45	267	
		Akbou (mixte)..............	»	»	»	»	»	»	102	»	102	
		Guergour (mixte)...........	3	»	»	»	3	3	2.500	»	2.506	
		Oued Marsa................	»	»	»	»	»	1	485	»	486	
		Taher (mixte)..............	»	»	»	»	1	12	165	12	190	
		Soummam (mixte)..........	»	»	»	»	»	»	160	»	160	
		Aïn-Tinn..................	»	»	»	»	1	»	40	3	44	
		El-Milia (mixte)............	»	»	»	»	4	2	420	150	576	
		Chateaudun-du-Rhumel (m.).	3	»	82	1	3	12	1.374	»	1.472	39.528
		Aïn-M'lila (mixte)...........	»	»	»	»	»	»	150	»	150	
		Fedj-M'zala (mixte).........	»	»	»	»	»	»	410	»	410	
		Sedrata (mixte)............	3	»	42	»	12	54	1.450	»	1.558	
		Meskiana (mixte)...........	»	»	»	»	1	»	120	»	121	
		Souk-Ahras (mixte).........	»	»	»	»	12	»	879	»	891	
		Oued-Cherf (mixte).........	»	»	»	»	»	»	45	»	45	
		Sefia (mixte)..............	»	»	»	»	3	»	120	»	123	
		Souk-Ahras................	»	»	»	»	1	»	95	»	96	
		El-Houriga.................	»	»	»	»	»	»	50	15	65	
		Saint-Arnaud..............	»	»	»	»	»	1	130	»	131	
		Bibans (mixte).............	»	»	»	»	1	5	287	»	293	
		Sétif......................	14	»	»	»	59	167	8.915	1.508	10.649	
		Aïn-Abessa................	»	»	»	»	1	»	530	65	596	
		Aïn-Roua..................	1	»	»	»	1	7	32	»	40	
		Bordj-bou-Arréridj.........	1	»	»	»	2	»	125	»	127	
		Eulmas (mixte)............	4	»	»	»	22	16	3.200	615	3.853	
		Maadid (mixte).............	»	»	»	»	4	»	685	»	689	
		Righa (mixte)..............	»	»	»	»	12	»	420	»	432	
		M'sila (mixte)..............	1	»	»	»	3	6	410	23	436	
		Bouïra....................	»	»	»	»	»	6	225	16	247	
		Takitount.................	2	»	»	»	6	»	518	156	680	
		Oued-Zenati...............	1	»	»	»	1	12	135	45	193	
		Zeraïa....................	»	»	»	»	»	»	26	»	26	
		Beni-Salah (mixte).........	»	»	»	»	2	4	410	»	416	
		Bougie....................	»	»	»	»	2	»	60	»	62	
		Tababort (mixte)..........	»	»	»	»	3	»	442	150	595	
		Guelma...................	»	»	»	»	»	»	420	»	420	
		Collo.....................	»	»	»	»	»	»	25	»	25	
		El-Arrouch................	»	»	»	»	1	»	45	»	46	
		Attia (mixte)..............	»	»	»	»	4	»	1.008	160	1.172	
		Collo (mixte)..............	»	»	»	»	6	»	1.670	»	1.676	
		Jemmapes (mixte).........	»	»	»	»	3	6	450	»	459	
		Aïn-Tagrout...............	»	»	»	»	»	»	320	20	340	
		Mila et environs...........	»	»	»	»	6	12	912	60	990	
		TOTAUX............	44	»	136	1	227	352	35.769	3.043	39.528	39.528

Il est, en outre représenté en Tunisie, en Tripolitaine, au Caire où il compte deux moqaddim et plus de 200 khouan ; à Djedda où il est représenté par 3 moqaddim, ayant plus de 150 adeptes (1).

*
* *

Le deuxième personnage que les Kabyles des départements de Constantine et d'Alger se plaisent à reconnaître comme grand maître de la confrérie des Rahmanïa est le cheikh « *Hocini* » *Mohammed ben Belqacem,* directeur d'une importante zaouïa située à *Boudjellil,* douar Tigrine, commune mixte d'Akbou.

Le document que nous publions ci-après, nous le montre cependant, plutôt comme un professeur délivrant à ses élèves un certificat d'études que comme le chef d'une congrégation initiant ses moqaddim aux règles des Rahmanïa ou les accréditant auprès de ses adeptes.

« Au nom de Dieu, le clément, le miséricordieux ; qu'il répande ses bénédictions sur notre seigneur Mohammed, ainsi que sur sa famille et sur ses compagnons, et qu'il leur accorde le salut.

» J'informe tout imam observateur du Coran et de la Sonna qui prendra connaissance de cet écrit, que je confère à mon élève Sid Mohammed ben Amor-Essazeldji le droit d'enseigner toutes les sciences : grammaire, tradition, jurisprudence et toutes autres matières pour lesquelles il est nécessaire d'avoir un diplôme.

» Il n'y aura aucune différence entre celui qui s'adressera à lui pour l'enseignement de ce qui précède et celui qui aura recours à moi-même : l'avantage sera le même.

» Dieu veuille nous assister tous deux, par un effet de sa bonté et de sa générosité. Amen !

» A écrit le présent de ses doigts périssables, le 18 dou-el-hidja 1292 (15 janvier 1876), Mohammed ben Belqacem-El-Bedjili-El-A'bbassi, que Dieu le dirige dans la bonne voie ! Amen ! » (2).

---

(1) Hadj-'Ali ben Hamlaoui est un homme de mœurs très austères, ne sortant presque jamais de sa zaouïa. Intelligent et surtout habile, il conserve dans toutes les circonstances, l'allure la plus correcte vis-à-vis des représentants de l'autorité française.

Actuellement, cheikh Hamlaouï fait construire une seconde zaouïa dans la commune de l'Oued-Athménia, limitrophe de la commune mixte de Châteaudun-du-Rhumel, zaouïa dont il paraît vouloir faire sa demeure définitive.

Il compte de nombreuses sympathies parmi la population européenne de ce pays. Pendant que nous servions dans l'administration active à Châteaudun-du-Rhumel, il nous a été donné de voir des Européens réclamer son appui financier qu'il leur accordait le plus souvent. Au point de vue indigène, nous avons pu apprécier sa droiture et son désir de seconder, en toutes circonstances, l'action de l'autorité locale. — O. D.

(2) Traduction de M. Mirante, interprète militaire au Gouvernement Général.

Mais, en réalité, c'est un cheikh-directeur d'une corporation qui tend à se former sous ses auspices, dont les zaouïa secondaires, les dignitaires et les adeptes sont disséminés dans les localités suivantes :

ZAOUIA MÈRE	NOMS des principaux MOQADDIM OU CHIOUKH indépendants	LOCALITÉS où la confrérie compte DES ADEPTES	ZAOUIA	OUKLA	TOLBA	CHIOUKH	MOQADDIM	CHOUACH	KHOUAN	KANOUNIET	TOTAUX DES AFFILIÉS	TOTAUX GÉNÉRAUX
AIT-SMAIL (Djurdjura). — HAMMA (Alger)	« HOCINI » MOHAMMED BEN BELQACEM de Boudjellil (douar Tegrine, commune mixte d'Akbou)	**ALGER** TERRITOIRE CIVIL										
		Azeffoun (mixte)........	1	»	»	»	2	»	120	»	122	
		Bouïra.................	9	»	»	»	5	»	261	»	266	
		Aïn-Bessem (mixte)......	2	2	»	»	»	»	42	»	44	
		Dra-el-Mizan (mixte)....	»	»	»	»	3	»	520	»	523	3.357
		Fort-National (mixte)...	»	»	»	»	2	»	150	»	152	
		Haut-Sébaou............	5	»	»	»	1	»	205	»	206	
		Beni-Mansour (mixte)....	1	»	»	»	1	»	197	»	198	
		Tablat................	6	»	»	»	12	»	720	»	732	
		Djurdjura (mixte).......	»	»	»	»	9	»	836	289	1.134	
		CONSTANTINE TERRITOIRE CIVIL										
		Akbou (mixte)...........	15	6	»	1	18	»	3.386	580	3.991	
		Guergour (mixte)........	»	»	»	»	»	»	125	12	137	
		Oued-Marsa (mixte)......	»	»	»	»	»	»	482	»	182	
		Djidjelli...............	2	»	»	»	»	»	50	»	52	5.735
		Soummam (mixte)........	»	»	»	»	5	»	741	234	980	
		Tababort (mixte)........	»	»	»	»	»	»	82	»	82	
		Righa (mixte)...........	»	»	»	»	3	»	162	»	165	
		Bordj-bou-Arréridj.......	1	»	»	»	1	»	125	»	126	
		TOTAUX........	42	8	»	1	64	»	7.904	1.115	9.092	9.092

*
* *

Nous avons groupé dans le tableau qui suit, les autres principaux moqaddim des Rahmanïa, généralement considérés comme des chefs locaux, des chefs de paroisses, pourrions-nous écrire, qui observent encore scrupuleusement, les préceptes des chioukh qui ont investi leurs aïeux et dont ils suivent les traditions et propagent les doctrines.

— 392 —

ZAOUIA MÈRE	NOMS des principaux MOQADDM OU CHIOUKH indépendants	LOCALITÉS où la confrérie compte DES ADEPTES	ZAOUIA	OUKLA	TOLBA	CHIOUKH	MOQADDIM	CHOUACH	KHOUAN	KHAOUNIET	TOTAUX DES AFFILIÉS PAR CONGRÉGATION	TOTAUX GÉNÉRAUX DES AFFILIÉS
AIT-SMAIL (Djurdjura). — HAMMA (Alger)	Mahdjoub-Si-Taïeb ben Mahdjoub, zaouïa de Gabel-Hanada (Oued-Cherf, mixte).	**CONSTANTINE** TERRITOIRE CIVIL										
		Oued-Cherf (mixte)........	2	»	12	1	»	3	350	»	366	
		Clauzel.............	»	»	»	»	»	»	120	»	120	
		Oued-Zenati...........	»	»	»	»	»	»	85	»	85	
		Sedrata..............	»	»	»	»	»	»	90	»	90	
		Guelma..............	»	»	»	»	»	»	82	»	82	
		Millesimo.............	»	»	»	»	»	»	56	»	56	
		Héliopolis.............	»	»	»	»	»	2	46	»	48	
		Aïn-Abid.............	»	»	»	»	»	3	112	»	115	2.218
		Jemmapes............	»	»	»	»	»	12	210	»	222	
		Morsott.............	»	»	»	»	»	»	160	»	160	
		Tébessa.............	»	»	»	»	»	»	25	»	25	
		Souk-Ahras...........	»	»	»	»	»	2	120	»	122	
		Petit...............	»	»	»	»	»	6	310	»	316	
		Guelaa-bou-Sba........	»	»	»	»	»	4	112	»	116	
		Séfia (mixte)...........	»	»	»	»	»	2	85	»	87	
		Nechmaya............	»	»	»	»	»	2	56	»	58	
		Randon.............	»	»	»	»	»	»	150	»	150	
	Amara-bou-Diar, cheikh à la zaouïa du Nador (Séfia, mixte).	**CONSTANTINE** TERRITOIRE CIVIL										
		Bône...............	»	»	»	»	»	12	180	»	192	
		Souk-Ahras....... « ..	»	»	»	»	»	8	210	»	218	
		Edough.............	»	»	»	»	»	»	110	»	110	
		Oued-Cherf...........	»	»	»	»	»	»	45	»	45	
		Séfia (mixte)...........	1	»	25	1	12	»	956	150	1.144	
		Guelma.............	»	»	»	»	1	»	40	»	41	2.275
		Millesimo.............	»	»	»	»	1	»	210	»	211	
		Clauzel.............	»	»	»	»	»	»	85	»	85	
		Sedrata (mixte).........	»	»	»	»	1	»	92	»	92	
		Oued-Zenati....... « ..	»	»	»	»	»	»	72	12	85	
		Maurice.............	»	»	»	»	»	4	140	30	174	
		Nechmaya............	»	»	»	»	»	2	46	»	48	
		Randon..............	»	»	»	»	»	»	330	»	330	
	Mataallah Si El-Hadj-Ahmed ben El-Hadj-Ammar (Jemmapes, mixte), douar El-Grar.	**CONSTANTINE** TERRITOIRE CIVIL										
		Oued-Cherf...........	»	»	»	»	»	»	12	»	12	
		Edough.............	»	»	»	»	»	12	150	»	162	
		Kellermann...........	»	»	»	»	»	6	82	»	88	
		Clauzel.............	»	»	»	»	1	4	60	»	65	
		Jemmapes (mixte).......	1	»	»	1	2	20	9	»	32	935
		Jemmapes............	»	»	»	»	5	»	125	»	125	
		Bône...............	»	»	»	»	»	»	45	»	45	
		Duzerville............	5	»	»	»	1	»	90	»	91	
		Herbillon............	»	»	»	»	5	»	150	12	167	
		Penthièvre............	»	»	»	»	1	»	27	»	28	
		Guelma.............	»	»	»	»	»	»	120	»	120	
		A reporter.........	9	»	37	8	29	100	5.555	204	5.928	5.928

— 393 —

ZAOUIA MÈRE	NOMS des principaux moqaddm ou chouku indépendants	LOCALITÉS où la confrérie compte DES ADEPTES	ZAOUIA	OUKLA	TOLBA	CHIOUKH	MOQADDIM	CHOUACH	KHOUAN	KHAOUNIET	TOTAUX DES AFFILIÉS PAR CONGRÉGATION	TOTAUX GÉNÉRAUX DES AFFILIÉS
		Report........	9	»	37	3	29	100	5.555	204	5.928	5.928
AIT-SMAIL (Djurdjura). — HAMMA (Alger).	Si Mohammed ben Abdessemed, d'Ain Chefa (Aïn El-Ksar, mixte).	**CONSTANTINE** TERRITOIRE CIVIL Biskra............. Kenchela........... Batna.............. Aïn-el-Ksar........ Oued-Cherf........ Sedrata (mixte).... Tebessa............	» 1 » 1 » » »	» » » » » » »	» 12 » 20 » » »	» » » 1 » » »	1 4 4 9 1 » »	» 12 6 26 » » »	402 563 80 1.002 46 25 12	» » » 240 » » »	103 591 90 1.298 47 25 12	2.166
	« Derouiche » si Belkacem ben Ali ben Lahed (El-Milia m⁰).	El-Milia...........	1	»	»	»	4	»	620	450	1.074	1.074
	Si Ahmed b. Cheikh du Djebel-Ouach (Constantin⁰).	El-Milia........... Arrondissement de Constantine............	» »	» »	» »	» 1	3 25	» »	120 3.150	» 450	123 3.626	3.749
	Bouzid si Ahmed ben Mohammed Aïn-el-Ksar m⁰).	Kenchela........... Aïn-el-Ksar (mixte)... Région de Batna......	» » »	» » »	» » »	» 1 »	1 » »	» » »	28 50 410	» » »	29 51 410	490
	1° Sidi Ahmed ben Ahmed (Kef).	La Calle (mixte)...... La Calle (plein exercice).... Eulmas (mixte)....... Région de Sétif......	» » » »	» » » »	» » » »	» » » »	10 2 1 »	10 » 4 »	600 30 162 320	112 » » »	732 32 167 320	1.251
	Djemli ben Saïd (Beni-Salah).	Beni-Salah (mixte).... Oued-Cherf mixte)....	» »	» »	» »	1 »	» »	» »	180 25	» »	181 25	206
	Belkacem b. Mohammed ben Chaab.	Edough (mixte)....... Attia (mixte)......... Jemmapes (mixte).....	» » »	» » »	» » »	1 » »	20 » 2	35 » »	2.000 125 120	700 » »	2.756 125 125	3.006
	Si El-Hadj Belkacem b. Bou-Zidi.	Takitount............ Tababort (mixte)......	1 1	» »	11 »	» »	» 1	4 »	150 42	» »	165 43	208
		A reporter........	14	»	80	10	118	197	15.517	2.156	18.078	18.078

ZAOUIA MÈRE	NOMS des principaux MOQADDEM OU CHIOUKH indépendants	LOCALITÉS où la confrérie compte DES ADEPTES	ZAOUIA	OUKLA	TOLBA	CHIOUKH	MOQADDIM	CHOUACH	KHOUAN	KHAOUNIET	TOTAUX DES AFFILIÉS PAR CONGRÉGATION	TOTAUX GÉNÉRAUX DES AFFILIÉS
AIT-SMAIL (Djurdjura). — HAMMA (Alger).	Si ben Ounis-Larbi-ould-Si Mohammed, cheikh de la zaouïa de Sidi-Saad (Hillil mixte).	*Report*........	14	»	80	10	118	197	15.517	2.156	18.078	18.078
		ORAN TERRITOIRE CIVIL Hillil (mixte)...............	1	»	8	1	4	»	333	8	354	354
	Moulesoulga-Mohammed, cheikh à la zaouïa de Mazouna (Renault mixte).	**ORAN** TERRITOIRE CIVIL Mekerra (mixte)............ Mostaganem................ Renault (mixte)............ St-Lucien (mixte).......... Zemmorah (mixte).......... Tiaret (mixte)..............	» » 1 1 1 »	» » 1 1 » »	» » 12 » 10 »	» » 1 1 » »	1 1 3 1 1 »	» 1 1 » » »	42 25 162 12 152 55	» » » 8 » »	43 27 188 12 163 55	488
	Si Mohammed-ould Si El-Habib (Cacherou mixte). Si Mohammed ben Daho.	**ALGER** TERRITOIRE CIVIL Gouraya.................... Gouraya (mixte)............	» »	» »	» »	» »	1 4	» »	25 157	» »	26 161	187
		ORAN TERRITOIRE CIVIL Cacherou (mixte)........... Tiaret...................... Mascara (mixte)............	» » »	» » »	» » »	1 » »	3 » 1	» » »	175 25 30	12 » »	191 25 31	247
	Cheikh Ali (interné à Alger).	**ALGER** TERRITOIRE CIVIL Djurdjura (mixte).......... Fort-National (mixte)....... Arbatach................... Bordj-Ménaïel.............. Tizi-Ouzou................. Dra-el-Mizan............... Fort-National.............. Isserville.................. Dra-el-Mizan (mixte)....... Alger......................	» » 2 » » » » » » »	» » » » » » » » » 1	» » » » » » » » » »	» » » » » » » » » 1	» 2 2 » » » » » 3 »	» » » » » » » » » »	12 620 25 38 124 35 173 20 400 150	» » 23 » » 25 » » » »	12 622 50 38 124 60 173 20 403 151	1.653
		TOTAUX GÉNÉRAUX....	19	1	110	15	143	199	18.307	2.232	21.007	21.007

Indépendamment de ces chefs de corporations indépendantes, un certain nombre de moqaddim, dont quelques-uns dirigent des zaouïa, ne reconnaissent aucun chef spirituel. Ils se rendent, annuellement, escortés de leurs khouan, aux zaouïa-mères du Djurdjura et d'Alger. Ils ont, généralement, leur résidence aux environs d'Alger ou en Kabylie.

Parmi, ceux-ci, nous mentionnerons, tout particulièrement, le *cheikh Mohammed ben Si Hocine*, en résidence au hameau d'Aït-Ahmed (Djurdjura mixte), où il est en grande vénération.

« Il vit depuis plusieurs années dans la retraite la plus absolue,
» révélant, seulement, de temps à autre son existence à l'autorité locale,
» en lui envoyant, comme gage de soumission à la France, quelques
» morceaux de sucre ou une douzaine d'oranges de son jardin, accom-
» pagnés de sa baraka à laquelle les populations indigènes des contrées
» avoisinantes attachent le plus grand prix » (1).

.*.

Simultanément à l'évolution des Rahmanïa dans les régions ouest du Tell, les doctrines de Sidi-A'bderrahman-bou-Qobrine étaient propagées à l'Est et au Sud de l'Algérie.

Si Mostafa ben Bachtarzi de Constantine, investi du titre de khalifa de l'ordre par le fondateur de la confrérie lui-même, leur avait donné une impulsion très grande et son livre « *Les Présents dominicaux* » où sont consignés les préceptes, l'ouaçia et les règles des Rahmanïa, était devenu le bréviaire de ses nombreux moqaddim.

Parmi ceux-ci, le pieux Sid-Mohammed ben A'zzouz, originaire de l'oasis d'El-Bordj, dans les Ziban, se fit bientôt remarquer par ses vertus et son esprit élevé. Sa renommée s'étendit dans tout le sud de l'Algérie et ses meilleurs élèves : Sid-Ali ben A'mor, Cheikh El-Mokhtar ben Khalifa (des Oulad-Djellal, de Biskra), Sid-Embarek ben Kouider, Sid-Saddok-bel-Hadj, et Sid-A'bd-el-Hafid, de Khanga-Sidi-Nadji, ne firent qu'accroître son renom de sainteté et augmenter le nombre de ses prosélytes.

En 1819, il laissa sa succession spirituelle à son principal moqaddem, A'li ben A'mor, au détriment de son fils Mostafa, qui à son tour hérita de cette succession en 1842.

Mais, en 1843, à la prise de Biskra, Mostafa ben A'zzouz se réfugia à Nefta, où il fonda une zaouïa. Les moqaddim de son père s'affranchissent, à leur tour, de tout pouvoir spirituel, et quatre d'entre eux deviennent les directeurs de branches secondaires.

---

(1) Extrait d'un intéressant rapport sur les confréries religieuses de la commune mixte de Djurdjura, établi par M. Pervieux de Laborde, administrateur-adjoint.

De là, six congrégations indépendantes, ayant chacune leurs règles et leurs adhérents. Nous allons les passer en revue et essayer de faire connaître leur rituel et leur domaine d'action.

Cachet usité par les héritiers de Bachtarzi.

1° *Si Mostafa ben A'bderrahman ben Bachtarzi* laissa à sa postérité la zaouïa de Constantine, où il centralisait l'action des vicaires qu'il installait dans les couvents secondaires. Le Cheikh-El-Hadj-Mohammed-Es-Sa'ïd, héritier de la baraka de son aïeul en a la direction. Les doctrines qu'il professe sont, naturellement, celles des Rahmanïa et les quelques divergences qui peuvent exister avec les recommandations que les autres corporations font à leurs adeptes, sont consignées, en esprit général, sur le diplôme de moqaddem dont nous reproduisons ci-après la traduction.

« Louange à Dieu !

» Que la bénédiction et le salut soient sur celui après lequel il n'y a plus de prophète, sur sa famille et ses compagnons et qu'il leur accorde le salut le plus complet !

» (Empreinte d'un sceau sur lequel on lit : Ahmed ben A'bderrahman avec le millésime 1251).

» De la part du serviteur de Dieu (qu'il soit loué !) l'humble devant son Seigneur, *El-Hadj Mohammed Es-Sa'ïd ben Ahmed ben A'bderrahman Bachtarzi*.

» Aux amis chers parmi les Musulmans, aux adeptes (Khouan) bien aimés, aux disciples fidèles, aux moqaddim qui prient Dieu et qui sont parvenus, — habitants des campagnes ou des villes, — qui verront notre présent diplôme (que le Dieu Très-Haut leur soit miséricordieux) et leur accorde, à tous, des marques de sa satisfaction !

» Salut sur vous, avec la grâce du Dieu suprême et sa bénédiction, tant que le monde durera et sera en mouvement.

» Ensuite, je déclare, par les présentes, admettre et autoriser notre frère en Dieu, notre fils de cœur, nom de sang, ..., à apprendre à réciter la formule : « *Il n'y a d'autre dieu que Dieu* » à quiconque, voulant rentrer dans l'obéissance du Dieu Très-Haut et se corriger de tous ses péchés, s'adresserait à lui. Et ce, conformément à ces paroles du prophète (que Dieu le comble de bénédictions et lui accorde le salut !) : « *Si par vos bons soins, Dieu a dirigé un être, cela » vaudra mieux pour vous que ce qu'éclaire le soleil* ».

» Il lui est recommandé d'agir dans la crainte du Dieu Très-Haut, *en secret et en public ;* de se servir de la présente introduction pour inciter toutes les créatures à l'obéissance du Dieu Très-Haut, à bien remplir leurs devoirs, à éviter toutes actions illicites, à pratiquer, avec ferveur, la crainte de Dieu, à prier Dieu en tous moments afin qu'elles soient du nombre de ceux ou de celles qui invoquent sans cesse le nom de Dieu et à qui le Dieu Très-Haut a promis son pardon et sa récompense magnifique.

» Qu'il se garde de se servir du présent diplôme pour en trafiquer comme pour l'exercice d'un métier, pour capter les biens de ce monde, car il serait alors parmi les perdants, c'est-à-dire ceux qui acquièrent les richesses de ce monde aux dépens de l'autre. Et que sont les biens de ce monde en comparaison de ceux de l'autre ? Bien peu de chose !

» Salut de la part du susnommé.

» 22 rebia second 1312. »

Son domaine d'action s'étend dans les localités et sur les moqaddim et khouan énumérés ci-après :

ZAOUIA MÈRE	NOMS des principaux moqaddim ou chioukh indépendants	LOCALITÉS où la Confrérie compte DES ADEPTES	ZAOUIA	OUKLA	TOLBA	CHIOUKH	MOQADDIM	CHOUACH	KHOUAN	KHAOUNIET	TOTAUX DES AFFILIÉS	TOTAUX GÉNÉRAUX
AIT-SMAIL (Djurdjura). — HAMMA (Alger).	SIDI EL-HADJ-MOHAMMED-ES-SAID BEN BACHTARZI en résidence à Constantine.	**ALGER** TERRITOIRE DE COMMANDEMENT										
		Sidi-Aïssa.............	»	»	»	»	1	»	25	»	26	
		CONSTANTINE TERRITOIRE CIVIL										
		Constantine...........	2	1	25	1	3	10	500	212	752	
		Aïn-Kerma............	1	»	»	»	1	»	32	4	37	
		Aïn-Tinn..............	»	»	»	»	»	»	12	»	12	
		Bizot.................	»	»	»	»	3	»	15	»	18	
		Condé-Smendou.......	»	»	»	»	7	10	150	60	227	
		Guettar-el-Aïch........	1	»	»	»	6	3	75	25	109	
		Hamma...............	»	»	»	»	1	»	100	»	101	
		Kroubs...............	»	»	»	»	2	»	50	20	72	
		Mila..................	1	»	»	»	1	2	65	10	78	10.070
		Oued-Athmenia........	2	»	»	»	1	»	245	4	250	
		Oued-Séguin..........	»	»	»	»	1	2	450	12	465	
		Sidi-Mérouan.........	»	»	»	»	1	12	68	25	106	
		Tébessa..............	»	»	»	»	2	»	45	»	47	
		Aïn-Smara........«...	»	»	»	»	1	»	18	»	19	
		El-Milia (mixte).......	»	»	»	»	12	»	1.020	960	1.992	
		Fedj-M'zala (mixte)....	»	»	»	»	4	6	494	51	255	
		Meskiana (mixte)......	»	»	»	»	2	24	416	126	568	
		Aïn-Abid..............	»	»	»	»	2	»	85	»	87	
		Oum-el-Bouaghi (mixte).	1	»	»	»	2	4	425	95	526	
		Oued-Marsa (mixte)....	»	»	»	»	13	23	1.220	250	1.506	
		Oued-Cherf (mixte)....	»	»	»	»	1	»	42	»	43	
		Séfia (mixte)..........	»	»	»	»	6	»	182	12	200	
		Philippeville..........	»	»	»	»	2	»	250	»	252	
		Attia (mixte)..........	»	»	»	»	4	»	1.002	92	1.098	
		Collo (mixte)..........	»	»	»	»	4	»	1.060	»	1.064	
		Jemmapes (mixte).....	»	»	»	»	2	8	450	»	460	
		TOTAUX GÉNÉRAUX.....	8	1	25	1	85	104	7.896	1.958	10.070	10.070

Cachet usité par les héritiers de Mostefa ben Azzouz.

2° La zaouïa fondée à Nefta par Mostafa ben Mahammed ben A'zzouz ne tarda pas à devenir une des plus importantes de l'ordre. La personnalité de son directeur lui fit acquérir un prestige réel et de toutes parts, les frères Rahmanïa y envoyaient leurs enfants et y allaient eux-mêmes dans le but de s'inspirer des conseils et de la science de leur cheikh.

La branche de Nefta ne tarda pas d'ailleurs, à se détacher des Rahmanïa algériens et à devenir une véritable corporation au rituel distinct. Les indigènes l'appellent indifféremment Rahmanïa ou *A'zzouzïa*, et aussi bien en Tunisie que dans le Sandjak de Benghazi et à Médine, où elle est représentée par des moqaddim et quelques centaines d'adhérents, elle n'est connue que sous le vocable de Mostafa ben A'zzouz.

Voici, d'ailleurs, la traduction d'une idjeza par laquelle le lecteur pourra se faire une idée exacte des divergences, en réalité, peu sensibles, qui existent entre les préceptes des Rahmanïa du Tell algérien et ceux de Nefta.

« Louange à Dieu. Que Dieu répande ses bénédictions sur notre Seigneur Mohammed, sur sa famille et ses compagnons et leur accorde la paix, abondamment, abondamment.

(Empreinte d'un cachet illisible sauf le millésime 1200 (1785-86 de l'ère chrétienne).
» A côté, figure cette mention :
» Ceci est le sceau de notre cheikh, notre maître A'li ben A'mor-El-Idrisi-Elhaçaïn, descendant de l'Elu (Mohammed). Sur lui soient les bénédictions et le salut !
» Que Dieu nous favorise de ses grâces.
» L'écrivain de cette mention est Mostefa ben Mohammed ben A'zzouz, moqaddem de Ali ben A'mor ».

« De la part du serviteur des créatures, Mostefa ben Mohammed ben A'zzouz, à mes frères et mes amis qui prendront connaissance de ma présente mission :
» Paix, miséricorde et bénédiction.
» Je donne l'autorisation et délivre le diplôme complet, absolu, général, au porteur du présent, éclairé de la lumière divine, le cheikh plein de bénédiction, l'affectionné, notre Seigneur ...... à l'effet de conférer l'ouerd de notre voie des Khelouatïa, dont la source authentique remonte à la meilleure des créatures (le Prophète). Dieu répande sur lui ses bénédictions et lui accorde la paix !
» Voici en quoi consiste le cérémonial de l'initiation :
» Il (l'initiant) tient le pouce de la main droite du postulant et lui dit : Ferme les yeux, écoute et suis-moi : « Je fais appel à Dieu contre Satan le lapidé. Par le nom du Dieu clément et miséricordieux. Je demande pardon à Dieu. Nous revenons contrits à Dieu et à son apôtre. O mon Dieu, pardonne-nous ce qui est passé et dirige le restant de notre vie ».
» Ensuite (toi initiant) tu lui diras (au néophyte) de garder le silence et tu t'écrieras seul à trois reprises : « *Il n'y a de dieu que Dieu* ». Puis, tu lui enjoindras de répéter à son tour, par trois fois, cette formule.
» Cela fait, vous réciterez la Fatiha pour vous deux, pour le Prophète, pour le Cheikh précepteur (le grand maître de l'ordre).
» Tu lui ordonneras ensuite d'obéir à Dieu et à son Prophète, de réciter après la prière de l'aurore 300 fois l'invocation : « *Il n'y a de dieu que Dieu* » et de répéter encore 300 fois : « *Il n'y a de dieu que Dieu* » après l'a'cer.
» Si ce chiffre est dépassé, cela n'en vaut que mieux.
» Depuis l'a'cer du jeudi jusqu'à l'a'cer du vendredi, il récitera la prière Chadelïa qui se dit ainsi : « O mon Dieu, accorde tes faveurs et la paix à Notre Seigneur Mohammed, à sa famille et à ses compagnons, sur eux soit le salut ! » et il le redira aussi longtemps que possible.
» Après l'a'cer du vendredi, il terminera par la prière de l'Oummia (de الأمي l'Illet-

tré) qui consiste à dire 80 fois de suite : « O mon Dieu, répands tes grâces et la paix sur notre Seigneur Mohammed, le prophète illettré, sur sa famille et ses compagnons et accordes-leur le salut ! »

» A celui qui aura dit cette prière, Dieu pardonne les péchés de 80 ans.

» Quiconque aura reçu (l'ouerd) du bien (du titulaire du diplôme) sera comme s'il l'avait reçu de nous.

» Votre devoir est de lui obéir et de fréquenter assidûment ensemble, matin et soir, la hadra (réunion des khouan), afin que vous puissiez obtenir le secours du Prophète. Sur lui soient les grâces divines et le salut !

» Vous devez fraterniser ensemble.

» Il faut vous conduire avec patience et résignation à l'égard des créatures de Dieu. — Qu'il soit exalté.

» Aidez-vous mutuellement dans le bien et la piété.

» Mettez du zèle et déployez de l'activité dans la récitation de votre dikr, afin que vous fassiez partie intégrante de la cohorte de la tariqa (voie) resplendissante.

» Quiconque entre dans cette voie est placé sous la sauvegarde de l'Élu (sur lui les bénédictions et la paix de Dieu).

» Quiconque y entre est aussi abrité que celui qui est entré dans l'arche de Noé ou dans la station d'Abraham. (Sur eux deux le salut.)

» Le Prophète — Dieu répande sur lui ses grâces et le salut — a dit au Cheikh Sidi Mohammed ben A'bderrahman El Azhari : Ta voie est comparable à l'arche de Noé. Celui qui y entre est sauvé. Ta voie est comme la station d'Abraham. Celui qui s'y engage est en sûreté.

» La bonne nouvelle proclamée par l'Élu (sur lui les bénédictions et la paix — s'est transmise aux cheikhs, de génération en génération, et la bénédiction qui y est renfermée n'a jamais été interrompue jusqu'au temps présent.

» Salut aux envoyés.

» Grâce à Dieu, maître des mondes.

» Fait en l'an 1278 de l'hégire.

» Ce diplôme a été conféré le dimanche, au moment de la prière de l'a'cer, le 16 du mois de rebia) correspondant au 21 septembre 1861). Amen ! (1).

Avant de se fixer à Nefta, Mostafa ben Mohammed ben A'zzouz avait confié les intérêts spirituels de ses adeptes à A'li ben A'tsman, fils de son cheikh A'li ben A'mor et à sa mort il confirma sa première décision ; mais, en réalité, ses fils, Mekki et Lazhari, sont les seuls directeurs, aussi bien de la zaouïa de Nefta, que des couvents secondaires qui en dépendent.

3° *Khanga-Sidi-Nadji* : Le moqaddem de Si Mohammed ben A'zzouz, Si A'bdelhafid ben Mohammed, avait déjà hérité, de ses ancêtres, la zaouïa de Khanga-Sidi-Nadji, lorsqu'il fut appelé à y enseigner les doctrines des Rahmania. A la mort de son cheikh, il ne voulut point reconnaître la suprématie d'A'li ben A'mor. Cependant ses héritiers ont toujours supporté le patronage des directeurs de la zaouïa de Nefta ; mais, en lutte constante avec ceux de la zaouïa de Tolga, ils n'ont pas su conserver le prestige de leur ancêtre.

---

(1) Traduction de M. Sicard, interprète militaire au Gouvernement Général.

L'un, El-Hafnaoui ben Si A'bdelhafid ben Mohammed, s'est installé à Tunis ; l'autre, Si Mohammed-Lazhari, frère du précédent, a fondé une petite zaouïa à Kheiran (cercle de Khenchela) et laissé à ses deux fils la direction de celle de Khanga-Sidi-Nadji.

On peut donc les considérer comme les vassaux des chefs de la zaouïa de Nefta et, à ce titre, nous avons groupé leurs adeptes avec ceux de ces derniers dans l'état synoptique qui suit :

ZAOUIA MÈRE	NOMS des principaux MOQADDEM OU CHIOUCK indépendants	LOCALITÉS où la confrérie compte DES ADEPTES	ZAOUIA	OUKLA	TOLBA	CHIOUKH	MOQADDIM	CHOUACH	KHOUAN	KHAOUNIET	TOTAUX DES AFFILIÉS	TOTAUX GÉNÉRAUX
AIT-SMAIL (Djurdjura mixte). — HAMMA (Alger).	ZAOUIA de Nefta-Tamerza (Tunis), de Khanga-Sidi-Nadji et de Kheiran (cercle de Khenchela), dirigées par : Mekki ben Mostefa ben Azzouz (à Tunis), son frère Lazhari (à Nefta), et Si Mohammed-Lazhari ben Abdelhafid et son fils (zaouïa de Kheiran et de Khanga-Sidi-Nadji).	**ORAN** TERRITOIRE DE COMMANDEMENT										
		Aflou............	»	»	»	»	»	»	85	»	85	
		ALGER TERRITOIRE DE COMMANDEMENT										
		Ghardaïa............	»	»	»	»	2	»	57	38	97	
		Sidi-Aïssa............	»	»	»	»	»	»	46	»	46	
		Djelfa............	»	»	»	»	»	»	164	»	164	
		Ouargla............	»	»	»	»	2	»	150	12	164	
		CONSTANTINE TERRITOIRE CIVIL										
		Sétif............	»	»	»	»	2	»	45	19	66	
		Aïn-el-Ksar (mixte)............	»	»	»	»	2	»	96	14	112	
		Aïn-Touta (mixte)............	»	»	»	»	1	»	300	12	313	
		Aurès (mixte)............	»	»	»	»	2	»	160	14	176	
		Khenchela (mixte)............	»	»	»	»	3	»	210	»	213	
		Sedrata (mixte)............	2	»	26	»	2	14	750	180	972	13.949
		Meskiana (mixte)............	»	»	»	»	8	11	498	107	624	
		Tebessa............	1	»	»	»	1	12	300	13	326	
		Oued-Cherf (mixte)............	»	»	»	»	»	»	126	»	126	
		Biskra............	1	»	»	»	2	6	450	»	458	
		Bône............	»	»	»	»	1	4	190	»	195	
		Sefia (mixte)............	2	»	»	»	2	6	156	126	290	
		Oum-el-Bouaghi (mixte)............	»	»	»	»	1	4	120	12	137	
		CONSTANTINE TERRITOIRE DE COMMANDEMENT										
		Biskra............	»	»	»	»	2	6	450	56	514	
		Khenchela (cercle)............	2	»	40	1	8	6	2.912	96	3.063	
		Barika............	»	»	»	»	»	6	410	56	466	
		Tkout............	1	»	»	»	2	6	450	250	708	
		Ouled-Djellal (plein exercice)............	»	»	»	»	1	»	42	85	128	
		Tebessa (cercle)............	1	»	»	»	29	»	3.353	116	3.498	
		El-Oued (annexe)............	3	»	»	»	3	5	1.000	»	1.008	
		TOTAUX GÉNÉRAUX....	15	»	66	1	76	80	12.520	1.206	13.949	13.949

Indépendamment des localités qui précèdent, les branches rahmanïa de Nefta et de Khanga-Sidi-Nadji comptent des couvents à Tunis, au Kef, à Tozeur, à Tamerza, à Qaïrouan et des adhérents à Benghazi, dans le sud de la Tripolitaine, à Ghadamès, et à Médine.

4° *Branche de Tolga* : Mais la véritable branche des Rahmanïa sahariens est celle de Tolga, fondée par le cheikh A'li ben A'mor. Le monastère que son successeur, A'li ben A'tsman, dirige avec tant de sagesse, est un des plus importants de la confrérie. Le rituel qu'on y enseigne est identique aux règles de la congrégation de Nefta qui, nous l'avons vu, reconnait l'autorité tout au moins spirituelle du cheikh A'li ben A'tsman.

Le diplôme dont nous reproduisons l'original à titre de modèle, ainsi que la traduction, synthétise les doctrines de la corporation :

الحمد لله والصّلاة والسّلام على رسول الله كثيرا كثيرا كثيرا

من خديم شيخه علي بن عثمان بن علي بن عمر الطولڤى الى كافة احبابنا واخواننا الواقفين على جوابنا هذا السلام والرحمة والبركة اما بعد فاني اذنت واجزت اجازة تامة شاملة الكامل المنور الصالح العامل الحاذق الاديب العارف بـربه ولدنا قلبـا لا صلبـا سيدى .... ان يعطى اوراد طريقتنا الخلوتية المتصل سندها الى خير البرية صلى الله عليه وسلم وضبطـة التّلقين هو ان يمسك ابهام يمين الطالب ويقول له غض عينيك واسمع الى وتبعنى اعـوذ بالله من الشيطان الرجيم بسم الله الرحمن الرحيم استغـفر الله تبنا لله ولرسوله اللّهمّ يا رب اغفر لنا ما مضى واصلح لنا ما بقى ثم تقول اسكت وتقول وحدك لا اله الا الله ثلاثا ثم يقولها هو ثلاثا ثم تاخذ الفاتحة لكما وللنبي والشيخ المربى ثم تامره بطاعة الله ورسوله ويذكر بعد صلاة الصّبح ثلاثمـائة لا اله الا الله وان زدتم بحسن ومن عصر يوم الخميس الى عصر يوم الجمعة الصلاة الشاذلية وهي اللّهمّ صل على سيدنا محمد وعلى اله وصحبـه وسلم ما يسر الله وبعد عصر يوم الجمعة اختم بالاتي وهي اللّهم صل وسلّم على سيدنا محمد النبي الامي وعلى اله وصحبـه وسلم ثمانين مرة يغفر الله لفاعلها ذنب ثمانين سنة و من اخذ عنـد كانما اخذ عنّـا وعليكم بطاعتـه ومداومة الحضرة صباحا ومساء مجتمعين ليحصل المدد النّبوى منه صلى الله عليه وسلم وعليكم بمحاوات بعضكم بعضا وعليكم ايضا بالصّبر والتّسليم لحكم الله وتعاونوا على البر والتقوى وجدوا واجتهدوا في ذكركم استدخلوا في حزب الطريقة المنورة فان من دخلها دخل في حزب وضمانة المصطفى صلى الله عليه وسلم ومن دخلها كمن دخل سفينة نوح وكمن دخل مقام ابراهيم قال رسول الله صلى الله عليه وسلم طريفتك هذه كسفينة نوح من دخلها نجا ومقام ابراهيم من دخله كان امنا وببشارة المصطفى للمشايخ جيلا بعد جيـل ولم تنقطـع الى الان وهو زمان التاريـخ وذلك في شهر الله جماد الاول بعد ما مضى منه ثمانية وعشرين يوما سنة ١٣٠٢ والسلام من المذكور

« Louange à Dieu !

» Que les faveurs divines et le salut se répandent en abondance sur l'Envoyé de Dieu !

» Empreinte d'un cachet qui porte :

» Celui qui met sa confiance dans le miséricordieux, le serviteur des Khouan, Mostafa, 1252 (Ceci est le cachet de notre cheikh).

» De la part du serviteur de son cheikh, A'li ben A'tsman ben A'li ben A'mor-Et-Tolgui, à la totalité de nos amis et de nos frères qui verront notre présent écrit, salut ! miséricorde et bénédiction !

» Ensuite : je donne l'autorisation et délivre le diplôme complet, absolu, au porteur du présent, l'illuminé, le saint, le maître perspicace, le lettré, le savant dans les choses de Dieu, notre fils spirituel (de cœur) et non charnel..., afin qu'il ait le droit de conférer le rituel (ouerd) de notre confrérie (dite) des Khelouatïa, dont la création remonte à la plus parfaite des créatures (Mohammed), que Dieu répande ses grâces sur lui et qu'il lui accorde le salut ! La cérémonie de l'initiation (Talkin) consiste dans les détails suivants : saisir le pouce de la main droite du récipiendaire et lui dire : fermez vos yeux écoutez-moi et suivez-moi (répétez mes paroles) : « Je cherche un refuge auprès de Dieu contre
» Satan le lapidé. Au nom de Dieu, clément, miséricordieux ! Je demande pardon à
» Dieu ! Revenons à Dieu et à son envoyé en renonçant au péché ! Dieu des mondes,
» ô Seigneur, pardonne-nous le passé et rends-nous l'avenir meilleur ». Ensuite, il faut inviter le récipiendaire à se taire ; puis vous direz, seul, trois fois « il n'y a de Dieu que Dieu » et, trois fois, le récipiendaire répétera cette formule. Puis vous direz la Fatiha pour vous deux en invoquant le Prophète et le cheikh qui a créé la confrérie.

» Vous prescrirez au récipiendaire l'obéissance à Dieu et à son apôtre ; vous lui ordonnerez de répéter trois cents fois après la prière du matin, « il n'y a de Dieu que Dieu » et trois cents fois également après la prière de l'acer et, si ce nombre est augmenté, cela vaudra mieux pour vous. A partir de l'acer du jeudi jusqu'à l'acer du vendredi (de chaque semaine vous prescrirez) la prière suivante dite des Chadelia :
« O Dieu ! répandez vos grâces sur notre seigneur Mohammed, sa famille, ses compa-
» gnons et accordez-leur le salut ! » Cette prière doit être répétée autant de fois que Dieu le permettra. Après l'acer du vendredi, clôturez par la prière dite d'El-Oummia (l'illettré) ainsi conçue : « O Dieu ! répandez vos grâces sur notre seigneur Mohammed,
» le prophète illettré (qui n'a jamais su lire ni écrire), sur sa famille, ses compagnons
» et accordez-leur le salut ! » Cette prière doit être répétée quatre-vingt fois et Dieu fait à celui qui la récite ainsi la remise des péchés pour une durée de quatre-vingt ans (indulgences).

» Les personnes qui auront reçu l'initiation du sieur..... seront considérées comme l'ayant reçue de nous-même. Vous devrez lui obéir et continuer avec assiduité, réunis en assemblée, à prier matin et soir, afin d'obtenir la faveur de suivre la voie tracée par le Prophète. Que Dieu lui accorde ses grâces et le salut !

» Il faut aussi que vous pratiquiez entre vous la fraternité ; que vous observiez la résignation, le pardon (des injures) aux créatures de Dieu ; vous vous assisterez par la bienfaisance et pratiquerez la crainte de Dieu. Efforcez-vous sans trêve de réciter le dikr pour pénétrer dans les rangs de la confrérie lumineuse. Car, celui qui y pénètre, pénètre aussi dans la solidarité de l'Élu. Que Dieu répande sur lui ses grâces et lui accorde le salut ! En un mot celui qui entre dans les rangs de la confrérie est comme celui qui est entré dans l'arche de Noé et comme celui qui a pénétré dans le séjour d'Abraham.

» Le prophète a dit : « Votre confrérie est l'arche de Noé ; celui qui y entre est
» sauvé et elle est semblable à la demeure d'Abraham où ceux qui pénètrent sont sous

Zaouïa de Sidi-Salem.

(Dessin à la plume, de M. le capitaine de Prandières, chef de l'annexe d'El-Oued).

» la sauvegarde et l'accueil favorable de l'Élu qui favorise ainsi tous les chioukh de génération en génération ». Et cela n'a pas cessé jusqu'à l'époque actuelle.

» Fait et délivré le 28 du mois de Djoumad 1ᵉʳ 1302. Salut de la part du susmentionné » (1).

L'influence du cheikh A'li ben A'tsman s'exerce sur les milliers d'adeptes répartis dans les localités suivantes :

ZAOUIA MÈRE	NOMS des principaux MOQADDIM OU CHIOUKH indépendants	LOCALITÉS où la Confrérie compte DES ADEPTES	ZAOUIA	OUKLA	TOLBA	CHIOUKH	MOQADDIM	CHOUACH	KHOUAN	KHAOUNIET	TOTAUX DES AFFILIÉS	TOTAL DES ADEPTES
AIT-SMAIL (Djurdjura). — HAMMA (Alger).	ALI BEN ATSMAN, en résidence à Tolga.	**ALGER** *TERRITOIRE CIVIL*										
		Alger	»	»	»	»	1	»	200	»	201	
		ALGER *TERRITOIRE DE COMMANDEMENT*										
		Ouargla	»	»	»	»	3	12	125	»	140	
		Sidi-Aïssa	»	»	»	»	1	»	175	»	176	
		Bou-Saâda	»	»	»	»	6	»	1.621	»	1.627	
		Djelfa	»	»	»	»	2	»	450	»	452	
		CONSTANTINE *TERRITOIRE CIVIL*										
		Batna	»	»	»	»	»	»	120	»	120	
		Aïn-Touta (mixte)	»	»	»	»	8	4	1.391	227	1.630	
		Khenchela (mixte)	1	»	»	»	9	5	500	»	514	
		Biskra	1	»	»	»	1	»	450	»	451	
		Aïn-Sultan (mixte)	»	»	»	»	19	6	1.180	»	1.205	16.852
		Fedj-M'zala (mixte)	»	»	»	»	4	6	426	112	548	
		Morsott (mixte)	6	»	»	»	6	2	1.300	»	1.308	
		Tébessa	»	»	»	»	1	6	230	»	237	
		Oum-el-Bouaghi	1	»	20	»	2	4	312	62	400	
		Oued-Cherf (mixte)	»	»	»	»	»	»	12	»	12	
		Séfia (mixte)	1	»	8	»	10	»	520	»	538	
		Aïn-el-Ksar	1	»	20	»	8	»	150	»	178	
		Région de Batna	»	»	»	»	»	»	900	»	900	
		CONSTANTINE *TERRITOIRE DE COMMANDEMENT*										
		Barika	»	»	»	»	6	»	310	82	398	
		Biskra (cercle)	1	»	92	1	2	9	2.100	120	2.324	
		Khenchela (cercle)	»	»	»	»	2	6	910	160	1.078	
		Touggourt (cercle)	1	»	6	»	3	9	58	»	76	
		Tkout	»	»	»	»	1	1	130	70	202	
		Oulad-Djellal (poste)	»	»	»	»	2	6	640	»	648	
		El-Oued (annexe)	4	»	»	»	4	10	1.475	»	1.489	
		TOTAUX	17	»	146	1	101	86	15.685	833	16.852	16.852

---

(1) Diplôme traduit et communiqué par M. Philippe, interprète militaire, ancien administrateur de la commune mixte de Fedj-Mezala, auteur des *Étapes sahariennes*, où se trouvent consignés d'utiles observations et renseignements sur les confréries religieuses musulmanes. — Librairie Jourdan, Alger, 1880.

5° Le cheikh El-Mokhtar ben Khalifa avait réussi à fonder une véritable paroisse aux Oulad-Djellal (Cercle de Biskra), desservant les Oulad-Naïl et les tribus environnantes.

Il mourut au mois d'octobre 1862, laissant six fils en bas âge et sa succession spirituelle à son plus fidèle moqaddem, le taleb Mohammed ben Belqacem. C'est ce personnage religieux qui, avec une intelligence et une ténacité remarquables, donna à la congrégation qu'il représentait un développement considérable.

Méconnu aux Oulad-Djellal, où les populations restaient attachées aux fils de leur cheikh vénéré, il dut, après avoir dirigé quelque temps la zaouïa de son maître spirituel, quitter ces contrées et revenir s'installer au village d'El-Hamel, à douze kilomètres à l'ouest de Bou-Saâ'da, point déjà sanctifié par une légende merveilleuse.

El-Hamel.
(Vue communiquée par M. le capitaine Fournier, adjoint au bureau arabe de Bou-Saâ'da).

La tradition rapporte, en effet, que ce village (El-Hamel) fut fondé vers l'an 900 de l'hégire par deux chorfa magherbins en pérégrination dans la région de Bou-Saâ'da: Sidi-A'bderrahman ben A'ïoub et Sidi-Ahmed ben A'bderrahman.

Cheikh Mohammed ben Belqacem d'El-Hamel

Le premier de ces thaumaturges, passant près de la source qui sert actuellement aux habitants du village, planta son bâton pastoral en terre afin de pouvoir se désaltérer plus commodément. Quand il voulut le reprendre, il constata, non sans surprise, qu'il était couvert de feuilles et devenu mûrier.

Ce prodige l'engagea à se fixer sur ce point auquel il donna le nom d'El-Hamel (1).

Or, Mohammed ben Belqacem était un descendant de ce pieux personnage et, naturellement, il bénéficia de sa sainte réputation.

A son retour à El-Hamel, investi de la baraka du Cheikh El-Mokhtar, il fut accueilli avec enthousiasme et la seconde zaouïa qu'il y fonda (il y en avait créé une première en 1849), devint bientôt une sorte d'institut où l'enseignement coranique, la grammaire, l'astronomie, la théologie, la logique, sans oublier les doctrines des Khelouatïa, étaient enseignées par le Cheikh Belqacem lui-même et les professeurs habiles dont il avait su s'entourer.

La réputation de thaumaturge que ses partisans lui ont faite et celle de savant et d'homme pieux qu'il méritait, contribuèrent à donner à sa congrégation une extension qui surpassa en quelques années, celle des autres branches rahmanïa.

Peu à peu, ses moqaddim avaient pénétré en Kabylie, dans le département de Constantine, voire même jusqu'à Tunis, où ils luttaient habilement contre les représentants des congrégations rivales. Leurs prosélytes, dans ces contrées éloignées de la zaouïa d'El-Hamel, sont peu nombreux, mais le renom du cheikh Belqacem y a fait de sensibles progrès. Le tableau suivant sur lequel nous avons consigné toutes les localités où l'héritier du cheikh El-Mokhtar ben Khalifa a fait édifier des couvents et compte des adeptes donnera au lecteur une idée exacte de la facilité avec laquelle un personnage habile, investi de la baraka, peut gagner la confiance des « croyants » et se tailler un domaine religieux malgré l'opposition systématique des autres chioukh.

---

(1) Extrait d'un travail manuscrit établi par M. le capitaine Fournier, adjoint au bureau arabe de Bou-Saâ'da.

ZAOUIA MÈRE	NOMS des principaux MOQADDM ou CHIOUKH indépendants	LOCALITÉS où la Confrérie compte DES ADEPTES	ZAOUIA	OUKLA	TOLBA	CHIOUKH	MOQADDM	CHOUACH	KHOUAN	KHAOUNIET	TOTAUX DES AFFILIÉS	TOTAUX GÉNÉRAUX
AIT-SMAIL (Djurdjura). — HAMMA (Alger).	MOHAMMED BEN BELQACEM, cheikh d'El-Hamel (Bou-Saâda).	**ORAN** *TERRITOIRE CIVIL*										
		Mascara (mixte)	»	»	»	»	1	»	20	»	21	
		Frenda (mixte)	»	»	»	»	2	»	87	47	136	
		Zemmorah (mixte)	»	»	»	»	8	»	648	8	664	
		Tiaret (mixte)	1	»	12	1	1	»	106	25	145	
		Ammi-Moussa (mixte)	»	»	»	»	2	»	222	20	244	
		ORAN *TERRITOIRE DE COMMANDEMENT*										
		Aflou (annexe)	»	»	»	»	4	»	640	177	821	
		Tiaret (cercle)	»	»	»	»	2	»	469	»	471	
		ALGER *TERRITOIRE CIVIL*										
		Alger	»	»	»	»	1	»	500	»	501	14.511
		Bir-Rabalou	»	»	»	»	1	»	1.400	»	1.401	
		Blida	»	»	»	»	2	»	297	»	299	
		Boufarik	»	»	»	»	»	1	15	»	16	
		Bouïnan	1	»	6	»	2	»	200	6	214	
		Bouïra	»	»	»	»	»	»	120	»	120	
		Cherchell	»	»	»	»	1	»	170	»	171	
		Courbet	»	»	»	»	2	»	102	4	108	
		Fort-de-l'Eau	»	»	»	»	1	»	10	»	11	
		Gouraya	»	»	»	»	»	»	40	»	40	
		Gouraya (mixte)	»	»	»	»	»	»	85	»	85	
		Aumale (mixte)	1	»	»	»	4	»	1.041	»	1.045	
		Tablat (mixte)	5	»	»	»	10	»	640	»	650	
		Boghari (plein exercice)	»	»	»	»	2	»	40	20	62	
		Boghar (plein exercice)	»	»	»	»	1	»	32	»	33	
		Berrouaghia (mixte)	»	»	»	»	»	»	2.200	»	2.200	
		Boghari (mixte)	»	»	»	»	6	»	3.270	»	3.276	
		Miliana	»	»	»	»	1	»	32	»	33	
		Téniet-el-Haâd	»	»	»	»	»	»	16	»	46	
		Djendel (mixte)	»	»	»	»	5	»	154	»	159	
		Hammam-Righa	»	»	»	»	1	»	136	»	137	
		Téniet-el-Haâd (mixte)	»	»	»	»	11	»	364	»	375	
		Ouarsenis	»	»	»	»	3	»	145	»	148	
		Dra-el-Mizan	»	»	»	»	2	»	120	»	122	
		Fort-National	»	»	»	»	»	»	96	»	96	
		Mascara	»	»	»	»	1	»	55	»	56	
		Les Trembles	»	»	»	»	»	»	30	»	30	
		Les Braz (mixte)	»	»	»	»	2	»	520	»	522	
		Orléausville	»	»	»	»	»	»	488	»	488	
		Chéliff	»	»	»	»	1	»	39	»	40	
		Ténès (mixte)	»	»	»	»	»	»	135	»	135	
		Djurdjura (mixte)	»	»	»	»	1	»	19	»	20	
		A reporter	8	»	18	1	81	1	14.103	307	14.511	14.511

ZAOUIA MÈRE	NOMS des principaux MOQADEM OU CHOUKH indépendants	LOCALITÉS où la Confrérie compte DES ADEPTES	ZAOUIA	OUKLA	TOLBA	CHIOUKH	MOQADDIM	CHOUACH	KHOUAN	KHAOUNIET	TOTAUX DES AFFILIÉS	TOTAUX GÉNÉRAUX
		Report........	8	»	18	1	81	1	14.103	307	14.511	14.511
AIT-SMAIL (Djurdjura). — HAMMA (Alger).	MOHAMMED BEN BELQACEM, cheikh d'El-Hamel (Bou-Saâda)	**ALGER** **TERRITOIRE DE COMMANDEMENT**										
		Sidi-Aïssa.................	»	»	»	»	4	»	712	12	728	
		Laghouat.................	1	»	»	»	9	»	694	245	948	
		Boghar (cercle)..........	2	»	»	»	6	»	7.520	»	7.526	
		Chellala.................	»	»	»	»	8	»	1.264	»	1.272	
		Bou-Saâda................	14	1	150	1	14	»	3.304	»	3.470	
		Barika...................	»	»	»	»	»	»	»	»	»	
		Djelfa...................	»	»	»	»	25	»	9.520	1.300	10.845	
		Aïn (mixte)..............	»	»	»	»	»	»	46	»	46	
		M'sila (mixte)...........	1	»	»	»	2	»	220	»	222	
												38.729
		CONSTANTINE **TERRITOIRE DE COMMANDEMENT**										
		Biskra...................	»	»	»	»	1	3	1.020	72	1.096	
		Touggourt................	»	»	»	»	5	»	150	»	150	
		El-Oued..................	»	»	»	»	»	»	»	»	»	
		Barika...................	»	»	»	»	8	»	420	110	538	
		Touggourt (cercle).......	»	»	»	»	»	»	102	»	102	
		Ouled-Djellal (poste)....	3	»	»	»	6	»	1.735	45	1.786	
		TOTAUX GÉNÉRAUX....	29	1	168	2	164	4	40.810	2.091	43.240	43.240

Le Cheikh Mohammed ben Belqacem est mort le 2 juin dernier, dans la tribu des Saharé-Ouled-Brahim, du cercle de Boghar. Il était âgé de 78 ans (1). Il a laissé sa succession à son neveu Hadj-Mohammed ben Belqacem auteur de plusieurs ouvrages et notamment du *Er-Raoudh-el-Basim-fi-menaqib-ech-Cheikh-Mohammed ben Ali-Qacim*, sorte de biographie du marabout d'El-Hamel, qui n'offre rien de particulier.

---

(1) Le 16 juillet, une cérémonie religieuse a eu lieu dans la mosquée des *Mouamines* à Bou-Saâ'da, pour honorer la mémoire du marabout d'El-Hamel. Tous les personnages officiels, civils et militaires, y assistaient au milieu d'une nombreuse affluence de tolba et d'Arabes.

A cette occasion, M. le chef de bataillon Crochard, commandant supérieur du cercle de Bou-Saâ'da, a prononcé un discours dans lequel il a rappelé les services rendus par le défunt :

« Si Mohammed ben Belqacem s'était rallié franchement, loyalement, sans arrière
» pensée à la cause française, détruisant par sa lumineuse logique, les projets de ceux
» qui nous étaient hostiles, nous aidant de toutes les forces de sa volonté dans une
» œuvre de civilisation que son intelligence avait comprise, luttant même pour la faire

6° C'est dans la petite oasis de Masmoudi, que le sixième grand moqaddem de Mohammed ben A'zzouz, Si Sadok ben El-Hadj, alla fonder une importante zaouïa : On connait les vicissitudes de la branche rahmanïa issue de ce personnage religieux : le monastère de Masmoudi fut détruit par le général Devaux en 1859 à la suite de l'insurrection de l'Aurès fomentée dans cet établissement. Le Cheikh Si Sadok après avoir soulevé les tribus de l'Ahmar-Khaddou et des Beni-bou-Sliman en 1849-1850, fait appel, contre nous, aux montagnards

Zaouïa de Teniet-el-A'bed (Aurès mixte)
(Vue communiquée par M. Arripe, administrateur).

de l'Aurès en 1858-1859. Vaincu, il obtint l'aman la première fois, mais il fut fait prisonnier la seconde et interné en France, puis à El-Arrach, où il mourut en 1862.

Ses moqaddim se placèrent sous la direction de son fils Si Tahar et

---

» triompher, au risque de se compromettre dans l'esprit de beaucoup de gens et de
» porter atteinte à son prestige ».

. . . .

Après ce discours, le neveu et successeur spirituel du Cheikh-Mohammed ben Belqacem et le cadi de Bou-Saâ'da, Ibrahim-Rahmani-Mohammed ben Ahmed ben Salah, ont pris successivement la parole pour rappeler l'origine chérifienne, les vertus et l'œuvre du défunt.

La cérémonie s'est terminée par une immense diffa qui a réuni tous les pauvres et les nécessiteux de la ville.

l'aidèrent à édifier une zaouïa à *Tirmermacin*, fraction des Oulad-Youb, tribu de l'Ahmar-Khaddou (poste de Tkout), au nord de Masmoudi où ils centralisent leur action. Leurs khouan sont répandus dans les localités énumérées dans l'état ci-après :

ZAOUIA MÈRE	NOMS des principaux moqaddem ou chioukh indépendants	LOCALITÉS où la Confrérie compte DES ADEPTES	ZAOUIA	OUKLA	TOLBA	CHIOUKH	MOQADDIM	CHOUACH	KHOUAN	KHAOUNIET	TOTAUX DES AFFILIÉS	TOTAUX GÉNÉRAUX
AIT-SMAIL (Djurdjura). HAMMA (Alger).	Zaouïa de Tirmermacin, tribu de l'Ahmar-Khaddou (Tkout, poste), dirigée par Si-Tahar-ben-Si-Sadok ben El-Hadj.	**CONSTANTINE** TERRITOIRE CIVIL										
		Aurès (mixte)	2	»	»	»	2	»	657	325	984	
		Khenchela (mixte)	»	»	»	»	3	6	110	40	159	
		Aïn-Touta	»	»	»	»	3	6	289	27	325	2.476
		CONSTANTINE TERRITOIRE DE COMMANDEMENT										
		Touggourt	»	»	»	»	1	2	103	16	122	
		Tkout	1	»	25	1	4	10	500	300	840	
		Oulad-Djellal	»	»	»	»	»	»	46	»	46	
		TOTAUX	3	»	25	1	13	24	1.705	708	2.476	2.476

Telle est la confrérie des Rahmanïa : en moins d'un siècle, elle s'est répandue sur tout le territoire de l'Algérie et a englobé dans son sein, la plus grande partie de la population.

Aujourd'hui, elle peut être comparée à une église nationale divisée en plus de vingt diocèses avec ses maîtrises, ses évêques et ses vicaires. Mais une église sans unité de direction, désagrégée, dont les représentants sont séparés par des rivalités intestines et dirigent des chapelles indépendantes qui rivalisent d'audace et multiplient leur moyen d'action pour attirer à elles le plus grand nombre possible d'adhérents.

Le tableau récapitulatif ci-après nous montre les principaux dignitaires de ces congrégations dissidentes avec leurs couvents, leur personnel actif et sédentaire dirigeant près de 160 mille affiliés (1).

---

(1) Dans son ouvrage *Marabouts et Khouan*, M. Rinn fait l'historique d'une confrérie issue des Rahmanïa. Il l'appelle « *Derdouria* », du nom de son patron Si El-Hachemi ben Si A'li-*Derdour*, né à Médrouna (Aurès), où il fonda une association secrète en 1876.

En réalité, ce personnage religieux, élève de la zaouïa de Khanga-Sidi-Nadji, était un moqaddem dissident qui n'a jamais suivi d'autres doctrines que celles des Rahmanïa.

A la suite des troubles de l'Aurès, sa famille et ses khouan ont supporté les conséquences de leur fanatisme, et, par leur attitude hostile à certaines branches des Rahmanïa, on les a toujours considérés comme étant inspirés par les chefs d'autres

TABLEAU RÉCAPITULATIF DES ADEPTES RAHMANÏA

DIRECTEURS SPIRITUELS ET TEMPORELS des congrégations rahmanïa indépendants	ZAOUIA	OUKLA	TOLBA	CHOUKII	MOQADDIM	CHOUACH	KHOUAN	KHAOUNIET	TOTAUX DES AFFILIÉS	TOTAUX GÉNÉRAUX
Hadj-Ali ben Hamlaoui ben Khalifa (à Châteaudun-du-Rhumel, mixte)	44	»	136	1	227	352	35.769	3.043	39.528	39.528
"Hocini" Mohammed ben Belgacem, de Boudjellil (Akbou, mixte)	42	8	»	1	64	»	7.904	1.115	9.092	9.092
Divers	19	1	110	15	143	199	18.307	2.252	21.007	21.007
Sidi-el-Hadj-Mohammed-Es-Saïd ben Bachtarzi (Constantine)	8	1	25		85	104	7.896	1.958	10.070	10.070
Mekki ben Mostafa ben Si Mohammed b. A'zzouz (Tunis); son frère Lazhari (Nefta) / Si Mohammed-Lazhari ben Abdelhafid (Kheiran) et son fils (Khanga-Sidi-Nadji)	15	»	66	1	76	80	12.520	1.206	13.949	13.949
Ali ben A'tsman (Tolga)	17	»	146	1	101	86	15.685	833	16.852	16.852
Zaouïa d'El-Hamel (Bou-Saâda)	29	1	168	2	164	4	40.810	2.091	43.240	43.240
Si Tahar ben Si Sadok ben El-Hadj (Timermacin)	3	»	25	1	13	24	1.705	708	2.476	2.476
TOTAUX	177	11	676	23	873	849	140.596	13.186	156.214	156.214

C'est une force heureusement sans moteur, qui, lentement, s'émiette et finira, tôt ou tard, par disparaître.

Cependant, les vieilles règles liturgiques des Khelouatïa subsistent encore avec leurs prescriptions rigoureuses, leurs mystères et leurs oraisons. Dans les grands monastères de Nefta, Tolga, El-Hamel, etc..,

---

confréries ou bien comme des rebelles aux ordres émanés de la zaouïa mère. Ils forment, en ce moment, une congrégation composée d'un cheikh, un moqaddem, 1,020 khouan ou hahbab et 250 khaouniet desservis par leur zaouïa de Médrouna (Aurès mixte). Nous la signalons à titre documentaire, son influence étant toute locale et ses doctrines ni la manière d'être de ses membres n'offrant rien de particulier pour le lecteur.

aussi bien que dans les couvents secondaires disséminés en Algérie, le moqaddem jaloux de son autorité et de ses privilèges conserve par devers lui, le diplôme d'investiture qui a fait sa fortune et le rappelle sans cesse à ses devoirs.

Or, nous l'avons vu, l'esprit qui se dégage de ce document est encore celui des Khelouatïa des premiers jours ; si la forme a subi quelques modifications, le fond est demeuré invariable : On y remarque toujours les recommandations du Cheikh-el-Bakri au maître spirituel de Sidi A'bderrahman-bou-Qobrine.

Certes, on ne retrouve plus, parmi nos Rahmanïa, ces Khelouatïa de jadis méprisant la vie de ce monde et allant chercher dans la retraite l'extase provoquée par les privations de toutes sortes. C'est à peine si quelques vieillards finissent en cénobites, leur existence ; de ce côté le temps a fait son œuvre... les dieux s'en vont. Mais, les liens indissolubles qui unissent le « frère » à son maître spirituel n'ont rien perdu de leur vigueur et, si, dans leurs pratiques, il y a plus de religiosité que de religion, il ne faut pas oublier que le mystère est leur principe sacré et que de simple association de mystiques et d'extatiques qu'était la confrérie des Rahmanïa, elle s'est transformée en société politico-religieuse à laquelle les intérêts temporels sont loin d'être indifférents.

CONFRÉRIE DES TIDJANÏA

FONDÉE PAR

Si Ahmed ben Mohammed ben El-Mokhtar ben Salem-et-Tidjani

Né en 1150 de l'hég. (1737-38 de J.-C.)

Au pied du versant sud du Djebel-Amour, s'élève le qsar au nom prédestiné d'A'ïn-Mahdi (la fontaine du Maître de l'heure). Il est l'œuvre d'un de ces Chorfa missionnaires qui, au XVII° siècle, venaient du Maghreb (de l'Ouest) pour fonder ces ribat qu'on voit encore disséminés, çà et là, sur tout le territoire de l'Afrique septentrionale.

Le renom de sainteté des apôtres qui, tour à tour, prenaient la direction de ce ribat le rendit bientôt célèbre ; aussi des savants illustres et des chorfa divinisés y accouraient de toutes parts, les uns pour y professer leurs doctrines, les autres pour y propager leurs miracles. Sa renommée grandissante, le prestige des hommes pieux qui en avaient fait leur domaine, parvinrent à leur apogée avec le fameux *cheikh Sid*

Ahmed ben Mohammed ben El-Mokhtar-et-Tidjani, fondateur de la confrérie qui porte son vocable et descendant du savant et saint per-

Temacin (Tamelhalt) vue principale (1).

sonnage qui avait édifié le monastère d'A'ïn-Mahdi où il naquit en 1150 de l'hégire (1737-38 de J.-C.).

---

(1) Les vues de la zaouïa de Temacin et du bourg de Tamelhalt que nous reproduisons ci-après, ont été prise par M. le chef de bataillon Pujat, commandant supérieur du cercle de Touggourt.

L'histoire du cheikh Sid Ahmed-et-Tidjani est intarissable de louanges ; ses adeptes n'ont pas de qualificatifs assez expressifs pour

Tamelhalt (entrée de la zaouïa).

exalter ses vertus, rappeler ses miracles, énumérer ses actions. C'est le savant professeur de l'école florissante du monde musulman, le thaumaturge éclairé par la Divinité toute puissante et dirigé par le Prophète, son unique inspirateur et son soutien.

A l'âge de 16 ans, on lui voit prendre la direction du monastère fondé par son aïeul, y enseigner le Coran et la Sonna ; puis, avide de science esotérique, il part pour Fas, y suit les leçons des meilleurs savants de l'époque et, quelques années après, revient à A'ïn-Mahdi où, muni de tous les diplômes des plus habiles docteurs qui avaient été ses maîtres, il enseigne à ses nombreux auditeurs toutes les sciences connues.

A l'âge de 36 ans, il fait le pèlerinage de la Mecque et, après avoir visité les grandes zaouïa de Tunis, du Caire et de Médine, s'être affilié aux confréries des Qadrïa, Khelouatïa, Taïbïa, il se rend, de nouveau à Fas où il commence à propager les doctrines qui devaient former la base de son enseignement éclectique. Mais, pour accréditer de nouveaux préceptes, pour les faire accepter par la foule simpliste et attachée à des préjugés séculaires, il fallait les faire sanctionner par la Divinité, faire intervenir le Prophète.

C'est dans l'oasis de Bou-Semghoum, au sud de Géryville, que le cheikh Ahmed-et-Tidjani va se recueillir et attendre, dans l'isolement, la révélation qui ne devait point tarder à se manifester.

Le Prophète lui apparaît dans toute sa splendeur, lui fait connaître sa sainte mission et le proclame son unique intermédiaire auprès de l'Être suprême.

« Abandonne toutes les voies que tu as suivies, lui ordonne-t-il,
» sois mon vicaire sur la terre, proclame ton indépendance des chioukh
» qui t'ont initié à leurs doctrines mystiques. Je serai ton intercesseur
» auprès de Dieu et ton guide auprès des Fidèles qui s'inspireront de
» tes conseils et suivront ta voie ».

De cette époque (1196 de l'hég., 1781-82 de J.-C.), date réellement la fondation de la confrérie des Tidjanïa. Son patron retourne à A'ïn-Mahdi, désormais siège principal de l'Ordre, où il établit les règles liturgiques de sa corporation. Nous les trouvons synthétisées et scrupuleusement conservées dans un diplôme de moqaddem, délivré par un héritier spirituel du cheikh Et-Tidjani, et que nous reproduisons *in extenso :*

« Louange à Dieu !

» Que la bénédiction et le salut soient sur notre seigneur Mohammed, prophète de Dieu !

» Le maître illustre et généreux, celui qui dévoile aux hommes la voie de la droiture, le modèle à suivre, le fervent visiteur des lieux saints, notre seigneur Sidi-el-Hadj-Maa'mmar, fils de l'unique, du refuge (*r'outs* غوث) parfait, du pôle (*qolb* فطب), à la porte duquel se présente, sans cesse, quiconque cherche à s'approcher de Dieu et l'implore, notre Seigneur le Cheikh Sidi-el-Hadj-Ali-et-Tidjani, — que Dieu très haut soit satisfait de lui !

» Autorise son illustre ami, son disciple le plus grand . . . .
. . . . . à conférer la voie (*tariqa* طريقة) de notre seigneur, et notre Cheikh Abou-el-Abbas-Sidi-Ahmed-et-Tidjani — que Dieu très haut soit satisfait de lui ! — à quiconque le lui demandera.

» Les pratiques de notre voie consistent à réciter, entre la journée et la nuit (en 24 heures), le dikr usuel dont voici la formule :

» 100 fois : « *Que Dieu pardonne !* »

» 100 fois la prière : « *Notre seigneur Mohammed qui a ouvert ce qui était fermé* » en entier.

» 100 fois : « *Il n'y a pas d'autre divinité que Dieu !* »

» La nuit dure de la prière de l'âcer à l'aube du jour, et la journée commence après la prière du matin et dure jusqu'à la prière de l'âcer.

» On peut réciter le dikr pendant tous les instants du jour et de la nuit.

» Celui qui aura laissé passer ces deux moments (le matin et l'âcer), sans dire le dikr prescrit, pourra donc réparer son omission.

» La récitation de l'oudifa (prière imposée aux khouan par le rituel de la confrérie en dehors du dikr), est également obligatoire, deux fois entre la journée et la nuit (en 24 heures), pour quiconque entre dans notre tariqa.

» Il suffira à celui qui en aura été empêché, par une occupation quelconque le rendant excusable, de réciter l'oudifa une seule fois, entre la journée et la nuit (en 24 heures).

» Cette prière consiste à répéter, après s'être purifié avec de l'eau :

» 100 fois : « *Que dieu pardonne !* »

» 30 fois : « *Que Dieu l'immense, celui qui est le seul Dieu, le vivant, l'éternel, pardonne !* »

» 50 fois la prière : « *Notre seigneur Mohammed qui a ouvert ce qui était fermé, etc.* »

» 100 fois : « *Il n'y a pas d'autre dieu que Dieu !* »

» 12 fois la prière intitulée : « *Djaouharat-el-Kamal* » (la perle de la perfection).

» Celui pour qui le « *Teïemmoum* » sera d'obligation, dira, au lieu de la prière « *Djaouharat-el-Kamal* », 20 fois la prière « *Notre seigneur Mohammed qui a ouvert ce qui était fermé, etc.* »; cela lui suffira.

» De même, est obligatoire, le vendredi, pour quiconque entre dans la tariqa des Tidjanïa, la noble formule : (*Haïlala* هَيْلَلَة) « *Il n'y a pas d'autre dieu que Dieu* ».

» On doit commencer à réciter cette prière, le jour ci-dessus, peu après la prière de l'âcer jusqu'au coucher du soleil.

» Celui qui aura des occupations (l'empêchant de dire cette formule depuis l'âcer jusqu'au coucher du soleil) la récitera un nombre de fois déterminé qui ne sera pas inférieur à douze cents.

» S'il laisse passer le moment fixé, il ne dira pas la « *Haïlala* » (à un autre moment), mais il perdra, de ce fait, un nombre considérable de faveurs divines.

» Quiconque sera initié à la voie par lui en retirera avantage, par la grâce de Dieu.

» Il devra craindre Dieu, secrètement et ouvertement, et ne pas négliger de faire les cinq prières *quotidiennes*, en compagnie (des fidèles), à moins d'en être légalement empêché.

» (J'ai été) autorisé (à donner la tariqa) par notre maître susnommé, qui en avait reçu l'autorisation de son maître très considérable, le cheikh Sidi-Mohammed-Seghir, qui la tenait, lui-même, du modèle à suivre, le cheikh Sidi-Mohammed-el-Aïd, à qui elle avait été donnée par le cheikh, le saint considérable, Sidi-el-Hadj-Ali, qui l'avait reçu du très perspicace, du pieux, de l'éminence, du très célèbre, de l'ascète, notre cheikh et notre maître Ahmed-et-Tidjani — que Dieu Très-Haut soit satisfait de lui !

» Elle avait été révélée à ce dernier par notre seigneur, le seigneur de tous ceux que Dieu a créés, notre maître, le Prophète de Dieu — que Dieu répande sur lui ses bénédictions et lui accorde le salut, la noblesse et la dignité, la gloire et la grandeur!

» (Que Dieu accorde également) le salut à ses serviteurs, à ceux qu'il a choisis !

» Louange à Dieu, depuis le commencement jusqu'à la fin.

» Il n'y a de force et de puissance qu'en Dieu, le Très-Haut, le considérable.

» Dieu dirige qui il veut dans la voie droite.

» Amen, ô maître des mondes ! » (1).

On voit ensuite Et-Tidjani parcourir l'Afrique septentrionale, le Touat et le Sahara, se présentant partout non pas en apôtre ni en professeur, mais en véritable Khalifa du Prophète. Il fait édifier des zaouïa, investit des moqaddim, fait de nombreux prosélytes qu'il appelle « *ahbab* » (compagnons) en souvenir des compagnons de Mohammed ; son renom s'étend et grandit sans cesse ; sa confrérie devient une puissance redoutable au gouvernement Turc qui fait assiéger la petite ville d'A'ïn-Mahdi, par le bey d'Oran qui lui impose une redevance annuelle fort élevée (1783-1787 de J.-C.).

Fatigué par les poursuites dont il était l'objet et les rivalités qu'un parti de dissidents (les Tidjadjna) lui avait suscitées à A'ïn-Mahdi même, il quitte son monastère et va se réfugier à Fas. Dans cette ville, il donne une nouvelle impulsion à ses doctrines, reçoit les faveurs du Sultan Mouley Sliman, fait construire une zaouïa dans le quartier Houmet-el-Blida-er-Gharouïa, où il meurt le 14 choual 1230 (19 septembre 1815), après avoir dicté à ses *ahbab* Sid-El-Hadj-A'li-El-Harazimi et Si Mohammed ben El-Mechiri-Es-Saïbi, l'histoire de sa vie et ses recommandations à ses disciples. Sa doctrine appelée « El-Kounnache » est devenue le bréviaire des Tidjanïa (2).

---

(1) Traduction de M. Bagard, interprète militaire.

(2) Indépendamment du « Kounnache » les Tidjanïa ont leurs règles liturgiques et leurs doctrines consignées dans d'autres ouvrages et manuscrits ; les principaux sont :

Er-Rimah, par Sidi A'mmar-El-Fouti-Es-Soudani-Et-Tidjani ;

La Perle (récits) rédigé par Sid-Ahmed-Et-Tidjani et copié par Si El-Hadj-A'li-El-Harazimi ;

El Djama, par Si Mohammed ben Mechiri ;

Récit de la Lance, par Si A'mmar-el-Fouti-Es-Soudani ;

Des glaives, par le même ;

Victoires des Chorfa, par Si Mohammed ben Mechiri ;

Livre dit *El Yacouta*, par Si Mohammed ben El-A'rbi, annoté et commenté par Si Mohammed ben Mechiri et un certain nombre d'autres ouvrages ou manuscrits peu importants.

L'esprit général qui s'en dégage est un libéralisme peu en usage dans les autres confréries. Ici, point de macérations, point de pénitences

Zaouïa de Temacin (2ᵉ cour).

austères ni de retraite prolongée. Un rituel remarquable par sa simplicité, approprié à toutes les intelligences, des obligations peu rigoureuses, voilà pour la religion.

En matière politique, le cheikh Et-Tidjani semble vouloir se montrer plus sévère. Ses prescriptions sont concises et n'admettent point de négligences. On remarque, surtout, le soin avec lequel il a cherché à éliminer les Chiou[k]h intermédiaires sur lesquels les fondateurs des

Zaouïa de Temacin (cour de la Mosquée).

autres confréries appuient leur enseignement. Sa mission est toute divine : il franchit d'un bond les échelons mystiques et aboutit immédiatement au Prophète. Aussi, ses adeptes ne doivent reconnaître d'autres *envoyés de Dieu* que *Lui,* ne doivent suivre d'autres voies que la sienne, sous peine de mériter le châtiment éternel. Cet exclusivisme a fait des Tidjanïa une sorte de confrérie seigneuriale, de corporation politico-religieuse avec des dignitaires représentants du Prophète, et des serviteurs liés à leurs maîtres par l'*engagement*, qu'ils ne sauraient enfreindre — plutôt qu'une association de mystiques.

Cependant, le cheikh Sid-Ahmed-Et-Tidjani était affilié à plusieurs voies aux tendances mystico-extatiques. Il se plaît à reconnaître les vertus et les actions miraculeuses de son maître spirituel le célèbre Mohammed-El-Kordi, successeur du cheikh Hafnaoui, grand maître des Khelouatïa d'Égypte. Par ce saint personnage, il rattache son enseignement à celui des Khelouatïa et c'est à ce titre que nous avons classé sa confrérie parmi celles dérivées de cette école.

Mais, nous le répétons, il faut voir dans les Tidjanïa une association où le temporel et le spirituel occupent le même rang et c'est dans cet ordre d'idées qu'il convient d'envisager la confrérie.

.·.

Avant de mourir, le cheikh Et-Tidjani préoccupé des intérêts de son ordre, en laisse la direction à son plus habile moqaddem, Sid-El-Hadj-A'li ben El-Hadj-A'ïssa, originaire de Yambo (Arabie), et déjà grand maître de l'importante zaouïa de Temacin, dans l'Oued-Rhir. Son testament portait qu'après la mort de son successeur, les chefs suprêmes de la confrérie seraient alternativement choisis parmi les membres de sa famille alors composée de deux fils en bas âge, et ceux de la descendance de son khalifa Sid-El-Hadj-A'li. De là, deux branches mères ayant pour maîtrises principales : A'ïn-Mahdi représentée par les héritiers directs du fondateur de l'ordre, et Temacin, dirigée par ceux de son successeur spirituel. Ensemble, ils devaient se partager la prépondérance des Tidjanïa, mais cette prérogative commune devait aussi rompre l'homogénéité et l'unité de direction de la confrérie.

Voici la part qui a été faite à chacune des deux branches dans le choix des chefs canoniques (1).

---

(1) Les noms écrits en lettres italiques sont ceux des maîtres spirituels. La lettre *A* indique la branche d'Aïn-Mahdi et la lettre *T* celle de Temacin.

FILIATION SPIRITUELLE DES GRANDS CHEFS DE LA CONFRÉRIE DES TIDJANIA

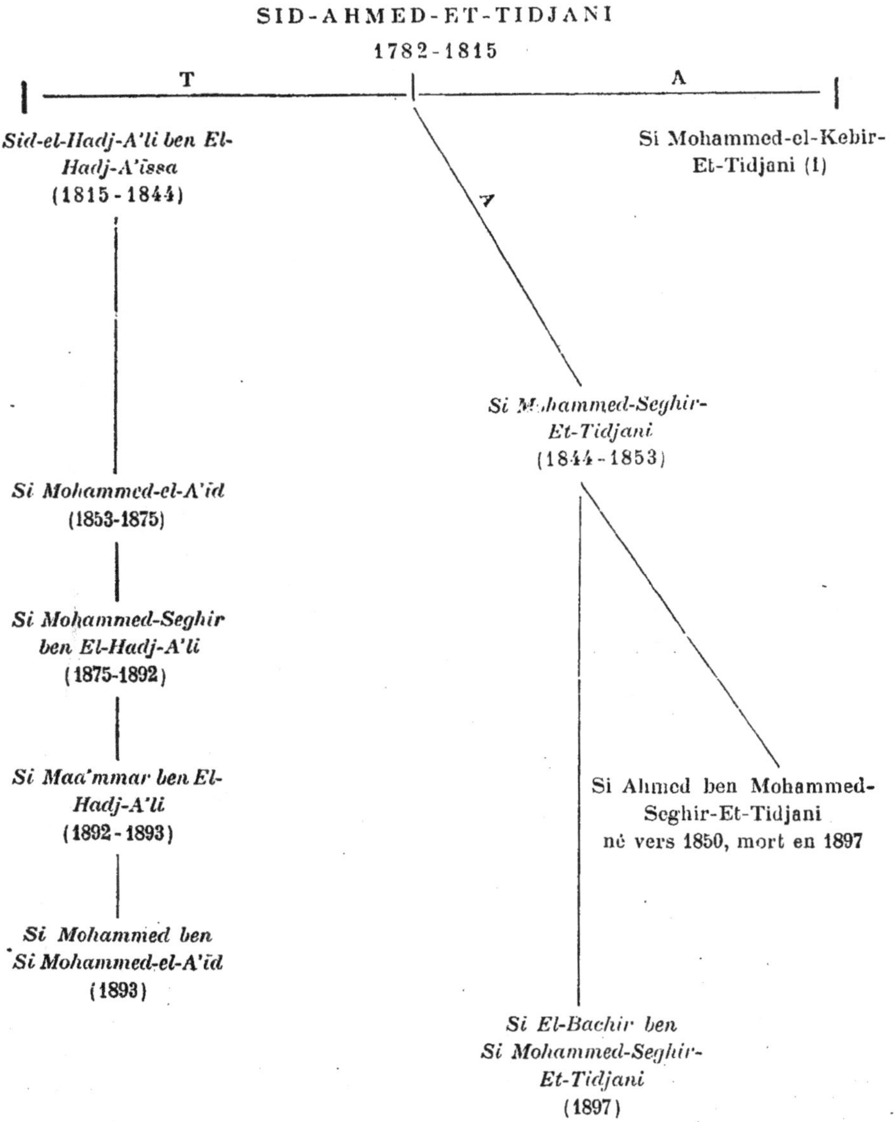

SID-AHMED-ET-TIDJANI
1782-1815

T — A

- *Sid-el-Hadj-A'li ben El-Hadj-A'issa* (1815-1844)
  - *Si Mohammed-el-A'id* (1853-1875)
    - *Si Mohammed-Seghir ben El-Hadj-A'li* (1875-1892)
      - *Si Maa'mmar ben El-Hadj-A'li* (1892-1893)
        - *Si Mohammed ben Si Mohammed-el-A'id* (1893)

- Si Mohammed-el-Kebir-Et-Tidjani (1)
  - *Si Mohammed-Seghir-Et-Tidjani* (1844-1853)
    - Si Ahmed ben Mohammed-Seghir-Et-Tidjani né vers 1850, mort en 1897
      - *Si El-Bachir ben Si Mohammed-Seghir-Et-Tidjani* (1897)

---

(1) Si Mohammed-el-Kebir, né vers 1797 au Maroc, fut amené, avec son frère, à la zaouïa d'A'ïn-Mahdi par le chef de la confrérie, Sid-el-Hadj-A'li qui voulut les soustraire à la rapacité du Sultan du Maroc et à la jalousie des Taïbïa. Il eut, en fait, la direction de la grande maîtrise pendant que le grand chef résidait à Temacin. Il soutint le siège d'A'ïn-Mahdi contre les Turcs, tenta une expédition à la tête des Hachem (de Mascara, 1826), et fut victime de la défection de ces derniers qui le massacrèrent avec 400 des siens au moment où il était déjà maître de deux faubourgs de Mascara 1827 ; son frère Si Mohammed-Seghir lui succéda à A'ïn-Mahdi et, depuis, leur descendance a toujours eu la direction de la zaouïa mère.

Les dernières volontés du fondateur de la confrérie des Tidjanïa

Zaouïa de Temacin (tombeau de Sidi-El-Hadj-Ali ben El-Hadj-Aïssa).

furent respectées par Sid-El-Hadj-Ali ben El-Hadj-A'issa qui investit grand-maître de l'Ordre, le fils de son cheikh, Si Mohammed-Seghir.

et-Tidjani, déjà à la tête de la zaouïa d'A'ïn-Madhi et, en réalité, le chef incontesté des Tidjanïa de l'ouest.

Durant l'administration de ces hommes remarquables (1815-1853), la confrérie devint une puissance avec laquelle les gouvernements établis se voyaient obligés de compter ; ses ramifications s'étendaient en Afrique occidentale, au Soudan oriental et jusqu'à la Mecque.

« Ils se livrèrent à un immense commerce fait par des caravanes
» que conduisaient et escortaient des moqaddim et des khouan des
» zaouïa d'Aïn-Madhi, Bou-Semghoun, Fas et Tlemcen. Ces caravanes
» se grossissaient, en route, des adeptes appartenant aux tribus traver-
» sées, et elles allaient ainsi, en toute sécurité, jusqu'à Chenguetti,
» dans l'Adrar occidental, jusqu'à Tombouctou, Segou et le Fouta
» sénégalais.

» Chemin faisant, elles menaient de pair, avec un égal succès, le
» commerce et le prosélytisme religieux. De grandes richesses affluaient
» à Temacin et Aïn-Madhi, et de 1830 à 1843 de J.-C. les gouverneurs
» sénégalais constataient, dans leurs rapports officiels, les progrès de
» l'Islamisme dans l'Afrique centrale » (1).

Les immenses richesses amassées à A'ïn-Madhi et l'indépendance dont faisaient preuve les directeurs des Tidjanïa, excitèrent la cupidité des Turcs et, à plusieurs reprises, on voit le bey d'Oran, Hassan (1820), et celui de Titteri, Mostafa ben Mezrag, tenter contre la maison d'Aïn-Mahdi, des assauts infructueux.

L'émir A'bdelqader, à son tour, après avoir essayé de les coaliser contre la France victorieuse (1838) (2), veut imposer son joug à Sid-El-Hadj-A'li et à Si Mohammed-Seghir, mais ses efforts sont vains et la confrérie des Tidjanïa, malgré les revers de sa zaouïa mère, grandit en prestige.

Cette période (1815-1853), marque l'apogée de la corporation du cheikh Et-Tidjani ; ses ramifications s'étendent au loin et prospèrent ; au Maroc, ses nombreux adeptes s'inspirent des chefs de l'Ordre ; au Soudan occidental, le prosélytisme se fait sous les auspices de la zaouïa d'A'ïn-Mahdi et au nom des dignitaires qui la dirigent. Des apôtres tidjanïa propagent l'enseignement de la zaouïa mère en Tunisie, en Tripolitaine, en Égypte, en Arabie, voire même en Asie. Ils pénètrent dans le continent noir, créent des zaouïa au Bornou, à Tindouf, à Dari, dans l'Ouadaï, après avoir catéchisé un grand nombre de Touareg et s'être implanté à Ghadamès, Rhat, In-Salah, au Gourara et au Touat.

---

(1) Rinn, *Marabouts et Khouan*, p. 425.

(2) L'émir assiégea A'ïn-Mahdi et l'emporta en 1839, après huit mois de siège et de bombardement. V. pour détails complets sur ce siège « Léon Roche, *Trente deux ans à travers l'Islam*, V. aussi la *Revue Africaine* de 1864 et l'*Histoire des Ouled-Sidi-Cheikh*, par le colonel Trumelet », librairie A. Jourdan, Alger.

Mais à dater de 1853, un manque de cohésion se produit et des rivalités intestines éclatent entre les zaouïa d'A'ïn-Mahdi et celle de Temacin.

En mourant, Si Mohammed-Seghir-Et-Tidjani, fidèle à la tradition imposée par son père, laisse à Si Mohammed-el-A'ïd, fils de son maître spirituel, la haute direction de la confrérie.

Zaouïa de Temacin (tombeau de Si El-Hadj-Ali).

Mais, l'oukil de la zaouïa d'A'ïn-Mahdi, El-Mecheri-Ryan, à qui il avait confié la tutelle de ses deux enfants en bas âge, Si Ahmed et Si El-Bachir, essaye d'affranchir ses pupilles du maître de la confrérie, et tout en leur donnant une éducation peu en harmonie avec le rôle qu'ils étaient appelés à jouer, il contribue à leur aliéner les Tidjanïa de Temacin.

Les Ahbab eux-mêmes, se détachent des héritiers naturels de la baraka pour porter leurs sympathies aux descendants de Sid-El-Hadj-A'li ben El-Hadj-A'ïssa et la grande maîtrise de Temacin devient en quelque sorte le siège du cheikh suprême de la confrérie au détriment de celle d'Aïn-Mahdi et des fils de Si Mohammed-Seghir qui en ont conservé la direction.

*_**

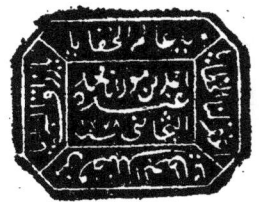

Cachet du cheikh Ahmed-Et-Tidjani.

Malgré la scission entre les deux grandes maîtrises des Tidjanïa, la ligne de conduite de leurs directeurs à l'égard de la France a toujours été celle des premiers temps de la conquête. En toutes circonstances, ils nous ont montré de l'attachement et servi avec dévouement.

Nous ne pouvons mieux faire, pour donner au lecteur une idée générale des liens de sympathie qui ont toujours uni les Tidjanïa à notre gouvernement, que de reproduire, *in extenso*, quelques extraits d'un compte rendu officiel d'une cérémonie religieuse célébrée, il y a quelques mois à peine, à la mémoire de Sid-Ahmed ben Si Mohammed-Seghir-Et-Tidjani, grand maître de la zaouïa d'Aïn-Mahdi, et considéré comme le chef suprême de l'ordre par les Tidjanïa de l'ouest :

« Une importante cérémonie religieuse, provoquée par le mufti hanafi, Sid-Mohammed-Boukandoura et les membres du clergé musulman, a été célébrée, à Alger, le 3 mai 1897, à 9 heures du matin, à la mosquée dite « mosquée de la Pêcherie », pour honorer la mémoire du cheikh Sid-Ahmed-Et-Tidjani, décédé à Guemar (Oued-Souf), le 20 avril 1897.

» Les autorités civiles et militaires, ainsi que les hautes notabilités de la ville, étaient représentées à cette cérémonie à laquelle elles avaient été conviées par des invitations privées, lancées au nom du mufti et du personnel du culte, dont plusieurs membres appartiennent à l'ordre religieux des Tidjanïa que dirigeait le défunt Sid-Ahmed.

» Ce personnage était le fils de Sid-Mohammed-Et-Tidjani, celui-là même qui, en 1838, soutint, avec tant de courage, le siège de la ville d'Aïn-Mahdi, où se trouve la maison mère de l'ordre. Ce siège dura huit mois et se termina par une reddition plus honorable pour les assiégés

Zaouïa de Kourdane.

(Vue communiquée par M. le lieutenant Simon Pierre, adjoint au bureau arabe de Laghouat).

que pour les assiégeants, Et-Tidjani ayant formellement refusé de se rencontrer avec le plus grand de nos ennemis.

» Depuis cette époque mémorable, les Tidjanïa n'ont cessé de servir la cause française.

» En 1844, ils favorisent la marche du Duc d'Aumale sur Biskra.

» En 1870, on voit Sid-Ahmed, après un moment de défaillance, porter aux tirailleurs survivants de Reischoffen et de Wissembourg, les félicitations de leurs coreligionnaires algériens.

» Désireux de dissiper les préventions qui pouvaient nous rester à son égard, il épouse quelque temps après, à Bordeaux, Mlle Aurélie Picard, à qui nous devons la transformation de Kourdane, point autrefois désert, en une superbe habitation entourée de belles plantations.

» En 1881, un des moqaddim de Sid-Ahmed, Adelqader ben Hamida, meurt massacré avec le colonel Flatters qu'il accompagnait.

» Chaque fois que le Gouvernement français fait appel à son influence et à son prestige religieux, Sid-Ahmed s'empresse de donner satisfaction aux désirs qui lui sont exprimés. A In-Salah, comme à Tombouctou, au Bornou et au Sokoto, dans tout le Soudan, en un mot, où les Tidjanïa comptent de nombreux affiliés, il envoie des émissaires, ou écrit lui-même, pour seconder nos entreprises et faire fructifier nos efforts.

» Dans la branche tidjanienne de Temacin, nous trouvons, le même bon vouloir, le même désir de servir notre civilisation.

» De pareils serviteurs, souvent à la peine, doivent aussi être à l'honneur et c'est pour mieux affirmer les témoignages d'estime et d'intérêt que la France accorde toujours à ceux qui lui sont dévoués, que son représentant, M. Jules Cambon a tenu à venir, en personne, à la mosquée.

» Les indigènes accueillent, par de vives marques de respect, l'arrivée de M. le Gouverneur général qui prend place dans le chœur de la mosquée.

» Après les prières réglementaires, Sid-Boukandoura, ayant à sa droite le mufti maléki, Sid-Mohammed ben Zakour, et entouré du personnel du culte, des khodja du *Mobacher*, des tolba de la médersa, des chefs indigènes et des chioukh des confréries religieuses, venus de loin pour assister à la cérémonie, prononce l'éloge funèbre du défunt dont il vante les grandes vertus et, au nom de ses coreligionnaires, remercie M. Jules Cambon du témoignage de haute sympaphie qu'il leur donne en venant assister à une cérémonie placée, en quelque sorte, sous ses auspices. Il termine ainsi :

» Pour me résumer, je dirai que nous ne pouvons mieux montrer
» notre reconnaissance envers la glorieuse République française, son
» illustre Président et M. le Gouverneur général, qu'en leur souhaitant
» les plus grands biens, en les servant avec fidélité et dévouement, dans

» nos paroles comme dans nos actes, et en leur témoignant notre amour
» inébranlable du bon ordre et de la paix et notre vif désir de jouir éter-
» nellement de leurs bienfaits ».

A son tour, M. le Gouverneur général répond au mufti, en ces termes :

« Je vous remercie des paroles que vous venez de prononcer. Je les
» transmettrai à M. le Président de la République.

» Nous sommes venus ici pour nous associer aux sentiments que
» vous avez éprouvés en apprenant la mort de Sid-Ahmed-et-Tidjani,
» chef de l'ordre des Tidjanïa. Cet ordre considérable, dont les membres
» dominent en Tunisie et jusqu'au Bornou et au Sokoto, s'est toujours
» montré dévoué à la France.

» Dès 1838, le père de celui que vous pleurez aima mieux voir sa
» ville prise, sa zaouïa ruinée, ses palmiers coupés, que de s'accommo-
» der avec le plus grand de nos ennemis et, jusque dans cette extrémité,
» il refusa de se rencontrer avec lui.

» Son fils, Sid-Ahmed-et-Tidjani, après un moment d'erreur, ne
» cessa, depuis, de nous donner des témoignages de fidélité. Un de
» ses moqaddim, Abd-el-Qader ben Hamida, accompagnait le colonel
» Flatters et fut massacré avec lui ; j'ai pu éprouver moi-même combien
» le concours d'Et-Tidjani nous était assuré dans les lointaines régions
» qui s'étendent jusqu'au Niger.

» Il avait épousé une française ; il vivait à Kourdane et, là, où ne se
» trouvait, il y a quelques années, qu'une source perdue, des jardins,
» des prairies, d'immenses plantations avaient remplacé le sable.

» Il projetait, pour les pèlerins qui viennent en foule à sa zaouïa, la
» création d'un hospice qu'il voulait confier aux Pères blancs : il servait
» la civilisation par son exemple et lui préparait la route.

» Je ne doute pas que les successeurs de Sid-Ahmed-Et-Tidjani ne
» continuent ces traditions de dévouement qui remontent déjà à près
» de 60 années. Ils trouveront partout, pour leurs fidèles, la protection
» et la bienveillance de la République : la France connaît ses serviteurs,
» elle les aime et les défend et, aujourd'hui, nous sommes venus près
» de vous, pour montrer qu'elle sait honorer leur loyauté » (1).

. . . . ,

Malheureusement, pendant que les directeurs des zaouïa de Temacin et d'Aïn-Madhi nous manifestaient, sans compter leurs sentiments cordiaux, et nous servaient avec dévouement, un nommé Si Tahar ben Bou-Taïeb, oukil de la zaouïa Tidjanïa de Tlemcen, répandait, à profusion, des écrits séditieux dans la province d'Oran et au Maroc.

---

(1) Extrait d'un compte-rendu d'une cérémonie religieuse à la Mosquée de la Pêcherie à Alger, en l'honneur de Sidi-Ahmed-et-Tidjani, publié par le Gouvernement général de l'Algérie.

Il était considéré par de nombreux disciples de Sid-Ahmed-Et-Tidjani, comme le grand khalifa de la confrérie, et ses successeurs ont exploité cette situation en propageant ses ouvrages et en essayant de soulever les populations à leur profit (1878-1880).

Nous citerons parmi ces ouvrages, un manuscrit intitulé « *Révélations faites par le Prophète à l'imam caché Si Ahmed-et-Tidjani* » et « *Le noble livre inspiré par le Prophète véridique* » (1).

Nous reproduisons la traduction de deux extraits que nous trouvons dans un dossier d'enquête établi en 1880, par M. Boutan, alors capitaine chef du bureau arabe subdivisionnaire de Tlemcen, aujourd'hui colonel, à la suite de la découverte d'un projet insurrectionnel fomenté par les Tidjania de l'Ouest à l'instigation du nommé Mouley-Yacoub ben Mouley-el-Arbi désigné par les écrits de l'oukil Si Tahar, comme le « Maître de l'heure ». Ces extraits nous paraissent résumer les doctrines subversives de l'ancien oukil de la zaouïa de Tlemcen.

Recommandations, prédictions de Sidi-Tahar ben Bou-Et-Taïeb, qui s'intitule chef de la confrérie des Tidjania :

« O gens sincères, ne restez pas avec les oppresseurs et les traîtres :
» celui qui opprime est comme le mécréant ; ne les fréquentez pas car
» le feu vous dévorerait ; ne leur adressez pas la parole ; n'allez pas à
» leur rencontre ; ne leur dites pas : le salut soit sur vous !

» Suivez la voie qui nous a été tracée par le Coran ; n'aimez plus vos
» père et mère s'ils vont aux mécréants et abandonnent l'imam ; dans
» le pays des mécréants, le commerce avec eux serait illicite, de même
» leur argent n'est pas acceptable.

» Lorsque vous verrez les mœurs devenir dissolues et les débauchés
» devenir les amis des représentants de l'autorité, jugez cette époque
» comme étant celle des mécréants et des traîtres. Alors les imposteurs
» auront raison et les gens de bonne foi seront traités de menteurs :
» on glorifiera les mécréants dans leur pouvoir ; on croira à leurs
» paroles ; on acceptera leur manière de faire ; on leur donnera les
» biens les plus précieux.... Eh bien ! les auteurs de ces faits seront
» des renégats.... car ainsi que Dieu l'a déclaré : « les juifs et les
» chrétiens ne vous aiment pas et ne vous aimeront que lorsque vous
» serez de leur religion ». Dieu a dit aussi : « je vous délivrerai de ceux
» qui combattent contre vous pour la religion, qui vous expulsent de
» vos maisons ».

« O croyants, n'affectionnez pas mes ennemis et les vôtres (les chré-
» tiens et les juifs).

» O croyants, ne traitez jamais les juifs et les chrétiens comme vos
» amis ; ils sont amis entre eux et celui d'entre vous qui les aime leur
» appartient.

---

(1) Traduction de M. Goujon, interprète militaire en 1880.

» O croyants, si vous obéissez à ceux qui ont reçu (le Pentateuque
» et l'Évangile), ils vous rendront mécréants.

» O croyants, si vous obéissez aux infidèles, ils vous rendront pervers.

» Vous ne verrez jamais de vrais musulmans aimer ceux qui com-
» battent Dieu et son Prophète, fussent-ils leurs propres enfants.

» O croyants, combattez les mécréants qui sont auprès de vous ;
» qu'ils vous trouvent ardents et Dieu sera avec ceux qui le craignent.

» O croyants, ne traitez pas (en amis) les gens qui se moquent de
» votre religion et en jouent (allusions aux chrétiens et aux juifs).

» O croyants, combattez les idolâtres en totalité ; ils feront de même
» vis-à-vis de vous et, sachez-le, Dieu sera avec ceux qui le craignent.

» Dieu Très-Haut a dit au Prophète : « O prophète entraîne les croyants
» aux combats ».

» O prophète, crains Dieu et n'obéis pas aux mécréants et aux
» traîtres.

» O croyants, celui d'entre vous qui abandonnera sa religion mourra
» mécréant ».

» O croyants, si vous frappez pour la cause de Dieu, soyez éner-
» giques ».

. . . .

« Ces préceptes sont destinés à ceux qui croient à notre maître
» Mohammed ; à ceux qui ont abandonné les infidèles et sont devenus
» musulmans ; à ceux qui ont quitté le pays habité par le Kafer, pour
» aller dans celui des musulmans, qui ont fait le Djehad (guerre sainte).

» O croyants, faites comme Dieu vous le prescrit et abstenez-vous
» de ce qu'il vous défend » . . . .
. . . .

» Explication de toutes les sciences, qui d'après la Loi
» sont obligatoires.

» Adresse tes demandes pour les choses sacrées.

» Ce n'est pas dans la Loi qu'est le salut (ou la résignation).

» Demande par tes vœux un Prince juste, dont le sabre frappera
» toutes les têtes, qui, chaque jour, décapitera quelque pêcheur, c'est
» là ce qui te sera utile.

» Si, de l'émir, le sabre est affilé, il affirmera l'Islam et confirmera le
» témoignage.

» Par lui, le Prophète aura des disciples.

» Par lui, tu seras un vrai musulman.

» Par lui, ton épouse sera à toi, et personne autre que toi ne la
» regardera.

» Par le sabre, ta prière sera exaucée.

» Par le sabre, ton aumône sera agréée.

» Par le sabre, ta demeure sera illustre, et ta piété sera renommée
» chez les hommes.

Zaouïa de Guemar. (Dessin à la plume de M. le Capitaine de Prandières, Chef de l'annexe d'El-Oued).

» Si le sabre est abandonné, loin de ta famille tu périras.
» Le mal s'emparera de toi, et tu refuseras la justice à celui qui te
» la demandera.
» Le créancier se verra refuser le paiement de ce qui lui est dû, et
» l'hérétique se complaira dans son hérésie.
» Si tu es cadi, tu seras injuste.
» Si tu es ignorant, tu seras persécuteur.
» Si tu es faqir, tu seras espion.
» Si tu es moqaddem, tu seras impur et immonde.
» Si tu es pèlerin, tu seras loin du bien.
» Si tu es marabout, tu seras un impie envieux.
» Si tu es artisan, tes actions seront entachées de fraude.
» Si tu es hérétique, tu seras un reptile venimeux.
» Tous vos pères et vos aïeux agissaient comme vous agissez.
» Les sciences ne profiteront pas à vos cœurs,
» Mais le Sabre vous sera utile s'il est tranchant.
» Dieu vous a créé et vous n'avez pas foi en lui,
» Si le Prophète n'avait pas eu de sabre l'auriez vous suivi ?
» Le Prophète a dit à ses compagnons :
» Si le sabre s'absente, l'Islam s'en va ».

. . . .

Ces théories, d'où l'exaltation mystique et l'idée du mahdisme se dégagent comme un symbole de foi, ont disparu de l'Algérie avec leurs auteurs ; mais au Maroc où elles avaient été vulgarisées, elles sont devenues le *credo* qui s'enseigne dans la zaouïa tidjania de Fas et, après avoir armé le bras d'El-Hadj Omar et d'Ahmadou, elles inspirent encore les Tidjania du Soudan occidental.

Elles se répandent, peu à peu, chez ceux du Sahara et de l'Afrique centrale qui se détachent de leurs chefs spirituels algériens pour donner leurs sympathies au directeur de la zaouïa de Fas.

De là, trois branches : celles de Temacin, d'A'ïn-Mahdi et du Maroc, séparées, entre elles, par des rivalités d'intérêts et des divergences de doctrines.

Nous allons essayer de faire connaître brièvement leur situation respective et de montrer l'importance de chacune d'elles.

A'ïn-Mahdi. — Si El-Bachir a succédé à son frère Si Ahmed, décédé à Guemar au moment où il s'apprêtait à renouer les relations d'autrefois avec la zaouïa de Temacin. Sa femme, Aurélie Picard, demeure, avec ses deux enfants, à la zaouïa de Kourdane, devenue la succursale principale de celle d'A'ïn-Mahdi.

Les Ahbab du cercle de Laghouat et des contrées environnantes, ont reconnu Si El-Bachir comme maître de l'Ordre, et nul doute que son influence n'augmente au fur et à mesure que les liens qu'il essaye, à son tour, d'établir avec les descendants d'El-Hadj-A'li ben El-Hadj-A'ïssa deviendront plus étroits.

Branche de Temacin (1). — A la suite de la nomination de Si Mohammed ben Si Mohammed-el-A'ïd comme grand-maître de l'Ordre, un parti de dissidents se forma à Temacin. Plusieurs membres de la famille s'affranchirent de son autorité et quelques uns ne voulurent reconnaître que la suprématie du directeur de la zaouïa d'Aïn-Mahdi.

Vue d'ensemble de Tamelhalt (Temacin).

Les membres dirigeants de la zaouïa de Temacin se trouvent donc, aujourd'hui, divisés en deux camps au-dessus desquels semble dominer le cheikh Si Hamma-el-A'roussi ben Si Mohammed-Seghir, directeur de la zaouïa de Guemar.

« La popularité dont jouit Si Hamma-el-A'roussi, cheikh de Guemar,
» le distingue par toutes les qualités brillantes qui ont fait la fortune de
» son aïeul. Il est très instruit, pieux sans fanatisme, intelligent et
» travailleur. Il est le seul membre de sa famille qui ait entretenu des
» relations suivies avec les affiliés éloignés de la zaouïa mère » (2), particulièrement avec les Ahbab du Sahara et même du Soudan.

On peut donc considérer la réconciliation des deux grandes maîtrises des Tidjanïa comme un fait accompli, et nous pouvons grouper dans l'état ci-après, aussi bien les couvents secondaires disséminés en Algérie que les dignitaires d'un ordre inférieur et les Ahbab qui en dépendent :

---

(1) La zaouïa des Tidjanïa située à Temacin forme un bourg appelé Tamelhalt. De là le nom de « zaouïa de Tamelhalt » par lequel elle est souvent désignée.

(2) Extrait d'un rapport sur les confréries religieuses du cercle de Touggourt, établi par M. le lieutenant Desgène, chef du bureau arabe, en 1895.

ZAOUIA MÈRE	NOMS des principaux MOQADDEM ou CHIOUKH indépendants	LOCALITÉS où la confrérie compte DES ADEPTES	ZAOUIA	OUKLA	CHIOUKH	MOQADDIM	CHOUACH	AHBAB	KHAOUNIET	TOTAUX DES AFFILIÉS
AÏN-MADHI. — TEMACIN (Tamelhait) et GUEMAR (Oued-Souf).	SI EL-BACHIR BEN SI MOHAMMED-SEGHIR-ET-TIDJANI. SI MOHAMMED BEN SI MOHAMMED-EL-AID et SI MOHAMMED-EL-AÏOUSSI BEN SI MOHAMMED SEGHIR.	**ORAN** *TERRITOIRE CIVIL*								
		Aïn-Fezza.............	»	»	»	2	»	30	»	32
		Remchi................	»	»	»	1	»	8	»	9
		Tlemcen...............	»	»	»	1	»	70	»	72
		Oran..................	»	»	»	2	»	50	2	54
		Saint-Lucien..........	»	»	»	»	»	4	»	4
		Aïn-Temouchent........	»	»	»	»	»	5	»	5
		Mascara...............	»	»	»	1	»	40	»	41
		Saïda.................	»	»	»	1	»	2	»	3
		Saïda (mixte).........	»	»	»	8	»	4	»	12
		Sidi-bel-Abbès........	»	»	»	»	»	9	»	9
		Tenira................	»	»	»	»	»	2	»	2
		Mostaganem............	»	»	»	1	»	5	»	6
		Renault...............	»	»	»	»	»	3	»	3
		TERRITOIRE DE COMMANDEMENT								
		Géryville.............	»	2	»	10	»	1.163	»	1.175
		Aflou.................	»	»	»	1	»	154	75	1.230
		Mécheria..............	»	»	»	»	»	1	»	1
		Marnia................	»	»	»	»	»	2	»	2
		Aïn-Sefra.............	»	»	»	1	»	5	»	6
		ALGER *TERRITOIRE CIVIL*								
		Alger.................	»	»	»	10	»	70	»	80
		Boghari...............	»	»	»	1	»	25	10	36
		Berrouaghia...........	»	»	»	»	»	100	»	100
		Boghari (mixte).......	»	»	»	»	»	201	»	201
		Ténict-el-Haâd........	»	»	»	1	»	2	»	3
		Djurdjura.............	»	»	»	1	»	18	»	19
		TERRITOIRE DE COMMANDEMENT								
		Ouargla...............	»	»	»	2	»	17	»	19
		Ghardaïa..............	»	»	»	2	»	38	13	53
		Djelfa................	»	»	»	2	»	254	»	256
		Laghouat..............	2	»	1	32	»	4.556	1.903	6.492
		Boghar................	»	»	»	»	»	26	»	26
		Chellala..............	»	»	»	4	»	»	»	4
		Bou-Saâda.............	»	»	»	1	»	55	»	56
		CONSTANTINE *TERRITOIRE CIVIL*								
		Constantine...........	2	»	»	2	4	300	»	306
		Aïn-Abid..............	»	»	»	»	»	23	»	23
		Aïn-Beïda.............	1	»	»	1	»	18	»	19
		Tebessa...............	»	»	»	1	»	50	»	51
		El-Milia..............	»	»	»	1	»	130	58	189
		Aïn-M'lila............	2	4	»	1	4	90	23	122
		Oum-el-Bouaghi........	2	»	»	2	»	235	35	272
		Sedrata...............	4	»	»	4	21	660	»	685
		Meskiana..............	1	»	»	13	29	803	377	1.222
		Millésimo.............	1	»	»	1	»	40	60	101
		Petit.................	»	»	»	»	»	20	»	20
		A reporter........	15	6	1	111	58	9.288	2.556	12.021

ZAOUIA MÈRE	NOMS des principaux moqaddem ou chouckh indépendants	LOCALITÉS où la confrérie compte DES ADEPTES	ZAOUIA	OUKLA	CHOUKH	MOQADDIM	CHOUACH	AHBAB	KHAOUNIET	TOTAUX DES AFFILIÉS
		Report.......	15	6	1	111	58	9.288	2.556	12.021
AIN-MADHI. — TEMACIN (Tamelhatt) et GUEMAR (Oued-Souf).	SI EL-BACHIR BEN SI MOHAMMED SEGHIR-EL-TIDJANI. — SI MOHAMMED BEN SI MOHAMMED-EL-AID et SI MOHAMMED-EL-AROUSSI BEN SI MOHAMMED SEGHIR.	**CONSTANTINE** *TERRITOIRE CIVIL*								
		Oued-Cherf............	»	»	»	»	»	350	59	409
		La Sefia...............	»	2	»	»	5	22	4	33
		Souk-Ahras............	»	»	»	3	»	454	»	457
		Eulmas................	»	»	»	3	6	56	15	80
		Maâdid...............	1	»	»	1	»	12	»	13
		Biskra................	»	»	»	»	»	200	»	200
		Khenchela (mixte).....	»	»	»	2	1	80	»	83
		Herbillon.............	1	1	»	2	»	90	»	93
		Monduvi..............	»	»	»	»	»	92	»	92
		TERRITOIRE DE COMMANDEMENT								
		Biskra................	»	»	»	»	»	10	»	10
		Khenchela (indigène)..	»	»	»	3	»	212	»	215
		Tebessa...............	»	»	»	21	84	1.584	»	1.689
		Touggourt { Tamelhalt....... 1 Taïchet-el-Guebhia. 3 El-Hadjira........ 1 El-Alia........... 2 Taïbine........... 1 }	8	»	1	18	»	2.849	1.764	4.632
		Oulad-Djellal.........	»	»	»	»	»	2	»	2
		El-Oued..............	7	»	»	»	7	3.570	766	4.344
		Aïn-Touta............	»	»	»	»	»	950	»	950
		Totaux...........	32	9	2	165	162	19.821	5.164	25.323

Au dehors, les Tidjania algériens ont conservé une certaine suprématie sur leurs adeptes de Ghadamès et de Ghat; une détente lente mais progressive se manifeste dans leurs relations avec les Touareg; un des fils de Si El-Hadj-A'li-et-Tidjani, Si El-Bachir ben Si Mohammed ben Si Tahar, est fixé depuis plusieurs années au Hoggar; les Oulad-Mokhtar d'In-Salah, leur demandent volontiers leur rituel et, en Tunisie, ils possèdent des couvents à Tunis (zaouïa Zegoum, Troudja, Rihahïa, Guemara, Bab-Menara);

A Tozeur, moqaddem Si Abderrahman ben Soudani; Qairouan, moqaddem Si Mohammed-el-Allani.

Dans la région de Sers, la zaouïa de Si A'li ben Belqacem, à l'est de Qairouan;

A Sers, une zaouïa moins importante que la précédente, moqaddem cheikh El-Menoubi;

A Bizerte et à Djerba, les Tidjania comptent également des zaouïa.

En Orient on peut citer: deux zaouïa importantes à Constantinople, une à Médine, une à la Mecque et une au Caire ; des moqaddim à Beyrouth et Qsar-Es-Saf.

Enfin, nos Tidjanïa ont des adeptes dans l'Adamaoua et le Congo.

Un khouan nègre de l'Adamaoua se trouve actuellement à El-Oued, où il est venu pour visiter la zaouïa de Temacin. Au Congo, le prestige des Tidjanïa est tel qu'il est de la plus haute convenance de se dire tidjani, sans, d'ailleurs, avoir d'autre bagage religieux que de vagues notions sur les règles de l'ordre. Il est à prévoir cependant, que la confrérie tend à organiser, là-bas, une section ; car, un des personnages du pays vient de faire demander, à Sidi-El-Bachir par la voie gouvernementale, des instructions spéciales sur le rituel tidjani. C'est là une indication précieuse et qui montre bien le rôle que nos Tidjanïa, avec l'appui du gouvernement, peuvent jouer, dans l'intérêt de notre domination, en ces lointaines régions.

***

Branche marocaine. — Mais, si en Algérie l'analogie de leurs doctrines et la communauté de leurs intérêts incitent les Tidjanïa à réunir leurs efforts dans le but de faire prospérer leur confrérie et, par suite, leurs affaires personnelles, il n'en est pas de même de ceux du Maroc qui, poussés par d'autres sentiments, s'inspirent d'un enseignement en complète opposition avec celui professé dans les deux zaouïa mères.

Les deux grands chefs des Tidjanïa marocains, Si El-Ghali ben A'zzouz et Si Mohammed-Guenoun, centralisent leur action dans leurs zaouïa de Fas où le tombeau des fondateurs de la confrérie dont ils sont en quelque sorte les gardiens, augmente leur prestige et favorise leur ambition.

Ils recrutent la plupart de leurs adeptes parmi les hauts personnages du gouvernement chérifien, les lettrés et les négociants.

Ils possèdent trois zaouïa à Fas et comptent de nombreux affiliés dans toutes les villes du Maroc, dans quelques tribus et jusque dans l'extrême sud (1).

---

(1) D'après les renseignements récemment fournis par un moqaddem tidjanien, d'origine algérienne, en résidence à Fas, la confrérie compte entre autres zaouïa importantes, celles de :

Meknès, moqaddem, Si Belqacem ben Mohammed ;
Marrakech, moqaddem, A'tsman ;
Djebel-Zarhoûn, moqaddem, Si Mohammed ben El-A'rbi ;
Casablanca, *Asfi* et d'autres couvents dans les tribus des *Branès* et *Tsououl*.

Les Tidjanïa du Gourara, du Touat, du Tafilalet, seraient leurs partisans.

Dans le Soudan occidental français et au Sénégal, le fameux Hadj-Omar et son successeur Ahmadou étaient des moqaddim de la zaouïa de Fas et actuellement, leurs disciples répandus dans cette partie du continent africain, reconnaîtraient la suprématie, tout au moins spirituelle, des chefs qui la dirigent.

Cachet d'El-Hadj-Omar, rapporté de Tombouctou par M. le commandant Bouvier et communiqué par M. le général de la Roque.

Cachet d'Ahmadou, rapporté de Tombouctou par M. le commandant Bouvier et communiqué par M. le général de la Roque.

Ils sont en majorité chez les Toucouleurs et les Wolof et possèdent une zaouïa dans le cercle de Kayc; dans les autres districts, ils se répartissent ainsi :

Bammako : Quelques adeptes; Brahima Touré, cadi de la ville, membre de la famille des Touré en est le moqaddem.

Bafoulabé (cercle) : les Tidjanïa sont en majorité sur les Qadrïa.

Région nord-est, est, nord, du Sahel et de Macina : Les Peulhs du Ségou, comme ceux de Macina, caractérisés, en matière religieuse, par un exclusivisme et un fanatisme extrêmes, appartiennent presque tous à la confrérie des Tidjanïa.

Ils ont une grande vénération pour leur chef spirituel, notre vieil ennemi El-Hadj Bougouni qui est réfugié chez les Maures. Ils ont des zaouïa à Ségou, Baoroéli, Markadougouba, Toko, Bothé.

Djenné : Un moqaddem et quelques affiliés; huit tolba, de petites zaouïa.

Région-nord, Tombouctou : Quelques adeptes (1).

---

(1) Renseignements fournis par M. Chaudie, gouverneur général de l'Afrique occidentale.

On voit combien est importante la confrérie religieuse des Tidjanïa et le rôle prépondérant qu'elle peut être appelée à jouer aussi bien en Algérie que dans notre hinterland africain, où nous essayons d'étendre nos possessions du nord de l'Afrique.

Souhaitons qu'un chef habile, en communauté de sentiments avec nous, parvienne à faire disparaître les dissidences qui sont, en ce moment, aussi préjudiciables aux intérêts de nos protégés qu'à ceux de la France elle-même. Avec de l'unité de direction et l'appui des autorités locales, nos Tidjanïa algériens pourraient, peut-être, rétablir au Soudan et ailleurs, l'homogénéité de doctrine de l'ordre en représentant ouvertement le gouvernement français comme le soutien de l'Islam et le protecteur des musulmans dans les pays où il établit sa domination.

CHAPITRE X

ÉCOLE DES CHADELÏA

Confrérie mère des Chadelïa : Sa formation, ses principes fondamentaux, son domaine géographique.

Confréries dérivées des Chadelïa : Djazoulïa, Zerrouqïa, Youcefia, Ghazïa, Cheikbïa, Naceria, Chabbïa, Taïbïa, Hansalïa, Zianïa, Kerzazïa, Derqaoua, Madanïa. *Les Moukhalïa.*

On connaît les doctrines de l'école mystique chadélienne : un spiritualisme épuré, l'abandon de l'être au profit de Dieu, la prière à toute heure, en tous lieux et en toutes circonstances, afin de vivre en union constante avec la Divinité. C'est l'éternelle extase, mais l'extase sans transports mystiques, l'extase provoquée par cet ardent amour de la Divinité, qui éloigne du monde et procure des sensations inexprimables.

Chez les Chadelïa, point de kheloua, point de monastère ; point de pratiques bruyantes, point de jongleries ; — la vie errante et contemplative avec, pour profession de foi, l'unité de Dieu (le *Touahid*), et, pour enseignement, le *Tessououf*, ou science du spiritualisme qui doit conduire le néophyte à vivre dans l'essence divine.

Ce sont les doctrines du célèbre Abou-El-Kacem-el-Djoneidi, importées en Afrique septentrionale par le célèbre Cho'aïb-Abou-Median-el-Andalousi (1), enseignées dans le Maghreb par son meilleur disciple, le

---

(1) Cho'aïb-Abou-Median naquit à Séville, en l'an 520 de l'hég. (1126-1127 de J.-C.) ; élève des diverses universités de l'Afrique septentrionale, disciple de Sidi-A'bdelqader-el-Djilani, il professa ses doctrines spiritualistes à Séville, Cordoue, Bougie et mourut à Tlemcen, après avoir composé plusieurs ouvrages sur son enseignement.

La koubba qui lui fut élevée à El-Eubbad, près Tlemcen, est encore l'objet de la

fameux A'bdesselam ben Machich contemporain et sujet du Sultan A'bd-el-Moumen (1), et propagées en Afrique septentrionale, en Égypte et en Orient, particulièrement au Hedjaz, par leur élève et héritier spirituel Sidi-Hassan-Chadeli.

Abou-El-Hassan-A'li ben A'bdallah ben A'bd-el-Djebbar (2) *ech-Chadeli* naquit dans un village dit *Ghemara*, près de Ceuta, vers l'an 593 de l'hég. (1196-97 de J.-C.), suivant certains auteurs; à *Chadela*, fraction de l'Ifrikïa, près du Djebel-Za'fran (Tunisie), d'après la plupart des écrivains musulmans. « Son surnom de Chadeli a été formé des trois lettres

---

grande vénération des fidèles. Ses nombreux disciples se disaient « *Madania* », mais ils ne s'organisèrent jamais en confrérie. C'étaient des savants préoccupés de pénétrer la science de leur maître et non des mystiques aux pratiques mystérieuses. (Voir, sur Abou-Median : Brosselard, *Revue Africaine*, 1860 ; Rinn, *Marabouts et Khouan* ; l'abbé Bargès.

(1) Sidi-Abdesselam ben Machich vivait, au commencement du VIIe siècle de l'hégire, dans le Djebel-Alam, aujourd'hui Djebel-Mouley-Abdesselam, montagne située au centre du massif qui s'étend de Tétouan à la vallée de l'Oued-el-Kouss. Il était issu de la famille régnante des chérifs Drissiin, dont quelques-uns s'étaient réfugiés dans ces parages lors de la chûte de la dynastie régnante et de l'avènement des Fatimides. Il représentait, à ce titre, la tradition de la souveraineté nationale et l'élément berbère.

. . . .
. . . .

Il fut assassiné, en 625 de l'hégire, par un partisan de l'imposteur Abou-Touadjin. Son sanctuaire est devenu un lieu de pèlerinage, où se rendent les habitants des tribus des Djebala et de la partie occidentale du Rif. On peut avancer que le culte rendu à la mémoire du marabout forme un lien assez puissant pour unir ces populations dans une sorte de confédération religieuse. Toutes marcheraient groupées sous l'étendard de leur patron. Quoi qu'il en soit, Abdesselam ben Machich ayant transmis sa bénédiction à son élève Chadeli, ses descendants, c'est-à-dire les *Beni-Arous*, ne constituent qu'une noblesse religieuse sans pouvoir héréditaire. Ils n'ont donc pas d'influence personnelle dans les tribus du voisinage où ils vont s'établir. Ils sont, en général, fort riches, peu batailleurs en raison de leur extraction et des usages qu'elle leur impose ; ils ne se livrent à aucune occupation ; ils sont, en qualité de chérifs, exempts de toute redevance et ne se montrent pas hostiles au Sultan qui, à l'occasion de l'expédition de 1889, est monté en pèlerinage au tombeau d'Abdesselam ben Machich, puis à la zaouïa de Sidi-Ali-Réscul, à Tétouan, distribuant de larges offrandes. Comme chérifs, les Beni-Arous sont en paix avec toutes les tribus des environs, sauf avec les Akmas. Ces derniers sont dits *akmas ou tolba de Sidi-Abdesselam ben Machich* et possèdent le privilège traditionnel, donné par le saint, de venir en ziara à sa koubba sans intermédiaire et d'en chasser les autres chérifs. Ils s'y rendent, chaque année, en délégation fort nombreuse. Aucun chérif ne doit s'y trouver, et ceux qui s'y trouvent par hasard sont impitoyablement chassés, sinon tués. De là, entre les Beni-Arous et les Akmas, une hostilité implacable, des luttes fréquentes......

(Documents sur le Nord-Ouest africain, par H.-M.-P. de la Martinière et N. Lacroix ; *loco citato*.

(2) Sa généalogie remonte jusqu'à A'li ben Abou-Taleb par A'bdel-Djebbar *ben Taninne ben Hormouze ben Hatim* ben Koçaï ben Youssef ben Ioucha' ben Ouard ben Abou-Battalah (A'li ben Ahmed) ben Mohammed ben A'ïssa ben Idris ben A'mar ben Idris ben A'bdallah ben El-Hocine-el-Moterma ben Abou Mohammed-El-Hacen ben A'li ben Abou Taleb.

radicales *chin* (ش), *dhel* (ذ) et *lam* (ل), tirées du mot Chadela (الشذلة), appliqué à une petite fraction de l'Ifrikïa », écrivent ces auteurs, et, naturellement, ils en déduisent qu'il était originaire de cette localité. Mais, la légende merveilleuse intervient à son tour et raconte que le maître de Chadeli, A'bdesselam ben Machich, lui avait prescrit de se rendre à Chadela pour commencer son apostolat; de là son nom de Chadeli. « Tu te rendras en Ifrikïa et tu demanderas la localité appelée Chadel. Dieu désire que tu t'appelles Chadeli ». Quoi qu'il en soit, Cheikh-Hassan-Chadeli allait devenir le champion des doctrines du célèbre Abou-Median et créer une véritable école philosophique et mystique.

Vêtu de la khirqa des premiers soufis ses maîtres spirituels et ses appuis, il se présente tantôt comme un mystique contemplatif, un derouich ou un thaumaturge, gagnant la confiance des humbles par ses miracles et son abnégation du temporel au profit du spirituel; tantôt il se révèle, aux savants, comme un philosophe érudit; ses doctrines spiritualistes, incomprises de la masse, font l'admiration des lettrés et des instruits qui deviennent, peu à peu, ses plus fidèles auditeurs, et, plus tard, ses disciples convaincus.

Chef de confrérie au Maroc, il est persécuté à Tunis, à cause de son immense popularité, s'impose aux eulama de l'Université d'*El-Azhar* (au Caire), devient le maître spirituel de leurs confrères de La Mecque et finit par créer une sorte de congrégation mère avec, pour adeptes, les principaux personnages du clergé officiel du Caire et de la ville sainte, une association de savants et de philosophes dont il était le docteur éloquent, le maître incontesté.

Naturellement, son enseignement étant d'essence divine, se rattachait à la foi révélée par la lignée des soufis les plus célèbres, et le rituel qu'il propageait lui avait été, également, transmis par l'intermédiaire des Saints musulmans les plus révérés.

D'où les deux chaînes (selsela) suivantes :

Selsela-el-Ouerd

Abou-el-Hassan-Chadeli, A'bdesselam ben Machich, Sidi-A'bderrahman-el-Madani-el-Zia, Nafi-ed-Din, Fakher-ed-Din, Abi-Hassan-A'li-ed-Deqaq-Nour-ed-Din, A'bi-Hassan-A'li-el-Naceri-Tadj-ed.-Din, Chems-ed-Din, Zin-ed-Din, Brahim-Abi-Hassan-el-Bosri, Abi-Qacem-Ahmed-el-Mezari, Saï'd, Fatah-Allah, Saïd-el-Ghazouani, Cheikh-Djebbar, Hacen ben A'li ben Abi-Taleb, A'li, Mohammed, Djoubriel, Allah.

Selsela-el-Baraka

Abou-el-Hassan-Chadeli, Abou-Abdallah-Sidi-Mohammed ben A'li ben Haouzam, Abou-Mohammed-Salah ben Mendhar, *Cheikh-Abou-Median-Cho'aïb-Ibn-el-Hassan-en-Naceri*, Cheikh-Abou-Mohammed-en-Nour, Cheikh-Abou-Mohamed-A'bd-el-Djelil, Abou-Mohammed ben A'bdallah, Abou-Saïd, Hassan-en-Nouri, Abou-el-Kacem-el-Djoneidi, Seri-Saqati, Marouf-el-Kerkhi, Daoud-et-Taï, Habib-el-Hadjemi, Hassan-el-Bosri, Ali ben Abou-Taleb, Mohammed, Djoubriel, Allah (1).

La mort du cheikh Abou-el-Hassan-Chadeli est l'objet de mille récits légendaires d'où il est difficile de tirer ni la date ni le lieu exacts; la plupart des légendes s'accordent à la placer en l'année 756 de l'hégire (1258 de J.-C.) et à la faire survenir dans le grand désert, entre le Nil et la mer Rouge, pendant qu'Hassan-Chadeli revenait de la Mecque ; mais l'endroit de sa sépulture est resté douteux. Est-ce à *Homathiria*, comme l'affirme Ibn-Batouta, dans l'*Etbaye*, comme le disent les Chadelïa égyptiens, ou bien au milieu des sables mouvants et, par suite, dans un endroit incertain comme le lieu de la naissance du fondateur des Chadelïa ? C'est la dernière hypothèse qui est la seule probable, et, d'accord avec la masse des croyants, nous pensons que là est la vérité, si réellement l'endroit où le cheikh Chadeli a trouvé la mort était connu; un monastère n'aurait pas tardé à y être édifié et, comme ses doctrines, il serait vulgarisé parmi la foule des fidèles. Mais aucun des héritiers spirituels ne put découvrir le point où le maître rendit le dernier soupir, et il s'ensuivit qu'après sa disparition, ses disciples se dispersèrent aux quatre points du monde musulman. Sans postérité, sans proches parents, Chadeli ne put investir aucun des siens de son saint sacerdoce, et sa baraka fut dévolue aux docteurs et aux thaumaturges qui surent continuer à propager son enseignement.

Sous ses auspices, des ramifications se forment, des congrégations indépendantes se créent et prospèrent, et bientôt, les chioukh qui en ont la direction en deviennent les patrons et leurs prosélytes en changent le vocable.

---

(1) Nous citons ces deux chaînes d'après plusieurs auteurs musulmans et, notamment, d'après l'ouaçia des A'roussïa ; mais, la chaîne la plus détaillée paraît être celle qui figure dans le *Kitab-el-Mofakher-Fi-el-Matser-ech-Chadelïa* par Ahmed ben Mohammed ben Abad-Echafa'ï-ech-Chadeli, d'après les livres des Eulama chadeliens tels que Ben Es-Sebbagh et Ben Atallah-el-Iskendri, etc... M. Rinn, dans *Marabouts et Khouan*, en énumère plusieurs autres avec quelques variantes. Nous renvoyons à cet ouvrage le lecteur désireux de faire une étude complète sur les appuis du cheikh Hassan-Chadeli.

Cependant, les doctrine de l'école mère se conservent pures dans de nombreux monastères ; la baraka du plus célèbre des soufis de l'Afrique septentrionale est le meilleur bienfait que Dieu puisse envoyer aux apôtres de l'école chadélienne et, par suite, ils se multiplient à l'excès. Dans tout le Maghreb, en Syrie, au Hedjaz, en Turquie, ils créent des zaouïa indépendantes, de véritables écoles philosophiques où ils enseignent les règles canoniques des Chadelïa auxquelles ils doivent en partie leur notoriété. La confrérie n'a donc pas de zaouïa mère, d'organisation proprement dite ; elle est représentée par des chefs locaux sans liens entre eux, qui ont conservé l'appellation de Chadelïa et pratiquent des rituels identiques à ceux recommandés par leur patron, sauf quelques divergences de détails.

Au Maroc, le mot chadelïa est une expression impersonnelle qui sert à désigner un corps de doctrines d'où sont issues presque toutes les confréries qui ont leurs zaouïa mères disséminées sur le territoire de l'empire chérifien. La mémoire de Sidi-Hassan-Chadeli est comme leur trait d'union par lequel elles réunissent leurs rituels aux principes fondamentaux d'où ils dérivent.

En Algérie, neuf chioukh représentent l'école chadélienne et font du prosélytisme au nom de leur saint de prédilection.

On compte plus de onze couvents parmi lesquels trois sont des zaouïa-mères de petites congrégations au rituel distinct bien qu'ayant conservé le même vocable.

Le premier est celui fondé à Boghari (p. e.) par le cheikh El-Missoum ben Mohammed-

Zaouïa du cheikh El-Missoum.
(Vue communiquée par M. le maire de Boghari).

Bourouka'ïa, originaire des Ghribs (commune mixte du Djendel).

Les recommandations que ce personnage religieux faisait à ses moqaddim sont résumées dans le diplôme ci-après que nous reproduisons en entier :

Louange à Dieu.

Que Dieu répande ses bénédictions sur Notre Seigneur Mohammed, sur sa famille cu ses compagnons et qu'il leur accorde le salut.

Nous autorisons notre ami en Dieu et en son Prophète — que Dieu répande sur lui ses bénédictions et lui accorde le salut ! — Sidi-A'bd-El-Aziz, à dire l'Ouerd de la Tariqa des Chadelïa et à le donner à ceux pour qui son désir sera qu'ils ressuscitent avec nos chioukh et qu'il soient réunis à eux, ceux-ci les prenant par la main, dans les champs de la résurrection. Ainsi qu'il est dit (dans un hadit) : « Dieu réunira les hommes avec ceux qu'ils préféreront ».

J'ai, moi-même, reçu cet Ouerd de mon maître versé dans la connaissance de Dieu, Sidi-O'dda ben R'oulam-Allah, qui le tenait de son maître, le cheikh, le docteur de la loi et de la religion, Moulay-Larbi ben Atcïa.

Celui-ci l'avait reçu de l'axe de la meule de (notre Ordre) (قُطْبُ رحَاها) le soleil de sa matinée (شمس ضحَاها), Mouley-Larbi ben Ahmed (Que Dieu soit satisfait d'eux !).

(Les pratiques de) l'Ouerd consistent à réciter le matin et après le coucher du soleil (مغرب) :

100 fois : *Je demande pardon à Dieu* ;
100 fois : *O mon Dieu, répands tes bénédictions sur Notre Seigneur Mohammed, le Prophète illettré, sur sa famille et ses compagnons et accorde-leur le salut* ;
100 fois : *Il n'y a de divinité que Dieu* ;
A assister, au moins une fois par semaine, aux hadra (assemblées) fixées (pour la réunion des khouan) ;
A rendre visite au moqaddem et à s'entretenir, avec lui, au moins une fois par mois (des questions intéressant la communauté) ;
A se repentir sans cesse, à demander pardon à Dieu et à revenir à lui matin et soir.
Ces pratiques forment une partie des devoirs de ceux qui recherchent la bénédiction divine.
Les obligations de ceux qui embrassent la vie contemplative sont plus étendues.
Je suis l'humble serviteur de Dieu, Mohammed-El-Missoum (1).

Le cheikh El-Missoum est mort en 1883, laissant sa baraka à son fils Si Ahmed-Mokhtar qui dirige, en ce moment, la zaouïa de Boghari et continue les traditions de ses aïeux.

Le deuxième couvent des Chadelïa est situé dans la commune de Teniet-el-Haâd; il est dirigé par son fondateur Si Ahmed ben Ahmed, ancien élève du cheikh El-Missoum. Son enseignement offre quelques divergences de détail, mais sa popularité et son prestige augmentent tous les jours au détriment de l'héritier de son maître spirituel.

Voici les pratiques qu'il prescrit à ses adeptes :

Louange à Dieu seul ! Que Dieu répande ses bénédictions sur notre seigneur Mohammed, ses compagnons et sa famille.

Autorisation est accordée par le faible serviteur de son Dieu, Mohammed ben Ahmed. (Dieu lui soit propice, ainsi qu'à ses amis en ce monde et en l'autre. Amen, Amen, Amen). A l'ami de Dieu, Sidi-Abdelqader ben Abdelqader à l'effet de (conférer) l'ouerd des Chadelïa composé par celui dont l'ordre est le marchepied (c'est-à-dire le tronc des autres ordres).

Voici en quoi consiste cet ouerd :

---

(1) Traduction de M. Bagard, interprète militaire.

Réciter 100 fois : *Je demande pardon à Dieu.*

100 fois : *Dieu, répands les bénédictions sur notre seigneur Mohammed, ton serviteur, ton prophète et ton envoyé, le prophète illettré, et sur sa famille et ses compagnons, et accorde leur la paix.*

100 fois : *Il n'y a de Dieu que Dieu seul* (1). *Il n'a aucun associé. A lui appartient le pouvoir. A lui la louange. Il est tout puissant.*

Chaque série de ces 300 invocations se récite après la prière de l'aurore et celle du coucher du soleil.

Invoquer, sans compter ni supputer, le nom très Auguste : Dieu, Dieu, Dieu.

Placer devant soi l'image fictive des cinq lettres (formant le mot Dieu, الله), c'est-à-dire l'observer avec les yeux du cœur, comme si l'on regardait avec les yeux de la tête.

Jeûner le jeudi et le lundi.

Accomplir la prière des Rouateb (pratiques surérogatoires annexées à la prière obligatoire) se composant de : Quatre (inclinaisons) avant la prière de midi, quatre avant l'accur, six après le coucher du soleil, treize accompagnées de l'outer (la simple inclinaison finale) : à la fin de la nuit, pour celui qui pourra être réveillé et, avant le sommeil, pour celui qui ne pourra l'être.

Après l'Icha (prière du soir) et la Chefâa (la double inclinaison précédant l'outer), les lecteurs doivent réciter le Coran en tout ou partie.

Accompagner spécialement la *Chefâa* et l'*outer* de la récitation de la Sourate bien connue (El-Ikhlas : l'Unité de Dieu).

Faire huit *rekaa* (inclinaison) à l'heure du *Deha* (matinée).

Tel est l'enseignement que nous avons obtenu et recueilli des plus illustres hommes de Dieu et qui remonte à l'Envoyé fidèle et pur, puis au maître des mondes et à son ami Gabriel. Sur eux deux (le Prophète et Gabriel) s'étendent la bénédiction et la miséricorde la plus abondante.

Que le plus précieux salut des Musulmans parvienne au maître de la puissance.

Ton seigneur n'est-il pas le terme de tout. (Coran, 3, 43, ch. LIII) (2).

La troisième et la plus importante de nos zaouïa châdeliennes est située dans la commune mixte de l'Edough, au pied du mont Cha'iba. Le personnage qui la dirige, tel les dieux rustiques de l'Afrique païenne, paraît vouloir prendre sous son patronage le massif boisé qui entoure son monastère. Les indigènes aussi bien que les européens le considèrent comme le véritable gardien des forêts de l'Edough et c'est, affirment les arabes, grâce à son prestige et à sa sainteté qu'on n'a plus à déplorer les incendies d'autrefois.

---

(1) A cette formule semble se rapporter le renvoi figurant en marge et contenant ces mots : en redoublant (le *lam*) et en prolongeant le son selon le mode usuel (sur le *la*). Exemple : La-a-a-a. Ilah. Ill-l-la-a-a-a. All-l-lah.

(2) Traduction de M. Sicard, interprète militaire.

Il est connu sous le nom de Si Belqacem ben Saïd-*Bou-Kachabia*, du nom de la khirqa qu'il porte. Ce qualificatif tend à devenir le vocable de la corporation que Si Belqacem dirige.

On trouvera dans le diplôme de moqaddem, dont nous reproduisons ci-après l'original et la traduction, tel qu'il nous est parvenu, sa filiation spirituelle, son rituel et les règles liturgiques qu'il prescrit à ses affiliés.

الحمد لله وحده   والصلاة والسلام على من سلم في كهف الحجر

الى حضرة من يقب على خطنا هذا وينظره ويقراه بلسانه وعين قلبه ويتامل في معناه ويحصر مجراه وهو ان ولدنا الشابي وفرة عيننا الكابي سيدي محمد بن سيدي الطاهر اصلا وفصلا اننا اذناه يعطى طريفتنا الشاذلية بعد ما لقنته الاسم الاعظم اذنا صريحا للكبير والصغير من الذكر والانثى حرا او عبدا كما اذن لنا شيخنا في ذلك باذن من الله ورسوله ولو كنت لست اهلا لذاك فنرجوه يكون عينا من عيونها واصلا من اصولها نسبا واحتسابا فمن تعلف به تعلف بنا ومن واصله واصلنا ومن اخذ عنه اخذ عنا ومن حارمه فقد حارمنا ومن وفق في باب طريفتنا ودخل فيها يوما او يومين فله سعادة الدارين كما قال امامنا الشاذلي رضي الله عنه ويبشر ايضا بحياة قلبه واستوطانه في وطنه وهو عالم قل لانها طريفقديم تسمع وترا وتتحرك وهي الناشية من العوامل الداخلة عليها والله ما دخلت على صميم احد لا هزت عالمه ودلت وجوده بابداء موجوده وعتف رغبته من النار بعد بتقه من رئفه والخروج من ضبلانه ومن اراد ان يجرب بايجرب وفي التجريب علم الخفايف ومن بدل اوغير في قوله المعبار امامه بالله حسيبه وحسبه وهو ولي الانتقام ونعم الوكيل والسلام منا بدءا واختتام على من هو منا والينا في غيبه وشهادته صح من كاتبه ورافعه رفيق جنابه وخادم اخوانه واحبابه ابي القاسم بن الحاج اسعيد الغربي نسبا الشاذلي طريقة اخذت الذكر والاسم وكنت ماذونا فيهما وتمكنه لمن كان اهلا له بحول الله وشيخنا سيدي محمد الحاج بن خليفة وهو عن مشايخه من شيخ الى شيخ الى سيدنا رسول الله صلى الله عليه وسلم الى سيدنا جبريل عن سيدنا رب العالمين واخر دعوانا ان الحمد لله رب العالمين * عام ١٢٩٦ *

Au nom de Dieu clément et miséricordieux.

Que la prière et le salut soient sur celui sous le nom de qui la *pierre* a adressé des louanges au seigneur (le prophète Mohammed).

A quiconque prendra connaissance de notre présent écrit, l'examinera, en fera la lecture avec sa langue et la vue du cœur, en méditera le sens et en saisira le but (nous faisons savoir) que nous autorisons, d'une façon bien évidente, notre enfant, celui qui est un baume pour notre cœur, la fraîcheur de nos yeux, celui dont (la vue) nous suffit, Sidi-Mohammed ben Sidi-Tahar, originaire de (le lieu d'origine manque) et y demeurant actuellement, à qui nous avons, au préalable, fait connaître le nom de la Majesté (divine).

A conférer notre ordre (Tariqa) des Chadelïa, à tous, grands ou petits, hommes ou femmes, de condition libre ou en esclavage.

Nous avons été, nous-même, autorisé à le conférer par notre cheikh, en vertu de l'autorisation qu'il tenait de Dieu et de son Prophète.

Si nous ne sommes pas digne (de le donner) *nous* espérons que, grâce à Dieu (celui à qui nous le conférons), sera un des yeux (1) de notre Ordre, une de ses bases et qu'il sera regardé et considéré (comme tel).

Quiconque s'attachera à lui s'attachera à nous ; Quiconque sera uni à lui (par les liens de l'amitié) sera uni à nous (par les mêmes liens); Quiconque recevra (notre ordre) de lui (le) recevra de nous ; Quiconque, enfin, l'honorera nous honorera.

Celui qui s'arrêtera à la porte de notre Ordre, y pénétrera (et y séjournera) un jour ou deux, obtiendra la félicité dans l'un et l'autre monde, ainsi que l'a dit notre imam Chadeli, — que Dieu soit satisfait de lui!

Il se réjouira aussi, parce que son âme sera illuminée (par la lumière divine) et demeurera immuablement fixée dans le lieu où elle sera parvenue (2) et ce lieu est le Monde de l'injonction (3).

Notre Ordre est (comme) un être animé : il entend, voit et se meut.

Il émane des agents qu'il contient (sic).

(J'en jure) par Dieu! il anime l'âme de celui qu'il pénètre bien intimement et il lui prouve l'anéantissement de son être en Dieu, par la vue de son créateur.

Son âme sera ainsi affranchie du feu éternel. Après qu'il aura été tiré de son aveuglement et de son insouciance.

Que celui qui voudra essayer (de s'affilier à notre ordre) en fasse l'expérience. Par l'expérimentation on acquiert la science des réalités.

Quiconque dénaturera ou altérera *ses* paroles (4) a devant lui la balance (du jugement dernier).

---

(1) C'est-à-dire en sera le gardien vigilant, un de ses meilleurs défenseurs.

(2) Par l'anéantissement de l'être en Dieu.

(3) عَالَمُ قُلْ. L'impératif قُلْ, « dis », est mis, sans doute, ici, pour le substantif أمر ordre, injonction.

(4) قوله est mis, probablement, ici pour قولنا, « nos paroles », ce que nous lui aurons enseigné, c'est-à-dire : notre ordre. Ce passage signifie donc, sans doute : quiconque abandonnera notre ordre....

Dieu lui en demande compte. Il est son répondant et c'est lui qui se chargera d'en tirer vengeance.

Il est le meilleur des Procureurs.

Salut de notre part, du commencement à la fin (de notre présent écrit) à quiconque, présent ou absent, est des nôtres et pour nous.

Ce qui précède est approuvé par celui qui a écrit le présent diplôme et en a tracé les caractères, le faible devant la Majesté (divine), le serviteur de ses frères et de ses amis, Abou-el-Qacem ben El-Hadj-Saïd, Qarafi d'origine, de l'ordre des Chadelïa.

J'ai reçu le dikr et l'initiation au nom (de la Majesté divine) et j'ai été autorisé à les donner à quiconque en est digne, par la force de Dieu.

Nous avons eu pour cheikh Sidi-Mohammed-El-Hadj ben Khalifa qui tenait (la voie) des chioukh, ses prédécesseurs, en remontant, de cheikh en cheikh, jusqu'à notre seigneur le Prophète de Dieu, — que Dieu répande sur lui ses bénédictions et lui accorde le salut ! — à qui elle a été révélée par notre Seigneur Gabriel, au nom de notre Seigneur le Maître des mondes.

En terminant, nous prions (Dieu en disant) : Louange à Dieu, Maître des mondes.

Empreinte d'un cachet sur lequel on lit, au centre, en français : Si Belqacem ben Saïd et, en exergue, en écriture arabe : Si Belqacem ben Saïd.

Année 1296 (1878-1879) (1).

Simultanément, d'autres moqaddim indépendants enseignent le dikr des Chadelïa. Ce sont, généralement, des tolba qui essayent de se créer une sorte de clientèle dans les tribus où ils établissent leur résidence en se plaçant sous le patronage du célèbre Abou-Hassan-Chadeli. Quelques-uns sont Chadelïa par tradition. C'est pour eux un titre, une sorte de sacerdoce qu'ils ont hérité de leurs aïeux et, malgré leur ignorance des règles liturgiques de la confrérie, ils s'en servent pour faire du prosélytisme à leur façon. Nombreux sont ceux qui jouissent des prérogatives qui s'attachent au nom de Chadeli sans en avoir la baraka. Nous avons groupé, dans l'état numérique ci-après, ceux qui ont réussi à recruter des adeptes, tout comme les trois chioukh chadelïa qui dirigent, en Algérie, des congrégations importantes.

---

(1) Traduction de M. Bagard, interprète militaire.

ZAOUIA MÈRE	NOMS DES PRINCIPAUX CHIOUKH placés à la tête des diverses congrégations issues des Chadelia	LOCALITÉS où les Congrégations comptent DES ADEPTES	ZAOUIA	OUKLA	TOLBA	CHIOUKH	MOQADDIM	CHOUACH	KHOUAN	KHAOUNIET	TOTAUX DES AFFILIÉS	TOTAUX GÉNÉRAUX
Zaouïa de Boghari (plein exercice) et de Teniet-el-Haâd (plein exercice) dirigées par SI AHMED-MOKHTAR et SI MOHAMMED BEN AHMED, héritiers du prestige religieux du cheikh El-Missoum.		**ALGER** *TERRITOIRE CIVIL*										
		Alger.................	»	»	»	»	2	»	160	»	162	
		Blida.................	»	»	»	»	1	»	124	»	125	
		Boufnan..............	»	»	»	»	»	»	14	»	14	
		Marengo..............	»	»	»	»	1	»	150	»	151	
		Meurad...............	»	»	»	»	»	»	22	»	22	
		Soumma..............	»	»	»	»	»	»	42	»	42	
		Tablat (mixte)........	»	»	»	»	1	»	20	»	21	
		Boghari (plein exercice)..	1	»	35	1	3	»	65	»	104	
		Boghar...............	1	»	20	»	2	»	332	»	354	
		Berrouaghia (mixte)...	»	»	»	»	»	»	980	»	980	
		Carnot...............	»	»	»	»	»	»	15	»	15	
		Kerba................	»	»	»	»	»	»	23	»	23	
		Rouina...............	»	»	»	»	»	»	12	»	12	
		Saint-Cyprien des Attafs.	»	»	»	»	»	»	32	»	32	
		Teniet-el-Haâd........	1	»	55	1	3	»	170	»	229	6.447
		Djendel (mixte).......	1	»	»	»	5	»	183	»	188	
		Hammam-Righa (mixte).	»	»	»	»	3	»	249	»	252	
		Orléansville..........	»	»	»	»	3	»	163	»	166	
		Cavaignac............	»	»	»	»	»	»	25	»	25	
		Chéliff (mixte)........	»	»	»	»	4	»	227	»	231	
		Ouarsenis (mixte).....	»	»	»	»	6	»	302	»	308	
		Ténès (mixte).........	»	»	»	»	12	»	337	»	349	
		Azeffoun (mixte)......	»	»	»	»	»	»	45	»	45	
		Montenotte...........	»	»	»	»	1	»	15	»	16	
		Ténès (plein exercice)..	»	»	»	»	»	»	13	»	13	
		Boghari (mixte).......	»	»	»	»	4	»	2.288	»	2.292	
		ALGER *TERRITOIRE MILITAIRE*										
		Boghar (cercle).......	»	»	»	»	1	»	250	»	251	
		Chellala..............	»	»	»	»	»	»	25	»	25	
BELQACEM BEN SAID BOUKACHBA en résidence au pied du mont Chaiba (commune mixte de l'Edough).		**CONSTANTINE** *TERRITOIRE CIVIL*										
		Jemmapes (mixte).....	»	»	»	»	5	»	152	25	182	
		Millésimo.............	»	»	»	»	1	»	170	30	201	
		Séfia (mixte)..........	»	»	»	»	7	»	249	32	288	
		Oued-Cherf (mixte)....	»	»	»	»	»	»	32	»	32	
		Guelma...............	»	»	»	»	»	»	110	»	110	
		Héliopolis............	»	»	»	»	»	»	105	»	105	
		Morsott (mixte).......	»	»	»	»	1	»	16	»	17	
		Tébessa..............	»	»	»	»	»	»	92	»	92	
		La Calle (plein exercice).	»	»	»	»	»	»	102	»	102	4.452
		Edough (mixte).......	1	»	25	1	5	»	1.500	200	1.731	
		Beni-Salah (mixte)....	»	»	»	»	1	»	294	104	399	
		Randon...............	»	»	»	»	»	»	150	»	150	
		Penthièvre............	»	»	»	»	1	»	12	»	13	
		Nechmaya............	»	»	»	»	1	»	26	»	27	
		Morris................	»	»	»	»	1	»	500	»	501	
		La Calle (mixte).......	»	»	»	»	2	»	64	»	66	
		Herbillon.............	»	»	»	»	»	»	13	»	13	
		Bône.................	»	»	»	»	3	»	420	»	423	
		A reporter........	5	»	135	3	80	»	10.290	391	10.899	

ZAOUIA MÈRE	NOMS DES PRINCIPAUX CHIOUKH placés à la tête des diverses congrégations issues des Chadelïa	LOCALITÉS où les Congrégations comptent DES ADEPTES	ZAOUIA	OUKLA	TOLBA	CHIOUKH	MOQADDIM	CHOUACH	KHOUAN	KHAOUNIET	TOTAUX DES AFFILIÉS	TOTAUX GÉNÉRAUX
		Report........	5	»	135	3	80	»	10.290	391	10.899	10.899
		CONSTANTINE TERRITOIRE CIVIL										
	Zoula de Tamza dirigée par les fils SIDI BOU-BEKER (Khenchela c. m.).	Batna............	»	»	»	»	«	«	45	»	45	
		Aïn-el-Ksar (mixte)......	»	»	»	»	1	»	30	10	41	
		Tabahort (mixte)........	»	»	»	»	3	»	41	»	44	1.382
		Khenchela (mixte)......	2	»	60	3	5	»	490	221	779	
		Khenchela (cercle)......	»	»	»	»	«	»	205	»	205	
		Biskra (cercle).........	»	»	»	»	«	»	125	»	125	
		Tkout (poste)...........	»	»	»	»	«	»	143	»	143	
	BELHOUCINE AREZKI en résidence dans la com. m. des Ribans; et IAOUA de la com. m. des Maâdid (?).	Bibans (mixte)...........	1	»	»	1	2	»	264	»	267	
		Aïn-Roua...............	»	»	»	»	»	»	16	»	16	
		Bordj-bou-Arréridj......	»	»	»	»	1	»	40	»	41	
		Aïn-Abessa.............	»	»	»	»	1	»	460	»	461	
		Maâdid (mixte)..........	1	»	»	1	2	»	257	»	260	
		Sétif...................	»	»	»	»	»	»	45	»	45	1.925
		Righa..................	»	»	»	»	1	»	87	»	88	
		Msila (mixte)...........	»	»	»	»	»	»	51	»	52	
		BouTra.................	»	»	»	»	»	»	266	»	266	
		Guergour (mixte).......	1	»	»	»	1	»	60	30	91	
		Fedj-Mzala (mixte)......	»	»	»	»	1	»	66	»	67	
		Rouffach...............	1	»	»	»	1	»	300	»	301	
		TOTAUX GÉNÉRAUX......	11	»	195	9	99	»	13.251	652	14.206	14.206

A Tunis, trois zaouïa avec des chefs spéciaux, centralisent l'action des Chadelïa ; la plus importante est celle dirigée par le cheikh Ben Hassan, imam à la mosquée Djema a-Bab-el-Djezira. On compte également, quelques couvents secondaires et des adeptes sans cohésion dans les autres localités de la Régence.

En Tripolitaine, les Chadelïa perdent peu à peu leur vocable pour prendre celui d'une confrérie, les *Madanïa*, aux doctrines analogues, qui n'en est, en quelque sorte, que le prolongement.

Il en est de même en Égypte où les *Oufaïa* ont ajouté leur appellation à celle des Chadelïa ; en Turquie, où les Chadelïa et les Madanïa ne forment qu'une seule et même confrérie.

Au Hedjaz, quelques personnages Chadelïa, placés à la tête de leurs zaouïa, semblent avoir conservé leur indépendance. On cite plus particulièrement : A Djedda : Cheikh-Mohammed-el-Fassi ; à La Mecque : Cheikh-Hassein-A'ribi investi des fonctions de cheikh Et-Trouq ; à Médine : Cheikh-Mostafa-Habèche.

Telles sont les écoles qu'on peut considérer comme étant restées fidèles aux règles générales de la confrérie mère dont elles ont, plus ou moins, gardé le vocable.

Certes, elles n'ont aucune cohésion, mais les doctrines du cheikh Chadeli codifiées par plusieurs de ses disciples et notamment par le cheikh Tadj-ed-Din, Ibn-A'ta-Allah-el-Iskanderi leur servent de bréviaires.

Cependant, nous l'avons dit, l'école mère des Chadelïa a donné naissance à de véritables confréries répandues dans tout le monde musulman, où elles jouissent d'un grand prestige et où elles occupent une des premières places. Nous les présentons par ordre chronologique en essayant de dégager l'enseignement qui les caractérise et de déterminer leur domaine géographique.

DJAZOULÏA

La confrérie des Djazoulïa, branche marocaine des Chadelïa, a été fondée par Cheikh-Abou-A'bdallah-Mohammed ben A'bderrahmane ben Abou-Beker ben Sliman ben Sa'ïd ben Ia'la ben Ikhlef ben Moussa ben A'li ben Youcef ben A'ïssa ben A'bdallah ben Guendouz ben A'bderrahmane ben Mohammed ben Mohammed ben Hacen ben Sma'ïl ben Dja'far ben A'bdallah-el-Kamel ben Hacen-el-Moutenna ben l'Hacen-es-Sobt ben A'li ben Abou-Taleb.

Il tenait son surnom de *Djazouli* du lieu de sa naissance appelé Djazoula (village du Sous-el-Aqsa, nommé aussi Guezoula). On l'appelait également *Semlali* du nom de la fraction (Semlala), à laquelle il appartenait.

Jeune encore, il quitta son pays d'origine à la suite de dissensions locales suivies de combats, et alla faire ses études à Fas, à la mosquée *Saffarin*, dans laquelle on montrerait encore aujourd'hui, la chambre qui lui était affectée.

C'est à Fas, où il s'était rencontré avec Ahmed ben Zerrouq, fondateur de l'ordre des Zerrouqïa, qu'il prépara son livre (دلائل الخيرات) *Les Meilleurs Arguments*, qui traite des prières à faire pour le Prophète et constitue comme la base de l'enseignement djazoulien. A cet égard, la légende veut, que l'imam El-Djazouli ait été inspiré par une femme rencontrée à Fas, sorte de magicienne qui émerveillait la foule par des tours extraordinaires. Djazouli s'étant enquis, auprès de cette femme, de la mystérieuse puissance qui l'animait, apprit qu'elle devait son art à l'inspiration du Prophète lui-même.

Ce serait alors qu'il aurait conçu son « Delaïl et Kheïrat ».

Les auteurs arabes ne sont pas d'accord sur les événements qui ont marqué la vie du fondateur des Djazoulïa ; ils le sont encore moins en ce qui concerne la date de sa mort (1) que l'on place entre 869 et 875 de l'hégire. Enterré au lieu dit « Dfoughal », il fut plus tard, exhumé et transporté à Marrakech où son tombeau est l'objet de la plus grande vénération et de nombreux pèlerinages.

Ici, encore, la légende intervient et veut qu'avant d'avoir été transportés à Marrakech les restes de Djazouli aient été emportés d'Afoughal par le chef du pays, un certain Omar-el-Meghiti auquel ces dépouilles sacrées qu'il transportait en voyage, auraient assuré, pendant vingt ans, de nombreuses victoires sur ses ennemis. Ce serait seulement à la mort de Meghiti que les restes de l'imam auraient été portés là où ils sont aujourd'hui.

Djazouli aurait eu deux chioukh : Mohammed ben A'bdallah-Amghar es-Sghir de *Sahl*, et Mohammed ben Slimane.

Le premier vivait, dit-on, dans un ribat connu sous le nom de *Titan Fater*, point du pays d'Azemour qui serait actuellement Tit.

C'est là, selon les uns, à *Doukala*, selon les autres, qu'El-Djazouli aurait rencontré son premier maître éducateur dans la tariqa qu'il a laissée.

Après cette rencontre, l'imam serait resté pendant quatorze ans dans une *kheloua* à Asfi (Safi) avant de se rendre à Afoughal où il faisait du prosélytisme avec un si grand succès que, rapporte un auteur, on put compter, un jour, 12,665 disciples djazouliens.

Une pareille puissance devait gêner le Gouverneur d'Asfi (Safi), qui fit, dit-on, chasser son hôte Djazouli, et en fut puni en voyant quelque temps après, sa ville tomber au pouvoir des Européens.

Les Djazoulïa étant aujourd'hui fondus en de nouvelles congrégations placées sous d'autres vocables : A'ïssaoua, Taïbïa, nous ne nous arrêterons pas davantage sur la vie et l'œuvre de l'imam El-Djazouli et nous nous bornerons à donner, à titre historique et documentaire, la chaîne mystique par laquelle il rattachait son enseignement aux Chadelïa :

Cheikh-El-Djazouli ; — Mohammed ben A'bdallah-Amghar-es-Seghir ; — Sidi-Bou-O'tsman-Saïd-el-Hartanani ; — A'bderrahmane-er-Radjradji ; — Abou-l'Fadel-el-Hindi ; — A'nous-el-Bedoui (*Ra'aï-el-Bel*, gardien de

---

(1) D'un dire rapporté par Abou l'A'bbas, Ahmed-Baba et Tombouctí, il résulte que l'imam El-Djazouli serait décédé le 16 de rabi'-el-ouel, de l'année 870 (H.) (1465 de J.-C.).

Le cheikh *Zerrouq* (V. Zerrouqïa) a confirmé ce dire, tandis que Abou l'A'bbas-el-Fasi, a placé la date du décès sans, d'ailleurs, la préciser, après 870. Dans le « Dorrat-el-Hadjal » d'Abou l'A'bbas-Ahmed ben Mohammed ben El-Cadi, on lit qu'El-Djazouli est mort le 16 du rabi-el-ouel, de l'année 875 (H.).

Dans le « Bedel-el-Mounasaah » par Abou l'A'bbas-Ahmed ben A'li-es-Sousi-el-Bousa'ïdi, le décès en question se serait produit en 870 et 875 (H.).

chameaux), Abou-l-A'bbas-Ahmed-el-Qarafi ; — Abou-l-A'bbas-el-Morsi — Abou-A'bdallah-el-Mogherbi ; — Cheikh Abou-l'Hassan-Chadeli.

Cheikh Senoussi, dans ses appuis, a donné la chaîne ci-après, dont les chioukh auraient continué les Djazoulïa purs.

L'Imam-el-Djazouli ; — Abou-l-Amedad-A'bdelaziz ben A'bd-el-Haaf-el-Hersar, surnommé Atteba ; — Abou-l-Beka ; — Amar ben A'bdel-A'ziz-el-Khettabi-ez-Zerhouni ; — Cheikh-el-Medjdoub-Sid-A'bderrahmane-el-Oukil ; — Abou-Mehassen-Youcef ben Mohammed-el-Fasi (986 de l'hég. 1578 de J.-C.) ; — A'bderrahmane ben Mohamed-el-Fasi ; — Abou-Barkat-A'bdelqader-el-Fasi ; — Sidi-Mohamed ben A'derrahmane ben A'bdelqader-el-Fasi ; — Sid-Mohamed-A'bdallah-el-Ghozi-el-Madani ; — Sid-Es-Sindi ; — Abou-l-A'bbas-el-A'raïchi, qui fut l'un des maîtres de Cheikh Senoussi au commencement de ce siècle.

L'enseignement du Cheikh Djazouli est aujourd'hui cultivé par les Eulama du Maroc, et forme pour ainsi dire plutôt une école philosophique qu'une confrérie aux règles liturgiques.

L'imam est toujours considéré comme un maître de la science spiritualiste aussi estimé que le Cheikh Chadeli lui-même.

Quelques disciples érudits développent ses doctrines dans trois zaouïa qu'ils entretiennent à Fas et où les meilleurs esprits et les lettrés capables de comprendre, viennent écouter la lecture des traités spéciaux que contiennent les théories des principaux docteurs de la science ésotérique.

ZERROUQÏA

Un autre disciple d'Abou-l-Hassan Chadeli qui, par ses vertus et ses travaux sur la théologie, la jurisprudence et le soufisme, s'éleva au-dessus du vulgaire, fut le *cheikh Abou-el-A'bbas-Ahmed ben Ahmed ben A'ïssa-el-Bernousi-el-Fasi*, connu sous le nom de *Zerrouq*, à cause, dit-on, de la couleur (bleue) de ses yeux.

Cheikh-Zerrouq naquit le 22 de moharrem 846 (1142 de J.-C.), dans la tribu des Beranès, sise dans les environs de Fas, tribu d'où il tenait son surnom de *Bernousi*.

Après avoir séjourné longtemps à Fas où il étudia toutes les branches des sciences connues à l'école des maîtres les plus célèbres du Maghreb (1), il vint à Bougie où il professa l'enseignement scolastique

---

(1) Parmi les professeurs du Cheikh-Zerrouq on cite :
Ibn-Mauas ; Si A'bderrahmane-Et-Tsa'libi ; Cheikh-Senoussi, auteur de la *Touahid* ; Sidi-Sliman ; Ibn-Merzouq ; El-Mechdali ; Ed-Dimi ; Es-Sakhaoui ; Es-Senhouri ; Ben

des Chadelïa. Ses nombreux élèves formèrent bientôt une association sous le vocable de Chadelïa-Zerrouqïa ou, plus simplement, de « Zerrouqïa ». — Leurs doctrines que l'imam Zerrouq aurait extraites en partie du « *Kitab Kefaïat-el-Mahtadj* » du Cheikh-Ahmed-Baba-et-Tomboucti (1) n'offrent aucune particularité bien distinctes de celles de la confrérie mère.

Leurs appuis mystiques sont ceux des autres groupes Chadelïa, mais le prestige qui se rattache au nom de leur patron leur donne une certaine suprématie sur les confréries issues, à une date plus récente, de la même école.

Ces groupes vivent, en réalité, de la notoriété de l'imam Zerrouq, dont les ouvrages fort estimés dans le monde des lettrés musulmans, le classent parmi les plus illustres docteurs qui vivaient de son temps en Afrique septentrionale (2).

L'imam Zerrouq mourut à Tripoli de Barbarie en 899 de l'hégire (1494 de J.-C.) et fut inhumé au lieu dit *Taqiran* (qsar de Mesrata).

Malgré son renom de sainteté et son grand savoir, la confrérie qui se plaça sous son patronage n'eut jamais qu'une organisation embryon-

---

Zin-ed-Din ; Ibn-Tounsi ; Sethi ; Ez-Zerhouni ; El-Meghiri ; El-Meknèsi ; El-Meriahi ; Ech-Chaoui ; El-Hamidi ; Ibn-Haflah ; Ibn-Zakaria ; Ibn-A'bbas-Ech-Cherqui ; Holoulou ; Er-Resa'-Nour-ed-Din-Yahïa-el-Harizi, pour les sciences de *l'i'lim*.

Chioukh-el-Baten : Ahmed ben Okba-el-Yamauni ; Ahmed ben A'bdallah-el-Djezeïri ; Yahïa-L'aïdeli ; Mohamed ben A'bdallah-ez-Zitouni ; Ibn-el-Hocine ; Ibn-Yahïa-Es-Serradj ; Ibn-Zimam ; El-Ouarzouabli ; Er-Reqah ; Ed-Deqouni ; El-Lamthi ; El-Mahami-el-Amin ; Ibn-el-Mezdaghi ; Es-Serradj ; El-Qidouani ; El-Fakhagh ; Sahib-es-Saria ; Mohati ; El-Gherabli ; El-Gherraz ; *El-Djezouli* ; Et-Tazi ; Ibn-A'li ; *Ibn-A'rous* ; El-Hammami ; El-Filali ; El-Lamthi ; El-A'bdousi ; Ibn-Ibrahim ; El-Oustad (maître) ben S'aïd-el-Medjzouli.

(1) Abou-l'-Abbas Ahmed-Baba-es-Soudani-et-Tomboucti, né en 963 hég. (1555 de J.-C.), mort en 1036 hég. (1626 de J.-C.), a laissé une longue nomenclature des savants de Tombouctou. Il offre lui-même un remarquable exemple de la science cultivée à son époque dans cette ville où il possédait une bibliothèque renfermant seize cents livres ou manuscrits.

(2) Le cheikh Zerrouq a laissé de nombreux traités de jurisprudence, de théologie, parmi lesquels on cite :

1° Plus de vingt commentaires sur « *l'Aïkem de Ben Atha-Allah* » (ouvrage traitant du Soufisme) ;

2° *Kitab-el-Ouns*, écrit en 888 hég. et contenant plus de 600 vers, commentés par Mohammed ben A'li-el-Kharoubi ; (ce livre se trouve chez Si El-Hadj-Moussa, oukil de la mosquée de Sidi-A'bderrahmane-et-Tsa'libi à Alger) (*).

3° الكنة العاصمة البدع في السنة (le bouclier préservateur des innovations dans la tradition ; ouvrage cité par M. Rinn, dans *Marabouts et Khouan*.

(*) Un autre ouvrage, sorte de poème technique sur le droit et la jurisprudence, a été commenté sous le titre de : *El-Anouar-es-Senia-A'la-el-Oudifat-ez-Zerrouqia*, par Sid-Abou-Zid-A'bderrahmane ben Mohammed ben A'bdallah ben Mohammed-Ibn-Abou-Beker-el-A'iachi qui serait le neveu de l'écrivain El-A'iachi, lequel a composé la *Rhala* (V. *Voyages dans le sud de l'Algérie et des États barbaresques de l'ouest et de l'est*, par El-A'iachi et Moula-Ahmed, traduits sur deux manuscrits arabes de la Bibliothèque d'Alger, par Adrien Berbrugger).

naire; ses doctrines sont restées dans le domaine des lettrés. Elles ne purent jamais descendre dans la foule ignorante qui n'a conservé de leur auteur qu'un vague souvenir.

Aussi, faut-il placer la confrérie des Zerrouqïa dans la catégorie de celles qui tendent à disparaître.

Cachet du cheikh El-Bachir.

Au Maroc, les Zakkara, les Houara, sont les serviteurs (*khoddam*) de l'imam Zerrouq; en Tripolitaine et dans les autres pays musulmans, la confrérie est à peine connue de nom.

En Algérie, une branche des Chadelïa semble vouloir en perpétuer le souvenir et en conserver les traditions.

Elle a pour zaouïa mère un couvent situé au douar Oulad-Trif (commune mixte de Berrouaghia); quelques adeptes sont également disséminés sur notre territoire. L'état ci-après fait connaître leur situation respective.

ZAOUIA MÈRE	NOMS des principaux MOQADEM OU CHIOUKH indépendants	LOCALITÉS où la Confrérie compte DES ADEPTES	ZAOUIA	OUKLA	TOLBA	CHIOUKH	MOQADDIM	CHOUACH	KHOUAN	KHAOUNIET	TOTAUX DES AFFILIÉS	TOTAUX GÉNÉRAUX
CHEIKH BEN DJEDDOU.	CHEIKH SI TAIEB BEN EL-HADJ-BACHIR (Berrouaghia, mixte).	**ALGER** *TERRITOIRE CIVIL* Berrouaghia (mixte)....... Tablat (mixte)............ Aumale (mixte)...........	1 » »	» » »	55 » »	1 » »	11 4 »	11 » »	1.530 912 112	» » »	1.608 916 112	
												2.734
		CONSTANTINE *TERRITOIRE CIVIL* Meskiana................	»	»	»	»	1	2	60	35	98	
		Totaux généraux....	1	»	55	1	16	13	2.614	35	2.734	2.734

Le cheikh qui dirige la congrégation des Zerrouqïa est un nommé Si Taïeb ben El-Hadj-el-Bachir, personnage instruit qui, favorisé par les circonstances, pourrait peut-être donner à sa corporation une extension plus importante.

A ce titre, nous reproduisons ci-après le texte de son arbre généalogique qui fait remonter son origine à A'li ben Abou-Taleb par : Yahïa, Sid-Taïeb, Sid-El-Hadj-el-Bachir, Ahmed, Mohammed, Brahim, Bou-Abdallah, Sid-A'bdel-Aziz, Atsman, Rached, Sliman, A'li, Ahmed, Moussa, A'bdallah, Idris-Es-Seghir, Mouley-Idris-el-Kebir, Si A'bdallah-el-Kamel, El-Hocin, Hacen ben A'li ben Abou-Taleb.

YOUCEFÏA

La confrérie des Youcefïa a eu pour fondateur le chérif Abou-l-A'bbas, Sidi-Ahmed ben Mohammed ben Ahmed ben A'bdallah ben Youcef ben A'bdeljelil ben Imdès ben A'bd-er-Radhi ben Moussa-el-Mortadhi ben Dja'far-es-Sadoq ben Mohammed-el-Baqi ben Ahmed ben ez-Zin-el-A'bidine ben Hamoud ben A'li ben Idris-es-Sghir ben Idris-el-Kebir ben A'bdallah-el-Kamel ben Mohammed ben l'Hacen-es-Sebt ben A'li ben Abou-Taleb.

Il était connu sous le nom de *Youcef* en mémoire de son grand-père Youcef ben A'bdeldjelil, et sous le surnom de *Rachedi* comme étant originaire des Beni-Rached (1).

Avant de s'affilier à la voie des Chadelïa, Ahmed ben Youcef avait déjà acquis une grande renommée de sainteté. Il appartenait, en effet, à la classe privilégiée des derouich : Il était *medjdoub* et se plaisait à raconter lui-même que dès sa plus tendre enfance, il ne vivait, ici-bas, que corporellement.

Il eut de nombreux démêlés avec les Turcs que son prosélytisme gênait et même avec plusieurs de ses coreligionnaires, notamment avec un certain A'mmar-et-Tsari qui, le considérant comme un dangereux innovateur, avait juré de le tuer. Mais, la légende rapporte que chaque fois qu'il cherchait à s'approcher d'Ahmed ben Youcef, la jument qu'il montait s'arrêtait à distance et refusait d'avancer.

Menacé d'emprisonnement par les Turcs, le fondateur de la confrérie des Youcefïa quitte son pays et se rend à Bougie où il se fait affilier à l'Ordre des Chadelïa, par Sidi-Ahmed ben Zerrouq.

Revenu dans son pays d'origine, il y recommença son prosélytisme et laissa de nombreux disciples dont quelques-uns sont demeurés légendaires. Citons entre autres Sidi-Mohammed-el-Antri-el-A'rbi, qui *voyageait à travers les étoiles ;* Abou-l'Abbas-Ahmed-*bou*-Ma'za-er-Rachedi (inhumé à Mascara), surnommé Bou-Ma'za à cause d'une chèvre *qu'il immola jusqu'à cent fois et qui revenait toujours auprès de lui ;* A'bdelqader ben Khemasi, *dont l'existence ne fut dévoilée que par une perdrix qui le suivait partout,* etc.

---

(1) M. Pilard, dans son étude sur la confrérie des Senoussia, et après lui M. Rinn, dans *Marabouts et Khouan*, placent les Beni-Rached dans l'amalat de Taza (Maroc).
Dans le livre *Rabah-el-Tidjara*, par A'li ben El-Hadj-Moussa, oukil de la zaouïa de Sidi-A'bderrahmane-et-Tsa'alibi (Alger), les Beni-Rached sont, au contraire, indiqués comme dépendant, au XVIe siècle, de l'amalat d'Oran et situés à environ cinq heures de marche de Mascara. Ahmed ben Youcef avait une zaouïa à Kala'a qui doit être le Kala'a (douar) actuel de la commune mixte de l'Hillil.

La vie d'Ahmed ben Youcef, est remplie de prodiges, souvent racontés par lui-même. Nous n'en citerons qu'un : un jour que les privations l'avaient obligé à quitter la kheloua où il s'était retiré, des pêcheurs le trouvèrent aux environs de Bougie, mourant de faim. Après l'avoir obligé à prendre quelque nourriture, ses sauveurs providentiels voulurent l'emmener, mais, une fois dans la barque, celle-ci n'avançait plus et les pêcheurs reconnaissant en Sidi-Ahmed, un marabout, n'eurent d'autre recours que de lui demander sa bénédiction qu'il leur donna volontiers.

On raconte aussi, qu'à l'exemple de Si Mohammed ben A'ïssa, qui vivait de son temps, Si Ahmed ben Youcef, peu confiant dans les trois ou quatre mille disciples que son renom de sainteté lui avait attirés et qui ne cessaient de s'attacher à ses pas, voulut faire un triage et choisir des hommes dévoués et sincères.

« Un jour, il les réunit tous autour d'une maison isolée, monta au
» premier étage, se présenta à eux armé d'un grand couteau et leur
» dit : « Dieu a bien voulu me parler cette nuit ; il m'a ordonné, pour
» conjurer un grand malheur qui me menace, de sacrifier vingt des
» disciples qui me suivent et m'écoutent avec tant de confiance. Je ne
» veux forcer le dévouement de personne. Que ceux d'entre vous qui
» aiment le Seigneur, qui m'aiment et qui ont confiance en moi, vien-
» nent ici me tendre leur gorge » (1).

Il y eut, après cette harangue, une grande fluctuation et un grand tumulte parmi les khouan assemblés ; leurs rangs s'étaient éclaircis et il en restait à peine une centaine lorsque Sidi-Sliman-bou-Smaha, aïeul de Sidi Cheikh (2) se présenta. Il était à peine dans la chambre où se tenait Ahmed ben Youcef que le sang coula d'une gargouille. Sept disciples montèrent successivement dans la chambre sanglante.

Inutile de dire que le rusé Ahmed ben Youcef avait substitué à ses sept dévoués serviteurs, d'innocentes brebis apportées secrètement dans la maison avant l'expérience.

Si Ahmed ben Youcef est décédé en 931 (3) de l'hégire (1524-1525 de

---

(1) Extrait de la *Notice sur les oasis du Sahara et les routes qui y conduisent*, par L. de Colomb, lieutenant-colonel d'infanterie. — Paris, Challamel aîné, éditeur, 1860.

(2) Dans le *Rabah-el-Tidjara (loco citato)*, où l'histoire des *Medabih* (égorgés) est également racontée avec quelques variantes au récit que nous donnons, ce serait *Cheikh ben ed-Din* qui se serait présenté, mais l'erreur est, ici, manifeste : *Cheikh ben ed-Din*, ainsi qu'on pourra s'en rendre compte par un simple examen des arbres généalogiques annexés à la notice des Cheikhïa, ayant été l'un des héritiers de la baraka des mêmes Cheikhïa qui n'étaient pas encore organisés en confrérie à l'époque où vivait le fondateur des Youcefia.

(3) En 927 de l'hégire, suivant Ahmed ben Khaled-en-Naceri-Sellâoui, auteur de l'*Istikça*.

J.-C.) ; son tombeau, situé à Miliana, est l'objet de fréquents pèlerinages.

Il avait fréquenté nombre de chioukh de son temps parmi lesquels on cite : l'imam Ez-Zitouni (Abou-A'bdallah-Mohammed), l'imam El-Bokhaoui (Abou-l-Fadhel-et-Tomisi), les chioukh Abou-A'bdallah-es-Sbahani, Abou-Moussa-el-Masri et, principalement, Si Ahmed-Zerrouq, son maître spirituel.

Le fondateur des Youcefïa a laissé des commentaires sur le soufisme, sur la voie Chadelïa à laquelle se rattache son enseignement essentiellement spiritualiste et, principalement, sur les états extatiques des affiliés qui marchent vers l'union mystique. Il divise ces derniers en : *sahib-el-ouadhifa*, *sahib-et-taqsir*, *sahib-el-khirqa* et *sahib-ism-el-Djelil*, toutes qualifications qui marquent des degrés mystiques plus ou moins accentués.

Quant à la chaîne spirituelle des Youcefïa elle est ainsi composée : Si Ahmed-Youcef, Ahmed-Zerrouq, Ahmed ben Oqba-el-Hadrami, Yahia-el-Qaddour, A'li ben Ouafa, Daoud-el-Belghi, Ibn-Ata-Allah, *Hassan-Chadeli*, A'bdesselam ben Machich, Chérif-Abou-Zid, A'bderrahmane-ez-Ziati-el-Madani, Taqi-ed-Din-es-Soufi, Ma'rouf-Foqïa, Fakhr-ed-Din, Abou-l-Hacen-Tadj-ed-Din, Chems-ed-Din, Mohammed, Zin-ed-Din, Mohammed, Mohammed-el-Qazouini, Abou-Ishaq, Ibrahim-el-Bosri, Abou-l-Qacem-el-Merouani, Sa'ïd-el-Foutouh-Sa'di, Sa'ïd-el-Gherghouani, Abou-Mohammed-Djabri, Hassein ben A'li ben Abou-Taleb, A'li ben Abou-Taleb.

Une deuxième chaîne, dite chaîne de la Khirqa, aboutit également à A'li ben Abou-Taleb par l'intermédiaire de divers personnages dont les principaux sont : *Ahmed-Zerrouq*, *Hassan-Chadeli*, *Abou-Ahmed-el-Ghazzali* et *El-Djoneïdi*.

*
* *

Aux dires des biographes musulmans Ahmed ben Youcef eut une descendance nombreuse et plusieurs centaines d'élèves qui se sont illustrés par leur érudition et leurs vertus.

Après la mort de leur aïeul et de leur maître, les uns et les autres se répandirent en Afrique septentrionale et, plus particulièrement au Maroc.

Un groupe de ses descendants existerait encore aux environs de la ville de Tlemcen. Il y a plus d'un siècle, un de ces derniers, Si Mohammed ben Miloud (1), arrivait à Tiout. Bien accueilli par les habitants

---

(1) Les Ouled-Miloud, marabouts de Tiout, descendent directement de Si El-Khelladi, arrière petit-fils de Si Ahmed ben Youcef. Ce Si El-Khelladi, qui est l'ancêtre commun

de cette localité et des environs, il se maria dans leur qsar avec la sœur d'un des notables de l'endroit (1). De cette union naquit un fils, Si Mohammed, dont la descendance figure dans l'arbre généalogique ci-après :

SI MOHAMMED
DÉCÉDÉ EN 1877

- Si Ahmed, V. à Tiout. — décédé à Tlemcen, en 1888.
  - Si A'bdelqader, V. à Tiout.
- Si El-Miliani, V. à Tlemcen.
  - Si Mohammed.
  - Si A'bdelqader.
  - Si Bou-Médian.
- Si Mouley, V. à Tiout.
  - Si Larbi.
  - Si Mohammed.
- Si Ben-Ahmed, V. à Tiout.
- Si Zerrouqi, V. à Tiout (est aveugle).
  - Si Mohammed.
- Si Mohammed, assassiné par les Chorfa, le 24 janvier 1881.
- Si Ahmed, surnommé Ben-Youcef, V. à Tiout.
- Si El-Khelladi.
- Si Ahmed, dit Ould-el-Figuiguia.
- Si Ahmed, dit Ould-el-Hamiania.
- Si El-Khelladi, dit Ould Si El-Hamiania.

---

des branches de cette famille répandues dans la province d'Oran, à Tiout et au Maroc, était le fils de Ben Yabia, fils de Moumen, fils de Ben Ahmed, surnommé Ben Marzouga, un des enfants de Si Ahmed ben Youcef.

A une époque déjà ancienne, il vint s'établir à El-Kenater, dans l'ancien aghalik des Ghossel, sur le territoire actuel de la commune mixte de Remchi. Il mourut en laissant six enfants : Si Zerrouki, Si El-Hadj-Safi, Si Zenagui, Si Ouis, Si Yahia et Si El-Miloud ; chacun de ses fils fut à son tour le père d'une nombreuse descendance qui s'est dispersée de la manière suivante :

Une partie des Oulad-Si-Zerrouki alla se fixer chez les Zekkara (Maroc) ; les Oulad-Sidi-El-Hadj-Safi, les Ouled-Zenagui, les Ouled-Sidi-Ouis et les Ouled-Sidi-Yahia restèrent fixés à El-Kenater, où ils sont encore. Quant à Si Miloud, sixième fils d'El-Khelladi, il mourut à El-Kenater, laissant un fils nommé Si Mohammed, qui se rendit à Tiout et s'y fixa, il y a de cela 121 ans (années lunaires).

(D'après les renseignements fournis par El-Miliani, un des membres de cette famille, vivant à Tlemcen).

(1) Les deux fils de celui-ci ont été successivement les représentants des autorités françaises dans le qsar. L'aîné, Mostefa-Ould-el-Hadj-Saheli, fut assassiné par les Chorfa, en février 1872 ; son frère, El-Hadj-el-Miliani, qui lui succéda comme caïd, a subi, récemment, le même sort (29 mars 1895).

Le marabout de Tiout, après avoir hésité quelque temps à entrer en relations avec nous, vint spontanément nous offrir ses services lorsque nous fûmes devenus les maîtres de Tlemcen. Une telle attitude était d'autant plus méritoire que, dans le qsar de Tiout, il avait à lutter contre l'influence des Chorfa, influence hostile aux chrétiens et qui se traduisait, d'autre part, par le meurtre de plusieurs marabouts.

Au commencement de 1881, le lieutenant De Banières, en tournée dans ces régions, installe son quartier général à Tiout où le chef de la zaouïa lui prête un concours dévoué et le tient au courant des agissements de Bou-A'mama.

Jusqu'en 1885, nos rapports avec la zaouïa furent excellents, mais au cours de cette même année 1885, un derqaoui, Mohammed-ech-Chaouï, qui avait reçu, en 1880, le marabout de Tiout, Si A'bdelqader, fut, à son tour, hébergé à Tiout sans que l'autorité française en eut été prévenue.

On accusa, alors, Si A'bdelqader de s'être affilié, en 1880, au cours d'un voyage qu'il avait effectué à Medaghra, à la confrérie des Derqaoua que dirigeait Si Mohammed ben Larbi.

Si A'bdelqader répondit à cette accusation en sollicitant l'autorisation de venir s'installer à Tlemcen afin, disait-il, de lui permettre, ainsi qu'aux siens, d'échapper aux calomnies dont il était l'objet.

Et comme, à ce moment, des bruits d'insurrection avaient cours parmi les tribus marocaines du Sud-Ouest, on s'empressa, afin d'éviter toute velléité secrète ou avouée, de correspondance entre la zaouïa de Tiout et celle des Medaghra qui devait diriger le mouvement insurrectionnel contre nous, de donner satisfaction au désir de Si A'bdelqader(1).

Si A'bdelqader mourut à Tlemcen en 1888, et depuis lors, les membres de sa famille ont pu rentrer dans le cercle d'Aïn-Sefra.

La zaouïa de Tiout est actuellement dirigée par Si Zerrouq, frère puîné de Si A'bdelqader, mais sa cécité le tient à l'écart des choses temporelles. C'est son frère, Si Mouley, qui demeure chargé des relations avec le monde extérieur et les autorités et qui est, en quelque sorte, le grand chef des Youcefia algériens.

Son influence s'exerce sur les adeptes énumérés dans l'état ci-après :

---

(1) Cette mesure fut considérée comme excessive dans le monde politique ; mais, malgré les services qu'avait rendu le marabout de Tiout, les circonstances du moment ne permirent pas à l'autorité militaire de la rapporter.

ZAOUIA MÈRE	NOMS des principaux moqaddem ou chioukh indépendants	LOCALITÉS où la confrérie compte DES ADEPTES	ZAOUIA	OUKIL	CHIOUKH	MOQADDIM	KHOUAN	KHAOUNIET	TOTAUX DES AFFILIÉS PAR CONGRÉGATION
Zaouïa de Miliana du Cheikh **AHMED BEN YOUCEF**, actuellement fréquentée par de nombreux khoddam et dirigée par un oukil.	SI ZERROUQ BEN MILOUD, d'Aïn-Sefra.	**ORAN** TERRITOIRE CIVIL							
		Oran et environs............	»	»	»	3	1.000	»	1.003
		Tlemcen	»	»	»	1	95	»	96
		ORAN TERRITOIRE DE COMMANDEMENT							
		Géryville	»	»	»	»	106	»	166
		Mecheria (cercle)...........	»	»	»	1	29	»	30
		Aïn-Sefra...................	1	»	1	3	207	»	211
		Totaux............	1	»	1	8	1.437	»	1.446

Il compte, en outre, de nombreux khouan parmi les Amour, les Hamian-Chafa'a, Beni-Metharref où il a un moqaddem du nom d'El-Kebir ben A'bderrahmane.

On trouve aussi des descendants de Si Ahmed ben Youcef à Relizane, à Aumale et chez les Meggan de Boghar. — Ils ont pour serviteurs religieux les Hassasna (annexe de Saïda), une partie des Harrar (cercle de Tiaret), des Oulad Chaï'b (cercle de Biskra), et des Oulad-Naïl (cercle de Djelfa).

D'autres descendants de Si Ahmed ben Youcef, après avoir séjourné à Saguiet-el-Hamra, seraient venus s'installer à Fas, à Meknès et à Taza, points où ils auraient donné naissance à d'autres branches qui compteraient des serviteurs chez les Ghiatra, les Oulad-A'ïssa et les Beni-Hassen.

Mais dans ces contrées de l'empire chérifien, Youcefïa et Zerroukïa seraient confondus et se placeraient indifféremment sous le patronage des deux chefs algériens de l'école Chadelienne. C'est un point important à retenir, car, le jour où un personnage habile saurait ranimer leurs sentiments religieux, ils pourraient, sans doute, former une confrérie homogène.

D'autre part, nous l'avons dit, plusieurs élèves du cheikh Sid Ahmed ben Youcef, sont allés se fixer à l'étranger où, grâce à leur science ésotérique et au prestige qui s'attache, partout, aux doctrines spiritualistes des Chadelïa, ils ont créé des écoles distinctes et, parfois, des congrégations puissantes placées sous le patronage du saint de Miliana.

Un certain Ibrahim-er-Rachidi, entre autres, qui était égyptien de naissance et élève du maître du grand Senoussi, Ahmed ben Idris, est parvenu à fonder, au XIIIe siècle de l'hégire, au Hedjaz, une corporation encore toute puissante.

Après s'être séparé des Mirghanïa et des autres disciples de son dernier maître spirituel, il se fit l'apôtre des doctrines du cheikh Ahmed ben Youcef et initia des adeptes en son nom.

Il se vit traiter d'hérétique par les Eulama de la Mecque, et porté devant leur medjelès en 1273 de l'hégire (mais il finit par confondre ses adversaires et, dès lors, sa réputation fut faite).

« Les pèlerins de Syrie et des Indes surtout, se montrèrent fort
» empressés à sa zaouïa, et pour lui permettre de créer un établisse-
» ment plus important, une Bégum d'un état musulman du dernier
» pays, séduite par sa renommée, lui envoya mille roupies d'or en une
» seule fois.
» La légende s'en mêlant, il devint ainsi l'un des chioukh les plus
» populaires de la Mecque, et tant parmi les habitants de la région
» même, que parmi les pèlerins, ses disciples se comptèrent bientôt par
» milliers. Sans rappeler exactement quant à la règle, l'ancienne
» confrérie des Rachidïa » (ou Youcefïa) « du Maghreb, son ordre prit,
» à sa mort, en 1291 de l'hégire, le nom qu'il portait lui-même (1) ».

Le cheikh Mohammed-Drendaoui en a, aujourd'hui, la direction et, indépendamment de la zaouïa fondée de son vivant, dans une des plus belles rues de la Mecque, sa congrégation y compte un autre établissement dont le moqaddem est Cheikh-Mohammed-Salah ben Mohammed-Soudani; une deuxième zaouïa à Djedda a pour moqaddem Mohammed-Djemal-el-Attar; enfin, de petits couvents secondaires disséminés dans les Indes et en Syrie.

La congrégation fondée par Ibrahim-er-Rachidi est indépendante des Youcefïa ou Rachidïa algériens et marocains ; mais le vocable de ces rameaux est commun, leurs doctrines sont analogues, leur patron spirituel est le même. Youcefïa ou Rachidïa du Maghreb et Rachidïa du Hedjaz peuvent être considérés comme formant une seule et même confrérie.

---

(1) Le Chatelier, *Les Confréries du Hedjaz.*

GHAZÏA

Parmi les nombreux élèves du cheikh Sid-Ahmed ben Youcef-el-Miliani, on cite *Sid-Abou-l-Hassan-el-Qacem-el-Ghazi* qui fonda une importante zaouïa dans l'Oued-Dra'a (Maroc). Quelques adeptes Chadelïa se placèrent sous son patronage et, à sa mort, créèrent la confrérie des *Ghazïa*. Cantonnée dans l'ouest de l'empire chérifien et à Fas où elle compte une zaouïa, cette corporation ne prit jamais un grand développement ; elle doit être considérée comme une chapelle sans influence réelle et non comme une confrérie complètement organisée. Elle a toujours été subordonnée aux directeurs spirituels des Nacerïa, tout-puissants dans les contrées où elle compte quelques serviteurs religieux. C'est donc à titre purement documentaire que nous la citons ici.

Sa fondation date du Xe siècle de l'hégire (1526 de J.-C.), et les doctrines qu'on enseigne dans la seule zaouïa importante qu'elle possède, ainsi que les appuis mystiques que ses adeptes invoquent, sont analogues, en esprit général, à ceux des confréries similaires. Ils n'ont rien qui puisse les caractériser et, par suite, attirer l'attention du lecteur.

CHEÏKHÏA

Fondateur : Sidi-Cheikh-A'bdelqader ben Mohammed
(1023-1024 de l'hégire, 1615 de J.-C.)

C'est au milieu de populations à la foi ardente et profondément soumises à leurs antiques traditions, que s'est formée et développée l'aristocratie religieuse et guerrière des Oulad-Sidi-Cheikh (1).

---

(1) Documents à consulter :

1° *Notice historique sur les Oulad-Sidi-Cheikh*, par le commandant Deligny, chef du bureau arabe de Mascara, en 1849 ;

2° *Complément de la notice précédente*, par le capitaine Font, chef de bureau arabe, en mai 1880 ;

3° *Situation politique de l'Algérie*, par M. Gourgeot, ex-interprète militaire principal. Paris, Challamel, 1881 ;

4° *Notice sur les ordres religieux de la division d'Oran*, par M. Colas, interprète militaire, 1884 ;

Son origine remonte au khalife et compagnon du Prophète, Abou-Beker-es-Seddik.

Les Bou-Bekerïa (1), nom sous lequel les ancêtres des cheikhïa auraient été chassés de la Mecque à la suite de désordres religieux, habitent l'Égypte et se retrouvent en Tunisie au XIVᵉ siècle de notre ère. Puis, sous la conduite de Si Ma'mmar-el-A'lia, leur chef, ils viennent s'établir, vers le commencement du siècle suivant, dans la vallée de l'Oued-el-Golita, où ils séjournent pendant quatre générations (2).

Ce fut l'un des descendants de Si Ma'mmar, Sidi-A'bdelqader, qui créa cette curieuse puissance d'une famille dont la force réside toujours dans le souvenir des prodiges et des vertus de son fondateur.

La naissance, comme la vie de Sidi-A'bdelqader, appelé, plus tard, *Sidi-Cheikh*, sont entourées de miracles (3), communs aux Saints musulmans.

A l'instar des fakih d'Andalousie ou des chorfa du Maghreb, Sidi-Cheikh étudia dans les zaouïa célèbres de son époque et approfondit les

5º *Bulletin de la Société de géographie d'Oran*, nº 15, 1883, article du capitaine Guénard, chef de bureau arabe ;

6º *Marabouts et Khouan*, par Louis Rinn ;

7º Une notice établie en 1886 par M. le capitaine Pansard, alors chef du bureau arabe de Géryville, actuellement Commandant Supérieur à Tiaret.

Nous avons eu également, à notre disposition, les ouvrages : *Documents pour servir à l'étude du Nord-Ouest africain*, de MM. de La Martinière, Directeur du cabinet au Service des affaires indigènes du gouvernement général, et N. Lacroix, capitaine d'infanterie, chef de bureau arabe, détaché au même service.

(1) La famille seigneuriale des Bekerïa est surtout connue en Égypte où elle a joué un rôle important. Ses membres sont disséminés en Turquie, en Syrie et en Arabie où ils forment de petites associations sans rituel déterminé ni liens communs. Ils se posent en défenseurs de la Sonna, mais aucune de leurs pratiques ne les distinguent des autres croyants. En Égypte et au Hedjaz, ils ont pris le vocable « Seddikïa », du nom de leur aïeul Abou-Beker-es-Seddik, qui, on le sait, avait reçu, un des premiers, la baraka du Prophète. En réalité, ce sont des seigneurs féodaux qui, d'ailleurs, s'affilient aux confréries soufites tout en conservant le surnom de « Seddikïa » qui est plutôt un titre honorifique que le vocable d'une confrérie. Le fameux Cheikh-Sidi-Mostafa-Kamal-ed-Din-el-Bakri, le réorganisateur de la confrérie mère des Khelouatïa, appartenait à l'illustre descendance du khalife et compagnons de Mohammed.

(2) Les tombeaux des descendants de Si Ma'mmar-el-A'lia, c'est-à-dire des chefs de la famille des Bou-Bekerïa, Si A'ïssa, Si Bel-Haïa, Si Bou-Lila, et Si Bousmaha, qui y ont été élevés, attestent l'authenticité de cette version. (De La Martinière et Lacroix.)

(3) Rappelons entr'autres celui, si souvent reproduit, qui valut à Sidi-A'bdelqader le surnom de Sidi-Cheikh : « Une femme d'El-Abiodh, ayant laissé tomber son enfant dans un puits, implora le secours d'A'bdelqader. Le fils de Mohammed accourut en un instant sous terre, et saisit l'enfant avant qu'il ne touchât la surface de l'eau. En même temps, un autre A'bdelqader, le plus grand des Saints de l'Islamisme, A'bdelqader-el-Djilani, accourut de Baghdad à l'invocation de la mère de l'enfant ; mais ayant un plus long trajet à faire, il arriva trop tard : « Qui donc appelait cette femme, s'écria-t-il ? » « Sans doute, répondit le fils de Mohammed, celui qui a le degré plus éminent de sainteté ». C'est moi, répondit El-Djilani, et pour qu'on ne nous confonde plus, je veux que désormais on l'appelle *Sidi-Cheikh* et non plus A'bdelqader.

doctrines du soufisme auprès du Marocain Si Mahammed ben A'bderrahman-es-Saheli, disciple de Si Ahmed-el-Miliani, et dont la zaouïa reçoit encore, tous les ans, un tapis, un chameau et une négresse, en souvenir d'un cadeau de même nature fait, jadis, par l'ancêtre des Cheïkhïa.

Après avoir parcouru le Touat et le Tafilalet, visité Fas et Aïn-Madhi, où il épousa Sa'ada bent El-Harets, il créa la zaouïa de Moghar, puis celle d'El-Abiodh, laquelle devint rapidement la plus célèbre dans cette partie du Sahara et au delà.

Il se livrait aux pratiques de la dévotion dans des *kheloua* (cellules souterraines), dont le nombre atteignit, assure-t-on, cent dix.

Sous son action toute bienveillante, le droit et la justice remplaçaient rapidement l'anarchie qui caractérisait une société embryonnaire où la force et la violence régnaient en maîtresses absolues.

Défenseur des opprimés, arbitre souverain de toutes les causes, donnant sa bénédiction à tous, grands et petits, étrangers ou pèlerins, Sidi-Cheikh se composa rapidement une clientèle considérable de laquelle il n'exigeait qu'une redevance annuelle en nature pour subvenir aux lourdes dépenses de son immense hospitalité.

D'après la tradition, ce grand marabout mourut à Stitten.

Il laissait 18 enfants, auxquels il avait recommandé expressément de suivre la *tariqa* des *Chadelïa*.

A cette *tariqa* Sidi-Cheikh avait ajouté, comme dikr spécial à ses affiliés, « trois fois la récitation de la *Fatiha* à chacune des cinq prières de la journée ».

En outre, il laissait « un testament par lequel il affranchissait ses
» nombreux esclaves nègres et les désignait, eux et leurs descendants,
» pour être les surveillants et les administrateurs de la zaouïa qu'il
» avait fondée. Ces affranchis sont les ancêtres des A'bid et des Zoua
» actuels » (1).

La chaîne mystique des Cheïkhïa qui se confond avec leur généalogie se continue comme suit : A'bder-rahman, Mohammed, Sofian, Azeraou, El-Mediou, Toufil, Yazid, Zidan, A'ïssa, Mohammed-ech-Chabili, Tsoudi, A'ïssa, Ahmed, Zid, Asker, Hafid ben Hermet-Allah, Akil, Sa'd, *Slimane*-Ma'mmar, A'ïssa-bou-Lila, Ben Haïa, Bou-Smaha, Sliman.

Afin de permettre de suivre la filiation spirituelle et temporelle des Cheïkhïa, nous avons, à partir de Si Slimane ben Bou-Smaha, fait figurer, dans un tableau spécial, la transmission de la baraka (2).

---

(1) L. Rinn, *Marabouts et Khouan*, p. 353.
(2) Nous avions établi des tableaux comprenant la généalogie complète des Ouled-Sidi-Cheikh ; mais, au dernier moment, nous avons dû, à notre grand regret, renoncer à les publier, tant à raison de leur longueur qu'à cause des difficultés matérielles d'exécution pour l'impression de ce travail.

CHAINE DE TRANSMISSION DE LA BARAKA DES OULED-SIDI-CHEIKH

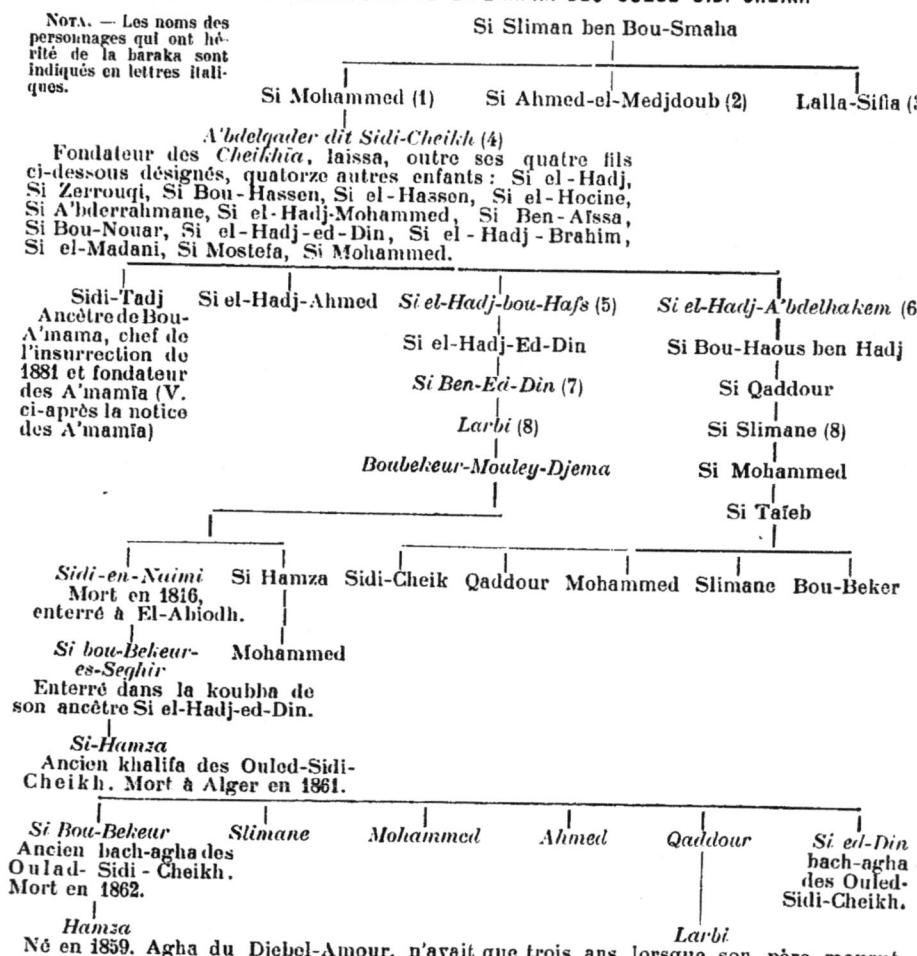

NOTA. — Les noms des personnages qui ont hérité de la baraka sont indiqués en lettres italiques.

(1) Son tombeau est à Chellala-Dahranïa. Outre *Sidi-Cheikh*, sa descendance comprenait cinq enfants : Si Mohammed ben Bou-Derbal ; Sidi-Brahim, enterré à El-Abiodh et dont les descendants ont le chapelet de Tidjani ; Sidi-Tahar, dont les descendants ont également le même chapelet ; Sidi-Ahmed et Sidi-A'bderrahmane.

(2) Mort à Asla, où il a une koubba. Son tombeau est à Chellala-Dahranïa.

(3) Patronne du qsar d'Aïn-Sfissifa et mère de la tribu des Ouled-en-Nahar, tribu dissidente et même ennemie des Ouled-Sidi-Cheikh proprement dits.

(4) Créé, à El-Abiodh, le premier des six qsours actuels, celui qui est dit qsar Gharbi, fut construit sur un terrain où était déjà installé un chérif marocain, descendant de Si A'bdelqader-el-Djilani. Ce chérif dut céder la place à Sidi-Cheikh.

(5) Héritier des pouvoirs politiques et religieux de Sidi-Cheikh. A sa mort (1660), ses neuf enfants étant trop jeunes pour lui succéder, il donna, par testament, ses pouvoirs à son frère Si El-Hadj-A'bdelhakem.

(6) Chef de la branche cadette ; hérite de la baraka de son frère aîné. Part pour l'Orient en transmettant ses pouvoirs spirituels à Si Ben-Ed-Din, de la branche aînée.

(7) Enterré à El-Abiodh. Fondateur du qsar Chargui. Fit construire les quatre coupoles qui recouvrent les tombeaux de ses ancêtres.

(8) Les descendants de Si El-Hadj-A'bdelhakem, jaloux des prérogatives attribuées

La succession spirituelle passa de Si Bou-Beker à Si Slimane et, successivement, à ses autres frères jusqu'à Si Qaddour, décédé le 10 février 1897 en laissant, par testament, sa succession spirituelle et temporelle à son fils Si Larbi cousin de Si Hamza. En réalité, chacun veut avoir sa part d'influence ; Si Larbi de même que Si Hamza et Si Eddin à Géryville. Il y a aussi la concurrence des Zoua-Gheraba qui se prétendent également héritiers de la baraka.

**

A sa mort, Sidi-Cheikh, avait désigné, comme héritier de ses pouvoirs politiques et religieux, le troisième de ses enfants, Si El-Hadj-bou-Hafs (voir la chaîne de transmission de la baraka), qui était né d'une fille de Si Ahmed-el-Medjdoub.

Si El-Hadj-bou-Hafs continua dignement l'œuvre de son père. Avant sa mort (1660 de J.-C.), il avait transmis ses pouvoirs à son frère, Si El-Hadj A'bdelhakem, les enfants qu'il laissait étant trop jeunes pour lui succéder.

L'héritage spirituel passe successivement aux personnages qui figurent dans la chaîne, jusqu'à Si Larbi ben Si Kaddour, détenteur actuel de la baraka.

« A partir de la grande scission des Oulad-Sidi-Cheikh leur histoire n'est plus que le récit des rivalités politiques et des compétitions d'intérêts qui divisent les deux branches ennemies et les arment à chaque instant, l'une contre l'autre ».

Les deux zaouïa des Cheraga sont administrées aujourd'hui par trois a'bid qui se partagent les revenus :

Zaouïa de Sidi-Cheikh : *Mohammed-Ould-el-Hadj-Nasseur, El-Haouari ben Ahmed.*

Zaouïa de Sidi-el-Hadj-Bou-Hafs : *Mohammed ben Eddin.*

à la branche aînée, réclament leur part de revenus. Si Slimane ben Qaddour tranche le différend par les armes ; Si Larbi répond par une ghazzia. Ce fut le point de départ de la grande scission des deux branches : les *Cheraga*, partisans des Ouled-bou-Hafs, habitants du qsar Chargui, et les *Gheraba* (Ouled-A'bdelhakem) habitants du qsar Gharbi.

« Après une série de combats indécis, mais dans lesquels l'avantage resta finalement aux Gheraba, Si Larbi céda la moitié des revenus de la zaouïa de Sidi-Cheikh. Si Slimane ben Qaddour fonda alors la zaouïa de Sidi-el-Hadj-A'bdelhakem ». Les Cheraga se prétendirent lésés. De là, luttes nouvelles et, finalement, construction d'une troisième zaouïa consacrée à Si El-Hadj-Bou-Hafs. En 1829, après de sanglants combats livrés à Touadjeur et à Oum-el-Firan, on s'entend et on convient que les offrandes seront divisées en trois parts égales : l'une pour la zaouïa de Sidi-Cheikh, la seconde pour la zaouïa Charguïa, la troisième pour la zaouïa Gharbïa. Mais la zaouïa de Sidi-Cheikh étant restée dans le qsar Chargui, les Cheraga eurent deux parts et les Gheraba une seule. Ce mode de partage est encore en vigueur. *Ces divisions n'ont, d'ailleurs, jamais empêché les deux branches seigneuriales de percevoir, plus ou moins régulièrement, la ziara et la ghefara des tribus vassales de leurs ancêtres.*

Type de Koubba du Qsar-Chergui.
(Photographie communiquée par M. le capitaine Fariau).

Ces a'bid, descendants des nègres de Sidi Cheikh et de Si El-Hadj-bou-Hafs, se montrent fort avides et emploient les offrandes à l'entretien de leur luxe et à la satisfaction des passions de leurs patrons.

C'est à ce point que le pauvre et le pèlerin ne sont même plus admis à visiter les tombeaux des Saints s'ils ne peuvent y déposer une offrande.

Quant à la zaouïa *Gharbia* (Si El-Hadj A'bdelhakem), elle est administrée par neuf a'bid :

Bou-Kafs ben Allal ;
Cheikh ben Allal ;
A'bderrahmane ben El-Hadj-Mohammed ;
Ben Ed-Din ben Ahmed ;
Larbi-Ould-bou-Douaïa ;
Khatran ben Ahmed ;
Bou-Hafs ben Cheikh ;
Bou-Hafs ben El-A'rech ;
Cheikh ben Ahmed.

Sur le produit des ziara, on prélève la « meftah » (la clef), part destinée aux *bououabin* (portiers) chargés de l'entretien des Koubba.

A El-Abiodh, ces koubba, au nombre de huit, sont :

1° Sidi-Cheikh (1), *Bououab* : Si El-Hadj-Djelloul, a'bid Cheraga ;

2° Si El-Hadj A'bdelhakem, fils du précédent, *Bououab* : El-Hadj-Djelloul ;

3° Si El-Hadj-bou-Hafs, fils de Sidi-Cheikh, *Bououab* : Cheikh ben Miloud, A'bid Cheraga ;

---

(1) La Koubba de Sidi-Cheikh, détruite le 15 août 1881, par M. le colonel de Négrier, a été reconstruite, après le retour des Ouled Sidi-Cheikh, en 1883. Les ossements du Saint qui avaient été exhumés et emportés à Géryville, ont été déposés dans la nouvelle Koubba.

4° Si ben Ed-Din, petit-fils de Si El-Hadj-bou-Hafs, *Bououab* : Cheikh ben Miloud ;

5° Sidi-Brahim ben Mohammed, frère de Sidi-Cheikh, *Bououab* : Si El-Menouar ben Smaïn, des Ouled-bou-Douaïa ;

6° Si El-Hadj ben Cheikh, fils de Sidi-Cheikh, *Bououab* : Si Bou-Hafs ben Ed-Din, des Ouled-Sidi-el-Hadj-Ahmed ;

7° Sidi ben A'bderrahman, fils de Sidi-Cheikh, *Bououab* : Si El-Bachir ben Ma'mmar, des Ouled-Sidi-A'bderrahman ;

8° Si El-Hadj-Mahammed ben A'bdallah, fils de Sidi-Cheikh, *Bououab* : Messaoud, a'bid.

Comme on le voit, le Personnel chargé du *temporel* est nombreux, et on affirme qu'il exploite, au mieux des intérêts des descendants de Sidi-Cheikh la vénération dont ce Saint est l'objet.

Parfois même, ils emploient contre les clients récalcitrants, la force et la violence, et bien que la protection de l'autorité française soit assurée à ceux d'entre eux qui voudraient se soustraire aux obligations de la ziara ou de la ghefara, ils n'osent se plaindre et... paient toujours.

La liste des tribus et l'exposé détaillé de leurs redevances, donnés par M. Rinn, dans *Marabouts* et *Khouan*, p. 361, est, à l'égard de ce qui précède, des plus significatives.

Il y a même ceci de particulier que nombre des tribus inféodées aux cheikhïa, tout en s'acquittant vis-à-vis de ceux-ci de leurs impôts religieux, envoient encore des ziara ou paient d'autres redevances aux représentants des autres ordres religieux : Taïbïa et Qadrïa notamment auxquels, des fractions entières des Ouled-Sidi-Cheikh ou autres fractions sous leur prépondérance religieuse, sont affiliées (1).

L'influence des Ouled-Sidi-Cheikh s'étend sur tout le Sud-Oranais. Au Gourara, la majorité de la population des Qsours leur est dévouée et ils ont des partisans dans le Sud du Maroc et presque dans le Tafilalet.

Quelques groupes séparés depuis plus d'un siècle des branches seigneuriales sahariennes, sont installés dans le Tell du département d'Oran (V. pour le domaine géographique détaillé l'état annexé à la présente notice).

Mais, dans ces dernières contrées leur influence diminue tous les jours. C'est à peine si quelques serviteurs demeurent fidèles à la tradition d'envoyer des ziara. L'éloignement les soustrait à la rapacité de leurs grands maîtres spirituels et ils peuvent, ainsi, s'affranchir de leur joug sans encourir leur châtiment.

---

(1) Exemple, en 1876, Si Sliman ben Qaddour, affilié à l'Ordre de Mouley-Taïeb s'était rendu, sur les conseils d'El-Hadj-A'bd-es-Selam-el-Ouazzani, chef de l'Ordre, agissant d'accord avec l'autorité française, auprès du Sultan du Maroc qui lui avait assigné, pour résidence, la ville de Meknès.

ZAOUIA MÈRE	NOMS des principaux CHIOUK INDÉPENDANTS	LOCALITÉS où la confrérie compte DES ADEPTES	ZAOUIA	CHIOUKH	MOQADDIM	KHOUAN ou KHODDAM	KHAOUNIET	TOLBA	OUKLA	TOTAUX DES ADEPTES
ZAOUIA DE SIDI CHEIKH ET DE SIDI-EL-HADJ-A'BDELHAKEM	Si Eddin ben Hamza. — Si Larbi ben Kaddour ben Hamza. — Si Hamza ben Boubeker.	**ORAN** *TERRITOIRE CIVIL*								
		Aïn-Fezza (mixte)..........	»	»	1	150	»	»	»	151
		Aïn-Temouchent..........	»	»	»	284	»	»	»	284
		Saïda..........	»	»	1	25	25	»	»	51
		ORAN *TERRITOIRE DE COMMANDEMENT*								
		Géryville..........	3	»	8	3.785	.	»	11	3.804
		Saïda (annexe)..........	»	»	2	35	»	»	»	37
		El-Aricha (annexe)..........	»	»	1	50	»	»	»	51
		Tiaret..........	»	»	2	322	7	»	»	531
		Méchéria..........	»	»	7	104	»	»	»	111
		Marnia..........	»	»	2	12	20	»	»	34
		Aïn-Sefra..........	»	»	4	75	»	»	»	79
		ALGER *TERRITOIRE DE COMMANDEMENT*								
		Ouargla (poste)..........	»	»	1	600	»	»	»	601
		Ghardaïa..........	»	»	3	471	67	»	»	551
		El-Goléa..........	1	»	1	172	21	»	»	194
	Sahella descendants de Mouley-Saheli (1)	Géryville..........	»	»	»	475	»	»	»	475
	Bou-A'mama ben el-A'rbi (2)	Géryville..........	»	»	8	2.730	»	»	»	2.738
		Ghardaïa..........	»	»	3	210	»	»	»	213
		Aïn-Sefra..........	»	»	1	520	»	»	»	521
		Totaux..........	4	»	45	10.020	140	»	11	10.216

(1) Ce sont des Rezeïgat et des Ouled-Sidi-Cheikh. La zaouïa de Sidi-Cheikh, elle-même, et les Ouled-Sidi-Hamza sont de ce nombre et tiennent cette « Khedama » de ce que Sidi-Cheikh, comme nous le rappelons dans la notice qui suit, avait été investi moqaddem des Chadelia par Sidi-Mohammed ben A'bderrahman-es-Sahli.

(2) Dans la région de l'Ouest et du Sud, Bou-A'mama compte des affiliés, notamment chez les Ghenouma, Beraber, Beni-Guil, Doui-Menia, Ouled-Djerir, Mehaïa, Zoua-Gheraba, Deldoul et Gourara.

Longtemps, les Ouled-Sidi-Cheikh, par leur position entre l'Algérie et le Maroc, sur la limite des Hauts-Plateaux et du Sahara, ont pu garder une indépendance relative.

Ayant des points d'appui dans les oasis de l'Extrême-Sud, ils se savaient insaisissables et ils nous le montrèrent trop souvent. C'est ainsi qu'il nous fallut plus de 16 ans pour amener la soumission des fils de Si Hamza entrés en insurrection en 1867.

Nous avons examiné, dans notre chapitre sur le rôle politique des confréries religieuses, l'action, à ce point de vue, des Ouled-Sidi-Cheikh pendant ces dernières années. Ils paraissent, aujourd'hui, entièrement reconnaissants de la bienveillance du gouvernement a leur égard et il y a tout lieu d'espérer qu'ils nous resteront fidèles.

Cette notice serait incomplète si nous ne parlions du fameux agitateur Bou-A'mama (1) qui a cherché à unir par les liens du chapelet et une doctrine nouvelle, tous les Ouled-Sidi-Cheikh dissidents.

En homme avisé, il voulait profiter des divisions qui existaient entre les branches de la grande famille des Ouled-Sidi-Cheikh et créer ainsi l'unité de commandement à son profit.

---

(1) Ce marabout, né vers 1840, à Figuig, est descendant de Sidi-Tadj, un des fils du grand Sidi-Cheikh, et se nomme, en réalité, Mohammed ben El-A'rbi. Son père, El-A'rbi ben Cheikh, est enterré à Figuig, au qsar d'El-Hammam-Fouqani.

Son instruction, qu'il a reçue, à El-Hammam-el-Fouqani, d'un moqaddem de Sidi-Cheikh, le nommé Si Mohammed ben A'bderrahmane, est médiocre ; il a étudié le Coran, mais il est étranger aux autres sciences, excepté à celle de la « fantasmagorie », si l'on peut appeler science ces pratiques grossières d'escamotage et de ventriloquie par lesquelles les initiés font croire qu'ils sont doués d'une puissance surnaturelle.

Adolescent, il avait été atteint d'une maladie nerveuse qui lui faisait accomplir toutes sortes d'extravagances ; fréquemment, il se dépouillait de tous ses vêtements et parcourait les rues étroites du qsar dans un état complet de nudité.

En 1875, il s'installe à Moghar et, en qualité de moqaddem de Sidi-Cheikh, il donne le dikr des Cheikhïa. De prétendus miracles le rendent célèbre et font affluer les offrandes dans la caisse du saint homme.

En 1878, il se compromet à nos yeux en favorisant la fuite du jeune Si Hamza ben Bou-Beker. On sait le reste ; en 1881, exploitant le fanatisme et la haine des chrétiens à une époque où l'état général des esprits, dans le Sud-Oranais, se prêtait à l'agitation, il fomente une insurrection.....

Nous donnons, ci-après, l'opinion de M. Martin, Interprète militaire à Géryville, sur Bou-A'mama, considéré comme fondateur d'une confrérie particulière :

« Quoique les moqaddim et les khouan de Bou-A'mama se cachent prudemment,
» les renseignements que l'on possède suffisent pour établir que ce marabout a fondé
» une confrérie particulière qui, quoique dérivée des Cheikhïa, est bien distincte de
» ceux-ci puisque ses adeptes reçoivent de leur cheikh un dikr spécial. Les A'mamïa
» portent bien, quelquefois, des offrandes à la zaouïa d'El-Abiodh, mais c'est comme
» hommage rendu à l'ancêtre de leur cheikh et sans préjudice des offrandes qui revien-
» nent à celui-ci..... On peut donc dire que l'ordre de Bou-A'mama (les A'mamïa)
» est un sous-ordre dérivé des Cheikhïa, comme celui-ci est un sous-ordre dérivé des
» Chadelïa.....

» Les moqaddim de Bou-A'mama, qui se disent, en Algérie, moqaddim de Sidi-
» Cheikh, donnent ouvertement le chapelet de ce saint, pourvu d'un morceau de

A cet effet, le marabout de Moghar fit croire, après s'être donné pour qotb, que Dieu l'avait choisi pour être le successeur du grand Sidi-Cheikh et enseigna que tout fidèle, bien qu'appartenant déjà à un ordre religieux, pouvait sans pécher entrer dans la *tariqa* nouvelle à lui révélée.

Ensuite il donna le dikr ci-après, qu'il disait lui avoir été conféré par Sidi-Cheikh, en songe, à El-Abiodh :

Après chacune des cinq prières obligatoires, faire un premier tour de chapelet en prononçant, à chaque grain, la première moitié de la profession de foi : « Il n'y a d'autre dieu que Dieu » puis un second tour en prononçant la formule dite *el istaghfar* : Je demande pardon à Dieu, toujours vivant, toujours présent » ; puis un troisième tour en répétant la formule dite *es — salat A'la en — Nebi* : « Béni soit le Prophète » ; et, enfin, dix tours successifs de chapelet en prononçant la première formule.

Ce dikr est complété par l'invocation surérogatoire dont la traduction est ci-après :

« O Dieu ! fais frémir mon cœur du bonheur de t'invoquer pour t'aimer !
» Et tu as dit, ô mon Dieu, que par les Prophètes on parviendra à toi ;
» Tu m'as créé pour être enseigné ; je suis ton esclave humble ;
» Accorde moi dans ta miséricorde, ô miséricordieux ! la permission de te rejoindre.
» Tu m'as demandé compte (de mes actions) et je n'ai su que répondre !
» O Dieu ! O Bienfaiteur ! Fais ce qu'il te plaît !
» N'invoquez pas, ô vous qui adorez Dieu, si ce n'est par des invocations d'amour !
» O bienfait pour ceux qui méditent ! Les cœurs sont éblouis de lumière !
» Son heure est connue, après les deux préceptes de ton maître !
» Avant que le soleil ne soit haut, consume-toi d'amour pour lui !
» De même, après le coucher du soleil, soit fervent à faire l'invocation !
» Ses bienfaits te viendront de lui et brilleront (sur toi).
» Les gens (qui montrent) la voie sont comme des rois, des cavaliers (experts) dans
 » la réunion (des fidèles) ;
» Ils te teindront sans (employer de) teinture ; celui qui les verra guérira ;
» Par leur présence ignorée, ils seront avec toi ; celui qui les aimera brillera ;
» Dans la lumière de leur grandeur ils te baigneront ; celui qui viendra à leur
 » réunion se désaltèrera ;
» Ses appuis sont connus ; ils sont tirés d'El-Khidryi (El-Khadir sans doute).
» Les docteurs se les sont transmis depuis le Prophète ; ils se les sont répétés ;

» corail. Cependant, d'après un informateur digne de foi, dont, toutefois, l'assertion
» n'a pu être vérifiée, Bou-A'mama aurait institué un autre chapelet. Celui-ci porterait,
» comme marque distinctive, au lieu du morceau de corail de Sidi-Cheikh, un morceau
» de cuir rouge « (cherka) cousu sur ces deux bords opposés pour former une sorte de
» petit bracelet ou fourreau de deux centimètres environ de longueur, qui embrasse le
» cordon du chapelet. Si ce chapelet est resté, jusqu'ici, inconnu, c'est que, toujours
» d'après le même informateur, les A'mamïa le tiennent soigneusement caché ; qu'ils
» ne le prennent qu'au moment de la prière et à l'écart des non initiés et qu'ils ont
». l'habitude de porter ostensiblement, au contraire, le chapelet d'un Ordre quelconque,
» Taïbïa, Qadrïa, mais, le plus souvent, celui des Cheikïa ».

» Son début est un éclair dans mon cœur; il dissipe (les ténèbres);
» Sa fin est un éblouissement lumineux dans la science de l'inconnu; elle éblouit;
» O Dieu! je t'invoque par Ahmed, l'Ami!
» Par ses mérites, je t'implore: pardonne-nous, ô Bienfaiteur!
» Mohammed, le Prophète, est venu, en vérité, apporter la bonne nouvelle;
» Il a parlé des récompenses futures et a menacé des châtiments éternels;
» Que Dieu répande ses bénédictions sur lui en grand nombre!
» La science de Dieu dépasse une invocation même aussi longue que celle-ci;
» Fais revenir à toi mon cœur; qu'il s'occupe de toi, ô Généreux!
» Abreuve-nous de l'eau inconnue; elle comblera nos désirs!
» O Dieu, ta personne est élevée; ô Dieu, elle est inaccessible!
» O Dieu, favorise-moi! O Dieu! épargne-moi tout déshonneur!
» O Dieu, tu es mon maître! mon Dieu je n'ai que toi!
» O Dieu, éclaire mon cœur par ta puissance!
» O Dieu, pardonne-moi mes péchés! O Dieu! cache mes défauts! O mon Dieu! par ta miséricorde;
» Jette un regard sur nous, ô toi qui es miséricordieux pour tes adorateurs!
» Renouvelle-nous ta présence et abreuve-nous à la coupe d'amour!
» O Dieu, guéris le malade, ô Dieu, par les mérites du Prophète!
» O Dieu, soulage celui qui souffre, ô Dieu, fais que cette oraison soit finie! »

Après chacune de ces invocations, dites par le moqaddem, les khouan, assis en cercle, répètent, à quatre reprises, la triple invocation : « Allah! Allah! Allah! » en appuyant sur les *lam* et en faisant durer la dernière syllabe toute l'amplitude d'une expiration. On dit qu'elles ont été indiquées à Bou-A'mama comme particulièrement agréables à Dieu, par Sidi-Cheikh, dans un des livres duquel elles se trouvent. Ce livre aurait disparu depuis.

Le dikr de Bou-A'mama comprend encore :

2° Deux fois par jour, comme pour les invocations qui précèdent (*fedjer et moghreb*) dire sur le chapelet :

« Ia Latif! » (ô miséricordieux!) mille fois;

3° Répéter le plus souvent possible dans la journée :

« La ilah illa Allah, Bou-A'mama dif Allah! » (Il n'y a de divinité que Dieu, Bou-A'mama est l'hôte de Dieu!)

Ou bien : « La ilah illa Allah, Bou-A'mama ouali Allah! » (Il n'y a de dieu que Dieu, Bou-A'mama est le saint de Dieu!)

Et, comme doctrine générale, Bou-A'mama, imitant Cheikh-Senoussi, prêche la haine du chrétien. C'est cette doctrine qui a surtout fait le succès de Bou-A'mama, lequel, au fond, n'est qu'une sorte de *derouich* agissant dans un milieu fort arriéré et composé d'individus compromis vis-à-vis de nous ou de dissidents d'autant plus portés au fanatisme et à la haine du chrétien, qu'ils redoutent le juste châtiment de leurs fautes.

Depuis dix ans, Bou-A'mama étend son influence et recrute des fidèles dans les grandes tribus de la région de l'Oued-Zousfana, de l'Oued-Guir et de l'Oued-Messaoura, comme les Ghenamma, les Beraber, les Beni-Guil, les Doui-Menia, les Ouled-Djerir.

Ses moqaddim sont installés jusque chez les Zoua-Gheraba et les Mehaia.

Il vit entouré de campements importants, toujours à sa disposition et se déplace selon les besoins et les circonstances du moment ; il surveille avec beaucoup de vigilance nos entreprises dans l'Extrême-Sud, mais ne paraît plus chercher à jouer un rôle actif. Actuellement il est à Hammam-Fouqani, un des qsour du Figuig, où il fait construire une zaouïa.

NACERIA

Une des plus importantes confréries fondées par les disciples de Sid Ahmed ben Youcef-el-Miliani est, sans contredit, celle des Nacerïa du nom de son patron, le célèbre savant et thaumaturge *Mohammed ben Nacer-ed-Dra'ï*.

Ce personnage religieux dont le renom de sainteté est légendaire dans tout l'Extrême-Sud marocain et jusqu'au Soudan occidental, était un fervent apôtre des doctrines spiritualistes des Chadelïa, vulgarisées par celui qu'il désigne comme son maître spirituel, le cheikh Ahmed ben Youcef, maître auquel il fait remonter sa filiation mystique par l'intermédiaire d'*A'bdallah ben Hocen-er-Radi, A'li ben A'bdallah, Sid Ahmed ben A'li-el-Hadj-Dra'ï* et *Abou-Salem-el-Qacem-Et-Tazi*.

Presque toutes les corporations secondaires des Chadelïa qui se sont formées et développées dans le Maghreb le comprennent dans leurs appuis et le considèrent comme un maître incomparable dont les vertus et les miracles contribuent toujours au bonheur de ceux qui l'invoquent.

Mohammed ben Nacer-ed-Dra'ï, mourut vers 1079-1080 de l'hégire (1669 de J.-C.), à *Tamegrout* dans l'Oued-Dra'a, laissant une nombreuse descendance et des milliers de disciples qui se groupèrent autour de son tombeau et instituèrent une confrérie sous son vocable. La zaouïa qu'ils édifièrent à Tamegrout devint la maison mère de la corporation, qui ne tarda pas à rayonner dans tout l'Empire chérifien et à s'implanter en Algérie et en Tunisie.

Parmi les héritiers du patron des Nacerïa, il y a eu des hommes remarquables ; leur rôle a toujours été prépondérant ; les caravanes qui de Mogador allaient au Touat et à Tombouctou faire des échanges, trouvaient, chez eux, aide et protection et, à l'instar des dignitaires de la confrérie des Zianïa, ils étaient, en quelque sorte, les arbitres entre les commerçants étrangers et les Touareg.

« Le pouvoir de Sidi-Ben-Nacer », écrit M. de Foucauld est immense
« dans toute la vallée de l'Oued-Draa, dans celle du Sous, dans celles
» des Ouads-Dadès et S'dermi. Cette zone qui comprend une grande
» partie de la tribu des Beraber, presque tout le groupe des Aït-Atta,
» est entièrement à sa dévotion. On vient en pèlerinage à Tamegrout,
» de bien plus loin encore, de Mogador, du Sahel et du Tafilelt : le nom
» de Sidi-Mohammed ou Bou-Beker est connu et vénéré dans tout le
» Maroc. Le Sultan marque en toute occasion un grand respect pour
» le Saint ».

Le prestige de Sidi Mohammed ou Bou-Beker, directeur de la zaouïa de Tamegrout (1) et descendant du patron de Nacerïa est toujours aussi grand qu'à l'époque où M. de Foucauld a pu le constater. Ce chef religieux est encore le maître vénéré dans l'Extrême-Sud marocain, au Tafilelt et au Touat. Sa baraka est une recommandation infaillible et, si les renseignements que nous possédons de ces contrées encore si peu connues, méritent quelque créance, ses adeptes seraient les meilleurs agents des négociants de Mogador. De Rabat au Nord, Tombouctou au Sud, l'Atlantique à l'Ouest, le Sahara algérien à l'Est, ils circulent en toute liberté, édifient des zaouïa et font du prosélytisme. On nous signale un certain nombre d'entre eux dans la région de Tombouctou ; à Araouan, ils possèdent une zaouïa importante, dont le frère du chef de la localité, A'li Ould-el-Habib, est le moqaddem.

A l'extérieur de cette zone, les Nacerïa comptent une zaouïa à Fas et des couvents secondaires disséminés dans les tribus situées au Nord de l'Empire marocain.

En Algérie, leur rôle est moins important. Ils atteignent le faible chiffre de 641 adhérents répandus dans le département d'Oran et plus particulièrement dans le Sud de celui de Constantine. L'état numérique ci-après en fait connaître la répartition.

Néanmoins, la réputation des Nacerïa s'étend aux plus infimes tribus ; le nom de Ben-Nacer est aussi légendaire que ceux des meilleurs saints musulmans. Des émissaires Nacerïa parcourent, d'ailleurs, notre territoire et y entretiennent les légendes merveilleuses que nos indigènes se plaisent à répéter, sur la vertu et la sainteté du patron de leur confrérie.

---

(1) V. pour renseignements plus complets sur la zaouïa de Tamegrout : *Marmol*, trad. par Perrot d'Alancourt ; *L'Afrique* (Paris, 1867, t. III, p. 16 ; O. Lenz, trad. fr., *Tombouctou* (Paris, 1886), t. II, p. 26 ; L. Rinn, *Marabouts et Khouan*, p. 227.

ZAOUIA MÈRE	NOMS des principaux MOQADDIM OU CHIOUKH indépendants	LOCALITÉS où la confrérie compte DES ADEPTES	ZAOUIA	OUKLA	CHOUACH	HABAB ou IMAM	TOLBA	CHIOUKH	MOQADDIM	KHOUAN	KHAOUNIET	TOTAUX DES AFFILIÉS
TAMEGROUT, dans le Haut-Draâ (Maroc).		**ORAN** TERRITOIRE CIVIL										
		Oran et environs........	»	»	»	»	»	»	»	60	»	60
		Saint-Lucien............	»	»	»	»	»	»	»	4	»	4
		ALGER TERRITOIRE MILITAIRE										
		Laghouat...............	»	»	»	»	»	»	»	5	»	5
		CONSTANTINE TERRITOIRE CIVIL										
		Khenchela.............	3	»	2	»	»	1	2	239	15	259
		Khenchela (mixte).....	»	»	2	»	›	»	1	160	150	313
		TOTAUX GÉNÉRAUX...	3	»	4	»	»	1	3	408	165	641

Leur principale ou, pour mieux préciser l'unique zaouïa que les Nacerïa ont, en Algérie, est celle de Khanga-Sidi-Nadji (cercle de Khenchela). Elle a toujours été dirigée par une famille maraboutique se disant issue des descendants directs du Khalife-A'tsman. Après avoir été dévouée au gouvernement turc, cette famille s'est montrée soumise à la France et, aujourd'hui, le chef de la zaouïa peut exhiber les diplômes de ses ancêtres ratifiés par les beys de Constantine et, plus récemment, par le duc d'Aumale et le général Bedeau. C'est peut-être, la cause de l'indifférence dont les bons croyants ont toujours fait preuve à leur égard, — malgré la grande vénération qu'ils ont pour leur maître spirituel, — et des difficultés que la confrérie ne cesse de rencontrer pour recruter des adeptes en Algérie.

CHABBÏA

Cachet du cheikh des Chabbïa

Au XIe siècle de l'hégire, un descendant de Sid-Mohammed ben Nacer-ed-Dra'ï, du nom d'Ahmed ben Makhlouf, fut chargé d'aller en Tunisie, propager le rite des Nacerïa. Après diverses pérégrinations, il établit le siège de son apostolat à *Chabba*, petite ville du Sahel tunisien, entre Sfax et Sousse. De là, le nom de *Chabbi*, donné aux membres de sa famille et, plus tard, le vocable de la corporation placée sous son patronage.

Les descendants de ce saint personnage continuèrent, naturellement, à vulgariser les règles liturgiques qu'il leur avait laissées comme un pieux héritage. Les uns se fixent à Qaïrouan, où, de son vivant, le maître avait fondé une zaouïa ; les autres créent des succursales à Tozeur, Ergou, chez les Brarcha de Tébessa, d'où ils étendent leur action dans les régions des Beni-Salah, et, partout, ils laissent un renom de sainteté qui s'est perpétué jusqu'à nos jours. Le plus vénéré fut le troisième successeur d'Ahmed ben Makhlouf-Beder-ed-Din, dont le tombeau, situé au Gueria (région de Tébessa), est encore l'objet de nombreux pèlerinages. Il laissa de nombreux héritiers connus sous le nom de marabouts de Beder-ed-Din, qui jouissent du prestige que leur aïeul avait su acquérir parmi les musulmans des contrées de Tébessa. Un des leurs, ancien caïd de l'Edough et membre du Conseil général du département de Constantine, Bou-Ma'iza-Mohammed-Tahar ben El-Hadj-A'li-er-Ra'ï, semble être leur représentant et bénéficier de l'autorité que ses nombreux serviteurs religieux, de commune origine, ne cessent de lui donner.

Mais, c'est à Si Mohammed ben Abd-el-Hatif, des Chabbïa, qu'est dû, en réalité, la formation de la confrérie. Aidé de son fils Si Messaoud, il fonda la zaouïa du Djebel-Chechar (appelée zaouïa Sidi-Messaoud-Chabbi), et étendit le domaine d'action de la corporation dans les régions de Khenchela, de Tébessa et de l'Oued-Souf. Partout, et plus particulièrement dans la dernière de ces contrées, son fils et lui créèrent plusieurs établissements religieux dont quelques-uns subsistent encore sous forme de mosquées.

Les descendants de Messaoud, qui se succédèrent au Djebel-Chechar, furent Si A'li, Si Ahmed-Seghir, Si ben Djeddou-Bou-Rega' et Sidi-Ramdane. « Le fils de ce dernier, Si A'mmar, quitta le Djebel-Chechar
» pour aller à Tozeur où il fonda la zaouïa actuelle des Chabbïa, égale-
» ment connue sous le nom de Bit-Cherïa (maison de la Loi divine).
» Les héritiers spirituels de Si A'mmar furent El-Hadj-Ahmed, Si ben
» Djeddou, directeur actuel de la confrérie, avec, pour vicaire général,
» son neveu El-Hadj-Mohammed ben Si El-Hadj-Brahim ben El-Hadj-
» Ahmed » (1).

Telle est, aussi sommairement présentée qu'il nous a été possible de le faire, l'évolution de la petite corporation des Chabbïa, à laquelle il convient de n'attribuer qu'une importance toute locale. C'est, en quelque sorte, une famille maraboutique qui suit le rituel de la confrérie des Naceria, avec laquelle, cependant, elle n'entretient aucune relation. Les règles que ses chefs prescrivent à leurs adeptes sont caractérisées par

---

(1) Extrait des renseignements fournis par M. le général de la Roque sur la confrérie des Chabbïa.

le chiffre soixante-dix qui entre dans leurs pratiques de dévotion. C'es un usage des peuples antiques qu'il est curieux de retrouver ici.

Les voici consignées dans toute leur simplicité, dans un diplôme de Moqaddem :

Diplôme de Moqaddem

Louange à Dieu. Bénédiction et salut à l'Envoyé de Dieu.

Notre présent écrit a été délivré entre les mains de notre frère en Dieu..... pour témoigner que nous l'avons autorisé à donner la tariqa Chabbia à quiconque la lui demandera.

Il devra également convier les fidèles à la recevoir.

Cette autorisation est complète, générale, authentique et a été transmise sans interruption (de cheikh en cheikh).

(Nous l'autorisons) de la même manière que nous avons été autorisé nous-même par notre père, — Dieu veuille me diriger par son intermédiaire !

Quant à la tariqa, elle consiste dans la *Sebaïnia (le septantaine)*, (pratique de dévotion dans laquelle entre le nombre 70).

Ceux qui ne pourront accomplir cet acte, tels que les femmes et les enfants, réciteront, après la prière de l'aurore, 100 fois l'invocation : « *Je demande pardon à Dieu* » ; 100 fois : « *Il n'y a de Dieu que Dieu* » et 100 fois : « *O mon Dieu, répands les grâces sur notre Seigneur Mohammed et sur sa famille* ». — Et cela leur tiendra lieu de la Sebaïnia.

Puissiez-vous vivre constamment sous la protection et la sauvegarde de Dieu.

Salut de la part du pauvre devant son Dieu très-miséricordieux, son serviteur Ahmed ben A'mmar ben Ramdane-Chabbi, cheikh du bît Cheria (maison de la loi divine) Dieu l'assiste ! Amen.

Fait le 4 Djoumada, II de l'année 1279 (de l'hégire) correspondant en septembre 1862 (1).

Le rôle politique des Chabbïa a toujours été celui de ces marabouts sages et prévoyants qui se plient aux exigences de tous les gouvernements de crainte de perdre le bénéfice des ziara que leur versent périodiquement leurs adeptes.

La France n'a eu qu'à se louer des efforts constants qu'ils firent lors de la conquête de la Tunisie pour maintenir l'ordre et ramener à nous les dissidents.

« Lorsque le général Philebert arriva, pour la première fois au Djerid,
» à la tête d'une colonne, la population entière de Tozeur et des fau-
» bourgs s'enfuit affolée. Ben Djeddou, grand maître des Chabbïa la
» ramena et se fit l'intermédiaire actif de notre armée pour la pacifi-
» cation du pays ».

En récompense de son dévouement, il fut nommé Caïd du Bit Cheria et, depuis, il ne cesse de nous témoigner de la reconnaissance.

---

(1) Traduction de M. Sicard, interprète militaire.

Malheureusement, des rivalités d'intérêt et la cupidité de certains membres de la famille, sont venus mettre le désaccord dans la confrérie qui perd ainsi tout son crédit et tend à disparaître. Il ne faut cependant pas oublier, que grande est la vénération des habitants du Souf pour les ancêtres des Chabbïa, (leur baraka est, pour eux, un bienfait de Dieu) et, qu'en Algérie, et en Tunisie, ils comptent encore plusieurs milliers de Khoddam qui pourraient, un jour ou l'autre, se réunir sous les auspices d'un esprit intelligent, capable de s'imposer à « ses frères rivaux » et de prendre la direction des Chabbïa.

TAÏBÏA

Cachet de Si A'bdesselam.

L'origine de l'Ordre religieux des Taïbïa se rattache à deux personnages : le premier Mouley A'bdallah-Ech-Chérif ben Ibrahim (mort en 1678-1879 de J.-C.), après s'être séparé des *Djazoulïa* (branche dérivée comme les Taïbïa, des Chadelïa), fonde une confrérie nouvelle ; le second, Mouley Taïeb, petit fils et deuxième successeur du premier, développe et complète l'organisation de cette confrérie à laquelle il donne son nom.

Quant au but que poursuivait le premier fondateur, il semble avoir été, surtout, la constitution d'une force politique destinée à seconder le gouvernement du Sultan Marocain régnant à l'époque et appartenant, comme Mouley A'bdallah, à la descendance Idrisite.

Mouley A'bdallah, après avoir étudié à la zaouïa de « Dar-el-A'lem » (1) fondait également, à la suite de songes dans lesquels le Prophète lui était apparu, la zaouïa d'Ouazzan, qui fut appelée *Dar-ed-Dahman* (maison de la sûreté), et devint le siège de l'ordre.

D'abord entourée de quelques maisons, elle s'est transformée en un centre important, en raison, principalement, des privilèges successifs que les ancêtres du Sultan A'bdelaziz, l'Empereur actuel, avaient concédés aux fondateurs de la zaouïa ; de telle sorte que Ouazzan (2) est devenu le chef-lieu d'une sorte d'église nationale mettant son influence au service de la Cour de Fas ou la lui retirant selon les sentiments des hommes qui la dirigent et les circonstances du moment.

---

(1) دار العلم Dar-el-A'lem (maison de la science). Zaouïa fondée par Idris et d'où sortaient les Chorfa prédicateurs, qui allaient propager l'orthodoxie musulmane dans le Maghreb.

(2) Ouazzan est une petite ville de quatre à cinq mille habitants, étagée sur le flanc Nord du Djebel-Ouazzan ou Djebel-Bouellal et située à environ 150 kilomètres, Sud-Ouest de Tanger.

Actuellement, presque tous les habitants d'Ouazzan sont des fidèles de la zaouïa, se considérant comme dégagés de tout tribut vis-à-vis du Sultan. Sur une population considérable, puisque, en dehors même d'Ouazzan, elle comprend tout le fief patrimonial des Chorfa, lequel s'étend à plusieurs kilomètres autour de la ville, c'est à peine si un millier d'individus est redevable de l'impôt des armes.

Les contestations de toute nature sont soumises à la décision d'une sorte de tribunal, le tribunal des Chorfa, qui a pour ressortissants non seulement les Ouazzani (habitants d'Ouazzan), mais encore les autres habitants du Chérifat.

On conçoit, dès lors, combien peu le pouvoir du Sultan, presque entièrement nominal, doit se faire sentir dans un pareil milieu où l'ascendant chérifien et le prestige spirituel de la baraka assurent à la maison d'Ouazzan une autorité entière vis-à-vis de laquelle celle du gouverneur nommé par le Sultan, et qui habite, d'ailleurs, en dehors de la Principauté, ne peut que pâlir pour ne pas dire s'effacer complètement.

Il y a ceci de particulier dans la confrérie des Taïbïa que le spirituel et le temporel sont parfaitement distincts.

Les privilèges du Chérifat sont ainsi scindés et exercés aujourd'hui pour le spirituel, par Mouley-Larbi, fils de Si A'bdesselam ben El-Hadj-Larbi qui a dirigé l'Ordre jusqu'en 1892 ; (1) et pour le temporel, par Si Ahmed, fils de Si Mohammed ben Si A'bdesselam, décédé le 29 octobre 1895, après avoir investi, par testament, son fils de la charge qui lui était confiée.

L'arbre généalogique ci-après, permet de se rendre compte de la composition actuelle de la famille des Chorfa d'Ouazzan :

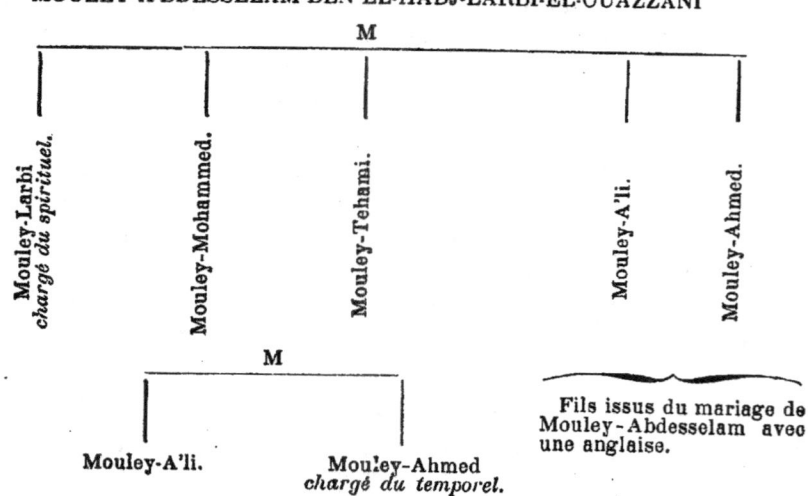

---

(1) V. sur ces deux personnages notre chapitre du rôle politique des confréries.

Le personnage le plus en vue dans cette famille est, malgré son jeune âge, — il n'a que dix-huit ans, — Mouley-Ahmed.

Simple et ferme d'allures, ce jeune prince est représenté comme très habile et il a montré, en plusieurs circonstances, son savoir faire et son prestige personnels.

C'est ainsi, qu'à peine investi de la lourde charge du Chérifat, il réussissait, en quelques semaines, à pacifier les tribus qui environnent le siège de la zaouïa taïbienne, résultat que plusieurs années d'efforts n'avaient pu atteindre avant lui.

Ce résultat fait jouir le pays d'une tranquillité qu'il ne connaissait plus depuis que certains gouverneurs marocaines jaloux et vexés de voir l'autorité et les profits qui en découlent leur échapper, s'appliquaient à entretenir dans ces régions, ce secret esprit d'indiscipline et de révolte si favorable à l'exaction trop souvent la caractéristique du pouvoir dans l'Empire chérifien....

Quant à l'autorité spirituelle, elle est fort chancelante entre les mains de Mouley-Larbi, dont l'état maladif inspire des inquiétudes, mais il est certain que son successeur ne pourra que s'inspirer des traditions de la maison d'Ouazzan dont les membres sont, aujourd'hui, les protégés officiels de la France (1).

Zaouïa de Besnès (Zemmora mixte)
Vue communiquée par M. Gilotte, Administrateur.

On conçoit tout le prix de cette protection qui nous assure non seulement au Maroc mais encore, et surtout, en Algérie, une action directe et un moyen puissant d'influence sur les Taïbïa, en même

---

(1) Cette protection s'exerce en vertu de l'art. 16 de la convention de Madrid (3 juillet 1880).

temps qu'il agrandit le prestige de la France dans l'Empire d'A'bdelaziz, où ces mêmes Taïbïa comptent des zaouïa dans les principales villes.

Leur action, en dehors même de ces villes est considérable aussi bien dans l'extrème Nord (région de l'Andjera), que dans le centre et dans l'Est du royaume de Fas et dans les contrées qui séparent le bassin du Sebou de la frontière oranaise.

Les Haïaïna, les Ghiatsa, les Meknassa, les Tesoul, les Branès, les Ouled-Bekar, les Houara, les Maghraoua, les Ouled-Bou-Rouma, les Metalsa, les Beni-bou-Yahïm et la tribu des Beni-Ouaraine, ne connaissent que l'autorité religieuse des Chorfa d'Ouazzan.

Dans la grande tribu des Azemmour, entre Meknès et l'Océan, leur influence est très-grande et là comme dans la vallée de l'Oued-Innaouen, les Sultans ont été souvent obligés d'avoir recours aux Chorfa pour faire accepter leur autorité.

Dans la petite ville de Taza, c'est un moqaddem des Taïbïa qui tranche les différends au nom du Chérif d'Ouazzan dont l'influence rayonne également, par la zaouïa de Sidi-el-Makki (Beni-Snassen), sur le Garet, les Ouled-Senout, les Guelaïa et les Kebdana.

Enfin, la région rifaine compte un certain nombre de couvents taïbiens.

En Algérie, les Taïbïa sont particulièrement nombreux dans la province d'Oran, mais leur organisation centralisatrice diminue l'influence des dignitaires secondaires.

Au-dessus des moqaddim et des chouach, le simple khouan sait qu'il peut compter sur l'appui direct du grand maître de l'ordre et, souvent, il en profite. Cependant, depuis quelques années, une certaine désagrégation s'opère. Certains moqaddim ne montrent plus cette soumission aveugle d'autrefois et, naturellement, l'influence de la zaouïa mère s'en ressent.

C'est ici le cas, de rappeler les paroles qu'adressait le Chérif Abdesselam à M. le Gouverneur général de l'Algérie, au sujet de la recrudescence des adeptes de l'ordre des Derqaoua au détriment de celui des Taïbïa.

« Si un homme possède un jardin dont il est éloigné, s'il ne peut
» l'inspecter, il se couvre inévitablement de broussailles et de mauvaises
» herbes; tandis que s'il venait le visiter et le mettre en état chaque
» année, il le trouverait rempli de légumes et de fruits ».

Les *fruits* ne sont plus aussi abondants que lors de l'apogée de la confrérie, mais un coup d'œil jeté sur le tableau suivant permettra de constater qu'ils ne sont point à négliger.

ZAOUIA MÈRE	LOCALITÉS où la confrérie compte DES ADEPTES	ZAOUIA	CHIOUKH	MOQADDIM	CHOUACH	KHOUAN	KHAOUNIET	OUKLA	TOLBA	TOTAUX DES AFFILIÉS
OUAZZAN (Maroc), dirigée par le Chef suprême de la Confrérie MOULEY-EL-ARBI BEN EL-HADJ ABDESSELAM.	**ORAN** *TERRITOIRE CIVIL*									
	Aïn Fezza (mixte)............	»	»	3	»	130	»	»	12	145
	Nédromah (mixte)...........	1	»	3	4	480	65	3	25	580
	Remchi (mixte)..............	»	»	3	»	108	16	»	»	127
	Sebdou (mixte)..............	»	»	15	»	133	84	»	»	232
	Oran et environs.............	»	»	20	»	2.030	150	»	»	2.200
	Tlemcen....................	1	»	6	10	350	98	1	30	495
	Saint-Lucien (mixte).........	»	»	6	9	843	»	»	»	858
	Aïn-Temouchent.............	»	»	2	»	70	»	»	»	72
	Mascara....................	»	»	1	»	60	»	»	»	61
	Palikao.....................	»	»	»	»	8	»	»	»	8
	Saïda.......................	»	»	»	»	40	»	»	»	40
	Saïda (mixte)................	»	»	5	»	427	25	»	»	457
	Cacherou (mixte)............	»	»	1	»	67	4	»	»	72
	Mascara (mixte).............	»	»	2	»	107	20	»	»	129
	Frenda (mixte)..............	»	»	4	»	122	7	»	»	133
	Mercier-Lacombe............	»	»	»	»	40	»	»	»	40
	Tessala.....................	»	»	»	»	25	»	»	»	25
	Trembles...................	»	»	»	»	40	»	»	»	40
	Mekerra (mixte).............	»	»	2	»	73	»	»	»	75
	Tounin.....................	»	»	1	»	15	»	»	»	16
	Pélissier....................	»	»	3	»	20	»	»	»	23
	Inkermann..................	»	»	1	»	17	»	»	»	18
	Hillil (mixte)................	»	»	1	»	83	2	»	»	86
	Renault (mixte).............	»	»	2	»	83	12	»	»	97
	Zemmorah (mixte)...........	»	»	1	»	42	15	»	»	58
	Tiaret......................	1	»	3	»	366	92	1	12	474
	Ammi-Moussa (mixte).......	1	»	17	»	1.358	70	3	25	1.673
	Cassaigne (mixte)............	»	»	1	»	200	20	»	»	221
	ORAN *TERRITOIRE DE COMMANDEMENT*									
	Géryville...................	»	»	20	2	1.031	385	»	»	1.438
	Saïda (annexe)..............	»	»	4	»	274	25	»	»	303
	El-Aricha...................	»	»	6	»	180	»	»	»	186
	Aflou.......................	»	»	3	»	1.471	525	»	»	1.999
	Tiaret (cercle)..............	»	»	1	»	1.413	»	»	»	1.414
	Mécheria...................	»	»	12	»	155	»	»	»	167
	Marnia.....................	»	»	6	»	253	205	»	»	464
	Aïn-Sefra...................	»	»	3	»	58	»	»	»	61
	ALGER *TERRITOIRE CIVIL*									
	Alger.......................	1	»	1	3	200	»	»	»	204
	Blad-Guitoun................	»	»	»	»	10	»	»	»	10
	Blida.......................	»	»	1	»	119	»	»	»	120
	Boufarik....................	»	»	1	»	15	»	»	»	16
	Cherchell...................	»	»	1	»	40	»	»	»	41
	Douéra.....................	»	»	1	2	43	»	»	»	46
	Coléa......................	»	»	1	3	23	»	»	»	27
	Marengo....................	1	»	5	12	500	»	1	12	530
	Meurad.....................	»	»	3	3	110	»	»	»	116
	Gouraya (mixte).............	»	»	3	»	75	»	»	»	78
	Tablat (mixte)...............	1	»	1	»	15	»	»	»	16
	Miliana.....................	»	»	1	»	63	»	»	»	64
	Aïn-Sultan..................	»	»	1	»	20	»	»	»	21
	Lavarande (c.)..............	»	»	»	»	12	»	»	»	12
	Téniet-el-Haâd..............	»	»	1	»	12	»	»	»	13
	Djendel.....................	»	»	4	»	154	»	»	»	158
	Braz........................	»	»	2	»	124	»	»	»	126
	Hammam-Righa.............	»	»	2	5	155	»	»	»	162
	Téniet-el-Haâd (mixte).......	»	»	3	»	174	»	»	»	177
	Orléansville.................	»	»	»	»	15	»	»	»	15
	Cavaignac...................	»	»	»	»	15	»	»	»	15
	Chéliff.....................	»	»	1	»	199	»	»	»	200
	Ouarsenis (mixte)............	»	»	3	»	253	»	»	»	256
	Ténès.......................	»	»	2	»	172	»	»	»	174
	A reporter........	7	»	197	53	14.890	1.820	9	116	17.085

ZAOUIA MÈRE	LOCALITÉS où la confrérie compte DES ADEPTES	ZAOUIA	CHIOUKH	MOQADDIM	CHOUACH	KHOUAN	KHAOUNIET	OUKLA	TOLBA	TOTAUX DES ADEPTES
OUAZZAN (Maroc), dirigée par le Chef suprême de la Confrérie MOULEY-EL-ARBI BEN EL-HADJ-ABDESSELAM	*Report*.....	7	»	197	53	14.890	1.820	9	116	17.085
	ALGER **TERRITOIRE DE COMMANDEMENT**									
	Ouargla..................	»	»	3	»	95	»	»	»	98
	Ghardaïa................	»	»	1	»	175	»	11	»	187
	Djelfa...................	»	»	1	»	36	»	»	»	37
	Laghouat................	»	»	1	»	140	30	»	»	171
	Chellala.................	»	»	»	»	27	»	»	»	27
	El-Goléa................	»	»	2	»	355	58	»	»	415
	CONSTANTINE **TERRITOIRE CIVIL**									
	Constantine.............	1	»	1	3	195	110	1	12	322
	Aïn-Abid................	»	»	»	»	34	»	»	»	34
	Aïn-Kerma..............	»	»	1	10	250	10	»	»	271
	Condé-Smendou.........	»	»	6	5	150	20	»	»	181
	Hamma..................	»	»	3	»	650	»	»	»	653
	Kroubs..................	»	»	1	5	50	10	»	»	66
	Oued-Zenati.............	»	»	1	»	40	»	»	»	41
	El-Milia.................	»	»	6	»	460	213	»	»	679
	Châteaudun-du-Rhumel..	»	»	»	»	86	»	»	»	86
	Fedj-M'zala.............	»	»	»	»	24	3	»	»	27
	Oued-Cherf..............	»	»	»	»	28	»	»	»	28
	Saint-Charles............	»	»	»	»	15	»	»	»	15
	Attia (mixte)............	»	»	1	12	137	60	»	»	210
	Collo (mixte)............	»	»	4	20	1.007	177	»	»	1.208
	Jemmapes...............	»	»	1	»	33	»	»	»	34
	Col-des-Oliviers.........	»	»	3	»	72	»	»	»	75
	Bibans (mixte)..........	»	»	»	»	8	»	»	»	8
	CONSTANTINE **TERRITOIRE DE COMMANDEMENT**									
	Touggourt...............	»	»	1	»	103	36	»	»	140
	El-Oued.................	»	»	»	»	50	»	»	»	50
	TOTAUX........	8	»	234	108	19.110	2.547	21	128	22.148

En chiffres ronds, ils sont 22,000 qui obéissent au Khalifa d'Ouazzan et sur lesquels nous pouvons agir, en toutes circonstances, au mieux des intérêts communs.

Ajoutons enfin, et c'est là un point important à retenir, que, spontanément, les Chorfa d'Ouazzan, ont placé leurs zaouïa marocaines et algériennes, quant aux contestations qui pourraient surgir visant les biens de ces établissements appartenant en propre aux chorfa, sous la juridiction de la Légation de Tanger, d'une part, et sous celle du Gouvernement Général de l'Algérie, d'autre part.

Nous allons donner à titre documentaire et pour compléter ces données succinctes, la généalogie mystique des Taïbïa que nous puisons dans « Marabouts et Khouan » par L. Rinn, et la traduction d'un diplôme de moqaddem où l'on trouvera les recommandations spéciales que les chefs de l'ordre font à leurs adeptes.

Généalogie spirituelle

L'ange Gabriel. — Le Prophète ; 1. A'li ben Abou-Taleb ; 2. El-Hocine ; 3. Abou-A'bd-Allah-Djabir ben A'bdallah-el-A'nsari ; 4. Abou-Sa'id-er-Razouani ; 5. Abou-Mohammed-Fath-es-Saoud ; 6. Saa'd ; 7. Abou-Mohammed-Sa'id-el-Makhezoum ; 8. Abou-l-Qacem-el-Merouani ; 9. Abou-Ishaq-Ibrahim-el-Bosri ; 10. Zin-ed-Din-Mohammed-el-Kazuime ; 11. Chems-ed-Din-et-Turkomani ; 12. Tadj-ed-Dine-Mohammed ; 13. Nour-ed-Dine-Abou-Hassen-A'li ; 14. Fakhr-ed-Dine ; 15. Taki-ed-Dine-el-Faqir ; 16. Abou-Zid-el-Madani ; 17. *A'bdesselem ben Machich;* 18. *Aboul-Hassan-ech-Chadeli*; 19. Aboul-A'bbas-el-Morci ; 20. Tadj-ed-Din ben A'ta-Allah ; 21. Abou-A'bdallah-el-Mogherbi ; 22. Aboul-Hassen-el-Harafi ; 23. Si Annous-el-Bedaoui ; 24. Abou-el-Fadel-el-Hindi ; 25. A'bderrahmane-el-Redjeradji ; 26. Abou-O'tsman-el-Hartani ; 27. Abou-A'bdallah-Mohammed-Amghar-Chérif ; 28. Abou-A'bdallah-Mohammed ben Abou-Beker-Sliman-el-Djazouli ; 29. A'bd-el-Aziz-el-Tebbaï ; 30. A'bdallah-er-Razouani ; 31. Mohammed-et-Taleb ; 32. A'issa-el-Hacen-el-Messab ; 33. A'li ben Ahmed ; 34. *Mouley-A'bdallah-Brahim-ech-Chérif;* 35. Mouley-Mohammed ; 36. *Mouley-Taïeb;* 37. Sid-Ahmed ; 38. Allaïl ; 39. Sid-el-Hadj-el-A'rbi ; 40. Sid-el-Hadj-A'bdesselam ; 41. *Sid-Larbi ben Sid-el-Hadj-A'bdesselam.*

Diplôme de moqaddem

Par le nom de Dieu clément et miséricordieux.

Que Dieu répande ses bénédictions sur Notre Seigneur Mohammed, sur sa famille et sur ses compagnons et qu'il leur accorde la paix.

Grâce à Dieu.

..... L'assistance de Dieu et la victoire immédiate. Annonce aux croyants d'heureuses nouvelles (Coran. Chap. LXI).

Nous avons remporté pour toi une victoire éclatante, afin que Dieu prouve qu'Il te pardonne les fautes anciennes et récentes ; afin qu'Il accomplisse ses bienfaits envers toi (Chap. XLVIII).

Ceci est un diplôme établi selon la règle des *Taïbïa* et *Mechichia*, pour être une source de joie et de profit.

Que Dieu, par un effort de sa bonté et de sa générosité, soit profitable au porteur du diplôme, en ce monde et en l'autre.

Gloire à Dieu pour les bienfaits qu'Il octroie.

Il n'y a de durable que son empire. Bénédiction et salut à celui après lequel il n'y a plus de prophète, Mohammed, le serviteur et l'envoyé de Dieu.

Le présent diplôme est conféré à son titulaire par Mohammed ben El-Mrabet-Maghraoui, noble d'origine, demeurant à Constantine.

Ensuite, Si Mohammed ben Mezian, demeurant dans la fraction des Ouled-bou-Beker, nous ayant demandé la collation du titre de moqaddem, nous le plaçons, en cette qualité, au-dessus de la généralité des khouan et l'autorisons à délivrer l'Ouerd bien connu, en se conformant à ce qui est fixé dans sa règle bien comprise, c'est-à-dire : observer loyalement le pacte, remplir les engagements et réaliser les promesses.

Quiconque accomplira fidèlement ce qui lui aura été prescrit et exécutera les clauses selon l'exhortation de Dieu et de son apôtre, tirera avantage de l'observance de la règle et de l'accomplissement des engagements et en profitera abondamment, par les mérites du maître des premiers et des derniers.

Par lui (le cheikh), en retirera également profit, le mourid qui se conformera à lui et entrera dans l'ordre des Taïbïa et Mechichia avec une sincérité constante.

. . . .

L'adepte doit obéir spontanément à Dieu, éviter, aussi bien au dedans qu'au dehors de son âme, les actes illicites tombant dans le domaine du péché, réciter les cinq prières quotidiennes prescrites et observer son Ouerd à tout instant, nuit et jour.

Il doit s'occuper de son âme et se montrer compatissant envers les khouan, car il est dit que celui qui se conduit de la sorte est agréé du Très-Compatissant.

Nous sollicitons de Dieu l'accueil favorable de nos œuvres et des siennes, ainsi que la perfection.

Préludons par les vœux les plus sincères et les meilleurs.

Il est de votre devoir, vous tous khouan, de témoigner (au cheikh) de la vénération et de la considération, avec grâce et empressement.

Quiconque lui obéira sera comme s'il obéissait à nous-même, quiconque lui désobéira sera comme s'il nous désobéissait.

Celui qui lui sera soumis obtiendra la félicité et le pardon ; au contraire, celui qui lui sera insoumis, ne gagnera que l'adversité et le déboire.

La direction vient de Dieu. Proclamons sa gloire. Qu'Il soit exalté.

Nous Lui demandons son assistance pour tous les khouan et Le prions de dérouler son voile protecteur et de répandre l'absolution et le pardon.

Grâce à Dieu qui a commandé à ses créatures l'amitié et l'affection mutuelle et leur a défendu l'envie, la haine et l'hypocrisie.

Bénédiction et salut à notre seigneur et maître Mohammed (que Dieu lui accorde ses grâces et sa paix) lui, notre intercesseur au jour de la résurrection et du jugement dernier, à sa famille et ses compagnons qui ont édifié sa voie et sa loi traditionnelle sur la droiture, la soumission et la foi.

Que le mourid, entrant dans l'ordre des Taïbïa, se conforme à cette ligne de conduite et il s'attirera les bienfaits, se préservera des calamités et de tous les maux ; il sera favorisé dans les conséquences (de toutes ses entreprises) et délivré des afflictions ; et les difficultés lui seront aplanies.

Dieu fasse qu'il soit heureux en ce monde et *chehid* (témoin de la foi musulmane) dans l'autre.

C'est Lui, le Donneur par excellence, le Dispensateur, le Donateur. — Que sa magnificence est grande !

A Dieu de le garder dans la religion d'Abraham et de lui accorder la belle fin du chehid.

En terminant notre invocation, ajoutons : Gloire à Dieu, maître des mondes. O mon Dieu, pardonne à l'écrivain, au lecteur et au porteur de ce diplôme, à tous ceux qui s'en serviront et à la totalité des chioukh et des khouan.

A Dieu plaise de réunir tous les khouan dans le paradis des délices, s'il plait à Dieu. Amen.

Il n'y a de force et de puissance qu'en Dieu le Sublime, l'Immense.

Ainsi a été clos le présent diplôme, avec la grâce de Dieu et sa noble assistance (1).

HANSALÏA

Après le philosophe, le savant, le chérif et le philantrope, voici le derouich qui du haut des sphères célestes où plane sa pensée, descend dans l'arène du monde matériel pour suivre les doctrines chadeliennes. *Saïd ben Youcef-el-Hansali*, tel est le nom de ce nouvel apôtre divin. Sa naissance, survenue au XVIIe siècle, dans la fraction des *Hansala*, tribu des Beni-Mettir, au sud de Fas (Maroc), est entourée de mille prodiges que la légende merveilleuse a embellis au gré des hagiographes musulmans.

C'était un pauvre hère. Orphelin dès son bas âge mais, soutenu par le goût de l'étude, il parcourt les pays du Maghreb à la recherche de cette science qu'il finit, enfin, par acquérir au prix de mille privations. Tantôt élève d'un modeste m'cid à Tislit, tantôt fidèle serviteur des chioukh en renom, il séjourne à Fas, Sidjilmassa, puis fait le pèlerinage à la ville sainte où, atteint de la variole, il est obligé de résider quelque temps à Médine, et termine ses pérégrinations par l'Université d'El-Azhar, où il suit les leçons des professeurs les plus célèbres. Un de ceux-ci, le cheikh Sidi-'Aïssa-el-Djoneidi-ed-Damiati, lui révéla les oraisons les plus en faveur auprès de Dieu et particulièrement l'incomparable poème *Damiata*, de l'imam Abou-Abdallah-Chems-ed-Din-Mohamed-ed-Mirouti-ed-Damiati.

La vocation lui fut révélée par l'Être suprême, un jour qu'il était plongé dans une profonde extase dans le sanctuaire de Sidi-Abou-A'bbas-el-Morsi, à Alexandrie.

Le voilà en route pour le Maroc, avec, pour arme, le fouet qui devait obliger les fidèles à suivre la voie (tariqa) dont il avait été proclamé le patron, et, véritable baguette magique, guérir les maladies les plus rebelles.

Mais, ici, la légende entoure son voyage de mille faits prodigieux. Ne le voit-on pas dévalisé par les brigands, et, saisi de frayeur, perdre subitement la mémoire. Il trouve cependant une large hospitalité auprès de Sidi-Mohammed ben Nacer-ed-D'raï, qui lui remémore l'ouerd

---

(1) Traduction de M. Sicard, interprète militaire.

des Chadelïa, et c'est avec ces faibles connaissances de la science ésotérique, quelques sourates du Coran et le poème Damiata, qu'il parcourt à nouveau, les zaouïa du Maghreb, menant une vie austère, s'imposant mille privations. Il est, enfin, l'objet de nombreuses visions béatifiques mais, cette fois, il les doit à l'intervention du célèbre A'bdesselam ben Machich et à celle des docteurs chadelïa qui furent ses maîtres. Lui-même sort de la kheloua où il était resté durant une année entière et quitte ses professeurs de Fas, imbu de la science spiritualiste des Chadelïa. Son initiateur et son maître de prédilection est le cheikh A'li ben Abderrahman-et-Tadjemouti, moqaddem des Djazoulïa. Désormais, il peut prêcher ses doctrines, faire du prosélytisme. Il construit une zaouïa aux *Aït-Metrif*, sanctifiée, plus tard, par ses miracles et où il fut inhumé en 1114 de l'hégire (1702 de J.-C.).

Son fils Sid-Abou-A'mran ben Sa'id ben Youcef-el-Hansali, héritier de sa baraka, fut le fondateur réel de la confrérie des *Hansalïa*.

Ses doctrines étaient celles des Chadelïa-Djazoulïa; mais à la science spiritualiste qu'il enseignait dans sa zaouïa, il ajoutait des pratiques austères et imposait à ses adeptes des pénitences rigoureuses, en souvenir des miracles de son père.

C'est ainsi, que le poème *damiata* devint une prière surérogatoire; que les néophytes furent soumis à la flagellation et que le fouet rapporté d'Alexandrie par le patron de la confrérie est devenu un symbole — en même temps qu'un remède infaillible pour tous les maux.

Ces pratiques sévères si aimées de la foule naïve, ne tardèrent pas à faire considérer les chioukh des Hansalïa comme des thaumaturges divins et leur baraka fut bientôt sollicitée par les populations berbères des montagnes de l'Atlas.

La confrérie prit un développement inattendu; une zaouïa importante fut édifiée à *Dadès*, sur le tombeau du grand-père du patron des Hansalïa, Ahmed ben Ahmed-el-Hansali, et le cheikh Abou-A'mram devint un personnage redoutable aux yeux des Chorfa et du Sultan Mouley-Ismaïl (1727). On enraya cette évolution ascendante en faisant mettre à mort le chef de la confrérie qui fut bientôt absorbée par les autres corporations rivales.

Cependant, quelques élèves des zaouïa d'Aït-Métrif et de Dadès allèrent à l'extérieur du Maroc propager les doctrines et les miracles de leur patron; — Parmi eux, un certain Si Sa'doun-el-Ferdjioui les importa en Algérie; son moqaddem Sid-Ma'mmar, marabout originaire de la tribu des Telaghma lui succéda et, en dernier lieu, le cheikh *Sid-Ahmed-ez-Zouaoui* « personnage issu d'une vieille famille maraboutique très-vénérée dans les environs de Constantine, où, dès le XVIe siècle, elle possédait, à huit kilomètres de la ville, sur le Chettaba, une zaouïa déjà célèbre et influente », (1) en fut le véritable apôtre.

---

(1) L. Rinn, *loco citato*.

C'est ce personnage qui devint le grand chef des Hansalïa algériens et, depuis, la direction spirituelle de la confrérie a toujours été confiée aux membres de sa famille.

Au Maroc, les deux zaouïa mères existent encore, mais les adeptes Hansalïa sont disséminés et sans unité de direction. Ils n'ont plus aucune importance, même numérique. — Seul, le prestige des deux chioukh fondateurs est encore en souvenir. — Quelques adeptes existent aussi dans le département d'Oran, se disant investis par l'oukil de la zaouïa de Dadès, mais, en réalité, n'entretenant aucune relation suivie avec cet établissement religieux, si ce n'est l'envoi de quelques ziara pour invoquer la bénédiction de leur saint patron.

Il n'en est pas de même dans le département de Constantine où les héritiers du cheikh Ez-Zouaoui ont maintenu le prestige de leur aïeul et donné à leur confrérie une expansion rapide.

Les persécutions dont ils furent l'objet de la part des derniers beys de Constantine, notamment de Salah-Bey, et les miracles que la légende leur prête, en avaient fait des thaumaturges révérés et des personnages redoutés. — Les mécontents du gouvernement turc en se groupant autour des zaouïa qu'ils édifiaient aussi bien dans la ville même que dans le département de Constantine, augmentaient leur prestige (1).

Le mystère dont ils entouraient leurs doctrines faisait de leur corporation une association secrète des plus dangereuses et la lutte entre l'autorité turque et les Hansalïa se poursuivit jusqu'au jour de notre établissement à Constantine.

A cette époque, ils vinrent franchement à nous, et, tout en continuant à répandre leur enseignement, ils nous ont toujours montré, depuis, une fidélité absolue.

Mais là, comme chez les autres confréries, les besoins matériels ont bientôt fait place aux préoccupations spirituelles : la zaouïa de Chettaba qui était encore, il y a quelques années, le refuge des dévots et des austères, l'asile des malheureux, est devenue la maison de banque où les adeptes viennent payer la ziara en échange de la bénédiction du cheikh suprême de la confrérie.

Les dignitaires de la corporation n'hésitent plus à sortir de leur torpeur, à abandonner leurs pratiques rétrogrades pour se lancer dans le tourbillon des *affaires*. C'est l'effet des besoins nouveaux avec lesquels ils sont aux prises; c'est la transformation des esprits qui s'opère au contact de la civilisation.

Cependant, leur prestige est grand ; les tombeaux de leurs ancêtres donnent à la zaouïa du Chettaba, où ils se trouvent, un renom de sainteté qui n'est point prêt de disparaître.

---

(1) Voir sur la zaouïa du Chettaba et sur les miracles du cheikh Zouaoui, un article de M. Cherbonneau dans le *Bulletin archéologique* de Constantine (1854-55), deux articles de M. Vayssettes; *Revue Africaine* (1865) et *Bulletin archéologique* de Constantine (1868).

Le grand maître de la confrérie, Cheikh Sidi-Belqacem ben Si Hammou ben Cheikh-ez-Zouaoui, rayonne en maître incontesté, dans une grande partie du territoire civil du département de Constantine, où plus de quatre mille adeptes se plient à ses exigences et s'inspirent de ses sentiments. Le tableau numérique ci-après, fait connaître son domaine d'action et d'influence.

ZAOUIA MÈRE ET CHEF SUPRÊME de la confrérie	LOCALITÉS où la confrérie compte DES ADEPTES	ZAOUIA	CHIOUKH	MOQADDIM	CHOUACH	KHOUAN	KHAOUNIET	TOLBA	OUKLA	TOTAUX DES ADEPTES
CHETTABA (commune de Rouffach) dirigée par SIDI-BELQACEM BEN SI HAMMOU BEN CHEIKH-EZ-ZOUAOUI, Conseiller général au titre indigène.	**CONSTANTINE** TERRITOIRE CIVIL									
	Khenchela (mixte)	1	»	2	2	70	25	12	»	111
	Taher (mixte)	»	»	4	15	390	50	»	»	459
	Constantine	1	»	1	»	400	25	15	»	441
	Aïn-Abid	»	»	»	»	12	»	»	»	12
	Aïn-Kerma	»	»	1	4	48	»	»	»	53
	Aïn-Tinn	1	»	1	4	65	12	»	»	82
	Hamma	»	»	»	»	102	»	»	»	102
	Kroubs	»	»	1	5	15	10	»	»	31
	Mila	1	»	1	5	50	»	12	»	68
	Oued-Athmenia	3	»	3	7	370	25	40	»	445
	Oued-Seguin	»	»	1	2	108	40	»	»	151
	Sidi-Mérouan	»	»	1	5	78	32	»	»	116
	Zeraïa	»	»	»	»	7	»	»	»	7
	Rouffach	1	1	4	12	305	72	25	1	420
	Aïn-Smara	»	»	»	»	12	»	»	»	12
	El-Milia (mixte)	»	»	1	10	116	»	»	»	127
	Châteaudun-du-Rhumel	2	»	2	»	120	»	»	»	122
	Aïn-Mlila (mixte)	6	»	4	24	328	34	60	2	452
	Fedj-Mzala (mixte)	»	»	2	1	69	4	»	»	76
	Oum-el-Bouaghi (mixte)	»	»	1	»	110	43	»	»	154
	Sedrata (mixte)	»	»	»	»	10	»	»	»	10
	Meskiana (mixte)	1	»	2	6	98	24	12	»	142
	Gastonville	»	»	»	»	24	»	»	»	24
	St-Charles	»	»	1	»	59	»	»	»	60
	Jemmapes	»	»	1	»	54	12	»	»	67
	Col-des-Oliviers	»	»	2	»	67	»	»	»	69
	Eulmas (mixte)	1	»	12	»	400	30	»	»	442
	ORAN TERRITOIRE CIVIL									
	Mascara (mixte)	»	»	»	»	15	»	»	»	15
	Remchi (mixte)	»	»	»	»	18	»	»	»	18
	TOTAUX	18	1	48	102	3.485	438	176	3	4.253

Quant aux doctrines qu'il professe, au dikr qu'il enseigne, ce ne sont plus les pratiques sévères des Hansalïa d'autrefois, mais les recommandations du pasteur à ses disciples, les préceptes du sage aux fidèles pour les maintenir dans la voie (tariqa) révélée et leur indiquer les moyens à suivre pour gagner les grâces divines.

Nous les donnons in-extenso, dans la traduction d'un diplôme de moqaddem que nous devons à l'obligeance de M. Philippe, ancien administrateur à Fedj-Mzala.

Diplôme de moqaddem

En tête : Empreinte d'un sceau qui porte :

Je cherche ma force « en Dieu »

Celui qui a mis sa protection en Dieu Tout-Puissant, Bel-Qacem ben Cheikh-Zouaouï 1295 (de l'hégire).

Louange à Dieu, le généreux, le noble, celui qui n'a ni associé, ni semblables, ni compagnons, ni père, ni enfant, dont il est impossible à l'intelligence et au cœur de l'homme d'approfondir l'essence mystérieuse, et dont toute créature reconnaît la souveraineté ; que ses louanges soient proclamées pour les prescriptions qu'il a données à ses esclaves et serviteurs de réciter les prières (dikr) et de recevoir les ouerd (rituels), en récompense, suivant sa promesse, des avantages et des salaires magnifiques dans la vie future. Que la prière et le salut soient sur notre Seigneur et Maître Mohammed, souverain des hommes qui cherchent la voie juste et orthodoxe ainsi que sa famille et ses compagnons !

Prière et salut complets, sans cessation et sans discontinuité.

Ensuite : L'ordre des Chadelia-Hansalia jouit d'un prestige illustre dans l'Univers ; sa prééminence est reconnue dans le monde entier ; les bénédictions divines (qui comblent ses affiliés) sont aussi brillantes que le soleil au milieu du jour. Et l'auteur primordial de cette illustration est le cheikh des cheikhs (le maître des maîtres) de la confrérie, la mine de la voie sûre et de la véritable science, Sid-Ahmed-Ez-zouaoui, que Dieu nous fasse profiter, ainsi que tous les musulmans, des grâces divines qu'il lui a accordées, Amen !

Or, il existe un homme excellent, vertueux, parfait, notre fils le célèbre Sid Ahmed ben El-Mekki, d'une religion accomplie qui, par ses aptitudes est digne de compter parmi les pasteurs du bien qui ont mission de faire agréer les âmes par Dieu, travaillent à rechercher la perfection et la sainteté, invoquent Dieu pour que les hommes atteignent le bien et parviennent à la soumission aux décrets de la Providence. Nous l'avons choisi pour qu'il confère l'ouerd (de notre confrérie), à tout postulant ou à tout individu qui lui en fera la demande et l'initiation à ceux qui désireront la recevoir de lui. Que Dieu le place comme un bon guide dans la voie droite et qu'il soit bien dirigé lui-même. Que par son intermédiaire, il ouvre les cœurs fermés, les oreilles des sourds, les yeux des aveugles ; qu'il lui donne la faveur d'être bien accueilli et bien reçu dans cette contrée bénie. C'est là notre ferme espérance. Amen ! C'est dans ce but que lui est délivré, par nous, ce brevet et que nous l'autorisons à faire ce qui est expliqué plus haut. Cette autorisation est complète. Nous lui recommandons l'observance de la crainte de Dieu, soit en secret, soit en public, et de ne pas oublier que le Seigneur sait et voit tout, que rien ne lui est caché. Tel est le diplôme que nous lui délivrons. Écrit par ordre de Sid-Bel-Qacem ben Sidi-Hammou, petit-fils de cheikh Zouaoui, dont le cachet est apposé en tête du présent. Que Dieu nous assiste ainsi que vous tous qui êtes aimés de lui, et qu'il voit d'un œil bienveillant, par la grâce du Prophète et de ceux qui sont ses élus. Délivré dans le mois de choual 1307 de l'hégire. Que la meilleure des prières et la plus pure des faveurs divines soient sur l'auteur (de l'hégire) jusqu'au jour de la résurrection (1).

---

(1) Traduction de M. Philippe, interprète militaire.

ZIANÏA

Cachet du Cheikh de Zianïa.

Revenons au Maroc et poursuivons l'exposé de ces curieuses confréries issues des Chadelïa, qui semblent être autant d'églises, de chapelles distinctes destinées à abriter les principes de l'école mère.

Dans l'Extrême-Sud, entre le Tafilelt et l'oasis de Figuig, s'élève la zaouïa de Khenatza édifiée sur le tombeau du fameux El-Hadj-Mohammed ben A'bderrahman ben Bouzian fondateur de la confrérie des *Zianïa*.

La biographie de ce chérif thaumaturge est analogue à celle de tous les saints musulmans du Maghreb. Son existence s'écoule au milieu des prodiges et des visions extatiques, et les miracles nombreux qu'on lui attribue se ressentent, naturellement, du milieu où il a vécu. Semblable aux Chorfa qui, au XVIIe siècle, allaient dans les steppes sahariennes fonder des établissements religieux et faire du prosélytisme tout en embellissant, par des plantations, ces lieux arides, Mouley-Bouzian se signale à ses coreligionnaires par son esprit conciliant, ses grandes vertus de piété et de charité. C'était un chérif philanthrope qui ne devait point tarder à acquérir un prestige considérable dans ces pays éloignés de tout gouvernement régulier et où la loi du plus fort remplaçait celle du juste.

Né vers le milieu du XVIIe siècle à l'embouchure de l'Oued-Dra'a, il fut élève de nombreux professeurs en renom et, notamment, du nommé Mobarek ben A'bd-el-Aziz, moqaddem des Nacerïa, qui l'initia aux doctrines des Chadelïa. Ce fut donc un apôtre de l'enseignement d'Abou-Hassan-Chadeli, et la chaîne mystique qu'il laissa à ses disciples est celle de la confrérie mère ; mais au-dessus des pratiques mystiques et de la science spiritualiste, il plaça l'amour du prochain qu'il légua à sa descendance comme le principe fondamental de sa tariqa. Ce principe se dégage, avec clarté, des recommandations spéciales suivantes, que les dignitaires de la confrérie des Zianïa transmettent, de génération en génération, à leurs adeptes.

Diplôme de Moqaddem

Ceci est une copie d'un diplôme de moqaddem de la confrérie (des Zianïa) de Kenatsa.

Louange à Dieu seul.

Que Dieu répande ses bénédictions sur notre Seigneur Mohammed et sur sa famille.

A tous ceux qui prendront connaissance de notre présent écrit, parmi nos amis de la ville de Blida, gens de la corporation des Zianïa de Kenatsa, faqirs, eulama, tolba, chioukh, salut.

Sachez que nous désignons comme notre moqaddem auprès de vous et comme *chef de la zaouïa*, le jurisconsulte, le très-docte Sidi-El-hadj-Taïeb ben Sidi-El-hadj-A'bd-Er-Rahman.

Nous l'autorisons à divulguer les secrets choisis et à enseigner l'*Ouerd Sublime*.

Il éveillera l'attention de ceux d'entre vous qui se montreraient insouciants ; il dirigera (dans le droit chemin) ceux qui seraient égarés ; il instruira les ignorants (des choses nécessaires au salut) ; *il sera compatissant pour vos jeunes enfants; il supportera patiemment les injustices* (que vous pourrez commettre à son égard) *et il endurera le mal* (que vous pourrez lui faire).

Vous devez l'honorer, le respecter, le vénérer.

Il sera, pour vous, *un père* et vous serez, pour lui, des enfants.

Quiconque obéit à son moqaddem obéit à son cheikh et celui qui obéit à son cheikh obéit à Dieu et à son Prophète.

Que Dieu répande sur lui ses bénédictions, et lui accorde le salut !

Écoutez-le donc et obéissez à tous les ordres qu'il vous donnera, en vue du bien, et à toute défense qu'il vous fera concernant ce qui est mal.

En dehors de cela, on ne doit pas obéissance à un être créé (lorsqu'il prescrit) la désobéissance envers le créateur.

Vénérez-le en vue de la vénération que vous devez à Dieu et aux chioukh, comme il est d'usage envers les moqaddim, en tous lieux et en tout temps.

Ayez soin de vous montrer pleins de douceur (dans vos rapports) avec lui.

Il sera, s'il plaît à Dieu Très-Haut, une bénédiction pour vous.

Quiconque ne le respectera pas devra craindre pour lui-même. Il en sera de même de quiconque ne respectera pas son fils, qu'il a choisi comme khalifa (or le khalifa remplace celui qui l'a désigné pour le seconder).

Il devra (le fils) avoir la crainte de Dieu, secrètement et ouvertement, et appréhender (la colère de) son Seigneur, en toute circonstance et en tout temps.

Notre Seigneur prête son aide à tous, par les mérites du *Prophète intercesseur*.

Dieu est notre répondant. Il est le meilleur des procureurs, le meilleur des maîtres et le meilleur des défenseurs.

Il n'y a de force et de puissance qu'en Dieu le grand, le considérable !

Au bas de l'original se trouvent deux empreintes du cachet (du chef) des Kenatsa (apposées par) celui qui y a été autorisé, parmi les enfants du cheikh Sidi-Mohammed ben Bou-Zian. — Que Dieu nous fasse participer aux grâces qu'il lui a accordées ! (1).

Mouley-Bouzian mourut le 10 ramadan 1145 de l'hégire (24 février 1733 de J.-C.), laissant à sa postérité le soin de continuer son œuvre.

Ses successeurs spirituels furent *Mohammed*, dit *El-A'radj*, 1196 (1781); *Abou-Median ben El-A'radj*, 1214 (1799); *Mohammed*, dit *ben A'bdallah ben Abou-Median*, 1241 (1825); *Abou-Median ben Mohammed-A'bdallah*, 1270 (1853); *Mohammed ben Mohammed*, dit *ben Mostefa ben Mohammed*, frère du précédent, 1272 (1855); *Sid-Mohammed ben A'bdallah*, chef actuel de la confrérie.

---

(1) Traduction de M. Bagard, interprète militaire.

Aucun n'a transgressé les traditions léguées par ses ancêtres, traditions qui sont aujourd'hui, plus que jamais, suivies dans toute leur pureté.

Aussi, la zaouïa de Khenatza est-elle considérée comme la maison hospitalière où riches et manants trouvent aide et protection. Les dignitaires de la confrérie sont autant d'apôtres du bien, de médiateurs écoutés, que les caravanes qui s'aventurent au Touat, au Gourara ou dans les oasis éloignées du grand désert, prennent comme guides. Le cachet de Mouley-Bouzian les rend inviolables, et, de toutes parts, on vient solliciter leur puissante intervention.

Depuis que la France essaye de franchir les étapes sahariennes pour porter la paix et la prospérité dans ces endroits où les luttes de çoffs sont encore à l'état latent, les Zianïa se montrent accueillants et favorisent nos efforts; l'année de la prise d'A'ïn-Chaïr ils offrirent l'hospitalité au général De Wimpffen et depuis ils nous ont rendu des services appréciables.

Leur influence, bien que contrebalancée par celle des Derqaoua de Madaghra, des Kerzazïa, des Taïbïa et des Cheïkhïa, est grande. Au Maroc, ils comptent des couvents et des moqaddim dans les régions de l'Oued-Dra'a.

Ils ont quelques représentants dans le nord de l'empire chérifien, mais leur domaine d'action est plus particulièrement localisé dans les Beni-Guil-Cheraga, les Ouled-Sidi-Cheikh-Gharaba au nord; les oasis de Figuig au Nord-est; le Tafilelt à l'Est; au Touat et au Gourara au Sud.

En Algérie, ils ont de nombreux représentants chez les Hamián et dans les localités mentionnées dans l'état ci-après :

— 500 —

ZAOUIA MÈRE	LOCALITÉS où la confrérie compte DES ADEPTES	ZAOUIA	CHIOUKH	MOQADDIM	CHOUACH	KHOUAN	KHAOUNIET	TOTAUX DES ADEPTES
KHENATZA (Maroc). Chef suprême de la confrérie : SI MOHAMMED BEN A'BDALLAH.	**ORAN** *TERRITOIRE CIVIL*							
	Aïn-Fezza (mixte)............	»	»	2	»	30	»	32
	Nedromah (mixte)............	1	»	5	2	303	40	350
	Remchi (mixte)...............	1	»	4	»	50	2	56
	Tlemcen......................	»	»	2	»	10	»	12
	Oran et environs.............	»	»	»	»	50	»	50
	Saint-Lucien.................	»	»	2	»	145	»	147
	Aïn-Temouchent...............	»	»	2	»	61	»	63
	Mascara......................	»	»	1	»	55	»	56
	Saïda (mixte)................	»	»	7	»	139	20	166
	Cacherou (mixte).............	»	»	3	»	98	18	119
	Mascara (mixte)..............	»	»	7	»	287	»	294
	Frenda.......................	»	»	4	»	129	2	135
	Sidi-bel-Abbès...............	»	»	»	»	47	»	47
	Mercier-Lacombe..............	»	»	»	»	10	»	10
	Tenira.......................	»	»	»	»	20	»	20
	Tessala......................	»	»	»	»	15	»	15
	Chanzy.......................	»	»	»	»	28	»	28
	Trembles.....................	»	»	»	»	25	»	25
	Sidi-Khaled..................	»	»	»	»	6	»	6
	Telagh (mixte)...............	»	»	»	»	14	»	14
	Mekerra (mixte)..............	»	»	»	»	109	»	109
	Hillil (mixte)...............	»	»	1	»	18	»	19
	Tiaret.......................	»	»	»	»	73	»	73
	Ammi-Moussa..................	»	»	»	»	55	»	55
	Sehdou.......................	»	»	12	»	98	30	140
	ORAN *TERRITOIRE DE COMMANDEMENT*							
	Géryville....................	»	»	3	»	77	»	80
	El-Aricha....................	»	»	4	»	140	»	144
	Méchéria.....................	»	»	4	»	56	»	60
	Marnia.......................	»	»	6	»	290	222	518
	Aïn-Sefra....................	»	»	3	»	54	»	57
	ALGER *TERRITOIRE CIVIL*							
	Alger........................	»	»	1	1	»	30	32
	Blida........................	»	»	2	»	134	»	136
	Hammam-Righa.................	»	»	1	1	23	»	25
	Orléansville.................	»	»	»	»	13	»	13
	Chélif.......................	»	»	»	»	11	»	11
	Totaux généraux....	2	»	76	4	2.673	364	3.117

KERZAZÏA

Fondée par le chérif Ahmed ben Moussa-el-Hassani-Mouley-Kerzaz

(Né à Kerzaz vers l'an 907-908 de l'hégire, 1502 de J. C.,
mort en 1016 de l'hégire, 1608 de J.-C.)

Au Sud du monastère de Khenatza, sur la route que suivent les caravanes pour aller au Touat, s'élève la zaouïa mère de la confrérie des Kerzazïa. Le patron de cette corporation, Cheikh Ahmed ben Moussa-el-Hassani-Mouley-Kerzaz, fut, lui aussi, un de ces chorfa sahariens sanctifiés par leurs bonnes œuvres; ses doctrines étaient celles des Chadelïa dont il était moqaddem ; son maître spirituel, le célèbre Si Ahmed ben Youcef-el-Miliani, et son initiateur, Ahmed ben Abderrahman-es-Saheli.

De descendance idrisienne, il possédait, en outre, le don des miracles et, naturellement, Dieu lui confia la mission de fonder une confrérie à son vocable.

La chaîne de ses appuis mystiques est celle des Chadelïa proprement dits ; ses successeurs dans l'ordre spirituel et temporel furent : *Mohammed ben Djerad, A'bderrahman-el-Hamzaoui, A'bderrahman ben Feldja, Mohammed ben A'bderrahman, Mohammed ben Mohammed-Mouley-el-hadj, El-Kebir-Hassoun ben Mahammed, A'li ben Hassoun, Mohammed ben A'bdallah-Mouley-Djema'a, Mohammed ben Mohammed-ech-Chérif-et-Touati, Mohammed A'li ben Mohammed, Mohammed ben A'li ben A'bderrahman, El-Kebir ben Mohammed, Sid-A'hmed ben Sid-el-Kebir-bou-Hadjaja, Si A'hmed ben Kebir, Si A'bderrahman ben Mahammed,* chef actuel de la confrérie.

Les principes humanitaires du grand cheikh Mouley-Kerzaz étaient aussi développés que ceux du fondateur des Zianïa, mais ce dernier s'était attribué le rôle de patron des Berbères sédentaires et des nomades sans distinction, tandis que Cheikh-Mouley-Kerzaz se proclama le protecteur des populations qsouriennes victimes des Touareg pillards.

Sa zaouïa, asile inviolable des malheureux et des persécutés, s'opposait, comme un rempart, aux incursions des nomades.

Ses héritiers sont demeurés fidèles à ses traditions et la zaouïa de Kerzaz est encore aujourd'hui, le refuge des habitants des Qsours, en cas de troubles, et la maison du pauvre, de l'indigent et du malheureux, en tout temps.

La neutralité qu'ils s'efforcent de garder dans les rivalités locales s'étend aux gouvernements temporels établis. C'est ainsi que les Chorfa de Kherzaz sont en faveur à la Cour du Sultan du Maroc et qu'ils entretiennent en même temps, les meilleures relations avec nous. Depuis 1881, surtout, la France n'a eu qu'à se louer de leur attitude et aujourd'hui, plus que jamais, le grand maître de l'ordre paraît vouloir continuer à prêter son concours à notre action civilisatrice.

« J'ai l'honneur de vous rendre compte que Si Ahmed ben El-Kebir, » ancien chef de la zaouïa de Kerzaz, est décédé le 5 djoumada-et-tsani » (11 novembre 1896). Je l'ai remplacé et je vous adresse cette lettre pour » vous prévenir de ma nomination. *Je suivrai ses traces et serai, avec* » *vous, comme il l'a été* », écrivait Si A'bderrahman, il y a un an, au général commandant la subdivision d'Aïn-Sefra, et, depuis, il tient son engagement.

C'est un gage pour l'avenir; car, la zaouïa de Kerzaz, située aux portes du Touat, peut nous être d'une grande utilité en favorisant nos entreprises dans ces contrées. Elle y possède, en effet, de nombreux domaines, des couvents secondaires et des représentants qui y jouissent d'un grand prestige.

Ses serviteurs religieux sont disséminés dans tout le désert, chez les Oulad-Djerir, Douï, les Ghenamena et parmi les populations sédentaires du Figuig, des Beni-Goumi, de l'Oued-Saoura et du Gourara.

Au Nord, elle est représentée dans les grandes villes du Maroc et en Algérie, elle compte près de trois mille adeptes.

Le tableau suivant en fait connaître la répartition.

DIRECTEUR de la confrérie et ZAOUIA MÈRE	LOCALITÉS où la confrérie compte DES ADEPTES	ZAOUIA	CHIOUKH	MOQADDIM	CHOUACH	KHOUAN	KHAOUNIET	TOLBA	TOTAUX DES ADEPTES
SI A'BDERRAHMAN BEN MAHAMMED, zaouïa de Kerzaz (Maroc).	**ORAN** TERRITOIRE CIVIL.								
	Aïn-Fezza (mixte)..........	»	»	2	»	120	»	»	122
	Nedromah (mixte)..........	»	»	1	»	50	30	»	81
	Remchi (mixte)............	»	»	7	»	115	26	»	148
	Sebdou (mixte)............	»	»	14	»	162	85	»	261
	Telagh (mixte)............	»	»	2	»	40	»	»	42
	Tlemcen..................	»	»	4	»	42	»	»	46
	ORAN TERRITOIRE DE COMMANDEMENT								
	Géryville.................	»	»	»	»	294	»	»	294
	Saïda (annexe)............	»	»	1	»	50	»	»	51
	El-Aricha (annexe).........	»	»	13	»	185	»	»	198
	Méchéria (commune).......	»	»	11	»	258	»	»	269
	Marnia (commune).........	»	»	19	»	250	122	»	391
	Aïn-Sefra.................	»	»	4	»	107	»	»	111
	TOTAUX...........	»	»	78	»	1.673	263	»	2.014

DERQAOUA

Ainsi, dans l'Empire marocain où la confrérie mère des Chadelïa semblait avoir trouvé un domaine propice à l'expansion rapide de ses doctrines, elle s'est scindée en plusieurs corporations distinctes. Ce sont, généralement, des Chorfa déjà accrédités par leur origine, des Saints que la foule vénère à cause de leurs miracles, qui en deviennent les patrons. Avec eux, la science spiritualiste, préconisée par les maîtres du soufisme et vulgarisée par Hassan-Chadeli, semble se perdre dans le maraboutisme. Tout en suivant dans ses grandes lignes l'enseignement des Abou-Médian, A'bdesselam ben Machich et de leur maître à tous, Chadeli, ils sont, de par leur naissance, inféodés au gouvernement chérifien et ils ne négligent point le côté temporel malgré les préceptes de la confrérie mère.

Mais voilà qu'un d'entre eux, théologien célèbre dans le Maghreb, fakih réputé par sa sainteté et le mépris profond qu'il professait pour les biens de ce monde, essaye de remonter le courant en enseignant les doctrines pures du soufisme et en recommandant aux lettrés et aux dévots, de revenir au chadelisme, seul susceptible de leur ouvrir la voie du paradis.

Ce pieux personnage, ce savant, se nommait *Abou-l'Hassan-Mouley-A'li* ben *A'bderrahman-el-Djemal-el-Fasi*.

Au commencement du XIIIe siècle de l'hégire, son élève et coadjuteur, Mouley-el-A'rbi ben Ahmed-ed-Derqaouï (1), continue son œuvre ; plus austère, plus rigoriste que son maître, il tombe dans un puritanisme outré et fait de l'école des Chadelïa, une confrérie de derouich exaltés, aux pratiques sévères, s'offrant en exemple à la foule et combattant aussi bien les gouvernements établis que les musulmans qui ne suivent point leurs doctrines rétrogrades.

« Les devoirs de mes frères consisteront à triompher de leurs passions.

» Pour accomplir ces devoirs, ils chercheront à imiter :

» Notre Seigneur Moussa (Moïse), *en marchant toujours avec un* » *bâton* ;

» Notre Seigneur Abou-Beker et Notre Seigneur Omar-el-Khettab, » *en se vêtant d'étoffes rapiècées* (el-mroqa مرفعة) ;

» Djafar ben Abou-Taleb, *en célébrant les louanges de Dieu par des* » *danses* (regs رقص) ;

---

(1) Mouley-el-A'rbi-ed-Derqaoui, né en 1214 de l'hégire, dans la tribu des Beni-Zeroual, doit son surnom de Derqaoui à la fraction de Derqa dont son ancêtre, Youcef Abou-Derqa, était originaire. D'où le vocable de *derqaoua* ou *derqaouïa* donné à la confrérie.

» Bou-Hariro (secrétaire du Prophète), *en portant au cou un chapelet* (sebha سبحة);

» Notre Seigneur Aïssa (Jésus-Christ), *en vivant dans l'isolement* et
» le désert (es-sahara صحرا);

» *Ils marcheront pieds nus, endureront la faim, ne fréquenteront*
» *que les hommes pieux* (صالحين);

» *Ils éviteront la société des hommes exerçant un pouvoir*. Ils se
» garderont du mensonge. Ils dormiront peu, passeront les nuits en
» prières, feront des aumônes; ils informeront leur cheikh de leurs
» plus sérieuses comme de leurs plus futiles pensées, de leurs actes
» importants comme de leurs faits les plus insignifiants. Ils auront,
» pour leur cheikh, une obéissance passive et, tous les instants, ils
» seront, entre ses mains, comme le cadavre aux mains du laveur des
» morts ».

Zaouia d'Aïn-Soltan, commune mixte de Saïda
(Vue communiquée par M. Alliot, administrateur).

Ces préceptes légués par son maître spirituel au fondateur des Derqaoua et que nous reproduisons d'après M. Rinn, « *Marabouts et Khouan* (p. 233) », synthétisent à merveille, l'enseignement derqaoui. Malgré tout le rigorisme de cet enseignement, il n'en est pas moins vrai que, dans tous les mouvements insurrectionnels dont l'Algérie et le Maroc ont été le théâtre depuis la formation de la confrérie, on a trouvé la main de ces sectaires farouches, de ces hommes en haillons, ces puritains de l'Islam, ces derouich fanatisés par des prédications ardentes que sont les Chadelïa-Derqaoua.

C'est que les exhortations de leur chef à demeurer éloignés du monde, ne pouvaient se concilier avec les recommandations qu'il leur adressait, d'autre part, de haïr et de persécuter dans l'ombre tous ceux qui, de près ou de loin, détenaient une parcelle du pouvoir temporel ou s'y rattachaient par d'autres liens. Aussi, voit-on des fauteurs de désordre apparaître à la moindre occasion et donner libre cours à leur fanatisme.

Ici, c'est un nommé Mohammed ben A'li qui représente les Turcs comme des musulmans sans croyance. Retiré dans les montagnes des Medjadja, il appelle les fidèles ardents dans la voie de Dieu, à la guerre sainte, (1195 de l'hégire, 1783 de J.-C.). A leur tête, il remporte des succès merveilleux sur les troupes du Maghzen, succès à la suite desquels il est comblé de présents par le bey d'Oran (1).

Là, c'est Ben Arach, des Beni Oualban (Kabylie du département de Constantine), qui défait l'armée du bey Osman dans la plaine appelée, depuis, *Mehraz* ou le *Mortier* (1222 de l'hégire, 1808 de J.-C).

On connaît aussi l'histoire de Bou-Terfas, le rôle des Derqaoua lors des troubles du Maroc sous l'empereur Mouley-Sliman, et, plus récemment, celui de Si A'bderrahman-Touti, d'El-Hadj-Moussa ben Al'i ben Hocein, connu sous le nom de Bou-Hamar (l'homme à l'âne), et de tant d'autres qu'il serait fastidieux d'énumérer ici. Au fur et à mesure qu'ils sont battus, ils disparaissent momentanément pour reparaître plus forts, plus ardents à la lutte, guidés par d'autres chefs et toujours animés des mêmes sentiments de haine et de rébellion qui les caractérisent.

Leurs coreligionnaires, eux-mêmes, les qualifient de révoltés et traduisent le surnom d'Abou-Derqa par *l'homme au bouclier*.

Après son maître et imitateur Abou-Hassan-Mouley-A'li ben A'bderrahman-el-Fasi, Mouley-el-A'rbi cite, dans l'ordre ascendant, les personnages qui composent sa chaîne mystique, savoir :

El-A'rbi ben Abdallah ;
Ahmed ben A'bdallah ;
Qacem-Sid-Ahmed-el-Yamani ;
Qacem-el-Khessas ;
Mohammed ben A'bdallah ;
Abou-Djemal-ed-Din-Abou-Mehassar-Youcef ben Mohammed ;
Abou-Zid-A'bderrahman-el-Fasi-el-Oukil-el-Medjdoub ;
Aboul-Hakem-A'li ben Ahmed-es-Sanadji-ed-Douar ;
Youcef-es-Sanhadji-ed-Douar ;
Sidi-er-Ghazi ben Belqacem ;
Sidi-A'li-es-Sousi ;

---

(1) Esterhazi, *Domination turque dans l'ancienne Régence d'Alger*.

Ibrahim ben Ajeham ;
Aboul-Anouar-Ibrahim ben A'li-ez-Zerhouni ;
Sid-Ahmed ben Youcef-el-Miliani-er-Rachidi ;
Sid-Aboul-A'bbas-Ahmed-Zerrouq-el-Bernoussi ;
Cheikh Ahmed ben Okba-el-Hadrami ;
Aboul-A'bbas-el-Hassen-el-Kerafi ;
Tadj-ed-Din ben A'bd-el-Kerim ben A'tha-Allah-el-Iskenderi-el-Maleki (mort au Caire l'an 709, hégire 1309-1310 de J.-C.) ;
Aboul-A'bbas-Ahmed ben A'mar-el-Ansari-el-Morci ;
Aboul-Hassan-Chadeli.

Cheikh El-A'rbi-ed-Derqaoui mourut vers 1823, dans sa zaouïa de *Bou-Berih* située dans la vallée du Haut Ouar'ra, tribu des Beni-Zeroual, à quelques kilomètres au Nord de Fas.
Ses successeurs spirituels furent, par ordre chronologique :
Si Mohammed-el-Bouzidi ;
Sid-el-Hadj-A'bdelmoumen-el-Ghouari ;
Si Mohammed-el-Arag ;
Si Mohammed ben Ibrahim ;
Sid-Mohammed ben A'bdesselam-el-Ghomari ;
Sid-el-Hadj-Mohammed-Ould-es-Soufi-es-Sousi ;
Si El-Habib ben A'mian ;
Si Mohammed-el-Miliani ;
Sid-A'bdallah ben Chouirek ;
Sid-A'bderrahman-Ould-Sidi-Taïeb, chef actuel de la zaouïa de Bou-Berih.
La zaouïa de Bou-Berih a toujours été considérée comme le couvent principal de la confrérie, mais, au fur et à mesure de leur évolution, les derqaoua se sont fractionnés en plusieurs groupes distincts formant autant de branches autonomes, tout en conservant la dénomination primordiale et en suivant les doctrines puritaines et exclusives de l'ordre.
La principale de ces branches, celle de Bou-Berih, exerce une sorte de suprématie morale sur les autres. — Sans reconnaître d'une façon absolue l'autorité du cheikh qui la dirige, tous les derqaoua du Maroc y envoient des offrandes annuelles. L'ensemble de la tribu des Beni-Zeroual est, au point de vue religieux, presque complètement entre les mains de Si A'bderrahman-Ould Si Taïeb, et il en est de même de quelques tribus voisines. — L'influence du cheikh de la zaouïa de Bou-Berih est prépondérante chez les Tam-Samam et considérable chez les Ghomara.

Après la branche mère, la plus importante ramification est celle du Tafilelt, fondée et dirigée par les chorfa de Madaghra.

Zaouïa de Tircine (commune mixte de Saïda), vue communiquée par M. Alliot, administrateur.

Par sa position géographique, par l'origine chérifienne de la famille qui la dirige, la zaouïa de Madaghra mérite une mention spéciale. — Éloignée de l'action du Sultan, elle garde une indépendance absolue et constitue un petit gouvernement occulte qui ne reconnait d'autre autorité que celle du cheikh à la fois seigneur féodal et chef de congrégation religieuse, qui en a la direction. La noblesse de ce personnage, son acétisme et ses pouvoirs mystérieux, lui assurent, avec le concours des grands, les sympathies des humbles et des dévots, mais ses doctrines anti-sociales et sa haine pour les gouvernements établis, font de son monastère le refuge des rebelles, des dissidents et des repris de justice. — Bou-A'mama y trouve un accueil empressé et les perturbateurs de toutes catégories une retraite inviolable.

Les attaches des chorfa du Tafilelt avec la cour du Maroc font, également, de leur domaine, la résidence de la majeure partie de la famille régnante et la maison de détention où sont relégués, par mesure de précaution, les parents ou alliés de l'Empereur du Maroc prétendants au trône.

Fondée par Si Ahmed-el-Badaoui, inhumé à Fas, la congrégation des chorfa de Madaghra a été complètement organisée par son successeur Cherif-Ahmed-el-Hachem ben El-A'rbi, chérif décédé en février 1892, à l'âge de 93 ans.

L'hostilité de ce vieillard à notre gouvernement se manifestait en toute occasion : En mars 1888, il faisait publier, dans le Tafilelt, des proclamations à la guerre sainte, et depuis il n'avait jamais cessé de nous susciter des difficultés.

Il a laissé trois fils : Mouley-Sliman, Si Bel-Riss, Sid-El-A'bbas, dont le prestige s'étend dans tout le Sud marocain, au Touat et Tombouctou.

Les Aït-Atta, Aït-Izdeg, Aït-Youssi, Guerouan, Beni-Mguiled, etc., sont leurs plus fidèles serviteurs.

Citons aussi les groupes algériens dirigés par les chioukh *Bouchentouf ben A'bdallah ben A'bdelqader ben A'li*, en résidence à Mascara, et *Ghilam-Ahmed-ould-Hadda*, fixé dans les Oulad-Lakred (Tiaret m.).

Mais, depuis quelques années, une véritable transformation s'opère dans l'esprit des adeptes de ces diverses branches secondaires. Un nommé El-Hadj-

Moqaddem des Derqaoua.

Mohammed-el-Habri essaye de revivifier les doctrines du fondateur de la confrérie, et, par ses tendances rigoristes, par sa piété, sa puissance thaumaturgique, il inspire confiance aux derouich derqaoua, qui quittent leurs anciens maîtres spirituels pour se placer sous son patronage.

Sa zaouïa est située sur les bords de l'Oued-Kiss, au lieu dit Drioua, à trois ou quatre kilomètres Sud d'Adjeroud (fraction des Beni-Snassen,

Maroc), d'où il rayonne dans la zone comprise entre les Guelaïa à l'Ouest et le département d'Oran à l'Est.

Originaire de la famille maraboutique des Oulad-Bou-A'zza, du douar Oulad-Zaïm, Mohammed-el-Habri fut, primitivement, moqaddem de la zaouïa de Kherter, située chez les Beni-Yahi du Rif, puis il vint s'installer à Tarjirt, où il ne tarda pas à recouvrer son indépendance et à devenir le chef incontesté d'un noyau de fanatiques qui menace d'absorber tous les autres.

Le dikr qu'il recommande n'offre rien de particulier, mais les pratiques mystico-hystériques auxquelles ses khouan se livrent, leur donnent un caractère spécial. La grande vénération qu'ils ont pour leur maître, leur a fait prendre le vocable d'*Habria*. C'est, en réalité, une confrérie en formation, et il pourrait se faire qu'à la mort du chef qui la dirige, elle se place exclusivement sous son patronage.

En attendant, il convient de l'envisager comme une fraction des Derqaoua et de la confondre avec les autres sous la même dénomination primordiale.

Les moqaddim qu'El-Habri investit dans le département d'Oran n'emploient jamais, en effet, d'autres vocable. Un de ces moqaddim, en résidence dans la commune mixte de Saïda où il a fait édifier deux importantes zaouïa, y acquiert tous les jours de l'influence. C'est réellement le type du derqaoui farouche, ne négligeant pas le côté matériel. Il se tient à l'écart de notre administration pour s'adonner au prosélytisme et s'attirer les sympathies des mécontents et des fanatiques.

En ce qui concerne l'Algérie, nous avons pu déterminer le domaine géographique de chacun des rameaux des Derqaoua qui se sont successivement formés, dans le tableau synoptique ci-après :

ZAOUIA MÈRE ou tombeau du fondateur de la confrérie	NOMS des principaux moqaddem ou chioukh indépendants	LOCALITÉS où la confrérie compte DES ADEPTES	ZAOUIA	OUKLA	TOLBA	CHIOUKH	MOQADDIM	DERQUICH	KHAOUNIET	CHOUACH	TOTAUX DES AFFILIÉS PAR CONGRÉGATION	TOTAUX GÉNÉRAUX DES AFFILIÉS
ZAOUIA DE BOU-BERIH. — Tribu des Beni-Zeroual (Maroc) dirigée par Sidi-A'bderrahman-Ould-Sidi-Taïeb, descendant du cheikh Mouley-el-A'rbi ben Ahmed-el-Benjouni.	CHEIKH MOHAMMED-EL-HABRI en résidence à Briora, douar des Oulad-Zaïm, tribu des Beni-Khaled, une des quatre fractions des Beni-Snassen (Maroc).	**ORAN** *TERRITOIRE CIVIL*										
		Aïn-Fezza (mixte).........	1	»	»	»	4	105	»	»	109	
		Nedromah (mixte).........	»	»	»	»	1	255	40	»	296	
		Remchi (mixte)............	»	»	»	»	»	85	11	»	96	
		Sebdou (mixte)............	»	»	»	»	1	27	24	»	52	
		Tlemcen...................	»	»	»	»	2	60	12	»	74	
		Oran......................	»	»	»	»	6	920	150	»	1.076	
		Saint-Lucien (mixte)......	»	»	»	»	1	85	»	»	86	
		Aïn-Temouchent...........	»	»	»	»	»	12	»	»	12	
		Mascara...................	»	»	»	»	»	112	»	»	112	
		Saïda (mixte).............	2	»	»	»	2	350	125	»	477	
		Cacherou (mixte)..........	»	»	»	»	1	66	32	»	99	
		Mascara (mixte)...........	»	»	»	»	»	52	»	»	52	
		Aïn-el-Trid...............	»	»	»	»	1	43	»	»	44	
		Mostaganem...............	»	»	»	»	1	42	»	»	43	
		Stidia....................	»	»	»	»	»	5	»	»	5	3.612
		Zemmorah..................	»	»	»	»	1	125	»	»	126	
		Cassaigne (mixte).........	»	»	»	»	»	250	»	»	250	
		Saïda.....................	»	»	»	»	»	4	»	»	4	
		ORAN *TERRITOIRE DE COMMANDEMENT*										
		Saïda (annexe)............	»	»	»	»	1	82	»	»	83	
		El-Tricha.................	»	»	»	»	1	10	»	»	11	
		Tiaret (c.)...............	»	»	»	»	»	158	110	»	268	
		Marnia....................	»	»	»	»	»	120	105	»	225	
		Aflou.....................	»	»	»	»	»	12	»	»	12	
ZAOUIA DE BOU-BERIH (suite)	BOUCHENTOUF BEN ABDALLAH BEN ABDELQADER BEN ALI en résidence à Mascara.	**ORAN** *TERRITOIRE CIVIL*										
		Mascara...................	1	»	12	1	2	110	85	1	211	
		Aïn-Temouchent...........	»	»	»	»	»	12	»	»	12	
		Saïda.....................	»	»	»	»	»	5	»	»	5	
		Cacherou (mixte)..........	»	»	»	»	5	420	90	»	515	
		Mascara (mixte)...........	»	»	»	»	»	120	»	»	120	2.052
		Mostaganem...............	»	»	»	»	1	40	»	»	41	
		Stidia....................	»	»	»	»	»	5	»	»	5	
		Hillil (mixte)............	1	»	8	»	4	265	72	»	349	
		Zemmorah..................	»	»	»	»	2	92	»	»	94	
		Ammi-Moussa (mixte).......	»	»	»	»	5	275	»	»	280	
		Cassaigne (mixte).........	»	»	»	»	»	420	»	»	420	
	GUILAM-AHMED-OULD-HADDA, des Oulad-Lakred (Tiaret mixte).	Tiaret (mixte)............	1	»	25	1	3	327	112	»	468	
		Bosquet...................	»	»	»	»	»	50	»	»	50	
		Saint-Aimé................	»	»	»	»	1	13	»	»	14	
		Inkerman..................	»	»	»	»	3	48	»	»	51	
		Renault (mixte)...........	»	»	»	»	3	162	8	1	174	
		Hillil (mixte)............	»	»	»	»	»	12	»	»	12	
		Zemmorah (mixte)..........	»	»	»	»	»	58	»	»	58	
		Ammi-Moussa (mixte).......	»	»	»	»	»	42	»	»	42	
		Cassaigne.................	»	»	»	»	»	112	»	»	112	1.283
		ALGER *TERRITOIRE DE COMMANDEMENT*										
		Teniet-el-Haâd (mixte)....	1	»	30	»	4	126	»	»	160	
		Lamartine.................	»	»	»	»	1	26	»	»	27	
		Braz (mixte)..............	»	»	»	»	1	114	»	»	115	
		A reporter.........	7	»	75	2	58	5.834	976	2	6.947	6.947

ZAOUIA MÈRE où tombeau du fondateur de la confrérie	NOMS des principaux MOQADDIM OU CHIOUKH indépendants	LOCALITÉS où la confrérie compte DES ADEPTES	ZAOUIA	OUKLA	TOLBA	CHIOUKH	MOQADDIM	DEROUICH	KHAOUNIET	CHOUACH	TOTAUX DES AFFILIÉS PAR CONGRÉGATION	TOTAUX GÉNÉRAUX DES AFFILIÉS
		Report..........	7	»	75	2	58	5.834	976	2	6.947	6.947
ZAOUIA DE BOU-BERIH. — Tribu des Beni-Zeronal (Maroc) dirigée par Sidi-A'bderrahman-Ould-Sidi-Tateb, descendant du cheikh Mouley-el-Arbi-ed-Deryuoui.	"Houani" Si Sliman ben Henan en résidence à Sidi-bel-Abbès.	**ORAN** TERRITOIRE CIVIL. Sidi-bel-Abbès............ Bou-Kanéfis.............. Tessala................. Sidi-Khaled............. Telagh (mixte).......... Saïda (annexe)..........	» » » » » »	» » » » » »	» » » » » »	1 » » » » »	» » » » » 1	26 12 7 15 14 43	» » » » » »	» » » » » »	27 12 7 15 14 44	119
	Si Mohammed b. Ahmed-El-Archaoui en résidence à Tlemcen.	Frendah................. Sidi-bel-Abbès........... Nedromah (mixte)........ Chez les Hamian......... Tlemcen................. Teniet-el-Haâd.......... Blida................... Aumale..................	» » » » » » » »	» » » » » » » »	» » » » 22 » » »	1 » 1 1 1 » » »	» » » » » » » »	30 4 110 85 95 12 15 25	» » » » » » » »	» » » » » » » »	31 4 111 86 118 12 15 25	402
	A'bdelqader-Sidi-A'll en résidence à Cacheron (mixte).	Cacheron (mixte)......... Tlemcen.................	1 »	» »	12 »	1 »	3 »	410 16	86 »	» »	512 16	528
	Zaouia du Tafilelt dirigée par le fils de Si Mohammed-Bel-A'rbi, chérif de Madaghra (Maroc).	Frendah (mixte).......... Cacheron................ Zemmorah (mixte)........	1 » »	» » »	25 » »	1 » »	4 1 2	931 120 192	56 » »	» » »	1.017 121 194	1.332
	Ben Brahim Si El-Hadj-Mostefa ben Mohammed en résidence à Guetna (Frendah mixte).	Méchéria................ Marnia.................. Aïn-Sefra...............	» » »	» » »	» » »	» » »	1 1 1	185 26 25	» » »	» » »	186 27 26	239
		TOTAUX GÉNÉRAUX	10	»	134	9	72	8.232	1.118	2	9.567	9.567

Mais, pour les pays étrangers, nous sommes obligés de nous en tenir aux renseignements généraux que nous avons pu réunir et d'énumérer les couvents et représentants de la confrérie, sans mentionner les chioukh qui en ont la direction.

.*.

Au Maroc, indépendamment de la zaouïa mère de Bou-Berih, et des deux couvents principaux de Madaghra et de Drioua, il n'est pas de tribu qui ne compte un certain nombre de derouich Derqaoua ; on cite des zaouïa importantes à Fas, Marrakech, Medjour, Kherther (Rif) ; des couvents secondaires dans presque toutes les villes et tribus de l'empire et des corporations chérifiennes notamment aux environs de Fas, les *Debbaghiyn*, les *Youbiyn*, les *Kittaniyn*, les *Sqalliyn*, les *Harraqiyn*, etc., qui suivent le rituel des Derqaoua.

On peut considérer la confrérie comme la plus importante du Maroc, celle qui représente réellement, l'esprit et les aspirations des populations berbères et constitue le parti de l'opposition systématique au gouvernement.

Très nombreux au Touat et au Gourara, les Derqaoua sont en outre, répandus dans tout le Sahara jusqu'à Tombouctou où leurs zaouïa de Touzinin et de Madaghra sont représentées par les moqaddim Si Mohammed à Alided et Ouahed, à Tombouctou ; ce dernier personnage est un commerçant des Tadjakant.

En Tunisie, en Tripolitaine et en Égypte, ils ont des moqaddim et des adeptes ; au Hedjaz, on nous a signalé une zaouïa à la Mecque, moqaddim cheikh Hocein et Mohammed-Tahar ben Sa'ad ; une à Médine, moqaddem Hamdane, originaire de Yambo, et une à Djedda, moqaddem Mohammed-Lemzine.

Telle est, rapidement esquissée, la confrérie de ces derouich en haillons qu'on a si souvent présentés, avec raison, comme des messagers d'instructions tendant à jeter la perturbation dans les contrées qu'ils parcourent, ou des apôtres affectant de prêcher une abstention complète des affaires du pouvoir temporel. Ce sont les socialistes musulmans de l'Afrique septentrionale, tout comme les Ouhabites sont ceux du Hedjaz. Ils n'admettent aucun joug et sont en insurrection permanente contre tous ceux qui détiennent le pouvoir, qu'ils soient Arabes, Turcs ou Chrétiens.

Cependant, si au Maroc et en Algérie on trouve encore des derqaoua dédaignant avec ostentation les honneurs et les richesses, nous les rencontrons ailleurs, aussi avides que les autres musulmans ; sous la khirqa du philosophe, ils cachent toujours de fins diplomates ne visant qu'à renverser les dominateurs pour se substituer à eux ou cherchant à réveiller leur fanatisme pour les maintenir et les diriger au gré de leurs ambitions. Les réformes qu'ils préconisent n'ont point d'autres buts.

MADANÏA

Cachet du Cheikh des Madanïa de Sfax.

Les considérations que nous venons de développer s'appliquent surtout à la confrérie des « *Madanïa* », issue des Derqaoua dont elle représente, en quelque sorte, l'esprit contemporain et avec laquelle elle est, naturellement, en rivalité. On sait comment elle s'est formée :

Fondée vers 1820 par le derqaoui Mohammed ben Hamza-el-Madani (originaire de Médine), elle ne tarda point à devenir une des plus importantes corporations de la Tripolitaine. Sa zaouïa mère, de *Misrata*, centralisa l'action des nombreux prosélytes qui venaient se placer sous le patronage du cheikh El-Madani, lorsque le fils de ce cheikh, Mohammed-Dhaffer, devint par une suite de circonstances aujourd'hui bien connues, le conseiller intime du sultan A'bdel-Hamid.

Dès lors, les doctrines Chadelïa-Derqaoua professées par El-Madani, se modelèrent sur les aspirations du cheikh Dhaffer et sur les besoins de la politique panislamique de l'empire ottoman dont il était l'inspirateur et le meilleur agent.

Dans son traité intitulé « *Nour Es-Sata*, la lumière étincelante » publié à Constantinople en 1885, cheikh Dhaffer expose les principes fondamentaux de ses doctrines. Avec l'entraînement mystique et les préceptes du *Touahid* et du *Tessououf* des Chadelïa purs, on y relève les préoccupations du diplomate cherchant à faire de ses disciples des instruments de propagande en faveur des idées panislamiques.

Nous ne rappellerons pas ici toutes les démarches ni les tentatives entreprises dans le but de réaliser cette grandiose conception ; elles sont du domaine de l'histoire. Constatons toutefois, que les échecs subis jusqu'à ce jour, paraissent oubliés sous l'influence du mouvement qui s'opère actuellement dans les divers pays de l'Islam, par suite des succès de l'armée turque en Thessalie.

Le Cheikh Dhaffer est encore un des principaux moteurs de cette politique. De son sanctuaire d'Yildiz-Kiosk, qu'il doit à la munificence impériale, il lance, à travers l'Afrique septentrionale et le Hedjaz, des milliers d'émissaires qui essayent de faire partager leurs sentiments aux nombreux chioukh indépendants qui dirigent des corporations puissantes.

La Tripolitaine est son principal domaine d'action. Après son frère Hamza, mort il y a quelques années, ses neveux ont été investis de la baraka. Ce sont autant d'agents de la diplomatie Ottomane. Leur action se manifeste jusque dans les contrées du centre de l'Afrique, au Ouadaï et au Bornou.

En Tunisie et en Algérie, ce sont également ces personnages qui colportent les instructions de leur maître spirituel et temporel. Au Maroc et au Hedjaz des moqaddim dévoués ou des agents subalternes remplissent le même rôle. Aux chadelïa proprement dits, ils se présentent comme les apôtres de leur grand patron; vis-à-vis des derqaoua ils se font passer pour des puritains outrés, et aux tolba, eulama et autres personnages non inféodés aux confréries religieuses, ils offrent l'appui du sultan de Stamboul. Pour accomplir leur mission, ils emploient tous les moyens : les promesses aux ambitieux et aux simples, la menace de l'Être suprême à leurs affiliés et aux fanatiques ; l'insinuation et les offrandes aux personnages religieux indépendants ; la ruse et la dissimulation à l'égard des pouvoirs établis, sont, pour eux, des armes qu'ils manient avec une habileté sans égale.

S'ils ne réussissent pas dans leurs desseins, du moins contribuent-ils à entretenir cet esprit de révolte et cet ardent espoir du lendemain, espoir de délivrance auquel rêvent toujours les populations musulmanes. Voilà pour la politique. En morale et en religion, les recommandations des dignitaires des Madanïa ne présentent, au premier abord, aucune particularité ; mais en les approfondissant on ne tarde pas à apercevoir le souci du temporel qui les a dictées avec le soin qu'on a pris à dissimuler, le sens allégorique à donner aux termes et aux formules qu'elles contiennent.

Nous publions ci-dessous, en arabe et en français un diplôme de moqaddem madanien :

بسم الله الرحمن الرحيم * الحمد لله الصلاة والسلام على سيد المرسلين

الحمد لله الذى جعل أهل المعرفة مصابيح الظلام * ورفعت على خيمة سرهم الاعلام * بسبحان من اختصهم لشراب المدام * ومن اتاهم وافيا ببابهم حصل له السكر والهيام * فنحمده على هذه النعم والمزايا * ونشكره شكرا يليق بكمال على ما منحنا من العطايا * كما نطلب منه الزيادة على الدوام * وأشهد ان لا اله الا الله شهادة عبد ظهرت نفحاته * وتوالت افراحه بمولاه ومسراته * حتى دخل لدار السلام * واشهد ان سيدنا محمدا عبده ورسوله * الذى بين لنا الحلال والحرام * واهتدينا

بنوره في الانام * حتى بلغنا المرام * صلى الله عليه وعلى آله واصحابه نجوم
الهدى * وايته لافتدا * صلاة وسلاما دايمين متلازمين لا نهاية لهما ولو بعد الختام
* اما بعد فيقول المتوكل على مولاه خادم اهل الله محمد احمد بن عبد الله المدافي اني
لما اجزت الطريقة عن والدي وهو العارف الاكبر * والملاذ الابخر * الشيخ سيدي
احمد بن عبد الله التونسي منشًا ودارًا * الصفاقسي تربة ومزارًا * المغربي اصلًا
الشريف الحسني نسبة واصلا وهو اخذها عن جدى للام الغوث الاكبر * والقطب
الاشهر * سيدي محمد بن حمزة ظاهر المدافي وهو اخذها عن القطب الرباني *
والعارف النوراني * سيدي ومولاي العربي الدرفاوي الحسني وهما من بحل إلى
بحل كما في السلسلة المدنية الدرفاوية الشاذلية إلى رسول الله صلى الله عليه وسلم
ولما اخذت الطريقة عن والدي المذكور امرني بالسياحة مع الفقراء ورباني رضى الله
تعالى عنه حتى حتى ربع عن قلبى الاوهام والستور وامرني بتقوى الله في السر والعلانية
وان نحسن إلى عباد الله لقول رسول الله صلى الله عليه وسلم الخلف عيال الله احبُّكم
إلى الله انفعكم لعياله والاحسان يستوي بيد جميع المخلوقات حتى من الحيوانات
بذلك تتوالى النجعات * وتحصل البيوضات * وكما اذنني في ذلك فانا
اذنت جميع من قدمته على الطابعة المدنية كما اذنني والدي المذكور فنخص بهاذه
الاجازة ابننا المشهور * الذي عليه اختيارات تدور * مقدم مقادم اولاد نايل واجزته
إجازة تامّة * وجعلته في ذلك نايبا عنى وبعضا منى وهو مند مقدّم ومنه ناظر عليهم
وهو العارف الرباني والسيّد النوراني * من هو واقف في الحد * وملازم للجد *
سيدي يحي بن احمد * واوصيه هو ومن معه من الاخوان بتقوى الله العظيم ظاهرًا
وباطنا * سرًا وعلانية كما قال صلى الله عليه وسلم لمن ساله ان يوصيد اتف الله
حيث ما كنت واتبع السيئات حسنةً تمحوها وخالف الناس بخلف حسن وان
يوصى جميع من اخذ علينا الطريقة بهاذه الوصاية لتحصل لهم الدراية * ويعوزوا
من الله بالعطايا * وكما اوصيهم ان يعلو همهم عن الناس ولا يتعاطوا الا في المنفعة
الخاصة بالديانة وكما اوصيهم ليحظُظُوا بالصيانة وكما نوصيهم ان يطيعوا للامير *
ويتواضعوا للغنى والفقير * وان لا يعترفوا بين عباد الله بشرط ان يكون نظرهم
وتعظيمهم لصنع الله وطاعة الامير لها دليل من قوله تعالى يا ايها الذين آمنوا اطيعوا الله
والرسول واولى الامر منكم وكما اوصيهم بذكر الله دايما وان لا يشتغلوا بما لا يعنيهم ولا

بمجالس الغفلة ولا بالفيل والفال ٭ ولا يلتفتوا الى اى حال بل يشغلوا قلوبهم بمولاهم ويستغرقوا فى محبته ليحصل لهم منامهم ٭ وان يروا لادناهم كما يروا للاعلاهم وان يكونوا من الذاكرين المنفيين ان الله لا يضيع اجر المحسنين والســــــــلام ٭

Diplôme de Moqaddem

Au nom du Dieu clément et miséricordieux ! Louange à Dieu.
Que la bénédiction et le salut soit sur le Seigneur et les Envoyés.

Louange à Dieu qui a fait de ceux qui possèdent la science (divine) les flambeaux des ténèbres et a dressé les étendards sur la tente qui a abrité leurs cœurs ! (1).

Qu'on proclame la louange de celui qui les a spécialement choisis pour s'abreuver du nectar (divin) (2) et (a fait que) quiconque s'arrête au seuil de leur porte arrive à l'ivresse (3) et à l'amour passionné (pour le Seigneur).

Nous bénissons Dieu de ces bienfaits et de ces faveurs ; nous lui adressons des actions de grâces qui conviennent à sa perfection, pour les dons qu'il nous accorde, et nous lui demandons de nous combler éternellement (de ses bienfaits).

J'atteste qu'il n'y a point d'autre Dieu que Dieu, profession de foi du serviteur dont les vertus se manifestent et qui éprouve, en se rapprochant de son Seigneur, des joies et des bonheurs interrompus, jusqu'à ce qu'il pénètre dans la demeure de la sécurité. J'ajoute que notre Seigneur Mohammed est son Serviteur et son Envoyé, lui qui nous a fait distinguer ce qui est permis de ce qui est illicite, lui dont la lumière nous sert de guide, au milieu des créatures, jusqu'à ce que nous atteignions le but de nos désirs.

Que Dieu répande ses bénédictions sur lui, sur sa famille et ses compagnons, astres de la direction par excellence, pontifes que nous prenons pour exemples.

(Qu'il répande sur eux) bénédictions et salut perpétuels, inséparables, sans limite même après la mort.

Voici ce que dit celui qui se soumet à la volonté de son Seigneur, le serviteur des hommes de Dieu (les hommes pieux), Mohammed-Ahmed ben Abdallah-El-Madani :

J'ai reçu la Tariqa (ordre) de mon père, le savant le plus grand, la citadelle très glorieuse, le cheikh Sid-Ahmed ben Abdallah, né à Tunis et y demeurant (de son vivant), enterré à Sfax où on vient visiter son tombeau de race illustre, descendant de Hassan (fils d'Ali).

Il l'avait lui-même reçue de son aïeul maternel le refuge (غوث R'outs) suprême, le pôle (قطب Qotb) très célèbre, Sidi-Mohammed ben Hamza-Dhaffer-El-Madani qui la tenait du pôle, le docteur de la loi et de la religion, le savant lumineux, mon Seigneur et mon maître El-Arbi-Ed-derqaoui-El-Hassaoui.

---

(1) C'est-à-dire qui a fait que le cœur de ceux qui possèdent la science divine se distingue de celui des autres, par son élévation, un étendard déployé au-dessus d'une tente, indiquant qu'elle abrite un noble personnage.

(2) C'est-à-dire qui a permis qu'ils s'absorbassent dans la contemplation de Dieu.

(3) C'est cet état d'esprit qui fait que l'homme absorbé dans la contemplation de la Divinité est étranger à toute autre chose.

(Elle leur avait été transmise par leurs prédécesseurs) en remontant, de cheikh en cheikh, dans la chaîne des Badaouïa-Derkaoua-Chadelïa, jusqu'au prophète de Dieu. — Que Dieu répande sur lui ses bénédictions et lui accorde le salut !

Lorsque j'ai reçu la Tariqa, de mon père, il m'a prescrit de faire de *longs voyages* avec les pauvres (فقرا foqra) ; il a dirigé mon éducation — que Dieu Très-Haut soit satisfait de lui ! — jusqu'au jour où il a fait disparaître le doute de mon cœur, et l'a dégagé des voiles (qui l'enveloppaient) et il m'a ordonné de craindre Dieu, secrètement et ouvertement, et d'être bon envers les serviteurs de Dieu, car le prophète de Dieu — que le Seigneur répande sur lui ses bénédictions et lui accorde le salut ! — a dit : « Les créatures humaines sont la famille de Dieu et celui d'entre vous qui est le plus cher au Seigneur est celui qui est le plus utile à sa famille ».

(L'homme doit) se montrer bienfaisant, d'une manière égale, envers tous les êtres animés, même envers les animaux (1), et c'est par la bienfaisance qu'il obtient les grâces et les faveurs divines.

Je donne à tous ceux que j'investis du titre de moqaddem, parmi les affiliés à l'ordre des Madanïa, l'autorisation que j'ai reçue de mon père.

Je destine le présent diplôme à notre fils illustre, celui qui est enveloppé des faveurs divines, le moqaddem des moqaddim des Ouled-Naïl.

Je lui confère un diplôme complet ; je le désigne pour me représenter. Il ne fera aucune distinction entre les serviteurs de Dieu, à condition qu'ils agiront pour honorer l'œuvre de Dieu.

L'obéissance au dépositaire du pouvoir est enseignée par les paroles de Dieu Très-Haut : « O croyants ! obéissez à Dieu, à son Envoyé et à ceux d'entre vous qui exercent l'autorité ! » Coran, chapitre IV, verset 62.

Je lui recommande enfin, ainsi qu'à ses khouan, d'invoquer, sans cesse, le nom de Dieu, de ne point s'occuper de ce qui ne leur est pas profitable, de (se tenir à l'écart) des réunions où Dieu est négligé, de ne point écouter toute sorte de propos et de ne prêter aucune attention à toute chose (ne concernant pas la religion).

Leurs cœurs devront être uniquement occupés de leur Seigneur et ils s'absorberont dans son amour, afin d'obtenir la réalisation de leurs désirs.

Ils devront considérer ceux qui sont au-dessous d'eux comme ils considèrent ceux qui sont plus élevés qu'eux et se trouver parmi ceux qui invoquent le nom de Dieu et lui sont soumis.

Certes, Dieu ne laisse jamais faiblir la récompense de ceux qui font le bien.
Salut.
Mohammed-el-Madani.

(Empreinte d'un petit cachet sur lequel on lit : Celui qui place sa confiance en son Seigneur, Mohammed-Ahmed ben Abdallah) (2).

Dans les règles liturgiques ou les oraisons que les Madanïa prescrivent, il ne faut voir qu'un moyen infaillible de se créer une clientèle asservie, l'esprit qui les domine étant plutôt d'ordre politique que religieux.

Ils n'en sont que plus dangereux surtout depuis que leur grand-maître

---

(1) Littéralement : dans la bienfaisance sont égaux tous les êtres animés, même les animaux.

(2) Traduction de M. Bagard, interprète militaire.

est le chapelain du mystique A'bdel-Hamid et que, grâce à cette situation, il joue un rôle prépondérant dans l'orientation de la politique ottomane.

Il ne faut pas oublier que partout où il y a un affilié des Madanïa il y a un ennemi du progrès et de la civilisation, ennemi d'autant plus irréductible qu'il agit pour le compte d'une confrérie puissante et protégée par le gouvernement Turc.

Il y a donc un intérêt supérieur à bien connaître le domaine géographique de cette confrérie ainsi que les noms des moqaddim et autres dignitaires inférieurs qui en ont la direction.

En Turquie d'Europe, où le cheikh Dhaffer a cru devoir conserver à ses disciples le vocable de Chadelïa, leur action se manifeste surtout dans l'entourage du Sultan. Ils ont trois tekkiès à Constantinople :

Le premier, résidence du maître, à *Béchiktach*, près de la mosquée Hamidié, non loin du palais de Yildiz-Kiosk ;

Le second, à *Khauta*, au mausolée du Sultan Mahmoud II ;

Le troisième, connu sous le nom de Tekkié-Châzilé, aux environs d'*Eyoub*.

En Tripolitaine, leur champ d'action, indépendamment de leur zaouïa mère de *Misrata*, dirigée par le neveu du chef de la confrérie, Cheikh-Mohammed ben Ahmed-el-Madani, et où plus de huit cents adeptes viennent prendre le mot d'ordre, les Madanïa comptent :

Une zaouïa à *Gharian*, moqaddem Cheikh-Mohammed-el-Attouchi ben Ech-Cheikh-A'li-el-Madani, également neveu du cheikh Dhaffer, zaouïa qui compte quatre cents adeptes ;

Une seconde à *Messellata*, cheikh Ahmed-el-Dhaoui : quatre cents adeptes ;

Et une troisième à *Ghadamès*, cheikh Mohammed-et-Taïeb : plus de mille adeptes.

De la Tripolitaine, ils rayonnent au Sud, vers Ghat, le Ouadaï et le Bornou, en passant par le Fezzan et Benghazi, où ils possèdent des couvents et entretiennent des émissaires, savoir :

Une zaouïa à *Benghazi*, une sur la route du *Merdj*, à sept heures de Benghazi, et une autre entre Adjédabia et *Sert*. Ces trois couvents, ainsi que les adeptes qu'ils desservent, sont placés sous la direction du cheikh Sidi-el-Bachir, en résidence à Benghazi ; Sidi-el-Bachir est le frère du cheikh Dhaffer.

Dans la régence de Tunis, les Madanïa sont également très nombreux : leurs zaouïa principales sont situées à *Sfax*, cheikh : Mohammed ben A'bdallah-el-Madani, et à Tunis, moqaddim : Sidi-Abdallah-el-Ghadamesi et Si Sadok-es-Saharaoui. D'autres couvents secondaires seraient situés dans les tribus, où les derouich Madanïa seraient assez nombreux.

En Égypte, leur rôle est moins important. Des couvents existeraient néanmoins, à *Alexandrie*, moqaddem : Si El-Hadj-Mohammed ben

A'bdelqader ben A'bdelouahb ; *Suez*, moqaddim : Sidi-Ahmed ben A'tsman, et au *Caire*, cheikh : Si A'bderrahman ben Cheikh-A'li.

Au Hedjaz, où le nom du cheikh Dhaffer est plus particulièrement connu et vénéré, les Madanïa se réunissent dans leurs zaouïa de *Médine*, cheikh Si Mostefa-Abesh, et moqaddem Si Tahar ben Mohammed ; de *Djedda*, moqaddem Si Ahmed-A'rab, en résidence à La Mecque.

Dans ces contrées, les Madanïa proprement dits avaient perdu toute cohésion à la suite de la formation d'une branche dissidente connue sous le nom de Rahmanïa, du nom de son fondateur A'bderrahman-el-Fasi. Mais, depuis la mort de ce personnage, la congrégation qu'il avait formée s'est désagrégée au profit de la confrérie mère qui, sous le nom de Chadelïa-Madanïa, tend à reprendre la prépondérance qu'elle avait au moment de sa formation.

En Algérie, les Madanïa recrutent leurs adeptes parmi les musulmans employés dans l'administration, et ce, en vue de s'en servir d'agents secrets. Ils y ont cependant deux zaouïa et plus de 1600 adeptes disséminés dans les localités ci-après :

ZAOUIA MÈRE et Directeur spirituel de la Confrérie	NOMS DES PRINCIPAUX CHIOUKH	LOCALITÉS où la Confrérie compte DES ADEPTES	ZAOUIA	CHIOUKH	MOQADDIM	CHOUACH	KHOUAN	KHAOUNIET	OUKLA	TOLBA	TOTAUX DES AFFILIÉS
ZAOUIA DE MISRATA en Tripolitaine. — CHEIKH MOHAMMED DHAFFER actuellement en résidence à Constantinople.	MOHAMMED-A'MMAR BEN A'BDELLAH-EL-MADANI Cheikh de la Zouïa de Sfax (Tunisie).	**ALGÉRIE**									
		ORAN									
		TERRITOIRE CIVIL									
		Mostaganem	»	»	2	»	12	»	»	»	14
		Hillil (mixte)	»	»	»	»	8	»	»	»	8
		Tlemcen	»	0	1	»	80	»	»	»	81
		ALGER									
		TERRITOIRE DE COMMANDEMENT									
		Gardaïa	»	»	1	1	240	»	»	»	241
		Djelfa	»	»	1	»	20	»	10	»	31
		Laghouat	1	»	4	»	876	»	»	»	880
		Boghar	»	»	»	»	8	»	»	»	8
		Bou-Saâda	1	»	1	»	143	»	1	»	146
		ALGER									
		TERRITOIRE CIVIL									
		Alger	»	»	2	»	120	»	»	»	121
		Cherchel	»	»	1	»	160	»	»	»	161
		Boghari	»	»	1	»	6	»	»	»	7
		TOTAUX GÉNÉRAUX	2	»	14	1	1.673	»	11	»	1.699

Au Maroc, les Derqaoua opposent aux Madanïa une barrière infranchissable ; en les donnant pour des hérétiques ou des espions du gouvernement turc, ils les font considérer comme des renégats par la masse des croyants qui se montre rebelle à leurs sermons. C'est à peine s'ils comptent là-bas, quelques moqaddim sans prestige mais qui peuvent, néanmoins, leur servir d'indicateurs.

Au Tafilelt ils ont un représentant du nom de Si Sa'ïd ben Hossein.

Ainsi, du Maroc au Hedjaz, du Bosphore au Bornou, les Madanïa répandent leurs doctrines et essayent de réunir sous les auspices du Sultan de Stamboul, tous les pouvoirs occultes et théocratiques, contre le chrétien, leur ennemi commun. C'est là la synthèse de l'école Chadelienne, de cet enseignement spiritualiste que nous avons vu partir à la recherche de l'extase, puis retomber dans le maraboutisme et finir dans le panislamisme symbole des confréries modernes.

LES MOUKHALÏA

Au sein des confréries seigneuriales issues des Chadelïa et dont les zaouïa mères sont autant de sentinelles avancées dans les régions désertiques de l'Extrême-Sud algérien et marocain, vit une catégorie de musulmans réputés par leur adresse incomparable au tir du fusil. Ils forment une sorte d'association de francs-tireurs désignée sous le nom de *Moukhalïa* ou hommes du fusil.

Les grands maîtres des confréries établies dans le Sud où ils sont plus particulièrement connus, les ont placés successivement sous leur patronage. Comme autrefois, les barons du moyen âge, ils s'honoraient d'avoir leurs *francs-archers*. Ce fut d'abord, le fondateur des Nacerïa pour lequel les Moukhalïa conservent une grande vénération, puis les Oulad-Sidi-Cheikh et, finalement, tous les personnages religieux en résidence dans les régions où les francs-tireurs musulmans se livrent à leurs exercices dans le but de recueillir quelques offrandes.

Nous nous étendrons pas d'avantage sur cette corporation sans règle liturgique et qui ne se signale d'ailleurs que par les exercices de ses adeptes et l'esprit de solidarité qui les caractérise.

Ils ne sont du reste plus qu'un souvenir. C'est à peine si on compte une centaine de membres dans l'annexe d'El-Goléa et quelques « frères » sans direction, au Touat et au Sud du Maroc.

CHAPITRE XI

Confrérie-mère des Naqechabendïa : — son origine, ses pratiques, ses règles mystiques son domaine géographique.

Confréries dérivées et similaires : Soleimanïa, Baktachïa, Alouanïa et Beiramïa. — Les Melamïa.

Pir-el-Khodja-A'bed-ed-Din-Mohammed ben Mohammed-Beha-ed-Dine-el-Bokhari-en-Naqechabendi (1), fondateur de la confrérie qui porte son vocable, naquit à *Qsar-A'rifan* ou à *Hendaouane*, près Bokhara. Son éducation fut confiée aux soins de Sidi-Amir-Kolal, par le cheikh de ce dernier : cheikh Mohammed-Baba-Smassi.

Quant à l'initiation spirituelle, il la reçut d'Aouis ben Omar-el-Qarani (2), par l'intermédiaire de l'âme d'A'bdelkhaloq-el-Ghedjdaouani.

L'ordre des Naqechabendïa fut fondé à Bokhara, vers la fin du VIIIe siècle de l'hégire. Son enseignement avait pour but de revivifier l'Islam, en combattant les abus et les innovations, et de ramener ainsi les croyants aux doctrines d'Abou-Beker-es-Seddiq.

---

(1) Le *Kiab-Djama' ousoul-el-aoulïa*, par Cheikh Ahmed-el-Kemech khanoui-en-Naqechabendi-el-Khaledi, donne, comme date de la naissance de Beha-ed-Din, l'année 718, et, comme date de sa mort, l'an 791 de l'hégire (1388 de J.-C.).

Sa naissance avait été prédite par Cheikh Mohammed-Baba-Smassi, un jour qu'il passait près du Qsar-A'rifan.

(2) Aouis ben Qarani, mort en l'an 37 de l'hégire (657-58 de J.-C.), fondateur de l'Ordre des Aouissïa, aujourd'hui complètement disparu.

D'après Cheik Senoussi, dans cet ordre, qu'il cite comme un de ses meilleurs appuis, les adeptes, « recevaient l'initiation spirituelle de l'âme même du saint Aouis ».

Chez les Naqechabendïa, tous ceux des chioukh ayant reçu, ainsi, cette initiation, sont appelés *Aouissïin*.

Voici, d'après le *Kitab Djama' ousoul el-aoulïa*, les bases principales de la tariqa. Elles sont au nombre de six, savoir :

1° Le retour à Dieu par le repentir et la pénitence ;
2° Le renoncement au monde ;
3° Le mépris des richesses, l'abstinence, l'austérité de mœurs ;
4° La crainte de Dieu ;
5° La sobriété, la modération dans les désirs ;
6° La résignation aux décrets divins.

Quant à ses appuis, ils sont également au nombre de six :

1° La science ;
2° La douceur ;
3° La patience ;
4° La manifestation de la joie pour tout ce qui vient de Dieu ;
5° Le dévouement ;
6° La manifestation de la bonté naturelle pendant la résignation aux choses décrétées par Dieu contre le mourid.

Les règles de la tariqa, au même nombre que ses bases et ses appuis, sont les suivantes :

1° La connaissance ;
2° La certitude ;
3° La générosité ;
4° La sincérité ;
5° La louange ;
6° La réflexion sur les œuvres (la création) de Dieu.

Enfin, les obligations de la voie, toujours au nombre de six, sont :

1° Le dikr ;
2° L'abandon des passions mondaines ;
3° Le renoncement au monde ;
4° L'observation de la religion ;
5° Les bienfaits envers les créatures ;
6° Les bonnes œuvres.

La chaîne (*selsela ed-dhab*, chaîne dorée) des chioukh, est ainsi composée :

L'ange Gabriel, Mohammed, *Abou-Beker-es-Seddiq*, Selman-el-Farasi, El-Qacem ben Mohammed ben Abou-Beker-es-Seddiq, Dja'far-es-Sadoq, Abou-Yezid-el-Bosthami, Abou-l'Hacen-el-Kherkani, *Abou-A'li-el-Fermidi* (1), Youssef-el-Hamdani, A'bdel-khaleq-el-Ghedjdaouani, A'ref-Errioukri, Mahmoud-el-Endjil-l'aghnaoui, A'zizan-A'li-

---

(1) Par A'li-el-Fermidi la chaîne remonte à *A'li ben Abou-Taleb*, par l'intermédiaire d'Abou-l-Qacem-el-Kherkani, Abou-Otsman-el-Gherbi, Abou-A'li-el-Kateb, Abou-A'li-er-Roudabari, Abou-l-Qacem-el-Djoneidi-el-Baghdadi, Es-Serri-es-Saqati-*Ma'rouf-*

Erramitni, Baba-Semassi, Amir-Kolal (1), *Mohammed-el-Bokhari-el-Aouisi-Cha-Naqechabend-Beha-ed-Din*.

La chaîne ci-après comprend les *chioukh-et-terbia* (maîtres éducateurs) qui ont succédé à Chah-en-Naqechabendi-Beha-ed-Din :

Chah-Naqechabend-Beha-ed-Din, Mohammed-el-Bokhari-A'lah-ed-Din-el-A'ttar, Ya'coub-el-Djarkhi-el-A'sari, Khaouadja-Ahrar-Obeïd-Allah-es-Samarqandi, Mohammed-ez-Zahaïd, Ed-Derouich-Mohammed, Khaouadjaqi-es-Samarqandi-el-Amkani, Mohammed-el-Baqi, Ahmed-el-Farouqi-es-Serabendi, Mohammed-el-Ma'soum, Seïf-ed-Dine, Nour-ed-Dine-Mohammed-el-Badouni, Chems-ed-Dine, Habib-Allah, Djen-Djenan-Madhar, *A'bdallah-Chah-ed-Dahlaoui* (de Dehli) (2), Dhia-ed-Dine, Mohammed-Khaled-el-Otsman-en-Naqechabendi, Hadj-Ahmed ben Sliman-et-Trabelsi (de Tripoli de Barbarie), de qui *Ahmed-el-Kemachkhanaoui-en-Naqechabendi* (de Tripoli de Barbarie), l'auteur du *Kitab-Djema'ousoul-el-Aoulia* (3) a reçu l'initiation.

D'après le même auteur, Chah-Naqechabend-Beha-ed-Din était également khalifa des Qadrïa, des Seharaouardïa, des Kebraouïa, des Djichtïa et de trente-six autres confréries, qui sont énumérées par Ahmed-el-Kemechkhanaoui (4).

DIKR

Le *Kitab-Djema'ousoul-el-aoulïa*, classe le dikr des Naqechabendïa en trois catégories principales :

1° Dikr du cœur الخفى القلبى el-khafi, el-qelbi (5).

---

el-*Kerkhi* (*), *Ali-Ridha* (**), Moussa-el-Katem, l'iman Dja'far-es-Sadoq, Mohammed-el-Baqer, A'li-Zin-el-A'bidine, Hocine, *A'li ben A'bou-Taleb*, Mohammed.

(1) Dans le *El Hadaïq el Ouardïa* (**), par A'bdelmadjid ben Mohammed-el-Khani-el-Khaldi-en-Naqachabendi, on trouve Amir-Kolal avant Baba-Semassi, ce qui est exact, le premier ayant été l'élève du second.

(2) Ce serait ce cheikh qui aurait donné à Cheikh-Senoussi l'ouerd et l'idjaza des Naqechabendïa.

(3) Cet ouvrage a été imprimé au Caire en 1298 de l'hégire (1880 de J.-C.).

(4) Le *Kitab El Hadaïq El Ouardïa* donne l'énumération des maîtres éducateurs qui rattachent l'ordre des Naqechabendïa à ceux des Qadrïa, Saharaouardïa, Kebraouïa et Djichtïa. Nous ne reproduisons pas ici cette énumération pour ne pas trop agrandir le cadre du présent travail.

(5) Avant Baha-ed-Din, les maîtres éducateurs connaissaient ce dikr, qui se récitait mentalement, tandis que, en *hadra*, on faisait cette récitation verbalement.

(*) Par Ma'rouf-el-Kerkhi, Daoud-et-Taï, Habib-el-A'djemi, Hassan-el-Bosri et *A'li ben Abou-Taleb*, la chaîne aboutit également au Prophète.

(**) C'est l'imam vénéré des Chiites persans qui avait été désigné, par le khalife Almamoun, pour son successeur. Mais la famille du khalife ayant menacé de s'insurger ainsi, d'ailleurs, que l'armée des fonctionnaires A'bbasides, Almamoun rétablit l'ordre en empoisonnant son conseiller intime, Ali-Ridha. Le lieu où mourut l'imam, Mesdjed-Ali, est encore, aujourd'hui, l'objet du plus grand pèlerinage de la Perse.

(***) Écrit en 1306, imprimé au Caire en 1308 de l'hégire (1890 de J.-C.).

C'est le nom de Dieu : *Allah*, que le *medjdoub*, *l'attiré* sans peine et sans effort, vers l'union mystique, répète, en commençant, 5,000 fois, puis 25,000 fois, et, ensuite, à volonté ou toujours.

Avant d'arriver à la récitation de ce dikr, qui se fait dans le plus profond recueillement, le mourid doit subir une éducation spirituelle durant laquelle il purifie son cœur et son corps. Cette éducation préventive est caractérisée par la représentation, dans l'esprit du mourid, de certaines figures symboliques telles que sa mort prochaine et son tombeau où il se voit déposé. Ensuite, il lit trois fois la *Fatiha* et la sourate *el-Ikhelas* et offre le fruit de ses prières à l'esprit de Beha-ed-Din, auquel il adresse, ainsi qu'à tous les maîtres éducateurs composant la chaîne mystique, une invocation pour réclamer assistance et secours.

La récitation du dikr du cœur conduit le mourid, par une sorte d'excitation nerveuse, à ne plus pouvoir abandonner son oraison qui passe ainsi à un état permanent, mais avec cette particularité qu'après le cœur, c'est *l'esprit*, puis *l'esprit secret*, *l'esprit caché*, *l'esprit le plus caché*, placés symboliquement à droite ou à gauche de la poitrine, et enfin le *nefs* (principe vital placé symboliquement dans le cerveau, qui continuent la récitation.

Ces dikr spirituels sont dits : *dikr subtils*. Ils sont tous contenus dans le dernier *(dikr en-nefs)*, dont l'intensité est si puissante qu'elle se communique à la substance corporelle, de telle sorte que l'être tout entier participe au dikr.

Cette première oraison est connue sous le nom d'*El-Djellala*.

Un second dikr, qualifié également *dikr du cœur*, consiste à réciter, sans respirer, la formule à la fois négative et affirmative : la ilaha illa Allah (il n'y a d'autre dieu que Dieu), en y ajoutant : Mohammed raçoul Allah (Mohammed est l'Envoyé (le Prophète) de Dieu) (1).

L'adepte qui poursuit l'union mystique par voie d'attraction (جذبة) pour arriver au ravissement extatique du medjdoub, doit observer le premier de ces deux dikr ; quant à l'affilié qui suit les prescriptions de la tariqa, c'est à la seconde de ces mêmes oraisons qu'il doit demander sa conduite dans la vie ascétique ou contemplative.

---

(1) L'esprit d'A'bdelkhaloq-el-Ghedjdaouani, le *cheikh des chiouks* (maître des maîtres) de Beha-ed-Din, inspira à celui-ci d'unifier ces deux *dikr* : de là le seul « dikr du cœur ».

Ici se place l'explication du sens du mot *naqechabend* : le dikr précité produit, dans le cœur du mourid, un effet considérable qu'on a nommé *naqech* (dessin, peinture, sculpture), par analogie avec l'empreinte d'un cachet apposé sur de la cire ou sur une autre matière.

Le dikr lui-même a été nommé *bend* dont le sens, ici, est : *attachement*.

Le sens général des deux expressions réunies est la fixation dans le cœur du mourid, sans possibilité d'effacement, des peintures représentatives de la perfection réelle de la vie spirituelle.

Extraits du *Kitab-el-Hadaïq-el-Ouardia*.

Un troisième dikr dit également de « négation et d'affirmation » doit être récité au moins 5,000 fois, et au plus, à la volonté du mourid. Lorsque celui-ci a acquis, par des efforts soutenus dans la récitation, la certitude évidente des vérités négatives et affirmatives de son dikr et que les résultats sont absolus, il a clairement la conscience d'être vu et observé par Dieu et il est au nombre des espèces de noms et attributs divins.

Un quatrième dikr est désigné sous le nom de *dikr-et-tahallil* (jubilation, allégresse); un cinquième, sous celui de *dikr-el-mraqaba* (état d'observation constante de la part de Dieu); enfin un sixième est appelé *dikr-taa'lim-el-haqaïq-el-ilahïa* ou d'instruction sur les vérités divines (vérités du Coran, de la Caa'ba et de la prière). Un septième dikr (dikr sur la vérité des Prophètes) termine la liste de ces récitations que nous ne donnons qu'à titre d'énumération.

Quelles que soient les postures prises par les adeptes, le nombre plus ou moins élevé des prières et les procédés qui les caractérisent, l'entraînement progressif conduit toujours ceux qui marchent dans la *voie*, aux sensations extrêmes qu'ils recherchent.

Outre la prière vocale, mentale ou spirituelle, la première récitée en hadra, l'enseignement de l'ordre qui repose, au point de vue des doctrines mystiques, sur « l'anéantissement de l'homme absorbé dans l'essence de Dieu », offre, pour arriver à ce *summum*, deux autres moyens : le premier consiste, pour celui qui est naturellement porté à l'extase, à s'absorber, après des préparations symboliques, décrites par Cheikh-Snoussi, dans l'esprit de son cheikh ; le second, sur l'état de *mraqaba* (conscience que l'homme a d'être constamment vu et observé par Dieu). On y arrive par des pratiques ascétiques particulières et une foi sincère, ardente, inébranlable, pratiques également exposées par Cheikh-Snoussi (1).

Envisagées dans leur ensemble, les doctrines de la confrérie apparaissent sous une note dominante : l'éclectisme.

D'ailleurs, le but grandiose que le fondateur des Naqechabendïa poursuivait, « la revivification de l'Islam », lui faisait, pour ainsi dire, une obligation de tenir compte, dans une très large mesure, des croyances répandues avant lui et de tolérer des pratiques dont quelques-unes, ceux des *Bathenïa*, par exemple, avaient de profondes racines en Perse.

Aussi bien Beha-en-Dine paraît-il avoir embrassé toutes les doctrines des confréries religieuses de son temps.

Soit qu'il ait réellement pris lui-même le titre de *khalifa* de quarante confréries, ou que ses adeptes se soient plu, plus tard, à le lui octroyer, il est certain que, malgré ses attaches orthodoxes, malgré ses règles très puritaines, la tariqa primitive a vu se greffer, sur son enseignement,

---

(1) *Livres des appuis*. Traduction de M. A. Colas, interprète militaire, reproduite dans *Marabouts et Khouan*, par Louis Rinn, p. 286.

toutes les pratiques connues du mysticisme panthéiste poussé à l'extrême, donnant ainsi satisfaction aux aspirations de tous et de chacun.

Ce fut là, d'ailleurs, la cause du succès de l'ordre.

Aux uns, il offrait, en effet, la méthode purement spirituelle ou contemplative ; aux autres, un système physiologique qui, au moyen d'images et de tracés de lignes symboliques, leur permettait de se voir absorber dans l'esprit de leur cheikh.

Dans d'autres milieux moins accessibles à la purification morale, c'est la récitation mentale qui ouvre les horizons de l'enthousiasme.

Enfin, quand les méthodes contemplatives physiologiques ou physiques, plus ou moins accentuées, plus ou moins variables dans leurs procédés, ne suffisent pas ou sont impuissantes à pénétrer la masse, les Naqechabendïa, malgré que l'usage en soit proscrit, demandent aux narcotiques (beng, extrait de chanvre) l'ivresse extatique que le spiritualisme, la contemplation ou le dikr ne peuvent lui offrir avec la même promptitude et le même degré d'intensité.

La classe comprenant ces derniers adeptes se recrute parmi la populace.

Ainsi, les deux extrêmes du mysticisme sont atteints, depuis celui, fortement empreint de panthéisme indou, d'*Abou-Yazid-el-Bosthami*, synthétisé dans ces maximes :

« Quand les hommes s'imaginent adorer Dieu, c'est Dieu qui s'adore lui-même ; « Je suis l'Océan sans fond, sans commencement, sans fin » (1), jusqu'à l'extase convulsive et hystérique provoquée par le chant, la danse ou le kif, usités dans certaines confréries ou branches dérivées de ces confréries : Qadria, Rafa'ïa, Saa'dïa, A'mmaria, etc.

Parvenus à cette limite extrême de l'exaltation mystique, source de toutes les extravagances, les Naqechabendïa perdent la raison, dansent, hurlent comme des possédés. Armenius Vambery, qui les a observés, en a vu, à Samarqand, monter « sur des pierres anguleuses sans cesser
» de sauter comme des fous ; le sang jaillit bientôt de leurs pieds, ce
» qui ne mit pas fin à leur démence, et ils ne s'arrêtèrent qu'en tombant
» à terre, privés de connaissances » (2).

Cette évolution démontre que l'ordre a, malgré tout, subi comme tant d'autres, l'influence du milieu plus particulièrement porté vers le mysticisme outré où il s'est développé : l'Asie centrale.

---

(1) Abou-Yesid-Teïfour ben A'ïssa, surnommé El-Bosthami, parce qu'il était originaire de Bostham (Khorasan), mort en 261 de l'hégire (874 de J.-C.). D'après Ghazali, El-Bosthami fut le plus impudent des docteurs. Il disait de lui-même : *Sobhani*, expression qui n'est applicable qu'à Dieu seul (V. d'Herbelot, v° *Bosthami*).

(2) V. Armenius Vambery, *Voyages d'un faux derviche dans l'Asie centrale*.

Beha-ed-Din, dit le même auteur, est vénéré, dans le Turkestan, à l'égal de Mohammed ; les pèlerins viennent de l'extrémité de la Chine faire leur dévotion à sa tombe, située dans un petit jardin, à 8 kilomètres de Bokhara.

A cet égard même, les Naqechabendïa ne se sont pas arrêtés à la sanctification panthéiste ainsi violemment atteinte.

Par leur curieuse théorie sur l'existence de « l'âme interne », ils ont cherché à compléter leur mysticisme en ouvrant les arcanes de la suggestion mentale, renouvelant ainsi les prodiges du faqir ou du Dwidja de l'Inde, allant même jusqu'à admettre, comme le fera plus tard le chef des Khadirïa, Si A'bdelaziz ben Debbagh, une sorte de métempsychose vivante en faveur de l'âme de l'ouali.

Dans cet état, ils sont les *grands saints* des mahométans chinois. Leur savoir et leur pouvoir, délégués par le « Vrai Un » leur permettent en quelque sorte, d'user des forces de la nature et d'en disposer à volonté.

On comprend combien un pareil pouvoir a dû augmenter l'influence des derouiches naqechabendïa.

Ce sont, sans doute, ces derniers qui, arrivés à cet état d'inconscience si voisin de la folie, parcourent ou errent dans les steppes de l'Asie centrale où ils distribuent des prières, accordent de saintes insufflations aux malades qui les appellent, bénissent les caravanes, sans jamais oublier, d'ailleurs, de tendre la main. . . . .
. . . .

Comme toutes les confréries mères, celle des Naqechabendïa s'est, au fur et à mesure de son développement, scindée en rameaux distincts parfois même divisés, eux-mêmes, en groupes indépendants ayant pour centre principal Bokhara.

Vers le commencement du XIII⁰ siècle de l'hégire, à l'époque où se produisait dans l'Islam un mouvement de rénovation religieux dû aux attaques dirigées par les nations chrétiennes contre l'empire Ottoman, un nommé Dia-ed-Din-Zen-el-Guniahine-Moulegna-Khaled, conçut, sans succès d'ailleurs, l'entreprise de réunir en un seul faisceau les diverses branches Naqachabendiennes disséminées en Turquie.

Mais, après sa mort, chaque groupe reprit son indépendance et, aujourd'hui, la désagrégation, tout au moins au point de vue matériel, est complète.

Nous donnons donc, ci-après, l'énumération des couvents et branches secondaires, sans nous préoccuper des liens matériels qui pourraient exister entre eux.

La zaouïa mère est à Bokhara ;

A Constantinople, il y a plus de quarante tekkiès, savoir :

A STAMBOUL : *Émir-Boukhari*, dans la mosquée du même nom, près de la Mohammedié, bâtie par le sultan Bayézid II, le Saint, pour le cheikh Naqechabendi-Sid-Ahmed, surnommé Émir Boukhari, mort en 922 de l'hégire (1516 de J.-C.).

Euzbekler, à la montée de Mohammed-Pacha.

Bala, dans la mosquée du même nom, fondée par Bala-Soleiman, agha, à Khodja-Mostafa-Pacha.

Tourlon-Cheikh-Kiamil effendi, à la porte d'Andrinople.

Hadji-Béchir, Agha, à la Sublime Porte.

Chérif-Koudous, à la Sélimié.

Satchly-Mostafa effendi, du grand Caraman.

Erdek, à Daoud-Pacha.

Émir-Boukhari, dans la mosquée du même nom, fondée par le Cheikh-Ahmed effendi, à Eivan-Séraï.

Euksurdjé-Baba, à Akaridja.

Rakim effendi, à Zindjirli-Kouyou.

Sélim-Baba, à Hékim-Oglou A'li-Pacha.

Koul, dans la mosquée du même nom, fondée par Méhémed-Pacha de Magnésie, à At-Bazar.

Mourad-Mallah, à Tcharehembé-Bazar.

Nouri effendi, à Tach-Kassab.

Aga-Cheikh, à Djébé-Hané.

Dérouni, voûte de Youtghan, à Veznédjiler.

Dulguer-Oghlou, fondé par Chems-ed-Din.

Habib Effendi, à Serradji-Hané.

Seïdi-Baba, à Molla-Kourani.

Samani-Zadé, à la porte du vieux palais dite *Bâb-i-Humayoum*.

Yakoub-Zadé.

Yahia effendi, à la porte de Mevléni-Hané.

A Eyoub : *Émir-Boukhari*, dans le quartier du même nom, fondé par le Sultan Souleiman.

Izzet-Mohammed Pacha, dans la mosquée qui porte le nom de ce grand vizir son fondateur, dans le quartier de Servi.

Kalender-Hané.

Abdallah effendi de Kachgar, à Édris-Kiosque.

Sélami effendi, à Bab-Haidar.

Cheikh-Mourad, fondé par Mostafa effendi de Kianghri, à Nichaudjilar.

Karilar (tekkié des femmes), à Edris-Kiosque.

Emir-Boukhari, à Otakdjilar.

Hadji-A'li, à Oulouklou-Bair.

Tchir-Aga, à Tchemul-Ikdjiler.

A Kassim-Pacha : *Tourabi*, à l'arsenal.

Cheikh-Hafiz-Mohammed effendi.

A Sentari : *Eurbeg*, à Sélimié.

Euzbégler, à Balaban-Leressi.

Abou-Tewfik-Ibrahim effendi, dans le quartier du même nom.

Afgaular, à Telsinjili-Djami,

Sélimié.

Sélim-Baba, à Sultan-Têpé.

Sadik effendi, à Aladja-Minaré.
Iskender-Baba, à Aga-Djami.

A Béchiktach : *Dilguèr-Zadé*, dans le quartier de Capoudan-Siman-Pacha.

Yahïa effendi, dans le turbé ou mousolée du même nom.

Dans le Bosphore : *Mohammed-Ata-Allah effendi*, à Beicos.

Ata effendi, à Anatoli-hissar.

A Top-Hané : *Tchakir-dédé*. (1)

En Égypte : Les Naqechabendïa n'ont plus qu'une zaouïa presque abandonnée.

En Arabie : Ils comptent un couvent à Djedda, moqaddem Mohammed-Otsman, et un autre à *Médine*, cheikh Sliman-el-Ed-Debn. (2)

Ils sont très nombreux à Samarqand, Merw, Khiva, Tachkend, Herat. On compte des adeptes jusque dans le Turkestan Chinois et le Khokhand à l'Est ; dans l'Afghanistan, la Perse, le Bélouchistan et l'Inde au Sud. (3)

Tous ces groupes ont conservé ou se recommandent du vocable de la confrérie mère, mais un certain nombre se placent cependant, sous le patronage des chioukh qui les ont fondés.

LES SOULEIMANÏA

Nous citerons entre autres, les Souleimanïa du nom de leur cheikh Beker-Soleiman qui, après son prosélytisme aux Indes où ses adeptes seraient fort nombreux, fit de la propagande à la Mecque et à Médine où ses descendants possèdent quelques zaouïa.

Comme on le voit, la confrérie des Naqechabendïa est une des plus importantes de l'Islam. Ses doctrines et ses monastères sont répandus aussi bien en Turquie d'Europe qu'en Turquie d'Asie et dans les Indes. Son origine et ses tendances ne lui permettent pas de prendre de l'extension en Afrique où elle n'est presque pas connue ; mais, semblable à toutes les corporations qui ont réussi à accréditer leur enseignement auprès de la foule naïve, son prestige est grand et le rôle qu'elle serait appelée à jouer le cas échéant, pourrait devenir considérable.

---

(1) Renseignements fournis par l'ambassade de France près la Porte Ottomane.
(2) Renseignements de source indigène.
(3) Extrait des « Confréries du Hedjaz » par Le Chatelier.

BAKTACHÏA

La confrérie religieuse des Baktachïa pourrait être classée aussi bien dans l'école des Naqechabendïa que dans celles des Qadrïa ou Khelouatïa. Si, en effet, à l'instar du patron des Naqechabendïa, elle fait remonter l'origine de son enseignement et de ses règles et pratiques extérieures à Abou-Beker-Es-Seddik, le mystère dont elle entoure les exercices mystico-hystériques auxquels ses adeptes se livrent dans leurs tekkiès et les principes de charité qu'ils propagent pourraient faire supposer que son fondateur s'est inspiré des doctrines de Sidi-A'bdel-qader-el-Djilani et de celles du Pir-Omar-Khelouati.

Mais, en dehors de ces considérations générales, les Baktachïa, comme les disciples de Naqechabendi, ont un culte pour les doctrines alides qu'ils professent ouvertement.

Les uns et les autres sont les meilleurs soutiens du gouvernement turc qui les encourage et les respecte grâce à l'éminente sainteté de leurs patrons.

Les Naqechabendïa comprennent dans leur association la plus grande partie des notabilités de l'Empire ottoman et les Baktachïa sont, en quelque sorte, les prieurs des milices et des Janissaires qui ont pour eux, une dévotion toute particulière.

On peut donc, à certains égards, les considérer comme similaires.

La confrérie des Baktachïa fut fondée par le cheikh Mohammed-Hadj-Baktach, né à Nichapour dans le Khorasan, mort en 738 de l'hégire (1337 de J.-C.) dans le village *Hadj-Baktach*, province d'Angora.

« Le jour de la création du corps des Janissaires, sous Orkhann Ier,
» Hadj-Baktach posa sur leur tête la manche de son habit (1), en les
» comblant de bénédictions : de là ces égards et cette vénération dont
» tous les Janissaires sont pénétrés pour cet institut; de là leur surnom
» de Baktachïa et le titre de colonel de la quatre-vingt-dix-neuvième
» chambrée (Djema'a) que portent tous les généraux de cet ordre » (2).

La confrérie fut abolie par le Sultan Mahmoud, vingt-six jours après la destruction des Janissaires. — Le 10 juillet 1826, après consultation du muphti, les trois chefs de la congrégation furent exécutés publiquement, leurs takkiès furent rasés et ceux des derouiches qui obtinrent de rester à Constantinople durent quitter leur costume distinctif.

---

(1) Depuis lors, cette manche était figurée dans la coiffure des janissaires par le morceau de feutre qui pendait derrière leur bonnet.

(2) D'Ohsson, *Tableau de l'Empire ottoman*, t. IV, p. 674-675.

Les Baktachïa qui avaient joui, à certaines époques de l'histoire d'un grand prestige et d'une grande autorité seraient, aujourd'hui, tombés dans le discrédit. Ils sont généralement considérés comme des mendiants de profession ; on les accuserait même d'hétérodoxie, à cause de l'habitude qu'ils ont, de ne point accomplir les cinq prières canoniques de la journée.

Ils n'ont d'ailleurs plus aucun lieu de réunion et les quelques vieillards qui ont subsisté, achèvent tranquillement leur existence dans les quelques tekkiès ci-après, qui leur sont restés aux environs de Constantinople.

Cheikh-Osman effendi, à Kirk-Agatch, près de Sudludjé.

Cheikh-Emin-Baba, à Kouyou-Bachi, en dehors de la porte d'Andrinople.

Cheikh-Mohammed-Ali-Baba, à Kazli-Tchechmé, en dehors de la porte de Sept-Tours.

Nour-Baba, au grand Tchamlidja, près de Scutari.

Mohammed-Ali-Baba, à Merdiven-Keui.

Kar-Yaghdy, à Gumuch-Souyou (Eyoub-Nafi-Baba), à Rouméli-Hissar (Bosphore).

Pacha-Baba, à Ouzoun-Yol, en dehors de la porte de Silivrie.

Munir-Baba, à Bademlik (Hass-Keui).

Si les doctrines et le souvenir des Baktachïa sont encore en honneur en Turquie d'Europe la confrérie elle-même peut être considérée comme n'existant plus.

ALOUANÏA ET BEIRAMÏA

Les observations qui précèdent touchant la désagrégation des Baktachïa peuvent être présentées en ce qui concerne l'antique association des derouich Alouanïa et celle, de date plus récente, des Beiramïa.

La première est cette corporation d'exatiques, qui dès le onzième siècle de l'hégire se signalaient par leurs exercices mystiques. Ils semblent avoir servi d'exemple aux foqra des autres confréries aux tendances similaires mais devenues, avec le temps, plus accentuées.

Fondée par le cheikh Sid-el-Alouan-Abou-Hachim-el-Koufi enterré à Djedda en 766 de J.-C., la corporation des Alouanïa s'est éteinte au douzième siècle de l'hégire pour renaître au Hedjaz, mitigée de doctrines Chadeliennes et sous le vocable d'un descendant de son patron, Abdallah ben Sid-Salem-el-Allouani. On ne peut, cependant, lui accorder qu'une importance secondaire malgré les trois zaouïa qu'elle possède à Djedda, cheikh Abdou-el-Achour ; à La Mecque, cheikh Mohammed-al-Hafnaoui-el-Kobci, Khodja, à Bab-Es-Salem (une des portes de la Ca'ba) et à Médine, cheikh Mohammed-el-Alouani.

La deuxième est une confrérie à l'origine et aux principes similaires, fondée par Hadj-Beirami-d'Angora, mort dans cette ville en 833 de l'hégire, 1429 de J.-C. et enterré dans la mosquée construite sur les ruines du temple antique de Rome et d'Auguste. Elle est localisée en Turquie d'Europe et possède entre autres, les couvents et lieux de réunion suivants : *à Stamboul :* Mohammed-Aga, dans la mosquée du même nom, fondée par le grand eunuque noir, Hadj-Mohammed-Aga, près de la Sélimié.

Tawil-Mohammed effendi, à Alty-Mermer.

Abdes-Samed effendi, aux environs d'Eyoub.

Himmet-Zadé, à la mosquée du Cazaskier.

A Eyoub : Abdé-Baba.

A Scutari : Et-Yemez, à Saladjak.

Bezdji-Zadé-Muhyid-Din.

A Kassim-Pacha : Hachimi-Osman effendi.

MELAMÏA

Et puisque nous classons ici les confréries qui n'ont pas de filiation mystique bien déterminée, signalons aussi l'association des Melamïa « les Réprouvés » ces conteurs du Hedjaz qui, après s'être fait persécuter par leur hétérodoxie, ont acquis en Orient, grâce « aux Mille et une Nuits » (1) une célébrité particulière, sous le nom de *Kalender*.

---

(1) Les confréries du Hedjaz, auteur cité

CHAPITRE XII

SAHARAOUARDÏA

École mystique des Saharaouardïa : Son origine, ses doctrines.

Ordre fondé par Chehab-ed-Dine-Abou-Hafs-Omar ben Mohamed ben A'bdallah-es-Saharaouardi, né en 539 de l'hégire (1144-1145 de J.-C.), mort à *Saharaouard*, près Zendjan, dans l'Iraq-Adjemi (Perse), en 632 de l'hégire (1234-1235 de J.-C.).

Les doctrines de Chehab-ed-Dine-es-Saharaouardi constituent l'expression la plus élevée de la science intérieure *(i'lem el baten)* ; elles apparaissent comme le produit de cet immense effort de l'âme s'enveloppant dans les hauts sommets de son ascension spirituelle, en la quintessence même du mysticisme. Elles sont comme le fruit du vieux panthéisme oriental qui propose à l'homme, à titre de remède au mal de l'existence, l'extinction volontaire de ses facultés pour aboutir, par le repos dans l'inconscience et l'immobilité, au *Nirvana*.

Telle la philosophie mystique de Plotin, l'enseignement saharaouardien, autrement dit le soufisme pur, sacrifie tout à l'âme, à l'Être, à l'Un absolu.

Comme dans le boudhisme, auquel l'école d'Alexandrie se rejoint dans le Temps sans bornes, en un éclair : l'extase, le but de la vie idéale, chez Saharaouardi et ses disciples, est d'arriver à cette même extase qui fait que le principe divin s'empare de l'âme, l'envahit et la pénètre tout entière.

L'imagination substituée à la science religieuse, l'illumination qui détruit la raison, font les frais de ce système dont l'infaillibilité est proclamée au nom de cette sensibilité et de cette nervosité orientales, créatrices d'un monde de merveilles et d'illusions célestes qui incitent l'homme à chercher à se réunir et à se confondre avec la Divinité.

Mais, la méthode est partout la même, et si, dans l'école saharaouardienne, elle affecte un caractère mystique plus épuré, le fond n'est pas, pour cela, affecté.

Quant aux prescriptions de la tariqa, leur mysticisme plus élevé, mieux caractérisé que dans la majorité des autres ordres religieux, a davantage enveloppé le monothéisme dans l'allégorie. Une fois le culte spirituel établi, les habitudes de dévotion mentale contractées, le monothéisme, en effet, intervient encore moins comme idée que comme moteur vers l'isolement, pour aboutir à l'immobilisation, dernière étape sur la route de l'immatérialité !...

C'est en consultant les chaînes mystiques d'un ordre religieux que l'on se rend compte, par les noms marquants qui les composent, du plus ou moins de force ou d'élévation de son enseignement et de ses doctrines.

Voyons donc, afin d'appuyer ce que nous avons avancé et d'en tirer toutes autres déductions corroboratrices, la constitution des chaînes mystiques saharaouardiennes :

L'ange Gabriel ; le Prophète ; Abou-Beker-es-Seddiq ; Sliman-el-Farisi ; Qacem ben Mohammed ben Abou-Beker-es-Sadoq ; Moussa ben el-Qadim ; A'li-er-Radi ben Moussa ; *Abou-el-Qacem-el-Djoneïdi ;* Ali ben Sahl-es-Soufi ; Memchad-Omar-ed-Dinouri ; Ahmed-el-Assoud-ed-Dinouri ; *Akhou-Feradj-ez-Zendjani ;* Mohammed ben A'bdallah-el-Ammouïa-es-Saharaouardi ; Ouadjih-ed-Dine-Omar ben Mohammed-Ammouïa-es-Saharaouerdi ; *Abou-Nedjid-Dia-ed-Dine-A'bd-el-Qader-es-Saharaouardi ;* Chehab-ed-Dine-Abou-Hafs-Omar ben Mohammed ben A'dallah-es-Saharaouardi.

Par Akhou-Feradj-ez-Zendjani, cité dans la chaîne qui précède, une autre chaîne aboutit à A'li ben Abou-Taleb en remontant ainsi :

Akhou-Feradj-ez-Zendjani ; Abou-A'bbas-Ahmed-en-Nehaouendi ben Mohammed ; Cheikh-el-Islam-Abou-A'bdallah-Mohammed ben Khefif-ech-Chirazi ; Abou-Mohammed-Dja'far-Khouldi ; Abou-Mohammed-Rouiyem ben Ahmed-el-Baghdadi ; *Abou-el-Qacem-el-Djoneïdi ;* Seri-es-Saqati ; Ma'rouf-el-Kerkhi ; Abou-Sliman-Daoud-et-Taï ; Habib-el-Hadjemi ; Abou-Sa'ïd-Hassan-el-Boseri ; A'li ben Abou-Taleb.

Par Abou-Nedjib-Dia-ed-Din et de Chehab-ed-Dine, son neveu, qui terminent tous deux la première chaîne, une autre chaîne, passant par Zin-ed-Dine-Abou-Ahmed-*Mohammed ben Mohammed ben Ahmed-el-Ghazzali* — Abou-Ma'ali — Chems-ed-Din-Abou-Taleb-el-Mekki et Djeraï-el-Moraï, aboutit à *Abou-el-Qacem-el-Djoneïdi* qui figure également dans les deux chaînes précédentes.

Une autre *selsela* relie l'ordre au fondateur de l'ordre des Aouïssïa :

L'ange Gabriel — Le Prophète — Amar ben el-Khettab — A'li ben Abou-Taleb — Abou-Amar-Aouis-el-Qaranî — Moussa ben Yazid-er-Raï-Abou-Ishaq-Brahim ben A'bdehem ben Mansour-el-A'djeli, et Temimiel-Belekhi-el-Khorsani — Abou-A'li ben A'li ben Brahim-el-Belekhi — Khatem-el-Assem — Abou-Terab-A'sker ben Hoceïne-en-Naqechabendi — Abou-Amar-el-Astekhiri — Abou-Mohammed-Dja'far-el-Heda — Rouiyem ben Ahmed-el-Baghdadi.

Enfin, la chaîne des chioukh de l'Ordre, depuis son fondateur, est ainsi composée :

Chehab-ed-Dine-es-Saharaouardi — Nour-ed-Dine-A'bd-es-Semed-en-Naceri — Beder-ed-Din-Mahmoud-es-Sehousi — Nedjem-ed-Dine, Mahmoud-es-Assebehani — Youcef-el-Adjemi — Hassan-el-Tastouri — Sid-A'li-Saheb-ed-Diq — Ahmed-ez-Zahed — *Choa'ïb-Abou-Median-el-Andalousi-et-Tlemçani* — Khol-A'bd-ed-Daïm-Sid-el-*Oustad*-el-Kebir — Mohammed ben A'bd-ed-Daïm, dit *Ben Okt-Median* — A'li-bel-Khir-el-Morseli — Mohammed-es-Seroui ben el-Haïl — Si Mohammed-ech-Chenaoui — El-Herchi — A'bdelqader-ech-Chetaroui — Sid-Belkhir-el-Berra — Aboul-A'bbas-el-Herchi — Beder-ed-Dine-A'li — A'bd-el-Latif — El-Ahed-A'bdallah ben Mohammed-l-A'li — Sid-Mohammed — Abou-Beqa-el-Mekki — *Cheikh Senoussi*.

Des noms d'*asatida* (maîtres éducateurs) tels que ceux d'Abou-Omar-Aouis-el-Qarani, d'Abou-el-Qacem-el-Djoneïdi, Ahmed-el-Ghazzali-Abou-Median-el-Andalousi, synthétisent à eux seuls les doctrines saharaouardiennes : on y trouve, à la fois, le rigorisme et le symbolisme aoussien (1), l'ascétisme imagé et ardent qui entraînait El-Ghazali vers l'exaltation extrême du soufisme, le mysticisme spiritualiste d'Abou-Median-el-Andalousi, et, débordant sur le tout, ces hautes illusions de transports mystiques qui vont se perdre dans le vague immense de l'inconscience panthéiste.

L'imam et-tariqa Chaheb-ed-Dine puisait, d'ailleurs, à toutes les sources enseignantes de son époque. Dans son *A'ouarif-el-Ma'arif* (livre des définitions) (2), il a laissé un dikr qui va nous permettre d'éclairer davantage la subtilité de ses doctrines.

Voici un extrait de ce dikr :

« Nul ne peut arriver aux stations spirituelles avant d'avoir franchi
» les sept degrés (attributs spirituels de l'âme) qui sont :

---

(1) Les Saharaouardïa affectent de porter des vêtements composés d'un grand nombre de pièces différentes pour rappeler que la création est composée d'une multitude de choses créées par Dieu pour l'homme. Ce symbole tend à éloigner l'affilié des tendances profanes en lui rappelant qu'un de ses maîtres spirituels, Aouis-el-Qarani, était l'élève du khalife Omar qui, malgré sa puissance — son empire s'étendait de l'Inde jusqu'à Tripoli de Barbarie — portait un burnous tellement troué et rapiécé, que les « musulmans discutent encore sur le nombre de ses déchirures ».

(2) Ce livre se trouve parmi les manuscrits arabes de la Bibliothèque nationale. V. de Sacy, *Notices et extraits des manuscrits de la Bibliothèque du Roi*, t. XII, p. 323. Quant à l'extrait du même livre que nous donnons plus haut, nous le traduisons d'un passage de l'ouvrage arabe intitulé *Kitab Djama' ousoul el Aoulia*, par Cheikh-Ahmed-el-Kamechkhanoui-en-Naqe-Chabendi.

» 1° L'esprit ordonnateur ;
» 2° L'esprit blâmant ;
» 3° L'esprit inspirateur ;
» 4° L'esprit calmé ;
» 5° L'esprit satisfaisant ;
» 6° L'esprit agréé ;
» 7° L'esprit perfectionné. »

L'éducation spirituelle s'opère au moyen de sept dikr correspondant à chacun des attributs qui précèdent, savoir :

1° Dikr pour l'esprit qui ordonne : — Il n'y a de dieu que Dieu (100,000 fois). Ce dikr convient à l'être dont l'esprit lui ordonne de faire le mal. La couleur de sa lumière est *bleue ;*

2° Dikr pour l'esprit qui blâme : — Allah ! (100,000 fois). Convient à l'être dont l'esprit lui adresse des blâmes après sa chute dans le péché. La couleur de sa lumière est *jaune ;*

3° Dikr pour l'esprit qui inspire : *Houa* (90,000 fois). Convient à celui qui est inspiré en vue de pratiquer les actions bienfaisantes. La couleur de sa lumière est *rouge.*

4° Dikr pour l'esprit calmé : *Haï* (70,000 fois). Ce dikr convient à celui dont l'esprit est calmé après l'agitation, et résigné aux décrets divins. La couleur de sa lumière est *blanche.*

5° Dikr pour l'esprit satisfaisant : *Qioum* (90,000 fois). Convient à l'être dont l'esprit est satisfait en tout et pour tout, de ce que Dieu lui envoie. La couleur de sa lumière est *verte.*

6° Dikr pour l'esprit agréé : *Rahman* (75,000 fois). Convient à celui dont l'esprit est agréé par la Vérité (Dieu) et par les créatures terrestres. La couleur de sa lumière est *noire.*

7° Dikr pour l'esprit perfectionné : *Rahim* (100,000 fois). Convient, comme son nom l'indique, à l'être dont l'esprit est perfectionné dans la voie. Il termine l'éducation spirituelle. Ce but atteint, la générosité, la miséricorde de la créature, étendues sur tout, sont telles que cette créature désirerait voir l'infidèle se convertir, le désobéissant se repentir, et le soumis sincère rester dans son état de soumission au Très-Miséricordieux.

Ce dikr n'a pas de lumière particulière. La couleur de sa lumière ondule entre celles des six lumières plus haut désignées.

Quant à l'âme parvenue à ce degré de perfectionnement, son monde, le monde du bien, et sa demeure, le « caché », sont dus à l'ordre divin qu'elle a reçu de revenir ici-bas pour perfectionner les créatures.

Et Dieu en a ordonné ainsi parce qu'il est nécessaire qu'il y ait entre le *maître* et *l'élève* le *cheikh* et le *mourid,* un rapport de même existence, de même origine. (1)

Dieu a dit : « Il est venu vers vous un envoyé de *même nature* que vous »..... (Coran, chap. IX. — L'immunité ou le repentir, V. p. 129).

Et lorsque l'âme a atteint à cette station, elle est comme le parfum de la divinité se répandant sur la terre. Aimée de Dieu et des hommes son humanité se transforme en celle d'un ange (c'est-à-dire qu'elle est exempte de toute union avec la matière) sa connaissance, perçue par le sens, est suprasensible..... une telle âme a franchi le degré suprême..................................
....

Dans le même livre, le fondateur de l'école saharaouardienne s'est attaché à décrire la sensation des mystiques dans les divers degrés du spiritualisme et à montrer l'exaltation de l'état parfait des soufis anéantis en Dieu.

« Se reposant entièrement sur la Providence, ils ne se donnent aucun » mouvement pour se procurer de quoi vivre, attendant que Dieu » pourvoie à leurs besoins par des voies surnaturelles » (2).

C'est le degré sublime توحيد ou معرفة ou l'homme spirituel doit perdre jusqu'à la conscience de son existence individuelle...

Ces récitations offrent matière à un curieux rapprochement avec la manifestation des lumières spirituelles, au nombre de soixante-dix mille, dont la série compose, chez les Khelouatïa, « les sept degrés par lesquels on parvient à l'état parfait de l'âme » (3).

Il nous suffira de dire, à cet égard, que le fondateur de l'ordre des Saharaouardïa est cité dans les chaînes mystiques des Khelouatïa ; de même, son oncle et éducateur, Abou-Nadjib-Dhia-ed-Dine, figure parmi les appuis des Chadelïa et de leurs dérivés, les Derqaoua, Ziania, Kerzazïa, qui comptent également, comme grand maître éducateur, le célèbre El-Ghazzali.

Cheikh-Senoussi dans son « Livre des appuis » a donné un autre dikr qui vise plus spécialement, tout en aboutissant au même résultat que le premier, les prescriptions de la tariqa envisagées au point de vue général. Par ses prières coraniques, obligatoires (sourates El-Ferd

---

(1) De là deux états : état d'union, où le mystique ne voit rien que Dieu et son unité ; état de division où il rentre dans l'ordre naturel pour s'occuper des œuvres et de l'accomplissement des préceptes, états nécessaires, tous deux, d'après Saharaouardi, aux mystiques.

(2) Saharaouardi, en ces études, suivait la voie tracée par son oncle et maître, Abou Nedjib-Dhia-ed-Dine, A'bdelqader ben A'bdallah ben Messaoud-es-Saharaouardi (mort en 1167-1168 de J.-C.) qui a classé les *Ahl-et Tesououf* (gens s'adonnant au soufisme) en trois catégories : *taleb, mourid* et *metaouasset* et défini chacun de ses états. — (V. Tabaqat ech-Cha'rami, t. 1er, p. 139). On trouve dans De Sacy (*loco citato*), une explication détaillée des termes employés par les soufis, explication qu'on aura plus complète en consultant le *Kitab et Ta'rifat* par Es-Sid-Ech-Chérif-Mohammed-El-Djordjani.

(3) Voyez, p. 164.

et El-Senen), il rappelle aux Khouan leurs attaches orthodoxes, tandis que les sept récitations précitées, par leur essence entièrement spirituelle, ne peuvent être accessibles qu'à une classe restreinte d'affiliés, marchant, à grands pas, dans la voie du soufisme.

Il est facile de déduire de l'énumération donnée plus haut des confréries religieuses représentées en Afrique et dont les doctrines mystiques sont plus ou moins exaltées, que Saharaouardi qui a érigé en méthode la plus quintessenciée le *farniente* et le fatalisme musulman, devait avoir sa grosse part d'influence dans la formation et le développement d'associations poursuivant, après lui, cette fin insaisissable : l'anéantissement, l'absorption de l'être en Dieu.

Mais il ne faut plus voir, aujourd'hui, dans les Saharaourdïa, une confrérie religieuse organisée.

Il n'y a là qu'une école mystique où les divers fondateurs de corporations ont puisé les éléments fondamentaux de leur enseignement. C'est à ce seul titre qu'elle figure dans notre nomenclature.

Cependant, les docteurs et théologiens qui en ont fait partie ont laissé dans le monde musulman de tels souvenirs, que, malgré l'élévation de leurs doctrines philosophiques, élévation qui les rend inaccessibles à la foule ignorante, il se pourrait qu'elles fussent reprises par un thaumaturge assez habile pour les approprier aux aspirations des esprits et donner naissance à une confrérie nouvelle susceptible de jouer un rôle dans l'évolution qui se manifeste actuellement dans les pays de l'Islam.

CHAPITRE XIII

ÉCOLE DES KHADIRÏA (1125 DE L'HÉG., 1713 DE J.-C.)

Les Khadirïa et leurs dérivés : Mirghanïa et Senoussia.

C'est à un chérif marocain du nom d'A'bd-el-A'ziz ben Debbagh : fondateur de l'école des *Khadirïa,* que remonte l'origine des confréries *Mirghanïa* et *Senoussïa.*

Ce chérif vivait à Fas à la fin du dix-septième siècle et au commencement du dix-huitième. Issu d'une famille où les dispositions au mysticisme étaient héréditaires, il suivit les leçons de plusieurs docteurs dont l'enseignement ne parvenait pas à le satisfaire malgré les nombreuses pratiques pieuses ou oraisons dont il était composé.

Un jour vint, pourtant, où ses efforts furent couronnés de succès puisque, ce jour-là, il eut une entrevue avec le mystérieux *El-Khadir* à qui il dut sa baraka et sous le vocable duquel sa confrérie fut placée (1).

Voici, d'après son disciple, Ahmed ben Mobarek, comment Si A'bd-el-A'ziz racontait, lui-même, cette entrevue.

» A partir du moment où je revêtis les objets laissés en dépôt par
» *Sidi-El-A'rbi-el-Fichtali* (2) et où je pus comprendre ce qu'il avait dit

---

(1) Au sujet du rôle d'intermédiaire rempli par El-Khadir dans la transmission de la baraka, Cheikh-Senoussi s'exprime ainsi : « Parmi les pratiques éprouvées qui peuvent faire apercevoir, en vision, *El-Khadir* et notre Prophète (que la bénédiction et le salut soient sur lui !) il n'y a que celle qui consiste à répéter la prière dite « Ed-Daa'-es-Safi », quarante une fois pendant la nuit où doit se manifester l'apparition d'El-Khadir, etc. V. Rinn, *Marabouts et Khouan*, p. 405.

(2) Grand-oncle maternel de Sidi-A'bdelaziz qui, avant sa mort, avait prédit à sa nièce que « l'enfant qui naîtrait d'elle serait un puissant marabout » et il prescrit, en même temps, de conserver, pour son petit-neveu, sa calotte (chechia) et ses souliers noirs.

» à leur sujet, Dieu jeta dans mon cœur le désir de la dévotion pure et
» désintéressée et je me mis à rechercher (les moyens de m'y livrer
» efficacement.) Aussi, dès que j'entendais le public traiter quelqu'un de
» maître spirituel *(cheikh)* ou désigner quelqu'un comme un saint
» *(ouali)*, je me rendais près de cet homme et me mettais sous sa direc-
» tion ; mais quand je m'étais attaché à lui pendant quelque temps et que
» je m'étais conformé aux pratiques qu'il m'indiquait, je me sentais la
» poitrine oppressée et je ne voyais aucun progrès s'accomplir en moi.
» Alors, j'abandonnais ce maître et allais en trouver un autre dont je
» suivais les prescriptions sans que cela me réussit mieux qu'avec le
» premier ; je quittais alors, ce second directeur pour un troisième avec
» lequel je n'obtenais pas un meilleur résultat. Je restai ainsi, perplexe
» et chagrin, depuis l'année 1109 jusqu'à l'année 1121 (1698-1709). Or,
» j'avais l'habitude de passer la nuit du jeudi au vendredi au tombeau
» du saint, du juste *Sidi-Ali ben Herzhoum* et chaque fois que je récitais
» en entier le *Borda* (1), en compagnie de ceux qui passaient, aussi, la
» nuit là. Un certain jeudi soir, je montai, suivant ma coutume, au
» tombeau ; nous lûmes le Borda en entier et quand nous eûmes ter-
» miné, je sortis de l'enceinte consacrée (Roudha). Je trouvai un homme
» assis sous le jujubier réservé qui est près de la porte de cette
» enceinte. Cet homme m'adressa la parole, et me révéla quelques-unes
» de mes pensées intimes : je compris que j'avais devant moi un des
» saints de Dieu, savants en Dieu (exaltons-le ! glorifions-le !) et je lui
» dis : « Seigneur ! Donne-moi l'*Ouerd* et révèle-moi le *dikr.* » Mais
» l'étranger affecta de ne prêter aucune attention à ma requête et de
» me parler d'autre chose. En un mot, j'insistais dans ma demande,
» tandis que lui se défendait d'y satisfaire — son but était de me faire
» éprouver un désir assez ferme pour que je ne fusse pas tenté de
» prendre ses paroles à la légère. Cela dura jusqu'au moment où
» l'aurore vint à poindre et où la lanterne se montra sur le minaret.
» L'homme me dit alors : « Je ne te donnerai l'Ouerd que si tu me
» donnes *ta foi de Dieu*, que tu le conserveras toujours ». Je lui fis
» cette promesse et je m'attendais à ce qu'il me donnât un *Ouerd*
» semblable à ceux des chioukh que j'avais eu avant lui, mais voici
» qu'il se mit à dire : Tous les jours tu répéteras sept mille fois ces
» mots : « *O Dieu, ô maître ! En considération de notre Seigneur*
» *Mohammed ben A'bdallah (que les bénédictions divines et la paix*

---

(1) *El Borda* (le manteau) est le nom vulgaire d'un poème intitulé « Les Planètes étincelantes » comprenant cent soixante-deux vers et composé, au XIIIe siècle de notre ère, par un cheikh égyptien, Sidi-Mohammed ben Saïd-El-Bousiri. Cet opuscule, dont la récitation chantée dure une heure et demie environ, est consacré à la glorification de l'apôtre Mohammed. Les musulmans attribuent au « Borda » une vertu surnaturelle, soit pour la guérison des maux physiques, soit pour l'allègement des douleurs morales.

Extrait d'un manuscrit de M. Pilard, interprète militaire.

» soient avec lui !) réunissez-nous à notre Seigneur Mohammed ben
» A'bdallah en ce monde, avant de nous réunir à lui dans l'autre ».
» Nous nous levâmes tous deux alors, et Sidi-A'mar ben Mohammed-el-
» Haouari, gardien du sanctuaire, étant survenu, l'inconnu lui dit, en
» me désignant : « Aie soin de celui-ci, je te le recommande. » Si A'mar
» lui répondit : « Comment ne le ferais-je pas, il est mon süed (seigneur,
» sans doute, à cause de la qualité de chérif de Si A'bd-el-A'ziz). — Or,
» lorsque plus tard, Si A'mar fut sur le point de passer de vie à trépas
» il me dit : « Sais-tu qui t'a initié au dikr près du jujubier réservé ? »
» — Non, lui répondis-je. — Eh bien, me dit-il, c'était notre Seigneur
» El-Khadhir (la paix soit avec lui) » (1).

Ayant exécuté fidèlement les prescriptions de son initiateur, Si A'bd-el-A'ziz en fut grandement récompensé. Le 8 de redjeb 1125 (31 juillet 1713) en effet, « Dieu daignant se révéler à lui, lui dévoila les mystères de la nature et lui accorda le don de *Tassarrouf* qui permet aux Saints de disposer de toutes les forces de la création et d'en changer à leur volonté, l'ordre établi et la marche régulière ».

L'école des Khadirïa était fondée. . . . .
La direction spirituelle passe successivement de Si Ahmed ben Mobarek-el-Lamthi, disciple de prédilection de Si A'bd-el-A'ziz, à Si A'bd-el-Ouahhab-et-Tazi, qui eût, à son tour, pour successeur, Si Ahmed ben Idris-el-Fasi (2) (de Fas) qui se rendit à La Mecque vers 1797.

A sa mort, survenue vers 1835, à *Sobia*, dans l'Yemen, chez les Ouahabites, où il avait dû se réfugier pour fuir la haine des docteurs malékites de La Mecque, les *Khadirïa* se scindèrent en deux branches : les *Mirghania*, disciples de Mohammed O'tsman-el-Mirghani, et les *Senoussïa*, disciples de Cheikh-Senoussi.

Ces deux personnages, Mirghani et Senoussi, avaient suivi leur maître en exil et à leur retour à La Mecque, ils fondaient, chacun de son côté, une zaouïa, le premier à *Dar-Khaïzaran*, le second, sur la montagne d'*Abou-Kobaïs*.

---

(1) Extrait du chap. II de l'*Ibriz* « L'or pur ou les actes de Sidi-A'bdelaziz » الذهب الابريز في مناقب سيد عبد العزيز par Sidi-Ahmed ben Mobarek, fondateur de l'école des *Khadirïa* et disciple de Sidi-A'bdelaziz. — Traduction de M. Pilard, interprète militaire.

(2) Si Ahmed ben Idris aurait enseigné à La Mecque où il était très populaire, jusque vers 1833.

MIRGHANÏA

Mohammed-O'tsmam-el-Mirghani, naquit en 1208 de l'hégire 1793 de J.-Ch., à Taïf (village de Selama); sa famille était d'origine chérifienne (1).

A la mort de son père (il avait environ dix ans), il fut recueilli par son oncle Yacine, qui était connu comme l'un des savants de son époque et vivait retiré des plaisirs de ce monde.

Le jeune Mohammed-O'tsman avait de grandes dispositions pour l'étude, et n'aspirait, depuis sa plus tendre enfance, qu'à s'instruire. Il possédait, avant l'âge de quinze ans, toutes les connaissances utiles: jurisprudence, grammaire, etc. Se sentant vivement attiré vers le soufisme et désireux de répondre aux aspirations de son âme, il se fit affilier à de nombreuses confréries dirigées par des chioukh renommés par leur savoir et leur sainteté, entre autres, Es-Sid-Ahmed ben Idris dont les hautes et vastes connaissances brillaient du plus vif éclat.

Ahmed ben Idris était malékite.

Mohammed-O'tsman, reçut de lui l'affiliation à cinq *trouq* (confréries): *Naqchabendïa, Qadrïa, Chadelïa, Djoneïdïa* et *Mirghanïa*, cette dernière était celle de son grand-père, affiliation qui lui avait déjà été donnée par d'autres chefs spirituels.

Puis il se prit à marcher rapidement dans la voie spirituelle jusqu'au moment où ayant atteint le degré de perfection absolue, il reçut l'ordre de fonder sa confrérie qu'il appela *El-Khatemïa* (الختمية) et à laquelle il donna cette formule allégorique نفش جم, composée des premières

---

(1) Sid-Mohammed-Ostman-el-Mirghani appartenait à la secte hanafite. Il était le fils de l'*ouali* Sid-Mohammed-Abou-Beker ben *El-Qtob, El-Ghouts,* A'bdallah-el-Mirghani-el-Mahdjoub ben Es-Sid-Mir-Khourd ben Es-Sid-Haïder, ben Es-Sid-Hassen ben Es-Sid-A'bdallah, ben Es-Sid-A'li ben Es-Sid-Hassen, etc., la généalogie se continue jusqu'à A'li ben Abou-Taleb.

Sa mère se nommait Zohra; elle mourut cinq ou six jours après sa naissance.

Son grand-père avait été surnommé *Mahdjoub* à cause du soin qu'il apportait à s'isoler du monde. Sa *karama* était comparable à l'éclat du soleil lorsqu'il brille au point le plus élevé de la voûte du ciel ou à celui de la lune dans la plus profonde obscurité ainsi que l'a rapporté, dans son histoire A'djaïb-el-Atsar *Si El-Terjim* ou *El-Khebar*, le Cheïkh-El-Djebarti (*), d'après les nombreux ouvrages de *Mahdjoub* et les témoignages de ceux qui l'avaient approché, notamment de Sid-el-Mortada Ez-Zabidi-el-Hoceini-el-Hanafi.

(*) Abderrahmane-Ibn-Hassen-el-Djebarti-el-Miseri (mort en 1238 de l'hég. 1822 de J.-Ch.), son ouvrage *A'djaïb-el-Atsar*, a été traduit en français

Renseignements extraits du « *Tadj-et-Tefasir-li-Kelam-el-Malek-el-Kebir* », l'un des nombreux ouvrages de Mohammed O'tsman.

lettres commençant le nom de chacune des cinq voies spirituelles précitées formant la Khatemïa, la dernière lettre de la formule, le م, représentant les Mirghanïa (1).

Son enseignement se répandit rapidement au Hedjaz.

Il partit, quelque temps après, avec Si Ahmed ben Idris, pour l'Égypte. Ils visitèrent successivement *Ezzinïa, Menflout-Assiouat* puis, il alla au Soudan par *Ouadi-Halfa*. Sa renommée miraculeuse (2) s'étendait déjà si loin qu'à *Dongola* ou accourait près de lui, pour s'enrôler dans sa confrérie.

Il visita, ainsi, de nombreux pays, répandant partout, son enseignement.

Le dikr de la confrérie consiste à répéter après chaque prière :

La illaha illa Allah.	100 fois
Allah, Allah	100 —
Houa, Houa	100 —
Heïa, Kaioum	100 —
Et l'invocation au Prophète	13 — (3).

A noter, parmi les prescriptions générales de la règle, celle qui consiste à défendre à l'adepte de s'affilier aux autres confréries, contrairement à ce qui se passe dans la branche des Senoussïa.

Le fondateur des Mirghanïa mourut à El-Taïf, le 22 de choual, 1268. de l'hégire (1853 de J.-C.).

Ses souvenirs de missionnaire l'avaient fait penser à envoyer, dans les régions qu'il avait visitées, l'un de ses fils, Si Hassen, qui se fixa en

---

(1) Le mime final de cette formule prend, en raison de sa forme qui rappelle celle d'un anneau, d'une boucle, les noms de : anneau des voies (Khatem et Trouq) ; Réunion des profits spirituels (Djema'iat-el-Fouaïd) ; et Union fidèle mourid avec Dieu). El-Mouafaqat. Ces noms s'appliquent aussi à l'ordre même que représente le mime. *Extrait des Confréries du Hedjaz*, Le Châtelier, loco citato, p. 228.

(2) Un a'lem, de Médine, Tadj-ed-Dine-el-Kemokhli, a raconté que se trouvant au Soudan, Mohammed-O'tsman, vit, un jour arriver un personnage accompagné de près de deux cents serviteurs venant demander leur affiliation à la confrérie.

S'étant approchés, ils descendirent de leurs montures, et exposèrent leur demande que le cheikh accepta. Il investit aussitôt leur émir du grade de khalifa. Comme ils se disposaient à repartir pour leur pays, ils envoyèrent quérir leurs montures mais on ne les trouva plus. On les avait volées. Il revinrent aussitôt vers le maître et lui exposèrent leur triste état. Mohammed-O'tsman, fit un signe et ces gens retrouvèrent aussitôt leurs montures à l'endroit où on avait constaté leur disparition. Ils partirent émerveillés d'un pareil miracle.

Une autre fois, voyageant avec une caravane allant au Kordofan, tous, hommes et animaux, allaient périr de soif, lorsque Mohammed-O'tsman, demanda à Dieu de faire pleuvoir. Sa prière fut exaucée sur le champ, etc., etc. *Extrait du « Tadj et Tefasir »* loco. citato.

(3) Extrait des *Confréries du Hedjaz*, par A. Le Chatelier.

Nubie. Un autre fils, Si Mohammed-Serr-el-Khatem (1), devenu, plus tard, chef de la confrérie, était allé, de son côté, dans l'Yémen et dans l'Hadramaut.

Du vivant de son premier chef, le domaine géographique de la confrérie s'étendait, « hors du Hedjaz, sur toute la côte occidentale et méridionale de l'Arabie; au Soudan, dans la région comprise entre Souakim, l'Abyssinie et la vallée de l'Atbara; dans le Kordofan et, peut-être, le Darfour; enfin, dans toute la Nubie ».

La mort de Si Mohammed-Serr-el-Khatem ouvrit, dans la succession de la maîtrise spirituelle, une ère de compétitions et de rivalités qui divisèrent la confrérie en fractions isolées ou branches locales dont M. Le Chatelier a examiné la formation dans son ouvrage, *Les Confréries du Hedjaz*, où l'on trouve également des renseignements très détaillés sur le rôle politique joué par les Mirghanïa, vis-à-vis du gouvernement anglo-khédival et des madhistes du Soudan.....

« L'abus que les chefs naturels de la confrérie ont fait de leur situa-
» tion, les intrigues dans lesquelles ils ont compromis leur caractère
» sacré, a porté une atteinte grave à leur prestige. Ils sont encore, en
» Arabie, au Soudan, en Égypte, les suzerains de clans religieux. Mais
» des groupes entiers d'adeptes se sont déjà séparés de la confrérie...
» L'histoire de l'Ordre n'est que celle des rivalités qui le divisent »,
et il est à prévoir qu'il ne ressaisira jamais l'unité d'action que lui avait imprimée son fondateur, Mohammed-O'tsman-el-Mirghani. . . . . . .
. . . .

SENOUSSÏA

Tout autre a été l'évolution de la seconde branche des Khadirïa, la branche senoussienne, fondée en 1250 de l'hég. (1835 de J.-C.), par Si Mohammed ben Si A'li ben Senoussi-el-Khettabi-el-Hassani-el-Idrissi-el-Medjahiri, né en l'an 1206 de l'hég. (1791-1792 de J.-C.), au douar Thorch, dans l'arrondissement de Mostaganem (territoire actuel de la commune mixte de l'Hillil (2).

---

(1) « Serr-el-Khatem », le secret du sceau (de l'anneau représenté par le mime. C'était le titre donné aux descendants directs du Cheikh-et-Tariqa.

(2) Les auteurs qui ont écrit sur les Senoussïa ne se comptent plus. Depuis les travaux de M. H. Duveyrier, et, en ces dernières années surtout, il n'est guère d'études, de publications religieuses ou politiques, touchant le monde musulman ou les questions complexes se rattachant à l'immense partage de l'Afrique, qui n'aient réservé un

A l'âge de trente ans, Si Mohammed ben A'li ben Senoussi, à la suite de démêlés de famille, quittait son pays, et, après avoir longtemps pérégriné à travers le Maroc, l'Algérie et la Tripolitaine, il partit du Caire, où ses doctrines intransigeantes l'avaient fait dénoncer par les Eulama comme un novateur et un réformateur religieux, et se rendit à La Mecque.

Nous avons dit qu'il se trouvait à Sobia au moment où le maître qu'il avait choisi, Si Ahmed ben Idris, s'y était exilé pour fuir, comme Senoussi, lui-même, l'avait fait au Caire, la haine des Eulama de La Mecque.

Nous avons vu également qu'à la mort de Si Ahmed ben Idris, les *Khadiria* s'étaient scindés en deux branches rivales et ennemies.

En 1843, Cheikh-Senoussi, de nouveau en butte à l'hostilité des détenteurs du pouvoir politique, quitte la Mecque, laissant à un de ses moqaddim la direction de sa zaouïa d'Abou-Qobaïs et se rend dans le Djebel-Lakhdar, en Tripolitaine, où il construit, à *El-Beïda*, une zaouïa.

Quelques temps après, s'élevaient d'assez nombreuses constructions de même nature dans le reste de la Tripolitaine, dans la Marmarique, en Égypte, à Ghat, à Ghadamès, à In-Salah et en Arabie.

Vers 1855, il va s'établir à deux ou trois journées de marche de Sioua (Jupiter Ammon), en un point dit *Djaghboub*, où il mourut en 1859, laissant deux fils, Cheikh-el-Mahdi et Si Mohammed-Chérif, âgés, le premier, de treize, le second, de quatorze ans.

Tous deux s'attachèrent à observer, scrupuleusement, l'enseignement de leur père ainsi que sa ligne de conduite politique.

Touchant cet enseignement, envisagé au point de vue purement coranique et sonnite, nous avons pensé qu'il y aurait quelque intérêt à essayer de montrer comment les malékites, qui sont le nombre, l'envisagent.

---

chapitre, une page, ou, tout au moins, quelques paragraphes à la confrérie de Cheikh-Senoussi.

Nous avons minutieusement compulsé tous les travaux que nous avons pu nous procurer et dont les mieux documentés sont trop connus (*) pour que nous ayons à refaire, ici, l'historique complet du senoussisme.

(*) V. H. Duveyrier, *La confrérie musulmane de Sid-Mohammed ben A'li-es-Senoussi et son domaine géographique*, publié par la Société de Géographie de Paris, en 1886. — Rinn, *Marabouts et Khouan*. — Le Chatelier, *Les Confréries musulmanes du Hedjaz*.

Dans les archives du Gouvernement général, on trouve d'excellents travaux sur la question et, notamment, ceux auxquels nous avons déjà fait et ferons encore des emprunts, de MM. les interprètes militaires Pilard et Colas.

A cet effet, nous avons emprunté à un ouvrage (1) qui jouit de beaucoup de notoriété dans la classe des musulmans instruits, et qui a été publié au Caire par un mufti maleki, Abou-A'bdallah-Mohammed-A'liche (mort en 1299 de l'hégire, 1881 de J.-C.), un extrait qui paraît résumer les *fataoua anathèmes* lancées, à diverses époques, à la Mecque contre Si Ahmed ben Idris et, au Caire, contre son disciple de prédilection, Cheikh-Senoussi.

Cheikh-A'liche s'exprime ainsi :

« Au sujet d'un homme (Cheikh-Senoussi), dont la renommée s'est
» étendue du Hedjaz au Maghreb (de l'Arabie à l'Afrique du Nord) et
» d'un groupe de ses partisans qui campent en dehors des aggloméra
» tions d'habitants, prêchent la considération de leur maître et font du
» prosélytisme pour attirer des adhérents à sa *tariqa* (voie).

» Ils en sont arrivés, vis-à-vis de lui, à un état de sujétion morale
» tel, qu'ils font, pour sa personne, plus que ne feraient les serviteurs
» d'un roi.

» Ainsi, ils ne le visitent que rarement. Encore est-ce à des heures
» particulières et après des demandes d'audience réitérées.

» Ces gens-là prétendent que la voie des soufis est ainsi ordonnée.

» Les visiteurs ne constatent pas la présence du cheikh dont nous
» parlons aux réunions consacrées à la prière. En outre, lorsqu'il réside
» longtemps dans un pays, il n'assiste ni à la prière du vendredi ni aux
» réunions pieuses.

» Il ordonne de suivre le « Livre » et la « Sonna » ; mais, chaque
» fois qu'un groupe vient le voir, il dit à ceux qui le composent : « Allez
» chez un tel, il vous donnera l'*ouerd* (l'initiation) ».

» Arrivés chez le moqaddem, celui-ci écrit un *dikr* particulier
» et le leur remet en disant à tous, sans distinction de rang ou
» de profession, fussent-ils *mekkasine* (2) : « Restez dans votre
» condition ».

» Leur cheikh lui-même n'interdit pas les choses défendues passées
» à l'état de coutume.

» Ses partisans, qui se prétendent *chadelia*, lisent, à la prière obliga
» toire, le *bismallah* à haute voix ; leur imam se tait après le *tekbirat el*
» *haram* (الله اكبر) et fait un long silence après la *fatiha* (premier verset
» du Coran).

» Chez eux, il est obligatoire de lire la *fatiha* et une autre *sourate*
» derrière l'imam ;

» Ils prolongent les *rekaa'* (3) et leurs longues prosternations,

---

(1) *Fatah-La'li-el-Malek si l-fetoua-a'la-Madhahab-el-Iman-Malek,*

(2) Percepteurs des droits imposés, sur les marchandises, à l'entrée des marchés.

(3) Inclinaison du corps en faisant la prière, de manière que les paumes des mains touchent les genoux.

» contraires aux prescriptions légales, jettent la préoccupation dans
» l'esprit de l'étranger (1) ;
» Ils prononcent le *qonout* (2) à haute voix et en levant les mains ;
» Ils prétendent que la rupture du ramadhan, en voyage, est
» préférable au jeûne ; ils font masse des prières et les abrègent quelle
» que soit, d'ailleurs, la durée du voyage.
» De plus, ils se disent malékites.
» Le public ne sait pas distinguer s'ils sont réellement dans la voie
» orthodoxe, car son ignorance est telle qu'il en arrive même à croire
» que les eulama malékites lui cachent la vérité et qu'ils sont ignorants
» des règles de la secte.
» Les adeptes de Cheikh-Snoussi prétendent également que leur
» manière de procéder est sonnite et que celui qui la transgresse est
» un innovateur.
» Certains d'entre eux, au moment de la prière, crient et s'évanouis-
» sent tant que durent les invocations de l'imam.
» Ils font de nombreuses prières obligatoires après une seule
» *tayammoum* (3) et ils disent : 1° La *tayammoum* se rompt dans les
» mêmes conditions que l'*oudhou* (4) ; 2° les opérations constituant
» l'*oudhou* sont toutes obligatoires sous peine de nullité de l'*oudhou*.
» La plupart d'entre eux sont des personnages ou des fonction-
» naires influents. Eux et leurs agents ne campent que chez les chefs
» des nomades et chez ceux dont les biens sont interdits comme ayant
» été illégalement prélevés sur les biens des autres.
» Ils mangent et s'approvisionnent de tout ce qui leur tombe sous
» la main. Et à celui qui ne suit pas leur exemple, ils disent : « Tu
» n'arriveras pas où est arrivé le cheikh (tu n'atteindras pas son rang)
» et ceux qui suivent sa voie ».

. . . .

» O Eulama! Dieu vous a fait une obligation de dévoiler, de répandre
» la vérité et de combattre le mensonge et l'erreur.
» Montrez-nous donc la voie des soufis et les règles du rite malékite.
» Ne nous donnez pas de preuves qui ne soient des preuves connues

---

(1) Le voyageur peut abréger la prière. Lorsqu'il pénètre dans une mosquée, il est indispensable, sous peine de nullité de sa prière, qu'il ne soit distrait par aucune préoccupation.

(2) Formule extraite de la Sonna. Est récitée pendant la deuxième rekaa' de la prière du matin, après la fatiha et autres sourates quelconques. (V. la traduction de cette prière, p. 296.)

(3) Lustration pulvérale que les musulmans sont autorisés à faire lorsqu'ils ne trouvent pas d'eau.

(4) Ablution. La religion musulmane impose l'usage, dans certains cas déterminés (les Persans en reconnaîtraient jusqu'à quarante), de la grande ablution, *Oudhou-el-Kebir*. Quant à l'*Oudhou-es-Seghir*, petite ablution, elle doit précéder chacune des cinq prières que le musulman a pour devoir d'offrir à Dieu dans les vingt-quatre heures.

» et mettez-les en lumière dans vos sermons aux personnages et au
» public. Peut-être que Dieu, par vos lumières, nous conduira à la voie
» de la vérité par les mérites du Prophète. Que Dieu le bénisse et lui
» accorde le salut ! »

A cette demande, le mufti récite, les erreurs et les innovations senousiennes, en ces termes : « Notre cheikh Mostefa-el-Boulaqi a dit :

« Les prétentions d'avancer que l'action de s'enfermer et de ne
» recevoir les visiteurs que rarement et après des demandes d'au-
» dience réitérées, constitue la voie des soufis, sont mensongères
» (forgent le mensonge). De pareilles erreurs sont le fait de tyrans.
» Quant à la voie des soufis elle est celle du Prophète, que tous les
» efforts des hommes doivent tendre à imiter.

» Or, le Prophète, lui-même, avait pour habitude de recevoir,
» sans peine pour eux, les grands et les humbles. Il se plaisait en la
» société des foqra, des meskines et des *ahl es-soffa* (gens du banc).
» Il s'asseyait au milieu d'eux.

» La négation de cette tradition est donc en opposition avec la vérité.
» La voie réelle des soufis est, de tout point, conforme à celle du
» Prophète, et s'il arrive que des soufis la transgressent, il est interdit
» de les suivre.

» Car l'Islam est un *tout* composé du Livre et de la Sonna. Et tout ce
» qui s'écarte des prescriptions coraniques et sonnites n'est pas fondé
» en vérité et doit être défendu, quel que soit l'auteur de l'innovation
» ou de l'erreur.

» La prière en commun, par exemple, est une tradition sonnite.

» Ahmed ben Hanbal dit qu'elle est obligatoire.

» En conséquence, l'absence du cheikh en question, au moment de
» la prière commune, est la plus grande preuve qu'il ne suit pas la
» véritable voie des soufis. Quant à son abstention d'assister à la
» prière du vendredi et aux autres réunions pieuses, elle constitue
» l'abandon des commandements de Dieu. Elle est une impiété, une
» immoralité !

» D'ailleurs, assistât-il aux prières, qu'il n'en résulterait pas moins
» un échec au bien. Il s'attirerait, de plus, la colère de Dieu, car lui et
» ses gens se croient dans la « vérité » et ils sont dans le « mensonge ».

» Il est à remarquer que ses prescriptions de suivre le Coran et la
» Sonna sont légales. Mais il n'agit ainsi que pour s'attirer la confiance
» et ordonner ensuite des choses illicites, telles que l'abandon des
» quatre rites orthodoxes et l'acceptation, *sans intermédiaire*, des
» prescriptions du Livre et de la Sonna. Ces faits constituent, avec un
» aveuglement absolu, la plus grande preuve de l'ignorance de ce cheikh.

» Il est, en effet, à la connaissance de tous que, parmi les textes
» coraniques et sonnites, plusieurs ont été abrogés ou refusés (ces

» derniers sont sonnites), à cause des attaques dont leurs rapporteurs
» ont été l'objet. D'autres ont été abandonnés, à raison de leurs oppo-
» sitions de part et d'autre, pour des textes meilleurs et mieux
» commentés.

» D'aucuns sont d'une application absolue dans certains territoires,
» et relative, ailleurs.

» Il en est, enfin, qui ont été mis en vigueur par des interprétations
» en opposition avec les apparences, reconnues inapplicables, à cause
» de l'impossibilité d'en préciser le sens.

» Et personne, en dehors des quatre imams, ne peut affirmer ces
» règles.

» Les quatre rites orthodoxes constituent donc le résultat le plus
» grand, le meilleur extrait des autres rites, parce qu'ils comptent,
» comme sectateurs, beaucoup d'hommes sincères et versés dans de
» vastes connaissances.

» Sortir de leurs prescriptions, c'est vouloir vivre dans l'erreur.
» Celui qui ordonne le contraire est un ignorant et un rebelle.

» Il est obligatoire d'appartenir à l'une des quatre sectes ortho-
» doxes.

» Prescrire de suivre la voie des soufis, comprise comme les gens
» dont nous nous occupons l'entendent, c'est donc transgresser la voie
» légale et générale.

» Car il est indispensable : 1° de connaître parfaitement et exac-
» tement la foi ; 2° d'étudier et d'apprendre ce qu'il est nécessaire et
» obligatoire de savoir, concernant les choses évidentes de la loi
» musulmane.

» Alors, si celui qui, se trouvant dans ces conditions, demande à
» entrer dans la voie des soufis est digne d'y être admis, on peut lui
» donner *l'alliance*, qu'on doit lui refuser dans le cas contraire.

» Mais il résulte de ce qui précède, que le cheikh en question,
» ignore les choses évidentes de la loi et, à plus forte raison, les règles
» de la voie des soufis.

» Or, tout homme, dans cette situation, est interdit. L'alliance qu'il
» donne n'est pas valable, car il se trouve dans l'état de celui qui prend
» un médicament sans avoir consulté son médecin.

» Peut-être l'homme travaille-t-il ainsi, sans le savoir, à la perdition
» de son âme !

» Quant au moqaddim donnant l'ouerd en s'exprimant en ces
» termes : « Restez dans votre condition fût-elle celle de l'homme en
» état de péché », ce dire, et l'empêchement qui s'ensuit pour l'affilié,
» de revenir à Dieu et d'observer les interdictions de la loi, consti-
» tuent une action criminelle et maudite dans toutes les religions.

» Ceux qui ont été infidèles parmi les enfants d'Israël ont été maudits
» par la bouche de David et de Jésus, fils de Marie, parce qu'ils ont été
» rebelles, transgresseurs, et ne cherchaient point à se détourner

» mutuellement, des mauvaises actions qu'ils commettaient. Que leurs
» actions sont détestables! (Coran, *La Table*, vers. 82.)

» La lecture à haute voix du *bismallah*, dans la prière obligatoire,
» le silence avant et après la *fatiha*, la lecture de la *fatiha* derrière
» l'imam, la prolongation des *rekaa'*, les longues prosternations et la
» lecture du *qonout* à haute voix et en levant les mains, comme il a été
» dit plus haut, sont également contraires aux prescriptions malékites
» que nous observons.

» Celui qui pense autrement compte parmi les menteurs.

» En ce qui concerne l'assertion consistant à déclarer et à affirmer
» que la rupture du jeûne du ramadhan est préférable au jeûne lui-
» même, il n'est pas nécessaire de la réfuter, car elle est en opposition
» absolue avec les prescriptions coraniques.

» Il semble que cette assertion s'appuie sur ce hadits : « Il n'est pas
» bon, pour le voyageur, de jeûner pendant le voyage ». Mais les imams
» ont interprété ce même hadits en faveur de celui dont le jeûne affec-
» terait la santé. Et ils ont commis cette interprétation en tenant
» compte des textes en opposition apparente.

» Il n'en est pas moins vrai que l'ignorance des gens en question
» fait qu'ils ne savent et ne peuvent apprécier les textes et qu'ils sont
» ainsi induits en erreur.

» Touchant leur action d'abréger les prières pendant leur séjour de
» quatre jours complets dans un territoire, que ce séjour volontaire ou
» conforme à la coutume, la dite action est contraire aux textes de
» la secte malékite.

» Leurs prières, durant ce temps, sont nulles.

» Quant à leur prétention d'appartenir au rite malékite, tout en
» pratiquant de semblables transgressions aux textes de ce rite, c'est
» un fait que nie l'évidence elle-même.

» Nos eulama, d'autre part, connaissent parfaitement les règles de
» la secte et les exposent clairement.

» Celui qui professerait une croyance contraire se trouverait dans
» l'obligation de faire acte de repentir, car cette croyance constituerait
» une injure grave à l'égard des savants musulmans.

» De même, la prétention d'affirmer que la manière d'agir des
» Senoussia constitue la Sonna et que ceux qui transgressent leurs
» pratiques sont des innovateurs, est une prétention illégale et
» par conséquent mensongère. Car l'imam Malek était celui qui
» connaissait le mieux la sonna ; d'autre part, les malékites sont
» ceux qui l'observent le plus fidèlement ; enfin, leurs livres qui, grâce
» à Dieu, sont nombreux, renferment des quantités de textes éclairant
» contre une semblable prétention et démontrant qu'elle est en
» opposition absolue avec les prescriptions malékites.

» Que celui qui désire se renseigner à cet égard consulte les livres
» dont il s'agit.

» Passant aux cris que les Senoussia poussent, au commencement
» de la prière, nous dirons que c'est là un jeu de démons.

» Aucun malékite n'a dit, non plus, que les prières faites après une
» seule *tayammoum* sont légales. Il en est de même de l'obligation
» concernant les parties constitutives de l'*oudhou* (ablution).

» Si nous considérons, d'un autre côté, que les partisans du cheikh
» Senoussi sont, pour la plupart, des personnages riches et attachés
» aux biens de ce monde, nous puiserons dans ce fait, la preuve
» évidente que ledit cheik, lui-même, est un *chien* parmi les *chiens*
» d'ici bas (un perverti parmi les pervertis) et que ses prétentions
» *soufites* sont mensongères.

» En effet, le plus grand nombre de ceux qui marchaient dans les
» traces des prophètes et des saints étaient les pauvres et les faibles de
» la terre ; d'autre part, le fait d'accaparer les biens défendus est un
» crime.

» Les arguments invoqués par ses partisans en faveur de ce même
» cheikh et de sa manière de faire contre l'homme sincère et suivant
» la voie droite, sont donc le fruit de leur immense ignorance.

» Car l'appui réel et légitime, la preuve que l'on observe les textes
» de la Loi, ne sont pas le fait d'un tel ou d'un tel. Ils sont la loi
» elle-même.

» En résumé, ces gens-là n'ont en vue que les biens terrestres et
» leurs infractions à la loi n'ont qu'un but : se distinguer et se faire
» connaître dans ce bas monde.

» Malheureusement, leur erreur ne s'arrête pas là. Par leurs men-
» songes, visant les règles mêmes des quatre rites orthodoxes, ils
» excitent les croyants appartenant à ces rites, à sortir de la voie droite.

» En conséquence il est obligatoire, pour quiconque désire sauver
» sa religion et se sauvegarder de la vengeance de Dieu, de s'éloigner
» de ces gens à une très longue distance.

» Car nul n'ignore que la dignité *d'idjtihad* (interprétation, sans
» intermédiaire, du Coran et de la Sonna) a depuis longtemps disparu
» et qu'à l'époque actuelle, aucun homme n'est parvenu à ce degré de
» science.

» Celui qui ne pense pas ainsi, est le jouet de son esprit halluciné et
» des démons.

» En supposant même que ce degré *d'idjtihad* existât encore, le
» sage penserait-il que l'homme parvenu à ce degré serait plus instruit
» que ses prédécesseurs, et, dans cette affirmative même, abandonne-
» rait-il la voie de ces derniers ?

» Il est fait obligation à tous, gouverneurs et détenteurs, en vertu de
» la grâce divine, d'un pouvoir étendu, de chasser de pareils individus
» et de les empêcher de propager leurs erreurs qui ont pour but de
» suspendre l'application des règles des sectes orthodoxes.

» Et s'ils ne s'éloignent pas, obligeons-les à sortir du territoire, afin

» que les croyants soient protégés contre leurs malversations et vivent
» dans le bien et la prospérité, s'il plaît à Dieu ! »

A cette fetoua, qui exprime avec véhémence la haine du clergé officiel contre le grand maître de la confrérie, Cheikh Senoussi aurait pu répondre comme autrefois, Ahmed ben Idris, l'avait fait à La Mecque :

« Les prescriptions des jurisconsultes ne préservent pas de l'erreur. Nombreuses sont celles de ces mêmes prescriptions en opposition avec les hadits authentiques ».

« Et comment peut-on abandonner ainsi le Coran et les hadits authentiques pour suivre des interprétations peut-être erronées ? »

Vous arguez : Malek, ou Aboul-Qacem, ou Khelil, a dit.... à quoi je réponds : Dieu a dit... le Prophète a dit...

Ahmed ben Edris affirmait ainsi les futures doctrines du senoussisme lesquelles visent, comme on le sait et comme on le voit par cet extrait, à rendre à l'Islam la pureté des premiers temps.

A'iche nous donne aussi sur l'installation des Senoussia dans la Cyrénaïque, des détails assez curieux pour être rapportés ici. Nous les résumons ci-après :

Après avoir construit en Cyrénaïque une zaouïa, les premiers Senoussïa déterminèrent une zone de territoire comprenant les limites extrêmes de l'espace que le regard peut embrasser.

Chaque fois qu'un animal domestique pénétrait dans cette zone, ils l'attachaient et le privaient de nourriture et d'eau jusqu'à ce que son propriétaire vint le réclamer à prix d'argent. Dans le cas contraire, l'animal périssait à moins qu'ils ne jugeassent bon de le tuer pour se nourrir de sa chair. Un jour, ils saisirent un troupeau de moutons. Ils les égorgèrent en partie et le propriétaire du troupeau dut réclamer à leur cheikh pour obtenir la restitution des moutons non encore égorgés.

Un autre jour, un aveugle appartenant, malgré son infirmité, à la classe des croyants instruits, alla résider, avec sa famille, chez ces Senoussïa. Mais leur manière de faire ne lui ayant pas convenu, il les quitta sans esprit de retour.

Leur Cheikh ayant appris ce départ, fit envoyer à la poursuite de l'aveugle et lorsque celui-ci fut de retour, il lui dit : « Attends, tu partiras demain, s'il plaît à Dieu ! ». Il lui fit ensuite donner un rafraîchissement dont l'absorption occasionna à son malheureux hôte de telles douleurs qu'il en mourut le lendemain.

Sur les plaintes réitérées du fils de la victime, un Cheikh, venu au Caire, lui remit, un jour, cinq réaux.

Un de ces Senoussïa alla jusqu'à nier l'état d'exemption de péché que Dieu accorda à notre père Adam. Il étendit cette négation à tous les Prophètes, en se basant sur l'interprétation du sens apparent d'un verset coranique, interprétation qu'il affirma en prose et en vers.

Leur Cheikh a prédit aux habitants de Sioua, l'apparition d'une éclipse de lune, s'octroyant ainsi, la faculté de connaître les choses cachées.

D'aucuns de ses partisans prétendent qu'il est le *mahdi*; d'autres, allant plus loin, qu'il est Prophète. Un d'eux a même déclaré que son maître occupe un rang plus élevé que Sidi-A'bdelqader-el-Djilani et autres grands Saints de l'Islam.

Ils nomment leur tariqa *Mohammedia* et se donnent, vis-à-vis des gens qui ne les connaissent pas, des apparences malékites. . . . . . .

Comme on peut le constater, les Eulama en général et Abou-A'liche en particulier n'ont pas ménagé les Senoussia.

Mais si leurs savantes fataoua pouvaient produire quelque effet sur les habitants de La Mecque ou du Caire, elles n'arrivaient pas, même à l'état d'écho, dans les domaines spirituels et temporels que s'était taillés Cheikh Senoussi en Arabie et en Afrique, domaines que ses fils se sont appliqués à conserver et à étendre.

C'est que là où le grand maître des Senoussia avait propagé son âpre enseignement, aussi bien chez les A'rban (bédouins) du Hedjaz que chez les nomades de la Tripolitaine et les Tibbous fétichistes, la masse simple et ignorante, en admettant même qu'elle eût connu les savantes argumentations dirigées contre son idole vivante, n'en aurait eu que faire.

Ils auraient souri les A'rban et les Tibbous en songeant que des hommes se sont attaqués à leur maître au pouvoir miraculeux, à leur mahdi, qui doit, un jour, les conduire à la victoire en les couvrant de gloire. . . . .
. . . .

Complétons ce rapide exposé par l'indication du dikr et des doctrines mystiques de la confrérie senoussienne.

DIKR

1° Lorsqu'on se recouche après la prière du Fadjer et que, étant couché sur le flanc droit, l'on a la tête appuyée sur sa main droite, on dit 40 fois : « O mon Dieu ! bénissez-moi au moment de la mort et dans les épreuves qui suivent la mort »;

2° On dit cent fois, en égrenant le chapelet : « J'ai recours au pardon de Dieu. » (استغفر الله);

3° Cent fois : « Il n'y a de Divinité qu'Allah » (لا إله إلا الله);

4° Cent fois : « O mon Dieu ! répandez vos grâces sur notre seigneur Mohammed le Prophète illettré, ainsi que sur sa famille et sur ses compagnons, et donnez-leur le salut ».

اللهم صل على سيدنا محمد النبي الامي وعلى الـه واصحابه وسلم

La série des trois chapelets (c'est-à-dire des oraisons 2, 3 et 4) doit être répétée trois fois.

Au lieu de la deuxième oraison, les inités privilégiés peuvent encore, s'il n'y a pas d'auditeurs étrangers à l'Ordre, réciter cent fois la formule suivante, à laquelle sont attachées des grâces spéciales, et qui doit rester secrète :

لا إله إلا الله محمد رسول الله صلى الله على سيدنا محمد
في كل لمحة ونفس عدد ما وسعه علم الله

Il n'y a de Divinité qu'Allah ; Mohammed est son Envoyé. Que dans chaque regard, Dieu répande ses bénédictions sur notre seigneur Mohammed, un nombre de fois aussi incommensurable que l'horizon de la science de Dieu (1).

Les principales prescriptions du rituel sont les suivantes :

1° Porter son chapelet et ne pas le suspendre au cou ;
2° N'avoir, dans les réunions, ni tambour, ni aucune espèce d'instrument de musique ;
3° Ne pas danser ;
4° Ne pas chanter ;
5° Ne pas fumer ;
6° Ne pas priser ;
7° Ne pas boire de café (le thé est toléré).

Au point de vue des doctrines plus spéciales à sa tariqa, celles professées par Cheikh Senoussi s'appuient sur divers ordres religieux et mystiques dont « il a étudié les livres ou dont il a reçu l'affiliation ».

« Il fait rentrer ses appuis dans dix ordres (2) principaux, groupe-

---

(1) M. Duveyrier (*loco citato*) a donné, de cette partie du dikr des Snoussia, un texte un peu différent, et, par suite, une traduction tout autre. V. Rinn, *Marabouts et Khouan*, p. 503.

(2) « Je vais d'abord citer mes autorités d'une manière générale, puis j'entreprendrai
» d'en donner une description particulière et de faire remonter chacune d'elles jusqu'à
» son origine, afin de rattacher toutes les différentes ramifications des ordres religieux
» à leur point de départ.
» J'ai été initié aux doctrines, d'une manière générale, en vertu du diplôme qui m'a
» été conféré par notre cheikh *Bedir-ed-Dine ben A'bdallah-el-Mostaghanemi*, disciple du
» cheikh *Abou-A'bdallah-Mohammed ben A'li ben ech-Charef-el-Mazouni* (*), lequel
» s'était associé le précédent et était le disciple de son père ; son père à son tour était
» le disciple du cheikh *Hassan ben A'li-el-Adjemi-el-Mekki*, qui avait des appuis dans
» tous les ordres religieux des rites orthodoxes.
» J'ai encore été initié aux doctrines du soufisme par notre cheikh *Aboul-A'bbas-el-*

(*) Le cheikh A'li ben el-Charef-el-Mazouni est le principal appui des Qadrïa de la Tunisie (branches du Kef et de Nefta).

ment que dans un de ses ouvrages, *Le Selsabil,* il porte au chiffre de 40 » (1).

Et, planant sur le tout, cette idée qui ne manque pas de grandeur et a été, sûrement une des causes principales des succès de Senoussi, de revenir à l'observance absolue, rigoureuse du Coran et de la forme dépouillée de toute hérésie ou innovation.

On a comparé à cet égard le Senoussisme au Ouahabisme dont les principes rigides affranchissent l'homme de toute superstition, en excluant, en même temps, l'art et les pompes du culte.

Il y a, évidemment, dans les deux doctrines, des points communs, mais il y a aussi de nombreuses oppositions.

C'est ainsi, pour n'en citer qu'une, que les Ouahabites interdisent d'élever des mausolées qui, en incitant l'homme à demander l'intercession auprès du Très-Haut, d'un être semblable à lui, favorisent l'idolâtrie.

Au contraire, les Senoussia honorent dignement leurs morts : le tombeau de leur cheikh est, aux dires de ceux qui l'ont vu, « splendidement décoré et couvert de richesses », et ils construisent ou réparent des koubba (2).

» *A'raïchi,* disciple du kotb *El-Tazi,* disciple d'*Abou-Salem-el-A'yachi,* disciple du
» cheikh *Hassan* précité, lequel était son collaborateur, ainsi qu'on le constate dans
» son ouvrage intitulé *Er-Rahla.* Les préceptes qu'on y remarque sont tirés du livre du
» cheikh Hassan portant le titre d'*Er-Rissala.*

» Cet auteur (que Dieu lui accorde ses grâces) s'est illustré par des travaux person-
» nels sur l'ordre religieux de Hafid, qui est celui de notre chef *Abou-Sliman-el-A'djimi.*
» Or, c'est par celui-ci que j'ai été affilié. Lui-même l'avait été par son chef le très
» docte, l'agréable à Dieu, Sid.... disciple du très docte *Ben El-Tïieb-el-Fassi-el-*
» *Madani,* disciple de son aïeul, le cheikh *Hassan,* dont il a été question ci-dessus. Ce
» personnage avait reçu des affiliations à de nombreux ordres religieux autres que
» ceux dont il vient d'être question. Dans le nombre se trouvent celles citées par son
» cheikh *Mohammed-Tahar-Senbel* disciple du cheikh savant *Beleti,* disciple de son
» aïeul le cheikh *Hassan.*

» J'ai encore été admis à l'initiation par notre cheikh *Mohammed,* fils de *Mohammed*
» *ben A'bdesselam,* disciple de son père, disciple du très savant *Djessous-Amar ben*
» *A'bdesselam-el-Fenani-el-Fassi,* disciple du cheikh *Abou-Salem-el-A'yachi* et du pontife
» *Aboul-A'bbas-Ahmed ben Nacer-ed-Deraï,* tous les deux disciples du cheikh *Hassan.*

» Pour embrasser un exposé plus circonstancié, je me bornerai à décrire simple-
» ment dix ordres religieux autres que ceux dont il vient d'être question. Je vais en
» faire l'exposé avec soin pour mieux faire ressortir les vertus qui y sont attachées et
» les grâces qui peuvent en résulter. Je m'appuierai pour cela sur ce que j'extrais des
» travaux du cheik de nos cheikhs *Aboul-Beka-el-Mekki* et du très savant *El-Boudaïr*
» (que Dieu leur accorde ses grâces à tous deux). »

Extrait du « Livre mentionnant les autorités sur lesquelles s'appuie le cheikh Es-Senoussi dans le soufisme », livre traduit par M. A. Colas, Interprète Militaire.

(1) السلسبيل المعين في اسانيد الاربعين

« La source jaillissante où les autorités sur lesquelles s'appuient les 40 voies. »

(2) En ce qui concerne la prescription du tabac, commune aux Ouahabites et aux Senoussia, il faut croire qu'elle n'est pas rigoureuse, au moins en Algérie où les

En résumé, malgré ses apparences puritaines, la confrérie se tient bien loin des hardiesses d'opinions et de pensées des Ouahabites, des Babistes et même de certains ordres religieux connus, notamment celui des Tidjania.

Cheikh Senoussi, à l'instar des fondateurs de confréries qui l'avaient précédé, a dû chercher à marquer sa *tariqa* par des détails particuliers n'affectant que la forme, la voie secrète ou ésotérique (tesououf), demeurant partout invariable, quant au but à atteindre.

Au point de vue extérieur, par exemple, les Senoussia, en dehors des autres modifications de détails que les malekites leur reprochent, prient « les bras croisés sur la poitrine, le poignet de la main gauche pris entre le pouce et l'index de la main droite, tandis que les malekites prient les bras collés au corps et étendus de tout leur long » (1).

En résumé, le fondateur du Senoussisme apparaît dans son œuvre spirituelle et temporelle, sous le triple aspect de l'énergie de l'habileté et de la persévérance consommées, qualités qui en pays musulman, comme partout ailleurs, sont de sûrs éléments de succès.

Il a fait renaître, en plein dix-neuvième siècle, les types du Fakih d'Espagne ou du Chérif de Saguiet-el-Hamra qui, eux aussi, allaient conquérir la gloire en pérégrinant à travers l'Afrique du Nord.

Aucun obstacle ne l'arrête : il franchit d'immenses espaces, étudiant sur place la nature et ses habitants, puisant çà et là, les enseignements des maîtres, et gardant, véritable éclectique, les doctrines qui lui paraissent avoir le plus de portée sur les masses et qu'il mettra au service de son idée grandiose : la reconstitution de l' « Imamat ».

Dans les milieux instruits, il frappe les esprits par ses vastes connaissances, et, fetoua acerbe de l'a'lem, il répond par des miracles.

Sa grande faculté de discernement qui lui avait déjà fait fuir, au Caire, le monde religieux officiel, lui fait également quitter la Mecque. Ce n'est pas, sans doute, qu'il se reconnaisse impuissant à lutter contre ses adversaires mais il est hanté par cette pensée dominante chez les grands missionnaires : le prosélytisme.

Senoussia ont été autorisés à fumer par leur moqaddem Si Mohammed-Charef ben Tekkouk qui a dit : « Ceux qui sont à leur aise peuvent fumer; mais ils feraient mieux de s'en abstenir; quant à celui qui est pauvre, pourquoi retrancherait-il sur le pain de ses enfants pour satisfaire sa fantaisie ? »

(1) Sidi-Khelil dit que l'on doit prier (dans le rite de Malek) avec les bras tombants, mais que l'on peut prier avec les bras croisés, sous la condition :

1º Que ce ne soit pas par paresse et afin de s'appuyer le long d'un mur ;

2º Que ce ne soit pas par affectation d'humilité pour se faire louer par ceux qui vous voient ;

3º Qu'il n'y ait par là un ignorant, un simple qui, vous voyant les bras croisés, prendrait pour une règle expresse ce qui n'est qu'une tolérance. (Traduction de M. Pilard).

Alors, il va prêcher et semer l'idée du Dieu Un chez les ignorants, briser les idoles des fétichistes, conquérir ceux-ci à sa foi et se tailler dans les aridités désertiques, une vaste empire où, bientôt, il régnera en maître absolu et incontesté, recevant les hommages de Sultans lointains, arrêtant les sables, fécondant la terre et fixant, avec la vie spirituelle, l'existence temporelle des malheureux qui erraient dans l'immensité du Sahara.

C'est une grande étape philosophique et religieuse que Cheikh-Senoussi, par la puissance de sa seule volonté et paisiblement, sans effusion de sang, a fait franchir du Tchad à la Méditerranée, à des peuplades encore arriérées ou totalement fétichistes.

C'est, en même temps, le réveil de l'activité politique et économique qu'il a sonné dans ces régions, mais, malheureusement, c'est aussi la haine de l'infidèle qu'il y a apportée.

Véritable ciment de son ouvrage, cette haine s'est infiltrée dans les âmes, et le degré de développement religieux une fois atteint, tout progrès moral arrêté, le Senoussi fervent s'est donné, lui-même, des chaînes qu'il ne peut rompre sans offenser Dieu.

Alors, plongé dans l'immobilisme, cette essence même de l'Islam, il garde et gardera jalousement, sa position jusqu'au jour où le terrible choc de l'Europe retentira au désert !. . . . .

L'ermite de Djaghboub était un grand mystique doublé d'un grand missionnaire. Mais lorsqu'on fouille minutieusement son existence, l'ensemble des faits qui s'y rattachent et les résultats obtenus, apparaissent surtout sous le caractère maraboutique lequel assure et consacre une sorte de *royauté* sans partage à la fois attribut et apanage exclusifs du marabout.

Cette opinion trouve sa corroboration dans ce fait que les populations auxquelles Cheikh-Senoussi s'adressait étaient, par l'absence de culture intellectuelle, totalement impuissante à pénétrer les arcanes du soufisme ; d'un autre côté, si nous en jugeons par les Senoussia algériens, Cheikh-Senoussi, pas plus d'ailleurs, que ses fils, ne paraissent avoir délivré de diplômes de moqaddem.

Peut-être le grand maître eût-il craint, en agissant autrement, de voir se relâcher les liens puissants qui rattachaient ses adeptes à la maison de Djaghboub.

Il savait, par expérience, que l'ambition est mauvaise conseillère.

Il avait vu à *Sobia* (Arabie) l'ordre auquel il avait appartenu les *Khadirïa,* se scinder en deux branches ennemies ; il savait, qu'ailleurs, des moqaddims d'autres confréries avaient fondé, à leur tour, et sous leur vocable, des *trouq ;* et ces considérations devaient naturellement l'amener à chercher, non seulement à grouper, autour de lui, les ordres religieux auxquels il avait eu l'habileté de rattacher son enseignement, mais encore à éviter par dessus tout, des scissions dans sa confrérie elle-même.

En quoi, d'ailleurs, il a parfaitement réussi puisque, de près ou de loin, les moqaddim vont toujours prendre le mot d'ordre, non plus à Djaghboub, mais à *Koufra* (1) nouvelle résidence de Cheikh-el-Mahdi.

En fait, une semblable organisation assure à la confrérie une supériorité incontestable.

Par l'unité d'action, par la diffusion d'idées rénovatrices puisées aux sources même de l'islamisme, les Senoussia rappellent à leurs coreligionnaires, dont la patrie est partout où l'on invoque Allah, les premiers siècles de l'hégire pendant lesquels les vrais croyants se couvraient de gloire. Ils flattent l'amour propre et l'orgueil national et tendent ainsi à attiser le foyer du fanatisme et à galvaniser les masses en vue d'un soulèvement général qui assurerait le triomphe de l'Islam.

Le programme est grandiose mais, heureusement, il rencontre dans ses tentatives d'exécution deux résistances difficiles à briser : l'ambition et l'intérêt matériel qui font que d'autres chioukh ne sont pas disposés à abandonner leurs prérogatives spirituelles et temporelles à un concurrent que tant de croyants se disant *madhi* comme lui, ont précédé, sans succès, dans une carrière ou il n'a pas encore osé faire ses preuves.

Jusqu'à ce qu'il en soit autrement, Cheikh-el-Mahdi aura beau flatter l'enseignement des autres confréries, et s'affilier à leur *tariqa,* il pourra recevoir des hommages, mais les obstacles dont nous venons de parler, s'opposeront toujours, à ce qu'il dirige ces forces religieuses en maître absolu et incontesté.

Il en résulte que le danger que les États chrétiens ou musulmans pourraient courir de l'évolution senoussienne, n'est pas, pour le moment du moins, bien redoutable.

En Tunisie et en Algérie, par exemple, cette même évolution se heurte, dans l'Extrême-Sud, aux solides positions des Qadrïa et des Tidjanïa dont l'esprit particulariste ne peut s'accommoder des doctrines du senoussisme.

Au surplus, nous pensons bien qu'on a quelque peu exagéré l'importance de la maison de Koufra et que, sauf au Hedjaz et dans les régions soudanaises, elle n'a pas, ailleurs, l'influence ni les moyens d'action qu'on se plaît, trop souvent, à lui accorder.

Ici, à part les indigènes instruits et les fanatiques, nos sujets, en grande majorité rivés à leurs chioukh locaux, ignorent l'existence même de Senoussi que, dans la classe des demi-savants on confond, très souvent, avec son homonyme, Abou-A'bdallah ben Mohammed ben Youssef *Senoussi,* des Beni-Inous (Tlemcen), l'auteur, entre autres ouvrages, de celui fort répandu, intitulé « La Senoussia » et récemment traduit, en français, par M. J. D. Luciani, sous-chef de bureau au Gouvernement Général.

---

(1) Actuellement, la résidence du mahdi serait à Erbehuats, oasis de l'archipel de Koufra, située à l'ouest de Kebabo.

En réalité, c'est plutôt nous qui avons fait connaître et répandu le nom de Senoussi, absolument comme les Turcs l'ont fait en Tripolitaine, les Égyptiens chez eux et les grands Chérifs de La Mecque en Arabie.

Il y a guère plus de vingt ans, en effet, que l'on a commencé à se préoccuper activement, des Senoussia. Depuis cette époque, ils ont, pour ainsi dire, fait le tour du monde sans bouger de Djaghboub ou de Koufra.

Les difficultés d'approche de leur prétendue citadelle, leur isolement absolu, en un mot, ont fait beaucoup travailler les imaginations.

Aux investigations indiscrètes du monde chrétien ou musulman, Cheikh El-Mahdi, désireux d'affirmer sa suprématie, a répondu par des miracles que des journaux arabes ont reproduits et qui, à la faveur de la crédulité orientale, ont trouvé de l'écho un peu partout et sont passés à l'état d'articles de foi en Arabie et au Soudan.

Au Hedjaz, c'est une bande de pillards qui s'étant permis de dévaliser une caravane senoussienne, sont maudits par Cheikh-El-Mahdi et se voient mourir, presque tous, de la variole.

Au Soudan, Cheikh-El-Mahdi, quand il voyage repose sous une tente magique dans laquelle les provisions de bouche se renouvellent comme par enchantement.

Dans les déserts de l'antique Lybie, la haute prévoyance de ce même cheikh a fait abandonner plus de deux mille chameaux destinés à servir de montures aux malheureux qui errent dans ces solitudes. Inutile d'ajouter que ces bêtes sont sacrées.

De pareilles légendes sont bien faites pour affirmer le pouvoir miraculeux, le prestige divin de l'ermite de Koufra.

Mais, si en Égypte son influence se fait sentir, on sait, d'autre part, que le Mahdi d'Omdurman, son concurrent, ne vit pas en bonne intelligence avec lui depuis que Cheikh-El-Mahdi lui aurait refusé son concours contre les anglais.

Le Soudan nilotique paraît donc à l'abri de la propagande senoussienne.

Au Bornou, il est tout présumable que le fameux Rabah, qui se crée, là, un Empire ne consentirait pas à accepter la suprématie de Senoussi. Il est vrai qu'il reste à ce dernier, comme territoire, où son prosélytisme peut s'exercer sans encombre, le Ouadaï dont le Sultan Youssef est l'un de ses affiliés, et le Baghirmi.

Cheikh-El-Mahdi peut donc prêcher à son aise, l'émigration des croyants dans le *dar-el-islam* (la demeure de l'islam, le pays de la sécurité, le Paradis); il est certain, en admettant même la complète réussite de ses efforts, qu'en dehors de sa zone d'influence, d'ailleurs immense, il ne pourrait, de quelque côté qu'il se dirigeât, que rencontrer de dangereux compétiteurs, des adversaires ou des ennemis fort redoutables.

Cheikh-El-Mahdi paraît bien l'avoir compris et nous ne serions pas éloignés de croire que sa détermination de quitter Djaghboub pour Koufra, sans doute arrêté depuis longtemps et mise à exécution il y a deux ans, ait eu pour mobile les considérations dont nous parlons, jointes au désir de s'isoler encore plus complètement et peut-être de se rapprocher du vrai centre d'action de son prosélytisme afin de mieux surveiller les mouvements qui l'intéressent.

Quoi qu'il en soit, les bruits les plus divers ont couru à l'occasion de ce déplacement.

On a dit qu'il était dû à un cheikh égyptien très influent qui aurait formé le projet de se rendre à Djaghboub avec trois cents hommes à dromadaire. Cheikh-El-Mahdi aurait vu là, les intrigues d'une puissance européenne et, comme il sent très bien que le jour où il consentirait à prendre contact avec l'une quelconque des nations de l'Europe, son prestige serait gravement atteint, il aurait cherché à s'enfoncer davantage dans le désert.

On a dit, aussi, que son déplacement n'avait d'autre objet que de soutenir le Sultan du Ouadaï, menacé par les Derouiches.

En somme, rien n'est venu, jusqu'à présent, dévoiler les véritables intentions du *Mahdi*.

.*.

Zaouïa El-Istat, dont l'oasis de Kebabo (Koufra) était déjà un bel établissement avant l'arrivée du Cheikh-El-Mahdi, établissement qui n'a pu que prospérer depuis, car toutes les propriétés des zaouïa senoussiennes, outre qu'elles ne sont grevées d'aucun impôt, sont cultivées sans qu'il en coûte rien au maître.

C'est ainsi que la zaouïa de Djaghboub employait aux travaux agricoles deux mille esclaves ; elle était, en dernier lieu, administrée avec le titre d'oukil, par le propre frère de Cheikh-El-Mahdi, Si Ech-Chérif, décédé en 1895.

Au point de vue commercial, l'influence des Senoussïa a contribué à rendre plus faciles et plus fréquentes les relations entre Benghazi et les pays de l'intérieur : les routes sont devenues plus sûres et les guides recrutés à Djala parmi les Medjabra, sont fidèles et dévoués.

Kebabo est devenu une sorte de gîte d'étape où les caravanes, après s'être ravitaillées, font d'assez longs séjours avant de se remettre en route.

Nous ne reviendrons pas sur le rôle politique que l'on a prêté aux Senoussia, rôle que nous avons examiné dans un précédent chapitre, mais nous voulons, en nous basant sur des renseignements certains, montrer que leur haine contre les Turcs n'atteint pas le degré d'acuité qu'on s'est généralement plu à leur reconnaître.

Du moins, à l'heure actuelle, l'épigramme prophétique de Si Lakhdar ben Makhlouf, de Mostaghanem :

$$\text{التـرك والنـصـارى}$$
$$\text{الكل في زمرة}$$
$$\text{نـفـطعهم في مـرة}$$

« Les Turcs et les Chrétiens sont tous d'une même catégorie ; je les briserai d'un seul coup ; » cette épigramme, disons-nous, a-t-elle perdu de sa valeur, tout au moins en Cyrénaïque, où Turcs et Senoussïa vivent en bonne intelligence.

Les Turcs ont beaucoup de vénération pour Cheikh-El-Mahdi ; assez souvent, de hauts personnages vont lui rendre visite, et ils le représentent, volontiers, comme très pacifique, exempt d'ambition et désintéressé des biens de ce monde.

Ils lui accordent certains privilèges, mais il est exagéré de dire qu'ils abdiquent leur autorité entre ses mains.

Parmi le personnel turc, il y a, il est vrai, des Khouan Senoussïa, mais là, comme en Syrie, avec les Druzes, au Kurdistan avec les Kurdes, etc... la Porte est obligée d'entrer en composition et d'user de ménagements avec les populations indigènes.

C'est plutôt le fanatisme de quelques Caïmakans, qui a, parfois, donné aux Senoussïa de l'importance.

Ajoutons, enfin, que même en ce qui concerne les chrétiens, ils ont fourni des exemples de modération qui atténuent considérablement l'opinion générale que l'on a des disciples de Cheikh-el-Mahdi.

Il y a à peine deux ans, un chrétien au service d'une des grandes administrations de Constantinople, effectuant par terre un voyage en Tripolitaine, a reçu, dans plusieurs zaouïa senoussiennes, un accueil empressé. On lui a offert des chevreaux, du laitage, des œufs et les *moqaddim lui tenaient l'étrier pour remonter à cheval*, bien qu'ils n'ignorassent pas qu'il appartînt à la religion réprouvée.

En 1892, le lieutenant-colonel Monteil, revenant de sa grande mission, a déclaré que les Senoussïa, contre lesquels il avait pourtant une grande appréhension, ne lui ont pas paru plus hostiles aux chrétiens que les autres musulmans ; ils lui ont loué leurs chameaux avec autant de bonne grâce que les autres indigènes (1). « Je leur louai leurs chameaux et ils eurent de mes charges un soin qui me surprit ».

Ce sont là, à notre humble avis, des faits dont il convient de tenir

---

(1) V. *De Saint-Louis à Tripoli par le lac Tchad.*

le plus grand compte, avant d'émettre ou de rééditer des opinions peut-être un peu trop radicales et, en tous cas, fort difficiles à justifier d'une manière certaine.

On a eu, jusqu'à présent, croyons-nous, beaucoup trop de tendances à vouloir trouver, parfois, jusque dans les moindres événements, la main des Senoussïa.

Il y a, peut-être, quelque témérité à s'exprimer ainsi, mais il faut bien reconnaître, pourtant, qu'il n'a pas été possible d'établir la responsabilité *directe* de la zaouïa de Djaghboub dans les trop nombreux meurtres, hélas ! qui ont ensanglanté le Sahara.

MM. Joubert et Dourneau-Duperré, en 1873, auraient été, en réalité, victimes d'une vengeance des Imanghassaten et des Chaa'mba ; les missionnaires d'El-Goléa, en 1875, sont tombés sous les coups d'assassins enrôlés par un zoui (1).

Il paraît certain, il est vrai, que les Pères Blancs de Ghadamès ont été les victimes d'El-Hadj-Mohammed-et-Themi, mais il n'est pas prouvé que cet énergumène, qui s'est réfugié, depuis, chez Cheikh-el-Madhi et est devenu senoussïa acharné, appartînt déjà en 1881, l'année du crime, à la confrérie senoussienne.

D'après nos renseignements, en effet, cet individu dirigeait lui-même à Ghadamès, une confrérie religieuse sous son vocable, confrérie dont il se serait fait, ou se ferait actuellement, un nouvel essai d'installation dans cette ville.

Quant à la zaouïa même des Senoussïa à Ghadamès, installée à Sidi-Nabed, elle tomberait en ruine, ce qui ne prouverait pas que la confrérie ait là de nombreux adhérents.

Il est vrai qu'elle peut se renforcer rapidement, El-Hadj-et-Themi, qui n'a plus reparu à Ghadamès depuis 1881, lui ayant abandonné ses propriétés, sur lesquelles on construirait actuellement une belle zaouïa.

C'était là, sans doute, le but que poursuivaient le frère, le beau-frère et le cousin de Themi, lorsque, il y a quelques années, ils se rendaient de Ghadamès à Djaghboub.

Quoi qu'il en soit, il est certain que ce Ghadamesien, redoutant la vengeance, est allé se réfugier à la zaouïa du grand maître des Senoussïa où il a trouvé, pour sa personne, l'inviolabilité sacrée que trouvent, même en Algérie, les voleurs et les assassins qui vont demander asile dans les zaouïa de tous les chioukh religieux.

De ce que les zaouïa senoussiennes reçoivent les écumeurs du désert, il ne faudrait donc pas déduire, rigoureusement, que c'est de ces établissements que partent les mots d'ordre d'assassinat ou même, comme on a voulu le voir il n'y a pas encore longtemps, des incendies forestiers qui désolent la colonie.

Enfin, si Themi a trempé dans le massacre de la mission Flatters,

---

(1) V. *Les Medaganat*. Le Chatelier.

il n'en est pas moins avéré que le véritable instigateur de ce massacre a été un Cheikhïa, le Chaa'mbi Seghir ben ech-Cheikh (1), et à moins d'admettre, ce qui serait une erreur, que l'ordre des Cheikhïa est lui-même inféodé aux Senoussïa, il ne serait pas exact de dire que ceux-ci sont responsables de ce massacre.

Le lieutenant Palat a été la victime d'un aventurier ; son camarade Collot et, plus récemment, le marquis de Morès, sont tombés, à leur tour, sous les coups de Chaa'mba dissidents ou de Touareg écumeurs du désert, gens sans foi ni loi et ne vivant que de rapines et de désordre.

Nous n'avons pas la prétention d'innocenter la confrérie de Cheikh-Senoussi. Mais ce que nous venons dire, joint à l'absence d'un contact qu'il n'a pas encore été possible de prendre avec elle, en nous empêchant, ainsi, de préciser certaines données, nous semble bien de nature, si ce n'est à justifier nos réserves, tout au moins à atténuer la portée de renseignements que, jusqu'à preuve du contraire, il est permis de considérer, dans leur ensemble, comme exagérés.

Ce qu'il y a de certain, c'est que les Senoussïa professent un enseignement qui, au fond, nous est hostile, comme celui des confréries religieuses en particulier, comme celui de l'Islam en général.

Ce qu'il y a de vrai, c'est que, chez eux, cet enseignement se développe et s'étend d'autant plus vite et plus facilement qu'en réalité, tout en étant plus simple et mieux en rapport avec les besoins religieux des peuplades à islamiser, il ne rencontre, sur sa route, aucun obstacle et répond, plus que tous les autres de même nature, à ce besoin d'enthousiasme de l'âme orientale, besoin auquel Cheikh-Senoussi et son fils ont su merveilleusement donner satisfaction par le *messianisme* et les miracles.

Ce qu'il faut en retenir, c'est qu'une pareille croyance, un semblable symbole, sont radicalement hostiles, par l'esprit de *royauté* terrestre absolue qu'il représente, à tout ce qui est en dehors de ceux qui ont embrassé cette foi.

Conséquence : hostilité acharnée à la civilisation, par l'obstruction, mise en règle, du pays.

Mais il y a tout lieu de penser que, longtemps encore, Cheikh-el-Mahdi continuera à tout attendre de la volonté de « Dieu », car, au fond, il doit se soucier, avant tout, de sa situation personnelle et de sa renommée de mahdi ; et il est probable qu'il n'essayera pas de sitôt de se lancer dans des aventures, où il doit bien savoir qu'il risquerait de tout perdre, sans aucun profit pour l'œuvre de son père, œuvre qu'il aurait déclaré — et, jusqu'à présent, rien n'est venu prouver le contraire — vouloir continuer sans autre but que celui de servir Dieu.

---

(1) V. *Deux missions chez les Touareg en 1880-1881*, par F. Bernard, chef d'escadron d'artillerie. — Alger, 1896, librairie Jourdan.

Cette hypothèse admise, Cheikh-el-Mahdi ne serait plus qu'un *grand marabout* faisant du prosélytisme et des miracles, disant des prières, recevant des présents et vendant des amulettes, le tout avec plus de succès que ses concurrents, à cause des idées qu'il représente et de l'ignorance des peuplades qu'il catéchise, fanatise et immobilise après un court travail d'ascension spirituelle.

Conclusion : danger de tous les instants pour notre expansion dans notre zone d'influence en Afrique, et, par voie de conséquence, obligation de nous tenir constamment en éveil et de fortifier les influences religieuses que nous pouvons opposer et, au besoin, lancer en avant contre les Senoussïa.

•.•

Nous croyons utile de compléter les renseignements qui précèdent par quelques indications sur le domaine géographique de la maison de Koufra, en Algérie (1).

Le recensement effectué en 1882 accuse une zaouïa, trente moqaddim et quatre cent quatre-vingt-un khouan. Celui de 1895 comprend une zaouïa, un cheikh, vingt moqaddim et neuf cent cinquante khouan, soit, en plus, une différence, en chiffres ronds, de quatre cent quarante affiliés.

Zaouïa des Ouled-Chafa (commune mixte de l'Hillil).
Vue communiquée par M. Briquez, administrateur.

Disons, pour expliquer cette différence, qu'il ne faut pas l'attribuer

---

(1) V. pour le domaine géographique général l'état annexé à la présente notice.

à la propagande, qui n'est pas très ardente, mais plutôt au manque de moyens d'information en 1882.

Nous ne voulons pas avancer, par là, que le dernier recensement est complet; certes, les investigations ont été minutieusement et discrètement faites, mais nous nous sommes expliqués, ailleurs, sur les difficultés considérables qu'on éprouve dans l'accomplissement d'un semblable travail.

La différence, en plus, constatée provient de ce qu'en 1882, certains centres, comptant déjà des Senoussïa, n'avaient pas été recencés, et, d'autre part, de la propagande toute locale de la zaouïa, la seule en Algérie, des Ouled-Chafa, dans la commune mixte de l'Hillil, arrondissement de Mostaganem, fondée vers 1859, par Cheikh-*Tekouk*-Charef-Ould-Djilali-A'bdallah ben Tekouk, qui naquit dans les Medjaher, vers l'an 1794.

Tekouk fit ses premières études chez Bel-Guendouz, moqaddem des Derkaoua, qui avait été également le professeur de Cheikh-Senoussi.

La grande réputation de science et de sainteté de ce moqaddem, ayant porté ombrage aux Turcs, le bey Hassan le fit arrêter et mettre à mort en 1829, à Mazouna.

Tekouk, craignant sans doute le même sort, se rendit, à cette époque, au Maroc et ne revint en Algérie qu'après l'occupation définitive de la province d'Oran par les troupes françaises.

Les paroles inconsidérées, qu'il laissait parfois échapper et que ses adhérents répétaient, avaient attiré sur lui l'attention de l'autorité.

Tekouk, n'ayant pas obéi à une injonction qui lui avait été faite de se présenter à A'mmi-Moussa, fut enlevé par des cavaliers à notre solde (2).

Après un internement de quelques années dans le cercle d'A'mmi-Moussa, il revint s'installer dans son pays d'origine où il recruta ses premiers adeptes et fonda la zaouïa des Ouled-Chafa.

Ses relations avec la Tripolitaine et l'Égypte devinrent, alors, plus fréquentes. Les nombreux émissaires que recevait sa zaouïa, attirèrent à nouveau, l'attention et Ben-Tekouk fut, une seconde fois, interné à Mostaganem pendant toute la durée de l'insurrection des Flitta.

« Les enquêtes effectuées depuis, ont cependant établi que malgré
» sa situation de représentant d'une confrérie essentiellement hostile à
» notre domination, loin de pousser les Medjaher à la révolte, il avait
» usé de son prestige pour les maintenir dans le devoir. Son attitude a
» été la même pendant les événements de 1870 ».

Il n'en fut pas de même de son entourage et nous pourrions citer tels personnages remuants qui, abusant du grand âge de Tekouk, opéraient, sous son couvert, de fructueuses ziara, notamment en 1880,

---

(2) Ces renseignements sont extraits, partie d'un manuscrit de M. Pilard, partie d'un rapport de M. Briquez, administrateur de la commune mixte de l'Hillil.

lors de l'insurrection du Sud-Oranais, durant laquelle la zaouïa des Ouled-Chafa resta encore dans l'ordre.

Zaouïa des Ouled-Chafa (commune mixte de l'Hillil).
Vue communiquée par M. Briquez, administrateur.

C'est ce même entourage qui, agissant toujours en vue de bénéficier pécuniairement de l'influence du maître, conseillait à Tekouk d'envoyer l'une de ses filles en pèlerinage à la Mecque avec ordre de s'arrêter, à son retour, à Djaghboub chez le *mahdi* qui devait l'épouser. Tekouk céda à ces sollicitations, mais le mariage n'eut pas lieu, et sa fille revint aux Oulad-Chafa où elle devint la femme d'un ancien caïd.

Mentionnons, en passant, une perquisition faite, sans succès, en 1876, dans la zaouïa de Tekouk, où des agents indigènes trop zélés avaient signalé l'existence de magasins renfermant, disaient-ils, de grandes quantités d'armes.

Arrêté, une dernière fois, sous l'inculpation mensongère d'assassinat, Cheikh-Tekouk, qui aurait pu soulever d'un geste les Medjaher et les tribus voisines, se laissa docilement conduire à Mostaganem, après avoir exhorté sa nombreuse escorte au calme et fait rentrer les gens qui la composaient dans leurs douars respectifs.

Sur ses vieux jours, son entourage, toujours avide de ziara, dont l'administration locale gênait la perception, décida, pour obvier à cet inconvénient, de marier Tekouk.

Peu de temps après, le 5 août 1890, il s'éteignait à l'âge de 96 ans, dans sa zaouïa, laissant sa succession spirituelle et temporelle à son fils Ahmed. Quelques mois auparavant, celui-ci avait quitté son père pour échapper, dit-on, à la tutelle de son beau-frère dont l'influence sur le vieux cheikh lui avait assuré la haute direction de la zaouïa.

Le crédit de Tekouk était grand, même chez les colons européens de Blad-Touaria, Aïn-Tedelès, Aboukir, Sirat et Bouguirat qui, lorsqu'ils étaient victimes de vols, réclamaient son intervention parfois suivie de bons résultats.

Les enfants de ces villages, lorsqu'ils jouaient avec les petits Arabes, invoquaient son nom et on les entendait jurer par la foi de Cheikh-Tekouk « Hakk-ech-Cheikh-Tekouk ».

Ce personnage, qui avait abandonné le dikr des Rahmanïa pour prendre celui des Senoussia, peut-être autant par attrait de la nouveauté que pour soutenir en Algérie l'œuvre commencée par son parent Cheikh-Senoussi, resta, comme on le voit, bien au-dessous des doctrines intransigeantes vis-à-vis des chrétiens, que l'on se plaît à reconnaître à la maison mère de Djaghboub.

Il y a plus : par un effet de sa *karama*, un indigène à notre service avait, un jour, disent les Arabes, prêté sa monture à Tekouk qui le bénit, lui assurant ainsi une prospérité qui se manifesta par plusieurs investitures de fonctions de caïd.

Tekouk eut des obsèques importantes : sept à huit mille indigènes et *douze* européens venus des communes voisines, y assistaient. Inutile d'ajouter que, suivant l'usage, une ziara, ayant rapporté une somme assez considérable, fut remise au personnel de la zaouïa, dont le nouveau chef, décidément trop remuant et trop âpre au gain, vit, par mesure politique, sa zaouïa fermée. Lui-même fut interné dans le territoire d'Inkermann, mesure qui porta un coup funeste à sa situation usurpée.

Quant au fils de Ben Tekouk, Ahmed, qui avait fui en Orient peu de jours après le mariage de son père, il est revenu en 1893, après un séjour de cinq ans à Djaghboub, où il a épousé, dit-on, l'une des nièces de Cheikh-El-Mahdi.

Pour des raisons politiques qu'il ne nous appartient pas d'apprécier ici, ce personnage, qui a pris la direction effective des Senoussia dans l'arrondissement de Mostaganem, a été interné quelque temps à Cassaigne puis à Calvi.

*
**

Pour nous résumer, nous dirons qu'en Algérie, les Senoussia n'existent pas à l'état de confrérie proprement dite et que malgré l'influence et l'incomparable prestige prêtés à leur fondateur, ils sont loin d'avoir atteint le degré de développement de certaines congrégations telles que, par exemple, les Qadria et les Rahmanïa.

C'est ainsi qu'à Bou-Saâda, pour ne citer que ce point, ou Cheikh Senoussi se trouvait, dit-on, au moment de la prise d'Alger, on ne compte, malgré le souvenir qu'aurait dû y laisser le cheikh, étant donnés, surtout, les événements, que quatorze khouan.

Nous ne pensons pas non plus, quoi qu'on ait dit, à cet égard, qu'il se cache, ici, sous le manteau d'autres affiliations, de nombreux Senoussia et que des moqaddim madanïa ou appartenant à des ordres représentés dans la colonie, fassent de la propagande en faveur de la zaouïa de Koufra.

Nous avons, en effet, les preuves qu'un personnage religieux haut gradé dans un ordre que l'on dit inféodé aux Senoussia a levé, l'année dernière, en Algérie, et dans une seule ville, plus de trois mille francs de ziara, et nous savons que cette somme a été intégralement versée dans une zaouïa qui est aussi bien fermée à la maison de Koufra qu'à la caisse du « panislamisme » dont le personnage précité passe cependant pour être l'un des champions ardents en Afrique.

Il est possible que le Mahdi entretienne, en Algérie, des émissaires ; il est certain qu'il correspond, assez régulièrement, avec plusieurs chioukh, mais cette correspondance elle-même (nous en avons eu, entre les mains, plusieurs spécimens) n'indique rien de suspect, et, chaque fois qu'une information a été dirigée contre de prétendus agents secrets de Djaghboub ou de Koufra, l'on a du s'arrêter à des présomptions seulement.

La surveillance active dont les Senoussïa sont l'objet, l'évolution vers le lucre et la puissance temporelle qui caractérise aujourd'hui les tendances de la majorité des chioukh, des autres confréries, sont de nature, croyons-nous, au cas où elle nous menacerait, à enrayer les effets de la propagande senousienne.

Rien ne prouve, d'ailleurs, que cette propagande elle-même n'est pas dirigée vers les biens de ce monde (les *petits* cadeaux du sultan Youssef et les présents portés par des officiers turcs à Koufra, semblent le démontrer) qui sont l'antithèse des idées puritaines et des aspirations grandioses auxquelles la zaouïa de Djaghboub devait un prestige qui s'il est atteint réellement, dans ses forces vives par les ambitions ou les jouissances terrestres, pourrait bien s'évanouir un jour, tels les mirages trompeurs du désert où il est né.

ZAOUIA MÈRE	NOMS des principaux MOQADDEM OU CHIOUKH indépendants	LOCALITÉS où la Confrérie compte DES ADEPTES	ZAOUIA	CHIOUKH	MOQADDIM	CHOUACH	KHOUAN	KHAOUNIET	TOLBA	OUKLA	TOTAUX DES ADEPTES
DJAGHBOUB et KOUFRA. — Directeur de la Confrérie : SI EL-MADHI BEN SI MOHAMMED BEN SI A'LI BEN SENOUSSI, actuellement à Koufra.	TEKOUK AHMED-OULD-CHEIKH BEN TEKOUK en résidence à la Zaouïa des Oulad-Chafa. — Commune mixte de l'Hillil).	**ALGÉRIE**									
		ORAN									
		TERRITOIRE CIVIL									
		Oran et environs..........	»	»	»	»	120	»	»	»	120
		Saint-Lucien (mixte).......	»	»	»	»	12	»	»	»	12
		Bosquet...................	»	»	1	»	90	»	»	»	91
		Bouguirat.................	»	»	»	»	15	»	»	»	15
		Hillil (plein exercice).....	»	»	1	»	44	»	»	»	45
		Pont du Chéliff...........	»	»	2	5	30	»	»	»	37
		Mostaganem...............	»	»	»	»	6	»	»	»	6
		Bled-Touaria..............	»	»	»	»	47	»	»	»	47
		Bellevue..................	»	»	»	»	7	»	»	»	7
		Aïn-Tédelès...............	»	»	»	»	18	»	»	»	18
		Aïn-Sidi-Chérif...........	»	»	2	»	34	5	»	»	41
		Aboukir...................	»	»	2	»	27	8	»	»	37
		Hillil (commune mixte).....	1	1	12	»	385	»	35	1	435
		Zemmorah (mixte).........	»	»	»	»	5	»	»	»	5
		Ammi-Moussa (mixte)......	»	»	»	»	6	»	»	»	6
		Cassaigne (mixte)..........	»	»	»	»	2	»	»	»	2
		ALGER									
		TERRITOIRE DE COMMANDEMENT									
		Ouargla...................	»	»	»	»	5	»	»	»	5
		Boghar....................	»	»	»	»	7	»	»	»	7
		Bou-Saâda.................	»	»	»	»	14	»	»	»	14
		TOTAUX.....	1	1	20	5	874	13	35	1	950

ZAOUIA MÈRE		CYRÉNAÏQUE		
SI EL-MADHI BEN SI MOHAMMED BEN SI A'LI BEN SNOUSSI, Cheikh de la Confrérie en résidence à Djaghboub, actuellement à Koufra.		Benghazi...................	1	Moqaddem : Sidi-Mohammed-el-A'Issaoui-el-Zentani ; 60 tolba.
		Oum-Chahneb.............	1	A quatre heures de marche au Sud de Benghazi. — Moqqadem : Sidi-el-Maghboub ; 60 tolba.
		El-Beïda..................	1	Sur le territoire des Hasser, dirigée par Sidi-el-hadj-Ahmed-el-Ghoumari.
		El-Defna (près Tobrouk)....	1	Non loin de Tobrouk, dirigée par Sidi-Hussein-el-Ghariani ; 200 tolba.
		El-Batuan.................	1	A six ou sept heures de la précédente. — Moqaddem : Sidi-Salah ; 100 tolba.
		Ras-et-Tin.................	1	Près du cap du même nom. — Moqaddem : Mohammed-bou-Fourach ; 200 tolba.
		Martiba...................	1	Sur la route de Derna à Djaghboub. — Moqaddem : Ben-Sidi-Mettardi-Ferkach ; 200 tolba.
		Maara.....................	1	Au Sud de Derna. — Moqaddem : Sidi-Ahmed-bou-Sif ; 100 tolba.
		Derna.....................	1	Dans la ville du même nom. — Moqaddem : Sidi-Meftah-Houdja ; 50 tolba.
		Ben-Mansour..............	1	Dans le village de ce nom tout près de Derna. — Moqaddem : Sidi-Mohammed ben S'aïd.
		Tath......................	1	Entre Grenna et Marsa-Soussa, sur un bel emplacement du Djebel-Lakhdar. — Moqaddem : Sidi-Mohammed-el-Touti.
		El-Hmeiz..................	1	Située à cinq heures de marche à l'Est de Merdj. — Moqaddem : Sidi-Mohammed-el-Khelili ; 100 tolba.
		El-Béchara................	1	Située vers le centre du Djebel-Lakhdar. — Moqaddem ; Sidi-Ali-Mismari ; 150 tolba.

ZAOUIA-MÈRE	NOMS des principaux MOQADDEM OU CHIOUKH indépendants	LOCALITÉS où la Confrérie compte DES ADEPTES	ZAOUIA	
DJAGHBOUB-KOUFRA	SI EL-MADHI BEN SI MOHAMMED BEN SI A'LI BEN SNOUSSI, Cheikh de la Confrérie en résidence à Djaghboub, actuellement à Koufra.	**CYRÉNAÏQUE**		
		El-Soussa..................	1	Près de Marsa-Soussa. — Moqaddem : Sidi-Mohammed-Lissir ; 100 tolba.
		El-Hammama...............	1	Près du cap du même nom. — Moqaddem : Sidi-Mohammed-Soussi ; 100 tolba.
		Aïn-Chehad................	1	Ancienne fontaine d'Appolon près de Cyrène. — Moqaddem : Sidi - Mohammed - Dardarsi ; 200 tolba.
		Sidi-Rafah.................	1	Située à deux heures au Nord-Ouest de la Zaouïa El-Beïda. — Moqaddem : Sidi-Mohammed ben Brahim.
		Ghéfanta..................	1	Au faîte du Djebel-Lakhdar. — Moqaddem : Sidi-el-Mothar ben Amor ; 100 tolba.
		El-Kessour.................	1	Entre Ghéfanta et Merdj à quatre heures vers le Sud. — Moqaddem : Sidi-Mohammed.
		El-Argoub.................	1	Sur la montagne non loin de Marsa-Soussa. — Moqaddem : Sidi - Mohammed - el - Djébêli ; 100 tolba.
		El-Haniya.................	1	Sur le littoral entre Hammama et Marsa-Soussa. — Moqaddem : Sidi-Mohammed-el-Zentani ; 150 tolba.
		Dersa.....................	1	A trois heures au Nord-Ouest de Merdj. — Moqaddem : Sidi-Mohammed-el-Kelili ; 100 tolba.
		Tolmeita..................	1	Ancienne Ptolémaïs. — Moqaddem : Sidi-el-Kelili ; 100 tolba.
		Toltre.....................	1	Ancienne Tenchéra. — Moqaddem : Sidi-Abdelqader-el-Djilani.
		Merdj.....................	1	Près la petite ville de ce nom. — Moqaddem : Sidi-Mohammed Sétouri ; 300 tolba.
		Deriona...................	1	A dix heures de marche à l'Est de Benghazi, près du littoral. — Moqaddem : Sidi-Brahim-el-Ghemari ; 400 tolba.
		Oum-Sous.................	1	A trois jours de marche de Benghazi sur la route de Djaghboub. — Moqaddem : Sidi-Snoussi ben Omar ; 200 tolba.
		Adjedabrya...............	1	A quatre jours de marche au Sud de Benghazi sur le territoire de la tribu des Mogharba. — Moqaddem : Sidi-A'bd-el-Latif ; 200 tolba.
		Tétamoun.................	1	A deux jours de marche au Sud de Benghazi sur la route d'Aoudjéla. — Moqaddem : Sidi-Mostafa-Mahdjoub ; 200 tolba.
		Toua......................	1	Entre Djaghboub et Djalo. — Moqaddem : Sidi-Adem-el-Bédoui.
		Aoudjéla (oasis)...........	1	Dans l'oasis de ce nom. — Moqaddem : Sidi-Omar ben Haoua.
		Djaghboub (oasis).........	1	Dans l'oasis de ce nom ; naguère résidence de Sidi-el-Mahdi. — Cette oasis n'est ni sous la domination Ottomane ni sous la domination Egyptienne, les Senoussia y règnent en maîtres ; ils y possèdent de grands établissements et emploient aux travaux agricoles 2,000 esclaves.
		Zaouïa-el-Istat	1	Dans l'oasis de Kébabo (Koufra). C'est dans le couvent que Sidi-el-Mahdi a fixé sa résidence depuis 1895. C'était déjà un bel établissement avant l'arrivée du Mahdi. De vastes constructions et une Kouba destinée à contenir les restes du fondateur de la Confrérie, y auraient été édifiées.

Les Zaouïa ci-dessus mentionnées desservent les populations des tribus suivantes affiliées aux Senoussia. Les Ouaguir, dont le territoire s'étend au Sud et à l'Est de Benghazi ; les Dorsa dans les Cerza de Merdj ; les Hassa autour d'A'ïn-Chehad sur les ruines de l'ancienne Cyrène ; les Brassa dans le Djebel-Lakhdar aux alentours de Bir-Herenta ; les Abeïdest dans la campagne de Derna, plutôt vers l'Ouest ; les Chouari, les Djerari, et les Moulsa sur le territoire de Tobrout ; les Zouaouïa au Sud-Ouest ; les Medjabra au Sud ; les Oulad-A'li qui comptent sur la frontière depuis Soloum et sur le territoire Egyptien et peut-être les Fouakir au Sud-Ouest de Sert et les Oulad-Himem qui vont du territoire de Sert jusqu'à Ghat.

(Renseignements fournis par notre représentant à Benghazi).

LOCALITÉS où la confrérie compte DES ADEPTES	ZAOUIA	
TRIPOLITAINE		
Tripoli et oasis de la Menchia et du Sahel (1)............	1	Dans la ville de Tripoli il n'existe qu'une trentaine d'adeptes, plus de 320 sont disséminés dans les oasis du Sahel et de la Menchia et dirigés par le Moqaddem Mohammed-Salahi.
Ghadamès................	1	Moqaddem : Hadj-Mohammed-Salahi ; 200 adeptes.
Mezda et environs de cette ville..................	1	Moqaddem : Mohammed-es-Senoussi ; 1,000 adeptes.
Mazersan (région du Djebel-Yfren).................	1	Moqaddem : Mohammed-el-Ganoudi ; 1,000 adeptes.
Misrata.................	1	Moqaddem : A'bderrahman-el-A'lem ; 1,000 adeptes.
		Les habitants du Baghirmi et du Ouadaï sont, en grande majorité, affiliés aux Senoussia. Les routes que suivent les caravanes de Benghazi ou de Tripoli au Ouadaï sont jalonnées de Zaouïa Senoussiennes.
SOUDAN ORIENTAL		
Kouka....................	1	Il y aurait à Kouka un Moqaddem nommé Abou-Ouacha.
Kanem...................	1	Il y aurait là un Moqaddem nommé A'bdallah, de Djalo, et une zaouïa portant le nom de Zaouïa Sid El-Mahdi.
Chimendrou.............	1	L'existence d'une Zaouïa à Chimendrou (Kaouar ou Bilma) a été constatée par le Colonel Monteil au cours de son voyage de Saint-Louis à Tripoli.
ÉGYPTE		
Sioua (Jupiter Ammon)......	1	Les Senoussia auraient un Oukil général pour l'Égypte et des postes de transmission entre le Hedjaz et la Zaouïa Métropolitaine, postes établis d'après M. Le Chatelier, à Suez, au Caire, Damanhour, Sioua, Kerdassa. D'après nos renseignements particuliers, la correspondance entre Djaghboub, et aujourd'hui entre Koufra et le Caire, était, et est encore assurée par le Moqaddem de Sioua, qui a lui-même, au Caire, un Oukil, originaire de Tripoli, et chargé des intérêts commerciaux de la Confrérie en Égypte.
Kerdassa................	1	
ARABIE		
La Mecque...............	1	Au Djebel Kobaïs. — Moqaddem : le fils de Cheikh Mohammed ben Cheikh Ahmed Khira (2).
Djedda..................	1	Moqaddem : Chaa'bane-es-Sa'Idi.
Medine..................	1	Moqaddim : Sliman-el-Habab, Sa'Id ben A'bdallah.
		Les Senoussia ont, en outre, des Zaouïa à El-Taïf, à Bedr, El-Hamra, Yambo'a en Nekhal, Rabakh, Ouadi-Fathma, El-Moudik, Asfan, Biar-Abb'as, Leghdima, Biar ben Hasani, Bir-el-Machi, Bir-A'li-Souik, Yamboha-el-Bahr, Idjibrïa, El-A'rbia, Safra, Rouis, Djedida, Terreb, Saoula. (Renseignements de source indigène.)

(1) Renseignements fournis par M. le Consul général de France à Tripoli.

(2) Cheikh-Mohammed ben Cheikh-Ahmed-Khira était le Khalifa des Senoussia pour le Hedjaz. — Son fils aurait recueilli sa succession spirituelle avec le même titre de Khalifa.

TABLE DES MATIÈRES

	Pages
INTRODUCTION..	VII
CHAPITRE I. — Coup d'œil rétrospectif...	1

    1° *Les Arabes et l'Arabie avant Mohammed* : origines, divisions, caractère. — *Mœurs et coutumes* : la tribu, le cheikh, la djemâa, les esclaves. — La langue, les poètes, congrès littéraires, dégénérescence de la poésie, le meddah. — La boisson, les jeux de hasard. — La femme, sa condition. — *Croyances et superstitions* : le dieu d'Abraham, la Ca'ba, les divinités, grands cultes de l'Asie et de l'Europe, scepticisme ;

    2° *Mohammed* : sa naissance, sa jeunesse, son caractère, sa mission, son œuvre ;

    3° *Le Coran* : idée dominante, esprit général, cultes et pratiques, peines et récompenses, déduction ;

    4° *Les Hadits, la Sonna* : Medahab, écoles orthodoxes, commentaires, Fataoua, un spécimen de Fetoua ;

    5° *Sectes hérésiarques nées au sein de l'islamisme, leurs subdivisions, leurs doctrines* : Chiites (Cha'ïa), Kharédjites (Kharédjïa), Mo'tazélites (Mo'tazila), Mordjites (Mordjïa), Nadjarites (Nadjarïa), Djabrites (Djabrïa), Mochabbihtes (Mochabbîha), Nadjites (Nadjïa).

CHAPITRE II.. 69

Le soufisme, son origine, son évolution : les foqra, les soufis, étymologie du mot soufi, doctrines rapprochées de celles de l'école d'Alexandrie.

École soufite, ses principes fondamentaux : la baraka, l'ouerd, le dikr, la tariqa, l'ouaçla.

    Rapports des doctrines soufites avec l'Islamisme ; comment elles se concilient avec le Coran et la Sonna ; la selsela, la Khirqa, orthodoxie des soufis, avis des théologiens. — Les soufis ne sont pas les seuls en relation avec l'esprit divin : le derouich.

    L'école soufite a donné naissance aux confréries religieuses musulmanes ; ses principes en sont la base essentielle.

Conquête morale des Arabes et croyances populaires des peuples soumis à l'Islam : les anciens cultes apparaissent voilés par l'Islam. — Influence du christianisme en Afrique septentrionale : les donatistes. — Les autochtones reviennent à leurs anciens dieux : divinités rustiques, embryon de monothéisme, le dieu Mithra, cultes divers.

Coup d'œil rapide sur l'invasion arabe : les vieilles croyances subsistent et se confondent avec celles des Arabes : la mzara et autres lieux saints, fêtes champêtres, autres glanures du paganisme.

Nouvelles invasions des Arabes à travers l'Afrique occidentale : les almoravides et les almohades. — *Les chorfa, leur origine, leur évolution :* islamisation des croyances populaires par les chorfa, le ribat, le marabout, puissance thaumaturgique du marabout, les talismans, les amulettes, légendes merveilleuses, polythéisme grossier, culte du marabout, formation des tribus maraboutiques, prérogatives des descendants des marabouts.

***

Évolution de l'école soufite, formation des confréries religieuses : prosélytisme des soufis. — Confréries mères et dérivées : leurs doctrines et pratiques mystiques, extatiques, hystériques, contemplatives et spiritualistes (Qadrîa, Khelouatîa, Chadelîa, Nakechabendîa, Sahraouardîa). — Esprit contemporain des confréries religieuses (Khadirîa et dérivés) : leur développement en Algérie, leur désagrégation. — État des esprits : les masses ont leurs regards tournés vers l'Orient.

CHAPITRE III. — Organisation des confréries 193

Cheikh. — Khalifa. — Naïb. — Moqaddem. — Rakeb, Chaouch. — Khouan, Derouich, Faqir, Khoddam. — Moqaddemat. — Khaouniat. — Idjeza. — Investiture, initiation. — Mourid. — Rapports du Cheikh et du Mourid.

CHAPITRE IV. — Dénombrement des confréries religieuses 211

Nature du dénombrement. — Confréries répandues en Algérie, leurs principales ramifications. — Énumération rapide des divers pays de l'Islam où les confréries exercent une certaine influence.

CHAPITRE V. — Système financier : Revenus divers, Dépenses 225

Les dignitaires des confréries bénéficiaient des aumônes obligatoires, — la masse y trouvait avantage et profit, — la *Zerda*, prépondérance des marabouts.

Réunion des hobous au domaine de l'État. — Mécontentement des croyants. — Affermissement des confréries. — *Ressources ordinaires et recettes accidentelles :* la *sadaqa* ou *ghafara*, — la *ziara*, droits d'investiture, — la *touiza*, dons volontaires de diverses natures.

Un État dans l'État : Les représentants des confréries sont devenus des personnages politiques exclusivement préoccupés de leurs intérêts matériels. — Évolution spirituelle et désagrégation temporelle provoquées par l'âpreté au gain. — État des esprits. — Époque de transition.

Une partie des ressources de nos sujets musulmans est envoyée dans les divers pays de l'Islam — Appauvrissement de la masse indigène. — Danger économique.

CHAPITRE VI. — Rôle politique des confréries religieuses................. 257

Aperçu général sur leur action politique aux différentes époques de l'histoire, — leur rôle en Algérie, — elles sont l'âme du mouvement panislamique.

Détente de certaines confréries en faveur des gouvernements établis.

Nos relations avec les *Cheikhia,* les *Taibia,* les *Tidjania* et les *Qadria.*

Situation de certaines corporations hostiles par rapport à l'Algérie et aux voies de pénétration dans notre hinterland africain.

CHAPITRE VII. — Conclusions... 279

DEUXIÈME PARTIE

NOTICES ET DOCUMENTS.. 291

CHAPITRE VIII. — Confrérie mère *(tariqa-el-ouçoul)* des Qadria............. 293

Son origine, sa formation, ses principes fondamentaux, son domaine géographique. — *Ramifications :* Azaouadia (Azaouad), Fadelia et Lessidia, Akbaria, Bakkaouia ou Bakkaia.

Confréries dérivées des Qadria (trouq-el-fourou'a) : Rafa'ia, Sa'adia ou Djebaouia.

Confréries aux principes extatiques similaires : Djichtia, Badaouia ou Ahmedia, Beioumia, Doussoukia, Maoulenia, A'roussia-Selamia ou Soulamia, A'Issaouia (A'Issaoua), Boua'lia, Ammaria.

Corporations de jongleurs, de visionnaires, de charmeurs, d'exorcistes, etc..., placées sous le patronage de thaumaturges vénérés : Oulad-Moussa, Oulad ben A'ouda, Beni-A'bbas Oulad-Nahal, etc.

CHAPITRE IX. — École des Khelouatia.. 370

Confrérie mère des Khelouatia : son origine, ses principes fondamentaux, son évolution, son domaine géographique.

Confréries et ramifications issues des Khelouatia : Sounboulia, Goulchinia, Ouchakia, Djelouatia, Bakria, Cherkaouia, Semmania, Hafnaouia et dérivés : *saouia, derdiria, lessia, deifia, messellemia.* Rahmania — les *Tidjania.*

CHAPITRE X. — École des Chadelia... 443

Confrérie mère des Chadelia : sa formation, ses principes fondamentaux, son domaine géographique.

Confréries dérivées des Chadeliä : Djazoulîa, Zerrouqîa, Youcefîa, Ghazîa, Cheikhîa, Nacerîa, Chabbîa, Taïbîa, Hansalîa, Kerzazîa, Derqaoua, Madanîa, *Les moukhalia.*

CHAPITRE XI. — Confrérie-mère des Naqechabendîa 521

Son origine, ses pratiques, ses règles mystiques, son domaine géographique.

Confréries dérivées et similaires : Soleïmanîa, Baktachîa, Alouanîa, Beiramîa. Les Melamîa.

CHAPITRE XII. — Saharaouardîa.................................... 533

École mystique des Saharaouardia : son origine, ses doctrines.

CHAPITRE XIII. — Les Khadirîa.................................. 539

École des Khadiria et confréries dérivées : Mirghanîa, Senoussîa.

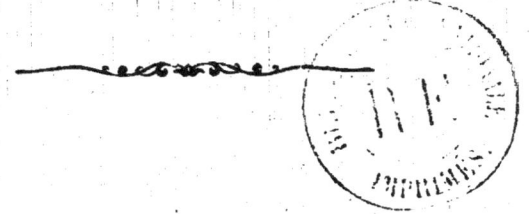

ERRATA

Page	ligne	au lieu de :	lire :
Page xxiv,	ligne 30,	sacrifie	sacrifia.
— —	— 41	El-Aniche	El-Amiche.
— 12	— 4	le jeu	les jeux.
— 12	— 13	des jeunes filles	de jeunes filles.
— 22	— 2	serait	serai.
— 50	— 7	Moldem	Moldjem.
— 55	— 19	des autres membres	membres.
— 61	— 28	A'lcharïa	Acharïa.
— 69	— 10	des peuples	des pays.
— 92	— 10	El-Bostani	Bostami.
— 123	— 41	El-Qairouadi	El-Qairouani.
— 144	— 15	qu'ils l'avaient	qu'elle l'avait.
— 159	— 18	Chischtïa	Djichtïa.
— 177	— 24	les tentatives	des tentatives.
— 177	— 17 et 23	insebbelen	misebelen.
— 196	— 6	d'Ashab	ashab.
— 202	— 31	El-Khildr	El-Khidr.
— 239	— 8	ceux-ci	ils.
— 241		24, 347, 55, 2121, 1505, 2000	23, 349, 57, 2149, 1512, 1999.
— 261	— 33	elle	il.
— 271	— 20	de l'ère chrétienne	de l'hégire.
— 277	— 10	trouvaient qu'ils	ne devaient.
— 283	— 8	le plus souvent	le plus souvent possible.
— 297	— 3	Hassein-Rhadi-Allah	Hassein.
— 299	— 1	Sataïf	Lataïf.
— 325	— 24	qu'ils	ils.
— 325	— 41	exercistes	exorcistes.
— 337	— 32	Fakri	Fakhr.
— 339	— 9	des	pour les.
— 352	— 1	sont impuissants	est impuissante.
— 371	— 9	repends	repens.
— 375	— 12	son	leur.
— 383	— 33	Djurdjura (m.)	Djurdjura.
— 388	— 32	plus	près.
— 456	— 4	Dfoughal	Afoughal.
— 492	— 25	La vocation	Sa vocation.
— 521	— 16	Kiab	Kitab.
— 532	— 22	par leur hétérodoxie	pour leur hétérodoxie.
— 546	— 29	Mekkasine	mekkasine.
— 555	— 5	de la forme	de la sonna.
— 558	—	Beni-Inous	Beni-Snous.
— 560	— 32	Djala	Djalo.

EN VENTE A LA MÊME LIBRAIRIE

ARNAULD, ✻, A. ✦, INTERPRÈTE MILITAIRE.
   Voyages extraordinaires et Nouvelles agréables, par Mohamed Abou Ras ben Ahmed ben Abd-el-Kader-en-Nasri (*Histoire de l'Afrique septentrionale*).
   1 vol. in-8° raisin. . . . . 8 fr.

BERNARD (F.), COM.ᵗ D'ARTILLERIE, MEMBRE DE LA PREMIÈRE MISSION TRANSSAHARIENNE.
   Deux missions françaises chez les Touareg en 1880-1881.
   1 vol. in-18, avec gravures et cartes. . . . . 3 fr. 50

BISSUEL (H.), O. ✻ (COMMANDANT).
   Les Touareg de l'Ouest avec deux cartes. 1 vol. in-8° raisin. . . . 6 fr.
   Le Sahara Français, avec cartes et planches. 1 vol. in-8° raisin. . 8 fr.

CAT, I. ✦, PROFESSEUR A L'ÉCOLE SUPÉRIEURE DES LETTRES D'ALGER.
   Histoire de l'Algérie. 2 vol. in-16, cartonné. . . . . 4 fr.

COYNE, O. ✻, I. ✦ (COMMANDANT).
   Une Ghazzia dans le Grand Sahara, avec une carte. 1 br. in-8° . 1 fr. 50
   Le Mzab, avec une carte. Broch. in-8°. . . . . 1 fr. 50

ESTOUBLON ET LEFÉBURE.
   Code de l'Algérie (1830-1895). 1 volume grand in-8° relié. . . . . 50 fr.

GRAMMONT (H.-D. DE), ✻, A. ✦, PRÉSIDENT DE LA SOCIÉTÉ HISTORIQUE ALGÉRIENNE.
   Correspondance des Consuls d'Alger (1690-1742). 1 vol. in-8°. 6 fr.

GSELL, PROFESSEUR A L'ÉCOLE SUPÉRIEURE DES LETTRES D'ALGER.
   Cherchel, Tipasa, Tombeau de la Chrétienne. 1 vol. in-16, cart. 2 fr.

LE ROUX (J.-M.), ✻, CAPITAINE, ANCIEN CHEF DE BUREAU ARABE.
   Essai de Dictionnaire français-haoussa et haoussa-français, précédé d'un **Essai de grammaire de la langue haoussa**. 1 beau volume in-4°, cartonné percaline. . . . . 15 fr.

MERCIER (E.), ✻, INTERPRÈTE JUDICIAIRE A CONSTANTINE.
   La condition de la femme musulmane dans l'Afrique septentrionale. 1 vol. in-18. . . . . 2 fr.
   Le Hobous ou Ouakof, ses règles et sa jurisprudence. 1 br. in-8° raisin. 2 fr.

PEIN, C. ✻, COLONEL.
   Lettres familières sur l'Algérie. 1 volume in-18. . . . . 3 fr. 50

RINN (Louis), O. ✻, I. ✦, CONSEILLER DE GOUVERNEMENT.
   Marabouts et Khouan, *Étude sur l'Islam en Algérie*. 1 vol. in-8° avec carte. . . . . 15 fr.
   Histoire de l'insurrection de 1871 en Algérie. 1 vol. in-8°, avec deux cartes. . . . . 15 fr.

ROBIN (N.), O. ✻, I. ✦, Lᵗ-COLONEL, ANCIEN CHEF DU BUREAU ARABE DIVISIONNAIRE D'ALGER.
   Histoire du Chérif Bou-Bar'la. 1 vol. in-8°. . . . . 7 fr. 50

TRUMELET (C.), C. ✻, I. ✦, COLONEL.
   Histoire de l'insurrection des Oulad-Sidi-ech-Chikh, de 1864 à 1868.
   1 vol. in-8°. . . . . 15 fr.
   Blida. Récits selon la légende. 2 vol. in-18. . . . . 8 fr.
   Bou-Farik. Une page de l'histoire de la colonisation algérienne. 2ᵉ édition.
   1 vol. in-18. . . . . 4 fr.
   L'Algérie légendaire. 1 vol. in-18. 4 fr.

VILLOT, O. ✻, I. ✦ (Lᵗ-COLONEL).
   Mœurs, coutumes et institutions des indigènes de l'Algérie.
   1 vol. in-18. . . . . 3 fr. 50
   Instruction pratique sur le service des colonnes en Algérie.
   1 vol. in-18. . . . . 2 fr. 50

ZEYS (E.), O. ✻, I. ✦, 1ᵉʳ PRÉSIDENT DE LA COUR D'ALGER.
   Traité élémentaire de droit musulman algérien, *École malékite*.
   2 vol. in-8°. . . . . 15 fr.

Achevé de micrographier le : 17 / 05 / 1977

Défauts constatés sur le document original

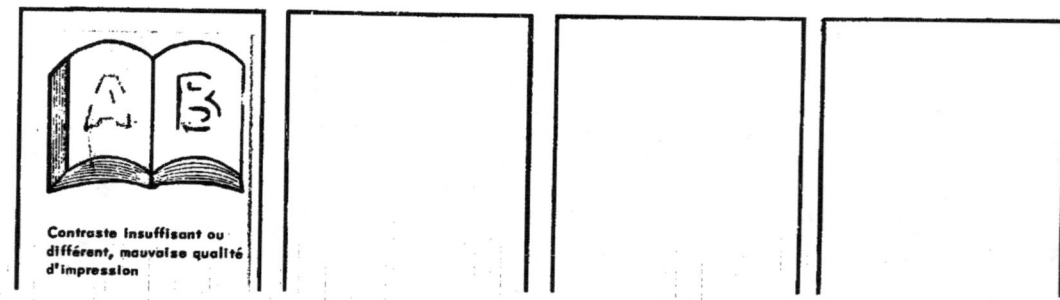

Contraste insuffisant ou différent, mauvaise qualité d'impression

www.ingramcontent.com/pod-product-compliance
Lightning Source LLC
Chambersburg PA
CBHW060402230426
43663CB00008B/1359